U0746774

中國古代史學叢書

[漢] 班固 撰 [清] 王先謙 補注
上海師範大學古籍整理研究所 整理

漢書補注

捌

上海古籍出版社

文三王傳第十七

漢書四十七

孝文皇帝四男：竇皇后生孝景帝、梁孝王武，諸姬生代孝王參、梁懷王揖。〔一〕

〔一〕師古曰：不得其姓氏，故曰諸姬，言在諸姬之列者也。解在高五王傳。

梁孝王武以孝文二年與太原王參、梁王揖同日立。〔一〕武爲代王，〔二〕四年徙爲淮陽王，〔三〕十二年徙梁，自初王通歷已十一年矣。〔四〕

〔一〕【補注】先謙曰：史、漢表云「二月乙卯」。

〔二〕【補注】先謙曰：史表「都中都」。

〔三〕【補注】先謙曰：四年者，文帝四年。本表云「三年徙淮陽」。

〔四〕師古曰：總數其爲王之年。

孝王十四年，入朝。十七年，十八年，比年入朝，留。〔一〕其明年，乃之國。二十一年，入朝。二十二年，文帝崩。二十四年，入朝。二十五年，復入朝。是時，上未置太子，與孝王宴飲，從容言曰：〔二〕「千秋萬歲後傳於王。」王辭謝。雖知非至言，然心内喜。太后亦然。〔三〕其春，吴、楚、齊、趙七國反，〔四〕先擊梁棘壁，〔五〕殺數萬人。梁王城守睢陽，〔六〕而使韓安國、張羽等爲將軍以距吴、楚。〔七〕吴、楚以梁爲限，不敢過而西，與太尉亞夫等相距三月。吴、楚破，而梁所殺虜略與漢中分。〔八〕

〔一〕師古曰：比，頻也。留謂留在京師。【補注】先謙曰：十八年留也。據史表七年、八年、十年入朝，傳不言者，自王梁後數之。

〔二〕師古曰：從音千容反。

〔三〕【補注】先謙曰：事又見竇嬰傳。至，誠直也。

〔四〕【補注】先謙曰：四齊合吴、楚、趙爲七國。

〔五〕文穎曰：地名。【補注】先謙曰：詳吴王濞傳。

〔六〕師古曰：據睢陽城而自守。【補注】先謙曰：城謂增築之。顔説非。

〔七〕【補注】周壽昌曰：梁孝王時人材頗多，汲黯傳中傳伯，應劭注「梁人爲孝王將，素抗直」。儒林傳「丁寬爲梁孝王將軍，距吴、楚，號丁將軍」。皆在此役者也。

〔八〕孟康曰：梁所虜吴、楚之捷，略與漢同。【補注】王先慎曰：廣雅釋詁「略，取也」。左宣十五年傳「以略狄土」注，成十二年傳「略其武夫」注並同。史記貨殖傳「秦破趙，遷卓氏。卓氏見虜略，獨夫妻推輦行詣遷處」。魏志呂布傳注引英雄記「呂布與暹韓暹奉楊奉二軍向壽春水陸並進，所過虜略，到鍾離大獲而還」。是皆「虜略」連文。孟康以「略」字屬下文，非也。「梁所殺虜略」者，謂梁所殺吴楚之士卒，虜吴楚之生口，略吴楚之財産，與漢相當耳。史記世家作「梁所破殺虜略與漢中分」，則句讀益明。裴駰彼注，又引孟注立訓，疏矣。

明年，漢立太子。梁最親，有功，又爲大國，居天下膏腴地，北界泰山，西至高陽，〔一〕四十餘城，多大縣。孝王，太后少子，愛之，賞賜不可勝道。〔二〕於是孝王築東苑，方三百餘里，〔三〕廣睢陽城七十里，〔四〕大治宮室，爲復道，自宮連屬於平臺三十餘里。〔五〕得賜天子旌旗，從千乘萬騎，出稱警，入言趩，〔六〕儗於天子。〔七〕招延四方豪桀，自山東游士莫不至：齊人羊勝、公孫詭、鄒陽之屬。〔八〕公孫詭多奇邪計，〔九〕初見曰，王賜千金，官至中尉，號曰公孫將軍。多作兵弩弓數十萬，而府庫金錢且百鉅萬，〔一〇〕珠玉寶器多於京師。

〔一〕蘇林曰：陳留北縣。【補注】齊召南曰：高陽，鄉聚名，非縣也。酈食其傳「陳留高陽人」，又云「諸將徇地過高陽者數十人」，即此高陽矣。先謙曰：集解：「徐廣云『在陳留圉縣』。」司馬彪云「圉有高陽亭」也。

〔二〕師古曰：道謂言。【補注】宋祁曰：當於「言」下添「也」字。

〔三〕【補注】先謙曰：索隱「蓋言其奢，非實辭」。正義「括地志云：『兔園在宋州宋城縣東南十里。』西京雜記云：『梁孝王苑中有落猨巖、棲龍岫、雁池、鶴洲、鳧島諸宮觀相連，奇果佳樹，瑰禽異獸，靡不畢備。俗人言梁孝王竹園也。』」

〔四〕師古曰：更廣大之也。晉太康地記云「城方十三里，梁孝王築之。鼓倡節杵而後下和之者稱睢陽曲，今踵以爲故，今之樂家睢陽曲是其遺音」。【補注】先謙曰：索隱引蘇林云「廣其徑也」。

〔五〕如淳曰：平臺在大梁東北，離宮所在也。晉灼曰：或說在城中東北角。師古曰：今其城東二十里所有故臺基，其處寬博，土俗云平臺也。復音方目反。【補注】沈欽韓曰：任昉述異記「梁孝王平臺至今存有蒹葭洲、鳧藻洲、梳洗潭」。元和志「平臺在宋州虞城縣西四十里」。商丘縣志「縣東北十七里有平臺集，接虞城界」。先謙曰：史記作「五十餘里」。

〔六〕師古曰：警者，戒肅也。趩，止行人也。言出入者，互文耳。出亦有趩。漢儀注皇帝輦動，左右侍帷幄者稱警，出殿則傳蹕，止人清道也。【補注】沈欽韓曰：若後世之鳴鞭喝探也。詳見唐書輿衛、宋史儀衛諸志。先謙曰：史記作「出言趩，入言警」。

〔七〕師古曰：儗，比也，音擬。【補注】先謙曰：景帝聞，不善王，得韓安國爲解。詳安國傳。

〔八〕師古曰：言皆游梁。

〔九〕【補注】先謙曰：索隱周禮「有奇衺之人」，鄭玄云「奇衺，譎怪非常也」。

〔一〇〕師古曰：鉅萬，百萬也。有百萬者，言凡百也。【補注】先謙曰：官本「十」作「千」，引宋祁曰：「千」萬一作「十」。又官本注「有」作「且」，是。案史記云「多作兵器，弩弓矛數十萬」，索隱引如淳云「巨亦大，與大百萬同也」。韋昭云「大百萬，今萬萬」。

二十九年十月，孝王入朝。景帝使使持乘輿駟，迎梁王於關下。〔一〕既朝，上疏，因留。以太后故，入則侍帝同輦，出則同車遊獵上林中。梁之侍中、郎、謁者，〔二〕著引籍出入天子殿門，〔三〕與漢宦官亡異。

〔一〕鄧展曰：但持駟馬往也。臣瓚曰：稱乘輿駟，則車馬皆往。言四，不駕六馬耳。天子副車駕四馬。師古曰：輿即車也。瓚説是。【補注】先謙曰：史記作「使使持節，乘輿駟馬」，文義較明。官本注「四」並作「駟」，是。

〔二〕【補注】先謙曰：百官表諸侯王有謁者、郎。

〔三〕師古曰：著音竹略反。【補注】先謙曰：史記作「著籍引出入天子殿門」，是也。著藉，猶言通籍，言以梁王侍臣姓名著於門籍，引之出入殿門。無門籍不得擅出入。竇嬰傳「太后除嬰門籍，不得朝請」，是其證。此「籍」字誤倒在「引」下耳。

十一月，上廢栗太子，太后心欲以梁王爲嗣。大臣及爰盎等有所關説於帝，〔一〕太后議格，〔二〕孝王不敢復言太后以嗣事。〔三〕事祕，世莫知，乃辭歸國。

〔一〕【補注】王先慎曰：索隱：「袁盎云『漢家法周道立子』。是有所關涉之説於帝也。一云『關者，隔也，引事而關隔，其説不得行也』。」案小司馬二説，皆非也。關，通也，禮曾子問注「關中言之」，儀禮喪服傳注「關已許嫁」，疏皆訓爲通。「關説」即「通説」，通説於景帝，猶言進言於帝耳。本書佞幸傳「公卿皆因關説」，師古注「關説者，言由之而納説，亦如行者之有關津」。立訓拘曲。史記佞幸傳索隱注曰「關，通也」，其説是矣。本書霍光傳「諸事皆先關白光，然後奏御」。吳志呂範傳「範必關白，不敢專許」。關白即通白，與「關説」義同。先謙曰：官本考證按「褚先生具言其事，見梁孝王世家後」。

〔二〕服虔曰：格音格鬭。張晏曰：止也。蘇林曰：音閣。師古曰：蘇音、張説是。【補注】錢大昭曰：「格音格鬭」，閩本作「格者，格鬭也」。先謙曰：集解如淳曰「攱閣不得下」，索隱引服虔云「格謂格閣不行」，與此異。疑索隱誤也。

〔三〕師古曰：不敢更以此事言於太后。【補注】先謙曰：史記「太后議格」下，作「亦遂不敢復言以梁王爲嗣事」，與本書義異。

其夏，上立膠東王爲太子。梁王怨爰盎及議臣，乃與羊勝、公孫詭之屬謀陰使人刺殺爰盎及他議臣十餘人。賊未得也。於是天子意梁，〔一〕逐賊，果梁使之。遣使冠蓋相望於道，覆案梁事。捕公孫詭、羊勝，皆匿王後宮。使者責二千石急，梁相軒丘豹〔二〕及內史安國〔三〕皆泣諫王，王乃令勝、詭皆自殺，出之。上由此怨望於梁王。〔四〕梁王恐，使韓安國因長公主謝罪太后，然後得釋。〔五〕

〔一〕師古曰：意，疑也。

〔二〕師古曰：姓軒丘，名豹。【補注】錢大昭曰：楚文王庶子食采於軒丘，因以爲氏。見廣韻。

〔三〕師古曰：即韓安國。【補注】先謙曰：官本無「即」字。

〔四〕師古曰：望謂責而怨之。

〔五〕【補注】先謙曰：案，此與鄒陽傳合互證。安國傳，梁事兩次皆安國因長公主入言得釋，或疑此文爲誤，非也。上文稱内史安國，此不當有「韓」字，明是衍文。

上怒稍解，因上書請朝。〔一〕既至關，茅蘭説王，〔二〕使乘布車，〔三〕從兩騎入，匿於長公主園。漢使迎王，王已入關，車騎盡居外，外不知王處。〔四〕太后泣曰：「帝殺吾子！」弟憂恐。〔五〕於是梁王伏斧質，之闕下謝罪。然後太后、帝皆大喜，相與泣，復如故。悉召王從官入關。然帝益疏王，不與同車輦矣。

〔一〕【補注】先謙曰：史表「三十一年來朝」。

〔二〕服虔曰：茅蘭，孝王大夫也。

〔三〕張晏曰：布車降服，自比喪人也。【補注】王文彬曰：張説非也。後漢禮儀志「大喪，諸侯王車皆去輔轓，疏布惡輪」，是喪禮原有布車之制。然太后尚存，而謂王藉布車，自比喪人，決非當日情事，此蓋不欲人知，特用布車私入耳。

〔四〕【補注】先謙曰：史記不重外字，是也。「車騎居外，不知王處」，文義自顯。若云關外人皆不知王處，則不當獨著一外字，蓋衍文。

〔五〕【補注】錢大昭曰：「弟」，南監本、閩本作「帝」，史記作「景帝」。先謙曰：官本作「帝」，是。

三十五年冬，復入朝。〔一〕上疏欲留，上弗許。歸國，意忽忽不樂。北獵梁山，〔二〕有獻牛，足上出背上，孝王惡之。六月中，病熱，六日薨。〔三〕

〔一〕【補注】先謙曰：景帝中六年。

〔二〕【補注】先謙曰：「梁山」，史記作「良山」。索隱引述征記云「良山際清水，今壽張縣南有良山」。服虔云「是此山也」。正義「括地志云『梁山在鄆州壽張縣南三十五里』，即獵處也」。案唐之壽張，前漢之壽良縣，屬東郡。今泰安府東平州西南梁山在州西南五十里，高紀「十一年，立子恢爲梁王，罷東郡，頗益梁」。疑以故郡之良山改名梁山，或光武諱叔父名改壽良爲壽張。此良山時人遂併改「梁山」耳。

〔三〕張晏曰：足當處下，所以輔身也。今出背上，象孝王背朝而干上也。北者，陰也，又在梁山，明爲梁也。牛者，丑之畜，衝在六月。北方數六，故六月六日王薨也。【補注】劉敞曰：此謂得熱疾，六日而後薨耳。豈謂六月六日哉！太迂。先謙曰：史記「足」下無「上」字。索隱云，述征記「碭有梁孝王之冢」。案「六月」當作「五月」。據史、漢表孝王支子四王，皆以五月立，則孝王薨非六月明矣。

孝王慈孝，每聞太后病，口不能食，〔一〕常欲留長安侍太后。太后亦愛之。及聞孝王死，竇太后泣極哀，不食，曰：「帝果殺吾子！」帝哀懼，不知所爲。與長公主計之，乃分梁爲五國，盡立孝王男五人爲王，女五人皆令食湯沐邑。奏之太后，太后乃説，爲帝壹餐。〔二〕

〔一〕【補注】先謙曰：史記更有「居不安寢」四字。

〔二〕師古曰：説讀曰悦。餐，古飡字。【補注】先謙曰：史記「壹」上有「加」字。

孝王未死時，財以鉅萬計，不可勝數。及死，藏府餘黃金尚四十餘萬斤，他財物稱是。

代孝王參初立爲太原王。四年，代王武徙爲淮陽王，而參徙爲代王，〔一〕復並得太原，都晉陽如故。〔二〕五年一朝，凡三朝。〔三〕十七年薨，〔四〕子共王登嗣。〔五〕二十九年薨，子義嗣。元鼎中，漢廣關，以常山爲阻，〔六〕徙代王於清河，〔七〕是爲剛王。並前在代凡立四十年薨，〔八〕子頃王湯嗣，二十四年薨，〔九〕子年嗣。

〔一〕【補注】先謙曰：文帝四年。

〔二〕師古曰：如文帝在代時。【補注】劉攽曰：如故，爲太原王時都晉陽，不還都也。先謙曰：劉說是也。史表文帝前元年，初置太原，都晉陽。二年初王參，四年，參更號爲代王，實居太原。又孝王世家「以參爲太原王」下集解引徐廣曰「都晉陽」。正義：「括地志云『并州，太原地名。大明城即古晉陽城。智伯與韓、魏攻趙襄子於晉陽，即此城是也』」。

〔三〕【補注】先謙曰：據史表，六年、十年來朝，凡再朝。與此異。

〔四〕【補注】先謙曰：表作七年。據史記世家立十七年，孝文後二年卒。此是，表誤。

〔五〕師古曰：共讀曰恭。

〔六〕師古曰：依山以爲關。【補注】先謙曰：武紀「元鼎三年，徙函谷關於新安」。

〔七〕【補注】先謙曰：史記「清河王徙以元鼎三年」。集解徐廣曰「都清陽」。案清陽，清河縣。今廣平府清河縣東。

〔八〕【補注】先謙曰：表三十八年薨。據頃王太始三年嗣，是剛王二年薨。通前在代，凡立三十八年。表是，此誤。

〔九〕【補注】先謙曰：表「湯」作「陽」，二十五年薨。據子年地節元年嗣，是頃王本始四年薨，凡二十五年。表是，此誤。

地節中，冀州刺史林奏年爲太子時與女弟則私通。〔一〕及年立爲王後，則懷年子，其壻使勿舉。〔二〕則曰：「自來殺之。」壻怒曰：「爲王生子，自令王家養之。」則送兒頃太后所。〔三〕相聞知，禁止則，令不得入宮。〔四〕年使從季父往來送迎則，〔五〕連年不絶。有司奏年淫亂，年坐廢爲庶人，徙房陵，與湯沐邑百户。立三年，國除。

〔一〕【補注】先謙曰：官本「則」作「子」。引宋祁曰：「弟子」，「子」字當作「則」。

〔二〕師古曰：不養也。

〔三〕師古曰：頃王之后，年之太后，故曰頃太后。

〔四〕師古曰：相者，王之相。

〔五〕師古曰：宗室諸從也。

元始二年，新都侯王莽興滅繼絶，白太皇太后，立年弟子如意爲廣宗王，奉代孝王後。〔一〕莽篡位，國絶。

〔一〕【補注】沈欽韓曰：一統志「廣宗故城在廣平府威縣東」。

梁懷王揖，〔一〕文帝少子也。好詩書，〔二〕帝愛之，異於他子。五年一朝，凡再入朝，因墮馬死，〔三〕立十年薨。無子，國除。明年，梁孝王武徙王梁。

〔一〕【補注】齊召南曰：懷王名，史表及世家作「勝」，孝文本紀作「揖」，漢書賈誼傳作「勝」，紀及本傳作「揖」。李奇謂懷王有兩名，理或然也。先謙曰：索隱據景帝子有中山靖王勝，以爲史記誤。臆説不足據。

〔二〕【補注】先謙曰：新書先醒篇載懷王與賈君問答語，是其好學之證。

〔三〕【補注】先謙曰：據史表，六年、十年入朝。

梁孝王子五人爲王。〔一〕太子買爲梁共王，〔二〕次子明爲濟川王，〔三〕彭離爲濟東王，定爲山陽王，不識爲濟陰王，皆以孝景中六年同日立。〔四〕

〔一〕【補注】先謙曰：官本梁孝王子以下提行，是也。此誤連上。

〔二〕師古曰：共讀曰恭。

〔三〕【補注】周壽昌曰：濟川國即陳留郡。水經注引應劭曰「今陳留濟陽縣也」。紀要「濟陽縣在開封府蘭陽縣東五十里」。

〔四〕【補注】先謙曰：據表，五月丙戌。

梁共王買〔一〕立十年薨，〔二〕子平王襄嗣。

〔一〕【補注】王先慎曰：西京雜記「梁孝王子賈（「賈」蓋「買」字之誤，下同。）從朝年幼，竇太后欲帝冠婚之。帝謂王曰：『兒堪冠矣』。王頓首謝曰：『臣聞禮二十而冠，冠而字，字表德。自非顯才高行，安可强冠哉！』餘日，帝又曰：『兒堪室矣。』王頓首謝曰：『臣聞禮三十而室，賈年蒙悼，未有人父之端，安可强室之哉！』餘日，賈朝，至闌而遺舄。帝曰：『兒真幼矣！』白太后，未可冠婚之」。

〔二〕【補注】宋祁云：越本「十」作「七」。齊召南曰：按諸侯王表作「七年薨」，是也。七、十字相似，傳寫誤耳。買以孝景後元年嗣，以建元五年薨，是七年也。先謙曰：史表景帝後元年下書「恭王買元年」，建元四年下書「薨」，正七年。齊云建元五年薨，非也。此宜從越本正作「七」。

濟川王明〔一〕以垣邑侯立，七年，坐射殺其中尉，有司請誅，〔二〕武帝弗忍，廢爲庶人，徙房陵，國除。〔三〕

〔一〕【補注】先謙曰：「濟川王明」以下，官本提行。

〔二〕【補注】劉攽曰：武紀「坐殺太傅、中傅」，與此不同。宋祁曰：「垣，表作桓邑。」先謙曰：中傅是，此中尉，蓋因後人少見中傅而妄改。説詳武紀。「垣」，史記作「桓」，又惠、景間侯者表、本書諸侯王、王子侯兩表皆作「桓」，明「垣」字誤。

〔三〕【補注】先謙曰：後爲陳留郡。

濟東王彭離立二十九年。彭離驕悍，〔一〕昬莫私與其奴亡命少年數十人行剽，〔二〕殺人取財物以爲好。〔三〕所殺發覺者百餘人，國皆知之，莫敢夜行。所殺者子上書告言，有司請誅，武帝弗忍，廢爲庶人，徙上庸，國除，爲大河郡。〔四〕

〔一〕師古曰：悍，勇也。

〔二〕師古曰：剽，劫也，音頻妙反。

〔三〕如淳曰：以是爲好喜之事也。師古曰：好音呼到反。【補注】周壽昌曰：「以爲好」，即「以爲樂」之變文。

〔四〕【補注】沈欽韓曰：地理志「宣帝甘露二年爲東平國」。

山陽哀王定立九年薨。亡子，國除。〔一〕

〔一〕【補注】先謙曰：史記「地入於漢，爲山陽郡」。

濟陰哀王不識立二年薨。亡子，國除。〔一〕

〔一〕【補注】先謙曰：史記「地入於漢，爲濟陰郡」。表作「七年」，據史表「二年薨」。此總謂立後一年耳。「七」字誤。

孝王支子四王，皆絶於身。〔一〕

〔一〕師古曰：支子，謂非正嫡也。

梁平王襄，〔一〕母曰陳太后，共王母曰李太后。李太后，親平王之大母也。〔二〕而平王之后曰任后，任后甚有寵於襄。

〔一〕【補注】先謙曰：官本梁平王襄下不提行。索隱云「襄，漢書作讓」，所見蓋誤本。

〔二〕師古曰：大母，祖母也。共王即李太后所生，故云親祖母也。

初，孝王有罍尊，〔一〕直千金，戒後世善寶之，毋得以與人。〔二〕任后聞而欲得之。李太后曰：「先王有命，毋得以尊與人。他物雖百鉅萬，猶自恣。」〔三〕任后絶欲得之。〔四〕王襄直使人開府取尊賜任后，又王及母陳太后事李太后多不順。〔五〕有漢使者來，李太后欲自言，王使謁者中郎胡等遮止，閉門。李太后與爭門，措指，〔六〕太后啼謼，〔七〕不得見漢使者。李太后亦私與食官長及郎尹霸等姦亂，王與任后以此使人風止李太后。〔八〕李太后亦已，〔九〕後病薨。病

時，任后未嘗請疾，〔一〇〕薨又不侍喪。〔一一〕

〔一〕應劭曰：詩云「酌彼金罍」。罍，畫雲雷之象，以金飾之也。鄭氏曰：上蓋刻爲山雲雷之象。師古曰：鄭説是也。罍，古雷字。【補注】先謙曰：應言畫，鄭言刻，故師古是鄭。禮明堂位「山罍，夏后氏之尊也」。孔疏「罍爲雲雷也，畫爲山雲之形也」。是宗應説。集解引鄭德曰「上蓋刻爲雲雷象，去山字，非也」。

〔二〕師古曰：寶謂愛守也。

〔三〕【補注】先謙曰：「猶」與「由」同。

〔四〕【補注】先謙曰：後書吳良傳注「絶，猶極也」。

〔五〕【補注】先謙曰：官本「李」作「於」。引宋祁曰：景德本「於」作「李」。

〔六〕晉灼曰：許慎云「措，置」。字借以爲笮耳。師古曰：音壯客反，謂爲門扉所窄。【補注】沈欽韓曰：淮南繆稱訓「猿狖之捷來措」，注「措，刺也」。按周禮鼈人「簎魚鼈」。措，簎字或省耳，莊子「擉鼈」同。作「笮」者義亦通。説林又云「猿狖之捷來乍」，即「笮」之省。先謙曰：索隱云「措音迮，側格反。漢書王陵傳『迫迮前隊』皆作此字。説文云『迫，笮也』，謂爲門扉所笮」。案陵傳無此語。説文「笮，迫也」，誤倒。先謙案，一切經音義九「笮猶壓也，今謂以槽笮出汁也」。説文「壓，笮也」，通作「窄」。釋名「其受矢之器，織竹曰笮，相迫窄之名也」。孟子「迫，斯可以見矣」，趙注「迫窄則可以見之」。又通作「迮」。後書陳忠傳「鄰舍比里，共相壓迮」。注「迮，迫也」。笮指者，門猝閉而指未出，爲所迫壓。是借措爲笮，不當訓刺，沈説非也。考工記「輪人轂小而長則柞」。鄭司農云「柞讀爲迫唶之唶，謂輻間柞狹也」。秋官「柞氏」，鄭司農讀爲「音聲唶唶」之「唶」。屋笮之笮，是迫笮之笮，音義竝可從唶。措與唶音相近，故義亦相叚矣。官本注「窄」作「笮」。

〔七〕師古曰：謼音火故反。

〔八〕師古曰：風讀曰諷。止者，止其自言也。

〔九〕師古曰：已，止也。

〔一〇〕張晏曰：請，問也。

〔一一〕【補注】先謙曰：史記作「持喪」，是也。侍與持形近致誤。

元朔中，睢陽人犴反，〔一〕人辱其父，而與睢陽太守客俱出同車。〔二〕犴反殺其仇車上，亡去。〔三〕睢陽太守怒，以讓梁二千石。二千石以下求反急，執反親戚。反知國陰事，乃上變告梁王與大母爭尊狀。時相以下具知之，欲以傷梁長吏，〔四〕書聞。天子下吏驗問，有之。公卿治，奏以爲不孝，請誅王及太后。〔五〕天子曰：「首惡失道，任后也。朕置相吏不逮，〔六〕無以輔王，故陷不誼，不忍致法。」削梁王五縣，奪王太后湯沐成陽邑，〔七〕梟任后首于市，中郎胡等皆伏誅。梁餘尚有八城。〔八〕

〔一〕師古曰：犴姓，反名也。犴音岸。【補注】宋祁云：浙本「犴反」作「犴友」。先謙曰：官本考證按此文則其人姓犴名反，史記作「類犴反」，則其人姓類犴，漢書脱一字耳。先謙案，索隱亦云「反」或作「友」。

〔二〕【補注】劉攽曰：睢陽，梁所都，無太守，當是淮陽。劉敞曰：下兩「睢」字當作「淮」。錢大昕曰：史記本作淮陽。淮陽國，景帝四年除爲郡，故得置太守。梁與淮陽接壤。

〔三〕【補注】先謙曰：史記「犴反」上有「太守客出下車」六字。但云殺其仇，則是止殺與客同車之人，非殺客也。錢大昕以爲太守客爲睢陽人所殺，誤矣。殺者，睢陽人，而事在淮陽地，故淮陽太守治之，而以讓梁吏。

〔四〕【補注】先謙曰：官本「吏」作「史」，引劉攽曰：「史」作「吏」。

〔五〕師古曰：陳太后。

〔六〕師古曰：逮，及也，言其材知不及。

〔七〕【補注】周壽昌曰：成陽，志屬濟陰郡，此食邑在梁國外者也。

〔八〕【補注】齊召南曰：史記作削梁八城，梁餘尚有十城。以地理志證之，梁國統八縣，則此文是也。錢大昕曰：此説非也。志所述者，平帝元始之郡縣，而梁平王削地乃在武帝元朔中，相去百二十餘年。即以漢書本傳攷之，則王立嗣位之後，削地千户及五百户者數矣。及削五縣而餘尚有八縣，益知餘八城之説，未可信也。

襄立四十年薨，〔一〕子頃王無傷嗣。〔二〕十一年薨，子敬王定國嗣。四十年薨，子夷王遂嗣。六年薨，子荒王嘉嗣。十五年薨，子立嗣。

〔一〕【補注】先謙曰：表同。襄卒於天漢四年，史記作三十九年，誤。

〔二〕【補注】先謙曰：官本考證云，諸侯王表作「貞王毋傷」。

鴻嘉中，太傅輔奏：「立一日至十一犯法，臣下愁苦，莫敢親近，不可諫止。願令王，非耕、祠，法駕毋得出宮，盡出馬置外苑，收兵杖藏私府，〔一〕毋得以金錢財物假賜人。」〔二〕事下丞相、御史，請許。〔三〕奏可。後數復毆傷郎，〔四〕夜私出宮。傅相連奏，坐削或千户或五百户，如是者數焉。

〔一〕【補注】沈欽韓曰：王官有私府長。先謙曰：見賈山傳。

〔二〕【補注】先謙曰：假，貸也。

〔三〕師古曰：許太傅所奏。

〔四〕師古曰：毆，捶擊，音一口反。【補注】宋祁云：浙本注文「棰擊也」。

荒王女弟園子爲立舅任寶妻，寶兄子昭爲立后。數過寶飲食，報寶曰：「我好翁主，〔一〕欲得之。」寶曰：「翁主，姑也，法重。」立曰：「何能爲！」〔二〕遂與園子姦。

〔一〕師古曰：諸王女皆稱翁主，言其父自主婚也。

〔二〕師古曰：言罪不能至重也。

積數歲，永始中，相禹奏立對外家怨望，有惡言。有司案驗，因發淫亂事，奏立禽獸行，請誅。太中大夫谷永上疏曰：「臣聞『禮，天子外屏，不欲見外』也。〔一〕是故帝王之意，不窺人閨門之私，聽聞中冓之言。〔二〕春秋爲親者諱。〔三〕詩云『戚戚兄弟，莫遠具爾』。〔四〕今梁王年少，頗有狂病，始以惡言按驗，既亡事實，而發閨門之私，非本章所指。王辭又不服，猥强劾立，傅致難明之事，〔五〕獨以偏辭成辠斷獄，亡益於治道。汙蔑宗室，〔六〕以内亂之惡〔七〕披布宣揚於天下，非所以爲公族隱諱，增朝廷之榮華，昭聖德之風化也。臣愚以爲王少，而父同產長，年齒不倫；梁國之富，足以厚聘美女，招致妖麗；父同產亦有恥辱之心。〔八〕案事者乃驗問惡言，〔九〕何故猥自發舒？〔一〇〕以三者揆之，殆非人情，〔一一〕疑有所迫切，過誤失言，文吏躡尋，不得轉移。萌牙之時，加恩勿治，上也。〔一二〕既已案驗舉憲，宜及〔一三〕王辭不服，詔廷尉選上德通理之吏，更審考清問，著不然之效，定失誤之法。〔一四〕而反命於下吏，〔一五〕以廣公族附疏之德，[一六]爲宗室刷汙亂之恥，[一七]甚得治親之誼。」天子由是寢而不治。

[一]師古曰：屏謂當門之牆，以屏蔽者也。外屏，於門外爲之。【補注】王文彬曰：曲禮「天子當宁而立」。孔疏「諸侯内屏在路門之内，天子外屏在路門之外而近應門」。金鶚駁之云「此言出於禮緯，鄭注禮記引其説，未可信也」。爾疋郝疏引之云「天子外屏，亦見淮南子，金氏駁之是矣」。案爾雅「門屏之間謂之宁」，乃路門外之屏在應門内。曲禮正義引李巡曰「門屏之間謂正門内兩塾間，名曰宁。孫炎曰「門内屏外，人君視朝宁立之處也」。孔取天子外屏寔之非矣。然金、郝二家謂天子無外屏，則又非也。禮郊特牲「臺門而旅樹」，鄭注「樹所以蔽行道」。孫卿子「天子外屏，諸侯内屏，禮也。外屏不欲見於外，内屏不欲見於内也」。是天子原有外屏，論語皇疏：天子尊遠，故外屏。當道而樹，蓋外門之屏也。陳祥道禮書亦云：「當道而設屏，此外門之屏也。治朝在路門之外，天子當宁而立，在門屏之間，此路門之屏也。」故郝疏又云「一切經音義引蒼頡篇云『屏，牆也』。是屏以土爲牆，即今之照壁」。其説得之。

[二]應劭曰：中冓，材構在堂之中也。晉灼曰：魯詩以爲夜也。師古曰：冓謂舍之交積材木也。應説近之。冓音工豆反。【補注】沈欽韓曰：廣雅「⿱宀冓夕，暮夜也」。顔主應説，不辭。周壽昌曰：玉篇「⿱宀冓，夜也」。詩曰「中⿱宀冓之言」，中夜之言也。釋文引韓詩「中冓，中夜淫辟之言也」。是韓、魯詩義同。毛傳「中冓，内冓也」。鄭箋「内冓之言，謂宫中所構成」。則冓讀如構。説文「冓，交積材也」。又顔所本。

[三]【補注】王文彬曰：語本公羊閔元年傳。

[四]師古曰：小雅行葦之詩也。戚戚，内相親也。爾，近也。言王之族親，情無疏遠，皆昵近也。

[五]師古曰：傳讀曰附。

[六]孟康曰：⿰山蔑音漫。師古曰：⿰山蔑音秣，謂塗染也。

[七]【補注】先謙曰：五字當連上爲句，顔誤斷。

[八]師古曰：言其姑亦當自恥，必不與姦。

〔九〕師古曰：本所問者，怨望朝廷之言耳。

〔一〇〕師古曰：猥，曲也。【補注】王念孫曰：猥猶猝也。言案事者所問，乃怨望朝廷之言耳。若淫亂之事，問所不及，何故猝自發舒也？月令「寒氣總至」，鄭注「總猶猥卒也」。卒與猝同。廣雅「猥，頓也」。頓亦猝也。成十八年公羊傳疏引春秋説曰「厲公猥殺四大夫，言猝殺四大夫也」。馬融長笛賦「山水猥至」，言猝至也。王莽傳「今猥被以大罪，恐其遂畔」。言今若猝加以大罪，則恐其遂畔也。師古曰「猥，多也，厚也」，亦失之。

〔一一〕【補注】周壽昌曰：年齒不倫，一也；富厚足聘美麗，且各有恥辱之心，二也；案事者未及淫亂，事無故自發，三也。

〔一二〕如淳曰：覆蓋之，則計之上。

〔一三〕【補注】先謙曰：言舉法者所必及。

〔一四〕師古曰：著，明也。

〔一五〕師古曰：使者還反，以清白之狀付有司也。

〔一六〕【補注】王文彬曰：附疏即疏附之義。詩「予曰有疏附」。傳「率下親上曰疏附」。疏云「疏者，令之親於君上，能使親附，故曰疏附也」。人主篤一本之恩，廣親親之誼，則宗族疏遠者咸樂依附，故云「廣公族附疏之德」。

〔一七〕師古曰：刷謂拭刷除之也，音所劣反。

居數歲，元延中，立復以公事怨相掾及雎陽丞，使奴殺之，殺奴以滅口。凡殺三人，傷五人，手毆郎吏二十餘人。上書不拜奏，謀篡死罪囚。〔一〕有司請誅，上不忍，削立五縣。

〔一〕師古曰：逆取曰篡。

哀帝建平中，立復殺人。天子遣廷尉賞、大鴻臚由持節即訊。〔一〕至，移書傅、相、中尉曰：「王背策戒，〔二〕誖暴妄行，〔三〕連犯大辟，毒流吏民。比比蒙恩，不伏重誅，〔四〕不思改過，復賊殺人。幸得蒙恩，丞相長史、大鴻臚丞即問。王陽病抵讕，置辭〔五〕驕嫚，不首主令，與背畔亡異。〔六〕丞相、御史請收王璽綬，送陳留獄。明詔加恩，復遣廷尉、大鴻臚雜問。今王當受詔置辭，恐復不首實對。〔七〕書曰：『至于再三，有不用，我降爾命。』〔八〕傅、相、中尉皆以輔正爲職，『虎兕出於匣，龜玉毀於匱中，是誰之過也？』〔九〕書到，明以誼曉王。敢復懷詐，罪過益深。傅、相以下，不能輔導，有正法。」

〔一〕師古曰：就問也。【補注】宋祁曰：百官表「廷尉方賞，君賓，大鴻臚畢申世，叔申由」，必有一誤。

〔二〕師古曰：初封時，策書有戒勅之言。【補注】沈欽韓曰：蔡邕獨斷「天子之書，一曰策書，二曰制書，三曰詔書，四曰戒策。策書以命諸侯王、三公，戒策以戒敕刺史太守」。此戒策即梁王有譴嘗被勅教戒者也，豈謂初封時策命哉？先謙曰：戒策不合用於諸侯王，仍以顏說爲是，武五子傳策書可證。此文以下，方歷數其犯罪屢赦，是策戒非指獲譴後被勅教戒明矣。

〔三〕師古曰：誖，乖也，音布内反。

〔四〕師古曰：比猶頻也。

〔五〕師古曰：抵，距也。讕，誣讕也。抵音丁禮反。讕音來亶反。

〔六〕師古曰：不首謂不伏其罪也。主令者，於法令之條與背畔無異也。首音失救反。次下亦同。【補注】劉攽曰：「驕嫚」當屬上句。立使賊殺人而拒諱不服也，使人殺之，此是不首主令之辠也。令音零。先謙曰：劉說上「也」字疑

「言」之誤。連下爲句。此文「王陽病抵讕」句，「置辭驕嫚」句，「不首主令」句。陽病即是抵讕，謾言患病，不與長史、丞相見也。説文「讕，詆讕也」。類篇引作「抵，讕也」。又云「詆讕，誣言也」，讕或借闌字。史記孝文紀「而後相謾」。索隱引韋昭説「謾者，相抵闌也」。並與此同義，不當分疏。「置辭」，謂具供辭，與下文「今王當受詔置辭」同。「主令」猶言主使。

〔七〕【補注】宋祁曰：一本無實字。

〔八〕師古曰：此周書多方篇之辭也。言我教汝，至于再三，汝不能用，則我下罰黜汝命也。

〔九〕師古曰：此論語孔子責冉有、季路之辭也。言虎兕出於檻，龜玉毀於櫝匵，豈非典守者之過邪？喻輔相人者，當能持危扶顛也。【補注】宋祁云：注文浙本「虎」作「豹」，「檻」作「柙」。景德本郭去「虎」字，蓋以師古宜避唐諱。先謙曰：匵，官本作「匵」。匣，論語作「柙」。柙、匣、匵、匵，古並通用。説文「匣，匵也」；「匵，匣也」；「匵，匵也」。桂氏義證云「魏文帝與鍾繇書：鄴騎既到，寶玦初至，捧柙跪發，五内震駭，繩窮柙開，爛然心目」。是借「柙」爲「匣」也。

立惶恐，免冠對曰：「立少失父母，孤弱處深宮中，獨與宦者婢妾居，漸漬小國之俗，加以質性下愚，有不可移之姿。〔一〕往者傅相亦不純以仁誼輔翼立，〔二〕大臣皆尚苛刻，刺求微密。讒臣在其間，左右弄口，積使上下不和，更相眄伺。〔三〕宮殿之裏，毛氂過失，亡不暴陳。〔四〕當伏重誅，以視海内，〔五〕數蒙聖恩，得見貰赦。〔六〕今立自知賊殺中郎曹將，冬月迫促，貪生畏死，即詐僵仆陽病，〔七〕徼幸得踰於須臾。〔八〕謹以實對，伏須重誅。」〔九〕時冬月盡，其春大赦，不治。

〔一〕師古曰：言不從化也。論語稱孔子曰「唯上智與下愚不移」。

〔二〕【補注】先謙曰：官本「翼」作「翌」。

〔三〕師古曰：更音工衡反。

〔四〕【補注】先謙曰：毛氂猶後世言毫氂，時俗轉寫異字耳。鄒陽傳「茅焦亦廑脱死如毛氂耳」，其義亦同。

〔五〕師古曰：視讀曰示。

〔六〕師古曰：貰謂寬其罪。

〔七〕師古曰：僵仆，倒地也。僵音薑。仆音赴。

〔八〕師古曰：冀得踰冬月而減罪也。

〔九〕師古曰：須，待也。

元始中，立坐與平帝外家中山衛氏交通，新都侯王莽奏廢立爲庶人，徙漢中。立自殺。二十七年，國除。後二歲，莽白太皇太后立孝王玄孫之曾孫沛郡卒史音爲梁王，奉孝王後。莽篡，國絶。

贊曰：梁孝王雖以愛親故王膏腴之地，〔一〕然會漢家隆盛，百姓殷富，故能殖其貨財，廣其宮室車服。然亦僭矣。怙親亡厭，牛禍告罰，卒用憂死，悲夫！

〔一〕師古曰：太后愛子，而帝親弟，故曰愛親。【補注】先謙曰：史記作「親愛」。二字不必分指太后、景帝。

賈誼傳第十八

賈誼，洛陽人也，年十八，以能誦詩書屬文稱於郡中。〔一〕河南守吳公聞其秀材，召置門下，〔二〕甚幸愛。〔三〕文帝初立，聞河南守吳公治平爲天下第一，〔四〕故與李斯同邑，〔五〕而嘗學事焉，〔六〕徵以爲廷尉。〔七〕廷尉乃言誼年少，頗通諸家之書。〔八〕文帝召以爲博士。

〔一〕師古曰：屬謂綴輯之也，言其能爲文也。屬音之欲反。【補注】先謙曰：史記作「能誦詩屬書」。

〔二〕師古曰：秀，美也。【補注】周壽昌曰：書中凡「秀」之字曰「茂」，避光武諱也。獨此尚存「秀材」二字。

〔三〕【補注】宋祁曰：「愛」字下當有「之」字，句緩而順。先謙曰：史記亦無「之」字。

〔四〕師古曰：治平，言其政治和平也。

〔五〕【補注】周壽昌曰：據此，吳公是漢汝南郡上蔡人。

〔六〕師古曰：事之而從其學也。

〔七〕【補注】先謙曰：公卿表在元年。

〔八〕【補注】先謙曰：史記「諸家」作「諸子百家」。

是時誼年二十餘，最爲少，每詔令議下，〔一〕諸老先生未能言，誼盡爲之對，人人各如其意所出。諸生於是以爲能。〔二〕文帝説之，〔三〕超遷，歲中至太中大夫。

〔一〕師古曰：謂有詔令出下及遣議事。

〔二〕【補注】先謙曰：史記作「諸生於是乃以爲能不及也」。

〔三〕師古曰：説讀曰悦。

誼以爲漢興二十餘年，天下和洽，宜當改正朔，易服色制度，〔一〕定官名，興禮樂。乃草具其儀法，〔二〕色上黄，數用五，爲官名悉更，奏之。〔三〕文帝謙讓未皇也。〔四〕然諸法令所更定，及列侯就國，其説皆誼發之。於是天子議以誼任公卿之位。絳、灌、東陽侯、馮敬之屬盡害之，〔五〕乃毁誼曰：「雒陽之人年少初學，專欲擅權，紛亂諸事。」於是天子後亦疏之，不用其議，以誼爲長沙王太傅。〔六〕

〔一〕【補注】錢大昭曰：閩本「制」上有「法」字。先謙曰：閩本是也。此後人不解法字之義而妄删之，賴有閩本，猶存其真。史記亦作「法制度」。法，正也。説詳鄒陽傳。

〔二〕師古曰：草謂創造之。

〔三〕師古曰：更，改也。【補注】王念孫曰：「悉更奏之」當依史記作「悉更秦之法」。秦、奏相似而誤，又脱「法」字耳。「色上黄」以下三句，皆是更秦之法，故言此以總之。若謂奏之於上，則但當言「奏」，不當言「更奏」也。師古所見本正作「更秦之法」，故云「更，改也」，亦謂改秦法，非謂改奏。

〔四〕師古曰：皇，暇也。自以爲不當改制。【補注】先謙曰：史記作「孝文帝初即位，謙讓未遑也」，則是以初即位不暇改制，非謂不當改制也。

〔五〕師古曰：絳，絳侯周勃也。灌，灌嬰也。東陽侯，張相如也。馮敬時爲御史大夫。【補注】周壽昌曰：害，忌也。史記「燕昭王使樂毅約趙、楚伐齊，諸侯害齊湣王驕暴，皆許之」。注「害，猶言患之也。患與忌意同」。屈原傳「上官大夫與之同列爭寵，而心害其能」，亦謂忌其能也。先謙曰：公卿表孝文三年書典客馮敬，七年，典客馮敬爲御史大夫。此在帝初即位時，顔注誤。

〔六〕【補注】先謙曰：傳吳芮玄孫差。

誼既以適去，〔一〕意不自得，及度湘水，〔二〕爲賦以弔屈原。屈原，楚賢臣也，被讒放逐，作離騷賦，〔三〕其終篇曰：「已矣！國亡人，莫我知也。」遂自投江而死。誼追傷之，因以自諭。〔四〕其辭曰：〔五〕

〔一〕師古曰：適讀曰謫。其下亦同。【補注】周壽昌曰：太中大夫秩比千石，諸侯王太傅秩尚在內史中尉之上，以秩而較，初非左官。其曰適去者，以其去天子之側而官王國也。先謙曰：官本讀曰謫，作音謫。

〔二〕師古曰：湘水出零陵陽海山，北流入江也。

〔三〕師古曰：離，遭也。憂動曰騷。遭憂而作此辭。【補注】先謙曰：史記屈原傳「離騷者，猶離憂也。」索隱引離騷序云「離，別也。騷，愁也」。

〔四〕師古曰：諭，譬也。

〔五〕【補注】先謙曰：文選李善注引應劭風俗通曰「賈誼與鄧通俱侍中，同位，數廷譏之，因是文帝遷爲長沙太傅。及渡湘水，投弔書曰：『闒茸尊顯，佞諛得志。』以哀屈原罹讒邪之咎，亦因自傷，爲鄧通等所愬也」。先謙案，誼之立言，固宜有體，鴟鴞闒茸，必非以況絳灌諸人。廷譏鄧通，情事所有。應氏所傳不妄也。

恭承嘉惠兮，〔一〕竢罪長沙。〔二〕仄聞屈原兮，自湛汨羅。〔三〕造託湘流兮，敬弔先生。〔四〕遭世罔極兮，乃隕厥身。〔五〕烏虖哀哉兮，逢時不祥！〔六〕鸞鳳伏竄兮，鴟鴞鶚翔。〔七〕闒茸尊顯兮，讒諛得志；〔八〕賢聖逆曳兮，方正倒植。〔九〕謂隨、夷溷兮，〔一〇〕謂跖、蹻廉；〔一一〕莫邪爲鈍兮，〔一二〕鈆刀爲銛。〔一三〕于嗟默默，生之亡故兮！〔一四〕斡棄周鼎，〔一五〕寶康瓠兮。〔一六〕騰駕罷牛，驂蹇驢兮；〔一七〕驥垂兩耳，服鹽車兮。〔一八〕章父薦屨，漸不可久兮；〔一九〕嗟若先生，獨離此咎兮！〔二〇〕

〔一〕師古曰：恭，敬也。嘉惠，謂詔命也。

〔二〕師古曰：竢，古俟字。俟，待也。

〔三〕師古曰：仄，古側字。汨，水名，在長沙羅縣，故曰汨羅。湛讀曰沈。汨音莫歷反。

〔四〕師古曰：造，至也。言至湘水而因託其流也。造音千到反。

〔五〕張晏曰：讒言罔極。師古曰：罔，無也。極，中也，無中正之道。一曰極，止也。

〔六〕師古曰：虖讀曰呼。【補注】先謙曰：官本作「虖音呼」。

〔七〕師古曰：鴟，鴟鵂，怪鳥也。鴞，惡聲之鳥也。鴟音尺夷反。鴞音于驕反。鵂音休。【補注】先謙曰：史記「鴞」作「梟」，官本「鴟鵂」作「鵂鶹」，「鶚」作「翺」，是。

〔八〕師古曰：闒茸，下材不肖之人也。闒音吐盍反。茸音人勇反。

〔九〕師古曰：植，立也，音值。【補注】先謙曰：文選李注引胡廣云「逆曳，不得順道而行也。倒植，賢不肖顛倒而易位也」。

〔一〇〕應劭曰：隨，卞隨，湯時廉士，湯以天下讓而不受。夷，伯夷也，不食周粟，餓于首陽之下。師古曰：溷，濁也，音胡困反。

〔一一〕李奇曰：跖，秦大盜也。楚之大盜爲莊蹻。師古曰：跖音之石反。蹻音居略反。莊周云，盜跖，柳下惠之弟，蓋寓言也。【補注】先謙曰：史記作「世謂隨、夷溷兮，謂盜跖廉」。文選作「謂隨、夷爲溷兮，謂跖、蹻爲廉」。李善注引李奇云「跖，魯之盜跖。蹻，楚之莊蹻」。與此異。

〔一二〕應劭曰：莫邪，吳大夫也，作寶劍，因以冠名。【補注】先謙曰：史記「鈍」作「頓」，借字。

〔一三〕晉灼曰：世俗爲利爲銛徹。師古曰：音弋占反。【補注】先謙曰：文選注引漢書音義曰「銛謂利也」。史記集解引同。官本注「爲利」作「謂利」，爲、謂通用字。

〔一四〕應劭曰：默默，不得意也。鄧展曰：言屈原無故遇此禍也。師古曰：生，先生也。【補注】先謙曰：史記自此至「獨離此咎」，「兮」字並在上句末。

〔一五〕師古曰：斡，轉也，音管。

〔一六〕鄭氏曰：康瓠，瓦盆底也。爾雅曰「康瓠謂之甈」。師古曰：甈音五列反。【補注】先謙曰：集解引應劭曰「康，容也。一曰康，空也」。索隱引李巡云「康謂大瓠瓢也」。先謙案：爾雅郭注「瓠，壺也」。郝疏云「説文『康瓠，破罌』」。廣雅「甈，裂也」。牧人注「故書毀爲甈」。釋文云：「康，埤蒼作『甗』。」字林作「蓏」，李本作「光」。按，光猶廣也，大也。李巡蓋以光瓠爲大瓠。郭云「瓠，壺」，與李義異。爾雅此文皆言瓦器，當以郭爲長。據此，「康瓠」謂瓦壺之毀裂者也。

〔一七〕師古曰：罷讀曰疲。蹇，跛也。

〔一八〕師古曰：駕鹽車也。

〔一九〕師古曰：章父，殷冠名也。言冠乃居下，屨反在上也。父讀曰甫。【補注】劉奉世曰：薦之言藉也。言以冠藉屨，貴賤顛倒。

〔二〇〕應劭曰：嗟，咨嗟也。勞苦屈原遇此難也。師古曰：離，遭也。【補注】先謙曰：史記、文選「若」作「苦」。據注文亦當作「苦」。文選引「勞苦」上更有「苦」字。明本書字誤。

誶曰：〔一〕已矣！國其莫吾知兮，〔二〕子獨壹鬱其誰語？〔三〕鳳縹縹其高逝兮，夫固自引而遠去。〔四〕襲九淵之神龍兮，〔五〕沕淵潛以自珍；〔六〕偭蟂獺以隱處兮，〔七〕夫豈從蝦與蛭螾？〔八〕所貴聖之神德兮，遠濁世而自臧。〔九〕使麒麟可係而羈兮，豈云異夫犬羊？〔一〇〕般紛紛其離此郵兮，〔一一〕亦夫子之故也！〔一二〕歷九州而相其君兮，何必懷此都也？〔一三〕鳳皇翔于千仞兮，覽德煇而下之；〔一四〕見細德之險微兮，遥增擊而去之。〔一五〕彼尋常之汙瀆兮，豈容吞舟之魚！〔一六〕横江湖之鱣鯨兮，固將制於螻螘。〔一七〕

〔一〕李奇曰：誶，告也。張晏曰：誶，離騷下章亂也。師古曰：誶音碎。【補注】先謙曰：史記、文選「誶」作「訊」。集解引李奇曰：訊，告也。張晏曰：訊，離騷下章亂辭也。文選注引同，誤「章」爲「竟」。本書注又脱「辭」字。與本注同。是「誶」即「訊」也。索隱「訊，音信。劉伯莊音素對反，訊猶宣也，重宣其意。周成解詁音碎」。據劉、周二音，皆讀訊爲誶。詩「訊予不顧」。楚辭章句作「誶」。説文：「誶，讓也。引國語曰『誶包胥』。」今吴語作「訊包胥」。經典誶、訊通用。見釋文者不可枚舉。

〔二〕師古曰：一國之人不知我也。

〔三〕師古曰：壹鬱猶怫鬱也。【補注】先謙曰：史記作「堙鬱」。

〔四〕師古曰：縹縹，輕舉貌，音匹遥反。【補注】先謙曰：史記「縹縹」作「漂漂」，「逝」作「遰」，「引」作「縮」。

〔五〕鄧展曰：襲，重也。師古曰：九淵，九旋之川，言至深也。【補注】先謙曰：襲，深藏也。

〔六〕鄧展曰：沕音昧。張晏曰：潛，藏也。【補注】先謙曰：淵，史記、文選作「深」，上有「淵」字。此當爲「深」。

〔七〕服虔曰：螐音梟。應劭曰：螐獺，水蟲害魚者也。偭，背也。欲舍螐獺，從神龍遊也。師古曰：偭音面。【補注】先謙曰：「偭螐獺」，史記作「彌融爚」。集解引徐廣曰：一本作「彌蝎爚」，皆轉寫誤也。索隱釋「螐獺」引郭注爾雅云「似梟，江東謂之魚鴞」。先謙案，此文當如下孟康解，應説非。

〔八〕服虔曰：蛭，水蟲。螾，今之螼螾也。孟康曰：言龍自絶於螐獺，況從蝦與蛭螾也。師古曰：蝦亦水蟲也，音遐。蛭音質。螾字與蚓同，音引，今合韻，當音弋人反。螼音丘謹反。【補注】先謙曰：史記「蝦」作「螘」。唐言合韻，猶今之叶韻。

〔九〕【補注】先謙曰：史記、文選「聖」下竝有「人」字。

〔一〇〕【補注】先謙曰：史記、文選「麒麟」作「騏驥」。

〔一一〕蘇林曰：般音槃。孟康曰：般音班。般，反也。紛紛，搆讒意也。師古曰：般，孟音是也。字從丹青之丹。離，遭也。郵，過也。【補注】錢大昕曰：説文無從丹、從殳之字，小顔誤也。婁機班馬字類引此傳，及禮樂志「般裔裔」，趙充國傳「明主般師罷兵」，揚雄傳「般倕棄其剞劂」，皆從丹旁。今本皆改正作「般」矣。先謙曰：經典般、斑、班字皆通用。離騷「斑陸離其上下」，注「斑，亂貌」，與此般字意同。孟音是，義非。「郵」，史記、文選作「尤」。

〔一二〕李奇曰：亦夫子不如麟鳳之故，離此咎也。師古曰：此説非也。賈誼自言今之離郵，亦猶屈原耳。【補注】劉攽曰：顔説全失。但誼舉屈原事，則可興已矣，遂自敘其怨憤，則太過矣。何焯曰：當從李説。史記作「辜」，文義尤明。

〔一三〕師古曰：言往長沙爲傅，不足哀傷，何用苟懷此之都邑，蓋亦誼自寬廣之言。【補注】先謙曰：官本注末有「也」字。史記「歷」作「瞝」。索隱謂「歷，覲也」。文選注言「知時之亂，當歷九州相賢君而事之，何必思此都而遭放逐」？先謙案，原睠懷宗國，義不他適，誼爲此言哀弔之，甚無可奈何之辭耳！顔説失之愈遠矣。

〔一四〕師古曰：八尺曰仞。千仞，言其極高。【補注】先謙曰：官本注末有「也」字。索隱「言鳳皇翔，見人君有德乃下。故禮曰『德輝動乎內』是也」。

〔一五〕師古曰：增，重也。言見苛細之人，險阨之證，故重擊其羽而高去。【補注】宋祁曰：浙本「微」作「徵」，作「微」者非是。上言微，注言證，意自相會。案，「言微」當作「言徵」。錢大昭曰：史記作「搖增翮逝而去之」。案，「擊」即「翮」也。長楊賦「拮隔鳴球」。韋昭曰：古文「隔」爲「擊」。說文：「玉部『瓛，讀若鬲』。裘部『䫿讀若擊』。」古擊、鬲通用也。王念孫曰：如淳曰「遙，遠也。增，高高上飛意也」。李奇曰「增，益也」。竝見文選注。念孫案，如以增爲高高上飛之意，是也。梅福傳「夫鳶鵲遭害，則仁鳥增逝；愚者蒙戮，則知士深退」。增逝與深退對文，是增爲高也。「增」或作「曾」。淮南覽冥篇「鳳皇曾逝萬仞之上」。高注「曾猶高也。高擊謂上擊也」。宋玉對楚王問曰「鳳皇上擊九千里」是也。李訓「增」爲「益」，顔訓爲「重」，皆失之。遙者，疾也。方言「搖，疾也。廣雅同。燕之外鄙，朝鮮洌水之閒曰搖」。又曰「遙，疾行也」。楚辭九章「願搖起而横奔兮」。淮南原道篇「疾而不搖」。「搖」與「遙」通。此言鳳皇必覽德輝而後下，若見細德之險徵，則速高擊而去之也。如訓「遙」爲「遠」，亦失之。先謙曰：擊者，鳥將飛，兩翼還自擊而後上舉也。此文當作「擊」。史記「借翮耳」。正義「言見細德之人，又有險難微起，則加動羽翮，遠逝而去之」。文選「微」作「徵」，李善竝爲險、徵作注，是在唐世本已各異。「徵」義爲長。

〔一六〕應劭曰：八尺曰尋，倍尋曰常。師古曰：水不泄爲汙，音一胡反，又音一故反。【補注】先謙曰：文選注引莊子曰：「弟子謂庚桑楚曰：『夫尋常之溝，巨魚無所還其體，而鯢鰌爲之制也。』」

〔一七〕如淳曰：鱣、鯨，皆大魚也。臣瓚曰：鱣魚無鱗，口在腹下。鯨魚長者長數里。晉灼曰：小水不容大魚，而横鱣鯨於汙瀆，必爲螻螘所制。以況小朝主闇，不容受忠逆之言，亦爲讒賊小臣所害。師古曰：鱣音竹連反，字或作鱏。鱏亦大魚也，音淫，又音尋。螻音樓，謂螻蛄也。【補注】先謙曰：注「口在腹下」，集解「在」作「近」。「忠逆之言」，文選注引「逆」作「迕」，又引莊子：「庚桑楚謂弟子『吞舟之魚，碭而失水，則螻螘能苦之』。」

誼爲長沙傅三年，有服飛入誼舍，止於坐隅。〔一〕服似鴞，〔二〕不祥鳥也。誼既以適居長沙，長沙卑濕，誼自傷悼，以爲壽不得長，乃爲賦以自廣。〔三〕其辭曰：

〔一〕師古曰：坐音才臥反。

〔二〕晉灼曰：異物志曰「有鳥小雞，體有文色，土俗因形，名之曰服，不能遠飛，行不出域」也。【補注】宋祁曰：注文「鳥」字下疑有「如」字。齊召南曰：史記「楚人命鴞曰服」，是一物二名。漢書云「似鴞」，則二物矣。王先慎曰：史記云「三年，有鴞飛入賈生舍，止於坐隅。楚人命鴞曰服」。索隱引荆州記云「巫縣有鳥如雌雞，其雄爲鴞，楚人謂之服」。御覽九百二十七引漢太常孔臧作鴞賦云「昔在賈生有識之士，忌茲服鳥，卒用喪己」。又毛詩義疏云「鴞大如鳩，緑色，惡聲鳥也，入人家凶。賈誼所賦是也」。又淵鑑類函鳥部引本草集解「鴞即梟也，一名服，吴人呼爲魑魂，惡聲鳥也。賈誼傳云『服似鴞』，其實一物也。又曰鴞、服、鵂、鶹、梟皆惡鳥也，説者往往混注，各執一説。今通考據，并咨詢野人，則梟、鴞、服、訓狐，一物也。鵂、鶹，一物也。鴞即今俗所呼幸胡者是也，處處山林皆有之。少美好而長醜惡，狀如母雞，有斑文，頭如鸜鵒，目如猫目，其名自呼，好食桑椹，古人多食之」。劉恂嶺録云「北方鴞鳴，人以爲怪。南中晝夜飛鳴」。據諸説及盛弘之荆州記觀之，則鴞、服、訓狐之爲一物明矣。先慎案，賈子在長沙作服鳥賦，蓋從楚地之名耳。非有二物也。當從史記爲是。周禮「哲蔟氏掌覆夭鳥之巢」。鄭注「夭鳥，惡鳴之鳥，若鴞、鵩」。賈疏云「鴞鵩者，鴞之與鵩二鳥，俱是夜爲惡鳴者」。蓋沿班書而誤也。先謙曰：文選注引晉説，作巴蜀異物志曰「有鳥，小如雞」。然志作四字韻語，疑加「如」非也。

〔三〕【補注】王先慎曰：西京雜記「賈誼在長沙，鵩鳥集其承塵，長沙俗以鵩鳥至人家，主人死。誼作鵩鳥賦，齊死生，等榮辱，以遺憂累焉」。御覽九百二十七引此，塵字下有「而鳴」二字，「主人」下有「當」字。

單閼之歲，四月孟夏，〔一〕庚子日斜，服集余舍，〔二〕止于坐隅，貌甚閒暇。〔三〕異物來崪，私怪其故，〔四〕發書占之，讖言其度。〔五〕曰「野鳥入室，主人將去」。問于子服：余去何之？〔六〕吉虖告我，凶言其災。淹速之度，語余其期。」〔七〕

〔一〕應劭曰：太歲在卯爲單閼。師古曰：閼音一葛反。【補注】宋祁曰：單音禪。先謙曰：官本考證云「史記作單閼之歲兮。」以下凡起句俱有「兮」字。此班氏所刪也。文選注引徐廣曰「文帝六年，歲在丁卯」。談泰云「依三統術超辰法推之，孝文六年，太歲在丙寅，單閼之歲，是七年也。徐説誤」。先謙案，汪中云「按史記曆書『太初元年焉逢攝提格』，上推孝文五年，是爲昭陽單閼。賈生以孝文元年爲博士，歲中超遷至太中大夫，旋出爲長沙王傅，至是適得三年」。案汪説是。

〔二〕孟康曰：日斜，日昳時。【補注】先謙曰：史記作「日施」。索隱「施音矢移反，猶西斜也」。

〔三〕師古曰：閒讀曰閑。【補注】先謙曰：文選注「閒暇，不驚恐也」。

〔四〕孟康曰：崪音萃。萃，聚集也。【補注】王念孫曰：上文祇有一服，不得言聚集也。崪者止也，其字從止。故上文言「止于坐隅」。廣雅「崪，待也。止，待逗也。逗亦止也」。見説文。楚辭天問「北至回水萃何喜」。王注「萃，止也」。史記「崪」作「集」。集亦止也，見唐風鴇羽傳、晉語注。非聚集之謂。先謙曰：崪，各本從山不從止。據史記作「集」，文選作「萃」，王訓是也。班蓋借「崪」爲「萃」。

〔五〕師古曰：讖，驗也，有徵驗之書也。讖音初禁反。【補注】王先慎曰：正義「發策數之書，占其度驗」。案「度」無驗義，張説非也。度者，數也。禮檀弓注「坿封之度」，釋文「一作『之數』」，是「度」與「數」義通，故字亦相叚。凡言度則數在其中。易彖下傳「節以制度」，虞注「坤數十爲度」。淮南時則訓「貢歲之數，以遠近土地所宜爲度」。他如宿度、律度，皆以數言。竝古義通用之證。下文「淹速之度」，亦謂「淹速之數」也。先謙曰：史記「讖」作「策」，索隱「蓋讖策之辭」。

〔六〕師古曰：子服者，言加其美稱也。【補注】周壽昌曰：子猶汝也。詩「相彼鳥矣」，又「爾牛來思」、「爾羊來思」，加一字以成文。子服之稱亦猶是，不必爲美稱也。觀史記作「請問于服兮」可知。先謙曰：殿本「于」作「於」。引宋祁曰：子服，姚本作「于服」。案，於、于字不得連用，姚本誤也。索隱：「漢書作予服。小顏云『予，加美之詞』。」所見正文及注作「予」，又一漢書本。

〔七〕師古曰：淹，遲也。

服乃太息，舉首奮翼，口不能言，請對以意。〔一〕萬物變化，固亡休息。斡流而遷，或推而還。〔二〕形氣轉續，變化而嬗。〔三〕沕穆亡閒，胡可勝言！〔四〕禍兮福所倚，福兮禍所伏，〔五〕憂喜聚門，吉凶同域。〔六〕彼吴彊大，夫差以敗；粵棲會稽，句踐伯世。〔七〕斯遊遂成，卒被五刑；〔八〕傅説胥靡，乃相武丁。〔九〕夫禍之與福，何異糾纆！〔一〇〕命不可説，孰知其極？〔一一〕水激則旱，矢激則遠。〔一二〕萬物回薄，震蕩相轉。雲烝雨降，糾錯相紛。〔一三〕大鈞播物，坱圠無垠。〔一四〕天不可與慮，道不可與謀。〔一五〕遲速有命，烏識其時？〔一六〕

〔一〕師古曰：意字合韻，宜音億。【補注】先謙曰：意，史記、文選作「臆」。索隱「本作意」，注云「協音意」。正義「協韻音憶」。王念孫云：「意」與「息」、(異)〔翼〕爲韻，故索隱、正義注如此。若「臆」字則本讀入聲，不煩協韻。文選作「臆」，亦後人所改。李注云「請以意中之事對」，則本作「意」明矣。

〔二〕師古曰：斡音管。斡，轉也。還讀曰旋。

〔三〕服虔曰：嬗音如蟬，謂變蛻也。蘇林曰：相傳與也。師古曰：此即「禪」代字，合韻故音嬋耳。蘇説是也。【補注】

先謙曰：文選「嬗」作「蟺」。李善注引蘇林曰「轉續，相傳與也。蟺音蟬，如蜩蟬之蛻化也。或曰，蟺，相連也」。蟺音蟬，以下乃善所加。索隱引韋昭曰：「而，如也，如蟬之蛻化也。蘇林云『嬗音嬋，謂其相傳之也』。」「之」是「與」字之誤。三書引蘇説各不同，當以史記爲正。本書傳寫脱「嬗音嬋謂其」五字。故師古説不明。案「形氣轉續」，即是禪代之義。不當又訓「嬋」爲「相傳與」。而、如二字古通，如蟬正與變化義相承，服、韋説是。

〔四〕師古曰：沕穆，深微貌。胡，何也。言其理深微，不可盡言。沕音勿。【補注】先謙曰：藝文類聚九十二鳥部下引「亡閒」作「無窮」。史記、文選同。李善注以下文多引鶡冠子。案柳宗元云「好事者僞爲其書，反用鵩賦以文飾之」。今悉屏不録。

〔五〕師古曰：此老子德經之言也。倚音於綺反。

〔六〕師古曰：言禍福相因，吉凶不定。

〔七〕師古曰：會稽，山名也。句踐避吴之難，保於茲山，故曰棲也。句音鉤。伯讀曰霸。

〔八〕應劭曰：李斯西遊於秦，身登相位，二世時爲趙高所譖，身伏五刑。【補注】宋祁曰：注姚本「伏」作「被」。先謙曰：遂，達也。遂成，謂身達而名成。

〔九〕張晏曰：胥靡，刑名也。傳説被刑築於傅巖，武丁以爲己相。師古曰：胥靡，相隨之刑也。解在楚元王傳。

〔一〇〕應劭曰：禍福相爲表裏，如糾纆索相附會也。臣瓚曰：糾，絞也。纆，索也。師古曰：纆音墨。【補注】先謙曰：文選注引字林曰：糾，兩合繩。纆，三合繩。

〔一一〕師古曰：極，止也。

〔一二〕師古曰：言水之激疾，則去盡，不能浸潤。矢之激發，則去遠。【補注】劉攽曰：旱讀爲悍，猛疾也。先謙曰：文選注引吕氏春秋曰「激矢遠，激水旱」。索隱云，吕氏春秋作「疾」。則所見本不同也。疾、悍義同，劉説是也。旱、悍通叚字。

〔一三〕【補注】先謙曰：官本「烝」作「蒸」。雲自下升，雨自上降。「糾錯」，史記作「錯繆」。

〔一四〕如淳曰：陶者作器於鈞上，此以造化爲大鈞也。應劭曰：其氣坱圠，非有限齊也。師古曰：今造瓦者謂所轉者爲鈞，言造化爲人，亦猶陶之造瓦耳。坱音烏朗反。圠音於黠反。【補注】錢大昭曰：閩本注「此」作「比」。先謙曰：史記作「大專槃物兮，坱軋無垠」。索隱「專讀曰鈞。槃猶轉也，與播義同。說文『垠，圻也』。王逸注楚詞云『坱軋，霧氣昧也』」。

〔一五〕【補注】先謙曰：文選兩「與」字作「預」。史記索隱「與音預」。

〔一六〕師古曰：烏猶何也。

且夫天地爲鑪，造化爲工；陰陽爲炭，萬物爲銅，〔一〕合散消息，安有常則？千變萬化，未始有極。〔二〕忽然爲人，何足控揣；〔三〕化爲異物，又何足患！〔四〕小智自私，賤彼貴我；〔五〕達人大觀，物亡不可。〔六〕貪夫徇財，列士徇名；〔七〕夸者死權，品庶每生。〔八〕怵迫之徒，或趨西東；〔九〕大人不曲，意變齊同。〔一〇〕愚士繫俗，僒若囚拘；〔一一〕至人遺物，獨與道俱。〔一二〕衆人惑惑，好惡積意；〔一三〕真人恬漠，獨與道息。〔一四〕釋智遺形，超然自喪；〔一五〕寥廓忽荒，與道翺翔。〔一六〕乘流則逝，得坎則止；〔一七〕縱軀委命，不私與己。其生兮若浮，其死兮若休。〔一八〕澹虖若深淵之靚，氾虖若不繫之舟。〔一九〕不以生故自保，養空而浮。〔二〇〕德人無累，知命不憂。〔二一〕細故蔕芥，何足以疑！〔二二〕

〔一〕師古曰：以冶鑄爲喻。【補注】先謙曰：文選注：「莊子『子黎曰：今一以天地爲大鑪，以造化爲大冶。惡乎往而不可哉』？」

〔二〕【補注】先謙曰：文選注：「列子曰『千變萬化，不可窮極』。」

〔三〕孟康曰：控，引也。揣，持也。言人生忽然，何足引持自貴借也。如淳曰：控，引也。揣音團。控摶，玩弄愛生之意也。師古曰：如說是。【補注】宋祁曰：注文「貴借」，姚本作「貴惜」。錢大昭曰：「揣」無「團」音，必作「摶」字，乃與患字合韻。文選作「控摶」，並引如淳曰：「摶音團，或作揣」，是如本作「摶」也。小顏變其字而仍其音，遂致讀者不可解矣。先謙曰：「專」字或作「耑」，故「摶」亦變文爲「揣」。作「摶」是也。史記同。文選注展轉推尋，徒滋轇轕。「貴借」亦引作「貴惜」，姚本是也。

〔四〕師古曰：患合韻音環。

〔五〕【補注】先謙曰：文選注：「列子曰『小智自私怨之府』。莊子『北海若曰：以道觀之，無貴無賤；以物觀之，自貴而相賤』。」

〔六〕【補注】先謙曰：文選注：「莊子曰『物故有所然，物故有所可，無物不然，無物不可』。」

〔七〕臣瓚曰：以身從物曰徇。【補注】宋祁曰：浙本「徇」作「殉」。先謙曰：文選「列」作「烈」。注引莊子云「胥士之徇名，貪夫之徇財，天下皆然，不獨一人」。先謙案，列士與貪夫、夸者對文，則非衆士之謂。義當從「烈」，省文爲「列」耳。

〔八〕臣瓚曰：謂夸，泰也。莊子曰「權勢不（充）〔尤〕，則夸者悲」。孟康曰：每，貪也。師古曰：品庶，猶庶品也。【補注】先謙曰：夸泰者，不可一日無權，故云死權。「每生」，史記作「馮生」。集解引孟康曰：馮，貪也。先謙案，說文「品，衆庶也」。易「品物流形」。品物即謂衆物。此文「品庶」亦謂「衆庶」也。貪夫、列士、夸者、品庶四者，皆以人言。顏云「庶品則兼物言」，非其指矣。方言「挴，貪也」。索隱云「每字合從手旁」，是也。省作「每」耳。

〔九〕孟康曰：怵爲利所誘訹也。迫，迫貧賤。東西，趨利也。師古曰：誘訹之訹則音戌。或曰，怵，怵惕也，音丑出反。其義兩通。而說者欲改字爲鉥，蓋穿鑿耳。【補注】王念孫曰：孟說是也。管子心術篇「人之可殺，以其惡死也。

其可不利，以其好利也。是以君子不怵乎好，不迫乎惡」。然則怵迫者，怵乎利、迫乎害也。趨西東者，趨利避害也。不得以怵爲怵惕明矣。先謙曰：索隱云：「漢書亦有作『私東』。應劭曰『仕諸侯爲私，時天子居長安，諸王悉在關東，小人怵然，内迫私家，樂仕諸侯，故云怵迫私東也』。李奇曰『私多作西者，言東西趨利也』。」據此，是當日漢書本私、西互異矣。集解引孟注「訹」作「怵」，文選注引作「怵」，然「賤」下有「也」字。

〔一〇〕【補注】王念孫曰：意讀爲億，萬年之億。說文本作意。史記正作「億」。億變，猶上文言千變萬化也。「億變齊同」，即莊子齊物之旨。作「意」者，借字耳。文選劉良注云「意與變化齊同」，失之。

〔一一〕李奇曰：僒音塊。蘇林曰：音人肩傴僒爾。音欺全反。師古曰：蘇音是。【補注】張佖曰：按說文「窘音渠隕反，迫也」。文選李善注「窘，囚拘之貌」。五臣注「窘，困也。愚者繫縛俗累，困如囚人拘束」。其字並不從人。唯孫強新加字、玉篇及開元文字有作「僒」字，並音窘。疑蘇音誤。今宜定從說文音渠隕反。沈欽韓曰：玉篇「僒，求敏、口窘二切」，引此文謂「肩傴僒」也。與蘇林音異義同。荀子儒效篇「僡然若終身之虜」。楊倞云「僡字書無所見，蓋環繞囚拘之貌，意與此僒字同」。史記作「攌」，義與「攟」同。集韻「閉門機也」。先謙曰：官本注，人上「音」字作「皆」。

〔一二〕【補注】先謙曰：文選注「莊子曰：不離於真，謂之至人」。又孔子謂老聃曰「形體若槁木，似遺物而立於獨也」。

〔一三〕李奇曰：惑惑，東西也。所好所惡，積之萬億也。臣瓚曰：言衆懷好惡，積之心意也。師古曰：瓚說是也。意，合韻，音於力反。【補注】王念孫曰：案李、薛二說皆非也。意者，滿也，言好惡積滿於中也。「意」字本作「𢡃」，或作億，文選作積億。又作「臆」。說文「𢡃，滿也」。方言「臆，滿也」。小雅楚茨「我倉既盈，我庾維億」。億亦盈也。說詳經義述聞。襄二十五年左傳「今陳介恃楚衆，以馮陵我敝邑，不可億逞」。「億逞」即「億盈」，言其欲不可「滿盈」也。盈與逞古字通。說見經義述聞。𢡃、億、臆竝與意同。先謙曰：說文「惑，亂也」。惑惑謂惑之甚。集解引瓚說，「懷」下有「抱」字。

〔一四〕師古曰：恬，安也。漠，靜也。【補注】先謙曰：文選注「文子曰：『得天地之道，故謂之真人也。』莊子曰：『虛靜恬淡，寂寞無爲者，道德之至也。』」

〔一五〕服虔曰：絶聖棄智，而亡其身也。師古曰：喪合韻音先郎反。【補注】先謙曰：集解引「亡」作「忘」。案，集解是也。文選注「莊子：仲尼問於顏回曰『何謂坐忘』？回曰『隳支體，黜聰明，離形去智，同於大道，此謂坐忘』。」索隱「遺形者，形故可使如槁木也，自喪者，心若死灰也」。莊周曰：「今者吾喪我，汝知之乎？」

〔一六〕師古曰：荒音呼廣反。【補注】先謙曰：文選注「寥廓忽荒，元氣未分之貌」。廣雅「寥，深也。廓，空也」。

〔一七〕孟康曰：易「坎爲險」，遇險難而止也。張晏曰：謂夷易則仕，險難則隱也。【補注】先謙曰：坎，史記、文選作「坻」。集解：「徐廣曰『坻』一作『坎』。張晏曰『坻，水中小洲也』。」先謙案，坻、坎意同。總謂不可行耳，不當作險難解。言行止一聽自然，非有計較之私，亦無關仕隱之義。如孟、張説，與上下文恉不合矣。官本「得」作「遇」。玩孟注，作「遇」是。

〔一八〕師古曰：休，息也。【補注】先謙曰：文選注：「莊子曰『其生若浮，其死若休』。」

〔一九〕師古曰：澹，安也。音徒濫反。靚與靜同。氾音敷劒反。【補注】先謙曰：文選注：「老聃曰『其居也淵而靜，其唯人心乎』？又曰『汎若不繫之舟，虛而遨遊』。」

〔二〇〕服虔曰：道家養空虛，若浮舟也。【補注】先謙曰：「保」，史記、文選作「寶」。「浮」，史記作「游」。集解引漢書音義曰：「如舟之空也」。索隱：「鄧展曰『自寶，自貴也』。」言體道之人，但養空性，而心若浮舟也。文選注，服虔引作「鄭氏」。

〔二一〕【補注】先謙曰：文選注：「莊子云『德人者，居無思，行無慮也』。又曰『聖人循天之理，故無天災，故無物累』。周易曰『樂天知命故不憂』。」

〔二二〕師古曰：蔕芥，小鯁也。蔕音丑芥反。【補注】先謙曰：史記作「蔕薊」。索隱「薊音介」。張揖云「蔕介，鯁刺也」。文選注「鶡冠子曰，細故袃蒯，奚足以疑」？「袃蒯」與「蔕芥」，古通字。

後歲餘，文帝思誼，徵之。至，入見，上方受釐，坐宣室。〔一〕上因感鬼神事，而問鬼神之本。誼具道所以然之故。至夜半，文帝前席。〔二〕既罷，曰：「吾久不見賈生，自以爲過之，今不及也。」乃拜誼爲梁懷王太傅。懷王，上少子，愛，而好書，故令誼傅之，數問以得失。〔三〕

〔一〕蘇林曰：宣室，未央前正室也。應劭曰：釐，祭餘肉也。漢儀注祭天地五時，皇帝不自行，祠還致福。釐音禧。師古曰：禧，福也。借釐字爲之耳。言受神之福也。【補注】沈欽韓曰：少牢饋食禮「來女孝孫」。鄭注「來讀曰釐。釐，賜也」。左僖四年傳「太子申生歸胙于公」。晉世家作「歸釐于君」，則「釐」即「胙」也。續志注「丁孚漢儀，桓帝祠恭懷皇后，祝辭賜皇帝福，太常再拜。太宰左辨，以致皇帝」。是漢以受胙肉爲受釐之證也。其郡國祠祭，亦致釐京師。風俗通云「泰山廟，太守自侍祠燔柴，上福脯三十朐，縣次傳送京師」。先謙曰：索隱引三輔故事云「宣室在未央殿北」。

〔二〕師古曰：漸迫近誼，聽説其言也。

〔三〕師古曰：漢朝問以國家之事。

是時，匈奴彊，侵邊。天下初定，制度疏闊。諸侯王僭儗，地過古制，〔一〕淮南、濟北王皆爲逆誅。〔二〕誼數上疏陳政事，多所欲匡建，〔三〕其大略曰：

〔一〕師古曰：儗，比也，上比於天子。儗音擬。【補注】齊召南曰：自此以下，並漢書所詮敘也。史記賈生與屈原同傳，於經國之才，救時之論，槩未及録，故特詳補之。其治安策及上書，並賈子新書文，節以入傳。

〔二〕【補注】先謙曰：淮南厲王長、濟北王興居。

〔三〕師古曰：匡，正也，正其失也。建，立也，立制節也。

臣竊維事執，可爲痛哭者一，可爲流涕者二，〔一〕可爲長太息者六，〔二〕若其它背理而傷道者，難偏以疏舉。〔三〕進言者皆曰天下已安已治矣，〔四〕臣獨以爲未也。曰安且治者，非愚則諛，〔五〕皆非事實知治亂之體者也。夫抱火厝之積薪之下而寢其上，〔六〕火未及燃，因謂之安，〔七〕方今之執，何以異此！本末舛逆，首尾衡決，國制搶攘，〔八〕非甚有紀，〔九〕胡可謂治！陛下何不壹令臣得孰數之於前，因陳治安之策，試詳擇焉！

〔一〕【補注】先謙曰：王應麟云，其一謂匈奴有可制之策而不用也。其二論足食勸農，班氏不載於傳而載之食貨志。

〔二〕【補注】先謙曰：王應麟云：新書言庶人上僭，班氏取爲太息之一。秦俗經制二篇，不以爲太息，而班氏取爲太息之二。諭教太子，是爲太息之三。體貌大臣，是爲太息之四。又等齊篇論名分不正，又銅布篇論收銅鑄錢，此二者皆太息之説，班氏削等齊篇不取，而載銅布篇於食貨志。故六太息，止載三篇。先謙案，新書文多脱誤，今但採其與本書文義相發者，餘屏不録。

〔三〕師古曰：言不可盡條記也。

〔四〕師古曰：進言者，謂陳説於天子前者也。治音直吏反。此下並同。【補注】先謙曰：官本「下」上有「以」字。

〔五〕師古曰：實謂治安，則是愚也。知其不爾而假言之，是諂諛也。

〔六〕師古曰：厝，置也，音千故反。

〔七〕【補注】宋祁曰：浙本「燃」作「然」。「然」已從火，旁又加火，非是。

〔八〕蘇林曰：搶音濟濟蹌蹌，不安貌也。晉灼曰：搶音傖，吴人罵楚人曰傖。傖攘，亂貌也。師古曰：晉音是，傖音仕庚反，攘音女庚反。【補注】先謙曰：官本「仕庚」作「仕康」。引宋祁曰：搶攘，今越本「搶音仕庚反。攘因音誤。女庚反」。未知孰是。

〔九〕師古曰：紀，理也。

夫射獵之娛，與安危之機孰急？〔一〕使爲治勞智慮，苦身體，乏鍾鼓之樂，勿爲可也。〔二〕樂與今同，而加之諸侯軌道，兵革不動，〔三〕民保首領，匈奴賓服，四荒鄉風，〔四〕百姓素朴，獄訟衰息。大數既得，則天下順治，〔五〕海内之氣，清和咸理，生爲明帝，没爲明神，名譽之美，垂於無窮。禮祖有功而宗有德，〔六〕使顧成之廟稱爲太宗，〔七〕上配太祖，與漢亡極。建久安之埶，成長治之業，以承祖廟，以奉六親，至孝也；〔八〕以幸天下，以育羣生，至仁也；〔九〕立經陳紀，輕重同得，〔一〇〕後可以爲萬世法程，〔一一〕雖有愚幼不肖之嗣，猶得蒙業而安，至明也。以陛下之明達，因使少知治體者得佐下風，致此非難也。〔一二〕其具可素陳於前，願幸無忽。〔一三〕臣謹稽之天地，〔一四〕驗之往古，按之當今之務，日夜念此至孰也，雖使禹舜復生，爲陛下計，亡以易此。〔一五〕

〔一〕師古曰：言二事之中何者爲急。【補注】先謙曰：文帝喜射獵，故誼云然。

〔二〕【補注】先謙曰：新書「乏」下多「馳騁」二字，義較完足。

〔三〕師古曰：軌道，言遵法制也。

〔四〕師古曰：鄉讀曰嚮。

〔五〕【補注】先謙曰：廣雅釋言「數，術也」。謂治天下之道術。

〔六〕【補注】先謙曰：新書下有「始取天下爲功，始治天下爲德」二句。

〔七〕【補注】周壽昌曰：顧成，文帝四年自作廟名。

〔八〕應劭曰：六親，父母兄弟妻子也。【補注】王先恭曰：自來説六親者，紛紜不定。老子「六親不和有孝慈」。王弼注「六親，父子兄弟夫婦也」。左昭二十五年傳爲「君臣上下，以則地義。夫婦外内，以經二物。爲父子、兄弟、姑姊、甥舅、昏媾姻亞，以象天明」。杜注「六親和睦，以事嚴父，若衆星之共辰極也」。本書禮樂志「六親和睦」，注取以爲釋。今案左傳文，夫婦明在六親之外。本傳下文云「使父子有禮，六親有紀」。又云「父子六親，各得其宜」。父子亦不在六親之内。下文又云「秦滅四維而不張，故君臣乖亂，六親殃戮」。是六親爲同時親屬。或疑如尚書堯典鄭説九族，本書鄒陽傳張説七族之義，亦非也。六親：諸父一也，諸舅二也，兄弟三也，姑姊四也，昏媾五也，姻亞六也。皆列於爾雅釋親之文。其在天子，親諸父兄弟姑姊，以厚宗族；親諸舅以厚母黨。至婦黨爲婚，壻黨爲姻，自天子達於庶人共之，皆一本之恩所推。故曰以奉六親，至孝也。

〔九〕【補注】錢大昭曰：新書「幸」作「宰」。

〔一〇〕【補注】先謙曰：新書「同」作「周」。

〔一一〕師古曰：程，式也。

〔一二〕師古曰：少知治體者，誼自謂也。【補注】劉攽曰：少知治體泛説爾，何必誼自謂乎？

〔一三〕師古曰：忽，怠忘也。

〔一四〕師古曰：稽，考也。

〔一五〕師古曰：易，改也。

夫樹國固必相疑之埶，〔一〕下數被其殃，上數爽其憂，〔二〕甚非所以安上而全下也。

今或親弟謀爲東帝，〔三〕親兄之子西鄉而擊，〔四〕今吴又見告矣。〔五〕天子春秋鼎盛，〔六〕行義未過，〔七〕德澤有加焉，猶尚如是，況莫大諸侯，〔八〕權力且十此者虖！〔九〕

〔一〕鄭氏曰：今建立國泰大，其勢必固相疑也。臣瓚曰：樹國於險固，諸侯彊大，則必與天子有相疑之埶也。師古曰：鄭説是也。【補注】齊召南曰：按如鄭説，則本文「固」字應倒在「必」字之下，於義不順。如瓚説則「樹國固」當一讀，於義甚長。師古取鄭説似誤。錢大昕曰：沈彤云「夫」當作「大」。鄭氏云「今建立國泰大，其埶必固相疑也」，若作「夫樹國」云云，則當請廢封建，或於「固」字句絶，則當請無立國於險矣。而下文皆不之及，但言「國不可太大，宜衆建諸侯而少其力」。故知「夫」爲「大」之譌。先謙曰：瓚、齊説是。言險固則彊大意在其中。治要引「埶」下有「也」字，於「固」字一讀，兼引瓚注。新書作「夫樹國必審相疑之埶」，當是後人妄改也。

〔二〕如淳曰：爽，忒也。【補注】先謙曰：顧炎武云「謂秦之所憂在孤立，而漢之所憂在諸侯。漢初之所憂在異姓，而今之所憂在同姓」。沈彤云「爽，甚也。謂下疑上則必反，而上必甚其憂也。爽有猛烈意，是甚之義。如説與上文不貫」。先謙案，廣雅釋詁「爽，傷也」。言上數爲憂所傷也。故下文云「非所以安上」。

〔三〕應劭曰：淮南厲王長。

〔四〕如淳曰：謂齊悼惠王子興居而爲濟北王反，欲擊取滎陽也。師古曰：鄉讀曰嚮。

〔五〕如淳曰：時吴王又不循漢法，有告之者。

〔六〕應劭曰：鼎，方也。

〔七〕師古曰：行音下更反。【補注】周壽昌曰：言未有失也。

〔八〕師古曰：莫大，謂無有大於其國者，言最大也。

〔九〕師古曰：十倍於此。【補注】先謙曰：通鑑胡注「誼之大意，蓋謂淮南、濟北當文帝之時尚敢以一國爲變，使諸侯相合，襲是跡而動，則其權力十倍於此，爲患莫大焉」。

然而天下少安，何也？大國之王幼弱未壯，漢之所置傅相方握其事。數年之後，諸侯之王大抵皆冠，〔一〕血氣方剛，漢之傅相稱病而賜罷，彼自丞尉以上偏置私人，〔二〕如此，有異淮南、濟北之爲邪！此時而欲爲治安，雖堯舜不治。〔三〕

〔一〕師古曰：大抵，猶言大略也，音丁禮反。其下亦同。

〔二〕【補注】先謙曰：官本「偏」作「徧」。案治要作「徧」，通志九十七引賈誼傳作「徧」，宋建本新書同。盧文弨云「舊本漢書亦是『偏』字，作『徧』者非也」。

〔三〕【補注】宋祁曰：浙本「治」字上有「能」字。存「能」則語成文。王念孫曰：案，當作「雖堯舜不能」。浙本作「不能治」，「治」字蓋涉上句而衍。各本又脱「能」字，賈子宗首篇作「雖堯舜不能」，無「治」字。

黄帝曰：「日中必熭，操刀必割。」〔一〕今令此道順而全安，甚易，〔二〕不肯早爲，已乃墮骨肉之屬而抗剄之，〔三〕豈有異秦之季世虖！〔四〕夫以天子之位，乘今之時，因天之助，尚憚以危爲安，以亂爲治，假設陛下居齊桓之處，將不合諸侯而匡天下乎？〔五〕臣又以知陛下有所必不能矣。假設天下如曩時，〔六〕淮陰侯尚王楚，黥布王淮南，彭越王梁，韓信王韓，張敖王趙，貫高爲相，盧綰王燕，陳豨在代，令此六七公者皆亡恙，〔七〕當是時而陛下即天子位，能自安乎？〔八〕臣有以知陛下之不能也。天下殽亂，高皇帝與諸公併起，〔九〕非有仄室之埶以豫席之也。〔一〇〕諸公幸者，乃爲中涓，其次廑得舍人，〔一一〕材之不逮至遠也。高皇帝以明聖威武即天子位，割膏腴之地以王諸公，多者百餘城，少者乃三四十縣，悳至渥也。〔一二〕然其後十年之間，反者九起。陛下之與諸公，非親角材而臣之也，〔一三〕又非身封王之也。自高皇帝不能以是一歲爲安，故臣知陛下之不能也。然尚有可諉者，曰疏，〔一四〕臣請試言其親者。假令悼惠王王齊，元王王楚，中子王趙，〔一五〕幽王王淮陽，共王王梁，〔一六〕靈王王燕，厲王王淮南，六七貴人皆亡恙，當是時，陛下即位，能爲治虖？臣又知陛下之不能也。若此諸王，雖名爲臣，實皆有布衣昆弟之心，〔一七〕慮亡不帝制而天子自爲者。〔一八〕擅爵人，赦死罪，〔一九〕甚者或戴黄屋，〔二〇〕漢法令非行也。雖行不軌如厲王者，令之不肯聽，召之安可致乎！〔二一〕幸而來至，法安可得加！動一親戚，天下圜視而起，〔二二〕陛下之臣雖有悍如馮敬者，〔二三〕適啟其口，匕首已陷其匈矣。〔二四〕陛下雖賢，誰與領此？〔二五〕故疏者必危，親者必亂，已然之效也。其異姓負彊而動者，漢已幸勝之矣，又不易其所以然。同姓襲是跡而動，〔二六〕既有徵矣，〔二七〕其埶盡又復然。殃旤之變，未知所移，〔二八〕明帝處之，尚不能以安，後世將如之何！

〔一〕孟康曰：熭音衛，日中盛者，必暴熭也。臣瓚曰：太公曰「日中不熭，是謂失時；操刀不割，失利之期」。言當及時也。師古曰：此語見六韜。熭謂暴曬之也。曬音所智反。又音所懈反。【補注】先謙曰：盧文弨云「顏氏家訓引賈誼策作『熭』，宋潭本新書正相合，從之」。先謙案，説文「熭，暴乾火也」。徐鍇本無「火」字。玉篇「熭，曝乾也」。此作「熭」，後人妄加艸耳。通志賈誼傳亦作「熭」。

〔二〕【補注】先謙曰：道，由也。由順不爲叛逆。

〔三〕應劭曰：抗其頭而剄之也。師古曰：墮，毀也。抗，舉也。剄，割頸也。墮音火規反。剄音工鼎反。

〔四〕【補注】先謙曰：始皇紀「二世即位，六公子戮死於杜，公子將閭三人殺於内宫」是也。

〔五〕【補注】王念孫曰：案漢紀孝文紀作「將能九合諸侯而一匡天下乎」？今案，作「將能」者是也。言文帝得位乘時，尚不能安危治亂，假令居齊桓之處，必不能一匡九合也。下文曰「臣又以知陛下有所必不能矣」。「能」與「不能」，上下正相應。下文又曰「當是時而陛下即天子位，能自安乎？臣有以知陛下之不能也」。又曰「當是時，陛下即位，能爲治虖？臣又以知陛下之不能也」。語意竝與此同。賈子作「將不」云云，恐後人據漢書改之也。

〔六〕師古曰：曩，久也。謂昔時。

〔七〕師古曰：無恙，言無憂病。【補注】先謙曰：亡恙，猶言尚在耳。顔注泥。官本注末有「也」字。

〔八〕【補注】宋祁云：浙本「位」字上有「之」字。

〔九〕師古曰：殽，雜也。併音步鼎反。

〔一〇〕應劭曰：禮，卿大夫之支子爲側室。席，大也。臣瓚曰：席，藉也。言非有側室之埶爲之資藉也。師古曰：瓚説是也。【補注】王先慎曰：左桓二年傳「師服曰：吾聞國之立也，本大而末小，是以能固。故天子建國，諸侯立家，卿置側室，大夫有貳宗」。鄭注「側室，衆子也，得立此一官」。孔疏「趙有側室曰穿」。是卿得立此官也。案，國家側室、貳宗，皆天子、諸侯、卿大夫之副貳。此言淮陰侯等非有副貳之埶爲之憑藉也。

〔一一〕師古曰：廑與僅同。廑，劣也，言纔得舍人。

〔一二〕師古曰：悳，古德字。渥，厚也，音握。

〔一三〕師古曰：角，校也，競也。

〔一四〕孟康曰：諉，累也。以疏爲累，言不以國也。蔡謨曰：諉者，託也。尚可託言信、越等以疏故反，故其下句曰「臣請試言其親者」。親者亦恃彊爲亂，明信等不以疏也。師古曰：蔡説是矣。諉音女瑞反。

〔一五〕【補注】先謙曰：謂隱王如意。

〔一六〕師古曰：共讀曰恭。

〔一七〕師古曰：自以爲於天子爲昆弟而不論君臣之義。

〔一八〕師古曰：慮，大計也。言諸侯皆欲同皇帝之制度，而爲天子之事。

〔一九〕師古曰：擅，專也。

〔二〇〕師古曰：天子車蓋之制。【補注】先謙曰：官本「蓋」作「戴」。引宋祁云：注文姚本「戴」作「蓋」。

〔二一〕師古曰：不軌，謂不修法制也。致，至也。

〔二二〕應劭曰：圜，精正視也。師古曰：言驚愕也。【補注】先謙曰：猶言相顧而起。應説非。新書作「環視」。

〔二三〕如淳曰：馮無擇子，名忠直，爲御史大夫，奏淮南厲王誅之。師古曰：悍，勇也。【補注】宋祁曰：案功臣表，非馮無擇子。孝文七年，自典客爲御史大夫。先謙曰：敬是無擇子，見高紀。宋説謬也。

〔二四〕師古曰：始欲發言，節制諸侯王，則爲刺客所殺。【補注】周壽昌曰：前之審食其，後之袁盎皆是也。

〔二五〕師古曰：領，理也。【補注】錢大昭曰：仲尼燕居云：「敢問禮也者，領好而全惡者與」？鄭注「領猶治也」。師古避諱改爲「理」。

〔二六〕師古曰：易其所以然，謂改其法制使不然。

〔二七〕師古曰：徵，證驗也。

〔二八〕師古曰：旤，古「禍」字。

屠牛坦一朝解十二牛，〔一〕而芒刃不頓者，〔二〕所排擊剝割，皆衆理解也。〔三〕至於髖髀之所，非斤則斧。〔四〕夫仁義恩厚，人主之芒刃也；權埶法制，人主之斤斧也。今諸侯王皆衆髖髀也，釋斤斧之用，而欲嬰以芒刃，〔五〕臣以爲不缺則折。胡不用之淮南、濟北？埶不可也。〔六〕

〔一〕蘇林曰：孔子時人也。師古曰：坦，屠牛者之名也。事見管子。【補注】沈欽韓曰：管子制分篇「屠牛坦朝解九牛而刀可以莫鐵」。淮南齊俗訓作「屠牛吐」。

〔二〕師古曰：芒刃，謂刃之利如豪芒也。頓讀曰鈍。【補注】先謙曰：說文芒，艸耑。引申之則刀耑亦謂之芒。文選七命「建雲髦，啟雄芒」。注「芒，鋒刃也」。今人加金作「鋩」，非也。說文無「鋩」字。又說文「刃，刀堅也，謂刀之陷物處也」。芒、刃二字當平列，顏說非。官本注「豪」作「毫」。

〔三〕師古曰：解，支節也。音胡懈反。【補注】先謙曰：理，肌肉也。說文「解，判也」。衆理解，謂其肌肉易解判處。顏說非。

〔四〕師古曰：髀，股骨也。髖，髀上也。言其骨大，故須斤斧也。髖音寬。髀音陛，又音必爾反。

〔五〕師古曰：嬰，繞也。【補注】先謙曰：下文「嬰以廉恥」，顏注「嬰，加也」。此亦當訓爲加。

〔六〕晉灼曰：一國皆反誅，何不施之仁恩，埶不可故也。【補注】先謙曰：官本「一」作「二」，是。

臣竊跡前事，〔一〕大抵彊者先反，淮陰王楚最彊，則最先反；韓信倚胡，則又反；〔二〕貫高因趙資，則又反；陳豨兵精則又反；彭越用梁，則又反；〔三〕黥布用淮南，則又反；盧綰最弱，最後反。長沙乃在二萬五千户耳，〔四〕功少而最完，埶疏而最忠，非獨性異人也，亦形埶然也。曩令樊、酈、絳、灌據數十城而王，今雖以殘亡可也。〔五〕令信、越之倫列爲徹侯而居，雖至今存可也。〔六〕然則天下之大計可知已。〔七〕欲諸王之皆忠附，則莫若令如長沙王。欲臣子之勿菹醢，則莫若令如樊、酈等。欲天下之治安，莫若衆建諸侯而少其力。力少則易使以義，國小則亡邪心。〔八〕令海內之埶，如身之使臂，臂之使指，莫不制從。〔九〕諸侯之君，不敢有異心，輻湊並進，而歸命天子。〔一〇〕雖在細民，且知其安。〔一一〕故天下咸知陛下之明，割地定制。令齊、趙、楚各爲若干國，〔一二〕使悼惠王、幽王、元王之子孫畢以次各受祖之分地，〔一三〕地盡而止，及燕、梁它國皆然。其分地衆而子孫少者，建以爲國，空而置之，須其子孫生者，舉使君之。〔一四〕諸侯之地，其削頗入漢者，爲徙其侯國及封其子孫也，〔一五〕所以數償之；一寸之地，一人之衆，天子亡所利焉，〔一六〕誠以定治而已，故天下咸知陛下之廉。地制壹定，宗室子孫莫慮不王，〔一七〕下無倍畔之心，上無誅伐之志，〔一八〕故天下咸知陛下之仁。法立而不犯，令行而不逆，貫高、利幾之謀不生，〔一九〕柴奇、開章之計不萌，〔二〇〕細民鄉善，大臣致順，〔二一〕故天下咸知陛下之義。臥赤子天下之上而安，植遺腹，朝委裘，而天下不亂，〔二二〕當時大治，後世誦聖。〔二三〕壹動而五業附，〔二四〕陛下誰憚而久不爲此？〔二五〕

〔一〕師古曰：尋前事之蹤跡。

〔二〕師古曰：倚，依也，音於綺反。

〔三〕晉灼曰：用，役用之也。

〔四〕【補注】王念孫曰：在，讀爲纔。廣雅「纔，僅也」。言僅二萬五千户也。字或作「財」，文紀「太僕見馬遺財足」。又作「裁」。高惠高后文功臣表「裁十二三」。説文「在從才聲」，故與纔、財、裁通用。而「在」字師古無音，則讀如本字矣。賈子藩彊篇正作「乃纔二萬五千户」。

〔五〕晉灼曰：事勢可亡也。師古曰：曩亦謂昔時也。

〔六〕晉灼曰：事埶可存。

〔七〕師古曰：已，語終辭。

〔八〕師古曰：使以義，使之遵禮義也。

〔九〕【補注】王念孫曰：「制從」當爲「從制」，謂莫不從其節制也。今本作「制從」，則文義不順。賈子五美篇、漢紀孝文紀竝作「莫不從制」。

〔一〇〕【補注】先謙曰：新書此下有「天子無可以徼倖之權，無起禍召亂之業」二句。

〔一一〕【補注】宋祁云：舊本「在」作「有」。

〔一二〕師古曰：若干，豫設數也。解在食貨志。

〔一三〕師古曰：分音扶問反。次下亦同。

〔一四〕師古曰：須，待也。

〔一五〕師古曰：徙其侯國，列侯國邑在諸侯王封内而犬牙相入者，則正其疆界，令其隔絶也。封其子孫者，分諸侯王之國邑，各自封其子孫，而受封之人若有罪黜，其地皆入於漢，故曰頗入也。【補注】宋祁曰：新本「子孫」下有「於彼」二字。注文「令其隔絶」，浙本作「令不隔絶」。錢大昕曰：沈彤云「也」當作「他」，謂諸侯或以罪黜，其地被削多入於漢者，若因其所存地爲國，則國小而其子孫亦不得封，故爲之徙其侯國，並封其子孫於他所，如其被削之數償之也。顔注誤。先謙曰：浙本「令其」作「令不」，是。

〔一六〕師古曰：償者，謂所正列侯疆界有侵諸侯王者，則漢償之。【補注】劉攽曰：言諸侯之地先有削而頗入漢者，後而以封列侯，今爲徙之，及至封其子孫，皆據數償之。假令一王合封十縣，則予十縣，是爲以數償之矣。「所」字衍文。劉奉世曰：償之，言還也。所以數復還其削地，如前所云者，明天子不利有其地也。先謙曰：詳文義，上不應有「也」字。沈改爲「他」，精確不可易。諸家説並廢矣。

〔一七〕師古曰：慮，計也。【補注】先謙曰：新書作「慮莫不王」，是也。詳顏注，則漢書本作「慮莫不王」，故訓慮爲計。言宗室子孫自計莫不可王，故無倍畔之心。若作「莫慮不王」，則當釋爲無憂不王，不訓慮爲計矣。治要引亦作「莫慮」，是唐初已有誤本。

〔一八〕師古曰：倍讀曰偝。【補注】先謙曰：官本「偝」作「背」。

〔一九〕【補注】齊召南曰：利幾事見高紀。幾本楚將，降而封于潁川，疑懼遂反，高帝擊破之。

〔二〇〕應劭曰：柴奇、開章皆與淮南王謀反者也。【補注】宋祁曰：新本「開」作「啟」。先謙曰：新書亦作「啟章」，避景帝諱改。

〔二一〕師古曰：鄉讀曰嚮。【補注】先謙曰：新書作「效順」，義較長。效、致形近而譌。

〔二二〕服虔曰：言天下安，雖赤子遺腹在位，猶不危也。應劭曰：置遺腹，朝委裘，皆未有所知也。孟康曰：委裘，若容衣，天子未坐朝，事先帝裘衣也。師古曰：應孟二説皆是。【補注】王鳴盛曰：顧氏曰「植遺腹，必古有此語，所謂君死而世子生者也。季桓子命其臣正常曰，南孺子之子男也，則以告而立之」。先謙曰：遺腹與赤子對文，植遺腹，故但朝先帝裘衣，義自一貫。孟氏以爲天子未坐朝，其解不明。委，垂也。吕覽察賢篇「堯之容若委衣裘」。文選任昉爲蕭揚州薦士表，注引晏子曰「治天下若委裘」。蓋「委裘」二字所本，而義各别。新書此下有「社稷長安，宗廟久尊，傳之後世，不知其所窮」，方接「故當時」云云，案自臥赤子至誦聖爲五美之一，必如新書，文義乃完足。

〔二三〕師古曰：稱誦其聖明。

〔二四〕【補注】先謙曰：新書作「五美」是也。其篇亦名五美，謂明廉仁義，後嗣永安也。「業」與「美」形近致譌。

〔二五〕師古曰：憚，畏難也。音徒旦反。

天下之執，方病大瘇，〔一〕一脛之大幾如要，一指之大幾如股，〔二〕平居不可屈信，〔三〕一二指搐，身慮亡聊。〔四〕失今不治，必爲錮疾，〔五〕後雖有扁鵲，不能爲已。〔六〕病非徒瘇也，〔七〕又苦蹠盭。〔八〕元王之子，帝之從弟也；〔九〕今之王者，從弟之子也。惠王，親兄子也；今之王者，兄子之子也。〔一〇〕親者或亡分地以安天下，〔一一〕疏者或制大權以偪天子，〔一二〕臣故曰非徒病瘇也，又苦蹠盭。可痛哭者，此病是也。

〔一〕如淳曰：腫足曰瘇。師古曰：音上勇反。【補注】先謙曰：瘇當作瘇。說文「瘇，脛氣足腫」。詩曰「既微且瘇」。籀文作「尰」。

〔二〕師古曰：幾，並音巨依反。【補注】沈欽韓曰：秦策「范睢謂秦王，未嘗聞指大于臂，臂大于股」。韓非揚權篇「腓大於股，難以趣走」。

〔三〕師古曰：信讀曰伸。

〔四〕師古曰：搐謂動而痛也。聊，賴也。搐音丑六反。【補注】宋祁曰：越本「搐」作「畜」。先謙曰：一二指痛，則身懼若無所恃賴。喻諸侯有一二反者，則天下爲之震動，不可保也。

〔五〕師古曰：錮疾，堅久之疾。

〔六〕師古曰：扁鵲，良醫也。爲，治也。已，語終辭。

〔七〕【補注】王念孫曰：「病非徒瘇」，當作「非徒病瘇」，「病瘇」與「苦蹊盭」對文，則病字當在瘇字上，不當在「非徒」上。賈子大都篇亦誤作「病非徒尰」。御覽疾病部三引此，正作「非徒病瘇」。下文云「臣故曰非徒病瘇也，又苦蹊盭」，此尤其明證矣。下文又云，非亶倒縣而已，又類辟且病痱。

〔八〕師古曰：蹊，古蹠字也，音之石反。足下曰蹠，今所呼腳掌是也。盭，古戾字，言足蹠反戾，不可行也。【補注】錢大昕曰：說文無「蹊」字。小顏讀爲「蹠」，恐亦臆說，當是𨂂字之譌。說文「𨂂，脛肉，一曰曲脛，讀若逵」。渠追切。「盭」，亦當從說文作「盭」。盭，弼戾也。𨂂盭謂足脛反戾，不便行動。王念孫曰：說文「跖，足下也」。作蹠者借字。說文「楚人」謂跳躍曰蹠。作𨂂者別體耳。或從石聲，或從庶聲，或從炙聲，一也。石與炙聲相近，石與庶聲亦相近，故「盜跖」或作「盜蹠」。庶與炙聲亦相近，故小雅楚茨篇「或燔或炙」，與「爲豆孔庶」爲韻。後書郅惲傳注引史記曰「申包胥晝夜馳驅，足踵蹠盭」。是古有蹠盭之語，即此傳之「蹊盭」。師古讀蹊爲「蹠」，非臆說也。腳掌反戾，故曰「蹊盭」。賈子大都篇亦作「蹊盭」。錢以蹊爲𨂂字之譌，非也。說文以「𨂂」爲「曲脛」，廣雅「盭，曲也」。是𨂂、盭皆有曲義。上既言「𨂂」，則下不得復言「盭」。史記、漢書之字固有不見於說文者，必別指一字以當之，則鑿矣。先謙曰：官本「盭」作「盭」，是。

〔九〕師古曰：楚元王，高帝之弟，其子於文帝爲從弟。

〔一〇〕師古曰：惠王，齊悼惠王。【補注】劉攽曰：惠王下脫「之子」二字。先謙曰：新書亦脫「之子」二字。盧文弨云「惠王乃文帝親兄，其子哀王，文帝元年薨，子文王則嗣，故云『今之王者，兄子之子』，是惠王下當有『之子』二字。今從劉貢父補」。先謙案，通鑑、通志賈誼傳竝有「之子」二字。何焯以爲惠王當作哀王，又據通鑑有「之子」二字，與前親兄之子句相應，以爲刊本脫誤。當以後說爲正。

〔一一〕師古曰：廣立藩屏則天下安，故曰「以安天下」。【補注】先謙曰：「親者」，謂帝之子孫。下文「疏者」，即謂元王、惠王之後。

〔一一〕師古曰：偪古逼字。【補注】先謙曰：「偪」正字，「逼」俗字。

天下之埶方倒縣。凡天子者，天下之首，何也？上也。蠻夷者，天下之足，何也？下也。今匈奴嫚娒侵掠，至不敬也，〔一〕爲天下患，至亡已也。〔二〕而漢歲致金絮采繒以奉之。夷狄徵令，是主上之操也；〔三〕天子共貢，是臣下之禮也。〔四〕足反居上，首顧居下，〔五〕倒縣如此，莫之能解，猶爲國有人乎？〔六〕非亶倒縣而已，〔七〕又類辟，且病痱。〔八〕夫辟者一面病，痱者一方痛。〔九〕今西邊北邊之郡，雖有長爵不輕得復，〔一〇〕五尺以上不輕得息，〔一一〕斥候望烽燧不得臥，〔一二〕將吏被介胄而睡，〔一三〕臣故曰一方病矣。醫能治之，而上不使，〔一四〕可爲流涕者此也。

〔一〕師古曰：娒古侮字。【補注】先謙曰：説文「娒，女師也」。「字」或作「姆」，不訓嫚侮，此借字。師古以爲古「侮」字，失之。

〔二〕師古曰：亡已，言不可止也。

〔三〕師古曰：徵，召也。令，號令也。操謂主上之所操持也。操音千高反。【補注】先謙曰：官本「令」作「令」。

〔四〕師古曰：共讀曰恭。

〔五〕師古曰：顧亦反也，言如人反顧然。

〔六〕師古曰：顛倒如此而不能解救，豈謂國有明智之人乎？

〔七〕師古曰：亶讀曰但。

〔八〕服虔曰：病癖，不能行也。師古曰：辟，足病。痱，風。辟音壁，痱音肥。【補注】宋祁曰：浙本注，病字下有「也」

字，疿下有「體傷病也」四字。若止用舊注，則全無意，當用浙本。先謙曰：「辟」當作「躄」。說文「躄人，不能行也」。此省文作「辟」。荀子正論篇「不能以辟馬毀輿致遠」。注「辟與躄同」。新書作「躄」，俗字。注「癖」爲「辟」之誤。說文「疿，風病也」。灌夫傳「竇嬰即陽病疿」。顏注「疿，風病也」。注「風下」奪「病也」二字。浙本妄改「體傷病也」，宋氏從之，誤矣。

〔九〕【補注】先謙曰：一方痛，當爲一方病。痛與病字形相似而譌也。六書故「疿，風腫也」。廣韻「疿癗，皮外小起」。字略「疿癗，小腫也」。皆無痛義。令人皮膚小起，癢不及搔，甚者暴腫，面目爲變，吾鄉俗謂之風它。其病初不至痛，亦能死人。靈樞經「疿之爲病也，身無痛者，四肢不收，智亂不甚，其言微，知可治，甚則不能言，不可治也」。據此，知此文作「病」，不作「痛」。下文云「臣故曰一方病矣」，不云「一方痛」，尤其明證矣。

〔一〇〕張晏曰：長爵，高爵也。雖受高爵之賞，猶將禦寇，不得復除逸豫也。蘇林曰：輕，易也。不易得復除，言難也。師古曰：復音方目反。【補注】周壽昌曰：長爵，世及之爵也。雖有長世之爵，猶赴征役，不得復除也。昭紀如注「雖丞相子亦在戍邊之調」是也。

〔一一〕如淳曰：五尺謂小兒也。言無大小皆當自爲戰備。

〔一二〕文穎曰：邊方備胡寇，作高土櫓，櫓上作桔皋，桔皋頭兜零，以薪草置其中，常低之，有寇即火然舉之以相告，曰烽。又多積薪，寇至即然之，以望其煙，曰燧。張晏曰：晝舉烽，夜燔燧也。師古曰：張說誤也。晝則燔燧，夜則舉烽。【補注】沈欽韓曰：高誘兵略注「斥，度；候，視也」。先謙曰：注「火然」倒。周紀「幽王爲烽燧」，正義「晝日然熢，以望火煙；夜舉燧以望火光也」。熢，土魯也。燧，炬火也。皆山上安之，有寇舉之。司馬相如傳「夫邊郡之士，聞烽舉燧燔」。索隱「烽主晝，燧主夜」。諸家並與張說合，師古自誤耳。說文「熢」下云「燧，候表也，篆文連讀。邊有警，則舉火」。「𨽿」下云「塞上亭守㷭火者」。義取互訓，更不分疏。斥，廣也。

〔一三〕師古曰：被音皮義反。

〔一四〕師古曰：醫者誼自謂。

陛下何忍以帝皇之號爲戎人諸侯，執既卑辱，而旤不息，長此安窮！〔一〕進謀者率以爲是，固不可解也，〔二〕亡具甚矣。〔三〕臣竊料匈奴之衆〔四〕不過漢一大縣，〔五〕以天下之大困於一縣之衆，甚爲執事者羞之。陛下何不試以臣爲屬國之官以主匈奴？〔六〕行臣之計，請必係單于之頸而制其命，伏中行説而笞其背，〔七〕舉匈奴之衆唯上之令。〔八〕今不獵猛敵而獵田彘，不搏反寇而搏畜菟，翫細娛而不圖大患，非所以爲安也。德可遠施，威可遠加，而直數百里外威令不信，〔九〕可爲流涕者此也。

〔一〕師古曰：言長養此患，將何所窮極也。【補注】沈欽韓曰：言以此爲久長，何所究竟也。讀作「長養」，非。

〔二〕【補注】先謙曰：固，新書作「困」。

〔三〕師古曰：無治安之具。

〔四〕師古曰：料，量也，音聊。

〔五〕【補注】先謙曰：言其人民少。

〔六〕【補注】先謙曰：官本考證引真德秀云「此文下，新書言『三表五餌』，而史削之。又『威令不信，可爲流涕者此也』下，新書言『天子之相，號爲丞相，諸侯之臣，號爲丞相云云，是臣主非有相臨之分，尊卑之經也。可爲長太息者此也』，而史削之」。

〔七〕鄭氏曰：説，奄人也，漢使送公主妻匈奴，説不肯行，强之，因以漢事告匈奴也。師古曰：中行，姓也。説，名也。行音胡剛反。説讀曰悦。中行説事具在匈奴傳。

〔八〕師古曰：聽天子之命。

〔九〕師古曰：信讀曰伸。

今民賣僮者，〔一〕爲之繡衣絲履偏諸緣，〔二〕内之閑中，〔三〕是古天子后服，所以廟而不宴者也，〔四〕而庶人得以衣婢妾。白縠之表，薄紈之裏，緁以偏諸，〔五〕美者黼繡，〔六〕是古天子之服，今富人大賈嘉會召客者以被牆。〔七〕古者以奉一帝一后而節適，〔八〕今庶人屋壁得爲帝服，倡優下賤得爲后飾，然而天下不屈者，殆未有也。〔九〕且帝之身自衣皁綈，〔一〇〕而富民牆屋被文繡；天子之后以緣其領，庶人孽妾緣其履：〔一一〕此臣所謂舛也。夫百人作之不能衣一人，〔一二〕欲天下亡寒，胡可得也？一人耕之，十人聚而食之，欲天下亡飢，不可得也。飢寒切於民之肌膚，欲其亡爲姦邪，不可得也。國已屈矣，〔一三〕盜賊直須時耳，〔一四〕然而獻計者曰「毋動」，〔一五〕爲大耳。〔一六〕夫俗至大不敬也，至亡等也，〔一七〕至冒上也，〔一八〕進計者猶曰「毋爲」，可爲長太息者此也。

〔一〕如淳曰：僮謂隸妾也。

〔二〕服虔曰：如牙條以作履緣。師古曰：偏諸，若今之織成以爲要襻及褾領者也。古謂之車馬裹，其上爲乘車及騎從之象也。【補注】沈欽韓曰：廣雅「編緒，繶紃絛也」。説文「絛，扁緒也」。服虔謂「絛」是也。「偏諸」，即「編緒」之段借。巾車條纓五就，鄭注「條讀爲絛，其樊及纓以絛絲飾之而五成」。先謙曰：急就篇「承塵户幭絛繢總」。顔注「絛，一名偏諸，織絲縷爲之。所以懸係承塵户幭，因爲飾也」。案，扁緒、編緒、偏諸即一物，聲轉字異耳。官本注「如」作「加」，是。

〔三〕服虔曰：閑，賣奴婢闌。

〔四〕師古曰：入廟則服之，宴處則不著，蓋貴之也。

〔五〕晉灼曰：以偏諸緁著衣也。師古曰：緁音妾，謂以偏諸緶著之也。緶音步千反。

〔六〕師古曰：黼者，織爲斧形。繡者，刺爲衆文。

〔七〕師古曰：被音皮義反。

〔八〕師古曰：得其節而合宜。

〔九〕師古曰：屈謂財力盡也。音其勿反。

〔一〇〕師古曰：綈，厚繒也，音徒奚反。

〔一一〕師古曰：㜸，庶賤者。【補注】先謙曰：官本注「者」作「也」。説文無「㜸」字。新書作「孽妾」，是也。此篇本名「孽産子」。上文「賣僮者」作「賣産子」，「倡優下賤」作「賈婦優倡，下賤産子」。上文「婢妾」亦作「孽妾」。説文「孽，庶子也」。引申之則衆庶旁出者，並受此稱。庶子、婢妾，皆謂之孽也。

〔一二〕師古曰：衣音於既反。

〔一三〕師古曰：屈音其勿反。

〔一四〕師古曰：言待時而發。

〔一五〕師古曰：言天下安，不可動摇。

〔一六〕如淳曰：好爲大語者。【補注】周壽昌曰：漢文時尚黄老，以清靜爲治，故曰「毋動爲大」，不必截讀。先謙曰：「毋動爲大」，猶言毋動爲上也。孟子「事親爲大」、「守身爲大」，句例正同。大語曰大，所未聞也。

〔一七〕師古曰：無尊卑之差。

〔一八〕師古曰：冒，犯也。

商君遺禮義，棄仁恩，[一]并心於進取，行之二歲，秦俗日敗。故秦人家富子壯則出分，家貧子壯則出贅。[二]借父耰鉏，慮有德色；[三]母取箕箒，立而誶語。[四]抱哺其子，與公併倨；[五]婦姑不相説，則反脣而相稽。[六]其慈子耆利，不同禽獸者亡幾耳。[七]然并心而赴時，猶曰蹷六國，兼天下。[八]功成求得矣，[九]終不知反廉愧之節，仁義之厚。[一〇]信并兼之法，遂進取之業，[一一]天下大敗；衆掩寡，智欺愚，勇威怯，壯陵衰，其亂至矣。是以大賢起之，威震海内，德從天下。[一二]曩之爲秦者，今轉而爲漢矣。然其遺風餘俗，猶尚未改。今世以侈靡相競，而上亡制度，棄禮誼，捐廉恥，日甚，可謂月異而歲不同矣。逐利不耳，慮非顧行也，[一三]今其甚者殺父兄矣。盜者剟寢户之簾，[一四]搴兩廟之器，[一五]白晝大都之中剽吏而奪之金。[一六]矯僞者出幾十萬石粟，[一七]賦六百餘萬錢，乘傳而行郡國，[一八]此其亡行義之先至者也。[一九]而大臣特以簿書不報，期會之間，以爲大故。[二〇]至於俗流失，世壞敗，因恬而不知怪，[二一]慮不動於耳目，以爲是適然耳。[二二]夫移風易俗，使天下回心而鄉道，類非俗吏之所能爲也。[二三]俗吏之所務，在於刀筆筐篋，[二四]而不知大禮，[二五]陛下又不自憂，竊爲陛下惜之。

[一]師古曰：謂商鞅。

[二]應劭曰：出作贅壻也。師古曰：謂之贅壻者，言其不當出在妻家，亦猶人身體之有肬贅，非應所有也。一説，贅，質也，家貧無有聘財，以身爲質也。贅音之鋭反。分音扶問反。【補注】錢大昕曰：或謂家貧子壯出贅，賈生以爲

秦俗之薄。竊疑昏姻論門户，貧富諒必相當。子就婦家，貧者固得所願，恐非女家所樂。若富家有女，安肯與貧人昏？漢時七科適戍，贅壻與吏有罪亡命者並列，又何故也？曰，説文「贅，以物質錢也，從敖貝。敖者，猶放貝當復取之也」。漢書嚴助傳「歲比不登，民待賣爵贅子以接衣食」。如淳云「淮南俗，賣子與人作奴，名曰贅子。三年不能贖，遂爲奴婢」。然則贅子猶今之典身，立有年限取贖者，去奴婢僅一閒耳。秦人子壯出贅，謂其父子不相顧，惟利是嗜，捐棄骨肉，降爲奴婢而不恥也。其贅而不贖，主家以女匹之，則謂之贅壻，故當時賤之。師古謂家貧無有聘財，以身爲質者，非也。今人以就壻爲贅壻，亦失之。若賣妻與人作婢，謂之贅妻。淮南子云「贅妻鬻子」是也。太公陰符「奪人田宅，贅人妻子」。先謙曰：「二」字下疑脱「十」字。注「應所」二字倒。

〔三〕師古曰：耰，摩田器也，言以耰及鉏借與其父，而容色自矜爲恩德也。耰音憂。【補注】先謙曰：新書「假父耰鉏杖彗耳，慮有德色矣。耳、矣衍文，宋澶本無。母取瓢椀箕箒，慮立誶語」。慮，大計也，言其俗大都如此。

〔四〕服虔曰：誶猶罵也。張晏曰：誶，責讓也。師古曰：張説是也。誶音碎。【補注】宋祁曰：浙本「箒」作「帚」。沈欽韓曰：釋詁「誶，告也」。言母不得擅取，須相告，非責讓也。先謙曰：新書澶本作「立而訊語」。古誶、訊通用，竝有告讓之義。耰鉏可借，則箕箒亦可取，但須告語耳。然曰「取」，或是徑取之辭，則且立而責讓矣。或曰「誶、訊，皆問也」。言母取箕箒，立而詰問，不輕與之。三義竝通。

〔五〕師古曰：哺，飤也。言婦抱子而哺之，乃與其舅併倨，無禮之甚也。哺音步。併音步鼎反。【補注】沈欽韓曰：呂覽異用篇「孔子之弟子從遠方來者，孔子荷杖而問曰：『子之公不有恙乎』？搏杖而揖之，問曰：『子之父母不有恙乎？』」是以祖爲公也。淮南氾論「宋人嫁子，若公知其盜也，逐而去之」。此以舅爲公也。釋名「夫之兄曰公」。先謙曰：據下與姑對文，則公專訓舅。上四句以父母言，乃謂其子；此以公姑言，是謂其婦耳。

〔六〕應劭曰：稽，計也，相與計校也。師古曰：説音悦。稽音上奚反。【補注】宋祁曰：「反脣」一作「反辱」。劉攽曰：「辱」或作「唇」。

〔七〕師古曰：唯有慈愛其子，而貪嗜財利，小異於禽獸也。無幾，言不多也。幾音居豈反。【補注】劉奉世曰：誼謂秦人不知孝義，但如禽獸，知愛子、貪利而已。此其去禽獸亡幾也。顔解不明，乃似云惟此小異於禽獸。沈欽韓曰：新書云「其慈子耆利而輕簡父母也，念罪非有倫理也，其不同禽獸勤焉耳。勤同僅。此正謂其如禽獸，惟知將雛甘薦也。顔説謬。先謙曰：官本注奪「音」字。

〔八〕蘇林曰：蹷音厥。師古曰：蹷謂拔而取之。【補注】先謙曰：治要引「時」下有「者」字，是也。上言商君并心進取，致俗敝如此，然秦之君臣并心而赴時者，猶曰但求功成，雖遺禮義，棄仁恩，弗恤。若無「者」字則文義不明。新書亦作「然猶并心而赴時者曰」，其明證也。説文「蹷，僵也」。荀子成相篇「國乃蹷」。注「蹷，顛覆也」。富國篇「是之謂國蹷」。注「蹷，顛倒也」。蹷六國，謂顛仆之。拔乃引申之義，不當取以爲訓。

〔九〕師古曰：求得，所求者得也。

〔一〇〕師古曰：反，還也。【補注】王念孫曰：古無以「廉愧」二字連文者，愧當爲醜字之誤也。廉醜即廉恥語之轉耳，故賈子時變篇作「廉恥」。又下文「棄禮義，捐廉恥」，「禮義廉恥，是謂四維」。賈子俗激篇竝作「廉醜」，凡賈子書「恥」字多作「醜」，逸周書亦然。呂氏春秋不侵篇「秦昭王欲醜之以辭」。高注「醜」或作「恥」。莊子讓王篇「君子之無恥也若此乎」？呂氏春秋慎人篇「恥」作「醜」。韓子説難篇「在知飾所説之所矜，而滅其所恥」。史記韓非傳「恥」作「醜」。燕策「雪先王之恥」。新序雜事篇「恥」作「醜」。淮南脩務訓「南榮疇恥聖道之獨亡於己」。賈子勸學篇「恥」作「醜」。故知此「廉(恥)〔愧〕」爲「廉醜」之誤。

〔一一〕師古曰：信讀曰伸，一曰信任。

〔一二〕師古曰：大賢謂高祖也。德從天下，天下從其德。【補注】先謙曰：起之，謂扶持天下之危亂也。晉語「世相起也」。注「起，扶持也」。

〔一三〕師古曰：言其所追赴，唯計利與不耳。念慮之中，非顧行之善惡也。【補注】劉攽曰：慮，大率也。先謙曰：慮，劉説是。詳見食貨、溝洫二志。

〔一四〕師古曰：剟謂割取之也。室有東西箱曰廟，無東西箱曰寢，蓋謂陵上之寢。剟音輟。【補注】先謙曰：新書「剟」作「掇」。

〔一五〕如淳曰：搴，取也。兩廟，高祖惠帝廟也。師古曰：搴，拔也，音騫，又音蹇。【補注】先謙曰：張釋之傳「人有盜高廟座前玉環」是也。

〔一六〕師古曰：白晝，晝日也。言白者，謂不陰晦也。剽，劫也，音頻妙反。

〔一七〕服虔曰：吏矯僞徵發，盈出十萬石粟。師古曰：服説非也。幾，近也。言詐爲文書，以出倉粟近十萬石耳。非謂徵發於下也。幾音鉅依反。

〔一八〕如淳曰：此言富者出錢穀，得高爵，或乃爲使者，乘傳車循行郡國，以爲榮也。師古曰：如説亦非也。此又言矯僞之人詐爲詔令，妄作賦斂，其數甚多，又詐乘傳而行郡國也。行音下更反。【補注】沈欽韓曰：按當緣鼂錯入粟之請，得賜高爵，其納粟于邊，又許乘傳過郡國也。如解「入粟爲使者」，固非；顔言「詐作詔令徵發」，亦無理。先謙曰：案以上數事，皆實有之。故誼臚舉以爲民亡行義之證。此「出粟賦錢，乘傳行郡國」，即是矯僞無行義之事。顔説近之。漢世奸俠橫行，讀貨殖游俠兩傳，可以想見，不必執今疑古。酷吏傳「胡倩詐稱光禄大夫言使督盜賊，止陳留傳舍。公孫勇衣繡衣、乘駟馬車」，亦其比也。

〔一九〕【補注】先謙曰：官本「先」作「尤」，是也。小民奸僞至極，故曰「尤至」。治要、通志賈誼傳並作「尤」，新書同。

〔二〇〕師古曰：特，徒也，言公卿大臣特以簿書期會爲急，不知正風俗、厲行義也。【補注】宋祁云：注文姚本「特以」作「徒以」。

〔二一〕師古曰：恬，安也。音徒兼反。【補注】王念孫曰：失與泆同。禮樂志作「風俗流溢」。「因」當爲「固」字之誤也。固與顧同。顧，反也。見秦策及吕氏春秋審分篇、淮南説山篇注。「恬而」，「恬然」也。古謂「然」爲「而」，説見經傳釋詞。言大臣但以簿書期會爲急，至於俗流泆世壞敗，反恬然不以爲怪也。賈子俗激篇正作「固恬弗知怪」。先謙曰：盧校新書本作「因」，王引蓋別本。

〔二二〕師古曰：適，當也，謂事理當然。【補注】先謙曰：「慮」亦「大率」也。

〔二三〕師古曰：鄉讀曰嚮。

〔二四〕師古曰：刀所以削書札，筐篋所以盛書。【補注】沈欽韓曰：文子徵明篇「察於刀筆之迹者，不知治亂之本」。荀子王制篇「亡國富筐篋」。周壽昌曰：刀筆以治文書，筐篋以貯財幣。言俗吏所務，在科條徵斂也。顔注誤。先謙曰：沈、周説是。新書作「加刀筆之吏務在筐箱」。

〔二五〕【補注】先謙曰：官本「禮」作「體」，是。新書亦作「體」。盧校云，建本作「大禮」，譌。

夫立君臣，等上下，使父子有禮，六親有紀，〔一〕此非天之所爲，人之所設也。夫人之所設，不爲不立，不植則僵，不修則壞。〔二〕筦子曰：〔三〕「禮義廉恥，是謂四維；四維不張，國乃滅亡。」使筦子愚人也則可，筦子而少知治體，則是豈可不爲寒心哉！〔四〕秦滅四維而不張，故君臣乖亂，六親殃戮，姦人並起，萬民離叛，凡十三歲，社稷爲虛。〔五〕今四維猶未備也，故姦人幾幸，而衆心疑惑。〔六〕豈如今定經制，〔七〕令君君臣臣，〔八〕上下有差，父子六親各得其宜，姦人亡所幾幸，而羣臣衆信上不疑惑！〔九〕此業壹定，世世常安，而後有所持循矣。〔一〇〕若夫經制不定，是猶度江河亡維楫，〔一一〕中流而遇風波，舩必覆矣。〔一二〕可爲長太息者此也。

〔一〕師古曰：紀，(禮)〔理〕也。

〔二〕師古曰：植，建也。僵，偃也，音疆。

〔三〕師古曰：筦與管同。管子，管仲也。

〔四〕師古曰：若以管子爲愚人，其言不實，則無禮義廉恥可也。若以管子爲微識治體，則當寒心而憂之。【補注】王念孫曰：按當從賈子俗激篇，作「則是豈不可爲寒心哉」！是字指四維不張而言，言使管子而少知治體，則今之四維不張，豈不可爲寒心哉！可爲寒心者，危之之詞，非謂當寒心而憂之也。治要引此已誤。史記田單傳「吾懼燕人掘吾城外冢墓，僇先人，可爲寒心」。漢書杜欽傳「小卞之作，可爲寒心」。

〔五〕師古曰：虚讀曰墟，謂丘墟。【補注】先謙曰：官本「社」上有「而」字。

〔六〕師古曰：幾讀曰冀。次下亦同。

〔七〕師古曰：經，常也。【補注】先謙曰：今，即也。

〔八〕師古曰：君爲君德，臣爲臣道。

〔九〕師古曰：衆信謂共爲忠信也。【補注】王念孫曰：按此本作「羣衆信上而不疑惑」，今本「羣」下衍「臣」字。此涉上文「君君臣臣」而衍。「而」字又誤在「羣臣」上。師古遂以「羣臣衆信」爲句，「上不疑惑」爲句矣。不知此謂衆不疑惑，非謂上不疑惑也。「姦人無所幾幸」，對上文「姦人幾幸」而言，「羣衆信上而不疑惑」，對上文「衆心疑惑」而言。羣衆即衆也。古人自有複語耳。楚詞七諫「羣衆成朋」。賈子俗激篇正作「羣衆信上而不疑惑」。

〔一〇〕師古曰：執持而順行之。

〔一一〕師古曰：維所以繫舩，楫所以刺舩也。詩曰「紼纚維之」。楫音集，又音接。

〔一二〕師古曰：覆音芳目反。

夏爲天子，十有餘世，而殷受之。殷爲天子，二十餘世，而周受之。〔一〕周爲天子，三十餘世，而秦受之。秦爲天子，二世而亡。人性不甚相遠也，〔二〕何三代之君有道之長，而秦無道之暴也？〔三〕其故可知也。古之王者，太子乃生，固舉以禮，〔四〕使士負之，有司齊肅端冕，〔五〕見之南郊，見于天也。〔六〕過闕則下，過廟則趨，〔七〕孝子之道也。故自爲赤子而教固已行矣。〔八〕昔者成王幼在繈抱之中，〔九〕召公爲太保，周公爲太傅，太公爲太師。保，保其身體；傅，傅之德意；師，道之教訓：〔一〇〕此三公之職也。於是爲置三少，皆上大夫也，曰少保、少傅、少師，是與太子宴者也。〔一一〕故乃孩提有識，三公、三少固明孝仁禮義以道習之，〔一二〕逐去邪人，不使見惡行。於是皆選天下之端士〔一三〕孝悌博聞有道術者以衞翼之，〔一四〕使與太子居處出入。故太子乃生而見正事，聞正言，行正道，左右前後皆正人也。夫習與正人居之，不能毋正，猶生長於齊不能不齊言也；習與不正人居之，不能毋不正，猶生長於楚之地不能不楚言也。〔一五〕故擇其所耆，必先受業，乃得嘗之；〔一六〕擇其所樂，必先有習，乃得爲之。〔一七〕孔子曰：「少成若天性，習貫如自然。」〔一八〕及太子少長，知妃色，〔一九〕則入于學。學者，所學之官也。〔二〇〕學禮曰：「帝入東學，上親而貴仁，則親疏有序而恩相及矣；帝入南學，上齒而貴信，則長幼有差而民不誣矣；帝入西學，上賢而貴德，則聖智在位而功不遺矣；帝入北學，上貴而尊爵，則貴賤有等而下不踰矣；〔二一〕帝入太學，承師問道，退習而考於太傅，太傅罰其不則而匡其不及，〔二二〕則悳智長而治道得矣。此五學者既成於上，則百姓黎民化輯於下矣。」〔二三〕

及太子既冠成人，〔二四〕免於保傅之嚴，則有記過之史，〔二五〕徹膳之宰，〔二六〕進善之旌，〔二七〕誹謗之木，〔二八〕敢諫之鼓，〔二九〕瞽史誦詩，工誦箴諫，〔三〇〕大夫進謀，士傳民語。〔三一〕習與智長，故切而不媿；〔三二〕化與心成，故中道若性。〔三三〕三代之禮：春朝朝日，秋暮夕月，所以明有敬也；〔三四〕春秋入學，坐國老，執醬而親餽之，〔三五〕所以明有孝也；〔三六〕行以鸞和，〔三七〕步中采齊，〔三八〕趣中肆夏，〔三九〕所以明有度也；〔四〇〕其於禽獸，見其生不食其死，聞其聲不食其肉，〔四一〕故遠庖廚，所以長恩，且明有仁也。〔四二〕

〔一〕【補注】周壽昌曰：自「殷爲天子」至「此時務也」千餘言，皆載大戴記保傅篇，惟字句小異。「二十餘世」，彼作「三十餘世」。注云「三十一世」。考世表，殷傳二十八王，從此爲正。

〔二〕師古曰：遠音于萬反。

〔三〕【補注】王文彬曰：大戴禮盧注「暴，卒疾也」。案「暴」與「長」對文，訓爲短促。史記項羽紀贊「何興之暴也」，當與此義同。漢紀作「三代有天下之長而秦享世之短」，亦其證。

〔四〕師古曰：乃，始也。【補注】蘇輿曰：新書「固」作「因」。魏書李彪傳引同。誼得兩通。先謙曰：孔廣森云「春秋左傳所謂『以太子生之禮舉之，接以太牢』是也」。

〔五〕師古曰：齊讀曰齋。

〔六〕師古曰：見音胡電反。【補注】先謙曰：孔廣森云：「白虎通義『使士負子於南郊，以桑弧蓬矢六射』。」

〔七〕【補注】先謙曰：闕，大戴禮作「閅」，即「闕」字。孔廣森云「閅，象魏也。天子外閅兩觀，諸侯內閅一觀。下，下車也。昔荆莊王作茅門之法，太子入朝，馬蹄踐霤而戮其御。魯有茅闕門，則茅門者閅與，古曲禮曰『國君下宗廟，式齊牛。過廟亦下』。二文互耳。殷廟在閅內右，周廟在閅內左」。

〔八〕師古曰：赤子，言其新生未有眉髮，其色赤。【補注】劉奉世曰：人生則有眉髮矣。顏説誤。匍匐入井，又非所謂新生也。嬰兒體色赤，故曰赤子耳。

〔九〕【補注】先謙曰：大戴禮「繈抱」作「襁褓」。盧注「武王崩，成王十有三也」。而云在襁褓之中，言其小」。孔廣森云「新書修政語云『成王年六歲即位，故云襁褓』。注言十有三者，書古文説與賈子異也。據六歲即位，加以攝政七年，正合十有三歲之數。蓋誤以嗣王之初歲，爲復子明辟之元年，故卻少七年耳。但以保傅亦賈子書，援彼證此，於事則非，於文則當」。

〔一〇〕師古曰：保，安也。傅，輔也。道讀曰導。其下亦同。【補注】先謙曰：官本「意」作「義」，是。新書作「德義」。

〔一一〕師古曰：宴謂安居。【補注】先謙曰：新書「宴」作「燕」，於燕居時隨事輔導也。與讀曰預。

〔一二〕師古曰：孩，小兒也。提謂提撕之。

〔一三〕師古曰：端，正也，直也。

〔一四〕師古曰：悌音徒繼反。

〔一五〕【補注】先謙曰：治要引作「夫習與正人居之，不能無正，猶生長楚之鄉，不能不楚言也」。大戴禮亦作「夫習與正人居，不能不正也，猶生長於楚，不能不楚言也」。竝與此異。

〔一六〕師古曰：耆讀曰嗜。

〔一七〕【補注】先謙曰：大戴禮盧注言「擇其所好樂以誘之」。

〔一八〕師古曰：貫亦習也，音工宦反。

〔一九〕師古曰：妃色，妃匹之色。

〔二〇〕師古曰：官謂官舍。【補注】先謙曰：大戴禮作「則入于小學」。小者，所學之宮也。

〔二一〕師古曰：隃與踰同，謂越制。【補注】宋祁曰：句末當添「也」字。先謙曰：大戴禮盧注「成王年十五，亦入諸學，觀禮布政，故引天子之禮以言之。四學者，東序、瞽宗、虞庠及四郊之學也。春氣温養，故上親，夏物盛，小大殊，故上齒。秋物成實，故貴德。冬時物藏於地，唯象於天半見也，故上爵也」。孔廣森云：「天子之學，與明堂同制，故明堂、靈臺、辟雍謂之三雍。太學者，辟雍之中室也。虞名學爲庠，夏爲序，殷爲瞽宗，周人兼取之，以名其四堂。詩曰『鎬京辟雍，自西自東，自南自北』，謂辟雍居其中，四學環之。東堂曰東序，一曰東膠，養國老在焉。西堂曰瞽宗，周禮『凡有道者有德者死，則以爲樂祖，祭於瞽宗』。故祭義云『祀先賢于西學』，合於此上賢貴德之事也。北堂曰上庠北爲冬方，文王世子云『冬讀書，書在上庠』，以此南堂曰成均，乃周學之正名。故大司樂獨言掌成均之法，五學先成均，猶五宮先明堂矣。易太初篇曰『天子旦入東學，晝入南學，夕入西學，莫入北學』。」

〔二二〕師古曰：則，法也。匡，正也。

〔二三〕師古曰：輯與集同。輯，和也。【補注】先謙曰：孔廣森云：「百姓，百官也。書曰『辯章百姓』。」案此文即取「百姓昭明，黎民於變」二語爲義，孔説是也。

〔二四〕【補注】先謙曰：孔廣森云：「荀子云『天子諸侯子十九而冠』。」

〔二五〕師古曰：有過則記。【補注】沈欽韓曰：新書作「司直之史」。通典「唐龍朔三年，東宫官屬置司直」本之。先謙曰：大戴禮記「過」作「司過」。新書盧校云，別本亦作「司過」。

〔二六〕師古曰：有闕則諫。【補注】沈欽韓曰：通典：「乾封元年，皇太子久在内不出，典膳丞邢文偉請減膳，上啟曰『今史雖闕官，宰當奉職，忝備所司，不敢逃死，謹守禮經，遽申減膳』。」先謙曰：大戴禮、新書並作「虧膳」，避武帝諱改。大戴禮下云「太子有過，史必書之。史之義不得不書過，不書過則死。過書而宰徹去膳。夫膳宰之義，不得不徹膳，不徹膳則死」。新書略同。

〔二七〕師古曰：進善言者，立於旌下。【補注】先謙曰：大戴禮盧注「蕘置之」。

〔二八〕師古曰：譏惡事者，書之於木。【補注】先謙曰：大戴禮盧注「蕘設之，使書政之僭失也」。孔廣森云：「古今注

『誹謗木，今之華表木也。以橫木交柱頭，形似桔槔。大路交衢悉施焉』。」

〔二九〕師古曰：欲顯諫者則擊鼓。【補注】先謙曰：大戴禮盧注「舜置之，使諫者擊之，以自聞也」。孔廣森云：「禹之令曰，教寡人以道者擊鼓。周官太僕『建路鼓于大寢之門外，以待達窮者與遽令』。鄭司農云『若今時上變事擊鼓，亦其意也』。」

〔三〇〕師古曰：瞽，無目者也。工，習樂者也。【補注】王念孫曰：上既言有記過之史，則此不當更言史。且誦詩乃瞽之事，非史之事。襄十四年左傳「史爲書，瞽爲詩，工誦箴諫」。周語「瞽獻典，史獻書，師箴，瞍賦，矇誦」。楚語「史不失書，矇不失誦」。又賈山傳見下。大戴禮保傅篇作「瞽夜誦詩」是也。盧注，反以夜爲史之誤。失之。列女母儀傳「夜則令瞽誦詩」，是其證。後書馬廖傳亦曰「願置童坐側，以當瞽人夜誦之音」。今本「夜」作「史」者，涉上文而誤。賈子保傅篇亦作「史」，則後人以誤本漢書改之耳。先謙曰：大戴禮「瞽」作「鼓」，字同。本書禮樂志「立樂府，采詩夜誦」，亦其證也。

〔三一〕【補注】先謙曰：孔廣森云「士傳，春秋左傳所謂士傳言」。杜預曰『士卑不得逕達，聞君過失傳告大夫也』。民語，傳所謂庶人謗」。

〔三二〕師古曰：每被切磋，故無大過可恥媿之事。【補注】先謙曰：新書亦作「不愧」。大戴禮作「不攘」。盧注「量知授業，故雖勞能受也」。孔廣森云：「古以攘爲揖讓字。曲禮『左右攘辟』。不攘，言受教不辭也。後漢桓郁傳引禮記云『習與智長，則切而不勤』。」先謙案，「不媿」與「不攘」同義。顏云「無可恥媿之事」，失之。盧、孔以「不攘」爲能受教，亦非也。上文引孔子曰「少成若天性，習貫如自然」，此二句正承習貫如自然言之，言其「習」與「智」俱長，則所習之事舉而措之，純乎自然，極親切而不媿退。下「化與心成，故中道若性」，乃承「少成若天性」言之也。

〔三三〕【補注】先謙曰：孔廣森云「中音訓并如『從容中道』之中」。

〔三四〕師古曰：朝日以朝，夕月以暮，皆迎其初出也。下朝音直遥反。【補注】先謙曰：「有敬」，大戴禮作「有別」。盧注「教天下之臣也」。孔廣森云：「舊說，春分朝日，秋分夕月。按公冠篇云『以正月朔日迎日於東郊』。春秋『莊公十八年，春王三月，日有食之』。穀梁傳云『不言日，不言朔夜食也。何以知其夜食也？曰，王者朝日』。由此言之，『朝日』於朔，『夕月』於望與？」

〔三五〕師古曰：餽字與饋同。【補注】先謙曰：大戴禮盧注「仲春舍菜合儛，仲秋班樂合聲。天子視學，而遂養老」。孔廣森云：「國老，三老也。王制『凡養老，有虞氏以燕禮，夏后氏以饗禮，殷人以食禮，周人修而兼用之』。然此饋醬者，食禮也。漢辟雍儀云『三公設几，九卿正履，天子親袒割牲，執醬而饋，執爵而酳，祝鯁在前，祝饐在後』。」

〔三六〕【補注】先謙曰：大戴禮盧注「教天下之子也」。孔廣森云：「祭義曰『貴老，爲其近於親也』。」

〔三七〕師古曰：鸞和，車上鈴也，解在禮樂志。【補注】先謙曰：以，大戴禮作「中」，是。盧注「行，車行也」。

〔三八〕師古曰：樂詩名也。字或作薺，又作茨，並音(律)〔才〕私反。【補注】先謙曰：新書作「采薺」，大戴禮作「采茨」。孔廣森云：「逸詩篇名，或以爲『齊夏』。」餘見下。

〔三九〕師古曰：亦樂詩名。趣讀曰趨。趨，疾步也。凡此「中」者，謂與其節相應也。並音竹仲反。【補注】王文彬曰：大戴禮盧注：「爾雅『堂上謂之行，門外謂之趨』。周禮及玉藻曰『行以肆夏，趨以采茨』。」此云「步中采茨，趨中肆夏」。又云「行以采茨，趨以肆夏」，則於大寢之内奏采茨，朝廷之中奏肆夏，與周禮文誤也。「誤」疑作「異」。孔廣森云：「燕禮記『賓及庭，奏肆夏』。郊特牲『賓入大門而奏肆夏』。肆夏奏於門內，以爾雅證之，不當言趨，周禮文是也。」國語「金奏肆夏、繁遏、渠」。呂叔玉說「肆夏，時邁也。繁遏，執競也。渠，思文也」。文彬按：周禮鄭注略云「行者，謂於大寢之中。孔疏引爾雅云「堂上謂之行，堂下謂之步，門外謂之趨」。今不言堂下步者，人之行必由堂下始，步與行小異大同，故略步而言行。」趨謂於朝廷，王出至堂而肆夏作，出路門而采薺作。其反入，至應門路門，亦如之」。疏謂「此據出時從内向外言」。玉藻「趨以采薺，行以肆夏」。先趨後行，據入時從外向内言。樂節則同。是二經言行、趨先後不同，而肆夏、采薺自有定屬。燕禮記所云「賓及庭」，謂「及寢庭」。郊特牲所云「賓入大門」。疏云「賓行朝聘既畢，燕享之時，燕則大門是寢門，享則大門是廟門」，是寢、廟各異，奏肆夏於門內則同。尤足證本傳步、趨互倒。先謙曰：官本注「此」作「言」，是。

〔四〇〕【補注】先謙曰：大戴禮盧注「教天下儀也」。

〔四一〕【補注】先謙曰：新書上「不食」作「不忍」，下「不食」作「不嘗」。

〔四二〕師古曰：遠音于萬反。長音竹兩反。

夫三代之所以長久者，以其輔翼太子有此具也。及秦而不然，其俗固非貴辭讓也，所上者告訐也。〔一〕固非貴禮義也，所上者刑罰也。使趙高傅胡亥而教之獄，所習者非斬劓人，則夷人之三族也。故胡亥今日即位而明日射人，忠諫者謂之誹謗，深計者謂之妖言。其視殺人若艾草菅然。〔二〕豈惟胡亥之性惡哉？彼其所以道之者非其理故也。〔三〕

〔一〕師古曰：訐謂面相斥罪也，音居謁反。【補注】先謙曰：說文「訐，面相斥罪相告訐也」。蓋面相斥罪而又告發之，故謂之訐。顏但以「面相斥罪」訓訐字，則於義未盡。刑法、地理志注同。論語「惡訐以爲直者」。孔注「發人之私曰訐」。新書禮容篇「訐則誣人」。是訐兼告義，不當僅以面相斥罪釋之。本書王商傳「父子相訐」，顏彼注云「訐，告斥其罪也」。其說是矣。

〔二〕師古曰：艾讀曰刈。菅，茅也，音姦。

〔三〕師古曰：道讀曰導。

鄙諺曰：「不習爲吏，視已成事。」〔一〕又曰：「前車覆，後車誡。」〔二〕夫三代之所以長久者，其已事可知也；〔三〕然而不能從者，是不法聖智也。〔四〕秦世之所以亟絶者，其轍跡可見也;〔五〕然而不避,是後車又將覆也。夫存亡之變,治亂之機,其要在是矣。天下之命縣於太子;太子之善在於早諭教與選左右。〔六〕夫心未濫而先諭教,則化易成也;開於道術智誼之指,則教之力也。〔七〕若其服習積貫,則左右而已。〔八〕夫胡、粵之人,生而同聲,耆欲不異。〔九〕及其長而成俗,累數譯而不能相通,行者雖死而不相爲者,〔一〇〕則教習然也。臣故曰選左右早諭教最急。夫教得而左右正,則太子正矣,〔一一〕太子正而天下定矣。書曰:「一人有慶,兆民賴之。」〔一二〕此時務也。

〔一〕【補注】王念孫曰:「視已成事」本作「如視已事」,此後人不解如字之義而改之也。「已事」即「成事」,無庸更加「成」字。如者,當也。古者「如」與「當」同義。昭二十一年左傳「君若愛司馬則如亡」。杜注「若言愛司馬則當亡走」。定五年傳「不能如辭」。杜注「言自知不能,當辭勿行」。或訓如爲不如者,非也。說見釋詞。言不習爲吏,則當視已事以爲法也。說苑尊賢篇亦云「案往世而視已事」。下文云「三代之所以長久者,其已事可知也」。已事二字正承此文言之,是其明證矣。師古注下文云「已事,已往之事」,而於此無注,則所見本已誤。治要所引亦誤。大戴禮正作「如視已事」。賈子作「而視已事而亦如也」。

〔二〕【補注】沈欽韓曰:說苑善說篇:「魏公乘不仁曰,周書曰『前車覆,後車戒』。」荀子成相篇:「前車已覆,後未知,更何覺時。」

〔三〕師古曰:已事,已往之事。

〔四〕師古曰:法謂則而效之。

〔五〕師古曰:亟,急也,音居力反。車跡曰轍。

〔六〕師古曰:諭,曉告也。與猶及也。

〔七〕【補注】王念孫曰：「智誼之指」本作「智誼理之指」，智讀曰知。古字多以智爲知。說見管子法法篇「得此六者而君父不智也」。尹注「讀智爲智慧之智，非也。智與知同。言權已下移，而上不知，故有弒父弒君之禍也」。君臣篇「四者一作而上不知也，則國之危可坐而待也」，語意正與此同。智字古有二音，一爲智慧之智，一爲知識之知。說文「智，識詞也」。是智卽知識之知。廣雅「覺、叡、聞、曉、哲，智也」。叡哲爲智慧之智，覺、聞、曉爲知識之知。是智有二音二義也。墨子節葬篇「力不足，財不贍，智不智」。經說篇「逃臣不智其處，狗犬不智其名」。耕柱篇「豈能智數百歲之後哉」？呂覽忠廉篇「若此人者固難得。其患雖得之，有不智」。韓子孤憤篇「智不類越，而不智不類其國，不察其類者也」。秦策「楚智横門君之善用兵」。淮南詮言篇「有智若無智，有能若無能」。以上諸智字，皆與知字同義。與開字相對爲文，謂開通於道術，識義理之指也。後人誤讀智爲智慧之智，則智、誼、理三字義不相屬，故删去理字。而不知智、誼二字義亦不相屬也。通鑑無理字，則所見漢書本已然。大戴禮、賈子竝作「知義理之指」。舊本賈子皆如是，近時盧刻本又删理字。

〔八〕師古曰：貫音工宦反。

〔九〕師古曰：耆讀曰嗜。【補注】沈欽韓曰：荀子勸學篇「干越夷貉之子，生而同聲，長而異俗，教使之然也」。與此文意同。

〔一〇〕蘇林曰：言其人之行，不能易事相爲處。【補注】宋祁曰：浙本無「者」字爲是。不但成語，亦與注會。王文彬曰：爲，助也。論語「夫子不爲也」。皇疏「爲猶助也」。此言其人行事，雖至老死各不相助。老子「安其居，樂其俗，民至老死不相往來」，與此同意。先謙曰：「行者」之「者」，官本作「有」，是也。新書同。大戴禮作「行雖有死不能相爲者」，蓋文誤倒。通鑑又删「行」字。

〔一一〕【補注】宋祁曰：越本「得」字上有「有」字。

〔一二〕師古曰：周書呂刑之辭也。一人，天子也。言天子有善，則兆庶獲其利。

凡人之智，能見已然，不能見將然。〔一〕夫禮者禁於將然之前，而法者禁於已然之後，是故法之所用易見，而禮之所爲生難知也。〔二〕若夫慶賞以勸善，刑罰以懲惡，先王執此之政，堅如金石，行此之令，信如四時，據此之公，無私如天地耳，豈顧不用哉？〔三〕然而曰禮云禮云者，貴絶惡於未萌，而起教於微眇，〔四〕使民日遷善遠辠而不自知也。〔五〕孔子曰：「聽訟，吾猶人也，必也使毋訟乎！」〔六〕爲人主計者，莫如先審取舍；〔七〕取舍之極定於內，而安危之萌應於外矣。〔八〕安者非一日而安也，危者非一日而危也，皆以積漸然，不可不察也。人主之所積，在其取舍。〔九〕以禮義治之者，積禮義；以刑罰治之者，積刑罰。刑罰積而民怨背，禮義積而民和親。故世主欲民之善同，而所以使民善者或異。或道之以德教，或敺之以法令。〔一〇〕道之以德教者，德教洽而民氣樂；敺之以法令者，法令極而民風哀。哀樂之感，禍福之應也。秦王之欲尊宗廟而安子孫，與湯武同，然而湯武廣大其德行，六七百歲而弗失，秦王治天下，十餘歲則大敗。此亡它故矣，湯武之定取舍審而秦王之定取舍不審矣。夫天下，大器也。今人之置器，置諸安處則安，置諸危處則危。天下之情與器亡以異，在天子之所置之。湯武置天下於仁義禮樂，而德澤洽，禽獸草木廣裕，〔一一〕德被蠻貊四夷，累子孫數十世，此天下所共聞也。秦王置天下於法令刑罰，德澤亡一有，而怨毒盈於世，下憎惡之如仇讎，旤幾及身，子孫誅絶，〔一二〕此天下之所共見也。是非其明效大驗邪！人之言曰：「聽言之道必以其事觀之，則言者莫敢妄言。」今或言禮誼之不如法令，教化之不如刑罰，人主胡不引殷、周、秦

事以觀之也？〔一三〕

〔一〕師古曰：將然，謂欲有其事。

〔二〕【補注】錢大昭曰：「生」，閩本作「用」。

〔三〕師古曰：顧猶反也。

〔四〕師古曰：眇，細小也。

〔五〕師古曰：見善則遷，畏辠而離。

〔六〕師古曰：論語載孔子之言也。言使吾聽訟，與衆人齊等，然能先以德義化之，使其無訟。

〔七〕師古曰：取謂所擇用也。舍謂所棄置也。

〔八〕師古曰：極，中也。萌，始生也。

〔九〕【補注】宋祁曰：浙本「舍」字下有「中」字，音當丁仲反。上言「審」，此言「中」，理自明白。

〔一〇〕師古曰：道讀曰導。敺與驅同。下皆類此。【補注】先謙曰：「敺」，官本作「毆」，注同。

〔一一〕師古曰：裕，饒也。

〔一二〕師古曰：幾音鉅依反。

〔一三〕師古曰：胡，何也。

人主之尊譬如堂，羣臣如陛，衆庶如地。故陛九級上，廉遠地，則堂高；〔一〕陛亡級，廉近地，則堂卑。高者難攀，卑者易陵，〔二〕理埶然也。故古者聖王制爲等列，内有公卿大夫士，外有公侯伯子男，然後有官師小吏，〔三〕延及庶人，等級分明，而天子加焉，故其尊不可及也。里諺曰：「欲投鼠而忌器。」此善諭也。鼠近於器，尚憚不投，恐傷其器，況於貴臣之近主乎！〔四〕廉恥節禮以治君子，〔五〕故有賜死而亡戮辱。是以黥劓之辠不及大夫，以其離主上不遠也。禮不敢齒君之路馬，蹵其芻者有罰；〔六〕見君之几杖則起，遭君之乘車則下，入正門則趨；君之寵臣雖或有過，刑戮之辠不加其身者，尊君之故也。〔七〕此所以爲主上豫遠不敬也，〔八〕所以體貌大臣而厲其節也。〔九〕今自王侯三公之貴，皆天子之所改容而禮之也，古天子之所謂伯父、伯舅也，〔一〇〕而令與衆庶同黥劓髡刖笞傌棄市之法，〔一一〕然則堂不亡陛虖？被戮辱者不泰迫虖？〔一二〕廉恥不行，〔一三〕大臣無乃握重權、大官而有徒隸亡恥之心虖？〔一四〕夫望夷之事，二世見當以重法者，〔一五〕投鼠而不忌器之習也。

〔一〕師古曰：級，等也。廉，側隅也。【補注】王文彬曰：陛九級上者，天子階九等，每一尺爲一級也。儀禮燕禮賈疏云「禮器：天子之堂九尺，諸侯七尺，大夫五尺，士三尺」。士冠禮「降三等受爵弁」。鄭注云「降三等下至地」，則士以三等爲階。以此推之，一尺爲一階，大夫五尺，五等階；諸侯七尺，七等階；天子九尺，九等階可知。

〔二〕師古曰：陵，乘也。

〔三〕師古曰：官師，一官之長。

〔四〕師古曰：近音其靳反。

〔五〕【補注】先謙曰：治要引作「禮節」。新書同。通鑑作「節禮」，是司馬公所見漢書，已與今本同矣。

〔六〕師古曰：齒謂審其齒歲也。芻，所食之草也。蹵，音千六反。

〔七〕【補注】周壽昌曰：方扶南云：「此固古禮。然則申屠之欲斬鄧通未必是，而孔光之禮接董賢未必非耶？」余案寵臣，非倖臣、嬖臣之比。説文「寵，尊居也」。一曰愛也，恩也。易「承天寵也」，書「居寵思危」，左傳「陳桓公方有寵于王」，皆是。蓋爲君所貴愛之臣也。不得援寵幸爲説。先謙曰：下文云「衆庶之所嘗寵」，亦尊貴之義也。

〔八〕師古曰：遠，離也。

〔九〕師古曰：體貌，謂加禮容而敬之。

〔一〇〕師古曰：天子呼諸侯長者，同姓則曰伯父，異姓則曰伯舅。伯，長也。

〔一一〕蘇林曰：傌音罵。【補注】周壽昌曰：廣韻「傌，罵本字」。玉篇「罵，詈也」。先謙曰：案官本「令」作「今」。二字形近易譌。新書及治要引作「令」，通鑑及通志賈誼傳作「今」，文義兩通。

〔一二〕師古曰：迫，迫天子也。

〔一三〕【補注】先謙曰：新書有「也」字。

〔一四〕【補注】先謙曰：大官猶言高爵。

〔一五〕如淳曰：決罪曰當。閻樂殺二世於望夷宮，本由秦制無忌上之風也。【補注】劉奉世曰：趙高殺二世，蓋又以法定其罪。先謙曰：趙高弒逆，何云以法定二世之罪。劉説非也。當以重法即決死之謂。言二世見弒者，由秦上刑罰，積習致然。

臣聞之，履雖鮮不加於枕，〔一〕冠雖敝不以苴履。〔二〕夫嘗已在貴寵之位，天子改容而體貌之矣，吏民嘗俯伏以敬畏之矣，今而有過，帝令廢之可也，退之可也，賜之死可也，滅之可也；若夫束縛之，係緤之，〔三〕輸之司寇，編之徒官，〔四〕司寇小吏詈罵而榜笞之，〔五〕殆非所以令衆庶見也。夫卑賤者習知尊貴者之一旦吾亦乃可以加此也，〔六〕非所以習天下也，非尊尊貴貴之化也。夫天子之所嘗敬，衆庶之所嘗寵，死而死耳，〔七〕賤人安宜得如此而頓辱之哉！

〔一〕【補注】先謙曰：新書作「弗以加枕」。

〔二〕師古曰：苴者，履中之藉也，音子余反。【補注】宋祁曰：苴當作子汝反。沈欽韓曰：韓非外儲左篇「費仲説紂曰，冠雖穿敝，必戴于頭；履雖五采，必踐之于地」。文子上德篇「冠則戴枝之，絑則足蹍之」。先謙曰：上文「章父薦屨，漸不可久」，喻意正同。

〔三〕師古曰：緤謂以長繩係之也。緤音先列反。

〔四〕師古曰：司寇，主刑罰之官。編，次列也。【補注】王念孫曰：此及下兩「司寇」，皆當作「司空」，司空掌役使罪人之事。故曰「輸之司空，編之徒官」。徒謂役徒也。周官大司寇曰「桎梏而坐諸嘉石，役諸司空」。史記儒林傳「安得司空城旦書乎」？徐廣曰「司空，主刑徒之官也」。皆其證。司空小吏詈罵而榜笞之者，謂力作不中程，則小吏從而笞辱之。陳咸傳「咸爲南陽太守，豪猾吏及大姓犯法，輒論輸府，以律程作司空，爲地臼木杵，舂不中程，輒加罪笞」。事與此相類也。後人不解「輸之司空」之語，故改兩「司空」爲「司寇」。不知役使罪人，非司寇所掌。且司寇定其罪而後輸之司空，則不得更言輸之司寇也。師古云「司寇主刑罰之官」，則所見本已誤作「司寇」。賈子階級篇作「司寇」，亦後人以誤本漢書改之。百官表，宗正屬官有都司空令丞。如淳曰「律，司空主水及罪人」，引此文「輸之司空，編之徒官」，是其明證矣。周壽昌曰：秦廢周制，不稱司寇，名大李。見呂覽。「李」一作「理」。一名廷尉。漢承秦制，有廷尉，無司寇。哀帝元壽二年，雖造司寇職，而帝旋崩，未竟其事。故終漢世無此官。百官表亦未載此。司寇是罪名，非官名。顔注「主刑罰之官」，言是官所也。刑法志「隸臣妾滿二歲爲司寇」。王子侯表「楊邱共侯安耐爲司寇」，蓋復作徒刑也。在孝景帝四年，與誼時相近。此云「輸之司寇」，明是繫之刑所而編列於徒官。下云

「司寇小吏」，新書亦云「司寇牢正，徒長小吏」，明非同廷尉尊官。此「司寇」字似非誤也。先謙曰：王說較長。

〔五〕師古曰：榜音彭。

〔六〕蘇林曰：知其有一旦之刑。【補注】先謙曰：言知尊貴者之一旦，吾亦可加以非禮也。新書無「此」字，則謂一旦可加乎其上也。語意略同。蘇說非。

〔七〕【補注】王念孫曰：「死而死耳」，猶言「死則死耳」也。古者「而」與「則」同義，說見釋詞。

豫讓事中行之君，智伯伐而滅之，〔一〕移事智伯。及趙滅智伯，豫讓釁面吞炭，〔二〕必報襄子，五起而不中。人問豫子，豫子曰：「中行衆人畜我，我故衆人事之；智伯國士遇我，我故國士報之。」故此一豫讓也，反君事讎，行若狗彘，已而抗節致忠，行出虖列士，〔三〕人主使然也。故主上遇其大臣如遇犬馬，彼將犬馬自爲也；如遇官徒，彼將官徒自爲也。頑頓亡恥，〔四〕奊詬亡節，〔五〕廉恥不立，且不自好，〔六〕苟若而可，〔七〕故見利則逝，見便則奪。〔八〕主上有敗，則因而挻之矣；〔九〕主上有患，則吾苟免而已，立而觀之耳；有便吾身者，則欺賣而利之耳。人主將何便於此？〔一〇〕羣下至衆，而主上至少也，所託財器職業者粹於羣下也。〔一一〕俱亡恥，俱苟妄，則主上最病。故古者禮不及庶人，刑不至大夫，所以厲寵臣之節也。古者大臣有坐不廉而廢者，不謂不廉，曰「簠簋不飾」；〔一二〕坐汙穢淫亂男女亡別者，不曰汙穢，曰「帷薄不修」；坐罷軟不勝任者，不謂罷軟，曰「下官不職」。〔一三〕故貴大臣定有其辠矣，猶未斥然正以謼之也，〔一四〕尚遷就而爲之諱也。故其在大譴大何之域者，〔一五〕聞譴何則白冠氂纓，〔一六〕盤水加劍，造請室而請辠耳，〔一七〕上不執縛係引而行也。其有中罪者，聞命而自弛，〔一八〕上不使人頸盭而加也。〔一九〕其有大辠者，聞命則北面再拜，跪而自裁，〔二〇〕上不使捽抑而刑之也，〔二一〕曰：「子大夫自有過耳！〔二二〕吾遇子有禮矣。」遇之有禮，故羣臣自憙；〔二三〕嬰以廉恥，故人矜節行。〔二四〕上設廉恥禮義以遇其臣，而臣不以節行報其上者，則非人類也。故化成俗定，則爲人臣者主耳忘身，〔二五〕國耳忘家，公耳忘私，利不苟就，害不苟去，唯義所在。上之化也，故父兄之臣誠死宗廟，法度之臣誠死社稷，輔翼之臣誠死君上，守圄扞敵之臣〔二六〕誠死城郭封疆。故曰聖人有金城者，比物此志也。〔二七〕彼且爲我死，故吾得與之俱生；彼且爲我亡，故吾得與之俱存；夫將爲我危，故吾得與之皆安。〔二八〕顧行而忘利，守節而仗義，故可以託不御之權，可以寄六尺之孤。〔二九〕此厲廉恥行禮誼之所致也，主上何喪焉！〔三〇〕此之不爲，而顧彼之久行，〔三一〕故曰可爲長太息者此也。〔三二〕

〔一〕師古曰：行音胡剛反。【補注】先謙曰：官本注「胡」作「户」。

〔二〕鄭氏曰：釁，漆面以易貌。吞炭，以變聲也。師古曰：釁，熏也，以毒藥熏之。【補注】劉奉世曰：釁謂以物塗之，取以釁鼓，故謂之釁爾。訓熏與漆，皆非也。

〔三〕【補注】先謙曰：列、烈古通用，與上「列士徇名」同義。

〔四〕師古曰：頓讀曰鈍。【補注】先謙曰：官本作「頓」，音鈍。

〔五〕師古曰：奊詬，謂無志分也。奊音胡結反。詬音后。【補注】劉台拱曰：「奊」本作「謑」，古字省耳。説文「謑詬，恥也。謑或从奊」。廣雅「謑詬，恥也」。曹憲音平啟反。

〔六〕師古曰：自好猶言自喜也。好音呼倒反。

〔七〕師古曰：若猶然。

〔八〕師古曰：逝，往也。

〔九〕服虔曰：音挺起。師古曰：挻音式延反。【補注】沈欽韓曰：廣雅「挻，取也」。淮南子俶真訓「撢掞挻挏，世之風俗」。高注「挻挏，猶上下以求利便也」。方言「秦晉之間，凡取物而逆謂之篡。楚部或謂之挻」。先謙曰：官本注「起」下有「也」字，無下「音」字。

〔一〇〕師古曰：此於人主爲不便也。便音頻面反。

〔一一〕蘇林曰：粹，純也。言其埶悉在羣下。【補注】先謙曰：「蘇林」官本作「師古」。此借粹爲萃，蘇釋爲純，望文生義耳。

〔一二〕師古曰：簠簋，所以盛飯也。方曰簠，圓曰簋。簠音甫，又音扶。簋音軌。

〔一三〕師古曰：罷，廢於事也。軟，弱也。罷讀曰疲。軟音人兗反。

〔一四〕師古曰：謼，古呼字。

〔一五〕師古曰：譴，責也。何，問也。域，界局也。

〔一六〕鄭氏曰：以毛作纓。白冠，喪服也。【補注】沈欽韓曰：荀子正論篇「墨黥慅嬰」。楊倞曰「當爲澡纓」。鄭云「凶冠之飾，令罪人服之」。慎子作「草纓」。案此，「氂纓」亦必有誤。以毛作纓，於古未聞。

〔一七〕應劭曰：請室，請罪之室。蘇林曰：音絜清。胡公漢官「車駕出，有請室令在前先驅，此官有別獄也」。如淳曰：水性平，若己有正罪，君以平法治之也。加劍，當以自刎也。或曰，殺牲者以盤水取頸血，故示若此也。師古曰：應、如二說皆是。【補注】沈欽韓曰：據蘇說蓋請室令先驅清道，字本當爲「清」。呂覽精諭篇作「法室」。新書耳瘴篇「大夫種繫領謝室」。「謝」又「請」之誤。先謙曰：盧文弨云，如蘇言則漢書「請室」亦有作「清室」者。建本新書此文，正作「清室」，知蘇言非謬矣。三輔黄圖作「靜室」。

〔一八〕師古曰：中罪，非大非小也。弛，廢也，自廢而死。弛音式爾反。【補注】先謙曰：顏訓自弛爲自廢而死，其義不明，與下「頸盭而加」，亦不相合。魯語及楚辭悲回風注，竝云「弛，毀也」，聞命而免衣冠，就桎械，自毀其容儀，不待上使人戾頸而加褫辱也」。此雖不至大辠，然較「譴何」者爲重，不能冠纓請辠，故須自毀而就獄也。不至死，故云「中罪」也。

〔一九〕蘇林曰：不戾其頸而親加刀鋸也。師古曰：盭，古戾字，音盧結反。【補注】先謙曰：「盭」當爲「盩」，官本不誤。既是中罪，何至戾頸而加刀鋸？蘇説非也。解見上。

〔二〇〕師古曰：裁，謂自刑殺也。

〔二一〕師古曰：捽，持頭髮也。抑謂按之也。捽音才兀反。

〔二二〕服虔曰：子者，男子美號。

〔二三〕師古曰：憙讀曰喜，音許吏反。憙，好也，好爲志氣也。【補注】宋祁曰：王仲弓謂憙字宜曰喜，讀爲憙。先謙曰：新書作「自喜」。盧文弨云：宋引王説，亦謂當作「喜」。案，本當作「喜」，故顏讀本文憙爲喜。王云「宜曰喜，讀爲憙」，誤矣。

〔二四〕師古曰：嬰，加也。矜，尚也。

〔二五〕孟康曰：唯爲主耳，不念其身。【補注】先謙曰：建本新書「耳」皆作「醜」，醜亦恥也。諸本皆作「爾」。

〔二六〕【補注】沈欽韓曰：圄同禦。月令正義「圄，止也」。管子書「禦」皆作「圄」。

〔二七〕李奇曰：志，記也。凡此上陳廉恥之事，皆古記也。如淳曰：比謂比方也。使忠臣以死社稷之志，比於金城也。師古曰：二家之説皆非也。此言聖人厲此節行以御羣下，則人皆懷德，戮力同心，國家安固不可毀，狀若金城也。

尋其下文，義可曉矣。【補注】沈欽韓曰：管子七法篇「有金城之守，故能定宗廟，育男女」。說苑說叢篇「犬吠不驚，命曰金城」。先謙曰：盧文弨云「建本、潭本新書作『此物比志也』，別本作『此物此志也』，宜從漢書。」先謙案，物，類也。易繫辭下傳疏、左桓昭傳注、晉語注竝同。志，意也。廣雅釋詁釋言互相爲訓。書舜典，詩言志，史記五帝紀作「詩言意」。孟子「不以辭害志」。文心雕龍「志」作「意」。是字又通叚。言臣各效死取義，則爲國家不拔之基。聖人有金城之語，正比類此意也。官本注「狀」作「拔」，是。

〔二八〕師古曰：夫，夫人也，亦猶彼人耳。夫音扶。

〔二九〕應劭曰：言念主忘身，憂國忘家，如此，可託權柄不須復制御也。六尺之孤，未能自立者也。【補注】先謙曰：官本注「御」作「禦」。

〔三〇〕師古曰：如此，則於主上無所失。

〔三一〕服虔曰：彼謂亡國也。師古曰：顧，反也。久謂久行之也。言何不爲投鼠忌器之法，而反久行無陛級之事。【補注】先謙曰：胡注「此謂以禮義廉恥遇其臣，彼謂戮辱貴臣，言不爲此而反久行彼也」。先謙案，據顏注，正文本無「行」字，但云「而顧彼之久」。故顏釋云「久謂久行之也」。若元有「行」（宇）〔字〕，不須加注矣。

〔三二〕師古曰：誼上疏言「可爲長太息者六」，今此至三而止，蓋史家直取其要切者耳。故下贊云「掇其切於世事者著於傳」。

是時丞相絳侯周勃免就國，人有告勃謀反，逮繫長安獄治，卒亡事，復爵邑，故賈誼以此譏上。上深納其言，養臣下有節。是時大臣有罪，皆自殺，不受刑。至武帝時，稍復入獄，自寧成始。〔一〕

〔一〕【補注】先謙曰：成在酷吏傳。

初，文帝以代王入即位，後分代爲兩國，立皇子武爲代王，參爲太原王，小子勝則梁王矣。後又徙代王武爲淮陽王，而太原王參爲代王，盡得故地。居數年，梁王勝死，亡子。誼復上疏曰：〔一〕

〔一〕【補注】先謙曰：汪中云「梁王薨，無子國除，則王國官省可知。而誼方上書，請益封梁、淮陽，則是以故二千石留長安也」。

陛下即不定制，如今之埶，不過一傳再傳，〔一〕諸侯猶且人恣而不制，豪植而大强，〔二〕漢法不得行矣。陛下所以爲蕃扞及皇太子之所恃者，唯淮陽、代二國耳。〔三〕代北邊匈奴，與强敵爲鄰，能自完則足矣。而淮陽之比大諸侯，廑如黑子之著面，〔四〕適足以餌大國耳，〔五〕不足以有所禁禦。方今制在陛下，制國而令子適足以爲餌，豈可謂工哉！人主之行異布衣。布衣者，飾小行，競小廉，以自託於鄉黨，人主唯天下安社稷固不耳。高皇帝瓜分天下以王功臣，反者如蝟毛而起，〔六〕以爲不可，故蔪去不義諸侯而虛其國。〔七〕擇良日，立諸子雒陽上東門之外，〔八〕畢以爲王，〔九〕而天下安。故大人者，不牽小行，以成大功。

〔一〕服虔曰：一二傳世也。

〔二〕師古曰：植，立也。【補注】先謙曰：胡注言「人人自恣而不可制，矜豪自植立，太過於强也」。

〔三〕師古曰：蕃翰得宜，則嗣主安固，故云皇太子之所恃也。【補注】先謙曰：翰當爲扞之誤。

〔四〕師古曰：黑子，今所謂黶子也。著音直略反。

〔五〕師古曰：餌謂爲其所吞食。

〔六〕師古曰：蝟，蟲名也，其毛爲刺，音謂。

〔七〕如淳曰：不義諸侯，彭越、黥布等。師古曰：蘄讀與芟同，謂芟刈之。【補注】先謙曰：官本「義」並作「誼」。

〔八〕師古曰：諸侯國皆在關東，故於東門外立之也。東面最北出門曰上東門。【補注】齊召南曰：按諸侯並在關東，固不必言。此文謂「雒陽上東門」也。考高紀帝雖自雒陽入都關中，而六年封子肥齊王，七年封子如意代王，九年徙王趙，十一年立子恒代王，子恢梁王，子友淮陽王，帝實在雒陽行封冊也。惟立子長淮南王，十二年立子建燕王，則帝在長安耳。賈生從其最多者言之。雒陽亦有上東門，與長安門同名。以地勢言之，燕、趙、代在雒陽東北，齊、梁在其東，吳、楚、淮南則在其東南也。

〔九〕師古曰：畢猶盡。【補注】宋祁曰：注末當有「也」字。先謙曰：官本注文在下文「安」字下。

今淮南地遠者或數千里，越兩諸侯，〔一〕而縣屬於漢。〔二〕其吏民繇役往來長安者，自悉而補，中道衣敝，〔三〕錢用諸費稱此，〔四〕其苦屬漢而欲得王至甚，〔五〕逋逃而歸諸侯者已不少矣。其執不可久。臣之愚計，願舉淮南地以益淮陽。而爲梁王立後，割淮陽北邊二三列城〔六〕與東郡以益梁；不可者，可徙代王而都睢陽。〔七〕梁起於新郪以北著之河，〔八〕淮陽包陳以南揵之江，〔九〕則大諸侯之有異心者，破膽而不敢謀。梁足以扞齊、趙，淮陽足以禁吳、楚，陛下高枕，終亡山東之憂矣，此二世之利也。〔一〇〕當今恬然，適遇諸侯之皆少，〔一一〕數歲之後，陛下且見之矣。夫秦日夜苦心勞力以除六國之旤，今陛下力制天下，頤指如意，〔一二〕高拱以成六國之旤，難以言智。苟身亡事，畜亂宿旤，孰視而不定，〔一三〕萬年之後，傳之老母弱子，將使不寧，不可謂仁。臣聞聖主言問其臣而不自造事，〔一四〕故使人臣得畢其愚忠。唯陛下財幸！〔一五〕

〔一一〕師古曰：越，過也。兩諸侯，梁及淮陽。

〔一二〕師古曰：爲縣而屬漢。【補注】劉奉世曰：縣讀如懸。王念孫曰：劉音是也。淮南主術篇注「縣，遠也」，言越兩國之地而遠屬於漢也。上文云「淮南地遠者或數千里」，是其證矣。荀子修身篇「彼人之才性之相縣也，豈若跛鼈之與六驥足哉」？相縣謂相遠也。史記高祖紀「縣隔千里」，謂遠隔也。

〔一三〕應劭曰：自悉其家資財，補縫作衣。師古曰：悉，盡也。【補注】宋祁曰：新書云「自悉以補行」。先謙曰：今新書無此語，殆後人刪之。

〔一四〕師古曰：稱音尺孕反。

〔一五〕【補注】先謙曰：言欲得漢爲立王，其情至亟。

〔一六〕孟康曰：列城，縣。【補注】先謙曰：官本注文在下文「益梁」下。

〔一七〕【補注】先謙曰：不可，謂帝不以前說爲然。

〔一八〕師古曰：新郪，潁川縣也。郪音千移反。著音直略反。【補注】先謙曰：在今潁州府太和縣北七十里。

〔一九〕晉灼曰：包，取也。如淳曰：揵謂立封界也。或曰「揵，接也」。師古曰：揵音鉅偃反。【補注】王念孫曰：揵當爲捷字之誤也。隸書「捷」字或作「捷」，與揵字相似，因誤而爲「揵」。漢巴郡太守張納功德敘「收功獻捷」，「捷」字作「捷」，是其證也。士冠禮「建柶」，今本譌作「捷柶」。史記衞世家「嗣伯卒，子疌伯立」。邶風譜正義引作「建伯」。蓋從疌、從建之字，傳寫往往譌溷。捷之言接也，如淳前說是。解揵字故訓爲立，後說是。解捷字故訓爲接，後說是也。諸書無訓揵爲接者，而捷與接同義。如氏讀捷爲捷，故訓爲接也。爾雅「接，捷也」。郭注「捷謂相接續也」。公羊春秋莊十二年「宋萬弒其君接」。僖三十二年「鄭伯接卒」。文十四年「晉人内接菑于邾婁」。左傳穀梁皆作「捷」。莊子則陽篇「接子」，人表作「捷子」，是「捷」與「接」字異而義同。梁起於新鄭，著之河者，著音直略反，謂相聯屬也。「淮陽包陳以南捷之江」者，捷與接同，亦謂相聯屬也。此言梁之地北屬於河，淮南之地，南屬於江也。如淳前説訓捷爲立，非也。淮陽包陳以南立之江，斯爲不詞矣。

〔一〇〕如淳曰：從誼言，可二世安耳。師古曰：言帝身及太子嗣位之時。

〔一一〕師古曰：恬，安也。少謂年少。

〔一二〕如淳曰：但動頤指麾，則所欲皆如意。【補注】劉奉世曰：頤指兩事。吴仁傑曰：陳勝傳「卒中往往指目勝、廣」，謂手指目視之，此固爲兩事。若頤指，則如貢禹所云「家富勢足，目指氣使耳」。師古謂「動目以指物，出氣以使人」，然則頤指目指，正自一意，如説是也。山谷詩云「外閒李父頤指麾」用此。王念孫曰：案人之動頤，不能指麾，如説非也，「頤」當爲「顧」。顧指謂目顧人，而指使之也。顧與頤草書相似，因譌而爲頤。左思吴都賦「搴旗若顧指」。劉逵注引此傳曰「顧指如意」，是所見本與如本不同也。莊子天地篇「手撓顧指，四方之民，莫不俱至」，是其證。釋文「顧，本亦作頤，此亦草書之誤。」貢禹傳「目指氣使」。顔注「動目以指物，出氣以使人」。燕策「馮几據杖，眄視指使」。後漢書仲長統傳「睇眄則人從其目之所視，喜怒則人隨其心之所慮」，義與「顧指」竝相近。先謙曰：凡人出氣使人，頤與目俱。頤指之説，未爲非也。新書本作「頤指」。王引莊子「顧指」，釋文云「本亦作頤指」，是義得兩通，如、吴説是。舊唐書郭子儀傳「麾下老將若李懷光輩數十人，皆王侯重貴。子儀頤指進退，如僕隸焉」。唐書王翰傳「家畜聲伎，目使頤令」。頤指之義，承用甚古。王據文選劉注所引别本，以駁如淳，並謂「動頤不能指麾」，失之泥矣。

〔一三〕師古曰：畜讀曰蓄。【補注】先謙曰：「孰」，官本作「熟」。引宋祁曰：「熟」字舊本無「灬」，後「孰計」亦無「火」，當去四點。

〔一四〕師古曰：欲發言則問其臣。【補注】王引之曰：師古以言爲發言，非也。言亦問也。連稱言問者，古人自有複語耳。爾雅「訊，言也」。郭注「相問訊」。廣雅「言，問也」。聘禮「若有言，則以束帛如享禮」。鄭注「有言，有所告請，若有所問也」。曲禮「君言不宿於家」。注「言，謂有故所問也」。曾子問「召公言於周公」。正義曰：「言猶問也。」哀公問曰「寡人願有言，然冕而親迎，不已重乎」？此古人謂「問」爲「言」之證。周官冢人「言鸞車象人」。注鄭司農云「言，言問其不如灋度者」。大祝「言甸人」。注：鄭司農云「甸人主設復梯，大祝主言問其具梯物」。左昭二十五年傳「叔孫氏之司馬鬷戾言於其衆曰，若之何」？此古人謂「問」爲「言」之證。小雅出車篇「執訊獲醜」。鄭箋「訊，言也。執其可言問所獲之衆以歸」。大雅皇矣篇「執訊連連」。箋曰「訊，言也。執所生得者而言問之」。此「言問」二字連用之證。

〔一五〕師古曰：財與裁同。裁擇而幸從其言。【補注】王念孫曰：如師古説，則「財幸」二字意不相屬。今案財猶少也。「唯陛下財幸者」，唯陛下少幸從之。猶下文言「願陛下少留計也」。諸葛豐傳「唯陛下裁幸」，佞幸傳「唯陛下哀憐財幸」，義竝同也。鼂錯傳「唯陛下裁察」，又曰「唯陛下財察」，皆言唯陛下少察之也。鼂錯傳又曰「唯陛下財擇」，王吉傳「唯陛下財擇焉」，皆言唯陛下少擇之也。張安世傳「唯天子財哀以全老臣之命」，言唯天子少哀之也。李尋傳「唯財留神反覆，覆愚臣之言」，言唯陛下少留神，猶賈誼「願陛下少留計也」。師古以財爲裁量，非是。師丹傳「唯陛下財覽衆心」，言唯陛下少覽衆心也。財與裁古通用，亦通作「纔」。李陵傳注「財，僅也」。廣雅「堇，少也」。堇與僅同。

文帝於是從誼計，乃徙淮陽王武爲梁王，北界泰山，西至高陽，得大縣四十餘城；徙城陽王喜爲淮南王，撫其民。

時又封淮南厲王四子皆爲列侯。〔一〕誼知上必將復王之也，上疏諫曰：「竊恐陛下接王淮南諸子，〔二〕曾不與如臣者孰計之也。淮南王之悖逆亡道，天下孰不知其辠？〔三〕陛下幸而赦遷之，自疾而死，天下孰以王死之不當？今奉尊罪人之子，適足以負謗於天下耳。〔四〕此人少壯，豈能忘其父哉？〔五〕白公勝所爲父報仇者，大父與伯父、叔父也。〔六〕白公爲亂，非欲取國代主也，發憤快志，剡手以衝仇人之匈，〔七〕固爲俱靡而已。〔八〕淮南雖小，黥布嘗用之矣，漢存特幸耳。〔九〕夫擅仇人足以危漢之資，於策不便。〔一〇〕雖割而爲四，四子一心也。予之衆，積之財，此非有子胥、白公報於廣都之中，即疑有剸諸、荆軻起於兩柱之閒，〔一一〕所謂假賊兵爲虎翼者也。〔一二〕願陛下少留計！」

〔一〕【補注】先謙曰：據文紀，梁王勝死在十一年，封厲王四子在八年，班氏載此事於前疏後，蓋諫王淮南諸子亦在十一年也。初封列侯，無緣便知復王。通鑑載誼疏於八年，失之。

〔二〕孟康曰：接音挾。挾持，欲王淮南諸子也。臣瓚曰：謂以恩接待而王之。師古曰：二説皆非也。謂接今時當即王之，言不久也。接猶續也，猶今人言續復也。【補注】先謙曰顏訓接爲續，是也。言前既封淮南王子爲侯，竊恐續復王之，語意自明簡，不必又云接今時當即王之。注末「也」字，官本作「爾」。

〔三〕師古曰：悖，惑也，音布内反。

〔四〕師古曰：言若尊王其子，則是厲王無罪，漢枉殺之。

〔五〕師古曰：少壯猶言稍長大。

〔六〕師古曰：白公，楚平王之孫，太子建之子也。大父即祖，謂平王也。伯父、叔父，平王之子也。事見春秋傳。【補

注】先謙曰：官本注「平王之子也」，「之」作「諸」。

〔七〕師古曰：剡，利也，音弋再反。【補注】先謙曰：官本「憤」作「忿」，注「再」作「冉」，是。

〔八〕師古曰：言與仇人俱滅斃也。靡，碎也，音武皮反。【補注】先謙曰：官本「皮」作「彼」。引宋祁曰：越本「靡，武皮反」。

〔九〕師古曰：言漢之勝布得存，此直天幸耳。

〔一〇〕師古曰：言假四子以資權，則當危漢。

〔一一〕師古曰：剸諸刺吴王，荆軻刺秦皇。事見春秋傳及燕丹子也。【補注】先謙曰：言非顯稱兵，即暗行刺。

〔一二〕應劭曰：周書云「無爲虎傅翼，將飛入邑，擇人而食之」。【補注】先謙曰：假，借也。史記范雎傳「齊所以大破者，以其伐楚而肥韓魏也。此所謂借賊兵齎盜糧者也」。「假賊兵」與「爲虎翼」是二喻。

梁王勝墜馬死，〔一〕誼自傷爲傅無狀，〔二〕常哭泣，後歲餘，亦死。賈生之死，年三十三矣。〔三〕

〔一〕李奇曰：文三王傳言揖，此言勝，爲有兩名。

〔二〕師古曰：無善狀。

〔三〕【補注】先謙曰：汪中云「梁懷王死，本紀在十一年，表云十年。參其前後，以紀爲正」。則賈生之卒在十二年。其生在高帝之七年也。先謙案，文紀封齊悼惠王、淮南厲王諸子在十六年。下文云「後四年」，是誼死爲十二年無疑。史記日者傳云「王墮馬薨，誼不食，恨而死」，與史記誼傳不合。誼死距王薨歲餘，則云不食恨死者，非其實也。

後四歲，齊文王薨，亡子。文帝思賈生言，〔一〕乃分齊爲六國，盡立悼惠王子六人爲王；〔一〕又遷淮南王喜於城陽，而分淮南爲三國，盡立厲王三子以王之。後十年，文帝崩，〔二〕景帝立，三年而吳、楚、趙與四齊王合從舉兵，〔四〕西鄉京師，〔五〕梁王扞之，卒破七國。至武帝時，淮南厲王子爲王者兩國亦反誅。〔六〕

〔一〕【補注】先謙曰：官本「言」上有「之」字。

〔二〕【補注】先謙曰：誼前疏言「梁足扞齊、趙，淮陽足禁吳、楚」，帝慮齊大難制，值文王薨，帝思誼言，乃分王悼惠六子以弱之。

〔三〕【補注】先謙曰：據文紀「十」當爲「七」。

〔四〕韋昭曰：四齊王，膠東、膠西、菑川、濟南也。師古曰：從音子容反。

〔五〕師古曰：鄉讀曰嚮。

〔六〕【補注】先謙曰：淮南王安、衡山王賜。

孝武初立，舉賈生之孫二人至郡守。賈嘉最好學，世其家。〔一〕

〔一〕師古曰：言繼其家業。【補注】先謙曰：史記傳末，褚先生補云「至孝昭時列爲九卿」。

贊曰：劉向稱「賈誼言三代與秦治亂之意，其論甚美，通達國體，雖古之伊、管未能遠過也。〔一〕使時見用，功化必盛。爲庸臣所害，甚可悼痛」。追觀孝文玄默躬行以移風俗，〔二〕誼之所陳略施行矣。及欲改定制度，以漢爲土德，色上黃，數用五，〔三〕及欲試屬國，施五餌三表以係單于，〔四〕其術固以疏矣。誼以夭年早終，〔五〕雖不至公卿，未爲不遇也。凡所著述五十八篇，掇其切於世事者著于傳云。〔六〕

〔一〕師古曰：伊，伊尹。管，管仲。

〔二〕師古曰：躬行，謂身親儉約之行也，自追觀以下，並史家之詞。

〔三〕【補注】周壽昌曰：案武帝紀「太初(五)〔元〕年夏五月正曆，遂以正月爲歲首，色上黄，數用五」，似皆追行賈生之言。即文帝十五年，黄龍見成紀，改爲土德，未嘗非由生言發之。

〔四〕師古曰：賈誼書謂「愛人之狀，好人之技，仁道也；信爲大操，常義也；愛好有實，已諾可期，十死一生，彼將必至：此三表也。賜之盛服車乘以壞其目；賜之盛食珍味以壞其口；賜之音樂婦人以壞其耳；賜之高堂邃宇府庫奴婢以壞其腹；於來降者，上以召幸之，相娱樂，親酌而手食之，以壞其心：此五餌也」。【補注】宋祁曰：注文「常義」，監本及新書皆云「帝義」也。先謙曰：官本注「府」作「倉」。

〔五〕【補注】先謙曰：官本「以夭」二字，作「亦夭」。

〔六〕師古曰：掇，拾也，音丁活反。

爰盎鼂錯傳第十九〔一〕

〔一〕師古曰：鼂，古朝字。其下作朝，蓋通用耳。

爰盎字絲，其父楚人也，〔一〕故爲羣盜，徙安陵。〔二〕高后時，盎爲吕禄舍人。孝文即位，盎兄噲任盎爲郎中。〔三〕

〔一〕師古曰：盎音一浪反。【補注】齊召南曰：史記作「袁」。按，爰與袁、轅通。史游急就章云「爰展世」。師古注：「陳申公後世孫爰諸生爰濤塗，因而命氏。其後或爲『轅』字，又作『袁』字，本一族也。」按「爰濤塗」，左傳作「轅」，公、穀作「袁」。「袁盎」，史記作「袁」，漢書作「爰」，實係通用。

〔二〕師古曰：羣盜者，羣衆相隨而爲盜也。【補注】先謙曰：據史記，其父爲盜也。

〔三〕師古曰：盎爲兄所保任，故得爲郎中也。【補注】先謙曰：官本「師古」作「如淳」。集解引亦作「如淳」。官本是也。「郎中」，史記作「中郎」。

絳侯爲丞相，朝罷趨出，意得甚。〔一〕上禮之恭，常目送之。〔二〕盎進曰：「丞相何如人也？」上曰：「社稷臣。」盎曰：「絳侯所謂功臣，非社稷臣。社稷臣主在與在，主亡與亡。〔三〕

方呂后時，諸呂用事，擅相王，劉氏不絶如帶。〔四〕是時絳侯爲太尉，本兵柄，〔五〕弗能正。呂后崩，大臣相與共誅諸呂，太尉主兵，適會其成功，所謂功臣，非社稷臣。丞相如有驕主色，陛下謙讓，〔六〕臣主失禮，竊爲陛下弗取也。」後朝，上益莊，丞相益畏。〔七〕已而絳侯望盎曰：「吾與汝兄善，今兒廼毁我！」〔八〕盎遂不謝。〔九〕

〔一〕師古曰：意甚自得也。

〔二〕【補注】先謙曰：史記「目」作「自」。集解徐廣曰：「自」一作「目」。案君無自送臣之理。帝禮絳侯，亦不至是。「目送」是也。

〔三〕如淳曰：人主在時，與共治在時之事；人主雖亡，其法度存，當奉行之。高祖誓「非劉氏不王」，而勃等聽王諸呂，是從生主之欲，不與亡者也。【補注】王文彬曰：按盎意謂勃聽王諸呂，不以死爭，故引「主亡與亡」之義以相形也。如以下「亡」字並屬主，謂弗能正，爲從新主，要爲曲説。

〔四〕師古曰：言微細也。

〔五〕師古曰：執兵權之本。【補注】王念孫曰：顔説非也。本者，主也，言主兵柄也。大戴禮曾子疾病篇「言有主，行有本」。繫辭傳「樞機之發，榮辱之主也」。説苑説叢篇「主」作「本」，是「本」與「主」同義。史記作「主兵柄」，是其明證矣。周壽昌曰：明世稱大司馬爲本兵，本此。

〔六〕師古曰：如，似也。

〔七〕師古曰：莊，嚴也。【補注】周壽昌曰：書中「莊」字多改爲「嚴」，避明帝諱也。獨此與莊青翟及鄭當時字莊未改。

〔八〕師古曰：望，責怨之也。【補注】先謙曰：時盎年少，故絳侯兒呼之。史記「廼」作「廷」。廷毁我，猶張釋之傳「廷辱張廷尉」也。「廷」較「廼」義爲深，疑廷、廼形近致誤，非班氏改廷爲廼也。

〔九〕【補注】先謙曰：廣雅釋詁「遂，竟也」。

及絳侯就國，人上書告以爲反，徵繫請室，〔一〕諸公莫敢爲言，唯盎明絳侯無罪。絳侯得釋，盎頗有力。絳侯乃大與盎結交。

〔一〕師古曰：請室，獄也。解在賈誼傳。【補注】先謙曰：事在文帝四年。請室，史記作「清室」。賈誼傳蘇林注「請音絜清」。蓋據史記此傳爲説。

淮南厲王朝，殺辟陽侯，〔一〕居處驕甚。盎諫曰：「諸侯太驕必生患，可適削地。」〔二〕上弗許。淮南王益横。〔三〕謀反發覺，上徵淮南王，遷之蜀，檻車傳送。盎時爲中郎將，諫曰：「陛下素驕之，弗稍禁，以至此，今又暴摧折之。淮南王爲人剛，有如遇霜露行道死，〔四〕陛下竟爲以天下大弗能容，〔五〕有殺弟名，柰何？」上不聽，遂行之。〔六〕

〔一〕師古曰：自國入朝而殺之。

〔二〕師古曰：適讀曰謫。

〔三〕師古曰：横音胡孟反。

〔四〕【補注】王念孫曰：霜當爲霧。「霧」，説文本作「霿」，形與「霜」相近。因譌而爲「霜」。考史記袁盎傳、淮南厲王傳及漢書淮南厲王傳竝作「霧露」，後漢書謝弼傳「如有霧露之疾，陛下當何面目以見天下」？語意即本此。

〔五〕【補注】先謙曰：史記「爲以」誤倒。

〔六〕【補注】宋祁曰：越本無遂字。

淮南王至雍，病死，聞，〔一〕上輟食哭，甚哀。〔二〕盎入，頓首請辠。〔三〕上曰：「以不用公言至此。」盎曰：「上自寬，此往事，豈可悔哉！且陛下有高世行三，此不足以毀名。」上曰：「吾高世三者何事？」盎曰：「陛下居代時，太后嘗病，三年，陛下不交睫解衣，〔四〕湯藥非陛下口所嘗弗進。夫曾參以布衣猶難之，〔五〕今陛下親以王者修之，過曾參遠矣。諸呂用事，大臣顓制，〔六〕然陛下從代乘六乘傳，馳不測淵，〔七〕雖賁育之勇不及陛下。〔八〕陛下至代邸，西鄉讓天子者三，南鄉讓天子者再。〔九〕夫許由一讓，〔一〇〕陛下五以天下讓，過許由四矣。且陛下遷淮南王，欲以苦其志，使改過，有司宿衛不謹，故病死。」於是上乃解，〔一一〕盎繇此名重朝廷。〔一二〕

〔一〕師古曰：雍是扶風雍縣也。聞，聞於天子也。【補注】宋祁曰：注「是」字當删。先謙曰：官本「縣」下無「也」字。
〔二〕師古曰：輟，止也。
〔三〕師古曰：自責以不强諫也。
〔四〕師古曰：睫，目旁毛也。交睫，謂睡寐也。睫音接。【補注】宋祁曰：「解」字上當有「不」字。錢大昭曰：「睫」古作「睞」。史記扁鵲傳云「忽忽承睞」。説文「睞，目旁毛也」。先謙曰：史記有不字，無亦可通。
〔五〕【補注】宋祁曰：「曾參」字上，浙本存「孝」字，句義並足。先謙曰：史記亦無孝字，惟下文「過曾參遠矣」，「曾參」下有孝字。案，猶難之者，承上文數事而言，無孝字，句義未嘗不足。宋説非也。
〔六〕師古曰：顓與專同。
〔七〕鄭氏曰：大臣亂，乘傳而赴之，故曰不測淵。

〔八〕孟康曰：孟賁、夏育，皆古勇士也。

〔九〕師古曰：鄉讀曰嚮。

〔一〇〕師古曰：許由，古高士也。堯讓天下於由，由不受也。【補注】先謙曰：官本注「士」下無「也」字。

〔一一〕【補注】先謙曰：史記此下有「曰『將柰何』？盎曰『淮南王有三子，唯在陛下耳』！於是文帝立其三子皆爲王」二十八字。

〔一二〕師古曰：繇讀與由同。

盎常引大體忼慨。宦者趙談以數幸，常害盎，盎患之。盎兄子種爲常侍騎，諫盎曰：〔一〕「君衆辱之，後雖惡君，上不復信。」〔二〕於是上朝東宮，趙談驂乘，盎伏車前曰：「臣聞天子所與共六尺輿者，皆天下豪英。〔三〕今漢雖乏人，陛下獨柰何與刀鋸之餘共載！」〔四〕於是上笑，下趙談。談泣下車。

〔一〕【補注】先謙曰：史記「騎」下有「持節夾乘」四字，「諫」作「説」。集解引徐廣曰：「説」一作「謀」。先謙案，「諫盎」當爲「謀盎」之誤也。「謀盎」謂與盎謀。説文「慮難曰謀」，與此文合。若作「諫」，則非其義矣。諫、謀形近易亂。本書敘傳贊「耳謀甘公」，一本作「耳諫甘公」。淮南主術訓「耳能聽而執正進諫」。注「諫」或作「謀」。皆其證也。

〔二〕師古曰：惡謂譖毁之，言其過惡。【補注】先謙曰：史記作「君與鬭，廷辱之，使其毁不用」。

〔三〕【補注】王先慎曰：隋書禮儀志輿下云「漢室制度，以雕玉爲之，方徑六尺」。通典六十三「夏氏末代制輦，秦以輦爲君之乘，漢因之，以雕玉爲之，方徑六尺。或使人輓之，或駕果下馬」。

〔四〕【補注】宋祁曰：一本云「刀鋸餘人載」。

上從霸陵上，欲西馳下峻阪，盎攬轡。〔一〕上曰：「將軍怯邪？」盎言曰：「臣聞千金之子不垂堂，〔二〕百金之子不騎衡，〔三〕聖主不乘危，不徼幸。〔四〕今陛下騁六飛，〔五〕馳不測山，〔六〕有如馬驚車敗，陛下縱自輕，柰高廟、太后何？」上乃止。

〔一〕師古曰：攬與擥同。〔一〕【補注】先謙曰：史記作「袁盎騎並車擥轡」。

〔二〕師古曰：言富人之子則自愛也。垂堂，謂坐堂外邊，恐墜墮也。【補注】宋祁曰：或無「之」字，下同。先謙曰：索隱「張揖云，恐簷瓦墮中人」是也。詳司馬相如傳。

〔三〕如淳曰：騎，倚也。衡，樓殿邊欄楯也。師古曰：騎謂跨之耳，非倚也。【補注】先謙曰：集解：「徐廣曰『衡一作行』。韋昭曰『衡，車衡』。」索隱「衡木，行馬也。案諸家說，如淳爲長。如云『欄楯』者，案纂要云『宮殿四面欄，縱者曰欄，橫者曰楯』是也」。盧文弨云「跨衡甚危，即非百金之子，亦未必敢以身試。二句正言其過慎耳。北齊書顏之推觀我生賦中正作『垂堂倚衡』。足證如說不誤」。先謙案：水經注亦作「立不倚衡」。史記上作「千金之子，坐不垂堂」，而「百金之子」下無「立」字，則文義不備。

〔四〕【補注】先謙曰：史記下「不」字作「而」。

〔五〕如淳曰：六馬之疾若飛也。【補注】沈欽韓曰：宋書禮志逸禮王度記曰「天子駕六飛，謂飛黃也」。先謙曰：史記作「六騑」。

〔六〕【補注】先謙曰：史記作「馳下峻山」。

上幸上林，皇后、慎夫人從。其在禁中，常同坐。〔一〕及坐，郎署長布席，盎引卻慎夫人坐。〔二〕慎夫人怒，不肯坐。上亦怒，起。盎因前說曰：「臣聞尊卑有序則上下和，今陛下既以立后，慎夫人乃妾，妾主豈可以同坐哉！且陛下幸之，則厚賜之。陛下所以爲慎夫人，適所以禍之也。獨不見『人豕』乎？」〔三〕於是上乃説，〔四〕入語慎夫人。慎夫人賜盎金五十斤。

〔一〕師古曰：同坐，謂所坐之處高下齊同，無差等也。【補注】先謙曰：據史記作「常同席坐」。顔説非。

〔二〕蘇林曰：郎署，上林中直衞之署也。如淳曰：盎時爲中郎將，天子幸署，豫設供帳待之，故得卻慎夫人坐也。師古曰：卻謂退而卑之也。坐音材臥反。【補注】宋祁云：趙本及景德本、監本並無「長布席」三字，一本云「郎署長布席」，學官本無「長布席」三字。若上云「及坐郎署」，案上字衍。似不成語，與上句了不綴屬。必須曰「郎署長布席」，義乃可安。何焯曰：郎署長亦從幸上林，職司布席耳，未必天子幸署也。如注恐非。先謙曰：詳蘇、如注，二人所見本皆無「長布席」三字。顔但引如、蘇注，未爲郎署長作注，則所見本亦無三字。治要引作「及坐郎署」，漢紀、通鑑同。是「長布席」三字，後人據史記誤加。

〔三〕張晏曰：戚夫人也。

〔四〕師古曰：説讀曰悦。

然盎亦以數直諫，不得久居中，調爲隴西都尉，〔一〕仁愛士卒，士卒皆爭爲死。遷齊相，徙爲吴相。辭行，種謂盎曰：「吴王驕日久，國多姦，今絲欲刻治，〔二〕彼不上書告君，則利劍刺君矣。南方卑溼，絲能日飲，亡何，説王毋反而已。〔三〕如此幸得脱。」盎用種之計，吴王厚遇盎。

〔一〕師古曰：調，選也，音徒釣反。【補注】周壽昌曰：中郎將與郡都尉皆比二千石，由中而出之外曰調，顔注非。先謙曰：調選義本如淳。見集解引。顧炎武云「此今日調官字所本，調有更易之意，猶琴瑟之更張，乃調也。如訓爲選，未盡」。

〔二〕如淳曰：種稱叔父字曰絲。【補注】先謙曰：官本考證云「從子呼叔父字，僅見此文」。史記作「苛欲劾治」。下文「絲能日飲」，史記作「君能日飲」，似爲得之。

〔三〕師古曰：無何，言更無餘事。【補注】吴仁傑曰：衛綰傳「不孰何綰」，賈誼傳「大何之域」，顔注皆曰「何，問也」。史記作「日飲毋苛」。按王莽傳「掖門僕射苛問」，又「亭長苛之」，古苛、何通。種本意蓋曰「吴王驕日久，又南方卑溼，宜日飲酒」而已，其他一切勿有所問，如此而後可免禍也。亡與毋義訓不同，亡者有亡之亡，而毋則禁止之辭也。彼方戒盎勿有所問，則其字當從史記爲正。先謙曰：吴説是也。亡、毋古自通用，但不當如顔解耳。

盎告歸，道逢丞相申屠嘉，下車拜謁，丞相從車上謝。盎還，媿其吏，〔一〕乃之丞相舍上謁，〔二〕求見丞相。丞相良久乃見。因跪曰：「願請間。」〔三〕丞相曰：「使君所言公事，之曹與長史掾議之，吾且奏之；〔四〕則私，吾不受私語。」〔五〕盎即起説曰：〔六〕「君爲相，自度孰與陳平、絳侯？」〔七〕丞相曰：「不如。」盎曰：「善，君自謂弗如。夫陳平、絳侯輔翼高帝，定天下，爲將相，而誅諸吕，存劉氏；君乃爲材官蹶張，遷爲隊帥，〔八〕積功至淮陽守，非有奇計攻城野戰之功。且陛下從代來，每朝，郎官者上書疏，〔九〕未嘗不止輦受。其言不可用，置之；〔一〇〕言可采，未嘗不稱善。何也？欲以致天下賢英士大夫，日聞所不聞，〔一一〕以益聖。〔一二〕而君自閉箝天下之口，〔一三〕而日益愚。夫以聖主責愚相，君受禍不久矣。」丞相乃再拜曰：「嘉鄙人，乃不知，將軍幸教。」引與入坐，爲上客。

〔一〕師古曰：慙不見禮也。

〔二〕師古曰：上謁，若今通名也。【補注】先謙曰：官本注在「求見丞相」下。

〔三〕師古曰：欲因閒隙，私有所白也。

〔四〕【補注】先謙曰：「之曹」，往掾史治事之所也。

〔五〕【補注】先謙曰：史記作「即私邪」，即、則雙聲，故兩書中多通用。申屠嘉傳「嘉爲人廉直，門不受私謁」。

〔六〕【補注】先謙曰：史記作「跪説」。

〔七〕師古曰：度，計量也。與猶如也。

〔八〕如淳曰：隊帥，軍中小官。師古曰：帥音所類反。【補注】沈欽韓曰：通典：「司馬穰苴曰『十伍爲隊，一軍凡二百五十隊』。」

〔九〕【補注】宋祁曰：郎官者，既云郎官，何更施「者」字？明是官與宦者，略述禁中人耳。

〔一〇〕【補注】王念孫曰：「受其言」下當更有一「言」字，「言不可用」，正與「言可采」對文。今本脱一「言」字。御覽人事部一百二引此，正作「言不可用」。史記同。

〔一一〕師古曰：日日得聞異言也。【補注】宋祁曰：景德本無「大夫上」三字，越本亦無「大夫上」字，而此本獨無「上」字。要須得之，對下句「君」字。先謙曰：史記作「則欲以致天下賢士大夫，上日聞所不聞」。案「上」字不可省，宋説是也。「賢士大夫」，今古恒言，不當竄入「英」字。景德本、越本無「大夫」字，作「賢英士」，亦屬罕見。疑後人妄加「英」字也。官本注在「以益聖」下。

〔一二〕【補注】先謙曰：史記作「明所不知，日益聖智」。

〔一三〕師古曰：箝，籋也，音其炎反。【補注】先謙曰：官本注在「而日益愚」下。

盎素不好鼂錯，錯所居坐，盎輒避；盎所居坐，錯亦避：兩人未嘗同堂語。及孝景即位，鼂錯爲御史大夫，使吏案盎受吴王財物，抵辠，詔赦以爲庶人。吴楚反聞，〔一〕錯謂丞史曰：〔二〕「爰盎多受吴王金錢，專爲蔽匿，言不反。今果反，欲請治盎，宜知其計謀。」丞史曰：「事未發，治之有絶。〔三〕今兵西向，治之何益！且盎不宜有謀。」〔四〕錯猶與未決。〔五〕人有告盎，盎恐，夜見竇嬰，爲言吴所以反，〔六〕願致前口對狀。〔七〕嬰入言，上乃召盎。盎入見，竟言吴所以反，獨急斬錯以謝吴，吴可罷。上拜盎爲泰常，〔八〕竇嬰爲大將軍。兩人素相善。是時，諸陵長安中賢大夫〔九〕爭附兩人，車騎隨者日數百乘。

〔一〕師古曰：聞，聞於天子。

〔二〕如淳曰：百官表御史大夫有兩丞。丞史，丞及史也。【補注】先謙曰：御史兩丞，一曰中丞。表言「成帝更御史大夫名大司空，置長史如中丞」。又云「哀帝時御史中丞更名御史長史」。是丞史即御史丞。如云「丞及史」，分丞史爲二，非也。府中之史，職分卑微，不當與丞並稱。錯亦不至與商要事也。集解引「丞及史」，又誤作「丞相史」。

〔三〕如淳曰：事未發之時治之，乃有所絶也。【補注】先謙曰：索隱謂絶吴反心也。

〔四〕如淳曰：盎大臣，不宜有姦謀。

〔五〕師古曰：與讀曰豫。

〔六〕【補注】齊召南曰：此文删去史記鼂錯在前一段，以詳序於錯傳中也。先謙曰：時嬰薦用盎，見嬰傳。

〔七〕師古曰：至天子之前也。【補注】錢大昭曰：致，南監本、閩本作「至」。先謙曰：官本作「至」，史記同，是也。顔注不誤。

〔八〕【補注】先謙曰：此及下文，泰常竝當爲奉常之誤也。本書太常字皆不通作「泰」。公卿表「奉常，景帝中六年更名太常」。此在景帝三年，正當作「奉常」，不作「太常」也。奉與泰形相近，後人但知太常，罕知奉常。以泰、太通用，遂疑奉爲泰之誤而妄改之耳。

〔九〕【補注】先謙曰：史記作「諸陵長者長安中賢大夫」。諸陵長者謂徙居諸陵未仕之人。長安中賢大夫則爲朝官者也，此脱「長者」二字，文義不合，諸陵不得有大夫也。

及鼂錯已誅，盎以泰常使吴。吴王欲使將，不肯。欲殺之，使一都尉以五百人圍守盎軍中。初，盎爲吴相時，從史盜私盎侍兒。〔一〕盎知之，弗泄，遇之如故。人有告從史，「君知女與侍者通」，乃亡去。盎驅自追之，〔二〕遂以侍者賜之，復爲從史。及盎使吴見守，從史適在守盎校爲司馬，〔三〕乃悉以其裝齎買二石醇醪。〔四〕會天寒，士卒飢渴，飲醉西南陬卒，卒皆臥。〔五〕司馬夜引盎起，曰：「君可以去矣，吴王期旦日斬君。」盎弗信，曰：「何爲者？」〔六〕司馬曰：「臣故爲君從史盜侍兒者也。」盎乃驚，謝曰：「公幸有親，〔七〕吾不足絫公。」〔八〕司馬曰：「君弟去，〔九〕臣亦且亡，辟吾親，〔一〇〕君何患！」乃以刀決帳，道從醉卒直出。〔一一〕司馬與分背，〔一二〕盎解節旄懷之，〔一三〕屐步行七十里，〔一四〕明，見梁騎，馳去，遂歸報。〔一五〕

〔一〕文穎曰：婢也。

〔二〕師古曰：驅馳而追，言疾速。

〔三〕師古曰：爲校中之司馬所領士卒，正當守盎。【補注】先謙曰：史記作「從史適爲守盎校尉司馬」。

〔四〕師古曰：裝齎，謂所齎衣物自隨者也。醇者不雜，言其醲也。醪，汁滓合之酒也，音牢。

〔五〕師古曰：陬，隅也。飲音於禁反。陬音子侯反，又音鄒。【補注】宋祁曰：古本飢下有「乏」字，今削之，無害。

〔六〕【補注】先謙曰：史記「何」上有「公」字，不可省。

〔七〕文穎曰：言汝有親老。【補注】先謙曰：疑當作「老親」。

〔八〕師古曰：絫，古累字也，音力瑞反。

〔九〕師古曰：弟，但也。

〔一〇〕如淳曰：藏匿吾親，不使遇害也。晉灼曰：辟音避。

〔一一〕師古曰：於醉卒之處決帳而開，令通道得亡也。【補注】王念孫曰：道讀曰導，謂決開軍帳，導之從醉卒處直出也。史記作「乃以刀決張，道從醉卒直隧出」。集解如淳曰「決開當所從亡之道。張音帳」。案：道與決張義不相屬，如、顏皆以道爲道路之道，上屬爲句，非也。道讀曰導，隧字當在直字上，醉卒隧者，當醉卒之道也，謂決開軍帳導之，從醉卒道直出也。說苑復恩篇作「乃以刀決帳，從醉卒道出」。醉卒道即醉卒隧也。隧，訓爲道。則上道字非謂道路明矣。

〔一二〕師古曰：一時各去也。

〔一三〕如淳曰：不欲令人見。【補注】先謙曰：史記「旄」作「毛」。旄，旄牛尾也。

〔一四〕如淳曰：著屐步行而逃亡。【補注】沈欽韓曰：史記作「杖步行七八里」，蓋謂盎解節旄以其杖拄而步行也。吴壁梁郊本裁七八里，易得脱，若七十里之遠，吴豈不能以一騎追捕乎？先謙曰：說文「屐，屩也。屩，屐也」。桂馥義證云「然則屐、屩，古時同類也」。漢書「袁盎屐行七十里」是也。案廣(類)〔韻〕「屩，草履也」。史記平準書韋昭注同。草履輕便，故著以行。若木屐則不可通矣。「屩」亦作「蹻」。本書王褒傳「離疏釋蹻」。應劭曰：「釋此木蹻也。屩、屐互稱，故木屐亦通稱木屩。」釋名「屩，蹻也，出行箸之蹻。蹻輕便，因以爲名也。屐，搘也，爲兩足搘以踐泥也」。又云「帛屐，以帛作之如屩。不曰帛屩者，屩不可踐泥者也。屐，踐泥者也，此亦可以步泥而浣之，故謂之屐也」。以屐與屩判然二物，後世承之，蓋非古義矣。

〔一五〕文穎曰：梁騎將擊吴楚者也。師古曰：遇梁軍之騎，遂因得脱，歸報天子。【補注】先謙曰：馳去，得梁馬馳去也。史記「馳去」上更有「騎」字。官本注「將」下多「軍」字。

吳楚以破，上更以元王子平陸侯禮爲楚王，以盎爲楚相。嘗上書，不用。盎病免家居，與閭里浮湛，相隨行鬬雞走狗。〔一〕雒陽劇孟嘗過盎，盎善待之。安陵富人有謂盎曰：「吾聞劇孟博徒，〔二〕將軍何自通之？」盎曰：「劇孟雖博徒，然母死，客送喪車千餘乘，此亦有過人者。且緩急人所有。〔三〕夫一旦叩門，不以親爲解，〔四〕不以在亡爲辭，〔五〕天下所望者，獨季心、劇孟。〔六〕今公陽從數騎，〔七〕一旦有緩急，寧足恃乎！」遂罵富人，弗與通。諸公聞之，皆多盎。〔八〕

〔一〕師古曰：湛讀曰沈。

〔二〕服虔曰：博戲之徒也。

〔三〕師古曰：凡人在生，不能無緩急之事。

〔四〕張晏曰：不語云親不聽也。臣瓚曰：凡人之於赴難濟厄，多以有父母爲解，而孟兼行之。師古曰：瓚說是也。解者，若今言分疏矣。【補注】錢大昭曰：案，論語「子路問：聞斯行諸？」包咸以爲賑窮救乏之事。「子曰：有父兄在，如之何其聞斯行之？」孔安國以爲當白父兄，不得自專。白虎通義亦云「朋友之道，親存不得行者二：不得許友以其身，不得專通財之恩。友飢則白之於父兄，父兄許之，乃稱父兄與之；不聽即止。故曰，友飢爲之減飡，友寒爲之不重裘」。然則「以親爲解」，行古之道也。先謙曰：史記「一旦」下有「有急」二字。

〔五〕師古曰：或實在家而辭云不在。【補注】王文彬曰：史記「在」作「存」，「在亡」猶「存亡」耳，言緩急可恃，不以身之在亡爲計而諉謝也。一曰：不以友之在亡而異其情也。顏說未當。

〔六〕文穎曰：心，季布弟也。【補注】先謙曰：見布傳。

〔七〕鄧展曰：陽，外也。晉灼曰：陽猶常也。師古曰：鄧說是也。【補注】先謙曰：史記「陽」作「常」。集解「徐廣曰：『常一作詳。』」案詳即佯字。吴太伯世家「公子光詳爲足疾」。索隱「詳，詐也」。陽與佯字相叚，義亦相通。本書田儋傳「儋陽爲縛其奴」。注「陽即僞耳」。左定十二年傳注「陽不知也」。釋文「陽本亦作佯」。是「陽從數騎」正與徐說一本「詳從數騎」相同，謂富人僞飾以炫人也。鄧說未明。

〔八〕師古曰：多猶重也。

盎雖居家，〔一〕景帝時時使人問籌策。梁王欲求爲嗣，盎進說，其後語塞。〔二〕梁王以此怨盎，使人刺盎。刺者至關中，問盎，稱之皆不容口。〔三〕乃見盎曰：「臣受梁王金刺君，君長者，不忍刺君。然後刺者十餘曹，〔四〕備之！」盎心不樂，家多怪，乃之棓生所問占。〔五〕還，梁刺客後曹果遮刺殺盎安陵郭門外。〔六〕

〔一〕【補注】先謙曰：「居家」當爲「家居」而誤倒也。上文亦云「盎病免家居」。凡言隱不仕者，皆謂家居，不云居家也。史記亦作「袁盎雖家居」。

〔二〕師古曰：塞，不行也。

〔三〕師古曰：稱美其德，口不能容也。

〔四〕如淳曰：曹，輩也。

〔五〕蘇林曰：音栝。文穎曰：音陪。秦時賢士善術者也。師古曰：蘇音、文說是。【補注】先謙曰：史記「棓作掊」。徐廣注「掊一作服」。

〔六〕【補注】王先慎曰：西京雜記「袁盎冢以瓦爲棺椁，器物都無，唯有銅鏡一枚」。先謙曰：梁孝王世家後「褚先生曰：「梁使人殺袁盎，盎顧之曰：『我所謂袁將軍者也，公得毋誤乎？』刺者曰『是矣』，刺之，置其劍。劍著身。視其劍新治，問長安中削厲工。工曰『梁郎某子治此劍』。以此知而發覺。」

鼂錯，潁川人也。〔一〕學申商刑名於軹張恢生所，〔二〕與雒陽宋孟及劉帶同師。〔三〕以文學爲太常掌故。〔四〕錯爲人陗直刻深。〔五〕孝文時，天下亡治尚書者，獨聞齊有伏生，故秦博士，治尚書，年九十餘，老不可徵。乃詔太常，使人受之。〔六〕太常遣錯受尚書伏生所，還，因上書稱說。〔七〕詔以爲太子舍人，門大夫，〔八〕遷博士。又上書言：「人主所以尊顯功名揚於萬世之後者，以知術數也。〔九〕故人主知所以臨制臣下而治其衆，則羣臣畏服矣；知所以聽言受事，則不欺蔽矣；知所以安利萬民，則海内必從矣；知所以忠孝事上，則臣子之行備矣：此四者，臣竊爲皇太子急之。人臣之議或曰皇太子亡以知事爲也，〔一〇〕臣之愚，誠以爲不然。竊觀上世之君，不能奉其宗廟而劫殺於其臣者，皆不知術數者也。（皇太子所讀書多矣，而未深知術數者也。）皇太子所讀書多矣，而未深知術數者，不問書說也。〔一一〕夫多誦而不知其說，所謂勞苦而不爲功。臣竊觀皇太子材智高奇，馭射伎藝過人絶遠，然於術數未有所守者，以陛下爲心也。〔一二〕竊願陛下幸擇聖人之術可用今世者，以賜皇太子，因時使太子陳明於前。唯陛下裁察。」上善之，於是拜錯爲太子家令。〔一三〕以其辯得幸太子，太子家號曰「智囊」。〔一四〕

〔一〕晉灼曰：音厝置之厝。師古曰：據申屠嘉傳序云「責通請錯，匪躬之故」。以韻而言，晉音是也。潘岳西征賦乃讀爲錯雜之錯，不可依也。

〔二〕師古曰：軹縣之儒生姓張名恢，錯從之受申商法也。【補注】周壽昌曰：傳明云「學申商刑名於張恢生」，是生乃刑名家，非儒家，安得稱儒生？生亦先生也。史記作「張恢先」。徐廣注「先即先生」。索隱「軹縣人張恢先生」，蓋生爲先生，先亦爲先生也。此傳「鄧先」顔注「鄧先，猶云鄧先生也」。梅福傳「叔孫先非不忠也」。注「先，先生」。貢禹傳「朕以生有伯夷之廉」。注「生，先生也」。

〔三〕【補注】先謙曰：「劉帶」，史記作「劉禮」。

〔四〕應劭曰：掌故，六百石吏，主故事。【補注】先謙曰：索隱「漢舊儀云，太常博士弟子試射策，中甲科補郎中，乙科補掌故也」。服虔云「百石卒」。史集解引應注亦作「掌故百石」，「六」字衍。

〔五〕師古曰：陗字與峭同。峭謂峻陿也，音千笑反。

〔六〕【補注】錢大昭曰：「太常」當作「奉常」，時尚未改也。下「太常」亦誤。

〔七〕師古曰：稱師法而説其義。

〔八〕師古曰：初爲舍人，又爲門大夫。

〔九〕張晏曰：術數，刑名之書也。臣瓚曰：術數，謂法制治國之術也。師古曰：瓚説是也。公孫弘云「擅生殺之力，通壅塞之途，權輕重之數，論得失之道，使遠近情僞必見於上，謂之術」。此與錯所言同耳。【補注】沈欽韓曰：韓非定法篇「申不害言術，術者，因能而授官，循名而責實，操生殺之柄，課羣臣之能，此人主之所執也」。又申子曰「聖君任法而不任智，任數而不任説」。

〔一〇〕師古曰：言何用知事。

〔一一〕師古曰：説謂所説之義也。

〔一二〕張晏曰：若伯魚須仲尼教，乃讀詩書也。【補注】先謙曰：書當爲禮。

〔一三〕臣瓚曰：茂陵中書「太子家令秩八百石」。【補注】先謙曰：集解「服虔曰：太子稱家」。

〔一四〕師古曰：言其一身所有皆是智算，若囊橐之盛物也。【補注】王先慎曰：史記樗里子傳「樗里子滑稽多智，秦人號曰『智囊』」。

是時匈奴彊，數寇邊，上發兵以禦之。錯上言兵事，曰：

臣聞漢興以來，胡虜數入邊地，小入則小利，大入則大利；高后時再入隴西，攻城屠邑，敺略畜產；〔一〕其後復入隴西，殺吏卒，大寇盜。竊聞戰勝之威，民氣百倍；〔二〕敗兵之卒，沒世不復。〔三〕自高后以來，隴西三困於匈奴矣，民氣破傷，亡有勝意。今茲隴西之吏，賴社稷之神靈，奉陛下之明詔，和輯士卒，底厲其節，〔四〕起破傷之民以當乘勝之匈奴，用少擊衆，殺一王，敗其衆而法曰大有利。〔五〕非隴西之民有勇怯，乃將吏之制巧拙異也。故兵法曰：「有必勝之將，無必勝之民。」繇此觀之，〔六〕安邊境，立功名，在於良將，不可不擇也。

〔一〕師古曰：敺與驅同。

〔二〕師古曰：益奮厲也。

〔三〕師古曰：永挫折也。

〔四〕師古曰：輯與集同。底與砥同。

〔五〕【補注】宋祁曰：「而法曰大有利」，此語絕不傍理。蓋下有「兵法曰」，故後人誤書耳。當從淛本，作「敗其衆而有大利」。先謙曰：通志九十七鼂錯傳，亦作「敗其衆而有大利」。

〔六〕師古曰：繇讀與由同。

臣又聞用兵，臨戰合刃之急者三：〔一〕一曰得地形，二曰卒服習，三曰器用利。兵法曰：丈五之溝，漸車之水，〔二〕山林積石，經川丘阜，〔三〕屮木所在，〔四〕此步兵之地也，車騎二不當一。〔五〕土山丘陵，曼衍相屬，〔六〕平原廣野，此車騎之地，〔七〕步兵十不當一。平陵相遠，川谷居閒，〔八〕仰高臨下，此弓弩之地也，短兵百不當一。兩陳相近，平地淺草，〔九〕可前可後，此長戟之地也，〔一〇〕劍楯三不當一。萑葦竹蕭，〔一一〕屮木蒙蘢，支葉茂接，〔一二〕此矛鋋之地也，〔一三〕長戟二不當一。曲道相伏，險阸相薄，此劍楯之地也，弓弩三不當一。士不選練，卒不服習，起居不精，〔一四〕動靜不集，〔一五〕趨利弗及，避難不畢，〔一六〕前擊後解，與金鼓之音相失，〔一七〕此不習勒卒之過也，〔一八〕百不當十。兵不完利，與空手同；甲不堅密，與袒裼同；〔一九〕弩不可以及遠，與短兵同；射不能中，與亡矢同；中不能入，與亡鏃同：〔二〇〕此將不省兵之禍也，〔二一〕五不當一。故兵法曰：器械不利，以其卒予敵也；卒不可用，以其將予敵也；將不知兵，以其主予敵也；君不擇將，以其國予敵也。四者，國之至要也。〔二二〕

〔一〕師古曰：合刃，謂交兵。

〔二〕師古曰：漸讀曰瀸，謂浸也，音子廉反。

〔三〕師古曰：經川，常流之水也。大陸曰阜。

〔四〕師古曰：屮，古草字。

〔五〕【補注】沈欽韓曰：六韜奇兵篇「深谷險阻者，以止車禦騎也」。

〔六〕師古曰：曼衍，猶聯延也。屬，續也。衍音弋戰反。屬音之欲反。

〔七〕【補注】宋祁曰：「地」字下當有「也」字，前後相準，存「也」成文。先謙曰：治要引有「也」字，此傳寫奪之耳。漢紀亦有。

〔八〕師古曰：遠，離也。

〔九〕【補注】先謙曰：官本「草」作「屮」。

〔一〇〕【補注】沈欽韓曰：吳子圖國篇「長戟二丈四尺，短戟一丈二尺」。

〔一一〕師古曰：萑，亂也。葦，葭也。蕭，蒿也。萑音完。【補注】先謙曰：官本「萑」作「雈」，注同。「亂」作「薍」，是。

〔一二〕師古曰：蒙蘢，覆蔽之貌也。蘢音來東反。

〔一三〕師古曰：鋋，鐵把短矛也，音上延反。

〔一四〕【補注】先謙曰：「起居」猶言「坐作」。

〔一五〕師古曰：集，齊也。

〔一六〕【補注】先謙曰：畢，盡也。

〔一七〕師古曰：金，金鉦也。鼓所以進衆，金所以止衆也。【補注】宋祁曰：學官本、越本並作「金鼓之指」。據云，金鼓則「音」爲是，作「指」非。王念孫曰：作「指」者是也。景祐本亦作「指」。指者意也。鼓之意主於進，金之意主於止。若趨利弗及，避難不畢，前擊後解，則與金鼓之意相失，非謂與其音相失也。顔注「鼓所以進衆，金所以止衆」，正釋「指」字之義。宋改「指」爲「音」，而各本皆從之，誤矣。通典邊防十作「音」，亦後人以俗本漢書改之。漢紀正作「指」。先謙曰：通鑑作「指」。胡三省云「指」當作「音」，則亦爲宋説所誤矣。解讀曰懈。

〔一八〕【補注】先謙曰：言不能部勒士卒。

〔一九〕應劭曰：袒裼，肉袒也。師古曰：裼音錫。【補注】先謙曰：管子參患篇「兵不完利，與無操者同實。甲不堅密，與無俴者同實」。

〔二〇〕師古曰：鏃，矢鋒也。音子木反。【補注】先謙曰：管子參患篇「弩不可以及遠，與短兵同實。射而不能中，與無矢者同實。中而不能入，與無鏃者同實」。

〔二一〕師古曰：省，視也。【補注】先謙曰：兵謂器械。

〔二二〕【補注】錢大昭曰：「國」，南監本、閩本並作「兵」。先謙曰：作「兵」者是也。官本亦作「兵」。言利器、精卒、知兵之將、擇將之君，此四者皆用兵之至要也。若國之至要，則不僅此四者。治要引作「兵」，通鑑同。漢紀亦作「此四者，兵之要也」。知古本作「兵」，汲古本誤「國」耳。管子參患篇「故凡兵有大論，必先論其器，論其士，論其將，論其主。故曰，器濫惡不利者，以其士予人也；士不可用者，以其將予人也；將不知兵者，以其主予人也；主不積務於兵者，以其國予人也」。

臣又聞小大異形，彊弱異埶，險易異備。〔一〕夫卑身以事彊，小國之形也；合小以攻大，敵國之形也；〔二〕以蠻夷攻蠻夷，中國之形也。〔三〕今匈奴地形技蓺與中國異。上下山阪，出入溪澗，中國之馬弗與也；〔四〕險道傾仄，且馳且射，〔五〕中國之騎弗與也；風雨罷勞，飢渴不困，〔六〕中國之人弗與也：此匈奴之長技也。若夫平原易地，輕車突騎，〔七〕則匈奴之衆易撓亂也；〔八〕勁弩長戟，射疏及遠，〔九〕則匈奴之弓弗能格也；〔一〇〕堅甲利刃，長短相雜，〔一一〕遊弩往來，什伍俱前，〔一二〕則匈奴之兵弗能當也；材官騶發，矢道同的，〔一三〕則匈奴之革笥木薦弗能支也；〔一四〕下馬地鬭，劍戟相接，去就相薄，〔一五〕則匈奴之足弗能給也：〔一六〕此中國之長技也。以此觀之，匈奴之長技三，中國之長技五。陛下又興數十萬之衆，以誅數萬之匈奴，衆寡之計，以一擊十之術也。

〔一〕師古曰：易，平也，音弋豉反。【補注】沈欽韓曰：大司馬鄭司農注「險，野人爲主人，居前。易，野車爲主車，居前」。

〔二〕師古曰：彼我力均，不能相勝，則須連結外援共制之也。

〔三〕師古曰：不煩華夏之兵，使其同類自相攻擊也。【補注】沈欽韓曰：管子霸形篇「以負海攻負海，中國之形也」。

〔四〕師古曰：與猶如。

〔五〕師古曰：仄，古側字。

〔六〕師古曰：罷讀曰疲。

〔七〕師古曰：易亦平也。突騎，言其驍鋭，可用衝突敵人也。

〔八〕師古曰：撓，攪也，音火高反。其字從手。一曰撓，曲也，弱也，音女教反。其字從木。【補注】先謙曰：「一曰撓」之「撓」，當作「橈」。

〔九〕師古曰：疏亦闊遠也。【補注】劉奉世曰：長戟恐誤，或者「勁弩」如今九牛大弩，以槍爲矢歟？故可射疏及遠也。然戟有鉤，又不可射。先謙曰：胡三省云「文意各有所屬，勁弩所以射疏，長戟所以及遠也」。

〔一〇〕【補注】先謙曰：荀子議兵篇「格者不舍」。注「格謂拒捍者」。

〔一一〕【補注】沈欽韓曰：司馬法定爵曰「五兵當長以衛短，短以救長。迭戰則久，皆戰則强」。

〔一二〕師古曰：五人爲伍，二伍爲什。

〔一三〕蘇林曰：騶音馬驟之驟。如淳曰：騶，矢也。處平易之地可以矢相射也。臣瓚曰：材官，騎射之官也。射者騶發，其用矢者同中一的，言其工妙也。師古曰：騶謂矢之善者也。春秋左氏傳作「菆」字，其音同耳。材官，有材力者。騶發，發騶矢以射也。手工矢善，故中則同的。的謂所射之準臬也。蘇音失之矣。臬音牛列反，即謂橜也。【補注】沈欽韓曰：既夕禮注「蒲菆，牝蒲莖也」。此「菆」之正訓也。以菆爲善，望文生義耳。此作「騶」，又不可以左傳文爲據。蘇音驟，是也。韓策「蘇秦曰，韓卒超足而射，百發不暇止」者是也。列子仲尼篇「善射者能令後鏃中前。括，發發相及，矢矢相屬」。王引之曰：訓「騶」爲矢，則與下句「矢」字相複。蘇讀「騶」爲「驟」，是也。驟發，謂疾發也。字或作「趨」。韓子八説篇「狸首射侯不當强弩趨發」。趨發、騶發，竝與「驟發」同。曲禮「車驅而騶」。釋文「騶，仕救反」，是騶有驟音也。荀子禮論篇「步中武象，趨中韶濩」。正論篇「趨」作「騶」，史記禮書作「驟」，是騶、趨竝與「驟」通也。漢紀孝文紀正作「材官驟發」。

〔一四〕孟康曰：革笥，以皮作如鎧者被之。木薦，以木板作如楯。一曰，革笥若楯，木薦之以當人心也。師古曰：一説非也。笥音息嗣反。

〔一五〕師古曰：薄，迫也。

〔一六〕師古曰：給謂相連及。【補注】先謙曰：官本「及」作「也」。通鑑胡注引作「及」。荀子性惡篇「齊給便敏」注「給謂應之速，如供給者也」。本書司馬遷傳「虜救死扶傷不給」。顏注「給猶供也」。此云「相連及」，其義不明。

雖然，兵，凶器；戰，危事也。以大爲小，以彊爲弱，在俛卬之間耳。〔一〕夫以人之死爭勝，跌而不振，〔二〕則悔之亡及也。帝王之道，出於萬全。今降胡義渠蠻夷之屬來歸誼者，其衆數千，飲食長技與匈奴同，可賜之堅甲絮衣，勁弓利矢，益以邊郡之良騎。令明將能知其習俗和輯其心者，〔三〕以陛下之明約將之。即有險阻，以此當之；平地通道，則以輕車材官制之。兩軍相爲表裏，各用其長技，衡加之以衆，〔四〕此萬全之術也。

〔一〕師古曰：言不知其術，則雖大必小，雖强必弱也。俛亦俯字。印讀曰仰。

〔二〕服虔曰：蹉跌不可復起也。師古曰：跌，足失據也。跌音徒結反。

〔三〕師古曰：輯與集同也。

〔四〕張晏曰：衡音横。師古曰：衡即横耳，無勞借音。

傳曰：「狂夫之言，而明主擇焉。」臣錯愚陋，昧死上狂言，唯陛下財擇。〔一〕

〔一〕師古曰：財與裁同也。【補注】先謙曰：財，少也。解見賈誼傳。

文帝嘉之，乃賜錯璽書寵荅焉，曰：「皇帝問太子家令：上書言兵體三章，聞之。〔一〕書言『狂夫之言，而明主擇焉』。今則不然。言者不狂，而擇者不明，國之大患，故在於此。使夫不明擇於不狂，是以萬聽而萬不當也。」

〔一〕李奇曰：三者，得地形，卒服習，器用利。

錯復言守邊備塞，勸農力本，當世急務二事，〔一〕曰：

〔一〕【補注】先謙曰：勸農力本一事，班氏載入食貨志。

臣聞秦時北攻胡貉，築塞河上，〔一〕南攻楊粤，〔二〕置戍卒焉。其起兵而攻胡、粤者，非以衛邊地而救民死也，貪戾而欲廣大也，故功未立而天下亂。且夫起兵而不知其埶，戰則爲人禽，屯則卒積死。〔三〕夫胡貉之地，積陰之處也，木皮三寸，冰厚六尺，〔四〕食肉而飲酪，其人密理，鳥獸毳毛，〔五〕其性能寒。〔六〕楊粵之地少陰多陽，其人疏理，鳥獸希毛，其性能暑。秦之戍卒不能其水土，〔七〕戍者死於邊，輸者僨於道。〔八〕秦民見行，如往棄市，因以謫發之，名曰「謫戍」。先發吏有謫及贅壻、賈人，後以嘗有市籍者，又後以大父母、父母嘗有市籍者，後入閭，取其左。〔九〕發之不順，行者深怨，有背畔之心。〔一〇〕凡民守戰至死而不降北者，以計爲之也。〔一一〕故戰勝守固則有拜爵之賞，攻城屠邑則得其財鹵以富家室，故能使其衆蒙矢石，赴湯火，〔一二〕視死如生。今秦之發卒也，有萬死之害，而亡銖兩之報，死事之後不得一算之復，〔一三〕天下明知禍烈及己也。〔一四〕陳勝行戍，至於大澤，爲天下先倡，〔一五〕天下從之如流水者，秦以威劫而行之之敝也。

〔一〕師古曰：貉音莫客反。

〔二〕張晏曰：楊州之南越也。【補注】先謙曰：「楊」，官本竝作「揚」。

〔三〕【補注】王念孫曰：積字師古無注，案，積讀爲漬。漬死，病死也。埶謂地埶也。此言邊地苦寒，戍卒不耐其水土，則生疾病，相漸漬而死也。蜡氏注引曲禮「四足死者曰殨」。今本「殨」作「漬」。注云「漬謂相瀐汙而死也」。引公羊莊二十年傳「大災者何，大瘠也」。今本「漬」作「瘠」。何注云「瘠，病也，齊人語也」。又「十七年，齊人瀐于遂」。傳曰「瀐者何？瀐，積也」。「瀐積」即「漸漬」。注云「瀐之爲死，積死非一之辭，故曰：瀐、積，衆多也」。釋文：「積」本又作「漬」。殨、漬、積、瘠，竝字異而義同。

〔四〕文穎曰：土地寒故也。【補注】沈欽韓曰：尸子「朔方之寒，冰厚六尺，木皮三寸，北極左右，有不釋之冰」。

〔五〕師古曰：密理，謂其肌肉也。毳，細毛也。【補注】先謙曰：「肌肉」下有奪文。

〔六〕師古曰：能讀曰耐，此下「能暑」亦同。

〔七〕【補注】先謙曰：「能」，亦讀曰耐。通鑑三「能」字竝作「耐」。

〔八〕服虔曰：僨，仆也。如淳曰：僨音奮。

〔九〕孟康曰：秦時復除者居閭之左，後發役不供，復役之也。或云「直先發取其左也」。師古曰：閭，里門也。居閭之左者，一切皆發之，非謂復除也。解在食貨志。

〔一〇〕【補注】何焯曰：恐文帝懲秦戍卒創亂，不敢徙民實塞下，故就秦所以致亂之故，分疏明白，使議不得撓也。先謙曰：官本「怨」作「恐」。

〔一一〕師古曰：北謂敗退。【補注】何焯曰：言自計亦爲利而願爲之也。

〔一二〕師古曰：蒙，冒犯也。

〔一三〕師古曰：復，復除也，音方目反。【補注】先謙曰：漢律「人出一筭」。筭，百二十錢。

〔一四〕師古曰：猛火曰烈，取以喻耳。

〔一五〕師古曰：倡讀曰唱。

胡人衣食之業不著於地，〔一〕其埶易以擾亂邊竟。〔二〕何以明之？胡人食肉飲酪，衣皮毛，非有城郭田宅之歸居，如飛鳥走獸於廣壄，〔三〕美草甘水則止，草盡水竭則移。以是觀之，往來轉徙，時至時去，此胡人之生業，而中國之所以離南晦也。〔四〕今使胡人數處轉牧行獵於塞下，或當燕代，或當上郡、北地、隴西，以候備塞之卒，〔五〕卒少則入。〔六〕

陛下不救，則邊民絶望而有降敵之心；救之，少發則不足，多發，遠縣纔至，則胡又已去。〔七〕聚而不罷，爲費甚大；罷之，則胡復入。如此連年，則中國貧苦而民不安矣。

〔一〕師古曰：著音直略反。

〔二〕師古曰：竟讀曰境。

〔三〕師古曰：壄，古野字。【補注】宋祁曰：浙本「居」字下有「也」字。「獸」字下有「放」字。若去「也」、去「放」，語迫而不文。「放」字猶害於義。先謙曰：治要引有「放」字。浙本是也。此奪文。

〔四〕師古曰：晦，古畝字也。南畝，耕種之處也。【補注】宋祁曰：景德本無「以離」二字。校添，刊誤亦改。

〔五〕【補注】沈欽韓曰：此謂北邊東起幽燕，西至隴右、河西也。以漢郡言之，上谷、代郡、漁陽、右北平之塞當匈奴左地，左賢王所部。極於遼西。明之邊鎮，則大寧及遼薊二鎮，今之土默特、科爾沁等部落。雲中、雁門、定襄、五原之塞，爲匈奴中地。直單于庭。明之宣府、大同，山西邊境，今之歸化城、吴喇忒部落。上郡隴西北地之塞，當匈奴右地，右賢王所部。極於酒泉、敦煌，延聯西域。明之榆林、寧夏、固原、甘肅，今之鄂爾多斯、青海。而嘉峪關即酒泉塞，哈密國爲車師地，延袤萬餘里，備多而力分。其邊患，漢與明略相似。鼂錯時河西四郡尚未開斥，故言邊塞出於隴西。

〔六〕【補注】先謙曰：官本「入」作「人」。

〔七〕李奇曰：纔音裁。師古曰：纔，淺也，猶言僅至也。他皆類此。【補注】先謙曰：説文「纔，帛雀頭也。一曰微黑色，如紺。纔，淺也」。桂馥義證云「言淺於紺也」。六書故「纔，一色之淺也。引申之，則甫爾爲纔」。官本注「至」下無「也」字。

陛下幸憂邊境，遣將吏發卒以治塞，甚大惠也。然令遠方之卒守塞，一歲而更，〔一〕

不知胡人之能，〔二〕不如選常居者，家室田作，且以備之。以便爲之高城深塹，〔三〕具藺石，布渠荅，〔四〕復爲一城其内，城閒百五十步。〔五〕要害之處，通川之道，調立城邑，毋下千家，〔六〕爲中周虎落。〔七〕先爲室屋，具田器，乃募辠人及免徒復作令居之；〔八〕不足，募以丁奴婢贖辠及輸奴婢欲以拜爵者；不足，乃募民之欲往者。皆賜高爵，復其家。〔九〕予冬夏衣，廩食，能自給而止。〔一〇〕郡縣之民得買其爵，以自增至卿。〔一一〕其亡夫若妻者，縣官買予之。人情非有匹敵，不能久安其處。塞下之民，禄利不厚，不可使久居危難之地。胡人入驅而能止其所驅者，以其半予之，〔一二〕縣官爲贖〔一三〕其民。如是，〔一四〕則邑里相救助，赴胡不避死。非以德上也，〔一五〕欲全親戚而利其財也。此與東方之戍卒不習地埶而心畏胡者，功相萬也。〔一六〕以陛下之時，徙民實邊，使遠方無屯戍之事，塞下之民父子相保，亡係虜之患，利施後世，名稱聖明，其與秦之行怨民，相去遠矣。〔一七〕

〔一〕師古曰：更謂易代也，音庚，又讀如本字。

〔二〕【補注】先謙曰：不知其所能，則備禦之方不具。

〔三〕【補注】宋祁曰：「以便爲之」，存「以」字不成句，且無義。周壽昌曰：案，此言以其便爲之高其城、深其塹，作一句讀，則「以」字不可去。先謙曰：胡三省云「因山川地形之便而爲之城塹」，依周説則謂因事之便，二義並通。

〔四〕服虔曰：藺石，可投人石也。蘇林曰：渠荅，鐵疾藜也。如淳曰：藺石，城上雷石也。墨子曰「城上二步一渠，立程長三尺，冠長十尺，臂長六尺；二步一荅，廣九尺，袤十二尺」。師古曰：藺石，如説是也。渠荅，蘇説是也。雷音來内反。【補注】錢大昭曰：惠士奇云「雷石」一作「礧石」。潘岳汧督誄詞所謂「罥以鐵鎖機關，既縱礧而又昇焉」

是也。一名「礮石」，閒居賦云「礮石雷駭」，注云「礮石，今之拋石」。范蠡兵法「飛石重二十斤，爲機發行三百步」。説文「建大木，置石其上，發以機以磓敵」。一名「旝」。魏志謂之「霹靂車」，亦曰「拋車」。後世易石以火，號震天雷，蓋師雷石之遺意而加酷矣。沈欽韓曰：墨子雜守篇「藺石厲矢，諸材器用皆謹」。尉繚子兵議篇「古人曰：無蒙衝而攻，無渠荅而守，是謂無善之軍」。先謙曰：官本「疾」作「蒺」，「一荅」下重「荅」字。

〔五〕【補注】先謙曰：官本考證「真德秀云：謂大城中復立一小城也」。沈欽韓云：通典「守拒法：城外四面壕内，去城十步，更立小隔城，厚六尺，高五尺。仍立女牆，謂之羊馬城」。先謙案：真説以「復爲一城其内」爲句，沈説以「復爲一城」爲句。按大城内無庸更爲小城，沈義較優。漢紀刪去「具藺石，布渠荅」二語，於「復爲一城」上增「其外」二字，則亦與沈説合矣。

〔六〕師古曰：調謂筭度之也。總計城邑之中，令有千家以上也。調音徒釣反。

〔七〕鄭氏曰：虎落者，外蕃也，若今時竹虎也。蘇林曰：作虎落於塞要下，以沙布其表，旦視其跡，以知匈奴來入，一名天田。師古曰：蘇説非也。虎落者，以竹篾相連遮落之也。【補注】沈欽韓曰：六韜軍用篇「山林野居，結虎落柴營，環利鐵鎖，長二丈以上，千二百枚」。其護城笓籬，亦謂之虎落。舊五代史「慕容彦超設虎落以護城」是也。管子度地篇「樹以荊棘，上相穡著，所以爲固也」。先謙曰：於内城小城之中閒，以虎落周繞之，故曰「中周虎落」也。

〔八〕張晏曰：募民有罪自首，除罪定輸作者也，復作如徒也。臣瓚曰：募有罪者及罪人遇赦復作竟其日月者，今皆除其罰，令居之也。師古曰：瓚説是也。復音扶目反。

〔九〕師古曰：復音方目反。

〔一〇〕師古曰：初徙之時，縣官且稟給其衣食，於後能自供贍乃止也。

〔一一〕孟康曰：食貨志所謂樂卿者也。朝位從卿而無職也。師古曰：孟説非也。樂卿，武帝所置耳。錯之上書，未得豫言之也。然二十等爵内無有卿名，蓋謂其等級同列卿者也。【補注】錢大昭曰：案樊噲傳「賜爵卿」，卿謂左庶長以上之爵。孟説非。

〔一二〕孟康曰：謂胡人入爲寇，驅收中國，能奪得之者，以半予之。師古曰：孟説非也。言胡人入爲寇，驅略漢人及畜產，而它人能止得其所驅者，令其本主以半賞之。

〔一三〕張晏曰：得漢人，官爲贖也。師古曰：此承上句之言，謂官爲備價贖之耳。張説非也。【補注】先謙曰：「之言」，官本無「之」字。通鑑胡注引有「之」字。

〔一四〕【補注】劉奉世曰：「其民」當屬上句。先謙曰：劉説是也。胡驅人民畜產，而它人能止得其所驅者，畜產則以其半予之，無須官爲贖取，其民人各有骨肉，弗能予人，則官爲備價贖之，仍令完聚也。

〔一五〕師古曰：言非以此事欲立德義於主上也。【補注】王文彬曰：言民之出此，非以上之厚施而德之也。下之於上，不能以立德言。顏説非。

〔一六〕如淳曰：東方諸郡民不習戰鬭當戍邊者也。【補注】先謙曰：官本「戎」作「戍」，是。胡三省云「言其功萬倍於東方之戍卒也」。

〔一七〕師古曰：言發怨恨之人使行戍役也。

上從其言，募民徙塞下。錯復言：

陛下幸募民相徙以實塞下，使屯戍之事益省，輸將之費益寡，〔一〕甚大惠也。下吏誠能稱厚惠，奉明法，〔二〕存卹所徙之老弱，善遇其壯士，和輯其心而勿侵刻，〔三〕使先至者安樂而不思故鄉，則貧民相募而勸往矣。〔四〕臣聞古之徙遠方以實廣虛也，〔五〕相其陰陽之和，嘗其水泉之味，審其土地之宜，觀其屮木之饒，然後營邑立城，製里割宅，通田作之道，正阡陌之界，先爲築室，家有一堂二内，門户之閉，〔六〕置器物焉，民至有所居，作有所用，此民所以輕去故鄉而勸之新色也。〔七〕爲置醫巫，以救疾病，以脩祭祀，男女有昏，〔八〕生死相卹，墳墓相從，種樹畜長，〔九〕室屋完安，此所以使民樂其處而有長居之心也。

〔一〕如淳曰：將，送也。或曰，將，資也。【補注】先謙曰：益，漸也。解見景十三王傳。

〔二〕師古曰：稱，副也。

〔三〕師古曰：輯與集同。

〔四〕【補注】王念孫曰：「募」當爲「慕」，民慕先至者之安樂而欲往，故曰「相慕而勸往」，不當云「相募」也。此涉上文募民而誤。通典邊防十作「募」，亦後人以誤本漢書改之。通鑑、漢紀七正作「慕」。

〔五〕師古曰：所以充實寬廣空虚之地。【補注】王念孫曰：廣與曠同。曠，空也。虚與墟同，謂徙遠方之民以實空曠之墟也。漢紀作「實空虚」，是其證矣。丘墟字古皆作「虚」。五行志「師出過時茲謂廣」。李奇曰：廣音曠，是曠與廣通。廣虚猶言曠土耳。若以廣爲寬廣，虚爲空虚，則廣虚之下必加「之地」二字，而其義始明矣。武五子傳「廣廣」義可互證。先謙曰：此與下「古之制邊縣以備敵也」竝作一句讀。顔於「以」上加「所」字分爲二句，非也。

〔六〕張晏曰：二内，二房也。【補注】沈欽韓曰：二内，東房西室也。王鳴盛曰：鄭康成謂古者天子諸侯有左右房，大夫士則但有東一房，西一室，無左右房。房者旁也，在室兩旁也。其制與室不同之處，未能詳析，蓋前爲堂，後爲室，而室之東旁爲一房，此大夫至庶人同者。張晏溷言二房，非也。

〔七〕師古曰：之，往也。【補注】錢大昭曰：「色」當作「邑」。先謙曰：官本作「邑」。

〔八〕師古曰：昏謂婚姻配合也。

〔九〕張晏曰：畜長，六畜也。師古曰：種樹謂桑果之屬。長音竹兩反。【補注】劉攽曰：所種所樹，畜積長茂。先謙曰：此與下「室屋完安」對文，劉説是也。

臣又聞古之制邊縣以備敵也，使五家爲伍，伍有長；十長一里，里有假士；四里一連，連有假五百；〔一〕十連一邑，邑有假候，〔二〕皆擇其邑之賢材有護，〔三〕習地形知民心者，居則習民於射法，出則教民於應敵。故卒伍成於内，則軍正定於外。〔四〕服習以成，勿令遷徙，〔五〕幼則同游，長則共事。夜戰聲相知，則足以相救；晝戰目相見，則足以相識；驩愛之心，足以相死。如此而勸以厚賞，威以重罰，則前死不還踵矣。〔六〕所徙之民非壯有材力，但費衣糧，不可用也；〔七〕雖有材力，不得良吏，猶亡功也。

〔一〕服虔曰：假音假借之假。五百，帥名也。師古曰：假，大也，音工雅反。【補注】劉奉世曰：假，服説是。古者戍皆有期，代則不置，故曰假，謂其權設，猶假司馬之類，亦非常置也。周壽昌曰：周官司服注「今時伍伯緹衣，古兵服之遺色，因軍旅什伍，官府巡徼者亦襲其服」。案軍旅什伍之伍伯，即古之假五百，官府巡徼之伍伯，則後世隸人之類，非兵帥也。先謙曰：胡三省云「五百即後所謂伍伯也。賈公彦曰『伍伯者，漢制：五人爲伍；伯，長也』。沈約曰『舊説古者君行師從，卿行旅從。旅者五百人也』。今諸官府及郡各置五百四，以象卿行旅從，依古義也」。王文彬云「五家爲伍，由長里遞增，至連得二百家，不得以五百人爲旅之義證之」。此文「五百」，蓋與長、士、候隨地命名，非必以數起義也。

〔二〕【補注】先謙曰：胡三省云「候即軍候也」。

〔三〕師古曰：有保護之能者也。今流俗書本「護」字作「讓」，妄改之耳。【補注】沈欽韓曰：公羊宣十五年傳注「其有辯護伉健者爲里正」。

〔四〕【補注】先謙曰：正即政字。通鑑作「軍政」。

〔五〕師古曰：各守其業也。

〔六〕師古曰：還讀曰旋。旋踵，回旋其足也。

〔七〕【補注】先謙曰：通鑑「力」作「者」。

陛下絶匈奴不與和親，臣竊意其冬來南也，〔一〕壹大治，則終身創矣。〔二〕欲立威者，始於折膠，〔三〕來而不能困，使得氣去，〔四〕後未易服也。愚臣亡識，唯陛下財察。

〔一〕師古曰：意，疑之也。【補注】先謙曰：通鑑胡注引作「意，儗也」，疑字乃後人誤改。

〔二〕師古曰：創，懲艾也，音初亮反。【補注】宋祁曰：治字下疑有「之」字。存「之」則語緩且易。

〔三〕蘇林曰：秋氣至，膠可折，弓弩可用，匈奴常以爲候而出車。【補注】王文彬曰：周禮弓人「治弓以六材，其一爲膠折」。膠與鬭弓同義。梁書侯景傳「方今寒膠向折，白露將團」。蓋弓以膠爲和，秋至氣始凝，乃勁而可折。弓喜燥惡溼，春夏溫潤，今人時烘以火。抱朴子云「秋以弓弩爲先」。唐楊師道奉和詠弓詩「霜重寒膠勁」。是弓弩之用，特利於秋。又周禮「秋合三材」，亦取其成於堅也。三材謂絲、膠、漆。匈奴每應候而寇邊，故錯言當乘時立威也。先謙曰：官本注「車」作「軍」，是。

〔四〕師古曰：使之得勝，逞志氣而去。【補注】先謙曰：官本注「之」作「其」。「志氣」作「氣志」。

後詔有司舉賢良文學士，錯在選中。上親策詔之，曰：

惟十有五年九月壬子，皇帝曰：昔者大禹勤求賢士，施及方外，〔一〕四極之内，舟車所至，人跡所及，靡不聞命，以輔其不逮；〔二〕近者獻其明，遠者通厥聰，比善戮力，以翼天子。〔三〕是以大禹能亡失德，夏以長楙。〔四〕高皇帝親除大害，去亂從，〔五〕並建豪英，以爲官師，〔六〕爲諫爭，輔天子之闕，而翼戴漢宗也。賴天之靈，宗廟之福，方内以安，澤及四夷。今朕獲執天下之正，以承宗廟之祀，朕既不德，又不敏，明弗能燭，而智不能治，〔七〕此大夫之所著聞也。故詔有司、諸侯王、三公、九卿及主郡吏，〔八〕各帥其志，以選賢良明於國家之大體，通於人事之終始，及能直言極諫者，各有人數，以匡朕之不逮。〔九〕二三大夫之行當此三道，〔一〇〕朕甚嘉之，故登大夫于朝，親諭朕志。〔一一〕大夫其上三道之要，及永惟朕之不德，吏之不平，政之不宣，民之不寧，〔一二〕四者之闕，悉陳其志，毋有所隱。上以薦先帝之宗廟，下以興愚民之休利，著之于篇，〔一三〕朕親覽焉，觀大夫所以佐朕，至與不至。書之，周之密之，重之閉之。〔一四〕興自朕躬，〔一五〕大夫其正論，毋枉執事。〔一六〕烏虖，戒之！〔一七〕二三大夫其帥志毋怠！

〔一〕師古曰：施，延也，音弋豉反。

〔二〕師古曰：意所不及者，取其言以自輔也。【補注】先謙曰：言四遠之賢士聞其勤求之命，咸來匡輔之也。

〔三〕師古曰：比，和也。翼，助也。比音頻寐反。

〔四〕師古曰：楙，美也。

〔五〕師古曰：從音子容反。亂從，謂禍亂之蹤跡也。一曰，亂謂作亂者，從謂合從者，若六國時爲從者也。今書本從下或有順字，或有治字，皆非也，後人妄加之也。【補注】劉奉世曰：大害謂秦。亂從，謂項羽。時漢得關中，羽西向爭天下，故曰「亂從」。先謙曰：官本注「皆」字上多一「者」字。

〔六〕師古曰：師，長也，各爲一官之長也。字或作「帥」，音所類反。

〔七〕【補注】宋祁曰：「智」當作「知」。

〔八〕師古曰：主郡吏，謂郡守也。

〔九〕【補注】先謙曰：官本「以」字上有「將」字。

〔一〇〕張晏曰：三道，國體、人事、直言也。師古曰：二三大夫，總謂當時受策者，非止錯一人焉。

〔一一〕師古曰：諭，告也。

〔一二〕師古曰：永猶深也。惟，思也。

〔一三〕師古曰：休，美也。篇謂簡也。

〔一四〕師古曰：重音直龍反。【補注】先謙曰：官本「龍」作「隴」，是。

〔一五〕師古曰：言朕自發視之。【補注】先謙曰：官本注「之」作「也」。

〔一六〕張晏曰：毋爲有司枉橈也。

〔一七〕師古曰：虖讀曰呼。

錯對曰：

平陽侯臣窋、〔一〕汝陰侯臣竈、〔二〕潁陰侯臣何、〔三〕廷尉臣宜昌、〔四〕隴西太守臣昆邪〔五〕所選賢良太子家令臣錯〔六〕昧死再拜言：臣竊聞古之賢主莫不求賢以爲輔翼，故黄帝得力牧而爲五帝，〔七〕大禹得咎繇而爲三王祖，齊桓得筦子而爲五伯長。〔八〕今陛下講于大禹及高皇帝之建豪英也，〔九〕退託於不明，以求賢良，〔一〇〕讓之至也。臣竊觀上世之傳，〔一一〕若高皇帝之建功業，陛下之德厚而得賢佐，皆有司之所覽，刻於玉版，藏於金匱，歷之春秋，紀之後世，爲帝者祖宗，與天地相終。今臣窋等乃以臣錯充賦，〔一二〕甚不稱明詔求賢之意。臣錯屮茅臣，亡識知，昧死上愚對，曰：

〔一〕孟康曰：曹窋，參子也。

〔二〕如淳曰：夏侯嬰子也。

〔三〕文穎曰：灌嬰子。

〔四〕【補注】錢大昭曰：公卿表逸其姓。

〔五〕服虔曰：公孫昆邪也。師古曰：昆讀曰混，音下昆反。【補注】先謙曰：「混」當作「渾」。

〔六〕師古曰：詔列侯九卿及郡守舉賢良，故錯爲窋等所舉。【補注】沈欽韓曰：按其令式，至唐猶然。文苑英華四百七十八張九齡策云「嗣魯王道堅所舉道侔伊吕科徵仕郎行秘書（有）〔省〕校書郎張九齡」云云。

〔七〕服虔曰：力牧，黄帝之佐也。【補注】先謙曰：官本「帝」下有「先」字，是。

〔八〕師古曰：筦字與管同。伯讀曰霸。

〔九〕臣瓚曰：講謂講議也。

〔一〇〕師古曰：自託不明，是謙退。

〔一一〕師古曰：謂史傳。

〔一二〕曰：猶言備數也。臣瓚曰：充賦，此錯之謙也，云如賦調也。【補注】沈欽韓曰：充賦謂充貢於庭也。通典選舉三「長壽三年，制始令舉人獻歲元會列于方物前，以備充庭」，亦此意也。先謙曰：注「曰」上奪「如淳」二字，官本有。

詔策曰「明於國家大體」，愚臣竊以古之五帝明之。臣聞五帝神聖，其臣莫能及，故自親事，〔一〕處于法宮之中，明堂之上；〔二〕動靜上配天，下順地，中得人。故衆生之類亡不覆也，根著之徒亡不載也；〔三〕燭以光明，亡偏異也；〔四〕德上及飛鳥，下至水蟲，草木諸產，皆被其澤。〔五〕然後陰陽調，四時節，日月光，風雨時，膏露降，〔六〕五穀孰，祆孽滅，〔七〕賊氣息，〔八〕民不疾疫，河出圖，洛出書，神龍至，鳳鳥翔，德澤滿天下，靈光施四海。此謂配天地，治國大體之功也。

〔一〕師古曰：親理萬機之務。
〔二〕如淳曰：法宮，路寢正殿也。
〔三〕師古曰：有根著地者皆載之也。著音直略反。
〔四〕師古曰：燭，照也。
〔五〕師古曰：被音皮義反。
〔六〕師古曰：甘露凝如膏。
〔七〕【補注】先謙曰：說文「祅」下云「地反物爲祅也」。案，反物謂物失常性，俗作「妖」者，借字也。
〔八〕【補注】先謙曰：賊氣，陰陽不正之氣爲災者也。本書天文志「迅雷祆風，怪雲變氣，此皆陰陽之精」。子華子「盭氣伏息，災疫不作」。變氣、盭氣與賊氣義同。

詔策曰「通於人事終始」，愚臣竊以古之三王明之。臣聞三王臣主俱賢，故合謀相輔，計安天下，莫不本於人情。人情莫不欲壽，三王生而不傷也；人情莫不欲富，三王厚而不困也；人情莫不欲安，三王扶而不危也；人情莫不欲逸，三王節其力而不盡也。其爲法令也，合於人情而後行之；其動衆使民也，本於人事然後爲之。取人以己，内恕及人。〔一〕情之所惡，不以彊人；情之所欲，不以禁民。是以天下樂其政，歸其德，望之若父母，從之若流水；百姓和親，國家安寧，名位不失，施及後世。〔二〕此明於人情終始之功也。

〔一〕師古曰：以己之心揆之於人也。

〔二〕師古曰：施，延也，音弋豉反。

詔策曰「直言極諫」，愚臣竊以五伯之臣明之。〔一〕臣聞五伯不及其臣，故屬之以國，任之以事。〔二〕五伯之佐之爲人臣也，察身而不敢誣，〔三〕奉法令不容私，盡心力不敢矜，〔四〕遭患難不避死，見賢不居其上，受禄不過其量，不以亡能居尊顯之位。自行若此，可謂方正之士矣。其立法也，非以苦民傷衆而爲之機陷也，〔五〕以之興利除害，尊主安民而救暴亂也。其行賞也，非虚取民財妄予人也，以勸天下之忠孝而明其功也。故功多者賞厚，功少者賞薄。如此，斂民財以顧其功，〔六〕而民不恨者，知與而安己也。〔七〕故其行罰也，非以忿怒妄誅而從暴心也，〔八〕以禁天下不忠不孝而害國者也。故辠大者罰重，辠小者罰輕。如此，民雖伏罪至死而不怨者，知罪罰之至，自取之也。立法若此，可謂平正之吏矣。法之逆者，請而更之，不以傷民；〔九〕主行之暴者，逆而復之，不以傷國。〔一〇〕救主之失，補主之過，揚主之美，明主之功，使主內亡邪辟之行，外亡騫污之名。〔一一〕事君若此，可謂直言極諫之士矣。此五伯之所以德匡天下，威正諸侯，功業甚美，名聲章明。舉天下之賢主，五伯與焉，〔一二〕此身不及其臣而使得直言極諫補其不逮之功也。今陛下人民之衆，威武之重，德惠之厚，令行禁止之埶，萬萬於五伯，而賜愚臣策曰「匡朕之不逮」，愚臣何足以識陛下之高明而奉承之！

〔一〕師古曰：伯讀曰霸。

〔二〕師古曰：屬，委也，音之欲反。

〔三〕師古曰：各察己之材用，不敢踰越而誣上。

〔四〕師古曰：矜謂自伐也。

〔五〕孟康曰：機，發也。陷，穽也。

〔六〕師古曰：顧，讐也，若今言雇賃也。

〔七〕【補注】周壽昌曰：知與者，取財以賞功，無妄費也。民知爲安己而用財，故不恨也。

〔八〕師古曰：從讀曰縱。

〔九〕師古曰：更，改也。

〔一〇〕師古曰：謂逆主意而反還之，不令施行，致傷國也。復音扶目反。

〔一一〕師古曰：辟讀曰僻。騫，損也。污，辱也。

〔一二〕師古曰：與讀曰豫。

詔策曰「吏之不平，政之不宣，民之不寧」，愚臣竊以秦事明之。臣聞秦始并天下之時，其主不及三王，而臣不及其佐，〔一〕然功力不遲者，何也？地形便，山川利，財用足，民利戰。其所與並者六國，六國者，臣主皆不肖，謀不輯，〔二〕民不用，故當此之時，秦最富彊。夫國富彊而鄰國亂者，帝王之資也，故秦能兼六國，立爲天子。當此之時，三王之功不能進焉。〔三〕及其末塗之衰也，任不肖而信讒賊；宮室過度，耆欲亡極，〔四〕民力罷盡，賦斂不節；〔五〕矜奮自賢，羣臣恐諛，〔六〕驕溢縱恣，不顧患禍；妄賞以隨（善）〔喜〕意，妄誅以快怒心，法令煩憯，〔七〕刑罰暴酷，輕絶人命，身自射殺；〔八〕天下寒心，莫安其處。姦邪之吏，乘其亂法，以成其威，獄官主斷，生殺自恣。上下瓦解，各自爲制。秦始亂之時，吏之所先侵者，貧人賤民也；至其中節，所侵者富人吏家也；〔九〕及其末塗，所侵者宗室大臣也。是故親疏皆危，外內咸怨，離散逋逃，人有走心。陳勝先倡，天下大潰，〔一〇〕絶祀亡世，爲異姓福。此吏不平，政不宣，民不寧之禍也。今陛下配天象地，覆露萬民，〔一一〕絶秦之跡，除其亂法；躬親本事，〔一二〕廢去淫末；除苛解嬈，〔一三〕寬大愛人；肉刑不用，辠人亡帑；〔一四〕非謗不治，鑄錢者除；〔一五〕通關去塞，〔一六〕不孽諸侯；〔一七〕賓禮長老，愛卹少孤；辠人有期，〔一八〕後宮出嫁；尊賜孝悌，農民不租；〔一九〕明詔軍師，〔二〇〕愛士大夫；求進方正，廢退姦邪；除去陰刑，〔二一〕害民者誅；憂勞百姓，列侯就都；〔二二〕親耕節用，視民不奢。〔二三〕所爲天下興利除害，變法易故，以安海內者，大功數十，皆上世之所難及，陛下行之，道純德厚，元元之民幸矣。

〔一〕師古曰：臣亦不及三王之佐。

〔二〕師古曰：輯與集同。輯，和也。

〔三〕師古曰：進，前也，言不在秦之前也。

〔四〕師古曰：耆讀曰嗜。

〔五〕師古曰：罷讀曰疲。

〔六〕張晏曰：恐機發陷禍，而爲諂諛以求自全也。師古曰：此説非也。直爲恐懼而爲諂諛也。恐音丘勇反。

〔七〕師古曰：憯，痛也。言痛害於下。憯音千感反。

〔八〕【補注】宋祁曰：「殺」字下疑有「人」字。若直言「身自射殺」，未見其事，必著「人」字，義乃易了。先謙曰：上云「輕絶人命」，此「殺」字下不著「人」字亦可。

〔九〕【補注】先謙曰：吏家，仕宦之家。

〔一〇〕師古曰：倡讀曰唱。

〔一一〕如淳曰：覆，蔭也。露，膏澤也。

〔一二〕【補注】先謙曰：文帝二年，詔曰「夫農，天下之本也。其開藉田，朕親率耕」。

〔一三〕文穎曰：嬈，煩繞也。師古曰：音如紹反。【補注】錢大昭曰：説文「嬈，苛也」。

〔一四〕師古曰：謂除收帑相坐律。亡讀曰無。帑讀曰孥。

〔一五〕張晏曰：除鑄錢之律，聽民得自鑄也。師古曰：非讀曰誹。

〔一六〕張晏曰：文帝十二年，除關不用傳。

〔一七〕應劭曰：接之以禮，不以庶孽畜之。如淳曰：孽，疑也。去關禁，明無疑於諸侯。師古曰：禮，應説是。【補注】王念孫曰：廣雅「讞，疑也」。「讞」今作「讞」。讞與孽同聲，故字亦相通。不疑諸侯，即承上句言之，如說是也。賈子壹通篇疏「山東孽諸侯，亦謂疑諸侯也」。

〔一八〕張晏曰：早決之也。晉灼曰：刑法志云「罪人各以輕重，不亡逃，有年而免」。滿其年免爲庶人也。師古曰：晉說是也。

〔一九〕張晏曰：足用則除租也。

〔二〇〕【補注】宋祁曰：「師」疑作「帥」。軍帥有義，言師無取。

〔二一〕張晏曰：宮刑也。

〔二二〕師古曰：各就其國也。

〔二三〕師古曰：視讀曰示。

詔策曰「永惟朕之不德」，愚臣不足以當之。

詔策曰「悉陳其志，毋有所隱」，愚臣竊以五帝之賢臣明之。臣聞五帝其臣莫能及，則自親之；三王臣主俱賢，則共憂之；五伯不及其臣，則任使之。此所以神明不遺，而聖賢不廢也，〔一〕故各當其世而立功德焉。傳曰「往者不可及，來者猶可待，〔二〕能明其世者謂之天子」，〔三〕此之謂也。竊聞戰不勝者易其地，民貧窮者變其業。今以陛下神明德厚，資財不下五帝，〔四〕臨制天下，至今十有六年，〔五〕民不益富，盜賊不衰，邊竟未安，〔六〕其所以然，意者陛下未之躬親，而待羣臣也。今執事之臣皆天下之選已，〔七〕然莫能望陛下清光，〔八〕譬之猶五帝之佐也。陛下不自躬親，而待不望清光之臣，臣竊恐神明之遺也。〔九〕日損一日，歲亡一歲，日月益暮，盛德不及究於天下，〔一〇〕以傳萬世，愚臣不自度量，竊爲陛下惜之。昧死上狂惑屮茅之愚，臣言〔一一〕唯陛下財擇。

〔一〕師古曰：遺，棄也。不棄神明之德，不廢聖賢之名。【補注】先謙曰：當時神明周於事，後世聖賢稱其功，故曰「不遺不廢」。顏注非也。官本正文及注，「聖賢」竝作「賢聖」。

〔二〕師古曰：言各當其時務立功也。

〔三〕【補注】沈欽韓曰：呂覽聽言篇「周書曰：往者不可及，來者不可待，賢明其世，謂之天子」。先謙曰：能令當世之人，明曉理道，勉爲善良，斯謂之天子也。

〔四〕師古曰：資，質也，謂天子之財質。【補注】先謙曰：「財」與「材」通，已見上文。

〔五〕【補注】先謙曰：對在十五年，云十六者，并即位之年數之。

〔六〕師古曰：竟讀曰境。

〔七〕師古曰：已，語終之辭。

〔八〕晉灼曰：今之臣不能望見陛下之光景所及。

〔九〕師古曰：言天子虛棄神明之德。【補注】先謙曰：恐上神明不周，致有廢事也。

〔一〇〕師古曰：究，竟也。

〔一一〕【補注】宋祁曰：臣言，臣字衍。存之，句不成。

時賈誼已死，〔一〕對策者百餘人，唯錯爲高第，繇是遷中大夫。〔二〕

〔一〕【補注】何焯曰：班氏蓋亦不滿斯對，云誼已死者，所謂無豪易高也。

〔三〕師古曰：繇讀與由同。

錯又言宜削諸侯事，及法令可更定者，書凡三十篇。〔一〕孝文雖不盡聽，〔二〕然奇其材。當是時，太子善錯計策，爰盎諸大功臣多不好錯。〔三〕

〔一〕【補注】沈欽韓曰：藝文志「法家鼂錯三十一篇」。

〔二〕【補注】先謙曰：史記云「言削諸侯事及法令可更定者，書數十上，孝文不聽」。此云「不盡聽」，微異。

〔三〕【補注】先謙曰：獨舉盎者，以錯死由盎，言盎及諸大功臣也。盎由中郎將都尉爲諸侯相告歸，非大臣，亦非功臣。

景帝即位，以錯爲内史。錯數請閒言事，輒聽，幸傾九卿，〔一〕法令多所更定。丞相申屠嘉心弗便，力未有以傷。内史府居太上廟堧中，〔二〕門東出，不便，錯乃穿門南出，鑿廟堧垣。丞相大怒，欲因此過爲奏請誅錯。錯聞之，即請閒爲上言之。丞相奏事，因言錯擅鑿廟垣爲門，請下廷尉誅。上曰：「此非廟垣，乃堧中垣，不致於法。」丞相謝。〔三〕罷朝，因怒謂長史曰：「吾當先斬以聞，乃先請，固誤。」丞相遂發病死。錯以此愈貴。

〔一〕【補注】先謙曰：集解徐廣曰「九」一作「公」。

〔二〕師古曰：堧者，内垣之外游地也，音人緣反。【補注】先謙曰：胡三省云：「三輔黄圖『太上皇廟在長安香室街南，馮翊府北。武帝分内史爲左右，後又改左内史爲左馮翊』。」

〔三〕師古曰：以所奏不當天子意，故謝。

遷爲御史大夫，請諸侯之罪過，削其支郡。〔一〕奏上，上公卿列侯宗室〔雜議〕，莫敢難，〔二〕

獨竇嬰爭之，繇此與錯有隙。〔三〕錯所更令三十章，〔四〕諸侯讙譁。錯父聞之，從潁川來，謂錯曰：「上初即位，公爲政用事，〔五〕侵削諸侯，疏人骨肉，口讓多怨，公何爲也！」〔六〕錯曰：「固也。〔七〕不如此，天子不尊，宗廟不安。」父曰：「劉氏安矣，而鼂氏危，吾去公歸矣！」遂飲藥死，曰：「吾不忍見禍逮身。」

〔一〕師古曰：支郡，在國之四邊者也。

〔二〕【補注】先謙曰：官本「公」上有「令」字，是。史記同。

〔三〕師古曰：繇讀與由同。

〔四〕師古曰：更，改也。

〔五〕如淳曰：錯爲御史大夫，位三公也。【補注】先謙曰：漢初常語，相稱以公。韓信、婁敬、淮南厲王諸傳及下文，景帝謂鄧公，「君稱臣爲公也。此及史記陸賈傳，父謂子爲公也。非以錯位上公而尊之。

〔六〕師古曰：讓，（貴）〔責〕也。【補注】先謙曰：史記作「人口議多怨公者，何也」？

〔七〕師古曰：言固當如此。

後十餘日，吳楚七國俱反，以誅錯爲名。上與錯議出軍事，錯欲令上自將兵而身居守。〔一〕會竇嬰言爰盎，詔召入見，上方與錯調兵食。〔二〕上問盎曰：「君嘗爲吳相，知吳臣田祿伯爲人虖？〔三〕今吳楚反，於公意何如？」對曰：「不足憂也，今破矣。」〔四〕上曰：「吳王即山鑄錢，煮海爲鹽，〔五〕誘天下豪桀，白頭舉事，此其計不百全，豈發虖？何以言其無能爲也？」盎對曰：「吳銅鹽之利則有之，安得豪桀而誘之！誠令吳得豪桀，亦且輔而爲誼，不反矣。

吳所誘，皆亡賴子弟，亡命鑄錢姦人，故相誘以亂。」錯曰：「盎策之善。」上問曰：「計安出？」盎對曰：「願屏左右。」上屏人，獨錯在。盎曰：「臣所言，人臣不得知。」乃屏錯。錯趨避東箱，〔六〕甚恨。〔七〕上卒問盎，〔八〕對曰：「吳楚相遺書，言高皇帝王子弟各有分地，〔九〕今賊臣鼂錯擅適諸侯，削奪之地，〔一〇〕以故反名爲西共誅錯，復故地而罷。〔一一〕方今計，獨有斬錯，發使赦吳楚七國，復其故地，則兵可毋血刃而俱罷。」於是上默然，良久曰：「顧誠何如，吾不愛一人謝天下。」〔一二〕盎曰：「愚計出此，唯上孰計之。」乃拜盎爲太常，密裝治行。

〔一〕【補注】齊召南曰：按此二句，補史記之缺。竇嬰言盎以下云云，則裁取史記吳王濞傳中語。「丞相青翟等劾錯」云云，又補史記之缺。但丞相青下不當有翟字，此陶青也。謫與景紀同。

〔二〕師古曰：調謂計發之也，音徒釣反。

〔三〕【補注】先謙曰：田禄伯，詳吳王濞傳。

〔四〕【補注】先謙曰：今，即也。

〔五〕師古曰：即，就也。

〔六〕【補注】沈欽韓曰：公食大夫禮注「箱，東夾之前俟事之處」。

〔七〕【補注】宋祁曰：一本「恨」字下有「之」字。

〔八〕師古曰：卒，竟也。

〔九〕師古曰：分音扶問反。【補注】先謙曰：謂各有定地。

〔一〇〕師古曰：適讀曰謫。

〔一一〕【補注】先謙曰：以此爲名。

〔一二〕師古曰：顧，念也。誠，實也。

後十餘日，丞相青翟、〔一〕中尉嘉、廷尉歐〔二〕劾奏錯曰：「吳王反逆亡道，欲危宗廟，天下所當共誅。今御史大夫錯議曰：『兵數百萬，獨屬羣臣，不可信，〔三〕陛下不如自出臨兵，使錯居守。徐、僮之旁吳所未下者可以予吳。』〔四〕錯不稱陛下德信，欲疏羣臣百姓，又欲以城邑予吳，亡臣子禮，大逆無道。錯當要斬，父母妻子同產無少長皆棄市。臣請論如法。」制曰：「可。」錯殊不知。乃使中尉召錯，紿載行市。〔五〕錯衣朝衣斬東市。〔六〕

〔一〕【補注】沈欽韓曰：公卿表「丞相嘉薨，御史大夫陶青爲丞相。」此與漢紀皆譌爲「青翟」。文苑英華蕭綸陶隱居碑云「陶舍子青翟，位至丞相」。則知其誤已在六朝傳本矣。錢大昕曰：因武帝時有丞相嚴青翟，相涉而誤。

〔二〕師古曰：張歐也，音區。【補注】先謙曰：安丘侯張歐爲奉常，見公卿表，廷尉歐不云張姓，疑顔誤也。

〔三〕師古曰：屬，委也，音之欲反。

〔四〕鄧展曰：徐、僮，臨淮二縣也。

〔五〕師古曰：誑云乘車案行市中也。行音下更反。

〔六〕師古曰：朝衣，朝服也。

錯已死，謁者僕射鄧公爲校尉，擊吳楚爲將。還，上書言軍事，見上。上問曰：「道軍所來，〔一〕聞鼂錯死，吳楚罷不？」鄧公曰：「吳爲反數十歲矣，發怒削地，以誅錯爲名，其意不在錯也。且臣恐天下之士拑口不敢復言矣。」〔二〕上曰：「何哉？」鄧公曰：「夫鼂錯患諸侯彊大不可制，故請削之，以尊京師，萬世之利也。計畫始行，卒受大戮，〔三〕内杜忠臣之口，外爲諸侯報仇，〔四〕臣竊爲陛下不取也。」於是景帝喟然長息曰：「公言善，吾亦恨之。」〔五〕乃拜鄧公爲城陽中尉。

〔一〕如淳曰：道路從吴軍所來也。師古曰：道軍所來，即是從軍所來耳，無煩更説道路也。

〔二〕師古曰：拑音其炎反。

〔三〕師古曰：卒，竟也。

〔四〕師古曰：杜，塞也。

〔五〕【補注】先謙曰：恨，悔也。

鄧公，成固人也，〔一〕多奇計。建元年中，〔二〕上招賢良，公卿言鄧先。〔三〕鄧先時免，起家爲九卿。一年，復謝病免歸。其子章，以修黄老言顯諸公閒。

〔一〕師古曰：漢中之縣。

〔二〕【補注】宋祁曰：著「年」字則俗而不古，但言「中」則是史常體。先謙曰：史記作「建元中」，年字當是傳寫誤衍。

〔三〕師古曰：鄧先，猶云鄧先生也。一曰，先者其名也。【補注】何焯曰：張恢生，史記作「張恢先」，則以鄧先爲先生者是也。先謙曰：正義引孔文祥云「鄧公名先」。則一曰「其名」者，用孔説也。

贊曰：爰盎雖不好學，亦善傳會，〔一〕仁心爲質，引義慷慨。遭孝文初立，資適逢世。〔二〕

時已變易，〔三〕及吴壹説，果於用辯，〔四〕身亦不遂。〔五〕鼂錯鋭於爲國遠慮，而不見身害。其父睹之，經於溝瀆，〔六〕亡益救敗，不如趙母指括以全其宗。〔七〕悲夫！錯雖不終，世哀其忠。故論其施行之語著于篇。

〔一〕張晏曰：因宜附著合會之。

〔二〕張晏曰：資，財也，適值其世，得騁其才。【補注】先謙曰：集解引「財」作「才」，是。

〔三〕張晏曰：謂景帝。【補注】先謙曰：集解引有「立」字，是。

〔四〕師古曰：謂殺鼂錯也。

〔五〕【補注】先謙曰：遂，進也，謂爲楚相，不復進用於朝。

〔六〕師古曰：論語稱孔子曰：「豈若匹夫匹婦之爲諒也，自經於溝瀆人莫之知。」故贊引之云。【補注】先謙曰：官本無注。

〔七〕張晏曰：趙奢卒，趙使趙括爲將，其母言之趙王曰：「願王易括。」王不許，母要王「有罪願不坐」，王許之。後括果敗於長平，以母前約，故卒得不坐。【補注】先謙曰：官本考證李觀曰「史臣責錯父不逮趙括母，何其鄙也！鼂錯用至忠之略，與趙括必敗之勢異也。使錯父爲之，是阻其子爲忠也，孰可擬議」？先謙按，官本注「有罪」上有「括」字。

張馮汲鄭傳第二十

漢書五十

張釋之字季，南陽堵陽人也。〔一〕與兄仲同居，以貲爲騎郎，〔二〕事文帝，十年不得調，〔三〕亡所知名。釋之曰：「久宦減仲之產，不遂。」〔四〕欲免歸。中郎將爰盎知其賢，惜其去，乃請徙釋之補謁者。釋之既朝畢，因前言便宜事。文帝曰：「卑之，毋甚高論，〔五〕令今可行也。」於是釋之言秦漢之閒事，秦所以失，漢所以興者。〔六〕文帝稱善，拜釋之爲謁者僕射。〔七〕

〔一〕師古曰：堵音者。【補注】先謙曰：官本顏注下有「索隱：堵，韋昭音赭，又音如字。地名，屬南陽」十六字。蓋後人校注而刊本竄入。

〔二〕蘇林曰：雇錢若出穀也。如淳曰：漢注「貲五百萬得爲常侍郎」。師古曰：如說是也。【補注】先謙曰：集解引「漢」下有「儀」字。

〔三〕師古曰：調，選也，音徒釣反。【補注】宋祁曰：百官公卿表云「孝文三年，中郎將張釋之爲廷尉」。此傳云「〔事〕文帝，十年不得調」，恐必有誤也。先謙曰：釋之爲廷尉，不在孝文三年，表誤。「十年不調」之語非誤也。說見下。

〔四〕師古曰：遂猶達。【補注】宋祁曰：「達」字下當添「也」字。

〔五〕師古曰：令其議論依附時事也。【補注】周壽昌曰：漢文學黄老，治雜霸道，恐釋之遠舉三皇，高談五帝，故以「卑之，毋甚高論」爲諭。

〔六〕【補注】宋祁曰：漢字上當存「而」字，所以緩其語。先謙曰：宋因史記有「而」字，故云。

〔七〕【補注】先謙曰：百官表「謁者秩比六百石，有僕射，秩比千石」。

從行，上登虎圈，〔一〕問上林尉禽獸簿，〔二〕十餘問，尉左右視，盡不能對。〔三〕虎圈嗇夫從旁代尉對〔四〕上所問禽獸簿甚悉，〔五〕欲以觀其能口對嚮應亡窮者。〔六〕文帝曰：「吏不當如此邪？尉亡賴！」〔七〕詔釋之拜嗇夫爲上林令。釋之前曰：〔八〕「陛下以絳侯周勃何如人也？」上曰：「長者。」又復問：「東陽侯張相如何如人也？」上復曰：「長者。」〔九〕釋之曰：「夫絳侯、東陽侯稱爲長者，此兩人言事曾不能出口，豈效此嗇夫喋喋利口捷給哉！〔一〇〕且秦以任刀筆之吏，爭以亟疾苛察相高，〔一一〕其敝徒文具，亡惻隱之實。〔一二〕以故不聞其過，陵夷至於二世，天下土崩。〔一三〕今陛下以嗇夫口辯而超遷之，臣恐天下隨風靡，爭口辯，亡其實。且下之化上，疾於景嚮，舉錯不可不察也。」〔一四〕文帝曰：「善。」乃止，不拜嗇夫。

〔一〕師古曰：圈，養獸之所也，音求遠反。【補注】王先慎曰：黄圖「漢獸圈九，彘圈一，在未央宫中。文帝問上林尉及馮媛當熊皆此處」。獸圈上有樓觀」。又長安志注引漢宫殿疏「秦故虎圈周帀三十五步，西去長安十五里」。先謙曰：史記作「從行登虎圈」，「上」字在「問」字上，通鑑從之，較此文爲順。

〔二〕師古曰：簿謂簿書也，音步户反。【補注】先謙曰：百官表「上林有八丞、十二尉」。通鑑胡注「禽獸簿謂簿録禽獸之大數也」。

〔三〕師古曰：視其屬官皆不能對也。【補注】先謙曰：胡注「蓋帝問之而不能對，故倉皇失措而左右視也」。顔注非。

案，胡説是。「盡不能對」者，上林尉非一人也。

〔四〕【補注】先謙曰：正義「嗇夫掌虎圈」。百官表有鄉嗇夫，此其類也。

〔五〕師古曰：悉謂詳盡也。

〔六〕師古曰：觀猶示也。嚮讀曰嚮，如響應聲，言其疾也。【補注】先謙曰：「曰嚮」之「嚮」，官本作「響」，是。

〔七〕張晏曰：材無可恃也。

〔八〕【補注】先謙曰：史記「前」上有「久之」二字。

〔九〕【補注】周壽昌曰：長者，厚德之稱。與陳平傳之長者爲貴人異。史記平準書「天子於是以式終長者」。後書寇恂傳「時人歸其長者」。章帝八王傳論「章帝長者」。三國魏志陳羣傳注引魏書「君子謂羣於是乎長者矣」。皆此類。

〔一〇〕晉灼曰：喋音牒。【補注】先謙曰：史記作「諜諜」。索隱「漢書作『喋喋』。喋喋，多言也」。先謙案，説文無「喋」字。「諜」下云「軍中反閒也」，與此文無涉。當爲「呭」或爲「詍」也。説文口部「呭」下云：「多言也。詩曰『無然呭呭』。」言部「詍」下云：「多言也。詩曰『無然詍詍』。」蓋引三家詩本，與毛不同。呭呭之爲喋喋，詍詍之爲諜諜，乃後人妄加「木」字耳。

〔一一〕師古曰：亟，急也，音居力反。

〔一二〕師古曰：文具，謂具文而已。

〔一三〕師古曰：陵夷，頹替也。解在成紀。

〔一四〕師古曰：嚮讀曰響。錯音千故反。

就車，召釋之驂乘，徐行，行問釋之秦之敝。〔一〕具以質言。〔二〕至宮，上拜釋之爲公車令。〔三〕

〔一〕師古曰：行問，且行且問也。【補注】先謙曰：「徐行」下不當更有「行」字。師古就衍文加釋耳。史記作「徐行問釋之秦之敝」，不重「行」字。通鑑、通志張釋之傳並同。

〔二〕如淳曰：質，誠也。

〔三〕【補注】先謙曰：百官表「公車令屬衛尉」。漢官儀「公車司馬令掌殿司馬門」。通典衛尉公車令曰：胡廣云「諸門各陳屯夾道，其旁設兵以示威武，交節立戟，以遮訶出入」。

頃之，太子與梁王共車入朝，不下司馬門，〔一〕於是釋之追止太子、梁王毋入殿門。遂劾不下公門不敬，奏之。〔二〕薄太后聞之，文帝免冠謝曰：「教兒子不謹。」薄太后使使承詔赦太子、梁王，然後得入。文帝繇是奇釋之，〔三〕拜爲中大夫。頃之，至中郎將。從行至霸陵，上居外臨廁。〔四〕時慎夫人從，上指視慎夫人新豐道，曰：「此走邯鄲道也。」〔五〕使慎夫人鼓瑟，上自倚瑟而歌，〔六〕意悽愴悲懷，顧謂羣臣曰：「嗟乎！以北山石爲椁，用紵絮斮陳漆其間，豈可動哉！」〔七〕左右皆曰：「善。」釋之前曰：「使其中有可欲，雖錮南山猶有隙；使其中亡可欲，雖亡石椁，又何戚焉？」〔八〕文帝稱善。〔九〕其後，拜釋之爲廷尉。

〔一〕如淳曰：宫衛令，諸出入殿門公車司馬門者皆下。不如令，罰金四兩。

〔二〕【補注】周壽昌曰：劾其罪而奏其事。書呂刑正義云「漢世問罪謂之鞫，斷獄謂之劾」。

〔三〕師古曰：繇讀與由同。

〔四〕師古曰：廁，岸之邊側也。解在劉向傳。【補注】王念孫曰：「外臨廁」，當依史記作「北臨廁」。劉向傳亦作「北臨廁」，謂北臨霸陵之厓也。服虔曰：廁側近水也。李奇曰：霸陵山北頭側近霸水，帝登其上，以遠望也。念孫案，廁與側通。

魏風伐檀篇「寘之河之側兮」，毛傳「側亦厓也」。此時帝北向，故下文指北山言之，而漢紀亦云「上望北山，悽然傷懷」，則當作「北臨廁」明矣。隸書「外」字或作「外」，見漢司隸校尉魯峻碑。形與北相似，故「北」誤爲「外」。史記魯仲連傳「士無反北之心」。方言「燕之北鄙」。今本「北」字竝誤作「外」。

〔五〕張晏曰：慎夫人，邯鄲人也。如淳曰：走音奏。奏，趣也。師古曰：視讀曰示。【補注】先謙曰：索隱「走猶向也」。官本注不重「奏」字。

〔六〕李奇曰：聲氣依倚瑟也。師古曰：倚瑟，即今之以歌合曲也。倚音於綺反。【補注】先謙曰：集解引李注，有「書曰聲依永」五字。

〔七〕師古曰：紵音竹吕反。斮音側略反。

〔八〕師古曰：解竝在劉向傳。

〔九〕【補注】先謙曰：劉向傳「文帝寤焉，遂薄葬不起山墳」。

頃之，上行出中渭橋，〔一〕有一人從橋下走，〔二〕乘輿馬驚。於是使騎捕之，屬廷尉。〔三〕釋之治問。曰：「縣人來，〔四〕聞蹕，匿橋下。久，〔五〕以爲行過，〔六〕既出，見車騎，即走耳。」〔七〕釋之奏當：此人犯蹕，〔八〕當罰金。上怒曰：「此人親驚我馬，馬賴和柔，令它馬，固不敗傷我乎？而廷尉乃當之罰金！」釋之曰：「法者，天子所與天下公共也。〔九〕今法如是，更重之，是法不信於民也。且方其時，上使使誅之則已。〔一〇〕今已下廷尉，廷尉，天下之平也，壹傾，天下用法皆爲之輕重，民安所錯其手足？〔一一〕唯陛下察之。」上良久曰：「廷尉當是也。」

〔一〕張晏曰：在渭橋中路。【補注】劉奉世曰：渭上有橋非一，此在中，故曰中渭橋。張説非也。沈欽韓曰：長安志

「中渭橋在咸陽縣東南二十里，本名横橋，架渭水上」。程大昌雍録「秦、漢、唐架渭者凡三橋：在咸陽西十里者名便橋，漢武帝造；在咸陽東南二十二里者名中渭橋，秦始皇造；在萬年縣東南四十里者爲東渭橋，不知始於何世」。

〔二〕【補注】先謙曰：史記「走」下有「出」字，不可省。

〔三〕師古曰：屬，委也，音之欲反。次下亦同。

〔四〕如淳曰：長安縣人也。【補注】先謙曰：漢紀作「遠縣人也」。

〔五〕【補注】錢大昭曰：説文「趩，止行也」。天官宫正、禮記曾子問皆作「蹕」，蹕非古字。

〔六〕師古曰：言天子已過。

〔七〕【補注】先謙曰：史記「既」作「即」，是也。言以爲天子行過乃出也。且與下「即」字相應。若作「既」，則「以爲行過」四字不相屬矣。「即」與「既」形近致誤。漢紀亦作「即」。

〔八〕如淳曰：乙令「蹕先至而犯者，罰金四兩」。師古曰：當謂處其罪也。【補注】沈欽韓曰：唐衛禁律「車駕行衝隊者徒一年，衝三衛仗者徒二年」。如云「罰金四兩」，是漢律較唐律輕也。

〔九〕師古曰：公謂不私也。

〔一〇〕師古曰：言初執獲此人，天子即令誅之，其事即畢。【補注】錢大昭曰：魏志王肅傳載「肅言云，廷尉者，天子之吏也，猶不可以失平，而天子之身，反可以惑謬乎？周公曰『天子無戲言，言則史書之，工誦之，士稱之』。言猶不可，而況行之乎？」肅謂釋之此語爲失當則可，至詆爲不忠之甚，則謬矣。先謙曰：史記下「使」字作「立」。

〔一一〕師古曰：安，焉也。錯，置也，音千故反。

其後人有盜高廟座前玉環，得，〔一〕文帝怒，下廷尉治。案盜宗廟服御物者爲奏，當棄市。〔二〕上大怒曰：「人亡道，乃盜先帝器！〔三〕吾屬廷尉者，欲致之族，而君以法奏之，〔四〕非吾所以共承宗廟意也。」〔五〕釋之免冠頓首謝曰：「法如是足也。且罪等，〔六〕然以逆順爲基。〔七〕今盜宗廟器而族之，有如萬分一，假令愚民取長陵一抔土，〔八〕陛下且何以加其法虖？」文帝與太后言之，乃許廷尉當。是時中尉條侯周亞夫與梁相山都侯王恬咸見釋之持議平，乃結爲親友。〔九〕張廷尉繇此天下稱之。〔一〇〕

〔一〕師古曰：得者，盜環之人爲吏所捕得也。

〔二〕【補注】沈欽韓曰：唐盜賊律「諸盜大祀神御物，流二千五百里」。據此，是漢律較唐律重也。

〔三〕【補注】先謙曰：史記「器」上有「廟」字。

〔四〕師古曰：法謂常法。【補注】先謙曰：索隱謂「依律以斷也」。

〔五〕師古曰：共讀曰恭。

〔六〕如淳曰：俱死罪也，盜玉環不若盜長陵土之逆。【補注】劉奉世曰：此等讀如等級之等，言凡罪之等差。

〔七〕【補注】宋祁曰：「基」字上疑有「本」字。先謙曰：官本考證云，按「基」字史記作「差」，文義甚明。王念孫云：如上劉說，則下句當删「然」字矣。史記作「然以逆順爲差」，若以「等」爲「等差」，則是「且罪差，然以逆順爲差也」。豈其然乎？案如云「盜玉環不若盜長陵土之逆」，正釋差字之義。則漢書亦是「差」字，作「基」者，字之誤耳。

〔八〕張晏曰：不欲指言，故以取土喻也。師古曰：抔音步侯反，謂手掬之也，其字從手。不忍言毁徹，故止云取土耳。今學者讀抔爲抔勺之抔，非也。抔非應盛土之物也。【補注】宋祁曰：新本「抔」作「掊」。先謙曰：注末三「抔」字，官本皆作「杯」，是。索隱「張云不欲指言者，蓋不欲言盜開長陵，又侵柩，恐傷迫切先帝故也」。案顏云「毁徹」，其義未明。

〔九〕【補注】先謙曰：官本「咸」作「啟」，引宋祁曰「啟」作「咸」。齊召南云：按如宋說，則「咸」字屬下文爲句也。但山都侯自名恬啟，史無載去人名一字之理。史記以避景帝諱作「王恬開」，注「徐廣曰：漢書作啟」。即知本文作王恬啟矣。宋説無謂。王念孫云：高惠高后文功臣表、百官公卿表竝作「啟」，此作「咸」者，俗書「啟」字或作「启」，因譌而爲「咸」。宋祁反以作「咸」者爲是，謬矣。先謙案，亞夫爲將軍，軍細柳月餘，拜爲中尉。據文紀「後六年，亞夫爲將軍」，是爲中尉即在其時。此云「中尉條侯周亞夫與張廷尉結爲親友」，是釋之爲廷尉，亦當在後二三四五六七數年間。公卿表後元年有廷尉信，孝景元年有廷尉敺。以文紀及本傳參證，文帝崩於後七年六月，釋之事景帝歲餘，由廷尉爲淮南相，明是釋之代信，敺代釋之。公卿表文帝三年下「中郎將張釋之爲廷尉」〔八〕〔九〕字，當在信、敺之閒，傳寫者誤移於前也。若釋之爲廷尉在文帝三年，則周勃尚存，亞夫未仕，亦未封侯，亞夫以文帝後二年封。傳何得云「中尉條侯亞夫與釋之結爲親友」。且釋之見重文帝朝，三年已爲廷尉，不應歷廿餘年不遷一階。公卿表釋之後廷尉信，前尚有廷尉昌、廷尉嘉、廷尉宜昌三人，若謂釋之任廷尉直至文帝末年，則明有四人更代。如前免官而後復任，傳不應不著其事。若並未復任，則傳云「欲免去者」，爲欲免何官？事景帝歲餘，又爲何官乎？又爰盎傳淮南厲王遷蜀，盎時爲中郎將。據文紀，厲王遷蜀事在文帝六年，此傳云「中郎將爰盎請徙釋之補謁者」，豈有文帝三年釋之已爲廷尉之理？知本傳「十年不調」之語爲不誤也。通鑑書廷尉釋之事於文帝三年，係沿公卿表之誤。漢紀知表誤，乃敘釋之爲郎事於孝文十年，而於十三年書廷尉釋之奏當二事，以意編次，猶爲未當。梁相山都侯王恬啟，據功臣表云「高后四年四月封，八年薨」。孝文四年，憲侯中黄嗣，是釋之爲廷尉，山都已薨矣。疑釋之未顯時，夙與山都侯爲親友，史公併書之，以見釋之名重一時，班氏沿而不察耳。

〔一〇〕師古曰：繇讀與由同。

文帝崩，景帝立，釋之恐，〔一一〕稱疾。欲免去，懼大誅至；欲見，則未知何如。〔一二〕用王生計，卒見謝，景帝不過也。〔一三〕

〔一〕師古曰：以嘗劾帝不下司馬門。

〔二〕【補注】王念孫曰：「欲見」，當依史記作「欲見謝」，謂欲見帝而謝罪也。下文「卒見謝」，即承此句言之。則此句原有「謝」字明矣。

〔三〕【補注】先謙曰：過，責也。

王生者，善爲黄老言，處士。〔一〕嘗召居廷中，公卿盡會立，〔二〕王生老人，曰「吾韈解」，〔三〕顧謂釋之：「爲我結韈！」釋之跪而結之。〔四〕既已，人或讓王生：「獨柰何廷辱張廷尉如此？」王生曰：「吾老且賤，自度終亡益於張廷尉。廷尉方天下名臣，〔五〕吾故聊使結韈，欲以重之。」〔六〕諸公聞之，賢王生而重釋之。

〔一〕【補注】先謙曰：史記有「也」字。

〔二〕【補注】王文彬曰：史記「三公、九卿盡會立」。案，後漢蔡邕傳注「居猶坐也」。時漢廷尊尚黄老，故大會時王生被召坐廷中，而公卿盡立也。

〔三〕師古曰：韈音武伐反。【補注】王先慎曰：說文「韤，足衣也」。一作襪」。釋名「襪，末也，在腳末也」。又作韈」。哀帝紀「韈係解」是也。

〔四〕師古曰：結讀曰係。

〔五〕【補注】先謙曰：史記「方」下有「今」字，不可省。

〔六〕【補注】宋祁曰：「聊使結韈」疑云「聊廷使跪結韈」，存廷、跪二字，乃是詳了前語，不可削也。先謙曰：史記作「聊辱廷尉，使跪結韈」，宋誤記也。

釋之事景帝歲餘，爲淮南相，猶尚以前過也。年老病卒。其子摯，字長公，官至大夫，免。以不能取容當世，故終身不仕。〔一〕

〔一〕【補注】先謙曰：索隱謂「性公直，不能曲屈見容於當世，故至免官不仕也」。

馮唐，祖父趙人也。父徙代。漢興徙安陵。唐以孝著，爲郎中署長，〔一〕事文帝。帝輦過，問唐曰：「父老何自爲郎？家安在？」〔二〕具以實言。文帝曰：「吾居代時，吾尚食監高祛〔三〕數爲我言趙將李齊之賢，戰於鉅鹿下。〔四〕吾每飲食，意未嘗不在鉅鹿也。〔五〕父老知之乎？」〔六〕唐對曰：「齊尚不如廉頗、李牧之爲將也。」上曰：「何已？」〔七〕唐曰：「臣大父在趙時，爲官帥將，〔八〕善李牧。臣父故爲代相，善李齊，知其爲人也。」上既聞廉頗、李牧爲人，良說，〔九〕乃拊髀曰：〔一〇〕「嗟乎！吾獨不得廉頗、李牧爲將，〔一一〕豈憂匈奴哉！」唐曰：「主臣！〔一二〕陛下雖有廉頗、李牧，不能用也。」上怒，起入禁中。良久，召唐讓曰：「公衆辱我，獨亡間處虖？」〔一三〕唐謝曰：「鄙人不知忌諱。」

〔一〕鄭氏曰：以至孝聞也。師古曰：以孝得爲郎中，而爲郎署之長也。著音竹助反。【補注】周壽昌曰：文紀「賜三老孝者人帛五匹，弟者帛人三匹」。以後帝紀孝者、弟者分列屢見。此「孝著」疑「孝者」之誤。薛宣傳云「其令平陵薛恭，本縣孝者，功次稍遷」，亦孝者遷官之一證。先謙曰：史記「郎中」作「中郎」。集解引應劭曰「此云孝子郎也」。據應說，漢代自有以孝舉爲郎者，師古正用應義。王鳴盛以爲謬解，實不然也。爰盎傳「上幸上林，郎署長布席」。

〔二〕師古曰：言年已老矣，何乃自爲郎也？崔浩以爲「自，從也。從何爲郎」？此説非也。【補注】劉敞曰：按文帝問，因唐遂及居代時事，則何自爲郎，正問從何處來爲郎，崔説是。索隱「從何」作「何從」，是。「何自爲郎」，言自何途得爲郎。郎之進身不一，故帝問之。次乃問其家安在也。顔云「自爲郎」，郎無自爲之理。劉云「從何處來爲郎」，則與「家安在」相復矣。唐具以實對，其進身之由及其家居趙代，後徙安陵，悉陳之，帝遂及居代時事也。崔説得之。顔、劉竝誤會耳。「輦過」，索隱謂文帝乘輦過郎署也。

〔三〕【補注】先謙曰：官本「祛」作「祛」。案漢紀、治要竝作「祛」。通鑑作「祛」。汲古本、史記作「祛」。官本作「祛」。未知孰是。

〔四〕【補注】先謙曰：胡三省云「鉅鹿之戰，當是秦將王離圍鉅鹿時」。

〔五〕張晏曰：每食，念監所説李齊在鉅鹿時也。

〔六〕【補注】沈欽韓曰：方言「凡尊老謂之傁，或謂之父老」。周壽昌曰：史記無「老」字，蓋此以「父老」爲稱，史以「父」爲稱，而以前「老」字爲年老也。

〔七〕師古曰：已猶耳。【補注】先謙曰：史記作「何以」。

〔八〕師古曰：大父，祖父也。帥音所類反。將音子亮反。【補注】先謙曰：史記作「官卒將」。集解：「徐廣曰：一云『官士將』。」索隱：「案國語『闔閭卒，百人爲徹行，行頭皆官師』。賈逵云『百人爲一隊也。官師，隊大夫也』。」先謙案，馮奉世傳云「在趙者爲官帥將，官帥將子爲代相」，所稱即馮唐祖父也。師古彼注云「帥或作師」，其義兩通。

〔九〕如淳曰：良，善也。師古曰：説讀曰悦。聞頗、牧之善，帝意大説。【補注】劉攽曰：聞廉頗、李牧爲人，即是知其實矣。案實爲善之誤。良説者，甚喜也。猶良久也。先謙曰：劉説是也。

〔一〇〕師古曰：髀音陛。

〔一一〕【補注】王念孫曰：治要引此，「牧」下有「時」字，是也。今本無時字者，後人不解其義而删之耳。「時」讀爲「而」，言吾獨不得廉頗、李牧而爲將也。而、時聲相近，故字相通。賈誼傳「故自爲赤子而教固已行矣」，大戴記保傅篇「而」作「時」。聘義「然而用財如此其厚者」，大戴記朝事篇「而」作「時」。史記太史公自序「專決於名，而失人情」，漢書司馬遷傳「而」作「時」。是其證。史記亦有「時」字。

〔一二〕師古曰：恐懼之言。解在陳平傳。【補注】宋祁曰：解在王陵傳。注誤。

〔一三〕師古曰：何不間隟之處而言。【補注】先謙曰：通鑑胡注引「不」下有「於」字，此奪。

當是時，匈奴新大入朝那，殺北地都尉卬。〔一〕上以胡寇爲意，乃卒復問唐曰：「公何以言吾不能用頗、牧也？」唐對曰：「臣聞上古王者遣將也，跪而推轂，曰：『閫以内寡人制之，閫以外將軍制之，』〔二〕軍功爵賞，皆決於外，歸而奏之。』此非空言也。臣大父言李牧之爲趙將居邊，軍市之租皆自用饗士，〔三〕賞賜決於外，不從中覆也。〔四〕委任而責成功，故李牧乃得盡其知能，選車千三百乘，〔五〕彀騎萬三千匹，〔六〕百金之士十萬，〔七〕是以北逐單于，破東胡，滅澹林，〔八〕西抑彊秦，南支韓、魏。〔九〕當是時，趙幾伯。〔一〇〕後會趙王遷立，〔一一〕其母倡也，〔一二〕用郭開讒，而誅李牧，令顏聚代之。〔一三〕是以爲秦所滅。今臣竊聞魏尚爲雲中守，軍市租盡以給士卒，出私養錢，五日壹殺牛，〔一四〕以饗賓客軍吏舍人，是以匈奴遠避，不近雲中之塞。虜嘗一入，尚帥車騎擊之，所殺甚衆。夫士卒盡家人子，起田中從軍，安知尺籍伍符？〔一五〕終日力戰，斬首捕虜，上功莫府，一言不相應，文吏以法繩之。〔一六〕其賞不行，吏奉法必用。愚以爲陛下法太明，賞太輕，罰太重。且雲中守尚坐上功首虜差六級，陛下下之吏，削其爵，罰作之。〔一七〕繇此言之，〔一八〕陛下雖得李牧，不能用也。〔一九〕臣誠愚，觸忌諱，死罪！」文帝説。〔二〇〕是日，令唐持節赦魏尚，復以爲雲中守，而拜唐爲車騎都尉，主中尉及郡國車士。〔二一〕十年，景帝立，〔二二〕以唐爲楚相。武帝即位，求賢良，舉唐。唐時年九十餘，不能爲官，乃以子遂爲郎。遂字王孫，亦奇士。〔二三〕魏尚，槐里人也。〔二四〕

〔一〕【補注】先謙曰：事在文帝十四年。卬姓孫，見文紀注、功臣表。

〔二〕韋昭曰：門中橛爲闑。師古曰：音牛列反。【補注】沈欽韓曰：六韜：「立將，君親操斧，持首，授將其柄，曰『從此上至天者，將軍制之』。復操鉞，持柄，授將其刃，曰『從此下至淵者，將軍制之』。」兵略同。御覽七百六十三引淮南子曰「閫以外將軍裁之」，與此傳同。錢大昭曰：「闑」，漢紀作「閫」，同。案爾雅釋宮「橜謂之闑」。郭璞曰「門閫」。曲禮云「由闑右」。李如圭云「闑者，門中所竪短木在地者也。其東曰闑東，其西曰闑西」。先謙曰：史記作「閫」。集解：「韋昭曰『此郭門之閫也。門中橛曰閫』。」

〔三〕【補注】先謙曰：索隱「軍中立市，市有稅，稅即租也」。案史記李牧傳「市租皆輸入莫府，爲士卒費，日擊數牛饗士」。

〔四〕師古曰：覆謂覆白之也，音芳目反。【補注】先謙曰：胡三省云「一説不從中覆校其所用之數」，亦通。案，史記「覆」作「擾」。

〔五〕【補注】先謙曰：索隱「案，六韜書云，有選車之法十」。

〔六〕師古曰：彀，張弩也，音遘。【補注】先謙曰：「匹」字疑衍。史記無「匹」字。索隱引如淳曰「彀騎，張弓之騎也，謂能控弦之騎士有萬三千人」。騎可以匹言，彀騎以人言，不以匹言。是此文不得有「匹」字明矣。通鑑亦作「彀騎萬三千」。胡三省云「弓弩引滿爲彀，謂騎兵能射者」。亦其證也。李牧傳「選騎得萬三千匹，彀者十萬人」。騎與彀分爲二事，則可言匹。或此傳本作「轂者十萬人，騎萬三千匹」，而傳寫奪文也。

〔七〕服虔曰：良士直百金也。如淳曰：黄金一斤直萬，言富家子弟可任使也。師古曰：百金喻其貴重耳。服説是也。【補注】先謙曰：索隱引劉氏云「其功可賞百金者，事見管子及小爾雅」。案李牧傳「百金之士五萬人」，與此異。

〔八〕鄭氏曰：澹音擔石之擔。如淳曰：胡也。匈奴傳曰「晉北有澹林之胡，樓煩之戎也」。師古曰：澹音都甘反，又音談。【補注】錢大昭曰：如説非也。匈奴傳但言林胡，不言澹林。先謙曰：案，注「都甘切，談」。既云音都甘反，不得又音談也。「談」疑作「淡」。集解：「徐廣曰：『澹』一作『襜』。」索隱「一本作『襜襤』。」通鑑胡注「澹林即襜襤」。今案，胡説是也。李牧傳「滅襜襤，破東胡，降林胡，單于奔走」，正與此傳合。襜襤云滅，林胡云降，則襜襤非林胡可知。集解彼注引徐廣曰「襤」一作「臨」。據此，澹林亦爲澹臨矣。林、臨以同聲通用，襤、林又以雙聲通轉耳。

〔九〕【補注】先謙曰：史記「支」誤「友」。

〔一〇〕師古曰：幾致於霸也。幾音鉅依反。伯讀曰霸。【補注】先謙曰：官本無「幾音鉅依反」五字。

〔一一〕蘇林曰：趙幽王。

〔一二〕師古曰：倡，樂家之女。

〔一三〕【補注】宋祁曰：「聚」一作「最」。王念孫曰：史記索隱亦曰「聚」，漢書作「最」。又廉頗藺相如傳之顔聚，趙策作「顔最」。念孫案，作「最」者，皆「冣」之譌也。説文「冣，才句切。積也」。徐鍇曰「古以聚物之聚爲冣，冣與最字相似，世人多見最，少見冣，故書傳中『冣』字皆譌作『最』」。隱元年公羊傳「會猶冣也」。何注：「冣，聚也。」樂記「會以聚衆」。鄭注「聚」或爲「冣」。史記殷本紀「大冣樂戲於沙丘」。徐廣曰「冣一作聚」。周本紀「則固有周聚以收齊」。徐廣曰「聚一作冣」。今諸書「冣」字皆譌作「最」。此作「聚」者，校書者依史記改之耳。

〔一四〕服虔曰：私假錢也。【補注】先謙曰：官本注文在「錢」字下，是。史記集解、通鑑胡注引竝作「私稟假錢」。又史記無「出」字。索隱「案：漢〔書〕『市肆租稅之入爲私奉養』，服説是也。或云官所別稟給也」。胡三省云「余謂當從漢書，以私養錢屬下句」。先謙案，或說胡注是也。

〔一五〕李奇曰：尺籍所以書軍令。伍符，軍士五五相保之符信也。如淳曰：漢軍法曰「吏卒斬首，以尺籍書下縣移郡，令人故行不行，奪勞二歲。伍符亦什伍之符，要節度也」。師古曰：家人子，謂庶人之家子也。【補注】先謙曰：集解引如注「要」作「約」。下有「或曰以尺簡書，故曰尺籍也」十一字。通鑑胡注引顔注作「謂庶人家之子也」，是。索隱「尺籍者，謂書其斬首之功於一尺之板。伍符者，命軍人伍伍相保，不容奸詐也。故行不行，謂故命人行而身不自行，奪勞二歲也。故與雇同」。案，詳下文意，索隱是也。

〔一六〕【補注】宋祁曰：繩字上疑有糾字，句似長而義具。先謙曰：宋說謬。索隱「不相應，謂數不同也」。「莫府」解在李廣傳。

〔一七〕【補注】先謙曰：胡注一歲刑爲「罰作」。漢紀作「罰及之」，非也。

〔一八〕師古曰：繇讀與由同。

〔一九〕【補注】先謙曰：上文數處皆言廉頗、李牧，因唐大父獨善牧，故但言牧事。然舉牧即以例頗。此處總結上文，仍應頗、牧並稱，「李」當爲「頗」字之誤也。治要引此，正作「陛下雖得頗牧」，漢紀同。史記、通鑑竝作「陛下雖得廉頗、李牧」。本傳贊：「曷爲不能用頗、牧？」以頗、牧二字並稱，亦其證。

〔二〇〕師古曰：說讀曰悦。

〔二一〕服虔曰：車戰之士也。【補注】周壽昌曰：史衞綰傳「以戲車爲郎」。又云「臣從車士」，即此車士也。先謙曰：中尉之車士及郡國之車士，皆得主之。漢紀作「主中尉及郡車騎士」。表無車騎都尉官。

〔二二〕【補注】先謙曰：史記作「七年」。案文帝十四年至後七年，正十年。史記誤。

〔二三〕【補注】先謙曰：史記有「與余善」三字。趙世家亦稱「馮王孫言」云云。

〔二四〕【補注】錢大昭曰：尚無傳，故於此記其里居，猶公卿無傳者，表中書里及字也。槐里，右扶風縣。

汲黯字長孺，濮陽人也。其先有寵於古之衞君也。〔一〕至黯十世，世爲卿大夫。〔二〕以父任，孝景時爲太子洗馬，〔三〕以嚴見憚。〔四〕

〔一〕文穎曰：六國時衞弱，但稱君也。【補注】王先慎曰：風俗通「衞宣公太子伋之後居汲，因以爲氏」。案通志氏族略以爲汲衞邑，其大夫所治之邑，不必子伋，是也。

〔二〕【補注】齊召南曰：十世，史記作七世。

〔三〕孟康曰：大臣任舉其子弟爲官。

〔四〕【補注】先謙曰：史記「嚴」作「莊」，謂以莊肅爲太子所敬憚，避明帝諱改。

武帝即位，黯爲謁者。東粤相攻，上使黯往視之。至吳而還，報曰：「粵人相攻，固其俗，不足以辱天子使者。」河内失火，燒千餘家，上使黯往視之。還報曰：「家人失火，屋比延燒，〔一〕不足憂。臣過河内，河内貧人傷水旱萬餘家，或父子相食，臣謹以便宜，持節發河内倉粟以振貧民。〔二〕請歸節，伏矯制辠。」〔三〕上賢而釋之，遷爲滎陽令。黯恥爲令，稱疾歸田里。上聞，乃召爲中大夫。以數切諫，不得久留内，遷爲東海太守。

〔一〕師古曰：比，近也。言屋相近，故連延而燒也。比音頻寐反。【補注】先謙曰：通鑑胡注引「比近也」上有「家人猶言庶人家也」八字，此奪。

〔二〕【補注】王念孫曰：史記「臣過河内」及「河内貧人」、「河内倉粟」，三「河内」竝作「河南」，是也。蓋河内失火，武帝使黯往視，道經河南，見貧民傷水旱，因發倉粟振之。是黯未至河内，先過河南，故曰「臣過河南」。若黯已至河内而發粟振民，則當云「臣至河内」，不得言「過」矣。此三「河内」皆因上文「河内失火」而誤。先謙曰：王説是也。通鑑三「河内」，竝依史記作「河南」。

〔三〕師古曰：矯，託也。託奉制詔而行之。

黯學黄老言，治官民，好清静，〔一〕擇丞史任之，〔二〕責大指而已，不細苛。黯多病，臥閤内不出。歲餘，東海大治，稱之。上聞，召爲主爵都尉，〔三〕列於九卿。治務在無爲而已，引大體，不拘文法。〔四〕

〔一〕【補注】齊召南曰：「治官民」，史記作「治官理民」。

〔二〕如淳曰：擇郡丞及史任之也。鄭當時爲大司農，官屬丞史，亦是也。【補注】先謙曰：集解引云「律，太守、都尉、諸侯内史、史各一人，卒史、書佐各十人」。今摠言『丞史』，或以爲擇郡丞及史使任之。鄭當時爲大農推官，屬丞史，亦是也」。胡三省云：據漢制，郡守之屬，有丞，有諸曹掾史。

〔三〕【補注】齊召南曰：按公卿表，黯以建元六年爲主爵都尉，十一年徙爲右内史，元朔五年也。主爵都尉掌列侯。

〔四〕【補注】先謙曰：「引」，史記作「弘」，疑形近致誤。

爲人性倨，少禮，〔一〕面折，不能容人之過。合己者善待之，不合者弗能忍。見士亦以此不附焉。〔二〕然好游俠，任氣節，行修潔。其諫，犯主之顔色。常慕傅伯、爰盎之爲人。〔三〕善灌夫、鄭當時及宗正劉棄疾。〔四〕亦以數直諫，不得久居位。

〔一〕師古曰：倨，簡傲也，音居庶反。

〔二〕【補注】先謙曰：所見之士不親附也。

〔三〕應劭曰：傅伯，梁人，爲孝王將，素抗直也。【補注】先謙曰：史記「伯」作「柏」。

〔四〕【補注】先謙曰：史記作「劉棄」。徐廣注「一云名棄疾」。公卿表亦作「劉棄」。

是時，太后弟武安侯田蚡爲丞相，中二千石拜謁，蚡弗爲禮。黯見蚡，未嘗拜，揖之。上方招文學儒者，上曰吾欲云云，〔一〕黯對曰：「陛下内多欲而外施仁義，柰何欲效唐虞之治乎！」上怒，變色而罷朝。公卿皆爲黯懼。上退，謂人曰：「甚矣，汲黯之戇也！」〔二〕羣臣或數黯，〔三〕黯曰：「天子置公卿輔弼之臣，寧令從諛承意，陷主於不誼虖？且已在其位，縱愛身，柰辱朝廷何！」

〔一〕張晏曰：所言欲施仁義也。師古曰：云云，猶言如此如此也。史略其辭耳。【補注】周壽昌曰：言欲上希堯舜耳。觀黯對語，知張注誤會黯對爲帝語也。元朔元年詔云「朕嘉唐虞而樂殷周」，即「帝所云云」之語。先謙曰：周説是也。漢紀作「上曰：吾欲興政治，法堯舜何如？」

〔二〕【補注】先謙曰：索隱「戇，愚也，音陟降反」。

〔三〕師古曰：數，責之，音所具反。

黯多病，病且滿三月，上常賜告者數，終不瘉。〔一〕最後，嚴助爲請告。上曰：「汲黯何如人也？」曰：「使黯任職居官，亡以瘉人，〔二〕然至其輔少主守成，雖自謂賁育弗能奪也。」〔三〕

上曰：「然。古有社稷之臣，至如汲黯，近之矣。」

〔一〕如淳曰：杜欽所謂病滿賜告詔恩也。數者，非一也。師古曰：數音所角反。瘉與愈同。【補注】沈欽韓曰：病滿三月則當免，故優假之復賜告也。唐會要八十二「職事官假滿百日，即合停解。長慶二年四月，御史臺奏：檢校司空兼太子少傅嚴綬疾病，假滿百日合停。敕：『嚴綬年位俱高，須加優異，宜依舊秩，未要舉停。』」此則出自特恩，其常員百日例罷，沿漢制也。皇甫湜集韓文公神道碑云「病滿三月免」。

〔二〕師古曰：瘉，勝也，讀與愈同。

〔三〕師古曰：孟賁、夏育，皆古之勇士也。賁音奔。【補注】齊召南曰：史記作「然至其輔少主，守城深堅，招之不來，麾之不去，雖自謂賁育亦不能奪之矣」。

大將軍青侍中，上踞廁視之。〔一〕丞相弘宴見，上或時不冠。至如見黯，不冠不見也。〔二〕上嘗坐武帳，〔三〕黯前奏事，上不冠，望見黯，避帷中，使人可其奏。其見敬禮如此。〔四〕

〔一〕如淳曰：廁，溷也。孟康曰：廁，牀邊側也。師古曰：如説是也。【補注】劉奉世曰：廁當從孟説。古者見大臣則御坐爲起。然則踞廁者，輕之也。

〔二〕【補注】先謙曰：「至如」，疑本作「至於」，涉上文「至如」而誤也。

〔三〕應劭曰：武帳，織成帳爲武士象也。孟康曰：今御武帳，置兵闌五兵於帳中也。師古曰：孟説是也。【補注】沈欽韓曰：帳置五兵，蓋以蘭錡圍四垂，天子御殿之制如此。有災變避正殿，寢兵，則不坐武帳也。先謙曰：集解韋昭云「以武名之，示威」。

〔四〕【補注】何焯曰：自爲太子洗馬，即以莊見憚，帝固已信之於素矣。非精誠無以得此於君臣之際也。

張湯以更定律令爲廷尉，〔一〕黯質責湯於上前，〔二〕曰：「公爲正卿，上不能褒先帝之功業，〔三〕下不能化天下之邪心，安國富民，使囹圄空虛，何空取高皇帝約束紛更之爲？〔四〕而公以此無種矣！」〔五〕黯時與湯論議，湯辯常在文深小苛，黯憤發，罵曰：〔六〕「天下謂刀筆吏不可謂公卿，果然。〔七〕必湯也，令天下重足而立，仄目而視矣！」〔八〕

〔一〕師古曰：更，改也。

〔二〕師古曰：質，對之也。【補注】先謙曰：史記「質」上有「數」字。

〔三〕【補注】先謙曰：淮南王術訓注「褒，大也」。

〔四〕師古曰：言何爲乃紛亂而改更也。

〔五〕師古曰：言當誅及子孫也。

〔六〕【補注】先謙曰：史記作「黯伉厲守高，不能屈，忿發罵曰」。

〔七〕【補注】先謙曰：下「謂」字，官本作「爲」。史記同。謂、爲通作字。

〔八〕師古曰：重累其足，言懼甚也。仄，古側字也。【補注】先謙曰：言必用湯也，則令天下之民不安矣。匈奴傳：「中行說云『必我也，爲漢患者』。」言必用我也，則且爲漢患。句法一例。

是時，漢方征匈奴，招懷四夷。黯務少事，閒常言與胡和親，毋起兵。〔一〕上方鄉儒術，〔二〕尊公孫弘，及事益多，吏民巧。〔三〕上分別文法，湯等數奏決讞以幸。〔四〕而黯常毀儒，面觸弘等徒懷詐飾智以阿人主取容，〔五〕而刀筆之吏專深文巧詆，〔六〕陷人於罔，以自爲功。〔七〕上愈益貴弘、湯，弘、湯心疾黯，雖上亦不說也，〔八〕欲誅之以事。〔九〕弘爲丞相，乃言上曰：「右內史界部中多貴人宗室，難治，非素重臣弗能任，請徙黯爲右内史。」〔一〇〕數歲，官事不廢。

〔一〕師古曰：每因閒隙而言也。
〔二〕師古曰：鄉讀曰嚮。
〔三〕【補注】宋祁曰：遷史作「吏民巧弄」。
〔四〕【補注】先謙曰：官本奪「奏」字。
〔五〕【補注】先謙曰：常以此言面斥之，互詳弘傳。官本「面」作「而」。
〔六〕師古曰：詆，毀辱也，音丁禮反。
〔七〕【補注】先謙曰：史記作「陷人於罪，使不得反其真，以勝爲功」。
〔八〕師古曰：説讀曰悦。【補注】先謙曰：史記作「唯天子亦不説也」。「唯」與「雖」義同，詳韓信傳。
〔九〕師古曰：以事致其罪而誅也。
〔一〇〕【補注】先謙曰：右内史即京兆尹。至太初元年乃更名。

大將軍青既益尊，姊爲皇后，然黯與亢禮。或説黯曰：「自天子欲令羣臣下大將軍，〔一〕大將軍尊貴，誠重，君不可以不拜。」〔二〕黯曰：「夫以大將軍有揖客，反不重耶？」〔三〕大將軍聞，愈賢黯，數請問以朝廷所疑，遇黯加於平日。

〔一〕師古曰：下音胡稼反。
〔二〕【補注】先謙曰：誠重，言其尊貴如此，信爲重也。故黯下云「反不重邪」？史記作「大將軍尊重益貴」。通鑑作「大將軍尊重」。

〔三〕師古曰：言能降貴以禮士，最爲重也。

淮南王謀反，憚黯，曰：「黯好直諫，守節死義；〔一〕至說公孫弘等，如發蒙耳。」〔二〕

〔一〕【補注】先謙曰：史記有「難惑以非」四字，語意更明。

〔二〕師古曰：說音式銳反。

上既數征匈奴有功，黯言益不用。

始黯列九卿矣，而公孫弘、張湯爲小吏。及弘、湯稍貴，與黯同位，黯又非毀弘、湯。已而弘至丞相封侯，湯御史大夫，黯時丞史皆與同列，或尊用過之。〔一〕黯褊心，不能無少望，〔二〕見上，言曰：「陛下用羣臣如積薪耳，後來者居上。」〔三〕黯罷，上曰：「人果不可以無學，觀汲黯之言，日益甚矣。」〔四〕

〔一〕【補注】先謙曰：「黯時丞史」，謂黯爲東海太守時之丞史。史記作「故黯時丞相史」，則謂故黯列爲九卿時之丞相史。二義未知孰是。

〔二〕師古曰：褊，陿也。望，怨也。

〔三〕【補注】沈欽韓曰：文子上德篇「虛無因循，常後而不先。譬若積薪，燎後者處上」。淮南繆稱訓同。

〔四〕師古曰：言其鄙俚也。或曰，積薪之言出曾子，故云不可無學也。【補注】周壽昌曰：顔說皆非也。「日益甚」，言其愚戇，日更甚。又「益」非損益之益，雖老子有「爲學日益」之語，不能如此訓也。下文帝云「吾久不聞汲黯之言，今又復妄發矣」。則明以此語爲「妄發」可知。上文云「上方鄉儒術，尊公孫弘。黯常毀儒，面觸弘等」，故帝以無學識黯也。「積薪」之言出文子，顏云出曾子，今世傳曾子書無此語。

居無何，匈奴渾邪王帥衆來降，〔一〕漢發車二萬乘。〔二〕縣官亡錢，從民貰馬。〔三〕民或匿馬，馬不具。上怒，欲斬長安令。黯曰：「長安令亡罪，獨斬臣黯，民乃肯出馬。且匈奴畔其主而降漢，徐以縣次傳之，〔四〕何至令天下騷動，罷中國，甘心夷狄之人乎！」〔五〕上默然。後渾邪王至，賈人與市者，坐當死五百餘人。黯入，請閒，見高門，〔六〕曰：「夫匈奴攻當路塞，絶和親，中國舉兵誅之，死傷不可勝計，而費以鉅萬百數。〔七〕臣愚以爲陛下得胡人，皆以爲奴婢，賜從軍死者家；鹵獲，因與之，以謝天下，〔八〕塞百姓之心。〔九〕今縱不能，渾邪帥數萬之衆來，虚府庫賞賜，發良民侍養，若奉驕子。愚民安知市買長安中而文吏繩以爲闌出財物如邊關乎？〔一〇〕陛下縱不能得匈奴之贏以謝天下，〔一一〕又以微文殺無知者五百餘人，臣竊爲陛下弗取也。」〔一二〕上弗許，曰：「吾久不聞汲黯之言，今又復妄發矣。」後數月，黯坐小法，會赦，免官。〔一三〕於是黯隱於田園者數年。

〔一〕師古曰：渾音胡昆反。

〔二〕【補注】先謙曰：「二」，官本作「三」。案史記作「二」，汲古本是。通鑑亦作「二萬乘」。考異云「漢書食貨志云『二萬兩』」。今從史記平準書、汲黯傳」。

〔三〕師古曰：賒買也。【補注】錢大昭曰：昭紀始元四年詔曰：「往令民共出馬，其止勿出。」即其事也。

〔四〕【補注】先謙曰：令所過諸縣以次給傳，徐徐而來也。

〔五〕師古曰：罷讀曰疲。

〔六〕晉灼曰：三輔黄圖「未央宮中有高門殿也」。【補注】先謙曰：集解引晉灼作「如淳」。

〔七〕師古曰：即數百鉅萬也。

〔八〕【補注】先謙曰：史記有「之苦」二字。

〔九〕師古曰：塞，滿也。

〔一〇〕應劭曰：闌，妄也。律，胡市，吏民不得持兵器及鐵出關。雖於京師市買，其法一也。臣瓚曰：無符傳出入爲闌也。【補注】錢大昭曰：説文「䦨，妄入宮掖也。從門，䜌聲」。如應劭臣瓚云，則字當爲「䦨」。妄入爲䦨，妄出亦爲䦨也。先謙曰：錢説是。今本書及史記「䦨入宮掖」亦誤作「闌」。如史記作「于」，其義兩通。

〔一一〕師古曰：贏，餘也。音弋成反。

〔一二〕【補注】齊召南曰：「臣」上史記有「是」。「所謂庇其葉而傷其枝者也」一句，漢書删去，不如本文。

〔一三〕【補注】先謙曰：公卿表元狩四年，義縱代。

會更立五銖錢，〔一〕民多盜鑄錢者，楚地尤甚。上以爲淮陽，楚地之郊也，〔二〕召黯拜爲淮陽太守。〔三〕黯伏謝不受印綬，詔數强予，然後奉詔。召上殿，黯泣曰：「臣自以爲填溝壑，不復見陛下，〔四〕不意陛下復收之。臣常有狗馬之心，〔五〕今病，力〔六〕不能任郡事。臣願爲中郎，出入禁闥，補過拾遺，臣之願也。」上曰：「君薄淮陽邪？吾今召君矣。〔七〕顧淮陽吏民不相得，〔八〕吾徒得君重，〔九〕臥而治之。」黯既辭，過大行李息，曰：「黯棄逐居郡，不得與朝廷議矣。〔一〇〕然御史大夫湯智足以距諫，詐足以飾非，〔一一〕非肯正爲天下言，專阿主意。主意所不欲，因而毁之；主意所欲，因而譽之。好興事，舞文法，〔一二〕内懷詐以御主心，外挾賊吏以爲重。〔一三〕公列九卿，不早言之何？〔一四〕公與之俱受其戮矣！」息畏湯，終不敢言。黯居郡如其故治，淮陽政清。後張湯敗，上聞黯與息言，抵息罪。〔一五〕令黯以諸侯相秩居淮陽。〔一六〕居淮陽十歲而卒。〔一七〕

〔一〕【補注】先謙曰：集解徐廣曰：「元狩五年行五銖錢。」案黯以盜鑄事復拜官，是其隱居秖一年，不得云數年也。

〔二〕師古曰：郊謂交道衝要之處也。

〔三〕【補注】王鳴盛曰：黯下自言「棄逐居郡」，又「上令黯以諸侯相秩居淮陽」，則淮陽是郡明矣。地理志有淮陽國，無淮陽郡。以表、傳參考之，高帝子友以高帝十一年立爲淮陽王，惠帝元年徙王趙，則國除爲郡。高后以假立惠帝子强爲淮陽王，强死，以武代。文帝立，武誅，則國又除爲郡。文帝子武以文帝三年立爲淮陽王，王十年而徙梁，則國又除爲郡。景帝子餘以景帝二年立爲淮陽王，王二年而徙魯，則國又除爲郡。後宣帝子欽以元康三年立爲淮陽王，傳子及孫，凡有國六七十年，至王莽時絶。郡國展轉改易，凡八九次，終爲國。地志以最後之元始爲據，故言國，而中閒沿革俱略也。黯爲淮陽守，當武帝時。其前申屠嘉亦嘗爲之，見本傳及爰盎傳。此當惠帝元年後國除爲郡之時。司馬安亦嘗爲之，見鄭當時傳。灌夫亦嘗爲之，見本傳。田廣明與其兄雲中相繼皆嘗爲之，見酷吏傳。此皆在武帝時。韓延壽亦嘗爲之，此則在昭帝時。蓋自景帝四年爲郡，至宣帝元康三年爲郡者，約九十年。故爲守之見於史者如此之多。若鄭弘傳「兄昌爲淮陽相」，則在憲王欽之國以後事矣。尹齊爲淮陽都尉，見酷吏傳，亦在武帝爲郡之時。若國，則不當有都尉。

〔四〕師古曰：填音大賢反。

〔五〕師古曰：思報效。【補注】錢大昭曰：「有」，閩本作「存」。

〔六〕師古曰：力謂甚也。【補注】周壽昌曰：「今病」二字爲句，力字屬下句讀，似較順。先謙曰：周説是也。史記本作「臣常有狗馬病，力不能任郡事」。通鑑從之。狗馬病，猶言犬馬之疾也。是力字應屬下讀，官本顔注在「事」下。

〔七〕師古曰：言後即召也。

〔八〕師古曰：顧謂思念也。【補注】先謙曰：胡三省云「言吏民不相安而失其所也」。

〔九〕師古曰：徒，但也。重，威重也。

〔一〇〕師古曰：與讀曰豫。

〔一一〕【補注】先謙曰：史記有「務巧佞之語，辯數之辭」二句。

〔一二〕如淳曰：舞猶弄也。【補注】先謙曰：「如淳」，官本作「師古」。

〔一三〕【補注】先謙曰：賊吏，吏之爲姦賊者也。

〔一四〕師古曰：言何不早言也。【補注】先謙曰：言息不早言之，是何意也。漢鐃歌「艾如張曲，艾而張羅，夷于何？」謂何地也，省文言「何」。漢文有此句例：周亞夫傳「君侯欲反何」？伍被傳「公獨以爲無福何」？酷吏傳「武帝問言何」？皆是。

〔一五〕【補注】先謙曰：武紀元鼎二年，張湯自殺。公卿表於是年書「張騫爲大行令」，是息因湯事得罪去職。

〔一六〕如淳曰：諸侯王相在郡守上，秩真二千石。律，真二千石月得百五十斛，歲凡得千八百石耳。二千石月得百二十斛，歲凡得一千四百四十石耳。【補注】沈欽韓曰：新書等齊篇「諸侯之相，尊無異等，秩加二千石之上」。先謙曰：集解引作「律，真二千石奉，月二萬；二千石，月萬六千」。與此異。

〔一七〕【補注】先謙曰：史記作「七歲」。集解徐廣曰：「元鼎五年」，若「十歲」，則至元封二年矣。

卒後，上以黯故，官其弟仁至九卿，子偃至諸侯相。〔一〕黯姊子司馬安亦少與黯爲太子洗馬。〔二〕安文深巧善宦，四至九卿，〔三〕以河南太守卒。昆弟以安故，同時至二千石十人。濮陽段宏〔四〕始事蓋侯信，〔五〕信任宏，〔六〕官亦再至九卿。〔七〕然衛人仕者皆嚴憚汲黯，出其下。

〔一〕【補注】先謙曰：仁不見公卿表。

〔二〕【補注】吳仁傑曰：史記作「姑姊子」，是也。釋親父之姊妹爲姑。樊光引春秋傳「姑姊妹」爲證。左傳正義「古人謂姑爲姑姊妹。蓋父之姊爲姑姊，父之妹爲姑妹」。列女傳「梁有節姑妹，入火取其兄子」。是謂父妹爲姑妹也。司馬安之於汲黯，自史記言之，則爲姑之子，於黯爲內兄弟。自漢書言之，則爲姊之子。實黯之自出也。此一字似不可削。

〔三〕【補注】先謙曰：「宦」官本作「官」。案宦字是。史記本作「官」。「四至九卿」與下文「官亦再至九卿」相應，本書刪「官」字耳。「文深」者，外文飾而內刻深。「巧善宦」，其人巧猾而善宦也。後世省文，言之曰「巧宦」，亦云「善宦」。晉書潘岳傳「仕不達，乃作閒居賦曰『岳讀汲黯傳，至司馬安四至九卿，而良史書之，題以巧宦之目，未嘗不慨然廢書而歎也』」。南史何尚之傳論「父子一時並處權要，雖經屯詖，咸以功名自卒。古之所謂巧宦，此之謂乎」？此省稱巧宦也。宋陳傅良詩「文章輸善宦」，此但稱善宦也。安歷官見公卿表者，元狩元年書中尉司馬安，二年受代。五年書廷尉司馬安。三年受代。其二無考，惟元狩三年書廷尉安，不著其姓，是年即受代。未知即此司馬安否。

〔四〕【補注】先謙曰：史記作「假宏」。

〔五〕服虔曰：景帝王皇后兄也。

〔六〕蘇林曰：任保舉。

〔七〕【補注】先謙曰：公卿表武帝元朔五年書中尉殷客，蓋即段宏。段與殷、宏與客並以形近致譌也。王念孫云：索隱本「段宏」作「段客」。注云，漢書作「段宏」，是。史記本作「段客」，今本作「段宏」，後人據漢書改之也。凡隸書厷字或作右形，與各相似，故從厷、從各之字，傳寫往往相亂。

鄭當時字莊，陳人也。其先鄭君〔一〕嘗事項籍，籍死而屬漢。〔二〕高祖令諸故項籍臣名籍，〔三〕鄭君獨不奉詔。詔盡拜名籍者爲大夫，而逐鄭君。鄭君死孝文時。〔四〕

〔一〕【補注】沈欽韓曰：元和姓纂「鄭幽公爲韓所滅。幽公六世孫榮生當時」。周壽昌曰：集解引漢書音義曰：「當時父。」唐書宰相世系表「鄭君名榮」。或據所傳家譜也。

〔二〕【補注】先謙曰史記作「嘗爲項籍將，籍死，已而屬漢」。

〔三〕【補注】先謙曰：於上前稱項籍之名也。

〔四〕【補注】先謙曰：孝文時鄭君乃死也。與司馬遷傳「蘄孫昌爲秦王鐵官，當始皇之時」同一文法。

當時以任俠自喜，脱張羽於阸，〔一〕聲聞梁楚閒。孝景時，爲太子舍人。每五日洗沐，常置驛馬長安諸郊，〔二〕請謝賓客，〔三〕夜以繼日，至明旦，常恐不徧。當時好黄老言，其慕長者，如恐不稱。〔四〕自見年少官薄，〔五〕然其知友皆大父行，天下有名之士也。〔六〕

〔一〕服虔曰：梁孝王將，楚相之弟也。師古曰：喜音許吏反。脱音佗活反。【補注】先謙曰：羽事詳韓安國傳。

〔二〕如淳曰：郊，交道四通處也，以請賓客便。臣瓚曰：長安四面郊祀之處，閑靜可以請賓客也。師古曰：二説皆非也。此謂長安城外四面之郊耳。邑外謂之郊，近郊二十里。【補注】劉奉世曰：近郊乃三十里，蓋字誤。然不必分別遠近。

〔三〕【補注】先謙曰：請謁也。史記上有「存諸故人」四字，不可省。

〔四〕師古曰：恐不稱其意。

〔五〕【補注】劉攽曰：其慕長者禮意，不稱所自見，即以爲慊。然「自見」當屬上句。先謙曰：史記本作「其慕長者，如恐不見」，無「稱自」二字。是「年少官薄」應自爲一句。此既加「稱自」二字，則「如恐不稱」爲一句，「自見年少官薄」爲一句。猶今俗言「自覺年少官薄」，蓋謙退之至，故「如恐不稱」也。劉説於理未愜。

〔六〕師古曰：大父謂祖父行，音胡浪反。【補注】先謙曰：官本注脱「行」字。

武帝即位，當時稍遷爲魯中尉，濟南太守，江都相，至九卿爲右内史。〔一〕以武安魏其時議，〔二〕貶秩爲詹事，遷爲大司農。〔三〕

〔一〕【補注】先謙曰：公卿表「建元四年」。

〔二〕師古曰：議田蚡及竇嬰事。【補注】先謙曰：官本此注在「詹事」下。

〔三〕【補注】齊召南曰：按史記作「遷爲大農令」是也。當時爲大農令在元光中。至太初元年，始改曰大司農。此史文偶然失檢處也。

當時爲大吏，戒門下：「客至，亡貴賤亡留門下者。」〔一〕執賓主之禮，以其貴下人。性廉，又不治産，卬奉賜給諸公。〔二〕然其餽遺人，不過具器食。〔三〕每朝，候上閒説，未嘗不言天下長者。〔四〕其推轂士及官屬丞史，誠有味其言也。〔五〕常引以爲賢於己。〔六〕未嘗名吏，與官屬言，若恐傷之。聞人之善言，進之上，唯恐後。山東諸公以此翕然稱鄭莊。

〔一〕【補注】宋祁曰：邵本無「下」字。王念孫曰：案景祐本亦無「下」字，蓋涉上文「戒門下」而衍。白帖三十四、御覽職官部三十，人事部一百十六引此，皆無「下」字，史記同。

〔二〕師古曰：卬音牛向反。奉音扶用反。

〔三〕師古曰：猶今言一盤食也。【補注】沈欽韓曰：「具」，史記作「算」。徐廣曰「算，竹器」。按管子版法解「成事以質者，用稱量也」。注「質，竹器，所以量物者。音質」。攷字書無質字。説文「籫，竹器也」。則作「算」、「質」者，皆「籫」之壞脱。此作「具」，益非。風俗通衍禮篇「太尉黄瓊葬豫章，徐孺子負篘卉步，齎一盤，醊哭」。錢大昕（正〔曰〕）「篘卉」是「算」之譌，然此本字亦與管子同作「質」，皆「籫」之誤。

〔四〕師古曰：候天子閒隙之時，其所稱説，皆言長者也。【補注】先謙曰：下云「言」，上不必復云「説」，説字上下屬皆不成句。顔説非也。説當讀曰悦。閒説，猶言暇豫也。候上從容悦豫之時，其所進言，未嘗不及天下長者。

〔五〕師古曰：推轂，言薦舉又如車轂之運轉也。「有味」者，其言甚美也。【補注】先謙曰：官本注「又」作「人」，是。「車」作「推」。

〔六〕【補注】先謙曰：言其薦士及屬官，務爲至美之言，常以爲視己猶賢也。

使視決河，自請治行五日。〔一〕上曰：「吾聞鄭莊行千里不齎糧，治行者何也？」然當時在朝，常趨和承意，〔二〕不敢甚斥臧否。〔三〕漢征匈奴，招四夷，天下費多，財用益屈。〔四〕當時爲大司農，任人賓客僦，〔五〕入多逋負。司馬安爲淮陽太守，發其事，當時以此陷罪，贖爲庶人。頃之，守長史。〔六〕遷汝南太守，數歲，以官卒。昆弟以當時故，至二千石者六七人。〔七〕當時始與汲黯列爲九卿，内行修。〔八〕兩人中廢，賓客益落。〔九〕當時死，家亡餘財。先是，下邽翟公爲廷尉，〔一〇〕賓客亦填門，〔一一〕及廢，門外可設爵羅。〔一二〕後復爲廷尉，客欲往，翟公大署其

門〔一三〕曰：「一死一生，乃知交情；一貧一富，乃知交態；一貴一賤，交情乃見。」〔一四〕

〔一〕如淳曰：治行謂莊嚴。【補注】先謙曰：案「莊嚴」爲「裝嚴」之誤也。二字見後漢劉寬傳。又吴漢傳「朝受詔，夕即引道，初無辦嚴之日」。「辦嚴」與「裝嚴」義同。

〔二〕師古曰：趨讀曰趣。趣，向也。和音胡卧反。

〔三〕【補注】先謙曰：史記作「不敢甚引當否」。如「武安、魏其，時議是魏其，後不堅」之類也。

〔四〕師古曰：屈，盡也，音其勿反。

〔五〕晉灼曰：當時爲大司農，而任使其賓客辜較作僦也。師古曰：僦謂受顧賃而載運也。言當時保任其賓客於司農載運也。僦音子就反。【補注】先謙曰：史記作「任人賓客爲大農僦人」。集解：「徐廣曰『人』一作『入』。臣瓚曰『任人，謂保任見舉者』。」索隱：「辜較音姑角，謂當時作大農，任賓客僦人取庸直也。或者貰物以應官取庸，故下云『多逋負也』。辜較字亦作『酤榷』，榷者獨也，言國家獨榷酤也。此云『辜較』，亦謂令賓客任人專其利，故云辜較也。」先謙案，本書下「人」字作「入」，屬下讀，義可兩通。諸家解皆云任賓客，而略人字。臣瓚以「任人」與「賓客」對舉，是也。任人，謂見保任之人，若富商大賈之屬，與莊賓客竝爲大農辜較取利也。

〔六〕如淳曰：丞相長史也。

〔七〕【補注】先謙曰：史記作「兄弟子孫以莊故」，子孫二字不可省。武帝於汲、鄭兩人，竝以東宫舊恩加厚待也。

〔八〕【補注】先謙曰：史記有「絫」字。

〔九〕師古曰：落，散也。【補注】先謙曰：史記贊云：「夫以汲黯之賢，有勢則賓客十倍，無勢則否。況衆人乎？」

〔一〇〕蘇林曰：邽音圭，京兆縣名也。【補注】齊召南曰：案公卿表，翟公爲廷尉在元光五年。

〔一一〕師古曰：填，滿也，音田。

〔一二〕師古曰：言其寂靜無人行也。

〔一三〕師古曰：署謂書之。

〔一四〕師古曰：見音胡電反。

贊曰：張釋之之守法，馮唐之論將，汲黯之正直，鄭當時之推士，不如是，亦何以成名哉！揚子以爲孝文親詘帝尊以信亞夫之軍，〔一〕曷爲不能用頗、牧？彼將有激云爾。〔二〕

〔一〕師古曰：揚子謂揚雄也。信讀曰伸。【補注】先謙曰：「楊」，官本作「揚」。

〔二〕師古曰：謂馮唐欲理魏尚，故以此言激文帝也。

賈鄒枚路傳第二十一

賈山，潁川人也。祖父祛，〔一〕故魏王時博士弟子也。〔二〕山受學祛，所言涉獵書記，不能爲醇儒。〔三〕嘗給事潁陰侯爲騎。〔四〕

〔一〕【補注】先謙曰：官本「祛」作「祛」。下同。通志賈山傳作「祛」。

〔二〕師古曰：六國時魏也。【補注】沈欽韓曰：言博士弟子此最始，亦疑「弟子」二字爲衍文。

〔三〕師古曰：涉若涉水，獵若獵獸，言歷覽之不專精也。醇者，不雜也。

〔四〕師古曰：爲騎者，常騎馬而從也。【補注】先謙曰：通鑑胡注「潁陰侯，灌嬰也。騎者，在侯家爲騎士」。沈欽韓云續志之騎吏也。

孝文時，言治亂之道，借秦爲諭，名曰至言。〔一〕其辭曰：

〔一〕【補注】先謙曰：賈子先醒篇「君好諂諛而惡至言」。至言與諂諛爲對，是至言即直言之謂，至之爲言極也。文選鄒陽上吴王書「察聽其至」。李善注引劉瓛周易注云「至，極也，謂極言之」。後漢陰識傳「入雖極言正議，及與賓客語，未嘗及國事」。極言猶至言也。蔡邕傳「臣聞國之將興，至言數聞」。説苑「明主者有三懼。三曰，聞天下之至言而恐不能行」。論衡「至言棄捐，聖賢距逆」。義竝與此同。今人多以至言爲至善之言，幾疑山自名至言爲夸矣。

臣聞爲人臣者，盡忠竭愚，以直諫主，不避死亡之誅者，臣山是也。臣不敢以久遠諭，願借秦以爲諭，唯陛下少加意焉。

夫布衣韋帶之士，〔一〕修身於內，成名於外，而使後世不絶息。至秦則不然。〔二〕貴爲天子，富有天下，賦斂重數，百姓任罷，〔三〕赭衣半道，羣盜滿山，〔四〕使天下之人戴目而視，傾耳而聽。〔五〕一夫大謼，天下嚮應者，陳勝是也。〔六〕秦非徒如此也，起咸陽而西至雍，離宮三百，〔七〕鍾鼓帷帳，不移而具。〔八〕又爲阿房之殿，殿高數十仞，〔九〕東西五里，南北千步，〔一〇〕從車羅騎，四馬鶩馳，旌旗不橈。〔一一〕爲宮室之麗至於此，使其後世曾不得聚廬而託處焉。爲馳道於天下，〔一二〕東窮燕齊，南極吳楚，江湖之上，瀕海之觀畢至。〔一三〕道廣五十步，三丈而樹，〔一四〕厚築其外，隱以金椎，〔一五〕樹以青松。爲馳道之麗至於此，使其後世曾不得邪徑而託足焉。死葬乎驪山，吏徒數十萬人，〔一六〕曠日十年。〔一七〕下徹三泉，〔一八〕合采金石，冶銅錮其內，桼塗其外，〔一九〕被以珠玉，飾以翡翠，〔二〇〕中成觀游，上成山林。〔二一〕爲葬薶之侈至於此，使其後世曾不得蓬顆蔽冢而託葬焉。〔二二〕秦以熊羆之力，虎狼之心，蠶食諸侯，并吞海內，而不篤禮義，〔二三〕故天殃已加矣。臣昧死以聞，願陛下少留意而詳擇其中。〔二四〕

〔一〕師古曰：言貧賤之人也。韋帶，以單韋爲帶，無飾也。【補注】宋祁曰：「韋帶」，南本、浙本作「革帶」。

〔二〕【補注】先謙曰：言賤士修身成令名，昌後世，秦爲天子乃不然也。

〔三〕師古曰：數，屢也。任謂役事也。罷讀曰疲，言疲於役使也。

〔四〕師古曰：犯罪者則衣赭衣，行道之人半著赭衣，言被罪者衆也。盜賊皆依山爲阻，故云滿山也。

〔五〕師古曰：戴目者，言常遠視，有異志也。傾耳而聽，言樂禍亂也。

〔六〕師古曰：謼字與呼同。謼，叫也，音火故反。嚮讀曰響。

〔七〕師古曰：此言離宫者，皆謂於别處置之，非常所居也。【補注】先謙曰：官本注「此」作「凡」，是。始皇紀「關内離宫三百，關外四百餘」。此總計之詞。又云「乃令咸陽之旁二百里内，宫觀二百七十，復道甬道相連，帷帳鐘鼓美人充之，各案署不移徙」。據此，咸陽以西離宫止有二百七十，非三百也。

〔八〕【補注】沈欽韓曰：新序刺奢篇「魯孟獻子聘于晉，趙宣子觴之，三徙，鍾石之懸，不移而具」。先謙曰：官本「鍾」作「鐘」，古本通借。

〔九〕師古曰：阿房者，言殿之四阿皆爲房也。一説大陵曰阿，言其殿高若於阿上爲房也。房字或作旁，説云始皇作此殿，未有名，以其去咸陽近，且號阿旁。阿，近也。八尺曰仞。【補注】何焯曰：一説近是。然始皇紀云「阿房宫未成，成，欲更擇令名名之。作宫阿房，故天下謂之阿房宫」。則阿房乃地名，並近也之解爲贅。其地在渭南上林苑中，東方朔傳所謂阿城，其遺址也。沈欽韓曰：始皇作未畢而死，故賈子過秦論、秦紀並言二世復作之。

〔一〇〕【補注】先謙曰：始皇紀「東西五百步，南北五十丈」。正義引三輔舊事云「阿房宫東西三里，南北五百步」。與此不同。

〔一一〕師古曰：橈，屈也。言庭之廣大，殿之高敞，衆騎馳騖無所迫觸，建立旌旗不屈橈。橈音女孝反。【補注】宋祁曰：注「屈撓」下當有「也」字。先謙曰：「屈橈橈音」，官本「橈」並作「撓」。

〔一二〕【補注】先謙曰：始皇紀「二十七年，治馳道」。集解引應劭云「馳道，天子道也。道若今之中道然」。

〔一三〕師古曰：瀕，水涯也。瀕海，謂緣海之邊也。畢，盡也。瀕音頻，又音賓，字或作濱，音義同。

〔一四〕【補注】王先慎曰：三丈，中央之地，惟皇帝得行，樹之以爲界也。三輔黃圖云「漢令，諸侯有制得行馳道中者，行旁道，無得行中央三丈也。不如令，没入其車馬」。蓋沿秦制。

〔一五〕服虔曰：作壁如甬道。隱，築也，以鐵椎築之。師古曰：築令堅實而使隆高耳，不爲甬壁也。隱音於靳反。【補注】周壽昌曰：隱即穩字，以金椎築之，使堅穩也。

〔一六〕師古曰：吏以督領，徒以役作也。【補注】宋祁曰：「乎」當作「虖」。

〔一七〕師古曰：曠，空也，廢也。言爲重役，空廢時日，積年歲也。

〔一八〕師古曰：三重之泉，言其深也。【補注】先謙曰：始皇紀「穿三泉，下銅而致椁」。

〔一九〕師古曰：錮謂鑄而合之也，音固。【補注】先謙曰：官本「冶」作「治」。

〔二〇〕應劭曰：雄曰翡，雌曰翠。臣瓚曰：異物志云，翡色赤而大於翠。師古曰：鳥各別類，非雄雌異名也。被音皮義反。

〔二一〕【補注】先謙曰：始皇紀「宮觀百官，奇器珍怪，徙臧滿之，以水銀爲百川江河大海，上具天文，下具地理」。是中成觀游也。又云「樹草木以象山」。是上成山林也。爾雅「丘，一成爲敦丘，再成爲陶丘，三成爲崑崙丘」。郭注「成猶重也」。秦穿治驪山，蓋亦三成。三泉，致椁其下成矣。

〔二二〕服虔曰：謂塊墣作冢，喻小也。臣瓚曰：蓬顆，猶裸顆小冢也。晉灼曰：東北人名土塊爲蓬顆。師古曰：諸家之説皆非。顆謂土塊。蓬顆，言塊上生蓬者耳。舉此以對冢上山林，故言蓬顆蔽冢也。顆音口果反。【補注】先謙曰：顔氏家訓書證篇「北土通呼物一凷，改爲一顆」。按凷即塊字，塊、顆雙聲，故塊亦爲顆。

〔二三〕師古曰：篤，厚也。

〔二四〕師古曰：中音竹仲反。

臣聞忠臣之事君也，言切直則不用而身危，不切直則不可以明道，故切直之言，明主所欲急聞，忠臣之所以蒙死而竭知也。〔一〕地之磽者，雖有善種，不能生焉；〔二〕江皋河瀕，雖有惡種，無不猥大。〔三〕昔者夏商之季世，雖關龍逢、箕子、比干之賢，身死亡而道不用。〔四〕文王之時，豪俊之士皆得竭其智，芻蕘採薪之人皆得盡其力，〔五〕此周之所以興也。故地之美者善養禾，君之仁者善養士。雷霆之所擊，無不摧折者；〔六〕萬鈞之所壓，無不糜滅者。今人主之威，非特雷霆也；〔七〕執重，非特萬鈞也。開道而求諫，和顏色而受之，用其言而顯其身，士猶恐懼而不敢自盡，又乃況於縱欲恣行暴虐，惡聞其過乎！〔八〕震之以威，壓之以重，〔九〕則雖有堯舜之智，孟賁之勇，豈有不摧折者哉？〔一〇〕如此，則人主不得聞其過失矣；弗聞，則社稷危矣。古者聖王之制，史在前書過失，工誦箴諫，〔一一〕瞽誦詩諫，〔一二〕公卿比諫，〔一三〕士傳言諫過，〔一四〕庶人謗於道，商旅議於市，〔一五〕然後君得聞其過失也。聞其過失而改之，見義而從之，所以永有天下也。天子之尊，四海之內，其義莫不爲臣。然而養三老於大學，〔一六〕親執醬而餽，執爵而酳，〔一七〕祝䬲在前，祝鯁在後，〔一八〕公卿奉杖，大夫進履，舉賢以自輔弼，求修正之士使直諫。〔一九〕故以天子之尊，尊養三老，視孝也；〔二〇〕立輔弼之臣者，恐驕也；置直諫之士者，恐不得聞其過也；學問至於芻蕘者，求善無饜也；商人、庶人誹謗己而改之，從善無不聽也。

〔一〕師古曰：蒙，冒犯也。

〔二〕師古曰：磽，埆，瘠薄也。磽音口交反。【補注】先謙曰：注「埆」字疑衍。

〔三〕李奇曰：皋，水邊淤地也。師古曰：猥，盛也。【補注】先謙曰：猥，猝也。說詳文三王傳。

〔四〕服虔曰：關龍逢，桀之忠臣也。師古曰：比干諫紂而紂殺之。論語曰「微子去之，箕子爲之奴，比干諫而死」。

〔五〕師古曰：芻，刈草也。蕘，草薪也。言執賤役者也。大雅板之詩曰「詢于芻蕘」。

〔六〕師古曰：霆，疾雷也，音廷。

〔七〕師古曰：特，獨也。

〔八〕【補注】宋祁曰：「乎」當作「虖」。

〔九〕師古曰：震，動也。

〔一〇〕師古曰：孟賁，古之勇士。賁音奔。

〔一一〕李奇曰：古有誦詩之工，記過之史，常在君側也。師古曰：箴，戒也，音之林反。

〔一二〕師古曰：瞽，無目之人。

〔一三〕李奇曰：相親比而諫也，或曰比方事類以諫也。師古曰：比方是也。【補注】王念孫曰：二說均有未安。余謂「比諫」當爲「正諫」，字之誤也。言工誦箴諫，瞽誦詩諫，而公卿則正諫其非也。東方朔傳贊「正諫似直」。敘傳「正諫舉郵」。韓詩外傳「主有失敗，皆交爭正諫」。說苑正諫篇「諫有五，一曰正諫」。漢紀作比諫，亦後人以誤本漢書改之。呂覽達鬱篇「使公卿列士正諫，好學博聞獻詩，矇箴師誦，庶人傳語，近臣進規，親戚補察」。淮南主術篇「公卿正諫，博士誦詩，瞽箴師誦，庶人傳語，史書其過，宰徹其膳」。說與此略同，而皆作正諫。大戴記保傅篇「瞽夜誦詩，工誦正諫」。疑亦本作「工誦箴諫，公卿正諫」，而今本脫去「箴諫公卿」四字也。

〔一四〕【補注】先謙曰：詳文勢，此句不應獨有「過」字，蓋涉下文而衍。漢紀無「過」字。

〔一五〕師古曰：旅，衆也。

〔一六〕【補注】先謙曰：官本「大」作「太」。

〔一七〕師古曰：餽字與饋同。進食曰餽。酳者，少少飲酒，謂食已而蕩口也，音胤。

〔一八〕師古曰：⿰飠冋，古饐字，謂食不下也。以老人好饐鯁，故爲備祝以祝之。【補注】宋祁曰：「⿰飠冋」當作「⿰飠高」。沈欽韓曰：王逸九思「仰長歎兮氣⿰飠高結」注「⿰飠高，結也」。洪興祖云，與饐同。先謙曰：後漢明帝紀「祝哽在前，祝噎在後」，與此不同。案，祝噎當從明紀，祝鯁當從本書。說文無⿰飠冋、⿰飠高字，饐下云「飯傷溼也」。哽下云「語爲舌所介也」。並無食物窒留之義。噎下云「飯窒也」。通俗文「塞喉曰噎」。廣韻「噎食塞」。鯁下云「魚骨也」。集韻引字林云「食骨留咽中爲鯁」。後漢來歙傳注引同。皆以食言，而義各別，故兩祝之。莊子外物篇「壅則哽，哽而不止則跈」。通爲噎塞。似噎、哽二字皆屬氣壅，義亦可通，然不如噎鯁之爲當也。

〔一九〕師古曰：修正，謂修身正行者。

〔二〇〕師古曰：視讀曰示。

昔者，秦政力并萬國，富有天下，破六國以爲郡縣，築長城以爲關塞。秦地之固，大小之埶，輕重之權，其與一家之富，一夫之彊，胡可勝計也！〔一〕然而兵破於陳涉，地奪於劉氏者，何也？秦王貪狼暴虐，殘賊天下，窮困萬民，以適其欲也。〔二〕昔者，周蓋千八百國，〔三〕以九州之民養千八百國之君，用民之力不過歲三日，〔四〕什一而籍，〔五〕君有餘財，民有餘力，而頌聲作。〔六〕秦皇帝以千八百國之民自養，力罷不能勝其役，財盡不能勝其求。〔七〕一君之身耳，所以自養者馳騁弋獵之娛，天下弗能供也。〔八〕勞罷者不得休息，飢寒者不得衣食，亡罪而死刑者無所告訴，人與之爲怨，家與之爲讎，〔九〕故天下壞也。秦皇帝身在之時，天下已壞矣，而弗自知也。秦皇帝東巡狩，至會稽、琅邪，刻石著其功，自以爲過堯舜統；〔一〇〕縣石鑄鍾虡，〔一一〕篩土築阿房之宫，〔一二〕自以爲萬世有天下也。古者聖王作謚，三四十世耳，雖堯舜禹湯文武絫世廣德〔一三〕以爲子孫基業，無過二三十世者也。〔一四〕秦皇帝曰死而以謚法，是父子名號有時相襲也，以一至萬，則世世不相復也，〔一五〕故死而號曰始皇帝，其次曰二世皇帝者，欲以一至萬也。秦皇帝計其功德，度其後嗣，世世無窮，〔一六〕然身死纔數月耳，〔一七〕天下四面而攻之，宗廟滅絶矣。

〔一〕師古曰：胡，何也。勝，盡也。

〔二〕師古曰：適，快也。

〔三〕【補注】沈欽韓曰：王制正義公羊説「殷三千諸侯，周千八百諸侯」。

〔四〕【補注】王文彬曰：「不過歲三日」，當作「歲不過三日」。此禮記王制文，孔疏云「謂使民治城郭道渠，年歲雖豐，不得過三日，自下皆然」。按周禮均人云「豐年，旬用三日；中年，旬用二日；無年，旬用一日」。年歲不同，雖豐不得過三日」。余按詩豳風七月云「我稼既同，上入執宫功」。禮郊特牲「既蜡而收，民息已，故既蜡，君子不興功」。是古者力役興於農隙之時，以冬三月爲候，豐年一旬而三日，則一月而九日；無年而力役不作，則冬用九日而已。日以旬爲限，歲以凶豐爲差，故曰歲不過三日也。若云不過歲三日，則是歲止以三日爲限，且猶有一日二日之差，而城郭道渠之治，安能暫時畢事乎？又按本書食貨志「毋過歲什一」，與此句例相似，而義不同。先謙曰：貢禹傳正作「歲不過三日」。

〔五〕師古曰：什一，謂十分之中公取一也。籍，借也，謂借人力也。一曰爲簿籍而稅之。

〔六〕師古曰：頌者，六詩之一，美盛德之形容，蓋帝王之嘉致。

〔七〕師古曰：勝，堪也。罷讀曰疲。次下亦同。

〔八〕師古曰：弋，繳射也。【補注】先謙曰：言特一君之身耳，所以自養者，事又甚微，然天下弗能供，以此見欲不可縱也。

〔九〕師古曰：言人人爲怨，家家爲讎。

〔一〇〕如淳曰：統，繼也。堯舜子不才，不能長世，而秦自以過堯舜，可至萬世也。師古曰：此說非也。統，治也。言自美功德，治理天下過於堯舜也。其下乃言以一至萬之事。【補注】先謙曰：始皇琅邪刻石云「功蓋五帝」。是自以爲過堯舜統也。

〔一一〕服虔曰：縣石以爲磬也。蘇林曰：秦欲平天下法，使輕重如石之在稱也。師古曰：二說皆非也。縣，稱也。石，百二十斤。稱銅鐵之斤石以鑄鍾虡，言其奢泰也。虡，猛獸之名，謂鍾鼓之柎飾爲此獸。虡音鉅。【補注】先謙曰：始皇紀「收天下兵，聚之咸陽，銷以爲鍾，鐻金人十二，重各千石」。據此，師古說是。鐻、虡字同。

〔一二〕師古曰：篩以竹簁爲之。篩音師。簁音山爾反。

〔一三〕師古曰：絫，古累字。

〔一四〕張晏曰：夏十七世，殷三十一世，周三十六世。

〔一五〕師古曰：復，重也，音扶目反。

〔一六〕師古曰：度音大各反。

〔一七〕師古曰：纔音財，暫也，淺也。

秦皇帝居滅絶之中而不自知者何也？天下莫敢告也。其所以莫敢告者何也？亡養老之義，亡輔弼之臣，亡進諫之士，縱恣行誅，退誹謗之人，殺直諫之士，是以道諛媮合苟容，〔一〕比其德則賢於堯舜，課其功則賢於湯武，天下已潰而莫之告也。〔二〕詩曰：「匪言不能，胡此畏忌，聽言則對，譖言則退。」此之謂也。〔三〕又曰：「濟濟多士，文王以寧。」〔四〕天下未嘗亡士也，然而文王獨言以寧者何也？文王好仁則仁興，〔五〕得士而敬之則士用，〔六〕用之有禮義。〔七〕

〔一〕師古曰：道讀曰導，導引主意於邪也。媮與偷同。【補注】王念孫曰：道諛即諂諛之轉聲。史記越世家「吴已殺子胥，導諛者衆」。導諛即諂諛也，或作道諛。莊子天地篇「道諛之人」是也。又曰「謂己道人，謂己諛人」。道人即諂人也。漁父篇「希意道言謂之諂」。是「道」與「諂」同義。故荀子不苟篇「非諂諛也」，賈子先醒篇「君好諂諛而惡至言」，韓詩外傳並作「道諛」。諂與導聲之轉，諂諛之爲導諛，臽及之爲導及，禮書「臽及士大夫」。索隱本作「啗及」。大戴禮禮三本篇作「導及」，荀子禮論篇作「道及」。案臽字當讀爲「覃及鬼方」之覃。集解本「臽」譌作「函」，辯見禮書。禫服之爲導服，士虞禮記「中月而禫」。鄭注「古文禫或爲導」。喪大記「禫而内無哭者」。注「禫或作道」。説文㐁、掞二字並讀若「三年導服」之導。玉篇「㐁，他念、他感二切。掞，餘冄切」。禫之或爲導，㐁、掞之讀若導，其理一也。皆聲轉而字異也。先謙曰：漢紀「道諛」下有「者」字。

〔二〕師古曰：水旁決曰潰，言天下之壤如水潰。【補注】先謙曰：官本「壤」作「壞」，是。

〔三〕師古曰：此大雅桑柔之篇也。言賢者見事之是非，非不能分別言之，而不言者何也？此但畏忌犯顏得罪罰也。又言，言而見聽，則悉意荅對；不見信受，則屏退也。今詩本云「聽言則對，誦言如醉」。説者又別爲義，與此不同。【補注】宋祁曰：注文「又言，言而見聽」，南本、浙本並無一「言」字。余謂當存二「言」字。先謙曰：漢紀「譖言則退」作「訟言如醉」。

〔四〕師古曰：此大雅文王之篇也。濟濟，多威儀也。此言文王以多士之故，能安天下也。

〔五〕【補注】先謙曰：禮大學云「一家仁，一國興仁」。

〔六〕【補注】先謙曰：言樂爲用也。

〔七〕【補注】宋祁曰：禮義下語未屬，疑文不足。

故不致其愛敬，則不能盡其心；不能盡其心，則不能盡其力；不能盡其力，則不能成其功。故古之賢君於其臣也，尊其爵禄而親之；疾則臨視之亡數，〔一〕死則往弔哭之，臨其小斂大斂，已棺塗而後爲之服錫衰麻絰，〔二〕而三臨其喪；〔三〕未斂不飲酒食肉，未葬不舉樂，當宗廟之祭而死，爲之廢樂。〔四〕故古之君人者於其臣也，可謂盡禮矣；服法服，端容貌，正顔色，然後見之。故臣下莫敢不竭力盡死以報其上，功德立於後世，而令聞不忘也。〔五〕

〔一〕師古曰：言心實憂念之，不爲禮飾也。

〔二〕師古曰：已棺，謂已大斂也。塗謂塗殯也。錫衰，十五升布，無事其縷者也。棺音工喚反。

〔三〕【補注】沈欽韓曰：喪大記「君于大夫，疾，三問之；在殯，三往焉」。正義「君於大夫，大斂是常，小斂是恩賜。按隱元年公子益師卒，公不與小斂，故不書日者。熊氏云，彼謂帑也，卿則小斂，焉爲之賜，則未襲而往」。按「帑」字誤，齊召南云，當作「彼」，謂大夫也。魏書禮志「太和十八年，安定王休薨，高祖自薨至殯，車駕三臨，改服錫衰素，弁加絰。十九年，詔曰：古者大臣之喪，有三臨之禮」。

〔四〕【補注】沈欽韓曰：春秋昭十五年「有事於武宮，籥入，叔弓卒，去樂卒事」。公羊傳「君聞大夫之喪，去樂卒事而往可也」。

〔五〕師古曰：令，善也。聞謂聲之聞也。【補注】先謙曰：官本「忘」作「亡」。

今陛下念思祖考，術追厥功，〔一〕圖所以昭光洪業休德，〔二〕使天下舉賢良方正之士，天下皆訢訢焉，〔三〕曰將興堯舜之道，三王之功矣。天下之士莫不精白以承休德。〔四〕今方正之士皆在朝廷矣，又選其賢者使爲常侍諸吏，〔五〕與之馳敺射獵，〔六〕一日再三出。臣恐朝廷之解弛，〔七〕百官之墮於事也，諸侯聞之，又必怠於政矣。

〔一〕師古曰：術亦作述。【補注】錢大昭曰：術與述同。爾雅孫炎注「遹，古述字」。術追，猶詩言「遹追來孝」也。先謙曰：古術、述、聿、遹皆通用。士喪禮「不述命」，注「古文述皆作術」。禮禮器「聿追來孝」，注「聿，述也」。詩「聿修厥德」，後漢東平思王宇傳作「述修厥德」。聿，語辭，言追念祖考定天下之功也。

〔二〕師古曰：圖，謀也。休，美也。

〔三〕師古曰：訢讀與欣同。

〔四〕師古曰：厲精而爲潔白也。

〔五〕【補注】錢大昭曰：諸吏、中常侍皆加官，中常侍得入禁中，諸吏得舉法。

〔六〕師古曰：敺與驅同。

〔七〕師古曰：解讀曰懈。弛，放也，音式爾反。【補注】宋祁曰：江浙本「廷」作「臣」。

陛下即位，親自勉以厚天下，損食膳，不聽樂，減外徭衞卒，止歲貢；省廄馬以賦縣傳，〔一〕去諸苑以賦農夫，出帛十萬餘匹以振貧民；禮高年，九十者一子不事，八十者二算不事；〔二〕賜天下男子爵，大臣皆至公卿，發御府金賜大臣宗族，亡不被澤者；赦罪人，憐其亡髮，賜之巾，憐其衣赭書其背，父子兄弟相見也〔三〕而賜之衣。〔四〕平獄緩刑，天下莫不説喜。〔五〕是以元年膏雨降，五穀登，此天之所以相陛下也。〔六〕刑輕於它時而犯法者寡，衣食多於前年而盜賊少，此天下之所以順陛下也。〔七〕臣聞山東吏布詔令，民雖老羸癃疾，扶杖而往聽之，願少須臾毋死，思見德化之成也。〔八〕今功業方就，名聞方昭，四方鄉風，〔九〕今從豪俊之臣，方正之士，直與之日日獵射，擊兔伐狐，〔一〇〕以傷大業，絶天下之望，臣竊悼之。詩曰：「靡不有初，鮮克有終。」〔一一〕臣不勝大願，願少衰射獵，以夏歲二月，〔一二〕定明堂，造太學，修先王之道。風行俗成，萬世之基定，然後唯陛下所幸耳。〔一三〕古者大臣不媟，〔一四〕故君子不常見其齊嚴之色，肅敬之容。〔一五〕大臣不得與宴游，〔一六〕方正修潔之士不得從射獵，使皆務其方以高其節，〔一七〕則羣臣莫敢不正身修行，盡心以稱大禮。〔一八〕如此，則陛下之道尊敬，功業施於四海，垂於萬世子孫矣。誠不如此，則行日壞而榮日滅矣。夫士修之於家，而壞之於天子之廷，臣竊愍之。陛下與衆臣宴游，與大臣方正朝廷論議。夫游不失樂，〔一九〕朝不失禮，議不失計，〔二〇〕軌事之大者也。〔二一〕

〔一〕師古曰：賦，給與也。傳音張戀反。

〔二〕師古曰：一子不事，蠲其賦役。二算不事，免二口之算賦也。

〔三〕師古曰：衣音於既反。【補注】沈欽韓曰：書其罪於衣褶，今時猶然。周官司圜「加明刑」疏云「以版牘書其罪狀與姓名，著於背表，示於人，是明刑也」。後漢書「河南尹李燮遇甄邵於塗，使卒投諸溝中，笞捶亂下，大署帛於其背曰『諂貴賣友，貪官埋母』」。先謙曰：經赦之人不復衣赭。沈説乃明刑之事，於憐意不合，解見下文。官本注文在「衣赭」下，是。

〔四〕【補注】先謙曰：言罪人已赦歸，與父子兄弟相見，上憐其無髮，則賜之巾，憐其曾衣赭書背，則賜之衣也。文特參錯其辭。

〔五〕師古曰：説讀曰悦。

〔六〕師古曰：相，助也。

〔七〕師古曰：天下之人也。

〔八〕【補注】先謙曰：説文「癃，罷病也，從〔疒〕，隆聲。籀文省作痒」。癃，誤字。須臾，猶從容延年之意也。説詳韓信傳。

〔九〕師古曰：鄉讀曰嚮。

〔一〇〕【補注】宋祁曰：「免」疑作「菟」。先謙曰：此「今」字當訓爲即。通鑑引「今」作「而」。

〔一一〕師古曰：此大雅蕩之詩也。言人初始皆庶幾於善道，而少有能終之者。

〔一二〕師古曰：時以十月爲歲首，則爲夏正之二月爲五月。今欲定制度，循於古法，故特云用夏歲二月也。夏音胡雅反。【補注】先謙曰：官本注在「修先王之道」下。「則爲」之「爲」作「謂」。爲、謂古通。王引之云：夏與漢之二月皆建卯之月也，因修先王之道，故以三代言之，而稱夏歲二月，欲明所用之二月合於古耳，非謂漢之二月在子月不在卯月也。漢紀文帝紀載此文，正作「歲二月」，無「夏」字。蓋漢初之二月與夏同，故或言夏歲二月，或言歲二月，義得兩通。若漢初以夏之二月爲五月，則漢月之名與夏絶殊，荀悦不得省「夏」字矣。

〔一三〕師古曰：言乃可恣意也。【補注】先謙曰：言乃可從容遊豫耳，非謂可恣意也。

〔一四〕師古曰：媟，狎也，音息列反。

〔一五〕師古曰：見，顯示也，音胡電反。【補注】先謙曰：君子謂上也。齊讀曰齋。齊嚴即齊莊，漢避諱改。

〔一六〕師古曰：安息曰宴。與讀曰豫。【補注】沈欽韓曰：新書官人篇「大臣奏事，則俳優侏儒逃隱，聲樂伎藝之人不並奏。君樂雅樂，則大臣可以侍；君樂燕樂，則左右侍御者侍」。

〔一七〕師古曰：方，道也。一曰方謂廉隅也。

〔一八〕師古曰：稱，副也。

〔一九〕【補注】先謙曰：與樂同節也。

〔二〇〕【補注】先謙曰：非當計之事，不下其議。

〔二一〕師古曰：軌謂法度也。

其後文帝除鑄錢令，山復上書諫，以爲變先帝法，非是。〔一〕又訟淮南王無大罪，宜急令反國。〔二〕又言柴唐子爲不善，足以戒。〔三〕章下詰責，〔四〕對以爲「錢者，亡用器也，而可以易富貴。富貴者，人主之操柄也，〔五〕令民爲之，是與人主共操柄，不可長也」。〔六〕其言多激切，善指事意，然終不加罰，所以廣諫爭之路也。其後復禁鑄錢云。〔七〕

〔一〕【補注】先謙曰：漢紀，上書及諫除鑄錢令，並列五年。案，除盜鑄錢令在五年，據此文其後云云，是前上書不同在五年明矣。通鑑列前書於二年。

〔二〕【補注】先謙曰：官本「訟」作「誦」，引宋祁曰「誦」疑作「訟」，誦是誦説字，非是。王念孫云：訟，古通作誦。史記呂后紀「未敢訟言，誅之」。漢書作誦。漢書陳湯傳「谷永上疏訟湯」。漢紀作誦，皆其證也。子京疑誦當作訟，而後人輒改之，皆未達六書假借之旨。先謙案，訟作誦，古借字，然非所謂六書假借之旨也。王説誤矣。

〔三〕鄧展曰：淮南傳，棘蒲侯柴武、太子柴奇與士伍開章謀反。【補注】齊召南曰：按棘蒲侯柴武太子奇謀反，見淮南王傳。此文應云「柴武子」，疑「唐」字訛。先謙曰：淮南傳但言棘蒲侯太子奇，不云柴武、柴奇也。文紀作棘蒲侯柴武，高五王傳稱棘蒲侯柴將軍，功臣表云棘蒲侯陳武子奇以反誅，不代。與柴唐無涉，疑别有一柴唐子，不可考矣。

〔四〕師古曰：以其所上之章，令有司詰問。

〔五〕師古曰：操，持也，音千高反。

〔六〕師古曰：長謂畜養也。言此事宜速禁絶，不可畜養。【補注】先謙曰：長，久也。不可長，非長久之計也。顔説非。

〔七〕【補注】先謙曰：景帝中六年，定鑄錢棄市律。

鄒陽，齊人也。漢興，諸侯王皆自治民聘賢。吴王濞招致四方游士，陽與吴嚴忌、枚乘等俱仕吴，皆以文辯著名。久之，吴王以太子事怨望，稱疾不朝，陰有邪謀，陽奏書諫。爲其事尚隱，惡指斥言，故先引秦爲諭，因道胡、越、齊、趙、淮南之難，然後乃致其意。其辭曰：

臣聞秦倚曲臺之宫，〔一〕懸衡天下，〔二〕畫地而不犯，兵加胡越；〔三〕至其晚節末路，張耳、陳勝連從兵之據，〔四〕以叩函谷，咸陽遂危。〔五〕何則？列郡不相親，萬室不相救也。〔六〕今胡數涉北河之外，〔七〕上覆飛鳥，下不見伏菟，〔八〕鬭城不休，救兵不止，死者相隨，輦車相屬，〔九〕轉粟流輸，千里不絶。何則？彊趙責於河間，〔一〇〕六齊望於惠后，〔一一〕城陽顧於盧博，〔一二〕三淮南之心思墳墓。〔一三〕大王不憂，臣恐救兵之不專，〔一四〕胡馬遂進窺於邯鄲，越水長沙，還舟青陽。〔一五〕雖使梁并淮陽之兵，下淮東，越廣陵，以遏越人之糧，漢亦折西河而下，北守漳水，以輔大國，胡亦益進，越亦益深。此臣之所爲大王患也。〔一六〕

〔一〕應劭曰：始皇帝所治處也，若漢家未央宮。師古曰：倚，恃也，音於綺反。【補注】王先慎曰：黄圖「未央東有曲臺殿，蓋緣秦宮而名」。

〔二〕服虔曰：關西爲衡。應劭曰：衡，平也。如淳曰：衡猶稱之權也，言其懸法度於其上也。師古曰：此說秦自以爲威力彊固，非論平法也。下又言陳勝連從兵之據，則是說從横之事耳。服釋是也。【補注】王念孫曰：如說是也。縣衡天下，謂法度加於天下耳。李善注文選仍用如說，引申子曰「君必有明法，正義若權衡以稱輕重，所以一羣臣也」。若讀衡爲從横之横，則縣衡二字義不可通；且始皇已滅六國，無庸連衡也。下文張耳陳勝連從兵之據，乃說二世時事，與此無涉，亦非以從横對文也。先謙曰：官本注「權」作「衡」，是也。

〔三〕師古曰：畫地不犯者，法制之行也。【補注】先謙曰：文選「不犯」上有「人」字。

〔四〕師古曰：從音子容反。【補注】先謙曰：文選李善注，廣雅曰「據，引也」。言相引以爲援也」。

〔五〕師古曰：叩，擊也。

〔六〕【補注】先謙曰：引秦爲諭，以見富强不足恃也。其言不相親救，亦與下救兵不專相應爲文。

〔七〕【補注】先謙曰：文選注，史記曰「秦惠王遊於北河」。徐廣曰「戎地之河上也」。

〔八〕蘇林曰：言胡來人馬之盛，揚塵上覆飛鳥，下不見伏菟也。一曰，覆，盡也。言上射飛鳥，下盡伏菟也。師古曰：覆，盡，是也，音芳目反。【補注】劉奉世曰：自「胡涉北河」以下，蘇說最近之。陽已知趙連匈奴，吴交越，不欲〔斥〕言，故謬其辭，而云胡攻趙，越攻吴，四國有怨，救兵不專，漢、梁、淮陽不能助己，欲吴王曉其謬辭也。然文意僻躧，故不可通。

〔九〕師古曰：屬，連也，音之欲反。【補注】宋祁曰：「不止」，姚本作「不至」。先謙曰：文選作「不至」。

〔一〇〕應劭曰：趙幽王爲呂后所幽死，文帝立其長子遂爲趙王，取趙之河閒立遂弟辟彊爲河閒王，至子哀王無嗣，國除，遂欲復還得河閒。

〔一一〕孟康曰：高后割齊濟南郡爲呂(王)台奉邑，又割琅邪郡封營陵侯劉澤爲琅邪王。文帝乃立悼惠王六子爲王。言六齊不保今日之恩，而追怨惠帝與呂后也。一説惠帝二年悼惠王入朝，呂后欲鴆殺之，獻城陽郡，尊魯元公主，得免，六子以此怨之。【補注】先謙曰：惠后訓爲惠帝、呂后，於文不順。釋詁「后，君也」。文選東京賦薛注「后，帝也」。惠后即惠帝。齊悼惠獻城陽，尊魯元，呂后所爲，皆在惠帝之世，故其子六王追怨惠帝時事。一説是也。割濟南、琅邪乃在呂后稱制時，與惠無涉。官本注「王台」二字作「后」。

〔一二〕孟康曰：城陽王喜也。喜父章與弟興居討諸呂有功，本當盡以趙地王章，梁地王興居。文帝聞其欲立齊王，更以二郡王之。章失職，歲餘薨。興居誅死。盧博，濟北王治處，喜顧念而怨也。【補注】齊召南曰：按地理志，盧縣，濟北王都；博縣則濟北屬縣耳。注當云盧博，濟北地。先謙曰：文選注引孟説，又曰「二郡謂城陽，章所封；濟北，興居所封。興居誅死，故喜顧念而恨也」。案謂城陽王喜顧念濟北王興居誅死事，而怨天子，是也。

〔一三〕張晏曰：淮南厲王三子爲三王，念其父見遷殺，思墓，欲報怨也。師古曰：三子爲王，謂淮南、衡山、濟北也。【補注】先謙曰：官本「欲」作「故」，引宋祁曰，别本注文自「張晏」至「墓故」，漏此二十一字。「故報怨」當作「欲報怨」。

〔一四〕孟康曰：不專救漢也。如淳曰：皆自私怨宿忿，不能爲吴也。若吴舉兵反，天子來討，謂四國但有意，不敢相救也。師古曰：二説皆非也。言諸國各有私怨，欲申其志，不肯專爲吴，非不敢相救也。【補注】先謙曰：陽意本言諸國各有私怨欲申，若吴舉兵反，天子來討，諸國不肯專爲吴以兵相救，即勝不相讓，敗不相救意，而謬言胡數入邊，諸國各懷私怨，大王不以爲憂，恐無專救漢者。文選注以孟康解其文，故言不專救漢。如淳解其意，故云不能爲吴。二説相成，義乃可明，最爲得之。如説四國不敢相救，師古駁之亦是。

〔一五〕張晏曰：青陽，地名。還舟，聚舟船也。言胡爲趙難，越爲吴難，不可恃也。【補注】劉奉世曰：越水長沙者，陽蓋謬言越先以水軍攻長沙，而後還舟侵吴也。下文云「水章邯」，是其爲文如此。青陽，吴地。沈欽韓曰：水經注引蘇林曰「青陽，長沙縣也」。輿地廣記「潭州，長沙縣，故青陽地。秦始皇二十六年，荆王獻青陽以西是也」。先謙曰：文選注，蘇林曰「青陽，水名也。案，沈引蘇説，見史記始皇紀集解引彼以爲縣。此以爲水名，因上云還舟而然耳。一人而説互異，不可解。言胡、越水陸共伐漢也」。善云「此同孟康之義也」。案「水長沙」，劉説是。韓退之龍説「水下土」，亦用此爲文。青陽，沈説是。越至青陽，已據上游，將爲吴患。下文「越亦益深」，則其辭又進，然不敢斥言侵吴也。其隱顯之義，善注備之。

〔一六〕應劭曰：時趙王遂北連匈奴，吴王濞素事三越，故鄒陽微言胡、越亦自受敵，救兵之不專也。胡馬故曰進，越水故曰深。蘇林曰：折，截也。陽知吴王陰連結齊、趙、淮南、胡、越，欲諫不敢指斥言，故陳胡、越之難，齊、趙之怨，微言梁并淮陽，絶越人之糧，漢折西河，以輔大國，以破難其計。欲隱其辭，故謬言胡益進，越益深，爲大王患之，以錯亂其語，若吴爲憂助漢者也。自此以下，乃致其意焉。師古曰：蘇説是。【補注】先謙曰：官本注末有「也」字。文選注「大國，謂趙也。陽假言吴思助漢，今胡、越俱來伐之，漢雖復使梁并淮陽之兵，以遏越人之糧，漢截西河以下，而助於趙，終無所益，故胡亦益進，越亦益深，此臣爲大王患也。然其意欲破吴計，雖使當爲乃使，越人當爲吴人。輔當爲禦，言吴、趙欲來伐漢，漢乃使梁并淮陽之兵，以止吴人之糧。漢截西河以禦於趙，如此，則趙不得進，吴不得深。陽惡指斥，故假胡、越錯亂其辭。自此以下，乃致其意焉」。先謙案，梁孝王初王淮陽，後徙梁，仍兼有淮陽。下文所謂「壤子王梁、代，益以淮陽」，故云梁并淮陽之兵，下淮東，越廣陵，則可以遏糧道。漢兵截西河，守漳水，則可以助大國之威勢，而胡又益進，越又益深，吴、趙腹背受敵，其何能支？不言遏吴人之糧，而言越人，惡指斥之。然使梁越廣陵以遏越糧，則吴之不國顯然矣。此可以互文見意也。大國謂漢，不必指趙。上云胡窺邯鄲，下云胡亦益進，趙且破滅，豈能與吴爲援。李注較明，尚多未當。

臣聞交龍襄首奮翼，則浮雲出流，霧雨咸集。〔一〕聖王底節修德，則游談之士歸義思名。〔二〕今臣盡智畢議，易精極慮，〔三〕則無國不可奸；〔四〕飾固陋之心，則何王之門不可曳長裾乎？然臣所以歷數王之朝，背淮千里而自致者，非惡臣國而樂吴民也，竊高下風之行，尤説大王之義。〔五〕故願大王之無忽，察聽其志。〔六〕

〔一〕師古曰：襄，舉也。【補注】宋祁曰：南本徐鍇改「交」爲「蛟」。錢大昭曰：「交」，文選作「蛟」。交、蛟古今字。

〔二〕師古曰：底，厲也，音指。

〔三〕如淳曰：改易精思，以極盡謀慮也。

〔四〕師古曰：奸音干。【補注】先謙曰：文選注，爾雅曰「奸，求也」。干與奸同。

〔五〕師古曰：言在下風側聽，高尚美悦大王之行義也。説讀曰悦。【補注】先謙曰：文選注，新序「公孫龍謂平原君曰，臣居魯則聞下風，高先生之知，悦先生之行」。

〔六〕【補注】先謙曰：志不可聽。文選「志」作「至」。李善注云，劉瓛周易注「至，極也，謂極言之」。據此，「志」爲「至」之譌。

臣聞鷙鳥絫百，不如一鶚。〔一〕夫全趙之時，〔二〕武力鼎士袨服叢臺之下者一旦成市，〔三〕而不能止幽王之湛患。〔四〕淮南連山東之俠，死士盈朝，不能還厲王之西也。〔五〕然而計議不得，〔六〕雖諸、賁不能安其位，亦明矣。〔七〕故願大王審畫而已。〔八〕

〔一〕孟康曰：鶚，大鵰也。如淳曰：鷙鳥比諸侯，鶚比天子。師古曰：鷙擊之鳥，鷹鸇之屬也。鶚自大鳥而鷙者耳，非鵰也。絫，古累字。鶚音愕。

〔二〕服虔曰：全趙，趙未分之時。【補注】先謙曰：全趙之時，猶韓安國傳云「全代之時」也。文選注引應劭曰「後分爲三」。

〔三〕師古曰：袨服，盛服也。鼎士，舉鼎之士也。叢臺，趙王之臺也，在邯鄲。袨音州縣之縣。【補注】錢大昭曰：説文「袗，玄服」。玄服即袨服也。袨字在新附中亦謂之袀服。左僖五年傳「均服振振」。服虔以均服爲黑服，古戎服尚黑。戰國策「左師觸龍曰『老臣賤息舒祺，願令補黑衣之數，以衞王宮』」。注云「黑衣戎服」。先謙曰：文選注，服虔曰「袨服，大盛玄黃服也」。鼎士、叢臺，本臣瓚説，亦見善注引。

〔四〕師古曰：幽王謂趙幽王友也。湛讀曰沈。沈患，言幽王爲吕后所幽死。

〔五〕師古曰：厲王，淮南厲王長也。西謂廢遷嚴道而死於雍也。

〔六〕【補注】先謙曰：「然而」文選作「然則」。古者而與則同義，故然則亦爲然而，説詳萬石君傳。

〔七〕師古曰：諸謂專諸，賁謂孟賁，皆古勇士也。

〔八〕師古曰：畫，計也，音獲。

始孝文皇帝據關入立，寒心銷志，不明求衣。〔一〕自立天子之後，使東牟朱虚東襃義父之後，〔二〕深割嬰兒王之。〔三〕壤子王梁、代，〔四〕益以淮陽。〔五〕卒仆濟北，囚弟於雍者，豈非象新垣平等哉？〔六〕今天子新據先帝之遺業，左規山東，右制關中，變權易埶，大臣難知。〔七〕大王弗察，臣恐周鼎復起於漢，新垣過計於朝，〔八〕則我吴遺嗣，不可期於世矣。〔九〕高皇帝燒棧道，水章邯，〔一〇〕兵不留行，〔一一〕收弊民之倦，東馳函谷，西楚大破。〔一二〕水攻則章邯以亡其城，陸擊則荆王以失其地，〔一三〕此皆國家之不幾者也。〔一四〕願大王孰察之。

〔一〕張晏曰：據函谷關立爲天子，諸國聞文帝入關爲之寒心散志也。求衣，夜索衣著，不及待明，意不安也。臣瓚曰：文帝入關而立，以天下多難，故乃寒心戰慄，未明而起。師古曰：瓚說是。【補注】先謙曰：寒心，如履冰也。銷志，戒逸樂也。官本注末有「也」字。

〔二〕應劭曰：天下已定，文帝遣朱虛侯章東喻齊王，嘉其首舉兵，欲誅諸呂，猶春秋褒邾儀父也。師古曰：立天子，謂立爲天子也。義讀曰儀。父讀曰甫。

〔三〕應劭曰：封齊王六子爲王，其中有小小嬰兒者，文帝於骨肉厚也。或曰，皇子武爲代王，參爲太原王，揖爲梁王。師古曰：或說是也。【補注】劉奉世曰：使東牟朱虛東，言其東使就王封也。案「東使」亦當作「使東」。而義父者，似謂悼惠，而不可考據。褒其後，故封其子皆爲王，封時有幼者，故舉言嬰兒也。下文自言梁、代、淮陽，文三子是矣，則知此或說非也。先謙曰：義父，文選作儀父，據劉說，疑是悼惠字也。遠引邾子，故爲不倫。

〔四〕如淳曰：文帝之三子。晉灼曰：揚雄方言「梁益之間，所愛謂其肥盛曰壤」。或曰，言深割嬰兒王之壤。壤，土也。壤字當上屬也。師古曰：或說非也。【補注】宋祁曰：注文，江浙本「謂」作「諱」，於理最切，言「謂」者，漫而無統。沈欽韓曰：方言「膢，盛也。秦晉或曰膢。梁益之間，凡人言盛及其所愛，偉其肥盛謂之膢」。注，肥膢，多肉也。李善引方言注作「偉其肥盛」。盧文弨校方言云「偉」當作「諱」。按此壤子，解作盛子不可通。穀梁隱三年傳「吐者外壤，食者內壤」。疏引麋信云「齊、魯之間，謂鑿地出土，鼠作穴出土，皆曰壤」。壤子謂出土分與諸子也。先謙曰：文三王傳「代王武徙王淮陽，復徙王梁。太原王參徙王代」。

〔五〕【補注】先謙曰：文帝十二年，武自淮陽徙王梁。史表云「淮陽爲郡」。是時蓋併屬梁。賈誼傳所云「割淮陽北邊列城以益梁也。

〔六〕應劭曰：仆，僵仆也。濟北王興居反，見誅。因弟於雍者，淮南王長有罪，見徙，死於雍。所以然者，坐二國有姦臣如新垣平等，勸王共反。師古曰：仆音赴。【補注】先謙曰：新垣平以謀反誅也。言濟北厲王之死，皆以象平等故，非天子恩不厚也。應説曲矣。卒，終也。象，似也。

〔七〕【補注】先謙曰：謂漢用事，大臣深謀難測，如鼂錯是也。

〔八〕如淳曰：新垣平詐言「鼎在泗水中，臣望東北汾陰有金寶氣，鼎其在乎？弗迎，則不至」。爲吳計者，猶新垣平之言，周鼎終不可得也。服虔曰：過，誤也。

〔九〕師古曰：言吳當絶滅無遺嗣也。

〔一〇〕應劭曰：章邯爲雍王，高祖以水灌其城，破之也。【補注】先謙曰：文選「水」作「灌」，下「荆王」作「項王」，皆淺人妄改。

〔一一〕師古曰：言無所稽留，不廢於行。【補注】先謙曰：文選注「攻之易，故不稽留也」。

〔一二〕張晏曰：項羽自號西楚霸王。

〔一三〕如淳曰：荆亦楚也，謂項羽敗走。

〔一四〕應劭曰：言不可庶幾也。李奇曰：不但幾微，乃著見也。或曰，幾，危也。此數事於國家皆無危險之慮也。師古曰：言漢朝之安，諸侯不當妄起邪意。應説是也。【補注】劉攽曰：幾讀曰冀。先謙曰：國家謂吳，言高帝之成功有天命，非今所可幾幸也。

吳王不内其言。〔一〕

〔一〕【補注】宋祁曰：「内」疑作「納」。先謙曰：内即納，不勞改字。

是時，景帝少弟梁孝王貴盛，亦待士。於是鄒陽、枚乘、嚴忌知吴不可説，皆去之梁，從孝王游。

陽爲人有智略，忼慨不苟合，〔一〕介於羊勝、公孫詭之間。〔二〕勝等疾陽，惡之孝王。〔三〕孝王怒，下陽吏，將殺之。陽客游以讒見禽，恐死而負絫，〔四〕乃從獄中上書曰：

〔一〕師古曰：忼音口朗反。

〔二〕師古曰：介謂間廁也。【補注】周壽昌曰：介，特也，言陽特立於勝、詭之間，不肯苟合，故勝等疾之。先謙曰：勝、詭見梁孝王傳。

〔三〕師古曰：惡謂讒毁也。其下亦同。

〔四〕師古曰：絫音力瑞反。【補注】先謙曰：武紀云「士或有負俗之累，而立功名」。言爲世所詬病也。遭讒而死，身被惡名，是負絫也。

臣聞忠無不報，信不見疑，臣常以爲然，徒虚語耳。昔荆軻慕燕丹之義，白虹貫日，太子畏之；〔一〕衞先生爲秦畫長平之事，太白食昴，昭王疑之。〔二〕夫精誠變天地而信不諭兩主，豈不哀哉！〔三〕今臣盡忠竭誠，畢議願知，〔四〕左右不明，卒從吏訊，爲世所疑。〔五〕是使荆軻、衞先生復起，而燕、秦不寤也。願大王孰察之。

〔一〕應劭曰：燕太子丹質於秦，始皇遇之無禮，丹亡去，厚養荆軻，令西刺秦王。精誠感天，白虹爲之貫日也。如淳曰：白虹，兵象，日爲君，爲燕丹表可克之兆。師古曰：精誠若斯，太子尚畏而不信也。太白食昴，義亦如之。【補

注】王先慎曰：集解引如淳曰「白虹，兵象，日爲君」。列士傳「荆軻發後，太子相氣，見白虹貫日不徹，曰，吾事不成矣。後聞軻死，事不立，太子曰，吾知其然也」。文選引如説同。李善曰：畏，畏其不成也。索隱王劭又云「軻將入秦，待其客，未發。太子丹疑其畏懼，故曰畏之。其解不如見虹貫日不徹也」。先慎按，荆軻未去，太子屢疑之，事詳國策。畏之者，畏其不去也。白虹貫日，乃軻發後事，陽特舉以見軻之精誠達天，取與衛先生之事爲配。如、李泥於正文，以「見虹貫日不徹」「知事不成」釋此文畏字之義。小司馬轉謂説長於王，不思與下文「信不諭主」情事不合也。

〔二〕蘇林曰：白起爲秦伐趙，破長平軍，欲遂滅趙，遣衛先生説昭王益兵糧，爲應侯所害，事用不成。其精誠上達於天，故太白爲之食昴。昴，趙分也，將有兵，故太白食昴。食，干歷之也。如淳曰：太白，天之將軍。

〔三〕【補注】先謙曰：官本無「誠」字，引宋祁曰「精」字下疑有「誠」字。

〔四〕張晏曰：盡其計議，願王知之。

〔五〕師古曰：言左右不明者，不欲斥王也。訊謂鞠問也，音信。【補注】先謙曰：官本「鞠」作「鞫」，是。

昔玉人獻寶，楚王誅之；〔一〕李斯竭忠，胡亥極刑。〔二〕是以箕子陽狂，接輿避世，〔三〕恐遭此患也。願大王察玉人、李斯之意，而後楚王、胡亥之聽，〔四〕毋使臣爲箕子、接輿所笑。臣聞比干剖心，子胥鴟夷，〔五〕臣始不信，乃今知之。願大王孰察，少加憐焉！

〔一〕應劭曰：卞和得玉璞，獻之武王，王示玉人，曰石也，刖其右足。武王歿，復獻文王，玉人復曰石也，刖其左足。至成王時，抱其璞哭於郊，乃使玉尹攻之，果得寶玉也。【補注】宋祁曰：「玉人」，南、浙本並作「玉尹」。

〔二〕張晏曰：李斯諫二世以正，而二世殺之，具五刑。

〔三〕張晏曰：接輿，楚賢人，陽狂避世。師古曰：輿音弋於反。

〔四〕師古曰：以謬聽爲後。後猶下也。

〔五〕應劭曰：吴王取馬革爲鴟夷，受子胥，沈之江。鴟夷，榼形。師古曰：鴟夷，即今之盛酒鴟夷幐。【補注】宋祁曰：「幐」字下當有「也」字。先謙曰：索隱「韋昭云，以皮作鴟鳥形，名曰鴟夷。鴟夷，皮榼也。服虔云，用馬革作囊以裹尸，投之於江」。

語曰「有白頭如新，傾蓋如故」。〔一〕何則？知與不知也。〔二〕故樊於期逃秦之燕，藉荆軻首以奉丹事；〔三〕王奢去齊之魏，臨城自剄以卻齊而存魏。〔四〕夫王奢、樊於期非新於齊、秦而故於燕、魏也，所以去二國死兩君者，行合於志，慕義無窮也。是以蘇秦不信於天下，爲燕尾生；〔五〕白圭戰亡六城，爲魏取中山。〔六〕何則？誠有以相知也。蘇秦相燕，人惡之燕王，燕王按劍而怒，食以駃騠；〔七〕白圭顯於中山，〔八〕人惡之於魏文侯，文侯賜以夜光之璧。何則？兩主二臣，剖心析肝相信，〔九〕豈移於浮辭哉！〔一〇〕

〔一〕孟康曰：初相識至白頭不相知。【補注】宋祁曰：此注未安。越本「孟康」作「師古」。南本「初相識」作「初不相識」。先謙曰：初相識，謂識面也。至白頭不相知，謂不知心也，故尚如新識面之人。注文不誤，宋説誤也。集解引桓譚新論「言内有以相知與否，不在新故也」。文選注引漢書音義曰「或初不相識相知，至白頭不相知」。即引孟注，於「至」字上妄增「不相知」三字，文義益不可通。

〔二〕文穎曰：傾蓋，猶交蓋駐車也。【補注】先謙曰：索隱「傾蓋如故，如吴札、鄭僑也」。家語「孔子遇程子於途，傾蓋而語」。又志林云「傾蓋者，道行相遇，軿車對語，兩蓋相切，小欹之義，故云傾蓋也」。

〔三〕張晏曰：於期爲秦將，被讒走之燕。始皇滅其家，又重購之。燕遣荆軻欲刺秦王，於期自刎首，令軻齎往。師古曰：之，往也。藉，假也。

〔四〕孟康曰：王奢，齊臣也，亡至魏。其後齊伐魏，奢登城謂齊將曰：「今君之來，不過以奢故也，義不苟生，以爲魏累。」遂自剄也。

〔五〕服虔曰：蘇秦於秦不出其信，於燕則出尾生之信也。晉灼曰：説齊宣王使還燕十城，又令閔王厚葬以弊齊，終死爲燕也。師古曰：尾生，古之信士，守志亡軀，故以爲喻。【補注】沈欽韓曰：韓策「公仲數不信於諸侯，諸侯錮之。蘇代曰，此方其爲尾生之時也」。與此語類。晉注，令閔王厚葬以敝齊，此蘇代爲燕昭王，非蘇秦也。秦傾齊之事，亦不止一端。

〔六〕張晏曰：白圭爲中山將，亡六城，君欲殺之，亡入魏，魏文侯厚遇之，還拔中山。【補注】先謙曰：魏世家「樂羊爲魏文侯拔中山」。説苑復恩篇「吳起爲魏將，攻中山，爲軍人吮疽」。無白圭取中山事。圭與孟子同時問答。據呂覽先識篇「白圭之中山，中山之王欲留之，白圭辭去。又之齊，齊王欲留之仕，又辭而去。人問其故，圭云，二國有五盡，必亡。後中山果亡於趙，齊湣王爲燕所破殺」。與孟子時事脗合，是圭實當後中山亡時。若前中山之見滅於魏，時代不相及也，此蓋別一白圭，與樂羊、吳起同時爲魏將兵者。官本注不重「魏」字。

〔七〕孟康曰：駃騠，駿馬也，生七日而超其母。敬重蘇秦，雖有讒謗，而更食以珍奇之味。師古曰：食讀曰飤。駃音決。騠音題。

〔八〕師古曰：以拔中山之功而尊顯也。

〔九〕師古曰：析，分也。

〔一〇〕師古曰：不以浮説而移心。

故女無美惡，入宮見妒；士無賢不肖，〔一〕入朝見嫉。昔司馬喜臏腳於宋，卒相中山；〔二〕范睢拉脅折齒於魏，卒爲應侯。〔三〕此二人者，皆信必然之畫，捐朋黨之私，挾孤獨之交，故不能自免於嫉妒之人也。〔四〕是以申徒狄蹈雍之河，〔五〕徐衍負石入海。〔六〕不容於世，〔七〕義不苟取比周於朝，以移主上之心。〔八〕故百里奚乞食於道路，繆公委之以政；〔九〕甯戚飯牛車下，桓公任之以國。〔一〇〕此二人者，豈素宦於朝，借譽於左右，然後二主用之哉？感於心，合於行，堅如膠桼，昆弟不能離，豈惑於衆口哉？故偏聽生姦，獨任成亂。昔魯聽季孫之説逐孔子，〔一一〕宋任子冉之計囚墨翟。〔一二〕夫以孔、墨之辯，不能自免於讒諛，而二國以危。何則？衆口鑠金，積毁銷骨也。〔一三〕秦用戎人由余而伯中國，〔一四〕齊用越人子臧而彊威、宣。〔一五〕此二國豈係於俗，牽於世，繫奇偏之浮辭哉？〔一六〕公聽並觀，垂明當世。〔一七〕故意合則胡越爲兄弟，由余、子臧是矣；不合則骨肉爲讎敵，朱、象、管、蔡是矣。〔一八〕今人主誠能用齊、秦之明，後宋、魯之聽，則五伯不足侔，而三王易爲也。〔一九〕

〔一〕【補注】宋祁曰：南本「賢」下有「愚」字，衍字，不可從。

〔二〕蘇林曰：六國時人，被此刑也。【補注】先謙曰：集解「晉灼曰，司馬喜三相中山」。索隱「事見戰國策及呂氏春秋」。

〔三〕應劭曰：魏人也。魏相魏齊疑其以國陰事告齊，乃掠笞數百，拉脅折齒。師古曰：後入秦爲相，封爲應侯。拉，摧也，音盧合反。【補注】錢大昭曰：文選「拉」作「摺」。案春秋公羊傳「莊公元年，拉幹而殺之」。史記「公子彭生抱魯桓公上車，摺其脅」。揚雄傳「范睢以折摺而危穰侯」。晉灼曰「摺，古拉字」。先謙曰：索隱：應侯傳作「折脅摺齒」是也。説文云「拉，摧也」。音力荅反。

〔四〕師古曰：言直道而行，不求朋黨之助，謂忠信必可恃也。畫，計也，音獲。【補注】先謙曰：信必然之畫，以爲計畫必行，果於自信。「交」，史記作「位」。

〔五〕服虔曰：殷之末世人也。雍之河，雍州之河也。師古曰：雍者，河水溢出爲小流也。言狄初因蹈雍，遂入大河也。爾雅曰「水自河出爲雍」，又曰「江有沱，河有雍」。雍音於龍反。服虔曰：雍州之河，非也。【補注】王念孫曰：雍讀爲甕，謂蹈甕而自沈於河也。井九二「甕敝漏」。釋文「甕作雍」。北山經「縣雍之山」。郭璞曰「(音)〔名〕汲甕」。水經晉水篇作「縣甕」。是甕與雍，古字通也。史記作「申徒狄自沈於河」。索隱曰「新序作抱甕自沈於河」。今新序雜事篇作「蹈流之河」，後人改之也。彼言抱甕，此言蹈甕，義相近也。蹈甕之河，負石入海，皆欲其速沈於水耳。莊子謂申徒狄負石自投於河，意與此同。漢紀孝成紀荀悅曰「雖死猶懼形骸之不深，魂神之不遠，故徐衍負石入海，申徒狄蹈甕之河」。此尤其明證也。服虔以爲蹈雍州之河，師古以爲初蹈雍，遂入河，皆失之遠矣。先謙曰：官本注「人也」作「介士也」。下「服虔曰」作「服云」。索隱：莊子「申徒狄諫而不用，負石自投於河」。韋昭云「六國時人。漢書云，自沈於雍河」。是小司馬所見漢書本，又爲後人因誤注而妄改也。

〔六〕服虔曰：周之末世人也。師古曰：負石者，欲速沈也。【補注】先謙曰：文選注引論語讖曰「徐衍負石，伐子自貍，守分亡身，握石失軀」。宋均曰「貍猶殺也，力之切」。

〔七〕【補注】宋祁曰：「容」字下一添「身」字。先謙曰：文選有「身」字。

〔八〕師古曰：比音頻寐反。【補注】先謙曰：文選注，言皆義不苟取，比周朋黨在朝廷，以移主上之心，妄求合也。六韜曰「結連朋黨，比周相權」。杜預曰「比，近也。周，密也」。

〔九〕應劭曰：虞人也，聞秦繆公賢，欲往干之，乏資，乞食以自致也。

〔一〇〕應劭曰：齊桓公夜出迎客，甯戚疾擊其牛角，高歌曰「南山矸，白石爛，生不逢堯與舜禪。短布單衣適至骭，從昏飯牛薄夜半，長夜曼曼何時旦！」桓公召與語，説之，以爲大夫。師古曰：矸字與岸同。骭，脛也。薄，止也。骭音下諫反。曼音莫幹反。【補注】宋祁曰：注文「高」字合作「商」。韓昌黎詩云「爲我商聲謳」，乃用此事也。浙本亦作「商」。作「高」，蓋監本誤刊耳。先謙曰：宋説是也。集解引應劭説，正作「商歌」。索隱「商歌者，謂爲商聲而歌也。或云，商旅人歌也。二説並通」。案，商旅之説誤也。

〔一一〕師古曰：季孫，魯大夫季桓子也，名斯。論語云「齊人歸女樂，季桓子受之，三日不朝，孔子行」。蓋桓子故使定公受齊之女樂，欲令去孔子也。

〔一二〕文穎曰：子冉，子罕也。【補注】齊召南曰：子冉，史記作子罕，故文穎以爲一人。先謙曰：顧炎武云，案子罕是魯襄公時人，墨翟在孔子之後，子冉當另是一人。文穎注非也。索隱「荀卿傳云，墨翟，孔子時人。或云在孔子後。又襄二十九年左傳『宋饑，子罕請出粟』。時孔子適八歲，則墨翟與子罕不得相輩。或以子冉爲是，不知何如也」。

〔一三〕師古曰：美金見毀，衆共疑之，數被燒鍊，以至銷鑠。讒佞之人，肆其詐巧，離散骨肉，而不覺知。【補注】沈欽韓曰：周語「衆志成城，衆口鑠金」。注「衆口所諢，雖金猶可消」。鬼谷子權篇「衆口鑠金，言有曲故也」。御覽八百十一、風俗通稱俗説云云，與師古同，非本意也。先謙曰：索隱，大顔云「讒人積久譖毀，則父兄自相誅戮，骨肉爲之消滅也」。此師古所本。案，金骨皆以最堅者言，衆口積毀，雖金可鑠，骨可銷也。不當如顔説。

〔一四〕師古曰：伯讀曰霸。

〔一五〕師古曰：齊之二王謚也。【補注】沈欽韓曰：鹽鐵論相刺篇「越人夷吾，戎人由余，待譯而後通，並顯齊、秦」。則子臧又名夷吾。沈曾植曰：潛夫論論榮篇「由余生於五狄，越象産於八蠻，而功顯齊、秦，德立諸夏」。越象與由余並舉，疑即子臧。史記作「越人蒙」。「蒙」，蓋「象」字之誤。先謙曰：索隱引張晏云「子臧，或是越人蒙字也」。

〔一六〕【補注】先謙曰：係、繫二字不當連用。史記、文選「係」作「拘」是也。奇偏無義。史記作「阿偏」，奇與阿形近致誤也。史記、文選並無「浮」字。

〔一七〕師古曰：公聽，言不私也。並觀，所見齊同也。【補注】先謙曰：顔説非。文選李善注「並觀，言無偏也」。

〔一八〕師古曰：朱，丹朱，堯子。象，舜弟。管、蔡，周之二叔也。【補注】先謙曰：文選注「丹朱，堯子。讎敵，未聞」。按書云「無若丹朱傲，惟慢遊是好，暴虐是作，朋淫于家」。其與父爲讎可知也。史記作「則骨肉出逐不收」。

〔一九〕師古曰：侔，等也。伯讀曰霸。【補注】宋祁曰：郭去「而」字。一本「爲」字下有「比」字。

是以聖王覺寤，損子之之心，而不説田常之賢，〔一〕封比干之後，修孕婦之墓，〔二〕故功業覆於天下。〔三〕何則？欲善亡厭也。夫晉文親其讎，彊伯諸侯；齊桓用其仇，而一匡天下。〔四〕何則？慈仁殷勤，誠加於心，不可以虚辭借也。〔五〕

〔一〕應劭曰：燕王噲賢其相子之，欲禪以燕國，國乃大亂。田常，陳恒也。齊簡公悦之，而殺簡公。今使人君去此心，則國家安全也。師古曰：説讀曰悦。【補注】先謙曰：官本「損」作「捐」，是。史記同，而下衍「能」字。

〔二〕應劭曰：紂刳妊者，觀其胎產。師古曰：武王克商，反其故政，乃封修之。【補注】先謙曰：索隱「案，封比干之後，後謂子也，不見其文。尚書作封比干之墓。又唯云，刳剔孕婦，則武王雖反商政，亦未必修孕婦之墓也」。

〔三〕師古曰：覆猶被也。

〔四〕張晏曰：寺人勃鞮爲晉獻公逐文公，斬其袪。及文公即位，用其言以免呂郄之難。管仲射中桓公帶鉤，而用爲相。師古曰：伯讀爲霸。下皆類此。【補注】宋祁曰：注文「郄」當作「郤」。

〔五〕【補注】先謙曰：文選「加」作「嘉」。「不可」上有「此」字。

至夫秦用商鞅之法，東弱韓、魏，立彊天下，卒車裂之。〔一〕越用大夫種之謀，禽勁吳而伯中國，遂誅其身。是以孫叔敖三去相而不悔，〔二〕於陵子仲辭三公爲人灌園。〔三〕今人主誠能去驕傲之心，懷可報之意，〔四〕披心腹，見情素，〔五〕墮肝膽，施德厚，〔六〕終與之窮達，無愛於士，〔七〕則桀之犬可使吠堯，〔八〕跖之客可使刺由，〔九〕何況因萬乘之權，假聖王之資乎！然則軻湛七族，要離燔妻子，豈足爲大王道哉！〔一〇〕

〔一〕師古曰：卒，終也。

〔二〕師古曰：叔敖三爲楚相，而三去之。繒丘之封人謂之曰：「吾聞處官久者士妒之，祿厚者衆怨之，位尊者君恨之。今相國有此三者，而不得罪於楚之士衆，什也？」叔敖曰：「吾三相楚而不愈卑，每益祿而施愈博，位滋尊而禮愈恭，是以不得罪於楚人也。」【補注】先謙曰：官本注「繒」作「狐」，「什」作「何」，「而不」作「而身」，是。文選注：史記曰「孫叔敖，楚之處士也，虞丘相進之，三月而相楚。三爲相而不喜，知其材自得之也；三去相而不悔，知其非己之罪也」。

〔三〕師古曰：於陵，地名也。子仲，陳仲子也。其先與齊同族，兄載爲齊相，仲子以爲不義，乃將妻子適楚，居于於陵，自謂於陵子仲。楚王聞其賢，使使者持金百溢聘之，欲以爲相，仲子不許，遂夫妻相與逃，而爲人灌園，終身不屈其節。【補注】先謙曰：官本「載」作「戴」，是。「溢」作「鎰」。

〔四〕【補注】王文彬曰：文選注「言士有功可報者，思必報」。案，報當屬士言，豫讓所謂「衆人遇我，以衆人報之；國士遇我，以國士報之」也。人主推誠隆禮以待士，自爲可報之地。陽欲梁王懷此意也。觀下文桀犬、跖客、荆軻、要離云云，語意自明。李說未合。

〔五〕師古曰：見，顯示之也。素謂心所向也。【補注】王念孫曰：師古以鄭注中庸訓素爲向，故以素爲心所向，然非此所謂素也。情素猶情實也，下文云「濟北見情實」，即此所謂見情素也。文選謝靈運還舊園詩注引史記「披心腹，示情素」，蔡澤傳。而釋之曰「素猶實也。俗作愫」。集韻曰「愫，誠也」。情素與心腹對文，則素非心所向之謂。王文彬曰：顏訓素爲心所向，是心所向爲素，猶心所之爲志也。後漢張衡傳注「素猶志也」。但此非素本義。說文𦆑下云「白緻繒也」。管子水地篇注「無色謂之素」。蓋素爲質始，推言之，凡物之不加雕飾者皆謂之素。故廣雅釋詁云「素，本也」。中庸「素其位而行」。即謂本其位而行，此所謂素亦謂心之本然也。訓向、訓實皆微隔。又案此處文意，情素乃根心腹爲言，與下文肝膽、德厚對文，言披心腹以見情素，墮肝膽以施德厚也。王以心腹、情素對稱，又失之。

〔六〕師古曰：墮，毀也，音火規反。【補注】沈曾植曰：「墮」與「隋」通。儀禮墮祭諸篇參差，或作「墮」，或作「隋」，是其證也。說文「隋，裂肉也」。裂肝膽，即上文剖心析肝意。先謙曰：王念孫謂墮當訓輸，詳蒯通傳，於義並通。

〔七〕師古曰：無所吝惜也。【補注】王文彬曰：窮，盡也，言舉情素、德厚盡達之於士，而無所愛惜也。

〔八〕【補注】宋祁曰：「犬」字當從浙本作「狗」，則近古而語直。先謙曰：史記、文選並作「狗」，李善注，戰國策「刁鞮謂田單曰，跖之狗或吠堯，非其主也」。吠音吠，並同。

〔九〕應劭曰：盜跖之客爲其人使刺由。由，許由也。師古曰：此言被之以恩，則用命也。

〔一〇〕應劭曰：荆軻爲燕刺秦始皇，不成而死，其族坐之。湛，没也。吴王闔閭欲殺王子慶忌，要離詐以罪亡，令吴王燔其妻子。要離走見慶忌，以劍刺之。張晏曰：七族，上至曾祖，下至曾孫。師古曰：此說云湛七族，無「荆」字也。尋諸史籍，荆軻無湛族之事，不知陽所云者定何人也。湛讀曰沈。【補注】劉敞曰：王充書言「秦怨荆軻，并殺其九族」。殺則是湛矣，非必沈之水也。宋祁曰：淳化本作「荆軻」，景祐本無「荆」字。按浙本、郭本去「荆」字，云據注無荆字。南本徐鍇亦滅「荆」字。錢大昭曰：閩本「則」下有「荆」字。王念孫曰：劉說是也。論衡語增篇云「傳語云，町町若荆軻之閭」。言荆軻爲燕太子刺秦王，秦王誅軻九族，其後恚恨不已，復夷軻之一里。一里皆滅，故曰町町，此言增之也。夫秦雖無道，無爲盡誅荆軻之里。或時誅軻九族，九族衆多，同里而處，好增事者則言町町也。仲任不信町町之說，而信滅九族之語。九族、七族，小異而大同，則漢時傳語固自有荆軻滅族之事矣。且荆軻湛七族，要離燔妻子，相對爲文，則正文内當有「荆」字。若無「荆」字，則應注當云「軻，荆軻也」。今直云「荆軻爲燕刺秦始皇」，則正文元有「荆」字甚明。師古所見本偶脱「荆」字，遂云不知何人，誤矣。諸校本去「荆」字，即惑於師古之説也。史記、新序、文選皆有「荆」字。先謙曰：治要引此文亦有「荆」字。文選劉孝標廣絶交論云「約同要離焚妻子，誓殉荆軻湛七族」。即用此文，明有「荆」字，師古未深考耳。索隱「七族：父之姓一也，姑之子二也，姊妹之子三也，女之子四也，母之姓五也，從子六也，及妻父母，凡七族也」。要離事見吕氏春秋。先謙案，張説曾祖至曾孫，無同在一時被誅之理，索隱説是。論衡云「九族衆多，同里而處」。亦以戚族言也。

臣聞明月之珠，夜光之璧，以闇投人於道，衆莫不按劍相眄者。何則？無因而至前也。蟠木根柢，輪囷離奇，〔一〕而爲萬乘器者，以左右先爲之容也。〔二〕故無因而至前，雖出隨珠和璧，秖怨結而不見德；〔三〕有人先游，則枯木朽株，樹功而不忘。〔四〕今夫天下布衣窮居之士，身在貧羸，〔五〕雖蒙堯、舜之術，挾伊、管之辯，〔六〕懷龍逢、比干之意，而素無根柢之容，雖竭精神，欲開忠於當世之君，〔七〕則人主必襲按劍相眄之跡矣。〔八〕是使布衣之士，不得爲枯木巧株之資也。〔九〕

〔一〕蘇林曰：柢音蔕。張晏曰：柢，根下本也。輪囷離奇，委曲盤戾也。師古曰：蟠木，屈曲之木也。囷音去輪反。離音力爾反。奇音於綺反。一曰，離奇各讀如本字。【補注】先謙曰：「離奇」，史記作「離詭」。

〔二〕師古曰：萬乘器，天子車輿之屬也。容謂彫刻加飾。

〔三〕師古曰：隨國之侯見大蛇傷者，療而愈之，蛇銜明珠以報其德，故稱隨珠。和氏之璧，即卞和所獻之玉耳。秖，適也，音支。【補注】先謙曰：史記作「雖出隨侯之珠，夜光之璧，猶結怨而不見德」。文選同，末句作「秖足結怨而不見德」。此傳寫誤倒。治要引此文亦作「結怨」。

〔四〕師古曰：先游，謂進納之也。樹，立也。【補注】先謙曰：游謂游揚。史記、文選作「談」。

〔五〕師古曰：衣食不充，故羸瘦也。一曰，羸謂無威力。

〔六〕師古曰：伊，伊尹。管，管仲。【補注】先謙曰：史記、文選「蒙」作「包」。索隱謂蒙被堯舜之道也。是小司馬所見本與漢書同。

〔七〕師古曰：開謂陳説也。【補注】王念孫曰：文選李善注引小雅曰「開，達也」。念孫按，李説是。先謙曰：史記、文選作「雖竭精思，欲開忠信，輔人主之治」。

〔八〕師古曰：襲，重也。言躡其故跡也。

〔九〕【補注】先謙曰：「巧」，官本作「朽」，是。史記同。

是以聖王制世御俗，獨化於陶鈞之上，〔一〕而不牽乎卑亂之語，不奪乎衆多之口。〔二〕故秦皇帝任中庶子蒙之言，〔三〕以信荆軻，而匕首竊發；〔四〕周文王獵涇渭，載呂尚歸，以王天下。〔五〕秦信左右而亡，周用烏集而王。〔六〕何則？以其能越攣拘之語，馳域外之議，〔七〕獨觀乎昭曠之道也。〔八〕

〔一〕張晏曰：陶家名模下圜轉者爲鈞，以其制器爲大小，比之於天也。師古曰：此説非也。陶家名轉者爲鈞，蓋取周回調鈞耳。言聖王制馭天下，亦猶陶人轉鈞，非陶家轉象天也。

〔二〕師古曰：奪者，言欲行善道而爲佞人奪其計也。【補注】先謙曰：官本「亂」作「辭」，引宋祁曰，浙本「辭」作「亂」。案史記「卑亂」，文選「卑辭」，李善並爲「卑辭」作注。先謙謂下言語，上不得言辭，史漢本是也。

〔三〕師古曰：蒙者，庶子名也。今流俗書本「蒙」下輒加「恬」字，非也。【補注】先謙曰：顧炎武云，史記「秦王寵臣中庶子蒙嘉爲先言於秦王」。非蒙恬，亦非蒙名，傳文脱「嘉」字耳。先謙案，蒙嘉事并見燕策、新序，此文史記、文選皆作「蒙嘉」。

〔四〕師古曰：匕首，短劍也。其首類匕，便於用也。

〔五〕應劭曰：西伯出遇呂尚於渭之陽，與語大悦，因載歸。

〔六〕師古曰：言文王之得太公，非因舊故，若烏鳥之暴集。【補注】先謙曰：集解引漢書音義曰「太公望塗覯卒遇，共成王功，若烏鳥之暴集也」。文選注引同。索隱韋昭云「呂尚適周，如烏之集也」。先謙案，諸説皆非也。「亡」，史記作「殺」。秦任蒙嘉，未爲荆軻所殺，亦未以此亡國，是信左右，不得指蒙嘉。則用烏集，亦不指太公也。秦二世信趙高，殺身亡國，是信左右而殺亡也。烏集猶言烏合。文選曹元首六代論「故漢祖奮三尺之劍，驅烏集之衆」。李善注引曾子曰「烏合之衆，初雖相歡，後必相吐」。是以烏集爲烏合也。周武王伐紂，至孟津，八百諸侯不期而會，若烏鳥之集然。是用烏集而王也。文意承上文推究言之。

〔七〕師古曰：攣音力全反。

〔八〕師古曰：昭，明也。曠，廣也。

今人主沈諂諛之辭，牽帷廧之制，〔一〕使不羈之士與牛驥同皁，〔二〕此鮑焦所以憤於世也。〔三〕

〔一〕孟康曰：言爲左右便僻、侍帷廧臣妾所見牽制矣。【補注】先謙曰：沈，溺也。「廧」，史記作「裳」。集解引漢書音義亦作「帷裳」。即孟康。據此，是漢書本有作「裳」者。文選作「牆」，李善引音義作「帷牆」。先謙案，玉篇廧同牆。注，僻當爲辟。

〔二〕師古曰：不羈，言才識高遠不可羈係也。皁，歷也。揚雄方言云「梁、宋、齊、楚、燕之閒謂歷曰皁」。皁音在早反。

【補注】先謙曰：文選注引漢書音義曰「皁，食馬器，以木作，如槽」。索隱引韋昭云「皁，養馬之官，下士也。養馬之官其衣皁也」。又郭璞云「皁，養馬之器也」。先謙案，韋説非也。牛不當與驥同皁，故以喻賢愚雜處。此文用牛驥又不同，總謂牛馬畜類耳。官本「歷」作「櫪」，字同。

〔三〕孟康曰：周之介士也。師古曰：鮑焦怨時之不用己，采蔬於道。子貢難曰「非其時而採其蔬，此焦之有哉？」棄其蔬，乃立枯於洛水之上。蔬謂菜也。【補注】先謙曰：史記、文選「世」下有「而不留富貴之樂」七字。索隱「此事見莊子及説苑、韓詩外傳，小有不同」。李善注引列士傳與顏説同，「蔬」皆作「疏」，末云「疏即古蔬字」。案此注亦當作「疏」，後人妄加草耳，若本作「蔬」，顏無須加釋云「蔬謂菜」也。

臣聞盛飾入朝者，不以私汙義；底厲名號者，不以利傷行。〔一〕故里名勝母，曾子不入；〔二〕邑號朝歌，墨子回車。〔三〕今欲使天下寥廓之士，籠於威重之權，脅於位勢之貴，〔四〕回面汙行，以事諂諛之人，〔五〕而求親近於左右，則士有伏死堀穴巖藪之中耳，〔六〕安有盡忠信而趨闕下者哉！

〔一〕師古曰：底厲，言其自修廉隅，若磨厲於石也。

〔二〕師古曰：曾子至孝，以勝母之名不順，故不入也。【補注】先謙曰：史記「里」作「縣」。索隱「淮南子及鹽鐵論云里名勝母，曾子不入，名不順也。尸子以爲孔子至勝母縣，暮而不宿。其説不同」。

〔三〕晉灼曰：紂作朝歌之音。朝歌者，不時也。師古曰：朝歌，殷之邑名也。淮南子云「墨子非樂，不入朝歌」。

〔四〕師古曰：寥廓，遠大之度也。脅，迫也。寥音聊。

〔五〕師古曰：回，邪也。汙，不潔也，音一故反。或曰汙，曲也，音一胡反。【補注】沈欽韓曰：荀子勸學篇「以不善先人者謂之諂，以不善和人者謂之諛」。王先慎曰：案回訓爲邪，邪面，不詞。説文「回，轉也」。後漢郎顗傳注「回，易也」。孟子梁惠王下篇注「面，向也」。廣雅釋詁「面，嚮也」。嚮即向字。此謂轉易其向而汙穢其行耳。史記司馬相如傳「回首面内」，即回面之意。後漢西南夷傳論「莫不舉種盡落，回面而請吏」。晉書應貞傳「方隅回面」。並與此義同。

〔六〕師古曰：堀與窟同。澤無水曰藪。【補注】先謙曰：「巖藪」，史記作「巖巖」，集解並爲巖巖作注，是此文傳本不同。

書奏孝王，孝王立出之，卒爲上客。

初，勝、詭欲使王求爲漢嗣，王又嘗上書，願賜容車之地，徑至長樂宮，〔一〕自使梁國士衆築作甬道朝太后。〔二〕爰盎等皆建以爲不可。〔三〕天子不許。梁王怒，令人刺殺盎。上疑梁殺之，使者冠蓋相望責梁王。梁王始與勝、詭有謀，陽爭以爲不可，故見讒。枚先生、嚴夫子皆不敢諫。〔四〕

〔一〕【補注】先謙曰：太后宮。

〔二〕【補注】先謙曰：自王邸至太后宮門，築甬道通往來。

〔三〕師古曰：建謂立議。

〔四〕師古曰：先生，枚乘。夫子，嚴忌。

及梁事敗，勝、詭死，孝王恐誅，乃思陽言，深辭謝之，〔一〕齎以千金，令求方略解罪於上者。陽素知齊人王先生，〔二〕年八十餘，多奇計，即往見，語以其事。王先生曰：「難哉！人主有私怨深怒，欲施必行之誅，誠難解也。以太后之尊，骨肉之親，猶不能止，〔三〕況臣下乎？昔秦始皇有伏怒於太后，羣臣諫而死者以十數。得茅焦爲廓大義，〔四〕始皇非能說其言也，乃自强從之耳。〔五〕茅焦亦廑脱死如毛氂耳，〔六〕故事所以難者也。今子欲安之乎？」〔七〕鄒陽曰：「鄒魯守經學，齊楚多辯知，韓魏時有奇節，吾將歷問之。」王先生曰：「子行矣。還，過我而西。」

〔一〕【補注】先謙曰：深辭猶深談也。

〔二〕師古曰：素與相知也。

〔三〕【補注】先謙曰：言以太后之尊且親，不能止也。

〔四〕鄭氏曰：齊人也。應劭曰：茅焦諫云「陛下車裂假父，有嫉妒之心；囊撲兩弟，有不慈之名；遷母咸陽，有不孝之行。臣竊爲陛下危之。臣所言畢」。乃解衣趨鑊。始皇下殿，左手接之曰「先生起矣」！即迎太后，遂爲母子如初。

〔五〕師古曰：說讀曰悦。

〔六〕師古曰：廑，少也。言纔免於死也。廑音巨刃反。【補注】先謙曰：廑與僅同。毛與毫同。氂與釐同。公羊昭二十四年「杞伯鬱氂」。釋文：「氂本作釐」。墨子「禽滑釐」，本書儒林傳作「禽滑氂」。言茅焦僅免於死，祇如毫釐之差耳。文三王傳「毛氂過失，亡不畢陳」，與此同也。

〔七〕師古曰：安，焉也。之，往也。

鄒陽行月餘，莫能爲謀，還過王先生，曰：「臣將西矣，爲如何？」王先生曰：「吾先日欲獻愚計，以爲衆不可蓋，〔一〕竊自薄陋不敢道也。若子行，必往見王長君，士無過此者矣。」鄒陽發寤於心，曰：「敬諾。」辭去，不過梁，徑至長安，因客見王長君。長君者，王美人兄也，後封爲蓋侯。〔二〕鄒陽留數日，乘閒而請曰：〔三〕「臣非爲長君無使令於前，故來侍也；〔四〕愚戇竊不自料，願有謁也。」〔五〕長君跪曰：「幸甚。」陽曰：「竊聞長君弟得幸後宮，天下無有，〔六〕而長君行迹多不循道理者。今爰盎事即窮竟，梁王恐誅。如此，則太后怫鬱泣血，無所發怒，〔七〕切齒側目於貴臣矣。臣恐長君危於絫卵，〔八〕竊爲足下憂之。」長君懼然曰：「將爲之柰何？」〔九〕陽曰：「長君誠能精爲上言之，〔一〇〕得毋竟梁事，長君必固自結於太后。太后厚德長君，入於骨髓，而長君之弟幸於兩宮，〔一一〕金城之固也。〔一二〕又有存亡繼絶之功，德布天下，名施無窮，願長君深自計之。昔者，舜之弟象日以殺舜爲事，〔一三〕及舜立爲天子，封之於有卑。〔一四〕夫仁人之於兄弟，無臧怒，無宿怨，厚親愛而已，是以後世稱之。魯公子慶父使僕人殺子般，〔一五〕獄有所歸，〔一六〕季友不探其情而誅焉；〔一七〕慶父親殺閔公，季子緩追免賊，〔一八〕春秋以爲親親之道也。〔一九〕魯哀姜薨於夷，孔子曰『齊桓公法而不譎』，以爲過也。〔二〇〕以是説天子，徼幸梁事不奏。」長君曰：「諾。」乘間入而言之。及韓安國亦見長公主，〔二一〕事果得不治。

〔一〕師古曰：蓋，覆蔽也。【補注】周壽昌曰：言不欲蓋覆衆人之長也。

〔二〕【補注】先謙曰：王美人即孝景王皇后也。蓋侯名信。

〔三〕師古曰：閒謂空隙無事之時。

〔四〕師古曰：使令，謂役使之人也。令音力成反。

〔五〕師古曰：料，量也。謁，告也。

〔六〕師古曰：言獨一耳，無所比類也。

〔七〕師古曰：怫鬱，蘊積也。怫音佛。

〔八〕師古曰：絫卵者，言其將隤而破碎也。

〔九〕師古曰：懼讀曰瞿，音居具反。瞿然，無守之貌。

〔一〇〕【補注】先謙曰：呂覽博志篇注「精，微密也」。

〔一一〕如淳曰：太后宫及帝宫也。

〔一二〕師古曰：言其榮寵無極不可壞，故取喻於金城也。

〔一三〕師古曰：言日日欲殺也。

〔一四〕服虔曰：音畀予之畀也。師古曰：地名也，音鼻，今鼻亭是也，在零陵。

〔一五〕師古曰：慶父，莊公弟也。子般，莊公太子也。僕人，即鄧扈樂也。父讀曰甫。般字與班同。

〔一六〕師古曰：歸罪於鄧扈樂也。

〔一七〕師古曰：季友，慶父之弟，不探慶父本情而誅扈樂。

〔一八〕師古曰：慶父出奔，季友縱而不追，免其賊亂之罪。

〔一九〕師古曰：公羊之説也，言季友親其兄也。

〔二〇〕師古曰：哀姜，莊公夫人也，淫於二叔，而豫殺閔公，齊人殺之於夷。夷，齊地也。法而不譎者，言守法而行，不能用權以免其親也。【補注】王念孫曰：法猶正也，故論語作「正而不譎」。僖二十年穀梁傳「南門者，法門也，法門即正門」。史記賈生傳「改正朔，易服色，法制度，定官名」。法制度即正制度。荀子性惡篇云「明禮義以化之，起法正以法之」。又云「凡禹之所以爲禹者，以其爲仁義法正也」。家語七十二弟子篇云「高柴爲人篤孝而有法正」。

大戴禮勸學篇「夫水出量必平似正」。荀子宥坐篇「正」作「法」。是法與正同義。師古以法爲守法則，於義稍迂。

〔一一〕【補注】先謙曰：此與文三王傳合。

初，吴王濞與七國謀反，〔一〕及發，齊、濟北兩國城守不行。漢既破吴，齊王自殺，不得立嗣。〔二〕濟北王亦欲自殺，幸全其妻子。齊人公孫玃謂濟北王曰：〔三〕「臣請試爲大王明説梁王，通意天子，説而不用，死未晚也。」公孫玃遂見梁王，曰：「夫濟北之地，東接彊齊，南牽吴越，北脅燕趙，此四分五裂之國，〔四〕權不足以自守，勁不足以扞寇，〔五〕又非有奇怪云以待難也，〔六〕雖墜言於吴，非其正計也。〔七〕昔者鄭祭仲許宋人立公子突，以活其君，非義也，春秋記之，爲其以生易死，以存易亡也。〔八〕鄉使濟北見情實，示不從之端，〔九〕則吴必先歷齊畢濟北，〔一〇〕招燕、趙而總之。如此，則山東之從結而無隙矣。〔一一〕今吴楚之王練諸侯之兵，敺白徒之衆，〔一二〕西與天子爭衡，濟北獨底節堅守不下。使吴失與而無助，跬步獨進，〔一三〕瓦解土崩，破敗而不救者，未必非濟北之力也。夫以區區之濟北而與諸侯爭彊，〔一四〕是以羔犢之弱而扞虎狼之敵也。守職不橈，可謂誠一矣。〔一五〕功義如此，尚見疑於上，脅肩低首，絫足撫衿，〔一六〕使有自悔不前之心，〔一七〕非社稷之利也。臣恐藩臣守職者疑之。臣竊料之，〔一八〕能歷西山，徑長樂，抵未央，攘袂而正議者，獨大王耳。〔一九〕上有全亡之功，下有安百姓之名，德淪於骨髓，恩加於無窮，〔二〇〕願大王留意詳惟之。」〔二一〕孝王大説，〔二二〕使人馳以聞。濟北王得不坐，徙封於淄川。〔二三〕

〔一〕【補注】先謙曰：七國者，連吳數之，去吳則爲六國。「七」當爲「六」字之誤。下文枚乘傳「吳王遂與六國謀反」，是其證。

〔二〕【補注】劉奉世曰：齊孝王自殺，景帝聞之，以爲首善，即立其子。此云不得立嗣者，蓋嘗有爲此議者耳。

〔三〕師古曰：玃音俱略反。【補注】何焯曰：玃事與鄒陽相似，牽連書之。先謙曰：漢紀「玃」作「蠷」。

〔四〕張晏曰：四方受敵，濟北居中央爲五。晉灼曰：四分即交五而裂，如田字也。

〔五〕師古曰：扞，禦也，音胡旦反。【補注】王念孫曰：「勁」當爲「埶」字之誤也。俗書「埶」字作「𡙇」，「勁」字作「勁」，二形相似。權輕則不足以守國，埶弱則不足以扞寇，埶與權正相對。若作勁，則與權不相對矣。師古云，權謀勁力，不能扞守。加「謀力」二字以曲通其義，而不知勁爲埶之譌也。漢紀孝景紀作「勢不足以扞寇」，以是明之。

〔六〕如淳曰：非有奇材異計，欲以爲亂逆也，但假權詐吳以避其禍耳。晉灼曰：非有以怪異之心而城守，須待變難而應吳也。師古曰：二說皆非也。此言權謀勁力既不能扞守，又無奇怪神靈可以禦難，恐不自全，故墜言於吳也。

〔七〕蘇林曰：墜猶失也。

【補注】宋祁曰：徐鍇改「云」作「亡」，予謂「云」義安，不須改。

〔八〕師古曰：祭仲，鄭大夫祭足也，事鄭莊公，爲公娶鄧曼，生昭公，故祭仲立之。而宋大夫雍氏以女妻莊公而生突，昭公既立，宋人誘祭仲而執之，曰「不立突，將死」。祭仲與宋人盟，以厲公歸而立之。昭公奔衛，言足脅於大國，苟順其心，欲以全昭公也。祭音側界反。【補注】宋祁曰：「亡也」，邵本無「也」字。

〔九〕師古曰：鄉讀曰嚮。見謂顯也。

〔一〇〕張晏曰：歷，過。畢，盡收濟北之地。

〔一一〕師古曰：從音子容反。

〔一二〕師古曰：練，選也。敺與驅同。白徒，言素非軍旅之人，若今言白丁矣。【補注】沈欽韓曰：管子乘馬篇「四乘，其甲二十有八，白徒三十人」。呂覽決勝篇「廝輿白徒，皆來會戰」。

〔一三〕師古曰：半步曰跬，音空絫反。【補注】宋祁曰：跬步獨「進」，一作「行」，義直可行。

〔一四〕師古曰：區區，小貌也。

〔一五〕師古曰：橈，曲也，音女教反。【補注】宋祁曰：「一」當作「壹」。

〔一六〕師古曰：脅，翕也，謂斂也。

〔一七〕張晏曰：悔不與吴西也。

〔一八〕師古曰：料，量也。

〔一九〕師古曰：西山，謂崤及華山也。抵，至也。攘，卻也。袂，衣袖也。攘袂，猶今人云掉臂耳。

〔二〇〕師古曰：淪，入也。【補注】先謙曰：官本注在「髓」下。

〔二一〕師古曰：惟，思也。

〔二二〕師古曰：説讀曰悦。

〔二三〕【補注】先謙曰：官本有「也」字，引宋祁曰，姚本及越本並無「也」字。

枚乘字叔，淮陰人也，爲吴王濞郎中。吴王之初怨望謀爲逆也，乘奏書諫曰：

臣聞得全者全昌，失全者全亡。〔一〕舜無立錐之地，以有天下；禹無十户之聚，以王諸侯。〔二〕湯、武之土不過百里，上不絶三光之明，下不傷百姓之心者，有王術也。〔三〕故父子之道，天性也；忠臣不避重誅以直諫，〔四〕則事無遺策，功流萬世。臣乘願披腹心而效愚忠，唯大王少加意念惻怛之心於臣乘言。

〔一〕【補注】錢大昭曰：說苑正諫篇「孝景帝時，吳王濞反，梁孝王中郎枚乘字叔聞之，爲書諫王，其辭曰『君王之外臣乘，竊聞得全者全昌云云』」。與此不同。攷鄒陽傳亦云「陽與吳嚴忌、枚乘等俱仕吳」。疑說苑誤也。先謙曰：乘游梁後，上書重諫吳王，合如說苑所稱。特以後事加前書爲不同也。文選作「得全者昌，失全者亡」。齊世家「淳于髡曰，得全全昌，失全全亡」。

〔二〕師古曰：聚，聚邑也，音才喻反。【補注】先謙曰：選注，韓子曰「舜無置錐之地，於後世而德結」。史記「蘇秦說趙王曰『舜無咫尺之地，以有天下；禹無百人之聚，以王諸侯；湯武之士不過百里，爲天子，誠得其道者也』」。

〔三〕師古曰：德政和平，上感天象，則日月星辰無有錯謬，故言不絕三光之明也。

〔四〕師古曰：言父子君臣，其義一也。

夫以一縷之任係千鈞之重，上縣無極之高，下垂不測之淵，雖甚愚之人猶知哀其將絕也。馬方駭鼓而驚之，〔一〕係方絕又重鎮之；係絕於天不可復結，隊入深淵難以復出。〔二〕其出不出，間不容髮。〔三〕能聽忠臣之言，百舉必脫。〔四〕必若所欲爲，危於絫卵，難於上天；變所欲爲，易於反掌，安於太山。〔五〕今欲極天命之壽，敝無窮之樂，究萬乘之執，〔六〕不出反掌之易，以居泰山之安，而欲乘絫卵之危，走上天之難，〔七〕此愚臣之所以爲大王惑也。〔八〕

〔一〕師古曰：駭亦驚也。鼓，擊鼓也。

〔二〕【補注】先謙曰：文選注，孔叢子曰「齊東郭亥欲攻田氏，子貢曰『今子士也，位卑圖大，殆非子之任也。夫以一縷之任，繫千鈞之重，上懸之於無極之高，下垂於不測之深，旁人皆畏其絶，而造之者不知，其子之謂乎？馬方駭鼓而驚之，繫方絶重鎮之，馬奔車覆，六轡不禁，繫絶自高，墜入於深，其危必矣』。亥曰『吾已矣』」。

〔三〕蘇林曰：改計取福正在今日，言其激切甚急也。

〔四〕師古曰：脱者，免於禍也，音土活反。【補注】先謙曰：文選注，孫卿子曰「平則慮險，安則慮危，是百舉不陷也」。

〔五〕【補注】先謙曰：官本「太」作「泰」。

〔六〕師古曰：敝，盡也。究，竟也。

〔七〕師古曰：走，趨向之也，音奏。

〔八〕【補注】宋祁曰：景德本云「此愚臣之所大惑也」，無「以爲」、「王」三字。王念孫曰：景德本是也。有此三字，則文義不順。後人以下文復説吳王書云「此臣之所以爲大王患也」，遂妄加此三字耳。景祐本及漢紀、文選、羣書治要皆無此三字，説苑正諫篇同。

人性有畏其景而惡其跡者，卻背而走，迹愈多，景愈疾，〔一〕不知就陰而止，景滅迹絶。〔二〕欲人勿聞，莫若勿言；欲人勿知，莫若勿爲。欲湯之滄，〔三〕一人炊之，百人揚之，無益也，〔四〕不如絶薪止火而已。〔五〕不絶之於彼，而救之於此，譬猶抱薪而救火也。〔六〕養由基，楚之善射者也，去楊葉百步，百發百中。〔七〕楊葉之大，加百中焉，可謂善射矣。〔八〕然其所止，乃百步之内耳，比於臣乘，未知操弓持矢也。〔九〕

〔一〕師古曰：背音步内反。【補注】先謙曰：官本注文在「卻背而走」下。

〔二〕【補注】王念孫曰：「知」當爲「如」字之誤也。「不如」二字，與下文兩「莫若」、二「不如」文同一例。不如就陰而止，與下文「不如絶薪止火而已」亦文同一例。若作不知，則與下文不合矣。或曰，莊子漁父篇「人有畏景惡迹而去之走者，舉足愈數，而迹愈多，走愈疾，而景不離身。不知處陰以休景，處静以息迹，愚亦甚矣」。「不知」二字，正與此同。曰，否。莊子上言不知，故下言愚甚，若作不如，則與下文不合矣。此文上言不如，故下言景滅迹絶，言與其愈走而迹愈多，景愈疾，不如就陰而止，則景自滅，迹自絶也。若作不知，則又與下文不合矣。下文云，不如絶薪止火而已，若改作不知，其可乎？文選正作不如。

〔三〕鄭氏曰：音悽愴之愴，寒也。【補注】宋祁曰：注文「音」字上當有「滄」字。注須複文爲訓，故必待滄字乃足。沈欽韓曰：逸周書「天地之間有滄熱，善用道者絶無竭」。孔晁注「滄，寒也」。

〔四〕師古曰：炊謂爨火也。

〔五〕【補注】先謙曰：文選注，吕氏春秋曰「夫湯止沸，沸愈不止，去火則止矣」。

〔六〕【補注】先謙曰：文選注，文子曰「不治其本而救其末，無異鑿渠而止水，抱薪而救火也」。

〔七〕【補注】先謙曰：文選注，戰國策「蘇厲謂周君曰，養由基善射，去柳葉百步而射，百發百中」。

〔八〕【補注】先謙曰：楊葉之大，言其至小也。

〔九〕師古曰：乘自言所知者遠，非止見百步之中，故謂由基爲不曉射也。

福生有基，禍生有胎；〔一〕納其基，絶其胎，禍何自來？〔二〕泰山之霤穿石，〔三〕單極之䋁斷幹。〔四〕水非石之鑽，索非木之鋸，漸靡使之然也。〔五〕夫銖銖而稱之，至石必差；寸寸而度之，至丈必過。〔六〕石稱丈量，徑而寡失。〔七〕夫十圍之木，始生如蘖，足可搔而絶，手可擢而拔，〔八〕據其未生，先其未形也。磨礱底厲，不見其損，有時而盡；〔九〕種樹畜養，不見其益，有時而大；積德絫行，不知其善，有時而用；棄義背理，不知其惡，有時而亡。臣願大王孰計而身行之，此百世不易之道也。

〔一〕服虔曰：基、胎，皆始也。

〔二〕師古曰：納猶藏也。何自來，言無所從來也。【補注】先謙曰：顔訓納爲藏，未合。納猶受也。禮記「祭則受福」。書云「以並受此丕丕基」。納福，基之義也。

〔三〕【補注】先謙曰：説文「霤，屋水流也」。引申之，山水自上下流，亦謂之霤。

〔四〕孟康曰：西方人名屋梁謂極。單，一也。一梁，謂井鹿盧也。言鹿盧爲綆索久鍥，斷井幹也。晉灼曰：絚，古綆字也。單，盡也，盡極之綆斷幹。幹，井上四交之幹，常爲汲索所契傷也。師古曰：晉説近之。幹者，交木井上以爲欄者也。孟云鹿盧，失其義矣。絚、綆皆音鯁。鍥、契皆刻也，音口計反。【補注】錢大昭曰：此句説苑作「引繩久之，乃以挈木」。幹，當作韓，説文「韓，井垣也，从韋，取其帀也，倝聲」。井韓是井上木欄，久汲爲綆契斷。沈欽韓曰：孟説是也。莊子則陽篇「有夫妻臣妾登極者」。司馬彪云「極，屋棟也」。又文選西京賦薛注「三輔名梁爲極」。余目驗河陜間，於高阜穿井，深蓋數十丈，横木爲梁，兩頭鹿盧，綆之繞梁鍥者數寸，一人轉汲，聲聞百步。先謙曰：文選「單」作「殫」，李善注「殫，盡也」。與晉説同。據沈目驗，孟義優矣。文選加「歺」爲「殫」，不可從。官本注梁下「謂」作「爲」，謂、爲同字。

〔五〕師古曰：靡，盡也。【補注】沈欽韓曰：御覽七百六十三引尸子語與此同。索作繩。先謙曰：漸音漸漬之漸。靡音摩。説詳淮南衡山濟北王傳贊，顔説非。

〔六〕鄭氏曰：石，百二十斤。張晏曰：乘所轉四萬六千八十銖而至於石，合而稱之，必有盈縮也。師古曰：言自小小以至於大數，則有輕重不同也。度音徒各反。

〔七〕師古曰：徑，直也。【補注】沈欽韓曰：文子上德篇「循繩而斷即不過，懸衡而量即不差」。又上仁篇「石稱丈量，徑而寡失」。淮南泰族、説苑叢談並同。

〔八〕師古曰：如蘖，言若蘖之生牙也。搔謂抓也。搔音索高反。抓音莊交反。【補注】沈欽韓曰：莊子人間世音義崔云「環八尺爲一圍」。先謙曰：文選注，尸子曰「千丈之木，始若蘖，足易去也」。莊子曰「豫樟初生，可抓而絶」。

〔九〕師古曰：礱亦磨也。底，柔石也。厲，皀石也。皆可以磨者。礱音聾。

吴王不納。乘等去而之梁，從孝王游。

景帝即位，御史大夫鼂錯爲漢定制度，損削諸侯，吴王遂與六國謀反，舉兵西鄉，〔一〕以誅錯爲名。漢聞之，斬錯以謝諸侯。枚乘復説吴王〔二〕曰：

〔一〕師古曰：鄉讀曰嚮。

〔二〕【補注】劉攽曰：此枚乘説吴王，後是後人以吴事寓言爾，故言齊王殺身等事不同。又邛筰，武帝始通，此已云南距羌筰之塞，益知其非。先謙曰：顧炎武云，上云吴王不納，乘等去而之梁。此云復説吴王。蓋吴王舉兵之時，乘已家居，而復與之書。不然，無緣復説也。何焯云，前篇儒者之文，此作迴別高下。劉氏以爲後人以吴事寓言是也。先謙案，據説苑言，梁孝王中郎枚乘爲書諫吴王，稱君王之外臣乘云云。見上注。是乘在梁寓書吴王，實有其事，特所録書異耳。

昔者，秦西舉胡戎之難，北備榆中之關，〔一〕南距羌筰之塞，〔二〕東當六國之從。〔三〕六國乘信陵之籍，〔四〕明蘇秦之約，厲荆軻之威，并力一心以備秦。然秦卒禽六國，滅其社稷，而并天下，是何也？則地利不同，而民輕重不等也。今漢據全秦之地，兼六國之衆，修戎狄之義，〔五〕而南朝羌筰，此其與秦，地相什而民相百，大王之所明知也。〔六〕今夫讒諛之臣爲大王計者，不論骨肉之義，民之輕重，國之大小，以爲吴禍，〔七〕此臣所以爲大王患也。

〔一〕師古曰：即今所謂榆關也。【補注】沈欽韓曰：元和志「榆林關在勝州榆林縣東三十里，東北臨河，秦卻匈奴之處。隋開皇三年於此築城，置榆林關。城南至上都一千八百六十八里」。方輿紀要「秦置榆中關，在廢勝州北，即榆溪塞」。按始皇本紀「三十三年，西北斥逐匈奴。自榆中並河以東，屬之陰山。三十六年，遷北河榆中三萬家」。正義曰「北河謂勝州也。榆中即今勝州榆林縣」。徐廣謂金城之榆中。非也。秦長城起自臨洮，今洮州廳是，未得至西羌所居榆中也。又趙策「武靈王胡服，率騎入胡，出於遺遺之門，踰九限之固，絶五徑之險，至榆中，辟地千里」。又趙世家「秦之上郡近扞關，至於榆中者千五百里」。皆謂榆林地也。

〔二〕師古曰：筰，西南夷也，音才各反。【補注】宋祁曰：筰當從艸，下同。王念孫曰：史記西南夷傳云「秦時常頞，略通五尺道，此諸國頗置吏焉。十餘歲，秦滅。及漢興，皆棄此國而關蜀故徼」。漢書同。是秦已通西南夷，而於諸國置吏，及漢初復棄之，而關蜀故徼也。司馬相如傳載相如之言，亦云「邛、筰、冉、駹，秦時嘗通爲郡縣，至漢興而罷」。此言秦南距羌筰，正與二傳合。貢父云，邛筰，武帝始通，此云秦南距羌筰之塞非。特未之考耳。先謙曰：官本注「才」作「力」。

〔三〕師古曰：從音子容反。

〔四〕孟康曰：魏公子无忌號信陵君。无忌常總五國卻秦，有地資也。【補注】先謙曰：籍讀曰藉。本書通作。

〔五〕師古曰：修恩義以撫戎狄。

〔六〕師古曰：地十倍於秦，衆百倍於秦。

〔七〕師古曰：言勸王之反則於吳爲禍也。

夫舉吳兵以訾於漢，〔一〕譬猶蠅蚋之附羣牛，腐肉之齒利劍，鋒接必無事矣。〔二〕天子聞吴率失職諸侯，願責先帝之遺約，〔三〕今漢親誅其三公，以謝前過，是大王之威加於天下，而功越於湯武也。夫吴有諸侯之位，而實富於天子；有隱匿之名，而居過於中國。〔四〕夫漢并二十四郡，十七諸侯，方輸錯出，運行數千里不絶於道，其珍怪不如東山之府。〔五〕轉粟西鄉，陸行不絶，水行滿河，不如海陵之倉。〔六〕修治上林，雜以離宫，積聚玩好，圈守禽獸，不如長洲之苑。〔七〕游曲臺，臨上路，不如朝夕之池。〔八〕深壁高壘，副以關城，不如江淮之險。此臣之所以爲大王樂也。〔九〕

〔一〕李奇曰：訾，量也。師古曰：音子私反。

〔二〕師古曰：蚋，蚊屬也。齧謂當之也。蚋音芮，又音人悦反。【補注】先謙曰：文選「牛」作「羊」。

〔三〕師古曰：失職，謂被削黜，失其常分。

〔四〕師古曰：隱匿，謂僻在東南。【補注】先謙曰：文選注引作「韋昭」。

〔五〕張晏曰：漢時有二十四郡，十七諸侯王也。四方更輸，錯互更出攻也。如淳曰：東方諸郡以封王侯，不以封者二十四耳。時七國謀反，其餘不反者，十七也。東山，吴王之府藏也。師古曰：二説皆非也。言漢此時有二十四郡，十七諸侯，方軌而輸，雜出貢賦，入於天子，猶不如吴之富也。【補注】王念孫曰：方猶並也。言郡國之貢賦並輸雜出，運行不絶也。淮南氾論篇注「方，並也」。微子曰「小民方興，相爲敵讎」。宋世家「方」作「並」。荀子正論篇「故象刑殆非生於治古，並起於亂今也」。漢書刑法志「並」作「方」。是方與並同義。吕刑「方告無辜於上」，謂並告無辜也。鄉射禮「不方足」，謂不並足也。爾雅「大夫方舟」，謂並兩舟也。沈曾植曰：地理志「吴東有海鹽、章山之銅」。此所謂東山，蓋即章山也。先謙曰：説文「方，併船也，象兩舟省總頭形」。是訓並乃方本義也。「東山」，文選誤「山東」。又注引張云，錯互出攻。明此注下「更」字衍。

〔六〕如淳曰：言漢京師仰須山東漕運以自給也。晉灼曰：海陵，海中山爲倉也。臣瓚曰：海陵，縣名也。有吴大倉。師古曰：瓚説是也。鄉讀曰嚮。【補注】錢大昭曰：海陵屬臨淮郡。先謙曰：今泰州治。官本「大倉」作「太倉」。

〔七〕服虔曰：吴苑。孟康曰：以江水洲爲苑也。韋昭曰：長洲在吴東。【補注】宋祁曰：注文「吴苑」字下當有「也」字。沈欽韓曰：元和志「長洲苑在蘇州長洲縣西南七十里」。

〔八〕張晏曰：曲臺，長安臺，臨道上。蘇林曰：吴以海水朝夕爲池也。師古曰：三輔黄圖「未央宫有曲臺殿」。【補注】宋祁曰：注文「上」字下當有「也」字。先謙曰：朝夕之池，史記日者傳所謂「地不足東南，以海爲池」也。「朝夕」後爲「潮汐」字。説文「潮」作「淖」，無「汐」字。類篇「海，潮汐池也。海濤朝曰潮，夕曰汐」。

〔九〕師古曰：言其富饒及游晏之處踰天子也。【補注】宋祁曰：景祐本無「以」字。王念孫曰：景祐本是也。此「以」字涉上文「此臣所以爲大王患」而衍，上文當有「以」字，此不當有。三復之而其義自明。漢紀、文選皆無「以」字。

今大王還兵疾歸，尚得十半。〔一〕不然，漢知吴之有吞天下之心也，赫然加怒，遣羽林黄頭循江而下，〔二〕襲大王之都；魯東海絶吴之饟道；〔三〕梁王飭車騎，習戰射，〔四〕積粟固守，以備滎陽，待吴之飢。大王雖欲反都，亦不得已。〔五〕夫三淮南之計不負其約，〔六〕齊王殺身以滅其跡，〔七〕四國不得出兵其郡，〔八〕趙囚邯鄲，〔九〕此不可掩，亦已明矣。〔一〇〕大王已去千里之國，而制於十里之内矣。〔一一〕張、韓將北地，〔一二〕弓高宿左右，〔一三〕兵不得下壁，軍不得大息，〔一四〕臣竊哀之。願大王孰察焉。

〔一〕師古曰：十分之中可冀五分無患，故云尚得十半。

〔二〕蘇林曰：羽林黄頭郎，習水戰者也。張晏曰：天子舟立黄旄於其端也。師古曰：鄧通以櫂船爲黄頭郎。蘇説是也。【補注】沈欽韓曰：羽林騎自太初以後始有，此篇蓋出後人假託。

〔三〕師古曰：饟，古餉字。【補注】錢大昭曰：「魯東海」，漢紀作「虜東海之地」。先謙曰：文選注「吳饟軍自海入河，故命魯國入東海郡，以絶其道也」。地理志有魯國東海郡。

〔四〕師古曰：飭與勑同。飭，整也。

〔五〕師古曰：已，語終之辭。

〔六〕晉灼曰：吳楚反，皆守約不從也。

〔七〕晉灼曰：齊孝王將閭也。吳楚反，堅守距三國。後欒布聞齊初與三國有謀，欲伐之，王懼自殺。師古曰：齊王傳云「吳楚已平，齊王乃自殺」。今此枚乘諫書即已稱之。二傳不同，當有誤者。

〔八〕晉灼曰：膠東、膠西、濟南、淄川王也。發兵應吳楚，皆見誅。【補注】先謙曰：晉説非也。言四國爲齊所扼，不能出而合兵，非謂見誅也。注文「濟南」，官本作「濟北」。齊召南云：「濟北」係「濟南」之譌。

〔九〕應劭曰：漢將酈寄圍趙王於邯鄲，與囚無異。【補注】劉奉世曰：按諸傳，吳王正月先起兵，二月敗走，中間五十日爾。三國圍齊，三月不能下，漢兵至，乃引歸，解圍，而後齊王自殺。則當在吳走後一月外事。又乘此書云，梁固守以待吳飢。則是未飢以前，安得已知齊王殺身，與四國不得出兵，及趙囚之詳？疑乘書非真事，後追加之，或傳之者增之也。

〔一〇〕師古曰：言事已彰著。

〔一一〕師古曰：梁下屯兵方十里也。

〔一二〕如淳曰：張，張羽；韓，韓安國也。時皆仕梁。北地良家子，善騎射者也。師古曰：將北地者，言將兵而處吳軍之北以距吳，非北地良家子也。張羽、韓安國不將漢兵，如説非也。【補注】先謙曰：張、韓並詳安國傳。

〔一三〕服虔曰：韓頹當也。如淳曰：宿軍左右也。後弓高侯竟將輕騎絶吳糧道。師古曰：宿，止也。言弓高所將之兵屯止於吴軍左右也。

〔一四〕【補注】先謙曰：文選作「太息」，誤也。二句重言以見意，言吴軍不得下壁而大休息也。漢紀作「軍不得休息」。

吴王不用乘策，卒見禽滅。

漢既平七國，乘由是知名。景帝召拜乘爲弘農都尉。〔一〕乘久爲大國上賓，與英俊並游，得其所好，不樂郡吏，以病去官。

〔一〕【補注】錢大昕曰：弘農置郡，在武帝元鼎四年，而景帝時已有弘農都尉，何也？漢初，弘農當屬河南郡，蓋爲河南都尉而治弘農。元鼎中，即因都尉治爲郡治耳。沈欽韓曰：予謂函谷關本在弘農，此弘農都尉，乃關都尉也。

復游梁，梁客皆善屬辭賦，乘尤高。〔一〕孝王薨，乘歸淮陰。

〔一〕【補注】李楨曰：西京雜記「梁孝王遊忘憂之館，集遊士各使爲賦，枚乘爲柳賦，路喬如爲鶴賦，公孫詭爲文鹿賦，鄒陽爲酒賦，公孫乘爲月賦，羊勝爲屏風賦，韓安國作几賦不成，鄒陽代作。陽、安國罰酒三升，賜枚乘、路喬如絹五匹」。先謙曰：藝文志，賦家有枚乘賦九篇。

武帝自爲太子聞乘名，及即位，乘年老，乃以安車蒲輪徵乘，〔一〕道死。〔二〕詔問乘子，無能爲文者，後乃得其孽子皋。〔三〕

〔一〕師古曰：蒲輪，以蒲裹輪。【補注】宋祁曰：注末當有「也」字。

〔二〕師古曰：道在道病死也。【補注】先謙曰：官本無上「道」字，是。

〔三〕師古曰：孽，庶也。

皋字少孺。乘在梁時，取皋母爲小妻。乘之東歸也，皋母不肯隨，乘怒，〔一〕分皋數千錢，留與母居。年十七，上書梁共王，〔二〕得召爲郎。三年，爲王使，與冗從爭，〔三〕見讒惡遇罪，〔四〕家室没入。皋亡至長安。會赦，上書北闕，自陳枚乘之子。上得之大喜，〔五〕召入見待詔，皋因賦殿中。詔使賦平樂館，〔六〕善之。拜爲郎，使匈奴。皋不通經術，詼笑類俳倡，〔七〕爲賦頌，好嫚戲，〔八〕以故得媟黷貴幸，〔九〕比東方朔、郭舍人等，而不得比嚴助等得尊官。〔一〇〕

〔一〕【補注】先謙曰：官本「乘」上更有「乘」字。

〔二〕師古曰：共王名買，孝王之子也。

〔三〕師古曰：冗從，散職之從王者也。冗音人勇反。【補注】先謙曰：官本無注末五字。

〔四〕師古曰：惡謂冗從言其短惡之事。【補注】王念孫曰：師古以惡爲短惡之事，非也。惡與䛩同，說文「䛩，相毀也」。玉篇「烏古切」。廣韻「又烏路切」。俗作𧩙。字通作惡。見讒惡，即見讒毀。上文勝等疾陽，惡之孝王。師古彼注曰，惡謂讒毀也。戰國策、史記、漢書皆謂相毀爲惡。

〔五〕【補注】宋祁曰：得之大喜，越本無「之」字。王念孫曰：越本是也。景祐本亦無「之」字。上得者，即謂上得之，無庸更加之字。張耳陳餘傳「陳涉生平數聞耳、餘賢，見大喜」。但言見而不言見之，文義正與此同。漢紀孝武紀「相如作子虛賦，上得讀而善之」。亦但言得而不言得之也。文選兩都賦序注、藝文類聚雜文部二、御覽文部三及十六，引此並作「上得」，無「之」字。

〔六〕【補注】先謙曰：平樂館注見武紀。

〔七〕李奇曰：詼，嘲也。師古曰：俳，雜戲也。倡，樂人也。詼音恢。俳音排。嘲音竹交反。【補注】宋祁曰：注文「嘲」，南本作「謿」，後人不識，改從嘲耳。先謙曰：官本「竹」上無「音」字。

〔八〕師古曰：嫚，褻汙也，音慢。

〔九〕師古曰：媟，狎也。黷，垢濁也，音瀆。

〔一〇〕師古曰：尊，高也。

武帝春秋二十九乃得皇子，羣臣喜，故皋與東方朔作皇太子生賦及立皇子禖祝，〔一〕受詔所爲，皆不從故事，重皇子也。

〔一〕師古曰：禮月令「祀於高禖」。高禖，求子之神也。武帝晚得太子，喜而立此禖祠，而令皋作祭祝之文也。【補注】宋祁曰：「皇子禖祝」，浙本「皇」字下有「太」字。王先慎曰：按立皇子禖，皇子即謂戾太子。武五子傳云「武帝年二十九乃得太子，甚喜，爲立禖」。是爲皇太子立禖也。且上云，朔、皋作皇太子生賦，此處不應但稱皇子，浙本有「太」字是也。又上文「武帝春秋二十九乃得皇子」，與武五子傳「年二十九乃得太子」，文法正同，是此文亦當作「乃得皇太子」，傳寫奪「太」字耳。御覽五百八十七文部引此文，正作「乃得皇太子」。

初，衞皇后立，皋奏賦以戒終。〔一〕皋爲賦善於朔也。〔二〕

〔一〕師古曰：令慎終如始也。

〔二〕【補注】何焯曰：奏賦戒終，有詩人之則，非徒俳倡嫚戲也，故云善於朔。

從行至甘泉、雍、河東，東巡狩，封泰山，塞決河宣房，游觀三輔離宮館，臨山澤，弋獵射馭狗馬蹵鞠刻鏤，〔一〕上有所感，輒使賦之。爲文疾，受詔輒成，故所賦者多。司馬相如善爲文而遲，故所作少而善於皋。〔二〕皋賦辭中自言爲賦不如相如，又言爲賦乃俳，見視如倡。自悔類倡也，故其賦有詆娸東方朔，〔三〕又自詆娸。其文骫骳，曲隨其事，皆得其意，〔四〕頗詼笑，不甚閒靡。〔五〕凡可讀者百二十篇，〔六〕其尤嫚戲不可讀者，尚數十篇。

〔一〕師古曰：蹵，足蹵之也。鞠以韋爲之，中實以物，蹵蹋爲戲樂也。蹵音千六反。鞠音臣六反。

〔二〕【補注】沈欽韓曰：西京雜記「皋文章敏疾，長卿制作淹遲，皆盡一時之譽。揚子雲曰『軍旅之際，戎馬之間，飛書馳檄，用枚皋；廊廟之下，高文典册，用相如』」。御覽八十八引漢武故事曰「上好詞賦，每行幸，及奇獸異物，輒命相如等賦之。上亦自作詩賦數百篇，下筆而成，初不留思。相如造反，彌時而後成，上每歎其工妙，謂相如曰『以吾之速，易子之遲，可乎』？相如曰『於臣則可，未知陛下何如耳』？上大笑而不責」。

〔三〕如淳曰：娸音欺。詆猶刑辟也。師古曰：詆，毁也。娸，醜也。詆音丁禮反。

〔四〕師古曰：骫，古委字也。骳音被。骫骳，猶言屈曲也。

〔五〕【補注】王先慎曰：文選舞賦「綽約閒靡」。李善注「閒婉而柔靡」。先謙曰：官本「閒」作「閑」。

〔六〕【補注】先謙曰：藝文志枚皋賦百二十篇。

路温舒字長君，鉅鹿東里人也。〔一〕父爲里監門，使温舒牧羊，温舒取澤中蒲，截以爲牒，編用寫書。〔二〕稍習善，求爲獄小吏，因學律令，轉爲獄史，縣中疑事皆問焉。太守行縣，見而異之，署決曹史。又受春秋，通大義。舉孝廉，爲山邑丞，〔三〕坐法免，復爲郡吏。

〔一〕【補注】錢大昭曰：東里，蓋鉅鹿縣之里名。

〔二〕師古曰：小簡曰牒，編聯次之。

〔三〕蘇林曰：縣名，在常山。晉灼曰：地理志常山有石邑，無山邑。師古曰：山邑不知其處。今流俗書本云常山石邑丞，後人妄加石字耳。【補注】沈欽韓曰：據蘇林注，則舊本石邑丞，晉灼所見乃誤耳。

元鳳中，廷尉光以治詔獄，請温舒署奏曹掾，〔一〕守廷尉史。會昭帝崩，昌邑王賀廢，宣帝初即位，温舒上書，言宜尚德緩刑。其辭曰：

〔一〕張晏曰：光，解光。【補注】齊召南曰：按此李光也。公卿表「李光以元鳳六年爲廷尉，四年免」。張晏以成哀間解光當之，非是。先謙曰：官本注「張晏」作「師古」，是。

臣聞齊有無知之禍，而桓公以興；晉有驪姬之難，而文公用伯。〔一〕近世趙王不終，〔二〕諸吕作（難）〔亂〕，而孝文爲大宗。〔三〕繇是觀之，〔四〕禍亂之作，將以開聖人也。故桓文扶微興壞，尊文武之業，澤加百姓，功潤諸侯，雖不及三王，天下歸仁焉。文帝永思至悳，以承天心，崇仁義，省刑罰，通關梁，一遠近，〔五〕敬賢如大賓，愛民如赤子，内恕情之所安，而施之於海内，是以囹圄空虛，天下太平。夫繼變化之後，必有異舊之恩，〔六〕此賢聖所以昭天命也。往者，昭帝即世而無嗣，大臣憂戚，焦心合謀，皆以昌邑尊親，援而立之。〔七〕然天不授命，淫亂其心，遂以自亡。深察禍變之故，乃皇天之所以開至聖也。故大將軍受命武帝，股肱漢國，〔八〕披肝膽，決大計，黜亡義，立有德，輔天而行，然後宗廟以安，天下咸寧。

〔一〕師古曰：伯讀曰霸。

〔二〕【補注】先謙曰：趙王如意也。不終謂不得其死。

〔三〕【補注】先謙曰：「大」與「太」同。

〔四〕師古曰：繇讀與由同。

〔五〕【補注】先謙曰：言遐邇一體也。

〔六〕【補注】王念孫曰：漢紀孝宣紀「變化」作「變亂」，「異舊之恩」作「雋異之德」。念孫案，上文曰禍亂之作，將以開聖人，下文云深察禍變之故，乃皇天之所以開至聖，則作「變亂」者是也。宣帝繼昌邑王之後，故曰繼變亂之後。若作「變化」，則非其義矣。「異舊」，亦當依漢紀作「雋異」。今本「雋」誤爲「舊」，又誤在「異」字之下耳。宣十五年左傳注曰「雋，絶異也」。雋異之恩，謂非常之恩。下文曰「滌煩文，除民疾，存亡繼絶，以應天意」，所謂雋異之恩也。若作異舊之恩，則非其義矣。治要所引已誤。

〔七〕師古曰：援，引也，音爰。

〔八〕師古曰：謂霍光。

臣聞春秋正即位，大一統而慎始也。陛下初登至尊，與天合符，宜改前世之失，正始受命之統，〔一〕滌煩文，除民疾，存亡繼絶，以應天意。

〔一〕【補注】王念孫曰：「命」字涉上文「受命」而衍。上文云「春秋正即位，大一統而慎始也」，故此云「正始受之統」，且與「改前世之失」對文，則本無「命」字明矣。漢紀及説苑貴德篇皆無「命」字。

臣聞秦有十失，其一尚存，治獄之吏是也。〔一〕秦之時，羞文學，好武勇，賤仁義之士，貴治獄之吏；正言者謂之誹謗，遏過者謂之妖言。〔二〕故盛服先生不用於世，〔三〕忠良切言皆鬱於胸，〔四〕譽諛之聲日滿於耳；虛美熏心，實禍蔽塞。〔五〕此乃秦之所以亡天下也。方今天下賴陛下恩厚，亡金革之危，飢寒之患，父子夫妻勠力安家，然太平未洽者，獄亂之也。夫獄者，天下之大命也，死者不可復生，絕者不可復屬。〔六〕書曰：「與其殺不辜，寧失不經。」〔七〕今治獄吏則不然，上下相敺，以刻爲明；〔八〕深者獲公名，平者多後患。故治獄之吏皆欲人死，非憎人也，自安之道在人之死。是以死人之血流離於市，被刑之徒比肩而立，大辟之計歲以萬數，此仁聖之所以傷也。〔九〕太平之未洽，凡以此也。夫人情安則樂生，痛則思死。棰楚之下，何求而不得？故囚人不勝痛，則飾辭以視之；〔一〇〕吏治者利其然，則指道以明之；〔一一〕上奏畏卻，則鍛練而周内之。〔一二〕蓋奏當之成，〔一三〕雖咎繇聽之，猶以爲死有餘辜。〔一四〕何則？成練者衆，文致之罪明也。是以獄吏專爲深刻，殘賊而亡極，媮爲一切，〔一五〕不顧國患，此世之大賊也。故俗語曰：「畫地爲獄，議不入；刻木爲吏，期不對。」〔一六〕此皆疾吏之風，〔一七〕悲痛之辭也。故天下之患，莫深於獄，敗法亂正，離親塞道，莫甚乎治獄之吏。此所謂一尚存者也。

〔一〕【補注】何焯曰：霍光既摧上官之後，頗峻刑罰，廷尉王平坐縱不道下獄棄市。所謂宜改前世之失者，温舒不敢斥言，故以秦失尚存立論，深者獲公名，平者多後患，皆隱以譏切昭帝時事也。當以杜延年、黃霸傳中語參觀之。

〔二〕師古曰：遏，止也，音一曷反。

〔三〕【補注】沈欽韓曰：新書先醒篇「懷王問于賈君曰『人之謂知道者先生，何也』？賈君曰『此博號也，非爲先生也，爲先醒也』」。先謙曰：先生謂儒生也。儒者褒衣大冠，故曰盛服先生。

〔四〕師古曰：鬱，積也。

〔五〕師古曰：熏，氣烝也，音勳。

〔六〕師古曰：㡭，古絶字。屬，連也，音之欲反。【補注】沈欽韓曰：説苑政理篇「衞靈公問于史鰌曰『政孰爲務』？對曰『大理爲務，聽獄不中，死者不可生也，斷者不可屬也』」。錢大昭曰：説文「㡭，古文絶，象不連體絶二絲」。

〔七〕師古曰：虞書大禹謨載咎繇之言。辜，罪也。經，常也。言人命至重，治獄宜慎，寧失不常之過，不濫無罪之人，所以常寬恕也。【補注】先謙曰：官本注「常」作「崇」。

〔八〕師古曰：敺與驅同。

〔九〕【補注】宋祁曰：「所以傷也」，江浙本並無「以」字。予謂存「以」則語緩而迂，不如去之則句易了。先謙曰：江浙本是也。治要引無「以」字。

〔一〇〕師古曰：視讀曰示。【補注】先謙曰：令其誣服也。漢紀作「則飾妄辭以示之」。

〔一一〕【補注】周壽昌曰：指道，指畫引導也。

〔一二〕晉灼曰：精孰周悉，致之法中也。師古曰：卻，退也，畏爲上所卻退。卻音丘略反。【補注】王念孫曰：案晉注精孰，是解鍛練二字；周悉，是解周字；致之法中，是解内之二字。如此則周内分爲二義矣。案内讀爲納。納，補也。周，密也。此承上「上奏畏卻」言，言密補奏中之罅隙，非謂致之法中。鍛練而周内之，謂鍛練其文，而周納其隙。廣雅「紩，納也。衲，補也」。論衡程材篇「納縷之工，不能織錦」。納、衲、内，古字通。今俗語猶謂破布相連處爲納頭矣。先謙曰：説文「鍛，小冶也。練，練繒也。鍊，冶金也」。鍛練二字義不相屬，「練」當爲「鍊」之借字。

〔一三〕師古曰：當謂處其罪也。

〔一四〕師古曰：咎繇作士，善聽獄訟，故以爲喻也。

〔一五〕如淳曰：媮，苟且也。一切，權時也。

〔一六〕師古曰：畫獄木吏，尚不入對，況真實乎？期猶必也。議必不入對。

〔一七〕【補注】先謙曰：風讀曰諷。詩序「風，風也」。釋文「託音曰諷」。關雎序疏「諷謂微加曉告」。文選甘泉賦注「不敢正言謂之諷」。此文引俗語之疾酷吏者，故曰疾吏之諷，正與悲痛之辭相對爲文。若云疾吏之風俗，則不可通，且與上下文義不相貫注矣。春秋穀梁傳序云「父子之恩缺，則小弁之刺作；君臣之禮廢，則桑扈之諷興」。後漢文苑傳「雖多淫麗之辭，而終之以正，亦如相如之諷也」。並與疾吏之諷句法相同。說文「諷，誦也。誦，諷也」。其義互相爲訓。楚語「宴居有師工之誦」，注「誦謂箴諫也」。是師工之誦，即爲師工之諷也。左僖二十八年傳「聽輿人之誦」，亦謂輿人之諷也。今人見風上有「之」字，輒疑其不訓爲諷。師古注本書「風讀曰諷」者不可枚舉，而此文獨無注，則亦如字誤讀矣。

臣聞烏鳶之卵不毀，而後鳳凰集；〔一〕誹謗之罪不誅，而後良言進。故古人有言：「山藪藏疾，川澤納汙，瑾瑜匿惡，國君含詬。」〔二〕唯陛下除誹謗以招切言，〔三〕開天下之口，廣箴諫之路，埽亡秦之失，尊文武之悳，省法制，寬刑罰，以廢治獄，〔四〕則太平之風可興於世，永履和樂，與天亡極，天下幸甚。〔五〕

〔一〕師古曰：鳶，鴟也，音弋全反。

〔二〕師古曰：春秋左氏傳載晉大夫伯宗之辭。詬，恥也。言山藪之有草木則毒害者居之，川澤之形廣大則能受於汙濁，人君之善御下，亦當忍恥病也。詬音垢。

〔三〕【補注】何焯曰：霍山言，諸儒生喜狂說妄言，不避忌諱，大將軍常仇之。則所謂除誹謗以招切言者，亦反霍氏之政也。

〔四〕【補注】先謙曰：廢，除也，謂除去治獄之弊政。

〔五〕師古曰：與天長久，無窮極也。

上善其言，遷廣陽私府長。〔一〕

〔一〕師古曰：藏錢之府，天子曰少府，諸侯曰私府。長者，其官之長也。【補注】錢大昭曰：顔説非也。漢制，諸侯王國亦有少府，不名私府。百官表「詹事，中長秋、私府、令長丞皆屬焉」。然則私府，皇后之官也，諸侯王之后亦有之耳。先謙曰：廣陽，燕王旦太子建所封。

内史舉温舒文學高第，遷右扶風丞。時詔書令公卿，選可使匈奴者，温舒上書，願給厮養，暴骨方外，〔一〕以盡臣節。事下度遼將軍范明友、太僕杜延年問狀，罷歸故官。〔二〕久之，遷臨淮太守，治有異迹，卒於官。

〔一〕師古曰：求爲卒而隨使至匈奴也。【補注】周壽昌曰：求以厮養卒給之，出使匈奴，非自求爲卒也。先謙曰：官本注在「臣節」下。

〔二〕師古曰：以其言無可取，故罷而遣歸故官。

温舒從祖父受曆數天文，以爲漢厄三七之間，〔一〕上封事以豫戒。成帝時，谷永亦言如此。〔二〕及王莽篡位，欲章代漢之符，著其語焉。温舒子及孫皆至牧守大官。〔三〕

〔一〕張晏曰：三七二百一十歲也。自漢初至哀帝元年，二百一年也，至平帝崩，二百十一年。

〔二〕師古曰：永上書所謂「涉三七之節絕」者也。

〔三〕【補注】何焯曰：建武、永平吏事深刻，故班氏有味長君之言，著其後福，後又於贊辭致意也。

贊曰：春秋魯臧孫達以禮諫君，君子以爲有後。〔一〕賈山自下劘上，〔二〕鄒陽、枚乘游於危國，然卒免刑戮者，以其言正也。路温舒辭順而意篤，遂爲世家，宜哉！〔三〕

〔一〕師古曰：臧孫達，魯大夫臧哀伯也。桓公取郜大鼎於宋，哀伯諫之，周内史聞之，曰「臧孫達其有後於魯乎！君違，不忘諫之以德」。

〔二〕孟康曰：劘謂剴切之也。蘇林曰：劘音摩，厲也。師古曰：剴音工來反。【補注】錢大昭曰：説文無劘字，古作摩。易繫辭云「剛柔相摩」。京房曰「摩，相磑切也」。沈欽韓曰：風俗通皇霸篇「莊王僭號，自下摩上」。

〔三〕師古曰：謂子孫爲大官不絕。

竇田灌韓傳第二十二

竇嬰字王孫，〔一〕孝文皇后從兄子也。父世觀津人也。〔二〕喜賓客。〔三〕孝文時爲吳相，病免。孝景即位，爲詹事。〔四〕

〔一〕【補注】齊召南曰：史記無嬰字。觀景帝語「嬰王孫寧可以讓耶」？是嬰字王孫矣。

〔二〕師古曰：縣名也，地理志屬信都。觀音工喚反。【補注】先謙曰：索隱「以言其累葉在觀津，故云父世也」。先謙案，索隱説是，言自其父以上，世爲觀津人。史記淮南厲王傳「真定，厲王母之家在焉，父世縣也」。索隱謂父祖代居真定，與此「父世」二字義同。竇皇后傳云「家在清河，其親早卒，葬觀津。薄太后令清河置園邑二百家」。則非自嬰父始居觀津明矣。觀津屬清河，後更屬信都耳，在今冀州武邑縣東南。

〔三〕師古曰：喜，好也，音許吏反。

〔四〕【補注】先謙曰：百官表「詹事，掌皇后、太子家」。

帝弟梁孝王，母竇太后愛之。孝王朝，因燕昆弟飲。〔一〕是時，上未立太子，酒酣，上從容曰：「千秋萬歲後傳王。」〔二〕太后驩。嬰引巵酒進上〔三〕曰：「天下者，高祖天下，父子相傳，漢之約也，上何以得傳梁王！」〔四〕太后由此憎嬰。嬰亦薄其官，〔五〕因病免。太后除嬰門

籍，〔六〕不得朝請。〔七〕

〔一〕師古曰：序家人昆弟之親，不爲君臣禮也。【補注】先謙曰：史記作「因昆弟燕飲」。

〔二〕師古曰：從音千庸反。【補注】宋祁曰：浙本「傳」字下有「於」字。

〔三〕【補注】先謙曰：通鑑胡注「引酒進之，蓋罰爵也」。

〔四〕【補注】先謙曰：史記「得」下有「擅」字。

〔五〕師古曰：自嫌其官，輕薄之也。【補注】宋祁曰：南本注「也」字下有「何儒亮以爲嬰素忠讜氣高，不以官業爲重」。余按，師古注例無「何儒亮」，此其誤寫歟？

〔六〕【補注】先謙曰：案胡注云「門籍，出入宮殿門之籍也」。

〔七〕師古曰：請音才性反。其下亦同。

孝景三年，吳楚反，〔一〕上察宗室諸竇無如嬰賢，〔二〕召入見，固讓謝，稱病不足任。〔三〕太后亦慙。於是上曰：「天下方有急，王孫寧可以讓邪？」乃拜嬰爲大將軍，賜金千斤。嬰言爰盎、欒布諸名將賢士在家者進之。所賜金，陳廊廡下，〔四〕軍吏過，輒令財取爲用，〔五〕金無入家者。嬰守滎陽，監齊趙兵。〔六〕七國破，封爲魏其侯。游士賓客爭歸之。每朝議大事，條侯、魏其，列侯莫敢與亢禮。〔七〕

〔一〕【補注】先謙曰：史記淮南王安傳云「吳王濞行珠玉金帛，賂諸侯宗室大臣，獨竇氏不與」。

〔二〕師古曰：宗室，帝之同姓親也。諸竇，總謂帝外家也。以吳楚之難，故欲用内外之親爲將也。【補注】沈欽韓曰：索隱案，謂宗室之中及諸竇之宗室也。又姚氏案，酷吏傳「周陽由，其父趙兼以淮南王舅侯周陽，故(國)〔因〕改氏，由以宗室任爲郎」。則似是與國有親戚屬籍者，亦得呼爲宗室也。余按下文云「灌夫得竇嬰通列侯宗室爲名高」，則宗室單指竇氏明矣。禮「外宗兼母之黨」。雜記「外宗爲君夫人，猶内宗也」，鄭云「謂姑姊妹之女，舅之女，及從母皆是」。服問又有「外宗」，鄭云「君外親之婦」。按異姓女子子婦，通名外宗，則外戚爲宗室信矣。顧炎武云，凡人之同宗者，即相謂曰宗室。左昭六年傳「左師曰，女喪而宗室，於人何有」？魏書胡叟傳「叟與始昌雖宗室，性氣殊詭，不相附」。此又宗室通稱之證也。先謙曰：下文「舉謫諸竇宗室無行者，除其屬籍」。又「俱外家」，史記作「俱宗室外家」。此竇氏宗屬稱宗室明證。此文宗室在諸竇之上，自是帝之同姓親，當以顔、馬説爲正。

〔三〕【補注】先謙曰：史記作「固辭，謝病不足任」。

〔四〕師古曰：廊，堂下周屋也。廡，門屋也，音侮。【補注】先謙曰：説文「廡，堂下周屋」。無廊字。新附「廊，東西序也」。本書通用「郎」，董仲舒傳「巖郎」是也。自來釋廊廡者，竝訓爲堂下周屋。本書司馬相如傳、後漢申屠剛、梁鴻傳注、御覽一百八十一引聲類可證。案，釋名「大屋曰廡。廡，幠也。幠，覆也」。廣雅「廡，舍也」。是廡爲屋舍無疑。後漢順紀、靈紀注竝云「廡，廊屋也」。侯覽傳注「廡，廊下周屋也」。據此，則廡是廊下之屋，而廊但是東西廂之上有周檐下無牆壁者，蓋今所謂遊廊。説文新附以爲東西序是也。廡爲門屋，所未聞也。

〔五〕師古曰：財與裁同，謂裁量而用之也。

〔六〕【補注】錢大昕曰：時欒布擊齊，酈寄擊趙，滎陽在南北之衝，東捍吴楚，北拒齊趙。吴楚之兵有周亞夫自將，非嬰所得監。若齊趙雖各遣將，而嬰爲大將軍得遥制之。

〔七〕師古曰：言特敬此二人也。【補注】宋祁曰：注「特」字當作「時」字。

四年，立栗太子，〔一〕以嬰爲傳。七年，栗太子廢，嬰爭弗能得，〔二〕謝病，屏居藍田南山下，〔三〕數月，諸竇賓客辯士説莫能來。梁人高遂乃説嬰曰：「能富貴將軍者，上也；能親將軍者，太后也。今將軍傅太子，太子廢，爭不能拔，〔四〕又不能死，自引謝病，擁趙女屏閒處而不朝，〔五〕祇加懟自明，揚主之過。〔六〕有如兩宮奭將軍，〔七〕則妻子無類矣。」〔八〕嬰然之，乃起，朝請如故。

〔一〕師古曰：栗姬之子，敬曰栗太子。【補注】先謙曰：官本注「敬」作「故」，是。臨江閔王榮也。猶戾太子母衞氏，稱衞太子也。

〔二〕【補注】宋祁曰：「爭」下當有「之」字。

〔三〕師古曰：屏，隱也。【補注】宋祁曰：邵本無「藍」字，「居」下著點。越本作「屏居田南山下」。若只云「田南山下」，即當作「田」字，今藍田爲是。先謙曰：宋說是。李廣傳亦云「廣屏居藍田南山中射獵」。蓋藍田南山，在當日爲朝貴屏居游樂之所。

〔四〕【補注】先謙曰：秦策注「拔，得也」。

〔五〕師古曰：擁，抱也。閒處，猶言私處也。

〔六〕師古曰：祇，適也。懟，怨怒也。祇音支，其字從衣。懟音直類反。【補注】先謙曰：祇當從示。說文「祇，祇裯，短衣」。顏說誤。

〔七〕師古曰：兩宮，太后及帝也。奭，怒貌也，音赫。【補注】先謙曰：史記作「螫將軍」。張晏曰「螫，怒也。毒蟲怒必螫人」。此借奭爲螫。

〔八〕師古曰：言被誅戮無遺類也。

桃侯免相，〔一〕竇太后數言魏其。景帝曰：「太后豈以臣有愛相魏其者？〔二〕魏其沾沾自喜耳，多易，〔三〕難以爲相持重。」遂不用，用建陵侯衛綰爲丞相。

〔一〕服虔曰：劉舍也。

〔二〕師古曰：愛猶惜也。【補注】先謙曰：史記作「太后豈以爲臣有愛，不相魏其」。語意較明。

〔三〕張晏曰：沾沾，言自整頓也。多易，多輕薄之行也。或曰，沾音瞻。師古曰：沾沾，輕薄也，或音他兼反。今俗言薄沾沾。喜音許吏反。易音弋豉反。【補注】宋祁曰：浙本注「瞻」作「蟾」。錢大昭曰：沾即姑字。説文「姑，小弱也。一曰，女輕薄善走也。一曰，多技藝也」。言魏其自以爲多技藝，而輕薄自喜，不勝丞相之任。先謙曰：沾沾，張説是。嬰不當有輕薄之目，蓋其人丰采自矜，故帝言其沾沾自喜，猶言詡詡自得也。説文「沾，水名，又益也」。無自喜義。匈奴傳「顧無喋喋佔佔」。注「佔佔，衣裳貌也」。蓋謂衣裳整齊之貌，與張説自整頓意同。疑「沾沾」乃「佔佔」之叚借字耳。易，輕率也。嬰爲爭太子事，謝病數月，復起，出處輕率，帝故知其多易，難以持重。張以爲多輕薄之行，又失之。官本「薄」作「易」。

田蚡，〔一〕孝景王皇后同母弟也，生長陵。〔二〕竇嬰已爲大將軍，方盛，蚡爲諸曹郎，〔三〕未貴，往來侍酒嬰所，跪起如子姓。〔四〕及孝景晚節，蚡益貴幸，〔五〕爲中大夫。辯有口，〔六〕學盤盂諸書，〔七〕王皇后賢之。〔八〕

〔一〕【補注】先謙曰：官本有「蘇林曰，蚡音鼢鼠，鼢扶粉反」十一字注文。案，索隱「蚡音扶粉反，又如蚡鼠之蚡，音墳」。是鼢鼠之鼢，與扶粉反，本係兩音，疑此注誤。

〔二〕【補注】先謙曰：外戚傳「王皇后父王仲，槐里人也。母臧兒，生男信與兩女。仲死，臧兒更嫁爲長陵田氏婦，生男蚡、勝」。

〔三〕【補注】齊召南曰：史記無「曹」字，據徐廣注，亦不作郎官解。又漢初言郎，不以曹稱，疑此文「曹」字訛。先謙曰：集解徐廣曰「諸郎，一云諸卿，時人相號長老者爲諸公，年少者爲諸卿，如今人相號爲士大夫也」。先謙案，史記「方盛」上有「後」字，則似竇嬰七字與上「生長陵」相屬爲義。王皇后生武帝，在景帝元年，其前尚生三公主。嬰爲大將軍，在景帝四年。豈有臧兒晚嫁，至是方生田蚡之理？且蚡以是時生，至孝景末年，甫及十餘歲，何能以材辯稱？漢書删「後」字，以「竇嬰已爲大將軍方盛」爲句，連下爲文是也。疑史文失實。

〔四〕師古曰：姓，生也，言同子禮，若己所生。【補注】吴仁傑曰：按特牲饋食禮「子姓兄弟如主人之服」。鄭康成云「所祭者之子孫。言子姓者，子之所生」。又禮記「子姓之冠」。孔穎達云「姓，生也。孫是子所生」。然則姓之爲言孫也。麟趾之詩，一章言公子，二章言公姓，三章言公族，其親疏先後自有次第，顔説以姓爲子固失之，至毛公不知公姓之爲公孫，乃以爲同姓，而反謂公族爲同祖，其舛刺又甚矣。先謙曰：淩稚隆云，史記作「如子姪」，此作「如子姓」，於義雖通，究是訛字。案淩説非也。王引之云，古謂子孫曰姓，或曰子姓；女子謂兄弟之子爲姪，男子則否。當依吴説。

〔五〕師古曰：晚節，猶言末時也。

〔六〕【補注】先謙曰：史記作「爲太中大夫」。

〔七〕應劭曰：黄帝史孔甲所作也，凡二十九篇，書盤盂中，所以爲法戒也。諸書，諸子之書也。孟康曰：孔甲盤盂二十六篇，雜家書，兼儒、墨、名、法者也。晉灼曰：案藝文志，孟説是也。【補注】先謙曰：史記「盤」作「槃」。集解引注「史」作「使」，「作」下有「銘」字，「九」作「六」，「之書」作「文書」。

〔八〕【補注】齊召南曰：史記作「王太后賢之」。在景帝時，祇合稱皇后耳，此漢書改訂史記之失。

孝景崩，武帝初即位，蚡以舅封爲武安侯，弟勝爲周陽侯。

蚡新用事，卑下賓客，〔一〕進名士家居者貴之，〔二〕欲以傾諸將相。〔三〕上所填撫，多蚡賓客計策。〔四〕會丞相綰病免，上議置丞相、太尉。藉福説蚡曰：〔五〕「魏其侯貴久矣，素天下士歸之。今將軍初興，未如，〔六〕即上以將軍爲相，必讓魏其。魏其爲相，將軍必爲太尉。太尉、相尊等耳，〔七〕有讓賢名。」〔八〕蚡乃微言太后風上，〔九〕於是乃以嬰爲丞相，蚡爲太尉。藉福賀嬰，因弔曰：「君侯資性喜善疾惡，〔一〇〕方今善人譽君侯，故至丞相；然惡人衆，亦且毁君侯。君侯能兼容，則幸久；〔一一〕不能，今以毁去矣。」〔一二〕嬰不聽。

〔一〕師古曰：下音胡稼反。

〔二〕晉灼曰：滯在里巷未仕者。

〔三〕師古曰：傾謂踰越而勝之也。

〔四〕如淳曰：多薦名士，名士得進爲帝畫計策也。師古曰：填音竹刃反。

〔五〕【補注】王先慎曰：按此傳「藉福」，史記皆作「籍福」。通志氏族略云，籍氏出於伯氏。晉大夫荀林父爲中行伯，孫伯黶以王父字爲伯氏，司晉之典籍，故曰籍氏。或言晉文侯仇弟陽叔伯黶，晉爲三家所滅，籍氏播遷於宋。故春秋有籍談，漢有籍秺、籍孺，皆以籍爲氏。此藉福當是籍福。御覽三百六十九人事部引此文，及通志九十二竇嬰等傳並作「籍福」。通志列傳悉用漢書，四作「籍」，惟一誤「藉」。是宋人所見漢書本作「籍福」也。

〔六〕【補注】先謙曰：史記作「未如魏其」。

〔七〕師古曰：言其尊貴同一等也。

〔八〕【補注】先謙曰：史記「有」上有「又」字。

〔九〕師古曰：風讀曰諷。

〔一〇〕師古曰：喜，好也，音許吏反。

〔一一〕師古曰：兼容，謂不嫉惡人令其怨也。

〔一二〕【補注】宋祁曰：江南本「能」作「然」。先謙曰：今猶即也。

嬰、蚡俱好儒術，推轂趙綰爲御史大夫，王臧爲郎中令。〔一〕迎魯申公，欲設明堂，令列侯就國，除關，〔二〕以禮爲服制，〔三〕以興太平。舉適諸竇宗室無行者，除其屬藉。〔四〕諸外家爲列侯，列侯多尚公主，皆不欲就國，以故毀日至竇太后。〔五〕太后好黄老言，而嬰、蚡、趙綰等務隆推儒術，貶道家言，是以竇太后滋不説。〔六〕二年，御史大夫趙綰請毋奏事東宫。竇太后大怒曰：「此欲復爲新垣平邪！」〔七〕乃罷逐趙綰、王臧，〔八〕而免丞相嬰、太尉蚡，以柏至侯許昌爲丞相，武彊侯莊青翟爲御史大夫。嬰、蚡以侯家居。

〔一〕師古曰：推轂，謂升薦之，若轉車轂之爲也。【補注】先謙曰：索隱「案推轂，謂自卑下之，如爲之推車轂也。」

〔二〕服虔曰：除關禁也。【補注】先謙曰：官本注文下有「索隱謂除關門之税」八字，後人誤加。案文帝十二年，除關無用傳。景帝四年，以七國新反，復置諸關，用傳出入。至是復欲除之。服説是。

〔三〕師古曰：謂喪服之制也。

〔四〕【補注】先謙曰：官本「謫」作「謪」，「藉」作「籍」。史記「謫」作「適」。謫、謪、適通用，謂譴責也。藉作籍，通借字。

〔五〕【補注】先謙曰：日於太后前毀之。

〔六〕師古曰：滋，益也。説讀曰悦。

〔七〕【補注】先謙曰：胡注「漢長樂宫在東，太后居之，故謂之東宫，亦謂之東朝」。新垣平事見文紀、郊祀志。

〔八〕【補注】先謙曰：太后陰求得綰、臧姦利事以讓上，上下綰、臧吏也。

蚡雖不任職，以王太后故親幸，數言事，多效，〔一〕士吏趨勢利者皆去嬰而歸蚡。蚡日益橫。〔二〕六年，竇太后崩，丞相昌、御史大夫青翟坐喪事不辦，免。上以蚡爲丞相，大司農韓安國爲御史大夫。〔三〕天下士郡諸侯愈益附蚡。〔四〕

〔一〕師古曰：效謂見聽用。
〔二〕師古曰：横，恣也，音胡孟反。
〔三〕【補注】周壽昌曰：大司農當爲大農令，時尚未更名大司農也。
〔四〕師古曰：郡及諸侯也，猶言郡國耳。

蚡爲人貌侵，生貴甚。〔一〕又以爲諸侯王多長，〔二〕上初即位，富於春秋，〔三〕蚡以肺附爲相，〔四〕非痛折節以禮屈之，天下不肅。〔五〕當是時，丞相入奏事，語移日，所言皆聽。薦人或起家至二千石，權移主上。上乃曰：「君除吏盡未？吾亦欲除吏。」〔六〕嘗請考工地益宅，上怒曰：「遂取武庫！」是後乃退。〔七〕召客飲，坐其兄蓋侯北鄉，自坐東鄉，〔八〕以爲漢相尊，不可以兄故私橈。〔九〕由此滋驕，〔一〇〕治宅甲諸第，〔一一〕田園極膏腴，〔一二〕市買郡縣器物相屬於道。〔一三〕前堂羅鐘鼓，立曲旃；〔一四〕後房婦女以百數。諸奏珍物狗馬玩好，不可勝數。〔一五〕

〔一〕服虔曰：侵，短小也。師古曰：生貴，謂自尊高示貴寵也。【補注】先謙曰：集解韋昭曰「侵音寖，短小也」。又云「醜惡也」。索隱云，顔説疏也。案生謂蚡自生尊貴之勢特甚。先謙案，通志田蚡傳注「侵，上聲，短小也」。生貴甚，索隱説是。蓋蚡方幼時，已爲外戚尊貴矣，故曰生貴甚也。

〔二〕張晏曰：多長年。

〔三〕師古曰：謂年幼也。齒歷方久，故云富於春秋也。

〔四〕師古曰：舊解云肺附，如肝肺之相附著也。一説，肺，斫木札也，喻其輕薄附著大材也。【補注】先謙曰：「肺附」，史記作「肺腑」。下同。案，當作「柹附」，説詳劉向傳。

〔五〕師古曰：痛猶甚也。言以尊貴臨之，皆令其屈節而下己也。

〔六〕師古曰：凡言除者，除去故官就新官。

〔七〕師古曰：考工，少府之屬官也，主作器械。上責其此請，故謂之曰「何不遂取武庫！」蚡乃退也。【補注】齊召南曰：史記云「君何不遂取武庫！」此怒語也。漢書省「君何不」三字，意遂不明。先謙曰：是後乃退，謂後稍斂退也。顏説未晰。

〔八〕師古曰：自處尊位也。鄉讀皆曰嚮。【補注】錢大昭曰：案，蓋寬饒傳「從西階上，東鄉特坐」。亦言其自尊抗之意。王尊傳「尊劾奏丞相衡與中二千石大鴻臚賞等會坐殿門下，衡南鄉，賞等西鄉。衡更爲賞布東鄉席，起立延賞坐。衡設不正之席，使下坐上，相比爲惠於公門之中，亂朝廷爵秩之位」。婁護傳「坐者百數，皆離席伏，護獨東鄉正坐」。是東鄉爲上也。沈欽韓曰：「北鄉」，史記作「南鄉」，是也。士昏禮「贊見婦于舅姑，舅席於阼，姑席於房外南面」。是東鄉尊於南鄉也。説苑君道篇「郭隗曰，今王將東面，目指氣使以求臣，則廝役之材至矣。南面聽朝，不失揖讓之禮以求臣，則人臣之材至矣」。是東面尊於南面也。先謙曰：「北」當爲「南」，沈説是也。王信後封蓋侯。

〔九〕師古曰：橈，曲也，音女教反。

〔一〇〕師古曰：滋，益也。

〔一一〕師古曰：言爲諸第之長也。以甲乙之次，言甲則爲上矣。【補注】先謙曰：官本「長」作「最」。

〔一二〕師古曰：膏腴，謂肥厚之處。

〔一三〕師古曰：屬，逮及也，音之欲反。

〔一四〕如淳曰：旃，旗之名也，通帛曰旃。曲旃，僭也。蘇林曰：禮，大夫建旃。曲，柄上曲也。師古曰：蘇説是也。許慎云「旃，旗曲柄也，所以旃表士衆也」。

〔一五〕師古曰：奏，進也。【補注】先謙曰：史記「諸奏珍物」作「諸侯奉金玉」。

而嬰失竇太后，益疏不用，無勢，諸公稍自引而怠鷔，〔一〕唯灌夫獨否。〔二〕故嬰墨墨不得意，而厚遇夫也。〔三〕

〔一〕師古曰：鷔與傲同。【補注】先謙曰：「鷔」，官本作「鷔」，注同，是。

〔二〕【補注】宋祁曰：南本「否」作「不顧」。余謂不若作「否」。先謙曰：此蓋「否」作「不」，後人不知「不」即「否」字，又妄加「顧」字也。

〔三〕【補注】錢大昭曰：「墨」與「默」通。史記賈生傳「吁嗟嚜嚜兮」，漢書作「默默」。顔注「默默，不得意也」。孫叔敖碑云「其意常墨墨」。隸釋云「以墨爲默」。魏受禪表「寬容淵嚜」。亦以「嚜」爲「默」。説文「默，犬暫逐人也。讀若墨」。

灌夫字仲孺，潁陰人也。父張孟，常爲潁陰侯灌嬰舍人，得幸，因進之，〔一〕至二千石，故蒙灌氏姓爲灌孟。〔二〕吴楚反時，潁陰侯灌嬰爲將軍，屬太尉，〔三〕請孟爲校尉。夫以千人與父俱。〔四〕孟年老，潁陰侯彊請之，鬱鬱不得意，〔五〕故戰常陷堅，遂死吴軍中。〔六〕漢法，〔七〕父子俱，〔八〕有死事，得與喪歸。夫不肯隨喪歸，奮曰：「願取吳王若將軍頭以報父仇。」〔九〕於是夫被甲持戟，募軍中壯士所善願從數十人。〔一〇〕及出壁門，莫敢前。獨兩人及從奴十餘騎馳入吳軍，至戲下，〔一一〕所殺傷數十人。不得前，復還走漢壁，〔一二〕亡其奴，獨與一騎歸。夫身中大創十餘，適有萬金良藥，故得無死。〔一三〕創少瘳，〔一四〕又復請將軍曰：「吾益知吳壁曲折，請復往。」〔一五〕將軍壯而義之，恐亡夫，乃言太尉，太尉召固止之。吳軍敗，〔一六〕夫以此名聞天下。

〔一〕師古曰：進，薦也。嬰薦孟也。【補注】宋祁曰：南本、浙本「常」並作「嘗」。先謙曰：南、浙本是也。史記作「嘗」。此文作「常」則不可通。

〔二〕師古曰：蒙，冒也。

〔三〕師古曰：時潁陰侯是灌嬰之子，名何，轉寫誤爲嬰耳。【補注】先謙曰：史記作「灌何」。

〔四〕孟康曰：官主千人，如侯司馬也。【補注】先謙曰：官本「侯」作「候」，是。集解引亦作「候」。

〔五〕【補注】先謙曰：孟年老，太尉亞夫不欲用之，潁陰侯强請而後可，故孟不得意也。

〔六〕【補注】沈欽韓曰：御覽三百八十六引漢語曰「潁川張欽孟孝，吳楚反，與亞夫常爲前鋒，陷陣潰圍，旁人觀曰『壯哉，此君』！欽聞自矜，遂死軍」。案此傳云張孟，但舉其字，文不全也。先謙曰：此蓋別一張孟孝也。孟蒙灌姓，不得云張。又名字不符，沈臆斷也。

〔七〕【補注】宋祁曰：「漢法」，浙本作「軍法」，從「軍」是。此自説漢，何煩以漢別之？先謙曰：「漢法」，史記作「軍法」。此本書改史記也。二字本書習見，宋説非。

〔八〕【補注】先謙曰：偕從軍也。史記「俱」下有「從軍」二字。

〔九〕張晏曰：自奮厲也。【補注】先謙曰：高紀注「若，及也。一説，若，或也」。禮記文王世子注「先聖周公若孔子」。疏云「若是不定之辭」。此言願取吴王頭若將軍頭也。

〔一〇〕師古曰：所善，素與己善者。

〔一一〕師古曰：戲，大將之旗也，讀與麾同，又音許宜反。

〔一二〕師古曰：走，趣嚮也，音奏。

〔一三〕師古曰：萬金者，言其價貴也。金字或作全，言得之者必生全也。

〔一四〕師古曰：瘳，差也，音丑流反。

〔一五〕師古曰：曲折，猶言委曲也。

〔一六〕【補注】先謙曰：官本「敗」作「破」。

潁陰侯言夫，〔一〕夫爲郎中將。〔二〕數歲，坐法去。家居長安中，諸公莫不稱，由是復爲代相。

〔一〕【補注】先謙曰：言之上也。

〔二〕【補注】劉敞曰：當云中郎將，否則，郎中三將也。先謙曰：中郎、郎中俱有三將，史傳但稱中郎將、郎中將。劉氏見史記作中郎將，故有此説也。西南夷傳「上以唐蒙爲郎中將」。司馬相如傳作「中郎將往賓之」。與此同。蓋轉寫積譌，莫可究證矣。

武帝即位，以爲淮陽天下郊，勁兵處，〔一〕故徙夫爲淮陽太守。入爲太僕。二年，夫與長樂衛尉竇甫飲，輕重不得，〔二〕夫醉，搏甫。〔三〕甫，竇太后昆弟。上恐太后誅夫，徙夫爲燕相。

數歲，坐法免，家居長安。

〔一〕師古曰：郊謂四交輻湊，而兵又勁彊。

〔二〕晉灼曰：飲酒輕重不得其平也。師古曰：禮數之輕重也。

〔三〕師古曰：摶，以手擊之。

夫爲人剛直，使酒，〔一〕不好面諛。貴戚諸埶在己之右，欲必陵之；士在己左，愈貧賤，尤益禮敬，與鈞。〔二〕稠人廣衆，薦寵下輩。〔三〕士亦以此多之。〔四〕

〔一〕師古曰：使酒，因酒而使氣也。

〔二〕師古曰：右，尊也。左，卑也。鈞，等也。【補注】先謙曰：諸埶，謂諸勢豪也。史記作「諸有勢」。

〔三〕師古曰：稠，多也。下輩，下等之人也。每於人衆之中故寵薦也。【補注】先謙曰：下輩謂輩行之下於我者，年少及在己左者皆是也。故下云，士以此多之。下等之人，何容寵薦？顔說非。

〔四〕師古曰：多猶重之。

夫不好文學，喜任俠，已然諾。〔一〕諸所與交通，無非豪桀大猾。家累數千萬，食客日數十百人。〔二〕波池田園，宗族賓客爲權利，〔三〕橫潁川。〔四〕潁川兒歌之曰：「潁水清，灌氏寧；潁水濁，灌氏族。」〔五〕

〔一〕師古曰：已，必也。謂一言許人，必信之也。喜音許吏反。

〔二〕師古曰：或八九十，或百人也。

〔三〕師古曰：波讀曰陂。

〔四〕師古曰：横音胡孟反。其下亦同。

〔五〕師古曰：深怨嫉之，故爲此言也。

夫家居，卿相侍中賓客益衰。〔一〕及竇嬰失埶，亦欲倚夫引繩排根生平慕之後棄者。〔二〕夫亦得嬰通列侯宗室爲名高。兩人相爲引重，〔三〕其游如父子然，相得驩甚，無厭，恨相知之晚。

〔一〕師古曰：以夫居家，而卿相侍中素爲夫之賓客者，漸以衰退不復往也。

〔二〕蘇林曰：二人相倚，引繩直排根賓客去之者，不與交通也。孟康曰：根音根格，引繩以彈排擯根格之也。師古曰：孟説近之。根音下恩反。格音下各反。言嬰與夫共相提挈，有人生平慕嬰、夫，後見其失職而頗慢弛，如此者，共排退之，不復與交。譬如相對挽繩而根格之也。今吴楚俗猶謂牽引前郤爲根格也。【補注】宋祁曰：根、格二字疑皆從手。先謙曰：官本注末無「也」字。孟注「音」作「者」。史記「排」作「批」。「棄」下有「之」字。集解引蘇林曰「二人相倚，引繩直之，意批根賓客也。棄之者，不與交通」。孟康曰「根，根括，引繩以持彈」。與此注異。蘇注較此文爲長。索隱「持彈，案漢書本作抨彈」。據此，孟注「彈」上脱一「抨」字。又引劉氏云「二人相倚，事如合繩共相依引也。批音步結反。批者，排也。漢書作排根。小顔根音痕」。括音沺，謂人生平慕嬰、夫，後見其失職而頗弛慢，如此者，共排退之，不復與交也，譬如相對挽繩而根括之也。據此顔注「格」亦作「括」。案玉篇「拫，鞔也」。廣雅「拫，引也」。注文根格，當如宋説。正文及史記根並從木，蓋借拫爲根。今人輒欲竄易爲拫，又失之。

〔三〕張晏曰：相薦達爲聲勢也。師古曰：相牽引而致於尊重也。爲音于僞反。【補注】先謙曰：兩相援引藉重也。「爲」如字讀，張、顔説皆非。

夫嘗有服，〔一〕過丞相蚡。蚡從容曰：〔二〕「吾欲與仲孺過魏其侯，會仲孺有服。」夫曰：「將軍乃肯幸臨況魏其侯，〔三〕夫安敢以服爲解！〔四〕請語魏其具，〔五〕將軍旦日蚤臨。」〔六〕蚡許諾。夫以語嬰。嬰與夫人益市牛酒，〔七〕夜洒埽張具〔八〕至旦。〔九〕平明，令門下候司。至日中，蚡不來。〔一〇〕嬰謂夫曰：「丞相豈忘之哉？」夫不懌，〔一一〕曰：「夫以服請，不宜。」〔一二〕乃駕，自往迎蚡。蚡特前戲許夫，〔一三〕殊無意往。夫至門，蚡尚臥也。於是夫見，曰：「將軍昨日幸許過魏其，魏其夫妻治具，至今未敢嘗食。」蚡悟，謝曰：〔一四〕「吾醉，忘與仲孺言。」乃駕往。往又徐行，夫愈益怒。及飲酒酣，夫起舞屬蚡，〔一五〕蚡不起。夫從坐，語侵之。〔一六〕嬰乃扶夫去，謝蚡。蚡卒飲至夜，極驩而去。

〔一〕師古曰：謂喪服也。

〔二〕師古曰：從音千容反。

〔三〕師古曰：況，賜也。【補注】沈欽韓曰：蚡見爲丞相，而稱之將軍，史駮文。

〔四〕師古曰：解謂辭之也，若今言分疏矣。【補注】先謙曰：索隱「案服謂期功之服也，故應璩書曰，仲孺不辭同生之服也」。

〔五〕師古曰：具，辦具酒食。【補注】先謙曰：「具」，史記作「帳具」。

〔六〕師古曰：旦日，明旦也。蚤，古早字。【補注】先謙曰：蚤，早借字。

〔七〕師古曰：益，多也。

〔八〕師古曰：洒音灑，又音所寄反。

〔九〕【補注】先謙曰：「至旦」二字連上爲文，言嬰洒埽張具，自夜達旦，勞擾之甚也。若作至旦平明，則文不成義矣。

〔一〇〕【補注】先謙曰：司讀曰伺。下候司亦同。

〔一一〕師古曰：懌，悦也。

〔一二〕師古曰：不當忘也。【補注】先謙曰：史記作「夫以服請，宜往」。

〔一三〕師古曰：特，但也。

〔一四〕【補注】先謙曰：史記作「鄂謝」。

〔一五〕師古曰：屬，付也，猶今之舞訖相勸也。屬音之欲反。

〔一六〕師古曰：徙坐，謂移就其坐也。【補注】先謙曰：史記作「夫從坐上，語侵之」。

後蚡使藉福請嬰城南田，嬰大望曰：〔一〕「老僕雖棄，將軍雖貴，寧可以埶相奪乎！」不許。夫聞，怒罵福。福惡兩人有隙，乃謾好謝蚡〔二〕曰：「魏其老且死，易忍，且待之已。」而蚡聞嬰、夫實怒不予，亦怒曰：「魏其子嘗殺人，蚡活之。蚡事魏其無所不可，〔三〕愛數頃田？〔四〕且灌夫何與也？〔五〕吾不敢復求田。」由此大怒。〔六〕

〔一〕師古曰：望，怨也。【補注】宋祁曰：浙本「而去」字下更有「去」字。先謙曰：史記作「丞相嘗使籍福請魏其城南田」。則非此日卒飲去後即請也。明浙本「去」字衍。

〔二〕師古曰：謾猶詭也，詐爲好言也。謾讀與慢同，又音莫連反。

〔三〕【補注】先謙曰：言魏其所請，蚡無所不許也。

〔四〕【補注】先謙曰：史記「愛」上有「何」字，語意較明。

〔五〕師古曰：與讀曰預。預，干也。

〔六〕【補注】李慈銘曰：史記作「武安由此大怨灌夫、魏其」。疑此「怒」字係「怨」字之誤。

元光四年春，〔一〕蚡言灌夫家在潁川，橫甚，民苦之。請案之。上曰：「此丞相事，何請？」夫亦持蚡陰事，爲姦利，受淮南金與語言。〔二〕賓客居閒，遂已，俱解。〔三〕

〔一〕【補注】先謙曰：集解引徐廣以爲當是三年。是也。說見下。

〔二〕【補注】先謙曰：淮南事見下。

〔三〕師古曰：兩家賓客處於中閒和解之。

夏，蚡取燕王女爲夫人，〔一〕太后詔召列侯宗室皆往賀。嬰過夫，欲與俱。夫謝曰：「夫數以酒失過丞相，〔二〕丞相今者又與夫有隙。」嬰曰：「事已解。」彊與俱。酒酣，蚡起爲壽，〔三〕坐皆避席伏。已嬰爲壽，獨故人避席，餘半膝席。〔四〕夫行酒，至蚡，〔五〕蚡膝席曰：「不能滿觴。」夫怒，因嘻笑曰：「將軍貴人也，畢之！」〔六〕時蚡不肯。〔七〕行酒次至臨汝侯灌賢，〔八〕賢方與程不識耳語，〔九〕又不避席。夫無所發怒，乃罵賢曰：「平生毀程不識不直一錢，今日長者爲壽，乃效女曹兒呫囁耳語！」〔一〇〕蚡謂夫曰：「程、李俱東西宮衞尉，〔一一〕今衆辱程將軍，仲孺獨不爲李將軍地乎？」〔一二〕夫曰：「今日斬頭穴匈，何知程、李！」〔一三〕坐乃起更衣，〔一四〕稍稍去。嬰去，戲夫。〔一五〕夫出，〔一六〕蚡遂怒曰：「此吾驕灌夫罪也。」〔一七〕乃令騎留夫，〔一八〕夫不得出。藉福起爲謝，案夫項令謝。〔一九〕夫愈怒，不肯順。蚡乃戲騎縛夫〔二〇〕置傳舍，〔二一〕召長史曰：「今日召宗室，〔二二〕有詔。」〔二三〕劾灌夫罵坐不敬，〔二四〕繫居室。〔二五〕遂其前事，〔二六〕遣吏分曹逐捕諸灌氏支屬，皆得棄市罪。嬰愧，〔二七〕爲資使賓客請，莫能解。〔二八〕蚡吏皆爲耳目，諸灌氏皆亡匿，夫繫，遂不得告言蚡陰事。

〔一〕師古曰：燕王澤之子，康王嘉女。

〔二〕師古曰：言因酒有失，得罪過於丞相。【補注】先謙曰：史記「過」上有「得」字。得過，言得罪也。若但云過，則文不成義。疑轉寫奪得字。

〔三〕【補注】王文彬曰：集解，如淳曰「上酒爲稱壽，非大行酒」。予案，據下文夫行酒至灌賢云「長者爲壽」。是爲壽即大行酒也。如説非。

〔四〕蘇林曰：下席而膝半在席上也。如淳曰：以膝跪席上也。師古曰：如説是也。【補注】先謙曰：時坐客半嬰故人，其餘半則皆膝席，不加敬嬰。

〔五〕【補注】先謙曰：史記云「灌夫不悦，起行酒，至武安」。

〔六〕張晏曰：行酒過之爲已畢。如淳曰：言雖貴，且當盡酒，以其執劫之也。師古曰：如説近之。言將軍雖貴人也，請盡此觴。嘻，强笑也，音許其反。【補注】劉攽曰：夫謂蚡所以不能滿觴，由其貴人也，然當畢之。先謙曰：「畢之」，史記作「屬之」。

〔七〕師古曰：不爲盡也。

〔八〕【補注】周壽昌曰：賢，潁陰侯灌嬰孫，改封臨汝。

〔九〕師古曰：附耳小語也。

〔一〇〕師古曰：女曹兒猶言兒女輩也。呫音昌涉反。囁音人涉反。【補注】王先慎曰：史記韋注「呫囁，附耳小語聲也」。説文呫作詀，囁作讘，古通用。先謙曰「女曹兒」，史記但作「女兒」，以耳語乃女兒態也，中加「曹」字，則文不成義。「女曹兒」當爲「女兒曹」。顔訓爲兒女輩，則曹字當在下明矣。御覽四百六十六人事部引正作「女兒曹」。此轉寫誤倒。

〔一一〕孟康曰：李廣爲東宮，程不識爲西宮。【補注】齊召南曰：孟説非也。漢以長樂宮爲東宮，太后居之。天子居未央宮，在長樂西。據李廣傳「廣入爲未央衞尉，而程不識爲長樂衞尉」。是廣衞西宮，而不識衞東宮也。

〔一二〕蘇林曰：不爲李將軍除道地邪？如淳曰：二人同號比尊，今辱一人，不當爲毁廣邪？師古曰：如説近之。言既毁程，令廣何地自安處。【補注】王先慎曰：漢紀此下云「李將軍者李廣也，夫素所敬也」。

〔一三〕晉灼曰：斬頭見刺，猶不止也。【補注】先謙曰：「穴匈」，史記作「陷胷」。集解韋昭云「言不避死亡也」。

〔一四〕師古曰：坐謂坐上之人也。更，改也。凡久坐者，皆起更衣，以其寒暖或變也。

〔一五〕晉灼曰：戲，古麾字也。師古曰：招麾之令出也。漢書多以戲爲麾字。

〔一六〕【補注】李慈銘曰：史記作「魏其侯去，麾灌夫出」。疑漢書此處誤重一「夫」字。先謙曰：李説是也。下明言令騎留夫，夫不得出。若夫出，何云不得出乎？明「夫」字衍。

〔一七〕【補注】先謙曰：罪，過也，言素不較，適令益驕。

〔一八〕師古曰：騎謂常從之騎也。

〔一九〕師古曰：使其拜也。

〔二〇〕師古曰：戲讀亦曰麾。謂指麾命之而令收縛夫也。

〔二一〕師古曰：傳舍，解在酈食其傳。

〔二二〕師古曰：長史，丞相長史也。召宗室，謂請召之爲客也。【補注】李慈銘曰：案蚡言今日請召宗室，因有太后詔而行之，灌夫罵坐，是輕詔命，故爲不敬也。顔注非。先謙曰：官本注文在「有詔」二字下。案蚡言召宗室，有詔，乃能陷夫以不敬之罪。顔注未及。又下文但言於大坐中罵詈爲不敬，是其疏謬。據此知注文當日不在「有詔」

下，乃宋栞移置也。

〔二三〕【補注】先謙曰：蚡與長史言如此。

〔二四〕師古曰：於大坐中罵詈，不爲敬。【補注】先謙曰：官本作「爲不敬」，是。

〔二五〕師古曰：居室，署名也，屬少府。其後改名曰保宮。

〔二六〕師古曰：遂，竟也。【補注】先謙曰：史記作「遂案其前事」。漢書奪「案」字，顔遂依文解之。

〔二七〕【補注】先謙曰：史記作「魏其侯大媿」。夫不往蚡所，嬰彊之，致罹禍，以是愧也。

〔二八〕如淳曰：爲出資費，使人爲夫請罪也。師古曰：如説非也。爲資，爲其資地耳，非財物也。爲讀如本字。【補注】先謙曰：禮記表記注「資，謀也」。言爲夫謀，使賓客請於蚡。

嬰鋭爲救夫，嬰夫人諫曰：「灌將軍得罪丞相，與太后家迕，〔一〕寧可救邪？」嬰曰：「侯自我得之，自我捐之，無所恨。〔二〕且終不令灌仲孺獨死，嬰獨生。」乃匿其家，竊出上書。〔三〕立召入，具告言灌夫醉飽事，不足誅。上然之，賜嬰食，曰：「東朝廷辨之。」〔四〕

〔一〕師古曰：相逆迕也。迕音悟。【補注】錢大昭曰：迕，古文作啎。説文「啎，逆也」。

〔二〕師古曰：言不過失爵耳。

〔三〕師古曰：匿，避也。不令家人知之，恐其又止諫也。

〔四〕如淳曰：東朝，太后朝也。張晏曰：會公卿大夫東朝，共理而分別也。

嬰東朝，〔一〕盛推夫善，言其醉飽得過，乃丞相以它事誣罪之。蚡盛毀夫所爲横恣，罪逆不道。嬰度無可奈何，〔二〕因言蚡短。蚡曰：「天下幸而安樂無事，蚡得爲肺附，〔三〕所好音樂狗馬田宅，所愛倡優巧匠之屬，〔四〕不如魏其、灌夫日夜招聚天下豪桀壯士與論議，腹誹而心謗，卬視天，俛畫地，〔五〕辟睨兩宮間，〔六〕幸天下有變，而欲有大功。〔七〕臣乃不如魏其等所爲。」上問朝臣：「兩人孰是？」御史大夫韓安國曰：「魏其言灌夫父死事，身荷戟馳不測之吴軍，〔八〕身被數十創，名冠三軍，此天下壯士，非有大惡，爭杯酒，不足引它過以誅也。〔九〕魏其言是。丞相亦言灌夫通姦猾，侵細民，家累巨萬，横恣潁川，輘轢宗室，侵犯骨肉，〔一〇〕此所謂『支大於幹，脛大於股，不折必披』。〔一一〕丞相言亦是。唯明主裁之。」主爵都尉汲黯是魏其。内史鄭當時是魏其，後不堅。〔一二〕餘皆莫敢對。上怒内史曰：「公平生數言魏其、武安長短，今日廷論，局趣效轅下駒，〔一三〕吾并斬若屬矣！」〔一四〕即罷起入，上食太后。〔一五〕太后亦已使人候司，具以語太后。太后怒，不食，曰：「我在也，而人皆藉吾弟，〔一六〕令我百歲後，皆魚肉之乎！〔一七〕且帝寧能爲石人邪！〔一八〕此特帝在，即録録，〔一九〕設百歲後，是屬寧有可信者乎？」〔二〇〕上謝曰：「俱外家，故廷辨之。〔二一〕不然，此一獄吏所決耳。」是時郎中令石建爲上分別言兩人。〔二二〕

〔一〕【補注】齊召南曰：史記作「魏其之東朝」。之，往也。之字似不可省。

〔二〕師古曰：度音徒各反。

〔三〕【補注】先謙曰：官本「胏」作「肺」。説見上。

〔四〕師古曰：倡，樂人也。優，諧戲者也。

〔五〕張晏曰：視天，占三光也。畫地，知分野所在也。念欲作反事也。師古曰：卬讀曰仰。【補注】王文彬曰：案視天畫地，辟睨兩宮，幸天下有變，而欲有大功。語意一貫。張於下文云「幸有反者，當爲將立大功」。此乃云欲作反事，自相矛盾。

〔六〕張晏曰：占太后與帝吉凶之期也。師古曰：辟睨，傍視也。辟音普計反，字本作睥。睨音吾計反。【補注】先謙曰：史記作「辟倪」。索隱引埤蒼云「睥睨，謂邪視也」。

〔七〕張晏曰：幸有反者，當爲將立大功也。臣瓚曰：天下有變，謂因國家變難之際得立大功也。師古曰：瓚說是。【補注】先謙曰：官本「是」上有「爲」字。

〔八〕師古曰：荷，負也。不測，言其彊盛也。荷音何。【補注】宋祁曰：「荷」字當從浙本「何可反」。

〔九〕【補注】先謙曰：官本「柸」作「杯」。

〔一〇〕師古曰：輘轢，謂蹈踐之也。輘音淩。轢音郎擊反。

〔一一〕師古曰：披音丕靡反。【補注】王先慎曰：新書大都篇引范無宇語云「尾大不掉，末大必折」。又云「一脛之大幾如要，一指之大幾如股」。安國云所謂者，蓋當時之成語也。先謙曰：正義「披，分析也」。

〔一二〕【補注】宋祁曰：「後」字當從浙本作「復」。若作後，即在一時，何容更有前後也？先謙曰：宋說非也。一時之言，亦分前後，史記亦作「後不敢堅對」。浙本作「復」，形近誤耳。

〔一三〕應劭曰：駒者，駕著轅下。局趣，蹴小之貌也。張晏曰：俛頭於車轅下，隨母而已。師古曰：張說非也。駕車不以牝馬。小雅皇皇者華之詩曰「我馬維駒」，非隨母也。【補注】沈欽韓曰：當時對不堅，故上怒其局趣，本傳以此左遷。先謙曰：正義引應注「者」作「馬」，是。官本注「貌」下無「也」字。

〔一四〕師古曰：若，汝也。

〔一五〕【補注】先謙曰：帝於太后循孝道，有上食之禮也。史記張耳傳「趙王旦夕袒韝蔽，自上食，禮甚卑，有子壻禮」。

莊子「宰人上食王，三環之」。

〔一六〕晉灼曰：藉，蹈也。

〔一七〕師古曰：以比魚肉而食噉也。【補注】先謙曰：史記「乎」作「矣」。

〔一八〕師古曰：言徒有人形耳，不知好惡也。一曰，石人者，謂常存不死也。【補注】李慈銘曰：一説是也。

〔一九〕師古曰：録録，言循衆也。

〔二〇〕師古曰：設猶脱也。

〔二一〕師古曰：嬰，景帝從舅子。蚡，太后同母弟。故言俱外家。

〔二二〕【補注】齊召南曰：史記作「石建爲上分别言兩人事」。此省「事」字。

蚡已罷朝，出止車門，〔一〕召御史大夫安國載，〔二〕怒曰：「與長孺共一禿翁，何爲首鼠兩端？」〔三〕安國良久謂蚡曰：「君何不自喜！〔四〕夫魏其毁君，君當免冠解印綬歸，〔五〕曰『臣以肺附幸得待罪，固非其任，魏其言皆是』。如此，上必多君有讓，〔六〕不廢君。魏其必媿，杜門齰舌自殺。〔七〕今人毁君，君亦毁之，譬如賈豎女子爭言，何其無大體也？」蚡謝曰：「爭時急，不知出此。」

〔一〕【補注】王先慎曰：止車，門名。御覽百八十三居處部引洛陽故宫名，有南止車門，東、西止車門。玉海百七十宫室部，後漢、兩魏皆有止車門，而不及前漢，蓋疏漏也。北史郭祚傳「御在太極，騶唱至止車門。御在朝堂，至司馬門」。

〔二〕師古曰：韓安國也。載謂共乘車。

〔三〕服虔曰：禿翁，言嬰無官位版授也。首鼠，一前一卻也。張晏曰：嬰年老，又嗜酒，頭禿，言當共治一禿翁也。師古曰：服説是也。【補注】何焯曰：安國行五百金於蚡得進，故蚡責其不專助也。李慈銘曰：注「版授」爲「扳援」之誤。集解引作「扳援」。先謙曰：謂無官位扳援者爲禿，此語不經。嬰年老頭禿，故云禿翁。史記作「老禿翁」。索隱「案謂共治一老禿翁」。亦用張説。

〔四〕師古曰：何不自謙遜爲可喜之事也。喜音許吏反。【補注】先謙曰：言蚡何用多怒爲也。集解引蘇林曰「何不自解釋爲喜樂邪」，得此文意。顔説非。

〔五〕師古曰：歸印綬於天子也。

〔六〕師古曰：多猶重也。

〔七〕師古曰：杜，塞也。齰，齧也，音仕客反。【補注】先謙曰：史記「齰」作「齚」，同。

於是上使御史簿責嬰〔一〕所言灌夫頗不讎，〔二〕劾繫都司空。〔三〕孝景時，嬰嘗受遺詔，曰「事有不便，以便宜論上」。〔四〕及繫，灌夫罪至族，事日急，諸公莫敢復明言於上。嬰乃使昆弟子上書言之，幸得召見。〔五〕書奏，案尚書，大行無遺詔。〔六〕詔書獨臧嬰家，嬰家丞封。〔七〕乃劾嬰矯先帝詔害罪當棄市。〔八〕五年十月，悉論灌夫支屬。〔九〕嬰良久乃聞有劾，即陽病痱，不食欲死。〔一〇〕或聞上無意殺嬰，復食，治病，議定不死矣。乃有飛語爲惡言聞上，〔一一〕故以十二月晦論棄市渭城。〔一二〕

〔一〕師古曰：簿責，以文簿一一責之也。簿音步户反。

〔二〕晉灼曰：讎，當也。【補注】先謙曰：史記此下有「欺謾」二字，似不可省。

〔三〕師古曰：都司空，宗正屬官也，見百官公卿表。【補注】何焯曰：嬰外家，故繫宗正屬官。

〔四〕師古曰：論説其事而上於天子。

〔五〕師古曰：幸，冀也。【補注】先謙曰：史記「得」下有「復」字。

〔六〕如淳曰：大行，主諸侯官也。師古曰：此説非也。大行，景帝大行也。尚書之中無此大行遺詔也。【補注】先謙曰：正義「天子崩曰大行」。漢舊儀云「尚書四人爲四曹」。

〔七〕孟康曰：以家丞印封遺詔也。【補注】沈欽韓曰：玉海六十一「唐故事，中書舍人掌詔誥，皆寫兩本，一爲底，一爲宣」。崇文總目有宣底八卷。案沈括筆談「晚唐樞密使自禁中受旨，出付中書，即謂之宣。中書承受，録之於籍，謂之宣底，如今之聖語簿也」。此蓋常行事目皆然，不獨唐也。況大行遺詔，豈有無副而獨藏私家者？此主者畏蚡，而助成其罪也。

〔八〕鄭氏曰：矯詔有害不害也。【補注】何焯曰：史記無「害」字，此衍文。鄭注迂鑿。王念孫曰：案漢書凡言坐矯詔罪者，皆有害、不害之分，史記亦有之。武功臣表「浩侯王恢坐使酒泉矯制害，當死」。史記同。如淳曰「律，矯詔大害，要斬。有矯詔害、矯詔不害」。外戚侯表「宜春侯衞伉坐矯制不害，免」。史記同。終軍傳「張湯劾徐偃矯制大害，法至死」。皆其證。何以害爲衍文？蓋未考漢律也。沈欽韓曰：唐詐僞律「諸詐爲制書及增減者，絞。未施行者，減一等」。案漢論矯詔害不害，或可以意輕重，不若唐律但分已未施行也。李慈銘曰：案此乃尚書劾也。

〔九〕【補注】先謙曰：史記亦作「五年」。正義曰「漢書云，元光四年冬，魏其侯嬰有罪棄市。春三月乙卯，丞相蚡薨。案，五年者，誤也」。先謙案，據此，是正義所見漢書本「五年」竝作「四年」。此「五年」乃後人所改。前三年之爲四年，亦後人沿史記之誤改之。若紀、傳歧出，師古不得無注，足證漢書本元不誤也。

〔一〇〕師古曰：痱，風疾也，音肥。【補注】李慈銘曰：案史記作「良久乃聞，聞即恚，病痱，不食欲死」是也。下言治病，則此非陽病痱明矣。先謙曰：官本「風疾」作「風病」。

〔一一〕張晏曰：蚡爲作飛揚誹謗之語也。臣瓚曰：無根而至也。

〔一二〕張晏曰：著日月者，見春垂至，恐遇赦贖之。【補注】先謙曰：通鑑考異云，班固漢武故事曰「上召大臣議之，羣臣多是竇嬰。上亦不復窮問，兩罷之。田蚡大恨，欲自殺，先與太后訣。兄弟共號哭，訴太后，太后亦哭，弗食。上不得已，遂乃殺嬰」。案漢武故事語多誕妄，非班固書，蓋後人爲之託固名耳。又徐廣疑十二月爲二月。案漢制，常以立春下寬大詔書。蚡恐魏其得釋，故以十二月晦殺之。何必改爲二月也。

春，蚡疾，一身盡痛，若有擊者，謼服謝罪。〔一〕上使視鬼者瞻之，〔二〕曰：「魏其侯與灌夫共守，笞欲殺之。」竟死。子恬嗣，元朔中有罪免。

〔一〕晉灼曰：服音瓟。關西俗謂得杖呼及小兒啼呼爲呼瓟。或言蚡號呼謝服罪也。師古曰：兩説皆通。謼，古呼字也。若謂啼爲謼服，則謼音火交反，服音平卓反。【補注】錢大昕曰：東方朔傳「上令倡監榜舍人，舍人不勝痛，呼謈」。鄧展曰「謈音瓜瓟之瓟」。呼謈，即謼服也。古音服如匐聲，轉爲謈。説文「謈，大呼自冤也」。謈，正字。服，通字。瓟，假借字。先謙曰：官本注「小兒啼」下無「呼」字，「若」字上無「也」字。

〔二〕【補注】先謙曰：史記作「使巫視鬼者視之」。説文「瞻，臨視也」。

後淮南王安謀反，覺。始安入朝時，〔一〕蚡爲太尉，迎安霸上，謂安曰：「上未有太子，大王最賢，高祖孫，即公車晏駕，〔二〕非大王立，尚誰立哉？」〔三〕淮南王大喜，厚遺金錢財物。上自嬰、夫事時不直蚡，特爲太后故。及聞淮南事，上曰：「使武安侯在者，族矣。」〔四〕

〔一〕【補注】先謙曰：集解徐廣曰「建元二年」。

〔二〕【補注】先謙曰：官本「公」作「宮」，是。

〔三〕師古曰：言大王尚不得立，當誰立也？

〔四〕師古曰：言其賴自死。

韓安國字長孺，梁成安人也，〔一〕後徙睢陽。嘗受韓子、雜説鄒田生所。〔二〕事梁孝王，爲中大夫。吴楚反時，孝王使安國及張羽爲將，扞吴兵於東界。張羽力戰，安國持重，以故吴不能過梁。吴楚破，安國、張羽名由此顯梁。

〔一〕【補注】沈欽韓曰：地理志，潁川、陳留二郡並有成安縣。此陳留之成安，先時屬梁國也。後漢廢。風俗傳「成安縣，今名利望亭」。先謙曰：今歸德府考城縣地。史記「成」作「城」，通借字。

〔二〕師古曰：田生，鄒縣人。【補注】先謙曰：韓子，韓非子。雜説，雜家説也。

梁王以至親故，得自置相二千石，出入游戲，僭於天子。〔一〕天子聞之，心不善。太后知帝弗善，乃怒梁使者，弗見，案責王所爲。安國爲梁使，見大長公主而泣〔二〕曰：「何梁王爲人子之孝，爲人臣之忠，而太后曾不省也？〔三〕夫前日吴、楚、齊、趙七國反，自關以東皆合從而西鄉，〔四〕唯梁最親，爲限難。〔五〕梁王念太后、帝在中，〔六〕而諸侯擾亂，壹言泣數行而下，跪送臣等六人將兵擊卻吴楚，〔七〕吴楚以故兵不敢西，而卒破亡，梁之力也。今太后以小苛禮責望梁王。〔八〕梁王父兄皆帝王，而所見者大，〔九〕故出稱趕，入言警，〔一〇〕車旗皆帝所賜，〔一一〕即以嫮鄙小縣，〔一二〕驅馳國中，欲夸諸侯，令天下知太后、帝愛之也。今梁使來，輒案責之，梁王恐，日夜涕泣思慕，不知所爲。何梁王之忠孝而太后不卹也？」長公主具以告太后，太后喜曰：「爲帝言之。」言之，帝心乃解，而免冠謝太后曰：〔一三〕「兄弟不能相教，乃爲太后遺

憂。」悉見梁使，厚賜之。其後，梁王益親驩。太后、長公主更賜安國直千餘金。〔一四〕由此顯，結於漢。〔一五〕

〔一〕師古曰：僭，儗也。

〔二〕如淳曰：大長公主，景帝姊也。

〔三〕師古曰：省，視也。【補注】先謙曰：索隱「省，察也」。

〔四〕師古曰：從音子容反。

〔五〕【補注】宋祁曰：一本無「難」字。周壽昌曰：言七國自東向西，梁限止其間，與之爲難。

〔六〕師古曰：中，關中也。一説謂京師爲中，猶言中國也。

〔七〕【補注】先謙曰：六人：安國，張羽，及汲黯傳之傅伯，儒林傳之丁寬，其二人未詳。

〔八〕師古曰：苛，細也。【補注】王念孫曰：史記作「小節苛禮」是也。此脱「節」字，則文義不完。

〔九〕【補注】周壽昌曰：言平日所見皆帝制之尊大，習慣爲常，即警蹕亦不爲異也。

〔一〇〕師古曰：趩，止行人也。警，令戒肅也。天子出入皆備此儀。而今云出稱警、入言趩者，互舉之耳。【補注】先謙曰：官本注作「稱趩言警」，是。

〔一一〕【補注】先謙曰：梁孝王傳「得賜天子旌旗」。

〔一二〕服虔曰：嫮，夸奼也。晉灼曰：嫮音坼嫮之嫮。鄧展曰：嫮，好也。自以車服之好曜邊鄙之邑也。師古曰：服説、晉音是也。鄙，小縣，言在外鄙之小縣也。【補注】先謙曰：官本注「夸奼」之「奼」作「好」。又「坼嫮」之「嫮」，禮樂志注引作「坼罅」之「罅」，是。史記正文作「即欲以侘鄙縣」。集解徐廣曰「侘，一作紵。案，侘音丑亞反，誇也」。索隱「漢書作嫮，音火亞反。紵音塞孟反」。先謙案，張衡七辨「西施之徒，姿容修嫮」。嫮音護。集韻「同鏄。美好也」。索隱「音火亞反」，則讀爲侘，侘與姹同。本書司馬相如傳「過姹烏有先生」。姹亦夸也。説文無侘、嫮字。姹下云「少女也」。玉篇云「美女也，引申之爲夸美之義」。是奼乃姹之正文，嫮又假借字耳。紨訓縫紩，其義不通。

〔一三〕【補注】宋祁曰：「而免冠」，南本無「而」字。

〔一四〕師古曰：更音工衡反。

〔一五〕【補注】齊召南曰：此作一句讀。史記云「名由此顯，結於漢」。意義亦遂不同。

其後，安國坐法抵罪，蒙〔一〕獄吏田甲辱安國。安國曰：「死灰獨不復然乎？」甲曰：「然即溺之。」〔二〕居無幾，梁内史缺，〔三〕漢使使者拜安國爲梁内史，起徒中爲二千石。〔四〕田甲亡。安國曰：「甲不就官，我滅而宗。」〔五〕甲肉袒謝，安國笑曰：「公等足與治乎？」〔六〕卒善遇之。

〔一〕師古曰：蒙，梁國之縣也。【補注】劉奉世曰：案「蒙」字當屬下句讀。

〔二〕師古曰：溺讀曰尿。

〔三〕師古曰：無幾，未多時也。幾音居豈反。

〔四〕【補注】先謙曰：官本「徙」作「徒」，是。

〔五〕師古曰：而，汝也。

〔六〕師古曰：治謂當敵也，今人猶云對治。治音丈吏反。一曰，不足繩治也。治讀如本字。【補注】齊召南曰：史記「笑曰」下有「可溺矣」三字。此不如本文。先謙曰：一説是也。索隱取之。官本注無治也「也」字。

内史之缺也，王新得齊人公孫詭，説之，〔一〕欲請爲内史。竇太后所，〔二〕乃詔王以安國爲内史。

〔一〕師古曰：説讀曰悦。

〔二〕【補注】先謙曰：於太后所請之也。史記作「竇太后聞」。句讀不同。

公孫詭、羊勝説王求爲帝太子及益地事，恐漢大臣不聽，乃陰使人刺漢用事謀臣。及殺故吴相爰盎，〔一〕景帝遂聞詭、勝等計畫，乃遣使捕詭、勝，必得。〔二〕漢使十輩至梁，相以下舉國大索，〔三〕月餘弗得。安國聞詭、勝匿王所，乃入見王而泣曰：「主辱者臣死。大王無良臣，故紛紛至此。今勝、詭不得，請辭賜死。」王曰：「何至此？」安國泣數行下，曰：「大王自度於皇帝，孰與太上皇之與高帝及皇帝與臨江王親？」〔四〕王曰：「弗如也。」安國曰：「夫太上皇、臨江親父子閒，然高祖曰『提三尺取天下者朕也』，〔五〕故太上終不得制事，居于櫟陽。臨江，適長太子，〔六〕以一言過，廢王臨江。〔七〕用宫垣事，卒自殺中尉府。〔八〕何則？治天下終不用私亂公。語曰：『雖有親父，安知不爲虎？雖有親兄，安知不爲狼？』〔九〕今大王列在諸侯，訹邪臣浮説，〔一〇〕犯上禁，橈明法。〔一一〕天子以太后故，不忍致法於大王。太后日夜涕泣，幸大王自改，大王終不覺寤。有如太后宫車即晏駕，大王尚誰攀乎？」語未卒，王泣數行而下，謝安國曰：「吾今出之。」即日詭、勝自殺。漢使還報，梁事皆得釋，〔一二〕安國力也。〔一三〕景帝、太后益重安國。

〔一〕【補注】劉奉世曰：刺漢謀臣，在漢已立太子之後。此云求爲太子，怨大臣不聽，故刺之。與諸傳不同，當是此誤。

〔二〕師古曰：必令得之。【補注】先謙曰：官本「遣」作「使」。

〔三〕師古曰：索，搜也，音山客反。

〔四〕師古曰：孰與，猶言何如也。

〔五〕師古曰：三尺，謂劍也。

〔六〕師古曰：適讀曰嫡。

〔七〕師古曰：景帝嘗屬諸姬子，太子母栗姬言不遜，由是廢太子，栗姬憂死也。【補注】先謙曰：集解引作「如淳」。事具外戚傳也。

〔八〕張晏曰：以侵堧垣徵，自殺也。

〔九〕師古曰：言其恩愛不可必保也。

〔一〇〕師古曰：訹，誘也，音戍。【補注】宋祁曰：江浙本「訹」作「怵」，音椿戍反。

〔一一〕師古曰：橈，曲也，音女教反。

〔一二〕師古曰：釋，解也。

〔一三〕【補注】先謙曰：據梁孝王、鄒陽傳，安國亦因長公主入言得釋。傳不言者，史文互見耳。

孝王薨，共王即位，〔一〕安國坐法失官，家居。武帝即位，武安侯田蚡爲太尉，親貴用事。安國以五百金遺蚡，〔二〕蚡言安國太后，上素聞安國賢，即召以爲北地都尉，〔三〕遷爲大司農。〔四〕閩、東越相攻，遣安國、大行王恢將兵。未至越，越殺其王降，漢兵亦罷。其年，田蚡爲丞相，〔五〕安國爲御史大夫。

〔一〕師古曰：共讀曰恭。

〔二〕【補注】錢大昭曰：潛夫論云「韓安國能遺田蚡五百金，而不能賑一窮」。

〔三〕【補注】錢大昭曰：北地有兩都尉，北部都尉治神泉障，渾懷都尉治塞外渾懷障。

〔四〕【補注】先謙曰：公卿表，建元三年。

〔五〕【補注】先謙曰：建元六年也。閩、東越相攻，史記作「閩越、東越相攻」。案武紀、兩粵傳乃閩越攻南越，漢擊閩越，閩越殺王郢降。此「閩」下奪「越」字耳。通志九十八韓安國傳「閩」下有「越」字。「東越」當作「南越」，史記亦誤。

匈奴來請和親，上下其議。〔一〕大行王恢，燕人，數爲邊吏，習胡事，議曰：「漢與匈奴和親，率不過數歲即背約。不如勿許，舉兵擊之。」安國曰：「千里而戰，即兵不獲利。〔二〕今匈奴負戎馬足，懷鳥獸心，〔三〕遷徙鳥集，難得而制。得其地不足爲廣，有其衆不足爲彊，自上古弗屬。〔四〕漢數千里爭利，則人馬罷，〔五〕虜以全制其敝，埶必危殆。臣故以爲不如和親。」羣臣議多附安國，於是上許和親。

〔一〕師古曰：下音胡亞反。

〔二〕【補注】先謙曰：史記無「即」字。

〔三〕師古曰：負，恃也。

〔四〕師古曰：不内屬於中國。【補注】王念孫曰：史記作「自上古不屬爲人」。索隱案，晉灼云「不内屬於漢爲人」。念孫案，如晉注，則漢書本作「自上古弗屬爲人」，而顏注云「不内屬於中國」，則所見本已脱「爲人」二字矣。史記主父偃諫伐匈奴書亦云「禽獸畜之不屬爲人」。

〔五〕師古曰：罷讀曰疲。

明年，〔一〕雁門馬邑豪聶壹〔二〕因大行王恢言：「匈奴初和親，親信邊，可誘以利致之，伏兵襲擊，必破之道也。」上乃召問公卿曰：「朕飾子女以配單于，幣帛文錦，〔三〕賂之甚厚。單于待命加嫚，侵盜無已，邊竟數驚，朕甚閔之。〔四〕今欲舉兵攻之，何如？」

〔一〕【補注】先謙曰：史記有「則元光元年」五字。據下召問公卿語，與武紀同，在元光二年。史記誤。

〔二〕張晏曰：豪猶帥也。【補注】周壽昌曰：豪，豪民，謂其邑人之傑出者耳。史記匈奴傳「漢使馬邑下人聶翁壹」。初未稱其爲帥也。先謙曰：馬邑，今朔平府朔州治。

〔三〕【補注】先謙曰：武紀作「金幣文繡」。

〔四〕師古曰：竟讀曰境。其下亦同。

大行恢對曰：〔一〕「陛下雖未言，臣固願效之。〔二〕臣聞全代之時，〔三〕北有彊胡之敵，〔四〕內連中國之兵，然尚得養老長幼，種樹以時，倉廩常實，〔五〕匈奴不輕侵也。今以陛下之威，海內爲一，天下同任，〔六〕又遣子弟乘邊守塞，〔七〕轉粟輓輸，以爲之備，〔八〕然匈奴侵盜不已者，無它，以不恐之故耳。〔九〕臣竊以爲擊之便。」

〔一〕【補注】宋祁曰：浙本「恢」字上有「王」字。

〔二〕師古曰：效，致也，致其計。

〔三〕服虔曰：代未分之時也。李奇曰：六國之時，全代爲一國，尚能以擊匈奴，況今加以漢之大乎！

〔四〕【補注】宋祁曰：王本改「北」爲「背」。予謂作北義直，不須爲背。
〔五〕師古曰：樹，殖也。
〔六〕如淳曰：任，事也。
〔七〕師古曰：乘，登也。登其城而備守也。【補注】宋祁曰：「又」字當從浙本作「人」。人遣者，見天下同任義。
〔八〕師古曰：輓，引車也，音晚。
〔九〕師古曰：不示威令恐懼也。

御史大夫安國曰：「不然。臣聞高皇帝嘗圍於平城，匈奴至者投鞌高如城者數所。〔一〕平城之飢，七日不食，天下歌之。〔二〕及解圍反位，而無忿怒之心。夫聖人以天下爲度者也，〔三〕不以己私怒傷天下之功，〔四〕故乃遣劉敬奉金千斤，以結和親，至今爲五世利。孝文皇帝又嘗壹擁天下之精兵，聚之廣武常谿，〔五〕然終無尺寸之功，而天下黔首無不憂者。孝文寤於兵之不可宿，〔六〕故復合和親之約。此二聖之迹，足以爲效矣。臣竊以爲勿擊便。」

〔一〕師古曰：解脱其馬，示閑暇也。投積其鞌，若營壘也。【補注】王文彬曰：此但言其馬之多耳。軍有解鞌之時，非獨以示閑暇，其高如城，亦不得言營壘也。
〔二〕【補注】先謙曰：歌見匈奴傳。
〔三〕師古曰：言當隨天下人心而寬大其度量也。
〔四〕【補注】宋祁曰：浙本「功」作「公」。王念孫曰：案「傷天下之功」，本作「傷天下之公義」，功與公同。公義與私怒相對爲文。報讎雪恥，一己之私怒也，案兵恤民，天下之公義也，故曰不以己私怒傷天下之公義。公借爲功，又脱去義字，詞意遂不完備。羣書治要引此已誤。新序善謀篇作「不以己之私怒，傷天下之公義」。漢紀孝武紀作「不以私怒，傷天下公議」。皆其證也。「議」與「義」同。莊子齊物論篇「有倫有義」，釋文「義，崔本作議」。史記留侯世家「義不爲漢臣」，新序善謀篇作「議」。司馬相如傳「義不反顧」，酷吏傳「義不受刑」，漢書竝作「議」。

〔五〕張晏曰：廣武，雁門縣。常谿，谿名。【補注】錢大昭曰：廣武，地理志屬太原。張説非也。後漢改屬雁門。沈欽韓曰：紀要「廣武城在代州西十五里，今雁門山下。州北三十五里。有水東南流，經州城外東關，名東關水；又南入滹沱，或謂之常谿水」。一統志引郡國志云「雁門有常溪水，合注滹沱」，即此。今案司馬彪志及劉昭注無此文。乃寰宇記代州下所引郡國志，蓋周、隋間所撰也。

〔六〕師古曰：宿，久留也。【補注】先謙曰：官本注無「宿」字。

恢曰：「不然。臣聞五帝不相襲禮，三王不相復樂，〔一〕非故相反也，各因世宜也。且高帝身披堅執鋭，蒙霧露，沐霜雪，行幾十年，〔二〕所以不報平城之怨者，非力不能，所以休天下之心也。今邊竟數驚，士卒傷死，中國槥車相望，〔三〕此仁人之所隱也。〔四〕臣故曰擊之便。」

〔一〕師古曰：襲，因也。復，重也。復音扶目反。

〔二〕師古曰：幾，近也，音鉅依反。

〔三〕師古曰：槥，小棺也。從軍死者以槥送致其喪。載槥之車相望於道，言其多也。槥音衛。

〔四〕張晏曰：隱，痛也。

安國曰：「不然。臣聞利不十者不易業，功不百者不變常，〔一〕是以古之人君謀事必就祖，發政占古語，重作事也。〔二〕且自三代之盛，夷狄不與正朔服色，〔三〕非威不能制，彊弗能服也，以爲遠方絶地不牧之民，不足煩中國也。〔四〕且匈奴，輕疾悍亟之兵也，〔五〕至如猋風，去如收電，〔六〕畜牧爲業，弧弓射獵，〔七〕逐獸隨草，居處無常，難得而制。今使邊郡久廢耕織，以支胡之常事，〔八〕其埶不相權也。〔九〕臣故曰勿擊便。」

〔一〕【補注】沈欽韓曰：商子更法篇「杜摯曰，利不百，不變法；功不十，不易器」。

〔二〕師古曰：祖，祖廟也。占，問也。重猶難之也。【補注】王先慎曰：古語繇詞也。書曰「汝則有大疑，謀及卜筮」。

〔三〕師古曰：與讀曰豫。

〔四〕師古曰：不牧，謂不可牧養也。

〔五〕師古曰：悍，勇也。亟，急也，音居力反。

〔六〕師古曰：猋，疾風也，音必遥反。

〔七〕師古曰：以木曰弧，以角曰弓。

〔八〕【補注】先謙曰：胡以戰鬭爲常事，邊郡兵興，則當久廢耕織，以與之支也。後漢郭泰傳注「支猶持也」。

〔九〕師古曰：輕重不等也。

恢曰：「不然。臣聞鳳鳥乘於風，聖人因於時。昔秦繆公都雍，〔一〕地方三百里，知時宜之變，攻取西戎，辟地千里，并國十四，〔二〕隴西、北地是也。及後蒙恬爲秦侵胡，辟數千里，以河爲竟，〔三〕累石爲城，樹榆爲塞，〔四〕匈奴不敢飲馬於河，置逢燧然後敢牧馬。〔五〕夫匈奴獨可以威服，不可以仁畜也。今以中國之盛，萬倍之資，遣百分之一以攻匈奴，譬猶以彊弩射且潰之癰也，〔六〕必不留行矣。〔七〕若是，則北發、月氏可得而臣也。〔八〕臣故曰擊之便。」

〔一〕師古曰：繆讀與穆同。

〔二〕師古曰：辟讀曰闢。次下亦同。

〔三〕師古曰：竟讀曰境。

〔四〕如淳曰：塞上種榆也。

〔五〕師古曰：隧，古燧字。

〔六〕【補注】沈欽韓曰：秦策「蘇代曰，以天下擊齊，猶以千鈞之弩潰癰也」。

〔七〕師古曰：留，止也，言無所礙也。

〔八〕師古曰：發猶徵召也。言威聲之盛，北自月支以來皆可徵召而爲臣也。氏讀曰支。【補注】劉敞曰：北發，國名，亦見管子書。錢大昕曰：北發，北狄地名。師古注誤。詳見武紀。

安國曰：「不然。臣聞用兵者以飽待饑，正治以待其亂，定舍以待其勞。〔一〕故接兵覆衆，伐國墮城，〔二〕常坐而役敵國，此聖人之兵也。且臣聞之，衝風之衰，不能起毛羽；〔三〕彊弩之末，力不能入魯縞。〔四〕夫盛之有衰，猶朝之必莫也。今將卷甲輕舉，深入長敺，難以爲功；〔五〕從行則迫脅，衡行則中絶，〔六〕疾則糧乏，〔七〕徐則後利，〔八〕不至千里，人馬乏食。兵法曰：『遺人獲也。』〔九〕意者有它繆巧可以禽之，則臣不知也；不然，則未見深入之利也。臣故曰勿擊便。」

〔一〕師古曰：舍，止息也。

〔二〕師古曰：覆，敗也。墮，毀也。言兵與敵接則敗其衆，所伐之國則毀其城也。覆音芳目反。墮音火規反。

〔三〕師古曰：衝風，疾風之衝突者也。

〔四〕師古曰：縞，素也。曲阜之地，俗善作之，尤爲輕細，故以取喻也。【補注】沈欽韓曰：淮南説山訓「矢之於十步貫兕甲，於三百步不能入魯縞」。先謙曰：史記云「彊弩之極，矢不能穿魯縞；衝風之末，力不能漂鴻毛。非初不勁，末力衰也」。

〔五〕師古曰：敺與驅同。

〔六〕師古曰：從音子容反。衡猶横也。【補注】王文彬曰：軍魚貫，則慮其迎擊，而前受迫脅；併進，則防其鈔截，而中路斷絶。

〔七〕【補注】先謙曰：轉輸不繼也。

〔八〕師古曰：後利，謂不及於利。

〔九〕師古曰：言以軍遺敵人，令其虜獲也。遺音弋季反。

恢曰：「不然。夫草木遭霜者，不可以風過；〔一〕清水明鏡，不可以形逃；〔二〕通方之士，不可以文亂。〔三〕今臣言擊之者，固非發而深入也，將順因單于之欲，誘而致之邊，吾選梟騎壯士陰伏而處以爲之備，審遮險阻以爲其戒。〔四〕吾埶已定，或當其左，或營其右，或當其前，或絶其後，單于可禽，百全必取。」〔五〕

〔一〕師古曰：言易零落。

〔二〕師古曰：言美惡皆見。

〔三〕師古曰：方，道也。【補注】先謙曰：不爲浮詞所奪也。

〔四〕【補注】先謙曰：廣雅釋詁「戒，備也」。

〔五〕【補注】齊召南曰：安國與王恢論馬邑之計，反覆折辯，較史記爲最詳。

上曰：「善。」乃從恢議。陰使聶壹爲間，〔一〕亡入匈奴，謂單于曰：「吾能斬馬邑令丞，以城降，財物可盡得。」單于愛信，以爲然而許之。聶壹乃詐斬死罪囚，縣其頭馬邑城下，視單于使者爲信，〔二〕曰：「馬邑長吏已死，可急來。」於是單于穿塞，將十萬騎入武州塞。〔三〕

〔一〕師古曰：間音居莧反。
〔二〕師古曰：視讀曰示。
〔三〕師古曰：在雁門。【補注】先謙曰：在今朔平府左雲縣南。

當是時，漢伏兵車騎材官三十餘萬，匿馬邑旁谷中。衞尉李廣爲驍騎將軍，太僕公孫賀爲輕車將軍，大行王恢爲將屯將軍，太中大夫李息爲材官將軍。御史大夫安國爲護軍將軍，諸將皆屬。約單于入馬邑縱兵。王恢、李息別從代主擊輜重。〔一〕於是單于入塞，未至馬邑百餘里，覺之，還去。語在匈奴傳。塞下傳言單于已去，漢兵追至塞，度弗及，〔二〕王恢等皆罷兵。

〔一〕師古曰：輜，衣車也。重謂載重物車也。故行者之資，總曰輜重。重音直用反。【補注】先謙曰：史記作「王恢、李息、李廣」。此缺李廣。
〔二〕師古曰：度音徒各反。

上怒恢不出擊單于輜重也，〔一〕恢曰：「始約爲入馬邑城，兵與單于接，而臣擊其輜重，可得利。今單于不至而還，臣以三萬人衆不敵，衹取辱。〔二〕固知還而斬，然完陛下士三萬人。」於是下恢廷尉，廷尉當恢逗橈，當斬。〔三〕恢行千金丞相蚡。蚡不敢言上，而言於太后曰：「王恢首爲馬邑事，今不成而誅恢，是爲匈奴報仇也。」上朝太后，太后以蚡言告上。上曰：「首爲馬邑事者恢，故發天下兵數十萬，從其言，爲此。且縱單于不可得，恢所部擊，猶頗可得，以慰士大夫心。〔四〕今不誅恢，無以謝天下。」於是恢聞，乃自殺。

〔一〕【補注】宋祁曰：江南本無「也」字。

〔二〕師古曰：衹，適也，音支。

〔三〕服虔曰：逗音企。應劭曰：逗，曲行避敵也。橈，顧望也。軍法語也。蘇林曰：逗音豆。如淳曰：軍法，行而逗留畏懦者要斬。師古曰：服、應二説皆非也。逗謂留止也。橈，屈弱也。逗又音住。【補注】宋祁曰：浙本無「當斬」二字。王念孫曰：案，逗當爲迟，説文「迟，曲行也，從辵，只聲」。玉篇「音邱戟切」。説文又云「乚，讀若隱。匿也，象迟曲隱蔽形」。莊子人間世篇「吾行郤曲」。釋文「郤字書作迟。郤曲，即迟曲也」。廣雅「橈、迟，曲也」。是橈與迟同義。應氏橈字之訓未確。恢不擊單于輜重而輒罷兵，故曰迟橈當斬。淮南氾論篇云「今曰，屈橈者要斬」是也。迟與逗字相似，世人多見逗，少見迟，故迟譌爲逗。史記韓長孺傳同。逗，止也。橈，曲也。二字各爲一義，不得以逗橈連文。服、應所見本正作迟。故服云，迟音企。以企、迟聲相近也。若逗字，則聲與企遠而不可通矣。應云，迟，曲行避敵也。曲行二字，正用説文迟字之訓。若逗字，則不得訓爲曲行矣。蘇、如所見本始譌作逗，故誤訓爲逗留。師古不知逗爲迟之譌，反是蘇、如而非服、應，失之矣。

〔四〕師古曰：或當得其輜重人衆也。故尉安之字正如此，其後流俗乃加心耳。【補注】先謙曰：官本「故」作「古」，是。

説文尉下云「从上案下也，从𡰥。又持火〔所〕以(尉)申繒也」。慰下云「安也，从心，(尉)〔𤈦〕聲」。尉取𤈦帖之義，慰訓心安。此云以尉士大夫心，則慰爲正字，尉乃借字耳。顏説非。

安國爲人多大略，知足以當世取舍，〔一〕而出於忠厚。〔二〕貪耆財利，〔三〕然所推舉皆廉士賢於己者。於梁舉壺遂、臧固、至它，皆天下名士，〔四〕士亦以此稱慕之，唯天子以爲國器。〔五〕安國爲御史大夫五年，丞相蚡薨。安國行丞相事，引墮車，蹇。〔六〕上欲用安國爲丞相，使使視，蹇甚，乃更以平棘侯薛澤爲丞相。安國病免，〔七〕數月，瘉，復爲中尉。

〔一〕師古曰：舍，止也。取舍，言可取則取，可止則止。【補注】先謙曰：明於趨避，所言所行，當世俗意也。當，音丁浪反。

〔二〕【補注】李慈銘曰：索隱「出者，去也。言安國爲人無忠厚之行」。似非。不特文法未合，攷安國爲人，尚爲長者，不得謂無忠厚之行。先謙曰：言智計雖工，而能出以忠厚，雖貪利，然能舉廉士。四語相對爲文。史記贊云「觀韓長孺之義，壺遂之深中隱厚，世之言梁多長者，不虛哉」！足證索隱之謬。

〔三〕師古曰：耆讀曰嗜。

〔四〕師古曰：於梁舉二人，至於他餘所舉，亦皆名士也。【補注】齊召南曰：案史記作「郅他」，則郅姓，他名，與壺遂、臧固爲三人。此傳作「至它」，則非人姓名矣。王念孫曰：索隱「上音質。下徒何反。謂三人姓名也：壺遂也，臧固也，郅他也。若漢書則云至他，言至於他處，亦舉名士也」。念孫案，至與郅通。它，古他字。壺遂、臧固、至它皆人姓名，謂長孺舉此三人，皆天下名士也。若云至於他餘所舉，亦皆天下名士，則名士不應若是之多。且至它二字，文不成義，必加所舉二字於下，而其義始明也。小司馬以至它爲至於他處，尤非。解漢書者，不以「至它」爲人姓名，徒以郅讀入聲，至讀去聲耳。不知至字古讀若質，聲與郅同，古字亦相通。豳風東山篇「我征聿至」，與垤、室、窒爲韻。小雅杕杜篇「期逝不至」，蓼莪篇「入則靡至」，竝與恤爲韻。月令「寒氣總至」，與室爲韻。莊子刻意篇「道德之質」，天道篇「質」作「至」。漢書司馬相如傳「爰周郅隆」。文穎曰，郅，至也。郅隆即至隆。史漢中人姓、人名，類多借字，郅、至之通，亦是也。

〔五〕師古曰：言臣下皆敬重之，天子一人亦以爲國器。國器者，言其器用重大，可施於國政也。【補注】宋祁曰：注文「國政」字下有「之人」二字。先謙曰：唯讀爲雖，言不獨士稱慕之，雖天子亦以國器許之也。顔注天子一人，訓唯爲獨，非。王念孫云，據顔注「亦」字當在「唯天子」下，今誤倒。史記誤同。史記汲黯傳「弘、（陽）〔湯〕深心疾黯，唯天子亦不説也」。語意正與此同。

〔六〕如淳曰：爲天子尊引，而憧車跛蹇也。【補注】宋祁曰：古本「引」字上有「奉」字。他本只云引。予謂作「奉引」爲是。沈欽韓曰：續志「乘輿大駕，公卿奉引」。案引，前導也。先謙曰：史記作「奉引」。官本注「尊」作「導」，是。

〔七〕師古曰：以足疾。

歲餘，徙爲衛尉。而將軍衛青等擊匈奴，破龍城。〔一〕明年，匈奴大入邊。語在青傳。安國爲材官將軍，屯漁陽，〔二〕捕生口虜，〔三〕言匈奴遠去。即上言方佃作時，〔四〕請且罷屯。罷屯月餘，匈奴大入上谷、漁陽。〔五〕安國壁乃有七百餘人，出與戰，安國傷，入壁。匈奴虜略千餘人及畜産去。〔六〕上怒，使使責讓安國。徙益東，屯右北平。是時虜言當入東方。〔七〕

〔一〕【補注】宋祁曰：「龍」當作「籠」，見衛青傳。先謙曰：籠城即龍城，武紀、匈奴傳可證。宋説誤。

〔二〕【補注】先謙曰：據武紀、匈奴傳，青等破龍城，在元光六年冬。安國屯漁陽即在是年秋。匈奴入遼西，殺太守，入漁陽，安國爲所敗，在次年秋。元朔元年。史記誤書青破龍城之明年，安國爲將軍，屯漁陽。班氏偶未審，遂沿其訛耳。

〔三〕【補注】先謙曰：史記作「生虜」是也。生虜即虜之生口，不當更有口字。他傳亦無稱生口虜者，明此文衍。

〔四〕師古曰：安國上奏也。佃，治田也，音與田同。【補注】先謙曰：説文無「佃」字。

〔五〕【補注】先謙曰：據武紀、匈奴傳，元朔元年，匈奴入遼西、漁陽，雁門未入上谷。二年，乃入上谷、漁陽，此承史記之誤。

〔六〕【補注】先謙曰：匈奴傳「匈奴圍安國。安國時千餘騎亦且盡，會燕救之至，匈奴乃去」。與此微異。

〔七〕【補注】先謙曰：欲令安國當虜。

安國始爲御史大夫及護軍，後稍下遷。新壯將軍衞青等有功，益貴。〔一〕安國既斥疏，將屯又失亡多，甚自媿。幸得罷歸，〔二〕乃益東徙，意忽忽不樂，數月，病歐血死。〔三〕

〔一〕【補注】周壽昌曰：史記作「而新幸壯將軍衞青等」。此去二字，文義不明。

〔二〕師古曰：冀得罷歸，以徼幸也。他皆類此。【補注】先謙曰：注「徼幸」官本作「爲幸」。案幸，冀也，上灌夫傳注可證。即徼幸之義。晉語注「幸，徼幸也」。既云冀得罷歸，不必更云徼幸也。

〔三〕【補注】先謙曰：史記云，以元朔二年中卒。

壺遂與太史遷等定漢律曆，官至詹事，其人深中篤行君子。〔一〕上方倚欲以爲相，會其病卒。〔二〕

〔一〕【補注】沈欽韓曰：燕丹子「田光其人，深中有謀」。韓非十過篇「知伯之爲人，麤中而少親」。案麤中者少親，則深中爲篤行矣。先謙曰：深中篤行，史記贊作「深中隱厚」。

〔三〕師古曰：倚謂仗任之也，音於綺反。【補注】宋祁曰：「倚欲」，浙本作「欲倚」。先謙曰：史記贊云「會遂卒」，下云「不然壺遂之内廉行修，斯鞠躬君子也」。

贊曰：竇嬰、田蚡皆以外戚重，〔一〕灌夫用一時決策，〔二〕而各名顯，〔三〕竝位卿相，大業定矣。然嬰不知時變，夫亡術而不遜，〔四〕蚡負貴而驕溢。〔五〕凶德參會，待時而發，〔六〕藉福區區其間，惡能救斯敗哉！〔七〕以韓安國之見器，臨其摯而顛墜，〔八〕陵夷以憂死，〔九〕遇合有命，悲夫！若王恢爲兵首而受其咎，豈命也虖？〔一〇〕

〔一〕【補注】何焯曰：史公記云「皆以外戚重」，復申之曰「魏其之舉以吳楚，武安之貴在日月之際」。其區分兩人尤覈。

〔二〕師古曰：謂馳入吳軍，欲報父讎也。

〔三〕【補注】王念孫曰：案「名」上本無「各」字。今作「各名顯」者，一本作「名」，一本作「各」，而後人誤合之也。用一時決策而名顯者，用亦以也，言竇、田皆以外戚重，而灌夫則以一時決策而名顯也。名顯專指灌夫，下文竝位卿相，乃總承竇、田、灌言之耳。師古不知「各」爲「名」之誤衍，而以各名顯爲總上之詞，遂以灌夫用一時決策爲句，不與下連讀，失之矣。史記正作「灌夫用一時決策而名顯」。

〔四〕師古曰：遜，順也。

〔五〕師古曰：負，恃也。

〔六〕師古曰：三人相遇，故曰參會。

〔七〕師古曰：惡音烏，謂於何也。【補注】先謙曰：「於」當作「如」。

〔八〕李奇曰：摯，極也。【補注】王先慎曰：見器，謂上欲用爲相也。書西伯戡黎「大命不摯」。傳「摯，至也」。疏「摯、至同音，故摯爲至也」。史記殷本紀作「大命胡不至」。釋詁「摯，臻也」。臻、至義同。臨其摯，猶言及其至，謂安國將至相位。李説微隔。

〔九〕師古曰：陵夷，即陵遲也，言漸卑替也。

〔一〇〕師古曰：言自己爲之，非由命也。

景十三王傳第二十三

孝景皇帝十四男。王皇后生孝武皇帝。栗姬生臨江閔王榮、河閒獻王德、臨江哀王閼。〔一〕程姬生魯共王餘、〔二〕江都易王非、〔三〕膠西于王端。〔四〕賈夫人生趙敬肅王彭祖、中山靖王勝。唐姬生長沙定王發。王夫人生廣川惠王越、膠東康王寄、清河哀王乘、常山憲王舜。〔五〕

〔一〕師古曰：閼音烏葛反。【補注】先謙曰：官本「葛」作「曷」。

〔二〕師古曰：共讀曰恭。下皆類此。

〔三〕師古曰：易音改易之易。謚法云「好更故舊曰易」。

〔四〕師古曰：于，遠也，言其所行不善，遠乖道德，故以爲謚。【補注】沈欽韓曰：禮文王世子注云「于讀爲迂，迂猶廣也，大也」。李慈銘曰：于、迂古通用，故顔以遠字訓之。先謙曰：史表索隱云「謚法能優其德曰于」。與顔説異，但考端之爲人，不當有美謚也。

〔五〕師古曰：王夫人即王皇后之妹也。

河閒獻王德以孝景前二年立，〔一〕修學好古，實事求是。〔二〕從民得善書，必爲好寫與之，留其真，〔三〕加金帛賜以招之。繇是四方道術之人不遠千里，〔四〕或有先祖舊書，多奉以奏獻王者，〔五〕故得書多，與漢朝等。是時，淮南王安亦好書，所招致率多浮辯。〔六〕獻王所得書皆古文先秦舊書，〔七〕周官、尚書、禮、禮記、〔八〕孟子、老子之屬，〔九〕皆經傳説記，七十子之徒所論。〔一〇〕其學舉六藝，〔一一〕立毛氏詩、左氏春秋博士。〔一二〕修禮樂，被服儒術，造次必於儒者。〔一三〕山東諸儒者從而游。〔一四〕

〔一〕【補注】齊召南曰：漢代賢王，河閒稱首，史記五宗世家文太簡略，自此以下云云，並漢書所補也。

〔二〕師古曰：務得事實，每求真是也。今流俗書本云「求長長老，以是從人得善書」，蓋妄加之耳。

〔三〕師古曰：真，正也。留其正本。

〔四〕師古曰：不以千里爲遠，而自致也。繇與由同。【補注】宋祁曰：「加」字新添。沈欽韓曰：西京雜記「河閒王德築日華宮，置客館二十餘區，以待學士。自奉養不踰賓客」。先謙曰：宋説不可解。御覽百五十引亦作「加金帛賜」。

〔五〕師古曰：奏，進也。

〔六〕師古曰：言無實用耳。

〔七〕師古曰：先秦，猶言秦先，謂未焚書之前。【補注】先謙曰：秦在漢先，故稱先秦，猶言前朝耳。秦代焚書以愚黔首，非内府遂無藏書也。顔説不詞。

〔八〕師古曰：禮者，禮經也。禮記者，諸儒記禮之説也。【補注】齊召南曰：禮經即儀禮十七篇。禮記，七十子後學所記，藝文志所謂記百三十一篇是也。戴記在後，故師古特解之。

〔九〕【補注】先謙曰：趙岐孟子題辭云「孝文皇帝欲廣游學之路，論語、孝經、孟子、爾雅皆置博士」。河上公序老子云

「親以所注老子授文帝」。此云孟子、老子，獻王所得，其說不同。

〔一〇〕師古曰：七十子，孔子弟子也，解具在藝文志。

〔一一〕師古曰：此六藝謂六經。

〔一二〕【補注】齊召南曰：按儒林傳，毛公治詩，貫公傳左氏，皆爲河間獻王博士，並當時不立於學官者。

〔一三〕師古曰：被服，言常居處其中也。造次，謂所嚮必行也。被音皮義反。造音千到反。【補注】先謙曰：索隱引顏注「謂所嚮必行也」作「謂所向所行，皆法於儒者」，此文傳寫誤也。通鑑胡注「顏注非也。被服者，言以儒術衣被其身」。先謙案，被服，胡說是也。顏訓「造次」爲「所向所行」，義尚微隔。造當訓行，次當訓止。「造次必於儒者」，言其行止皆有矩度。史記作「被服造次，必於儒者」，則謂不服奇衺，不苟行止也。集解引杜業奏亦云「被服造次，必於仁義」。皆以被服、造次平列。後儒訓造次爲急遽苟且之時，與古義異矣。

〔一四〕【補注】錢大昕曰：「者」閩本作「多」。先謙曰：官本作「多」，史記亦作「多從之游」。「者」字誤。

武帝時，獻王來朝，獻雅樂，對三雍宮〔一〕及詔策所問三十餘事。其對推道術而言，得事之中，〔二〕文約指明。〔三〕

〔一〕應劭曰：辟雍、明堂、靈臺也。雍，和也，言天地、君臣、人民皆和也。【補注】齊召南曰：藝文志有獻王對上下三雍宮三篇。先謙曰：案胡注云，謂對三雍宮之制度，非召對於三雍宮也。

〔二〕師古曰：中音竹仲反。

〔三〕師古曰：約，少也。指謂義之所趨，若人以手指物也。他皆類此。【補注】沈欽韓曰：「指」當爲「恉」。說文、廣雅並云「恉，意也」。書中多誤爲「指」。先謙曰：沈說是。指，恉借字，顏望文生義。

立二十六年薨。中尉常麗以聞。〔一〕曰：〔二〕「王身端行治，〔三〕温仁恭儉，篤敬愛下，明知深察，惠于鰥寡。」大行令奏：「謚法曰『聰明睿知曰獻』，〔四〕宜謚曰獻王。」〔五〕子共王不害嗣，四年薨。〔六〕子剛王堪嗣，十二年薨。〔七〕子頃王授嗣，〔八〕十七年薨。〔九〕子孝王慶嗣，四十三年薨。〔一〇〕子元嗣。

〔一〕【補注】先謙曰：百官表「諸侯王中尉，掌武職」。常麗，人姓名。

〔二〕【補注】李慈銘曰：「曰」字上當有「制」字。

〔三〕師古曰：端，直；治，理也。

〔四〕師古曰：叡，深也，通也。【補注】先謙曰：官本「叡」作「睿」。

〔五〕【補注】先謙曰：案集解引漢名臣奏，杜業奏曰「河閒獻王經術通明，積德累行，天下雄俊衆儒皆歸之。孝武帝時，獻王朝，被服造次必於仁義。問以五策，獻王輒對無窮。孝武帝艴然難之，謂獻王曰『湯以七十里，文王百里，王其勉之』！王知其意，歸即縱酒聽樂，因以終」。何焯云，策謚之詞，褒崇若此，知業語爲無稽。先謙案，史表「武帝元光五年，獻王來朝」。即王之二十六年也，歸後即薨。此自當時流傳之誤。

〔六〕【補注】先謙曰：「不害」，表作「不周」，誤。史表、世家與此同。

〔七〕【補注】先謙曰：「堪」，史表同本表。世家作「基」。

〔八〕師古曰：頃音傾。諸爲謚者，皆類此也。【補注】先謙曰：「授」，史表、世家同。本表作「緩」，誤。

〔九〕【補注】先謙曰：史表「終於頃王十三年」，當太初四年也。據本表「孝王，天漢四年嗣」，是頃王以三年薨，「七」當作「六」。

〔一〇〕【補注】先謙曰：表作「四十七年」。據表「王元，五鳳四年嗣」，是孝王以三年薨，正四十三年。此是，表誤。

元取故廣陵厲王、厲王太子及中山懷王故姬廉等以爲姬。甘露中，冀州刺史敞奏元事，〔一〕下廷尉，逮召廉等。元迫脅凡七人，令自殺。有司奏請誅元，有詔削二縣萬一千户。後元怒少史留貴，〔二〕留貴踰垣出，欲告元，元使人殺留貴母。有司奏元殘賊不改，不可君國子民。廢勿王，處漢中房陵。〔三〕居數年，坐與妻若共乘朱輪車，怒若，又笞擊，令自髡。漢中太守請治元，病死。〔四〕立十七年，〔五〕國除。

〔一〕【補注】錢大昭曰：敞，張敞也。

〔二〕【補注】何焯曰：少史即少使。外戚傳有長使、少使，主供使者。

〔三〕師古曰：房陵，漢中縣。【補注】先謙曰：據表，建昭元年廢。

〔四〕【補注】先謙曰：官本無「元」字，引宋祁曰：浙本「病」字上有「元」字。

〔五〕【補注】宋祁曰：姚本「七」作「五」。先謙曰：表亦作「十七年」，姚本誤。

絶五歲，成帝建始元年，復立元弟上郡庫令良，〔一〕是爲河間惠王。良修獻王之行，母太后薨，服喪如禮。哀帝下詔褒揚曰：「河閒王良，喪太后三年，爲宗室儀表，其益封萬户。」二十七年薨。子尚嗣，王莽時絶。

〔一〕如淳曰：漢官北邊郡庫，官兵之所藏，故置令。

臨江哀王閼〔一〕以孝景前二年立，三年薨。無子，國除爲郡。

〔一〕【補注】先謙曰：史記「閼」作「閼于」，兩見。

臨江閔王榮以孝景前四年爲皇太子，四歲廢爲臨江王。三歲，〔一〕坐侵廟壖地爲宮，〔二〕上徵榮。榮行，祖於江陵北門，〔三〕既上車，軸折車廢。〔四〕江陵父老流涕竊言曰：「吾王不反矣！」〔五〕榮至，詣中尉府對簿。中尉郅都簿責訊王，〔六〕王恐，自殺。〔七〕葬藍田，燕數萬銜土置冢上。百姓憐之。

〔一〕【補注】先謙曰：史記作「四年」，表繫「中三年」，此及本表作「三年」。案景紀，榮死繫「中二年三月」，史記景紀同作「三歲」是也。

〔二〕師古曰：壖音人緣反。解在食貨志及鼂錯傳。【補注】先謙曰：景紀作「侵太宗廟地」，乃臨江國所立廟也。

〔三〕師古曰：祖者，送行之祭，因饗飲也。昔黄帝之子纍祖好遠游而死於道，故後人以爲行神也。【補注】王文彬曰：索隱「祖者，行神，行而祭之，故曰祖也」。風俗通云「共工氏之子曰修，好遠游，故祀爲祖神」。又崔浩云「黄帝之子嫘祖好遠游，而死於道，因以爲行神」。亦不知其何據，蓋見其謂之祖，因以爲嫘祖。非也。據帝系及本紀，皆言嫘祖，黄帝妃，無爲行神之由也。又聘禮云「出祖釋軷，祭脯酒」而已。按今祭禮，以軷壤土，爲壇於道，則用黄羝，或用狗，以其羝血釁左輪。文彬按，祖，始行也。爾雅「祖，俶，首，皆始也」。今人始行曰俶裝，曰首塗，與祖同義。聘禮鄭注「祖，始也，既受聘享之禮，行出國門，止陳車騎，釋奠於軷，爲行始也」。詩傳「軷，道祭也，謂祭道路之神」。據此，是祖爲行始，於祖時致祭，故謂之祖，非以祖爲行神，乃謂行祭曰祖也。孔穎達云「此一祭而三名，曰軷，曰祖。詩云『取羝以軷』，又云『出祖』是也。又名道，曾子問曰『道而出』是也」。又儀禮賈疏云「道路之神有二：在國内，釋幣於行者，即禮五祀之行神。謂平適道路之神；出國門，釋奠於軷者，謂山行道路之神，是以委土爲山象」。據此，則祖之祭在國門外，故榮祖於北門也。

〔四〕師古曰：廢，壞也。

〔五〕【補注】先謙曰：正義引荆州圖副云「自此後北門存而不啟，蓋爲榮不以道終也」。

〔六〕師古曰：簿皆音薄户反。訊，問也，音信。

〔七〕【補注】先謙曰：史記景紀云「即死中尉府中」。荆州圖副云「懼而縊死」。

榮最長，亡子，國除。〔一〕地入于漢，爲南郡。

〔一〕師古曰：榮實最長，而傳居二王之後者，以其從太子被廢，後乃立爲王也。

魯恭王餘〔一〕以孝景前二年立爲淮陽王。〔二〕吴楚反破後，以孝景前三年徙王魯。〔三〕好治宫室苑囿狗馬，〔四〕季年好音，〔五〕不喜辭。〔六〕爲人口吃難言。〔七〕二十八年薨。〔八〕子安王光嗣，初好音樂輿馬，晚節遴，〔九〕唯恐不足於財。四十年薨。子孝王慶忌嗣，三十七年薨。子頃王勁嗣，二十八年薨。〔一〇〕子文王睃嗣，〔一一〕十八年薨，〔一二〕亡子，國除。哀帝建平三年，復立頃王子睃弟郚鄉侯閔爲王。〔一三〕王莽時絶。〔一四〕

〔一〕【補注】先謙曰：前云「魯共王餘」，此及下文「恭」當爲「共」，傳寫誤也。本表及史表、世家並作「共」。

〔二〕【補注】先謙曰：景紀前三年正月，淮陽王宫正殿災。

〔三〕【補注】先謙曰：據史表在六月。

〔四〕【補注】沈欽韓曰：西京雜記「魯恭王好鬬雞鴨及鵞雁，養孔雀、鵁鶄，俸穀一年費二千石」。

〔五〕師古曰：季年，末年也。

〔六〕師古曰：喜音許吏反。【補注】先謙曰：史記「辭」下有「辯」字，文意較明。官本注無「音」字。

〔七〕師古曰：吃音訖。【補注】先謙曰：説文「吃，言蹇難也」。

〔八〕【補注】先謙曰：表同。史表、世家並作二十六年。據表「安王，元朔元年嗣」。是共王止二十六年。史記是，此誤。

〔九〕師古曰：晚節猶言末時也。遴與吝同，猶言貪嗇也。【補注】錢大昭曰：易蒙初六「以往吝」。説文兩引之，一曰「吝，恨惜也」。一曰「遴，行難也」。遴與吝通用。王莽傳云「性實遴嗇」，亦此意。廣雅「遴，𨃅也」。

〔一〇〕【補注】先謙曰：「勁」，表作「封」。

〔一一〕【補注】宋祁曰：「畯」疑作「俊」。

〔一二〕【補注】先謙曰：表作「十九年」。

〔一三〕蘇林曰：郚音魚，縣名也，屬東海郡。師古曰：又音吾。【補注】宋祁曰：兩浙本無「頃王子」三字。王念孫曰：兩浙本是也。閔爲畯弟，則爲頃王子可知，無庸更言頃王子矣。上文云「復立元弟上郡庫令良」，下文云「立尊弟高」，皆不言某王子，是其例。

〔一四〕【補注】先謙曰：表云「莽篡位，貶爲公。明年獻神書，封列侯，賜姓王」。

恭王初好治宫室，〔一〕壞孔子舊宅以廣其宫，聞鐘磬琴瑟之聲，遂不敢復壞，於其壁中得古文經傳。〔二〕

〔一〕【補注】先謙曰：文選王延壽魯靈光殿賦序云「魯靈光殿者，蓋景帝程姬之子恭王餘之所立也。初恭王始都下國，好治宫室，遂因魯僖基兆而營焉」。

〔二〕【補注】先謙曰：藝文志「得古文尚書及禮記、論語、孝經凡數十篇，皆古字」。

江都易王非以孝景前二年立爲汝南王。吴楚反時，非年十五，有材氣，上書自請擊吴。景帝賜非將軍印，擊吴。吴已破，徙王江都，治故吴國，〔一〕以軍功賜天子旗。〔二〕元光中，匈奴大入漢邊，非上書願擊匈奴，上不許。〔三〕非好氣力，〔四〕治宮館，招四方豪桀，驕奢甚。〔五〕二十七年薨，〔六〕子建嗣。

〔一〕師古曰：治謂都之。劉濞所居也。【補注】先謙曰：據史表「前四年徙江都」。

〔二〕【補注】先謙曰：御覽百五十引，「旗」上有「旌」字。史記亦作「賜天子旌旗」。此脱。

〔三〕【補注】先謙曰：史記作「元光五年」。案匈奴入邊在二年、六年。

〔四〕【補注】沈欽韓曰：西京雜記「江都王勁捷，能超七尺屏風」。

〔五〕【補注】先謙曰：非事亦見董仲舒傳。

〔六〕【補注】先謙曰：表作「二十八年」，史表、世家並作「二十六年」。據表「王建元朔二年嗣」。是易王以元年薨，正二十六年。此傳、表並誤。

建爲太子時，邯鄲人梁蚡持女欲獻之易王，建聞其美，私呼之，因留不出。蚡宣言曰：「子乃與其公爭妻！」建使人殺蚡。蚡家上書，下廷尉考，〔一〕會赦，不治。易王薨未葬，建居服舍，〔二〕召易王所愛美人淖姬等凡十人與姦。〔三〕建女弟徵臣爲蓋侯子婦，〔四〕以易王喪來歸，建復與姦。〔五〕建異母弟定國爲淮陽侯，易王最小子也，〔六〕其母幸立之，〔七〕具知建事，行錢使男子荼恬上書，〔八〕告建淫亂，不當爲後。事下廷尉，廷尉治恬受人錢財爲上書，論棄市。建罪不治。後數使使至長安迎徵臣，魯恭王太后聞之，〔九〕遺徵臣書曰：「國中口語籍籍，慎無復至江都。」〔一〇〕後建使謁者吉請問共太后，〔一一〕太后泣謂吉：「歸以吾言謂而王，〔一二〕王前事漫漫，〔一三〕今當自謹，獨不聞燕齊事乎？」〔一四〕言吾爲而王泣也。」吉歸，致共太后語，建大怒，擊吉，斥之。〔一五〕

〔一〕【補注】先謙曰：考，按問也。

〔二〕師古曰：倚廬堊室之次也。

〔三〕鄭氏曰：淖音卓王孫之卓。蘇林曰：淖音泥淖。師古曰：蘇説是，音女教反。

〔四〕師古曰：女弟，即妹也。【補注】先謙曰：據表，是時蓋侯王充也。

〔五〕【補注】先謙曰：史記云「建又盡與其姊弟姦」。

〔六〕【補注】王念孫曰：淮陽乃王國，非侯國。「陽」當爲「陵」。王子侯表云「淮陵侯定國，江都易王子」。是其證。漢淮陵故城在今泗州盱眙縣西北，與江都相近。

〔七〕師古曰：冀得立其子爲易王嗣。

〔八〕蘇林曰：荼音食邪反。【補注】宋祁曰：浙本注文無「反」字，云「荼音琅邪」，淳化本「郎邪反」，皆未安。錢大昕曰：廣韻，余姓有二，其一以諸切，秦由余之後。何氏姓苑云，新安人。此余字本音。其一視遮切，見姓苑，出南昌郡，此即荼之省文。今人妄造佘字，讀如蛇音，非也。

〔九〕師古曰：易王即魯恭王同母之弟，徵臣則太后之孫也，故與書戒之。【補注】宋祁曰：「恭」當作「共」。先謙曰：太后即程姬也。

〔一〇〕師古曰：籍籍，諠聒之意。

〔一一〕師古曰：謂請問起居也。【補注】先謙曰：百官表，諸侯王國官有謁者。吉其名。

〔一二〕師古曰：謂，告也。而，汝也。

〔一三〕【補注】先謙曰：後漢仲長統傳注「漫漫，猶縱逸也」。

〔一四〕張晏曰：燕王定國、齊王次昌皆與子昆弟姦，發覺自殺也。

〔一五〕師古曰：斥謂退棄之。

建游章臺宮，令四女子乘小舩，建以足蹈覆其舩，〔一〕四人皆溺，二人死。後游雷波，〔二〕天大風，建使郎二人乘小舩入波中，舩覆，兩郎溺，攀舩，乍見乍没。建臨觀大笑，令皆死。〔三〕宮人姬八子有過者，輒令臝立擊鼓，〔四〕或置樹上，久者三十日乃得衣；或髡鉗以鉛杵舂，〔五〕不中程輒掠；〔六〕或縱狼令齧殺之，〔七〕建觀而大笑；或閉不食，令餓死。凡殺不辜三十五人。建欲令人與禽獸交而生子，彊令宮人臝而四據，與羝羊及狗交。〔八〕專爲淫虐，自知罪多，國中多欲告言者，建恐誅，心内不安，與其后成光共使越婢下神，祝詛上。〔九〕與郎中令等語怨望：〔一〇〕「漢廷使者即復來覆我，我決不獨死！」〔一一〕

〔一〕師古曰：覆音芳目反。其下亦同。

〔二〕師古曰：波讀爲陂。雷陂，陂名。其下云入波中亦同。【補注】沈欽韓曰：雷波即雷塘。寰宇記「雷塘在揚州江都縣東北十里」。先謙曰：九域志「雷陂在揚州府江都縣，有臺高二尺」。南兖記，即吴王濞之釣臺也。

〔三〕師古曰：不救止之，並死陂中也。

〔四〕師古曰：八子，姬妾官名也。羸者，露其形也，音來果反。【補注】沈欽韓曰：八子，承秦女官。史記「秦昭王母芋八子。孝文王母唐八子」。

〔五〕師古曰：鋊者，錫之類也，音弋全反。

〔六〕師古曰：程者，作之課也。掠，笞擊也。

〔七〕師古曰：縱，放也。

〔八〕師古曰：羝羊，牡羊，音丁奚反。【補注】先謙曰：四據，手及足據地也。

〔九〕【補注】先謙曰：越婢，越女解巫禳之術，而爲宫婢者。

〔一〇〕【補注】先謙曰：百官表，諸侯王國官有郎中令。

〔一一〕師古曰：覆，治也。不獨死，言欲反也。覆音芳目反。【補注】王念孫曰：案訓覆爲治，於古無據。爾雅「覆，察審也」。鄭注考工記弓人云「覆猶察也」。言使者若復來審問我，則我必叛也。

建亦頗聞淮南、衡山陰謀，恐一日發，爲所并，遂作兵器。號王后父胡應爲將軍。中大夫疾有材力，善騎射，〔一〕號曰靈武君。作治黄屋蓋；刻皇帝璽，鑄將軍、都尉金銀印；作漢使節二十，綬千餘；具置軍官品員，及拜爵封侯之賞；具天下之輿地及軍陳圖。遣人通越繇王閩侯，〔二〕遺以錦帛奇珍，繇王閩侯亦遺建荃葛、〔三〕珠璣、〔四〕犀甲、翠羽、蝯熊奇獸，數通使往來，約有急相助。〔五〕及淮南事發，治黨與，頗連及建，建使人多推金錢絶其獄。〔六〕後復謂近臣曰：「我爲王，詔獄歲至，生又無驩怡日，壯士不坐死，欲爲人所不能爲耳。」〔七〕建時佩其父所賜將軍印，載天子旗出。積數歲，事發覺，漢遣丞相長史與江都相雜案，索得兵器璽綬節反具，〔八〕有司請捕誅建。制曰：「與列侯吏二千石博士議。」〔九〕議皆曰：「建失臣子道，積久，輒蒙不忍，遂謀反逆。所行無道，雖桀紂惡不至於此。天誅所不赦，當以謀反法誅。」有詔宗正、廷尉即問建。〔一〇〕建自殺，后成光等皆棄市。六年國除，〔一一〕地入于漢，爲廣陵郡。

〔一〕師古曰：疾者，中大夫之名。

〔二〕【補注】先謙曰：越繇王，閩粵王無諸孫繇君丑也。見兩粵傳。繇音搖。閩侯，蓋其所屬。

〔三〕蘇林曰：荃音詮，細布屬也。服虔曰：音蓀，細葛也。臣瓚曰：荃，香草也。師古曰：服、瓚二說皆非也。許慎云「荃，細布也」。字本作絟，音千全反，又音千劣反。蓋今南方筩布之屬皆爲荃也。葛即今之葛布也。以荃及葛遺建也。【補注】先謙曰：說文「荃，芥脃也。絟，細布也」。一切經音義十四引作「細葛布也」。廣韻「絟，細布別名，通作荃」。沈欽韓謂荃不當爲絟。引寰宇記「廣、潮等州土産蕉布、竹布，皆緝其皮爲之」。廣東新語云「蕉竹之屬，皆荃也」。足廣異聞，要違古義矣。官本注音「蓀」上有「荃」字。

〔四〕師古曰：璣謂珠之不圜者也，音機，又音畿。

〔五〕師古曰：約謂言契也。

〔六〕師古曰：行賄賂以滅其蹤緒也。

〔七〕師古曰：亦言欲反也。

〔八〕師古曰：索，搜也。

〔九〕【補注】先謙曰：吏二千石，郡守也。

〔一〇〕師古曰：即，就也，就其國問之。【補注】先謙曰：據公卿表，宗正劉受，廷尉張湯。

〔一一〕【補注】劉攽曰：當云建立六年。

絶百二十一年，平帝時，〔一〕新都侯王莽秉政，興滅繼絶，立建弟盱眙侯子宮爲廣陵王，〔二〕奉易王後。莽篡，國絶。

〔一〕【補注】先謙曰：據表，元始二年。

〔二〕師古曰：盱音許于反。眙音怡。【補注】先謙曰：王子侯表「盱台侯蒙之，江都易王子，元鼎五年，坐酎金免」。是建弟即蒙之也。諸侯王表「宮以易王庶孫盱眙侯子紹封」。則宮爲蒙之子。「廣陵」，表作「廣世」。

膠西于王端，孝景前三年立。爲人賊盭，又陰痿，〔一〕一近婦人，病數月。有所愛幸少年，以爲郎。郎與後宮亂，端禽滅之，及殺其子母。數犯法，〔二〕漢公卿數請誅端，天子弗忍，而端所爲滋甚。〔三〕有司比再請，削其國，去太半。〔四〕端心慍，遂爲無訾省。〔五〕府庫壞漏，盡腐財物，以鉅萬計，終不得收徙。〔六〕令吏毋得收租賦。端皆去衞，〔七〕封其宮門，從一門出入。數變名姓，爲布衣，之它國。〔八〕

〔一〕師古曰：盭，古戾字也，言其性賊害而佷戾也。痿音萎。【補注】先謙曰：官本注無上「也」字，「言其」上有「賊盭」二字，「害」下無「而」字，「佷」作「狼」。

〔二〕師古曰：數音所角反。次下亦同。

〔三〕師古曰：滋，益也。

〔四〕張晏曰：三分之二爲太半，一爲少半。師古曰：比，頻也。

〔五〕蘇林曰：爲無所省録也。師古曰：訾，訾財也。省，視也。言不視訾財也。【補注】劉奉世曰：無訾省，猶今不藉賴，忿故爲此。顔失之。沈欽韓曰：齊語「訾相其質」。注「訾，量也」。呂覽知度篇「訾功丈而知人數矣」。注「訾，相也，相功力丈尺，而知用人數多少」。韓非亡徵篇「發心悁忿而不訾前後者，可亡也」。禮記少儀「不訾重器」。注「訾，思也」。並是。此訾省義，蘇説得之。先謙曰：無訾省，若今言諸事不理。言端含怒，遂一切漫無思省，故致財物腐不徙，吏不收租賦也。蘇、沈説是。

〔六〕師古曰：不收又不徙置他處。

〔七〕【補注】先謙曰：索隱「謂不置宿衛人」。

〔八〕師古曰：之，往也。

相二千石至者，奉漢法以治，端輒求其罪告之，亡罪者詐藥殺之。所以設詐究變，〔一〕彊足以距諫，〔二〕知足以飾非。相二千石從王治，則漢繩以法。故膠西小國，而所殺傷二千石甚衆。〔三〕立四十七年薨。無子，國除。地入于漢，爲膠西郡。

〔一〕師古曰：究，極也。

〔二〕【補注】先謙曰：距，拒借字。論語「其不可者拒之」。古本作「距」。

〔三〕【補注】先謙曰：端事又見董仲舒傳。

趙敬肅王彭祖以孝景前二年立爲廣川王。趙王遂反破後，徙王趙。彭祖爲人巧佞，卑諂足共，〔一〕而心刻深，好法律，持詭辯以中人。〔二〕多內寵姬及子孫。相二千石欲奉漢法以治，則害於王家。是以每相二千石至，彭祖衣帛布單衣，〔三〕自行迎除舍，〔四〕多設疑事以詐動之，得二千石失言，中忌諱，輒書之。二千石欲治者，則以此迫劫；不聽，乃上書告之，及汙以姦利事。彭祖立六十餘年，〔五〕相二千石無能滿二歲，輒以罪去，大者死，小者刑。以故二千石莫敢治，而趙王擅權。使使即縣爲賈人榷會，〔六〕入多於國租稅。以是趙王家多金錢，然所賜姬諸子，亦盡之矣。彭祖不好治宮室機祥，〔七〕好爲吏。上書願督國中盜賊。〔八〕常夜從走卒行徼邯鄲中。〔九〕諸使過客，以彭祖險陂，莫敢留邯鄲。〔一〇〕

〔一〕師古曰：共讀曰恭。足恭，謂便辟也。

〔二〕師古曰：詭辯，違道之辯也。中，傷也，音竹仲反。

〔三〕師古曰：或帛或布以爲單衣。【補注】王念孫曰：案「帛布」當從史記五宗世家作「皁布」。皁布單衣，賤者之服也。皁與帛字相似，因誤爲帛。管子輕重戊篇「立皁牢，服牛馬」。今本「皁」誤作「帛」。衣帛則不衣布，衣布則不衣帛，不得言衣帛布也。師古曰，或帛或布以爲單衣。斯爲曲說矣。王先慎曰：王說是。御覽六百九十一引此傳文正作「皁布單衣」。先謙曰：皁布衣，蓋隸役所服，故下云，行迎除舍，令人不疑是王也。

〔四〕師古曰：至除舍迎之也。除舍，謂初所至之舍。【補注】宋祁曰：當云「迎至除舍」。先謙曰：顔、宋說非也。史記作「自行迎除二千石舍」。則除舍非連文明矣。言自行迎之，又爲埽除其舍也。索隱「謂彭祖自爲二千石埽除其舍以迎之也」，顛倒文義，亦未合。

〔五〕【補注】先謙曰：史記作「五十餘年」。案史表「終於太初四年」。彭祖時立五十五年，此總其立至薨年計之，故云六十餘年也。

〔六〕韋昭曰：平會兩家買賣之賈者。榷者，禁他家，獨王家得爲之也。師古曰：即，就也。就諸縣而專榷賈人之會，若今和市矣。榷音角。會音工外反。【補注】宋祁曰：「榷」從木，從手者非是。沈欽韓曰：廣雅「榷、彴，獨梁也」。

按獨梁惟一人得行。韋昭云「榷者，禁他家，獨王家得爲之」。是此義。唐律「諸買賣不和而較固取者」。注云「較謂專略其利，固謂障固其市」。則「較」與「榷」通也。先謙曰：會，會計也，總計買人財物而征榷之，故曰榷會。賈者之賈讀曰價。

〔七〕服虔曰：求福也。師古曰：禨，鬼俗也，字或作䰣。淮南子曰「荆人鬼，越人䰣」。禨祥，總謂鬼神之事也。服說失之。禨音居衣反。【補注】宋祁曰：禨當作巨衣反。

〔八〕師古曰：督，視察也。

〔九〕師古曰：徼謂巡察也，音工釣反。【補注】先謙曰：說文「徼，循也」。公卿表有游徼，徼循禁賊盜。

〔一〇〕師古曰：使謂京師使人也。過客，行客從趙過者也。陂謂傾側也，音皮義反。

久之，太子丹與其女弟及同產姊姦。江充告丹淫亂，〔一〕又使人椎埋攻剽，爲姦甚衆。〔二〕武帝遣使者發吏卒捕丹，下魏郡詔獄，治罪至死。彭祖上書冤訟丹，願從國中勇敢擊匈奴，〔三〕贖丹罪，上不許。久之，竟赦出。後彭祖入朝，因帝姊平陽隆慮公主，〔四〕求復立丹爲太子，上不許。

〔一〕【補注】先謙曰：史記無「弟」字。事詳充傳。

〔二〕師古曰：椎殺人而埋之，故曰椎埋。剽，劫也。椎音直佳反，其字從木。剽音頻妙反，其字從刀。【補注】先謙曰：顧炎武云，椎埋，即掘冢也。新葬者謂之埋。師古注非。沈欽韓云：南史蕭穎達傳「梁州有古墓，名曰尖冢，有欲發者，輒聞鼓角與外相拒，椎埋者懼而退」。是椎埋爲發冢之徵矣。淮南人閒訓「掘藏之家必有殃」。高注「謂發冢得伏藏」。即椎埋意也。

〔三〕師古曰：以勇敢自隨。【補注】先謙曰：從音縱。

〔四〕師古曰：慮音盧。

彭祖取江都易王寵姬，王建所姦淖姬者，甚愛之，生一男，號淖子。彭祖以征和元年薨，〔一〕謚敬肅王。彭祖薨時，淖姬兄爲漢宦者，上召問：「淖子何如？」對曰：「爲人多欲。」上曰：「多欲不宜君國子民。」問武始侯昌，曰：「無咎無譽。」上曰：「如是可矣。」遣使者立昌，是爲頃王，十九年薨。子懷王尊嗣，五年薨。無子，絶二歲。宣帝立尊弟高，是爲哀王，數月薨。子共王充嗣，五十六年薨。子隱嗣，王莽時絶。

〔一〕【補注】先謙曰：據表「彭祖立六十三年薨。征和元年頃王昌嗣」。是彭祖以太始四年薨。此文誤也。

初，武帝復以親親故，立敬肅王小子偃爲平干王，〔一〕是爲頃王，十一年薨。〔二〕子繆王元嗣，二十五年薨。〔三〕大鴻臚禹奏：〔四〕「元前以刃賊殺奴婢，子男殺謁者，爲刺史所舉奏，罪名明白。病先令，令能爲樂奴婢從死，〔五〕迫脅自殺者凡十六人，暴虐不道。故春秋之義，誅君之子不宜立。〔六〕元雖未伏誅，不宜立嗣。」奏可，國除。

〔一〕孟康曰：今廣平。【補注】先謙曰：在今廣平府雞澤縣東二十里。紀要「征和二年爲平干國」。據表，征和二年立也。

〔二〕【補注】宋祁曰：「頃王」下疑更有「頃王」二字。

〔三〕【補注】宋祁曰：「五」當作「二」。先謙曰：宋説非也。據表「元鳳元年，繆王元嗣，二十四年，五鳳二年，坐殺謁者，會薨，不得代」。案元鳳元年至五鳳二年，正二十五年。表「二十四年」，「四」爲「五」字之誤。

〔四〕【補注】錢大昕曰：王禹也。

〔五〕師古曰：先令者，預爲遺令也。能爲樂，作樂之人也。從死，以殉葬也。

〔六〕【補注】沈欽韓曰：公羊「昭十一年，楚滅蔡」傳文。白虎通興滅繼絶云「誅君之子不立。君見弑，其子得立，何以尊君、防篡弑？」

中山靖王勝以孝景前三年立。武帝初即位，大臣懲吴楚七國行事，議者勿寃鼂錯之策，〔一〕皆以諸侯連城數十，泰强，欲稍侵削，數奏暴其過惡。〔二〕諸侯王自以骨肉至親，先帝所以廣封連城，犬牙相錯者，爲盤石宗也。〔三〕今或無罪，爲臣下所侵辱，有司吹毛求疵，〔四〕笞服其臣，使證其君，多自以侵寃。〔五〕

〔一〕師古曰：言錯策爲是，枉見殺也。【補注】先謙曰：官本「勿」作「多」是。行事猶故事。

〔二〕師古曰：暴謂披布之。

〔三〕師古曰：錯，雜也，言其地相交雜。

〔四〕師古曰：疵，病也，音才斯反。【補注】沈欽韓曰：韓非大體篇「不吹毛而求小疵，不洗垢而索難知」。

〔五〕【補注】先謙曰：諸侯王多自以爲見侵陵。寃，屈也。本書凡言「自以爲」者，止作「自以」。元紀「人人自以得上意」，自以爲得上意也。于定國傳「民自以不寃」，自以爲不寃也。此類甚多。

建元三年，代王登、長沙王發、中山王勝、濟川王明來朝，〔一〕天子置酒，勝聞樂聲而泣。問其故，勝對曰：〔二〕

〔一〕【補注】先謙曰：案濟川以是年廢。據史表書代、長沙、中山是年來朝，濟川不書。

〔二〕【補注】沈欽韓曰：或謂此對疑亦文士寓言，非當時辭令。按西京雜記「魯恭王得文木一枝，伐以爲器，意甚玩之，中山王爲賦云云，恭王大悦」。則勝固優於文者。

臣聞悲者不可爲絫欷，〔一〕思者不可爲歎息。〔二〕故高漸離擊筑易水之上，荆軻爲之低而不食；〔三〕雍門子壹微吟，孟嘗君爲之於邑。〔四〕今臣心結日久，每聞幼眇之聲，不知涕泣之横集也。〔五〕

〔一〕師古曰：絫，古累字。累，重也。欷，歔欷也，音許既反。

〔二〕師古曰：言聞欷歎之聲，則悲思益甚。

〔三〕應劭曰：燕太子丹遣荆軻刺秦王，賓客祖於易水之上，漸離擊筑，士皆垂泣，荆卿不能復食也。師古曰：低謂俛首。【補注】先謙曰：御覽百五十引此，作「泣而不食」。

〔四〕張晏曰：齊之賢者，居雍門，因以爲號。蘇林曰：六國時人，名周，善鼓琴，母死無以葬，見孟嘗君而微吟也。如淳曰：雍門子以善鼓琴見孟嘗君，先説萬歲之後，高臺既已顛，曲池又已平，墳墓生荆棘，牧豎游其上，孟嘗君亦如是乎？孟嘗君喟然歎息也。師古曰：如説是也，蘇失之矣。於邑，短氣貌。於音烏。邑音一合反，或讀如本字。【補注】沈欽韓曰：如説見説苑善説篇。齊策又有一雍門子，勸王建無入秦。蘇説當亦有據。

〔五〕師古曰：幼音一笑反。眇音妙。幼妙，精微也。【補注】先謙曰：幼讀曰要。

夫衆喣漂山，〔一〕聚蟁成靁，〔二〕朋黨執虎，十夫橈椎。〔三〕是以文王拘於牖里，孔子阸於陳蔡。此乃烝庶之成風，增積之生害也。〔四〕臣身遠與寡，莫爲之先，〔五〕衆口鑠金，積毁銷骨，〔六〕叢輕折軸，羽翮飛肉，〔七〕紛驚逢羅，潸然出涕〔八〕。

〔一〕應劭曰：煦，吹煦也。師古曰：漂，動也。煦音許句反，又音許于反。漂音匹遥反。【補注】劉奉世曰：煦，吐沫也。

〔二〕師古曰：蝱，古蚊字。靁，古雷字。言衆蚊飛聲有若雷也。

〔三〕師古曰：橈，曲也，音女教反。【補注】沈欽韓曰：韓非內儲上「龐恭謂魏王曰，市之無虎也明矣，然而三人言而成虎」。秦策「莊語王稽曰，三人成虎，十夫揉椎」。先謙曰：執，固執也，謂執言有虎，喻人口多則僞可使真，直可使曲。

〔四〕師古曰：烝庶，謂衆人也。

〔五〕師古曰：身遠者，去帝京遠。與寡者，少黨與也。先謂素爲延譽也。

〔六〕師古曰：解在鄒陽傳。

〔七〕師古曰：言積載輕物，物多至令車軸毁折。而鳥之所以能飛翔者，以羽翮扇揚之故也。【補注】沈欽韓曰：魏策作「羣輕折軸」。秦策「衆口所移，無翼而飛」，亦此意。先謙曰：御覽百五十引「叢輕」作「聚輕」。

〔八〕晉灼曰：言皆驚亂遇法罔，可爲出涕者也。師古曰：潸，垂涕貌，音所姦反。【補注】先謙曰：紛言羅罔之多也。楚辭「紛吾既有此内美兮」，與此同義。此靖王自言，不得訓爲皆。

臣聞白日曬光，幽隱皆照；〔一〕明月曜夜，蝱蝱宵見。〔二〕然雲蒸列布，杳冥晝昏；〔三〕塵埃抪覆，昧不泰山。〔四〕何則？物有蔽之也。今臣雍閼不得聞，〔五〕讒言之徒蠭生。〔六〕道遼路遠，曾莫爲臣聞，臣竊自悲也。

〔一〕師古曰：曬，暴也，舒也，音山豉反，又音力支反。

〔二〕師古曰：宵亦夜也。蝱音盲。

〔三〕【補注】先謙曰：文選王仲宣公讌詩注「蒸，熱氣也」。此言鬱溽之氣，與雲平列爲義。

〔四〕師古曰：抪亦布散也。昧，暗也。抪音鋪。【補注】錢大昭曰：「泰山」上脱「見」字。先謙曰：官本有「見」字。

〔五〕師古曰：雍讀曰壅。雍，塞也。閼猶止也，音烏曷反。

〔六〕師古曰：蠭生，言衆多也。一曰「蠭」與「鋒」同。

臣聞社鼷不灌，屋鼠不熏。〔一〕何則？所託者然也。臣雖薄也，得蒙肺附；〔二〕位雖卑也，得爲東藩，屬又稱兄。〔三〕今羣臣非有葭莩之親，鴻毛之重，〔四〕羣居黨議，朋友相爲，使夫宗室擯卻，骨肉冰釋。〔五〕斯伯奇所以流離，比干所以横分也。〔六〕詩云「我心憂傷，惄焉如擣；假寐永歎，唯憂用老；心之憂矣，疢如疾首」，〔七〕臣之謂也。

〔一〕師古曰：鼷，小鼠，音奚。【補注】王文彬曰：晏子春秋「景公問晏子『治國何患』？對曰『社鼠者，不可灌之。君左右出賣寒熱，入則比周，此亦國之社鼠者』」。御覽九百十一引。韓非子「君亦見夫社木乎？樹木而塗之，鼠穿其閒，掘穴託其中。熏之則恐焚木，灌之則恐塗阤，此鼠之所以不得也」。

〔二〕【補注】先謙曰：「肺」當作「柹」，解在劉向傳。

〔三〕師古曰：言於戚屬爲帝兄。

〔四〕張晏曰：葭，蘆也。莩，葉裏白皮也。晉灼曰：莩，葭裏之白皮也，皆取喻於輕薄也。師古曰：葭，蘆也。莩者，其筩中白皮至薄者也。葭莩喻著，鴻毛喻輕薄甚也。莩音孚。張言葉裏白皮，非也。【補注】宋祁曰：顔以晉説未明，故申云，莩者，筩中白皮。以張説爲非。以「裏」作「裏」則誤。景德本「葭，蘆葉也」。「裏」字並作「裏」，校去

「葉」字。「裹」字並「裹」。先謙曰：官本張注「蘆也」作「蘆葉也」，當衍「葉」字。莨莩雖有相著之親，然至微薄，況疏遠小臣，並此微薄之親亦無之也。正與鴻毛之重對文。顔云「喻著」，其義不明，疑有脱文。宋説「裹字並裹」，亦有誤。

〔五〕師古曰：擯卻，謂斥退也。冰釋，言銷散也。擯音必刃反。卻音丘略反。

〔六〕師古曰：伯奇，周尹吉甫之子也，事後母至孝，而後母譖之於吉甫。吉甫欲殺之，伯奇乃亡走山林。比干諫紂，紂怒，殺而剖其心，故云横分也。

〔七〕師古曰：小雅小弁之詩也。惄，思也。擣，築也。不脱衣冠而寐曰假寐。永，長也。疢，病也。言我心中憂思，如被擣築，假寐長歎，以憂致老，至於苦病，如遇首疾也。

具以吏所侵聞。於是上乃厚諸侯之禮，省有司所奏諸侯事，〔一〕加親親之恩焉。其後更用主父偃謀，令諸侯以私恩自裂地分其子弟，而漢爲定制封號，輒别屬漢郡。漢有厚恩，而諸侯地稍自分析弱小云。〔二〕

〔一〕師古曰：省，減也。

〔二〕【補注】錢大昕曰：按地理志，諸侯王國二十，如趙、真定、河間、廣陽、城陽、廣陵皆止四縣，菑川、泗水止三縣，高密、六安皆五縣，魯六縣，東平、楚皆七縣。竊疑漢初大封同姓，幾據天下之半，文景以後，稍有裁制。然諸侯王始封，往往兼二三郡之地，其以罪削地者，史亦不多見，何至封域若此之小？及讀勝傳，始悟諸侯王國所以曰削者，由王子侯國之多。以表徵之：城陽五十四人，趙三十五人，河間二十三人，菑川二十一人，魯二十人，王國之食邑，皆入於漢，無怪封圻之日蹙矣。郡領縣多者，無過於琅邪、東海，琅邪縣五十一，東海縣三十八。琅邪與城陽、菑川、膠東、高密四國鄰，東海與魯、泗水、楚、城陽諸國鄰，侯國之析置者多屬焉，此所領之所以多於它郡也。中山之陸成、表作陸城。新處，表作薪處。安險皆常爲侯國，改屬它郡矣。陸成、薪處皆屬涿，惟安險，表失書，所屬亦當屬涿郡也。宣元之世，中山絶而復封，所封又是帝子，故稍以舊封益之，如北新成，劉向以爲涿郡，地理志末論十二國分域，蓋出於劉向。而志屬中山，亦是後來益封之證也。

勝爲人樂酒好内，〔一〕有子百二十餘人。〔二〕常與趙王彭祖相非曰：「兄爲王，專代吏治事。王者當日聽音樂，御聲色。」趙王亦曰：「中山王但奢淫，不佐天子拊循百姓，何以稱爲藩臣！」

〔一〕師古曰：好内，耽於妻妾也。樂音五教反。【補注】周壽昌曰：左傳「齊侯好内」。

〔二〕【補注】先謙曰：官本攷證云「按史記作有子枝屬百二十餘人，似并孫數之」。

四十三年薨。〔一〕子哀王昌嗣，一年薨。〔二〕子康王昆侈嗣，〔三〕二十一年薨。子頃王輔嗣，四年薨。〔四〕子憲王福嗣，十七年薨。子懷王循嗣，〔五〕十五年薨。無子，絶四十五歲。〔六〕成帝鴻嘉二年復立憲王弟孫利鄉侯子雲客，〔七〕是爲廣德夷王，三年薨。無子，絶十四歲。〔八〕哀帝復立雲客弟廣漢爲廣平王，薨，無後。平帝元始二年復立廣川惠王曾孫倫爲廣德王，奉靖王後。王莽時絶。〔九〕

〔一〕【補注】先謙曰：表作四十二年。據哀王元鼎五年嗣，是靖王以四年薨，正四十二年，「三」字誤也。史記表、傳並作四十三年薨。

〔二〕【補注】先謙曰：表作二年薨。史表作即年薨。其糠王嗣，亦誤移前一年。據糠王元封元年嗣，是哀王以元鼎六年薨，作二年是。此及史表並誤。

〔三〕【補注】宋祁曰：「康」，越本作「糠」。糠，惡謚也，好樂怠政曰糠。學本去「米」，蓋誤也。先謙曰：越本是也。史、漢表並作「糠」。

〔四〕【補注】先謙曰：表作三年薨。據憲王始元元年嗣，三年是也。

〔五〕【補注】先謙曰：「循」，表作「修」。

〔六〕【補注】先謙曰：據表，修地節元年嗣，十五年薨，當五鳳三年。自五鳳四年至鴻嘉元年，止絕三十五歲，不得云四十五歲也。「四」字誤。

〔七〕【補注】先謙曰：據表，利鄉孝侯安，中山頃王子。是憲王弟即安也。下云，戴侯遂嗣。又下云，侯固嗣，免。固蓋安孫，雲客即固子矣。

〔八〕【補注】先謙曰：表作一年薨。下云，建平三年，漢紹封。案自鴻嘉三年至建平二年，計絕十四歲。是雲客於封後即年薨，作一年薨是。上文哀王昌一年薨。史表云，即年薨，是其例。三年誤也。

〔九〕【補注】劉敞曰：此倫封廣德王，廣川王後又封廣德王，俱是平帝二年事，必有一誤。劉奉世曰：按表，王漢以夷王弟紹封，十三年，王莽時絕。則此倫封廣德者，誤也。此云廣漢，表云漢，必有誤。錢大昕曰：羅願云，按表，廣漢至王莽時猶在，安得遽云「薨無後」？此廣德王倫自以廣川系絕，故封。攷之廣川惠王傳可見，非續中山也。中山子孫侯者二十餘人，不應取於見絕之廣川明矣。大昕案，劉氏以此必有一誤，今據羅氏辨正。則此傳「薨無後」以下二十三字明是衍文。倫、痛字形相近，非有二人也。先謙曰：倫實廣德王，奉惠王後，王子侯表「襄隄侯聖」下可證。此文誤，錢說是也。

長沙定王發，母唐姬，故程姬侍者。景帝召程姬，程姬有所避，不願進，〔一〕而飾侍者唐兒使夜進。上醉，不知，以爲程姬而幸之，遂有身。已乃覺非程姬也。及生子，因名曰發。〔二〕以孝景前二年立。以其母微無寵，故王卑溼貧國。〔三〕二十八年薨。子戴王庸嗣，二十七年薨。〔四〕子頃王鮒鮈嗣，〔五〕十七年薨。子剌王建德嗣，〔六〕宣帝時，坐獵縱火燔民九十六家，〔七〕殺二人，又以縣官事怨内史，教人誣告以棄市罪，削八縣，罷中尉官。〔八〕三十四年薨。子煬王旦嗣，〔九〕二年薨。無子，絶歲餘。元帝初元三年〔一〇〕復立旦弟宗，是爲孝王，五年薨。〔一一〕子魯人嗣，王莽時絶。〔一二〕

〔一〕師古曰：謂月事。【補注】沈欽韓曰：釋名「以丹注面曰的」。此本天子、諸侯羣妾當以次進御，其有月事者，止而不御，重以口説，故注此丹於面，灼然爲識，女史見之，則不書其名於第録也。説文「姅，婦人污見也」。漢律「見姅變，不得侍祠」。周壽昌曰：婦人月姅不進御，令宫姆奏入月。唐時尚如此。

〔二〕張晏曰：長沙王生，乃發寤己之繆幸唐姬。【補注】先謙曰：張説非也。上文明云，已乃覺非程姬。非待王生，帝始發寤。命名之意，蓋因一索而得，義取發祥，特用志喜。遂開後漢二百年之祚，允叶嘉名矣。

〔三〕應劭曰：景帝後二年，諸王來朝，有詔更前稱壽歌舞。定王但張褎小舉手，左右笑其拙。上怪問之，對曰「臣國小地狹，不足回旋」。帝乃以武陵、零陵、桂陽益焉。【補注】王先慎曰：通志「定王墓在長沙東門外，及其母唐姬墓，各高十三丈，其閒相去三丈」。又引明統志云「定王臺在府城東南，定王發築臺於此，以望母唐姬墓」。方輿勝覽「俗傳定王載米搏長安土築臺」。述異記「定王故宫有蓼園，真定王故園也」。先謙曰：史表，景帝後二年，不書定王來朝，疑應氏誤記。

〔四〕【補注】先謙曰：表，二王薨年與此同。史記傳、表則定王二十七年，戴王二十八年。未知孰是。「戴」，史表、傳並作「康」。

〔五〕服虔曰：鮈音拘。師古曰：鮒音附。鮈音劬。字或作鮒鮈，其音同耳。【補注】先謙曰：表作「鮒鮈」。

〔六〕師古曰：剌音來曷反。

〔七〕師古曰：縱，放也。

〔八〕師古曰：滅其官屬，所以貶抑之。

〔九〕師古曰：煬音弋向反。

〔一〇〕【補注】先謙曰：表作初元四年。據上文，絶歲餘，「三年」是。

〔一一〕【補注】先謙曰：表作三年薨。據魯人，永光二年嗣，是孝王以元年薨，正三年。表是，此誤。

〔一二〕【補注】先謙曰：表云「繆王魯人嗣，四十八年薨。居攝二年，舜嗣，二年，王莽簒位，貶爲公，明年廢」。此傳「王莽」上有脱文。

廣川惠王越以孝景中二年立，十三年薨。〔一〕子繆王齊嗣，〔二〕四十四年薨。〔三〕初，齊有幸臣乘距，〔四〕已而有罪，欲誅距。距亡，齊因禽其宗族。距怨王，乃上書告齊與同産姦。〔五〕是後，齊數告言漢公卿及幸臣所忠等，〔六〕又告中尉蔡彭祖捕子明，〔七〕罵曰：「吾盡汝種矣！」〔八〕有司案驗，不如王言，〔九〕劾齊誣罔，大不敬，請繫治。齊恐，上書願與廣川勇士奮擊匈奴，上許之。未發，病薨。有司請除國，奏可。

〔一〕【補注】先謙曰：十三年，表作十二年。據表，繆王建元五年嗣。是惠王以四年薨，正十二年。史記表、傳並作十二年。「三」字誤。

〔二〕師古曰：謚法曰「蔽仁傷善曰繆」。

〔三〕【補注】先謙曰：四十四年，表作四十五年。據表王去征和二年嗣。是繆王以元年薨，正四十五年。表是，此誤。

〔四〕【補注】先謙曰：史記作「桑距」。

〔五〕師古曰：謂其姊妹也。

〔六〕師古曰：所姓，忠名。解具在食貨志。

〔七〕孟康曰：彭祖子名明也。師古曰：孟説非也。明，廣川王子也。【補注】錢大昭曰：案王子侯表「西熊侯明，廣川惠王之子也」。當是繆王齊之弟。傳作子，誤。

〔八〕師古曰：王誣彭祖罵明云然。

〔九〕【補注】先謙曰：官本無「有司」二字，引宋祁曰，浙本「案」字上有「有司」字。

後數月下詔曰：「廣川惠王於朕爲兄，朕不忍絶其宗廟，其以惠王孫去爲廣川王。」去即繆王齊太子也，師受易、論語、孝經皆通，〔一〕好文辭、方技、博弈、倡優。其殿門有成慶畫，短衣大絝長劍，〔二〕去好之，作七尺五寸劍，被服皆效焉。〔三〕有幸姬王昭平、王地餘，許以爲后。去嘗疾，姬陽成昭信侍視甚謹，〔四〕更愛之。去與地餘戲，得褏中刀，〔五〕笞問狀，服欲與昭平共殺昭信。笞問昭平，不服，以鐵鍼鍼之，〔六〕彊服。乃會諸姬，去以劍自擊地餘，令昭信擊昭平，皆死。昭信曰：「兩姬婢且泄口。」復絞殺從婢三人。後昭信病，夢見昭平等以狀告去。去曰：「虜乃復見畏我！〔七〕獨可燔燒耳。」掘出尸，皆燒爲灰。

〔一〕【補注】先謙曰：「受」疑當作「授」。下文云「事師受易」，言事師，則可云受易，師但可云授易也。

〔二〕晉灼曰：成慶，荆軻也，衞人謂之慶卿，燕人謂之荆卿。師古曰：成慶，古之勇士也，事見淮南子，非荆卿也。【補

注】錢大昭曰：後代之有門神，濫觴於此。沈欽韓曰：秦策「范睢説秦王，成荆、孟賁之勇」。史記徐廣曰「荆一作羌。羌、慶字同」。方言「大袴謂之倒頓」。按此即後世之袴褶也。先謙曰：注「謂之荆卿」，官本「卿」作「軻」。

〔三〕【補注】沈欽韓曰：西京雜記「廣川王去疾好聚無賴少年，遊獵畢弋，國内冢藏一皆發掘」。案「疾」字衍。

〔四〕師古曰：陽成姓也，昭信名也。

〔五〕師古曰：褏，古衣袖字。

〔六〕師古曰：以鍼刺也。鍼音之林反。【補注】先謙曰：官本注無「以」字，是。

〔七〕師古曰：言其見形令我畏忌也。見音胡電反。

後去立昭信爲后，幸姬陶望卿爲脩靡夫人，主繒帛；崔脩成爲明貞夫人，主永巷。〔一〕昭信復譖望卿曰：「與我無禮，〔二〕衣服常鮮於我，〔三〕盡取善繒匄諸宮人。」〔四〕去曰：「若數惡望卿，不能減我愛；〔五〕設聞其淫，我亨之矣。」後昭信謂去曰：「前畫工畫望卿舍，望卿袒裼傅粉其傍。〔六〕又數出入南户窺郎吏，疑有姦。」去曰：「善司之。」以故益不愛望卿。〔七〕後與昭信等飲，諸姬皆侍，去爲望卿作歌曰：「背尊章，嫖以忽，〔八〕謀屈奇，起自絶。〔九〕行周流，自生患，〔一〇〕諒非望，今誰怨！」〔一一〕使美人相和歌之。去曰：「是中當有自知者。」昭信知去已怒，即誣言望卿歷指郎吏臥處，具知其主名，〔一二〕又言郎中令錦被，疑有姦。去即與昭信從諸姬至望卿所，臝其身，更擊之。〔一三〕令諸姬各持燒鐵共灼望卿。望卿走，自投井死。昭信出之，椓杙其陰中，〔一四〕割其鼻脣，斷其舌。謂去曰：「前殺昭平，反來畏我，〔一五〕今欲靡爛望卿，使不能神。」〔一六〕與去共支解，置大鑊中，取桃灰毒藥并煮之，召諸姬皆臨觀，連日夜靡盡。復共殺其女弟都。

〔一〕【補注】錢大昭曰：「永巷」二字誤。南監本、閩本皆作「衣服」。王文彬曰：爾雅「宮中衖謂之壼」。疏引王肅曰「今後宮稱永巷，是宮内道名耳」。史記范雎傳「范雎得見於離宮，佯爲不知永巷，而入其中」。是永巷之名，秦已有之，後代遂沿其制。先謙曰：據下文，昭信言，修成主諸姬，淫亂難禁，改使大婢主永巷。是「永巷」二字不誤，後人妄改「衣服」耳。李鼎祚周易集解爲「閽寺」，引宋衷注「閽人主門，寺人主巷」。是宮中之巷必有主之者，永巷蓋諸姬往來之道，明貞夫人主之，司其防鍵也。

〔二〕【補注】先謙曰：後漢馮衍傳注「與猶待也」。

〔三〕師古曰：鮮謂新華也。

〔四〕師古曰：匃，乞遺之也，音工艾反。

〔五〕師古曰：若，汝也。惡謂讒毀也。

〔六〕師古曰：袒裼，脱衣露其肩背也。袒音但。裼音錫。

〔七〕【補注】先謙曰：司讀曰伺。益，漸也。疑望卿有姦，漸不愛之也。凡言益者，皆以漸而加之詞。李廣傳「胡虜益解」。言胡虜漸解也。蘇武傳「武益愈」。言武漸愈也。本傳去「益大」。顔注謂年漸長大也。得其義矣。

〔八〕孟康曰：嫖音匹昭反。師古曰：尊章猶言舅姑也。今關中俗婦呼舅姑爲鍾。鍾者，章聲之轉也。【補注】先謙曰：官本注文作「呼舅爲鍾」，引宋祁曰，注文「呼舅」下，當有「姑」字。先謙案，呼舅姑爲鍾，亦非。官本「章聲」作「尊聲」是也。嫖、飄同。

〔九〕師古曰：屈奇，奇異也。屈音其勿反。【補注】先謙曰：屈、崛同。

〔一〇〕【補注】先謙曰：行周流，謂望卿數出入南户。

〔一一〕師古曰：諒，信也。言昔被愛寵，信非所望，今見罪責，無所怨也。

〔一二〕【補注】先謙曰：知某吏臥某處也。

〔一三〕師古曰：更音工衡反。【補注】先謙曰：從音縱。更，番代也。

〔一四〕師古曰：杙，橜也。椓音竹角反。杙音弋。

〔一五〕師古曰：令我恐畏也。

〔一六〕師古曰：靡，碎也，音縻。其下亦同。

後去數召姬榮愛與飲，昭信復譖之，曰：「榮姬視瞻，意態不善，疑有私。」時愛爲去刺方領繡，〔一〕去取燒之。愛恐，自投井。出之未死，笞問愛，自誣與醫姦。去縛繫柱，燒刀灼潰兩目，〔二〕生割兩股，銷鉛灌其口中。愛死，支解以棘埋之。諸幸於去者，昭信輒譖殺之，凡十四人，皆埋太后所居長壽宮中。宮人畏之，莫敢復迕。〔三〕

〔一〕服虔曰：如今小兒卻襲衣也。頸下施衿，領正方直。晉灼曰：今之婦人直領也。繡爲方領，上刺作黼黻文。王莽傳曰「有人著赤繢方領」。方領，上服也。師古曰：晉説是也。

〔二〕師古曰：潰，決也。

〔三〕師古曰：迕，逆也，不敢逆昭信意。

昭信欲擅愛，曰：「王使明貞夫人主諸姬，淫亂難禁。請閉諸姬舍門，無令出敖。」〔一〕使其大婢爲僕射，〔二〕主永巷，盡封閉諸舍，上籥於后，〔三〕非大置酒召，不得見。去憐之，爲作歌曰：「愁莫愁，居無聊。〔四〕心重結，意不舒。內茀鬱，憂哀積。〔五〕上不見天，生何益！日崔隤，時不再。〔六〕願棄軀，死無悔。」令昭信聲鼓爲節，以教諸姬歌之，歌罷輒歸永巷，封門。獨昭信兄子初爲乘華夫人得朝夕見。〔七〕昭信與去從十餘奴博飲游敖。

〔一〕師古曰：敖謂游戲也。

〔二〕師古曰：大婢，婢之長年也。【補注】王先慎曰：百官表「僕射，秦官。古者重武官，有主射以督課之，軍屯吏、騶、宰、永巷宫人皆有，取其領事之號」。孟康注「若軍屯吏則曰軍屯僕射，永巷則曰永巷僕射」。

〔三〕【補注】先謙曰：方言「户鑰，自關而東謂之鍵，自關而西謂之鑰」。文選鮑明遠樂府注引易鄭注「齊魯之閒，名門户及藏器之管曰籥」。是籥、鑰古通也，或亦作闟。

〔四〕師古曰：聊，賴也。

〔五〕師古曰：茀音拂。

〔六〕師古曰：崔隤猶言蹉跎也。崔音千回反。隤音頽。

〔七〕【補注】先謙曰：昭信兄女名初也。

初去年十四五，事師受易，師數諫正去，〔一〕去益大，逐之。〔二〕内史請以爲掾，師數令内史禁切王家。去使奴殺師父子，不發覺。後去數置酒，令倡俳臝戲坐中，〔三〕以爲樂。相彊劾繫倡，闌入殿門，〔四〕奏狀。事下攷案，〔五〕倡辭，本爲王教修靡夫人望卿弟都歌舞。使者召望卿、都，去對皆淫亂自殺。會赦不治。望卿前亨煮，即取他死人與都死并付其母。〔六〕母曰：「都是，望卿非也。」數號哭求死，昭信令奴殺之。奴得，辭服。〔七〕本始三年，相、内史奏狀，具言赦前所犯。天子遣大鴻臚、丞相長史、御史丞、廷尉正雜治鉅鹿詔獄，〔八〕奏請逮捕去及后昭信。制曰：「王后昭信、諸姬奴婢證者皆下獄。」辭服。有司復請誅王。制曰：「與列侯、中二千石、二千石、博士議。」議者皆以爲去悖虐，聽后昭信讒言，燔燒亨煮，生割剝人，距師之諫，殺其父子。凡殺無辜十六人，至一家母子三人，〔九〕逆節絶理。其十五人在赦前，〔一〇〕大惡仍重，〔一一〕當伏顯戮以示衆。制曰：「朕不忍致王於法，議其罰。」有司請廢勿王，與妻子徙上庸。〔一二〕奏可。與湯沐邑百户。去道自殺，昭信棄市。立二十二年，國除。

〔一〕師古曰：數音所角反。其下亦同。

〔二〕師古曰：益大，謂年漸長大也。

〔三〕師古曰：倡，樂人也。俳，雜戲者也。

〔四〕如淳曰：彊，相名也。

〔五〕【補注】先謙曰：天子下其事，遣使案之。

〔六〕師古曰：死者，尸也。次下求其死亦同。【補注】先謙曰：「都死」之「死」，即「屍」字省文。説文「屍，終主。從尸、從死」。今作「尸」非也。史記魯世家「以其死與之」。與此同。注「求其死」，「其」字衍。

〔七〕師古曰：得者，爲吏所捕得。

〔八〕【補注】周壽昌曰：以廣川事雜治於鉅鹿郡中。漢廣川在今直隸冀州棗强縣東。鉅鹿即今順德府平鄉縣治，相距甚近。凡遣官治獄曰詔獄，謂奉詔治獄也。

〔九〕【補注】先謙曰：謂望卿與都及其母也。

〔一〇〕【補注】先謙曰：惟望卿母在赦後也。

〔一一〕師古曰：仍，頻也。重音直用反。

〔一二〕【補注】先謙曰：去妻即昭信。下云「昭信棄市」，不得與去俱徙，明「妻」字衍。

後四歲，宣帝地節四年，復立去兄文，是爲戴王。文素正直，數諫王去，故上立焉。二年薨。子海陽嗣，〔一〕十五年，坐畫屋爲男女贏交接，置酒請諸父姊妹飲，令仰視畫。又海陽女弟爲人妻，而使與幸臣姦。又與從弟調等謀殺一家三人，已殺。甘露四年坐廢，徙房陵，國除。後十五年，〔二〕平帝元始二年，復立戴王弟襄隄侯子瘉爲廣德王，〔三〕奉惠王後，二年薨。〔四〕子赤嗣，王莽時絶。

〔一〕【補注】先謙曰：「海陽」，表作「汝陽」。

〔二〕【補注】先謙曰：甘露四年至元始二年，計五十三年。此誤。

〔三〕師古曰：隄音丁奚反。瘉音愈。【補注】先謙曰：表云「靜王榆以惠王曾孫戴王子紹封」。按王子侯表「襄隄侯聖，廣川繆王子，地節四年免。始元二年，聖子倫以曾祖廣川惠王曾孫爲廣德王」。以上中山靖王傳證之，作「倫」者是，「瘉」、「榆」皆誤也。聖爲繆王子，戴王弟；瘉爲惠王曾孫，戴王從子。諸侯王表誤。

〔四〕【補注】先謙曰：表作「四年薨」，據王赤以居攝元年嗣，表是，此誤。

膠東康王寄以孝景中二年立，二十八年薨。淮南王謀反時，寄微聞其事，私作兵車鏃矢，〔一〕戰守備，〔二〕備淮南之起。及吏治淮南事，辭出之。〔三〕寄於上最親，〔四〕意自傷，發病而死，不敢置後。於是上聞寄有長子賢，母無寵，少子慶，母愛幸，寄常欲立之，爲非次，因有過，遂無所言。〔五〕上憐之，立賢爲膠東王，奉康王祀，而封慶爲六安王，王故衡山地。膠東王賢立十五年薨，〔六〕謚爲哀王。子戴王通平嗣，二十四年薨。子頃王音嗣，五十四年薨。子共王授嗣，十四年薨。子殷嗣，王莽時絶。

〔一〕應劭曰：樓車也，所以看敵國營壘之虛實也。師古曰：兵車止謂戰車耳。鏃矢，大鏃之矢，今所謂兵箭者也。鏃音子木反。【補注】先謙曰：史記「兵」作「樓」，集解引應注，非兵車義也。「鏃」當爲「鍭」，説見衡山傳。

〔二〕【補注】先謙曰：諸戰守之具也。

〔三〕師古曰：辭語所連，出其事。【補注】周壽昌曰：出之，出其罪也。出猶脱也。王温舒傳「行論無出者」，出亦作脱解。觀後王未被議，徒以意自傷而死，可證。

〔四〕師古曰：寄母王夫人即王皇后之妹，於上爲從母，故寄於諸兄弟之中又更親也。此下有常山王云「天子爲最親」，其義亦同。

〔五〕【補注】先謙曰：淮南反謀不以聞，而私作兵器爲有過也。

〔六〕【補注】先謙曰：表作「十四年」。據戴王元封五年嗣，是賢以四年薨，正十四年。表是，此誤。史記表、傳並作十四年。

六安共王慶立三十八年薨。〔一〕子夷王祿嗣，十年薨。〔二〕子繆王定嗣，二十二年薨。〔三〕子頃王光嗣，二十七年薨。子育嗣，王莽時絶。

〔一〕【補注】先謙曰：武紀「元狩二年五月，立慶爲六安王」。史、漢表並云「二年七月立」。至始元三年，得三十八年。

子夷王祿以始元四年嗣。然則武紀誤也。

〔二〕【補注】先謙曰：表作「十四年薨」。據繆王本始元年嗣，是夷王以元平元年薨，正十年。此是，表誤。

〔三〕【補注】先謙曰：表作「二十三年」。據頃王甘露四年嗣，是繆王以三年薨，正二十三年。表是，此誤。

清河哀王乘以孝景中三年立，十二年薨。無子，國除。〔一〕

〔一〕【補注】先謙曰：史記云「地入於漢，爲清河郡」。

常山憲王舜以孝景中五年立。舜，帝少子，驕淫，數犯禁，上常寬之。三十三年薨。〔一〕子勃嗣爲王。

〔一〕【補注】先謙曰：三十三年，表作三十二年。據史表，薨於元鼎三年，正三十二年。表是，此誤。

初，憲王有不愛姬生長男棁，〔一〕棁以母無寵故，亦不得幸於王。王后脩生太子勃。王内多，〔二〕所幸姬生子平、子商，王后稀得幸。及憲王疾甚，諸幸姬侍病，王后以妒媢不常在，〔三〕輒歸舍。醫進藥，太子勃不自嘗藥，又不宿留侍疾。及王薨，王后、太子乃至。憲王雅不以棁爲子數，〔四〕不分與財物。郎或説太子、王后，令分棁財，皆不聽。太子代立，又不收恤棁。棁怨王后及太子。漢使者視憲王喪，棁自言憲王病時，王后、太子不侍，及薨，六日出舍，〔五〕太子勃私姦、飲酒、博戲、擊筑，與女子載馳，環城過市，〔六〕入獄視囚。天子遣大行奪驗問，〔七〕逮諸證者，〔八〕王又匿之。吏求捕，勃使人致擊笞掠，擅出漢所疑囚。〔九〕有司請誅勃及憲王后脩。上曰：「脩素無行，使棁陷之罪。〔一〇〕勃無良師傅，不忍致誅。」有司請廢勿王，徙王勃以家屬處房陵，上許之。

〔一〕蘇林曰：音奪。師古曰：音他活反，其字從木。

〔二〕【補注】先謙曰：内謂姬妾。

〔三〕師古曰：媢亦妒也。媢音冒。

〔四〕師古曰：雅，素也。數音所具反。【補注】蘇輿曰：言不齒於諸子之數也。

〔五〕如淳曰：出服舍也。

〔六〕師古曰：環，繞也，音宦。

〔七〕師古曰：張奪也。

〔八〕師古曰：逮捕之。【補注】先謙曰：官本「之」作「也」。

〔九〕【補注】先謙曰：疑讀曰擬，漢所擬罪之囚也。

〔一〇〕【補注】先謙曰：言脩平日妒媢，不善事憲王，致棁得陷以罪。

勃王數月，廢，國除。月餘，天子爲最親，〔一〕詔有司曰：「常山憲王早夭，后妾不和，適孽誣爭，〔二〕陷于不誼以滅國，朕甚閔焉。其封憲王子平三萬户，爲真定王；子商三萬户，爲泗水王。」〔三〕頃王平立二十五年薨。〔四〕子烈王偃嗣，十八年薨。子孝王由嗣，二十二年薨。〔五〕子安王雍嗣，二十六年薨。〔六〕子共王普嗣，十五年薨。子陽嗣，王莽時絶。〔七〕

〔一〕【補注】先謙曰：最親，解見上。

〔二〕師古曰：適音嫡。孽，庶也。

〔三〕【補注】先謙曰：案表，勃廢，平、商封，並在元鼎三年。紀漏書平爲真定王。

〔四〕師古曰：真定頃王也。

〔五〕【補注】先謙曰：表同。據安王建昭元年嗣，是孝王以永光五年薨。自本始三年嗣位，至永光五年，計三十三年。表、傳竝誤。

〔六〕【補注】先謙曰：「二十六年」，表作「十六年」。據共王陽朔三年嗣，是安王以二年薨。自建昭元年至陽朔二年，正十六年。表是，此誤。

〔七〕【補注】先謙曰：「陽」，表作「楊」。

泗水思王商立十年薨。子哀王安世嗣，一年薨，〔一〕無子。於是武帝憐泗水王絕，復立安世弟賀，是爲戴王，立二十二年薨。〔二〕有遺腹子煖，〔三〕相、內史不以聞。太后上書，昭帝閔之，抵相、內史罪，立煖，是爲勤王。〔四〕立三十九年薨。子戾王駿嗣，三十一年薨。子靖嗣，王莽時絕。

〔一〕【補注】先謙曰：官本「十年」作「十二年」，「一年」作「十一年」，引宋祁曰，浙本上作「十年」，下作「一年」，去「二」字及「十」字。先謙案，十年，表作十五年。案哀王太初二年嗣，是思王元年薨。自元鼎三年表作「二年」誤，說見表。至太初元年，計十一年。表、傳竝誤。史記作「十一年卒」，是也。哀王一年薨，不當作十一年。史記云「商以元鼎四年立」。又誤也。史表亦以元鼎四年爲商元年，以太初二年爲哀王元年，則商止十年，與傳十一年卒之文自相違戾。且哀王止一年薨，史表於太初三、四兩年書「哀王二年、三年」，表終於太初四年。而傳云「安世立十一年卒」。果爾，卒年已在史公身後，何由知而書之乎？史表譌誤，不可悉舉，讀者以其無關文義，未細加讎校耳。

〔二〕【補注】宋祁曰：浙本云「二十年」。先謙曰：「二十二年」，表作「二十年」。據表，勤王元鳳元年立，是戴王以始元六年薨。自太初三年嗣，至始元六年，正二十二年。此是，表誤，浙本亦誤也。

〔三〕師古曰：煖音許遠反。【補注】先謙曰：「煖」，表作「綜」。

〔四〕師古曰：勤，謚也。

贊曰：昔魯哀公有言：「寡人生於深宮之中，長於婦人之手，未嘗知憂，未嘗知懼。」〔一〕信哉斯言也！雖欲不危亡，不可得已。〔二〕是故古人以宴安爲鴆毒，〔三〕亡德而富貴，謂之不幸。漢興，至于孝平，諸侯王以百數，率多驕淫失道。何則？沈溺放恣之中，居勢使然也。自凡人猶繫于習俗，〔四〕而況哀公之倫乎！夫唯大雅，卓爾不羣，河閒獻王近之矣。

〔一〕師古曰：哀公與孔子言也。事見孫卿子。

〔二〕師古曰：已，語終辭。

〔三〕師古曰：左氏傳「管敬仲云，晏安鴆毒，不可懷也」。

〔四〕【補注】先謙曰：「人」當作「民」，蓋避唐諱改。「凡民」謂細民。

李廣蘇建傳第二十四

李廣，隴西成紀人也。〔一〕其先曰李信，秦時爲將，逐得燕太子丹者也。〔二〕廣世世受射。〔三〕孝文十四年，匈奴大入蕭關，〔四〕而廣以良家子從軍擊胡，〔五〕用善射，殺首虜多，爲郎，騎常侍。〔六〕數從射獵，格殺猛獸，文帝曰：「惜廣不逢時，令當高祖世，萬户侯豈足道哉！」

〔一〕【補注】齊召南曰：按成紀縣，漢初屬隴西郡，至元光以後，置天水郡，改屬焉。故志載成紀於天水下，而此傳曰「隴西成紀人也」。

〔二〕【補注】先謙曰：史(紀)〔記〕此下有「故槐里，徙成紀」六字。

〔三〕師古曰：受射法。【補注】先謙曰：史記「廣」下有「家」字，文義較明。索隱引注「受」上有「世」字，此奪。

〔四〕師古曰：在上郡北。

〔五〕【補注】周壽昌曰：漢制，凡從軍不在七科讁内者，謂之良家子。

〔六〕師古曰：官爲郎，常騎以侍天子，故曰騎常侍。【補注】先謙曰：史記云「用善騎射，首虜多，爲漢中郎。廣從弟李蔡亦爲郎，皆爲武騎常侍，秩八百石」。索隱「謂爲郎而補武騎常侍」也。先謙案：百官表無武騎常侍，據史記，蓋文景時置此官，後省。司馬相如傳，相如亦爲武騎常侍，「武」字不可少。師古望文立訓耳。

景帝即位，爲騎郎將。〔一〕吴楚反時，爲驍騎都尉，從太尉亞夫戰昌邑下，顯名。〔二〕以梁王授廣將軍印，故還，賞不行。〔三〕爲上谷太守，數與匈奴戰。典屬國公孫昆邪爲上泣曰：〔四〕「李廣材氣，天下亡雙，自負其能，數與虜确，恐亡之。」〔五〕上乃徙廣爲上郡太守。

〔一〕師古曰：爲騎郎之將，主騎郎。【補注】先謙曰：百官志，郎有車、户、騎三將，秩皆比千石。史記云「及孝景初立，廣爲隴西都尉，徙爲騎郎將」。

〔二〕【補注】先謙曰：史記作「取旗，顯功名昌邑下」。

〔三〕文穎曰：廣爲漢將，私受梁印，故不得賞也。

〔四〕服虔曰：昆邪，中國人也。師古曰：對上而泣也。昆音下温反。【補注】錢大昕曰：即平曲侯公孫昆邪，丞相賀之大父也。

〔五〕師古曰：負，恃也。确謂競勝敗也。确音角。【補注】先謙曰：説文「确，磬石也。磬，堅也」。一切經音義引通俗文「物堅鞕謂之确」。無競義。角，借字耳，當正作角。

匈奴入上郡，〔一〕上使中貴人從廣〔二〕勒習兵擊匈奴。中貴人者將數十騎從，〔三〕見匈奴三人，與戰。射傷中貴人，殺其騎且盡。中貴人走廣，〔四〕廣曰：「是必射鵰者也。」〔五〕廣乃從百騎往馳三人。〔六〕三人亡馬步行，行數十里。廣令其騎張左右翼，〔七〕而廣身自射彼三人者，殺其二人，生得一人，果匈奴射鵰者也。已縛之上山，〔八〕望匈奴數千騎，〔九〕見廣，以爲誘騎，驚，上山陳。〔一〇〕廣之百騎皆大恐，欲馳還走。廣曰：「我去大軍數十里，今如此走，匈奴追射，我立盡。今我留，匈奴必以我爲大軍之誘，〔一一〕不我擊。」〔一二〕廣令曰：「前！」〔一三〕未到匈奴陳二里所，止，令曰：「皆下馬解鞍！」騎曰：「虜多如是，解鞍，即急，柰何？」廣曰：「彼虜以我爲走，今解鞍以示不去，〔一四〕用堅其意。」〔一五〕有白馬將出護兵。〔一六〕廣上馬，與十餘騎奔射殺白馬將，而復還至其百騎中，解鞍，縱馬臥。〔一七〕時會暮，胡兵終怪之，弗敢擊。夜半，胡兵以爲漢有伏軍於傍欲夜取之，即引去。平旦，廣乃歸其大軍。後徙爲隴西、北地、鴈門、雲中太守。〔一八〕

〔一〕【補注】先謙曰：官本「入」作「侵」，引宋祁曰，侵上郡。監本改「侵」作「入」。案史記作「匈奴大入上郡」。

〔二〕服虔曰：内臣之貴幸者。【補注】先謙曰：索隱「案，董巴輿服志云『黄門丞(主)〔至〕密近，使聽察天下，天下謂之中貴人使者』。崔浩云『在中而貴幸，非德望，故云中貴也』」。

〔三〕張晏曰：放從遊獵也。師古曰：張讀作縱，此説非也。直言將數十騎自隨，在大軍前行而忽遇敵也。從音才用反。【補注】王念孫曰：顔以從爲隨從，非也。既在大軍前，則不得言隨從。若謂以騎自隨，則當云從數十騎，下文云「李敢從數十騎」，不當云「將數十騎從」也。張讀從爲放縱，是也，而云放縱遊獵，亦非。今案從讀爲縱，兵之縱，謂擊之也。史記作「中貴人將數十騎縱」。徐廣曰「放縱馳騁」。蓋得其意矣。下文「聞鼓聲而縱，聞金聲而止」。史記高祖紀「高祖與項羽決勝垓下，孔將軍、費將軍縱」。匈奴傳「漢兵約單于入馬邑而縱」。朝鮮傳「率遼東兵先縱」。並與「將數十騎從」之「從」同義。先謙曰：官本張注「從」作「縱」，是。

〔四〕師古曰：走，趣也，音奏。

〔五〕文穎曰：鵰，鳥也，故使善射者射之。師古曰：鵰，大鷙鳥也，一名鷲，黑色，翮可以爲箭羽，音彫。

〔六〕師古曰：疾馳而逐之。

〔七〕師古曰：旁引其騎，若鳥翼之爲。

〔八〕【補注】周壽昌曰：史記作「上馬」，是。若廣先上山，匈奴又何以上山陳耶？

〔九〕【補注】李慈銘曰：史記「匈奴」下有「有」字，不可省。

〔一〇〕師古曰：爲陳以待廣也。

〔一一〕【補注】先謙曰：誘即上所云誘騎也。史記「之誘」作「誘之」，誤倒。

〔一二〕師古曰：不我擊，不敢擊我也。

〔一三〕【補注】先謙曰：令騎前行也。史記下更有「前」字。

〔一四〕【補注】王念孫曰：「去」當爲「走」字之誤也。走與不走，文正相對，不當變走言去。御覽兵部二十五引此，正作「不走」。史記及通典兵六、通鑑、漢紀十六並同。

〔一五〕師古曰：示以堅牢，令敵意知之。【補注】先謙曰：顏説分「用堅其意」爲二義，非也。此言匈奴以我爲誘騎，故上山陳，然猶疑我走，今解鞍以示不去，用堅彼以我爲誘騎之意，所謂使之不疑也。與上文「今我留，匈奴必以我爲大軍之誘」相應。史記此下有「於是胡騎遂不敢擊」八字。

〔一六〕師古曰：將之乘白馬者也。護謂監視之。【補注】錢大昭曰：閩本無此七字，非。

〔一七〕師古曰：縱，放也。

〔一八〕【補注】先謙曰：史記敘此文，於匈奴大入上郡前云「嘗爲隴西、北地、雁門、代郡、雲中大守，皆以力戰爲名」。此漏書代郡也。據公卿表「廣由隴西太守爲衞尉」。則隴西當在諸郡末。史記則云「以上郡太守，入爲衞尉」。

武帝即位，左右言廣名將也，由是入爲未央衞尉，而程不識時亦爲長樂衞尉。〔一〕程不識故與廣俱以邊太守將屯。及出擊胡，而廣行無部曲行陳，〔二〕就善水草頓舍，人人自便，〔三〕不擊刀斗自衞，〔四〕莫府省文書，〔五〕然亦遠斥候，未嘗遇害。〔六〕程不識正部曲行伍營陳，擊刀斗，吏治軍簿〔七〕至明，軍不得自便。不識曰：「李將軍極簡易，然虜卒犯之，無以禁；〔八〕而其士亦佚樂，〔九〕爲之死。〔一〇〕我軍雖煩擾，虜亦不得犯我。」是時漢邊郡李廣、程不識爲名將，然匈奴畏廣，士卒多樂從，而苦程不識。〔一一〕不識，孝景時以數直諫爲太中大夫，爲人廉，謹於文法。

〔一〕【補注】先謙曰：公卿表「元光元年，隴西太守李廣爲衞尉」。不書程不識。百官志云「長樂、建章、甘泉衞尉，皆掌其宮，職略同，不常置，故表不書」。

〔二〕師古曰：續漢書百官志云「將軍領軍，皆有部曲。大將軍營五部，部校尉一人。部下有曲，曲有軍候一人」。今廣尚於簡易，故行道之中而不立部曲也。

〔三〕師古曰：頓，止也。舍，息也。便，安利也，音頻面反。其下亦同。【補注】先謙曰：史記「頓」作「屯」。「舍」作「舍止」，下屬爲句。

〔四〕孟康曰：刀斗，以銅作鐎，受一斗。晝炊飯食，夜擊持行夜，名曰刀斗。今在滎陽庫中也。蘇林曰：形如銷，無緣。師古曰：鐎音譙郡之譙，温器也。銷音火玄反。銷即銚也。今俗或呼銅銚，音姚。【補注】先謙曰：「刀」官本作「刁」，是。史記亦作「刁」。又官本注「行」下「夜」字作「故」。集解引「受」上有「器」字，無上「刀斗」二字、「今」下七字。索隱引蘇林曰「形如銷，以銅作之，無緣，受一斗，故云刁斗」。

〔五〕晉灼曰：將軍職在征行，無常處，所在爲治，故言莫府也。莫，大也。或曰，衞青征匈奴，絶大莫，大克獲，帝就拜大將軍於幕中府，故曰莫府。莫府之名始於此也。師古曰：二説皆非也。莫府者，以軍幕爲義，古字通單用耳。軍旅無常居止，故以帳幕言之。廉頗、李牧市租皆入幕府，此則非因衞青始有其號。又莫訓大，於義乖矣。省，少也，音所領反。【補注】宋祁曰：「晉灼」二字，史記作「如淳説」。先謙曰：史記作「省約文書籍事」。注「幕中府」之

「幕」，當作「莫」。

〔六〕【補注】先謙曰：索隱「案，許慎淮南云「南」下脱「注」字。「斥，度也。候，視也，望也」。

〔七〕師古曰：簿，文簿，音步户反。

〔八〕師古曰：卒讀曰猝。

〔九〕師古曰：佚與逸同。逸樂，謂閑豫也。

〔一〇〕【補注】先謙曰：史記作「咸樂爲之死」，語意較足。

〔一一〕師古曰：苦謂厭苦之也。【補注】先謙曰：官本無「也」字。

後漢誘單于以馬邑城，使大軍伏馬邑傍，而廣爲驍騎將軍，屬護軍將軍。〔一〕單于覺之，去，漢軍皆無功。後四歲，廣以衞尉爲將軍，出鴈門擊匈奴。〔二〕匈奴兵多，破廣軍，生得廣。單于素聞廣賢，令曰：「得李廣必生致之。」胡騎得廣，廣時傷，置兩馬間，絡而盛之〔三〕臥。行十餘里，廣陽死，睨其傍有一兒騎善馬，〔四〕暫騰而上胡兒馬，〔五〕因抱兒鞭馬，〔六〕南馳數十里，得其餘軍。匈奴騎數百追之，廣行取兒弓射殺追騎，〔七〕以故得脱。於是至漢，漢下廣吏。吏當廣亡失多，爲虜所生得，〔八〕當斬，贖爲庶人。

〔一〕師古曰：韓安國。

〔二〕【補注】先謙曰：元光六年。

〔三〕【補注】宋祁曰：越本無「之」字。先謙曰：越本是也。下文「臥行十餘里」，臥行，連文不合，蓋廣傷不能起坐，故絡而盛其臥也。史記作「絡而盛臥廣，行十餘里」。是臥字屬上爲文，不應有「之」字明矣。通鑑亦作「絡而盛臥」。

〔四〕師古曰：睨，邪視也，音五係反。【補注】先謙曰：官本注奪「視」字。
〔五〕師古曰：騰，跳躍也。【補注】先謙曰：廣雅釋詁「暫，猝也」。
〔六〕【補注】先謙曰：官本考證「茅坤曰，史記作『因推墮兒』，是。洪頤煊云，世表集解『抱音普茅反，讀如抛』。枚乘傳『抱薪救火』。抱義亦作抛」。
〔七〕師古曰：且行且射也。
〔八〕師古曰：當謂處其罪也。

數歲，與故潁陰侯屏居藍田南山中射獵。〔一〕嘗夜從一騎出，從人田間飲。〔二〕還至亭，霸陵尉醉，呵止廣。〔三〕廣騎曰：「故李將軍。」尉曰：「今將軍尚不得夜行，何故也！」宿廣亭下。居無何，匈奴入遼西，〔四〕殺太守，敗韓將軍。〔五〕韓將軍後徙居右北平，死。於是上乃召拜廣爲右北平太守。廣請霸陵尉與俱，〔六〕至軍而斬之，上書自陳謝罪。上報曰：「將軍者，國之爪牙也。司馬法曰：『登車不式，遭喪不服，〔七〕振旅撫師，以征不服；率三軍之心，同戰士之力，故怒形則千里竦，威振則萬物伏；〔八〕是以名聲暴於夷貉，威稜憺乎鄰國。』〔九〕夫報忿除害，捐殘去殺，朕之所圖於將軍也；若乃免冠徒跣，稽顙請罪，豈朕之指哉！〔一〇〕將軍其率師東轅，彌節白檀，〔一一〕以臨右北平盛秋。」〔一二〕廣在郡，匈奴號曰「漢飛將軍」，避之，數歲不入界。

〔一〕師古曰：潁陰侯，灌嬰之孫，名彊。【補注】錢大昭曰：時彊以有罪免侯，故曰故也。
〔二〕【補注】宋祁曰：南本「飲」作「欲」。先謙曰：南本誤。史記亦作「飲」。

〔三〕【補注】譚宗浚曰：按説文無「呵」字，呵當作抲。説文抲下云「撝也，从手可聲」。周書曰「盡執抲」。疑此及江充傳「館陶公主行馳道中，充呵止之」皆作抲爲是。抲止，謂撝止不使行也。呵字或淺人所改耳。又説文訶下云「大言而怒也」，與抲止之抲義相通而微異。先謙曰：索隱「案百官志云『尉，大縣二人，主盜賊。凡有賊發，則推索尋案之』也」。

〔四〕【補注】宋祁曰：越本作「隴西」。先謙曰：事在元朔元年，見武紀、匈奴傳。越本誤。

〔五〕蘇林曰：韓安國。

〔六〕師古曰：奏請天子而將行。

〔七〕服虔曰：式，撫車之式以禮敬人也。式者，車前橫木也，字或作軾。【補注】沈欽韓曰：司馬法「兵車不式，城上不趨」。無「遭喪不服」語。

〔八〕師古曰：竦，驚也。

〔九〕李奇曰：神靈之威曰稜。憺猶動也。蘇林曰：陳留人語恐言憺之。師古曰：(曰)稜音來登反。憺音徒濫反。【補注】先謙曰：廣韻「稜，俗棱字」。説文「棱，柧也」。一切經音義十八引通俗文「木四方爲棱，人有威如有棱者然，故曰威棱」。後漢班彪王充傳注並訓稜爲威，非獨神靈之威曰稜也。文選蕪城賦「稜稜霜氣」。注「嚴冬之貌」。故霜氣亦言霜威矣。

〔一〇〕師古曰：指，意也。

〔一一〕孟康曰：白檀，縣名也，屬右北平。李奇曰：彌節，少安之貌。師古曰：彌音亡俾反。【補注】錢大昕曰：地理志，白檀屬漁陽，不屬右北平。孟注因下有右北平字而誤耳。沈欽韓曰：一統志漢白檀縣在今古北口外，承德州界。相傳在古北口東北一百四十里，此真漢白檀縣地。紀要云「白檀廢縣在昌平州密雲縣南。白檀山在縣南二十里」。此本漢厗奚縣地，後魏於此置白檀縣，爲密雲治，非漢之白檀也。紀要誤。先謙曰：顧炎武云，彌與弭同。司馬相如傳「於是楚王乃弭節徘徊」。郭璞曰「弭猶低也。節，所杖信節也」。官本注無「也」字。

〔一二〕師古曰：盛秋馬肥，恐虜爲寇，故令折衝禦難也。【補注】王先慎曰：臨盛秋，即後世所謂防秋。唐書邢君牙傳「田神功爲兗鄆節度使，使君牙將兵屯好畤，防盛秋」是也。

廣出獵，見草中石，以爲虎而射之，中石没矢，視之，石也。他日射之，終不能入矣。〔一〕廣所居郡聞有虎，常自射之。及居右北平射虎，虎騰傷廣，廣亦射殺之。

〔一〕【補注】沈欽韓曰：西京雜記：「李廣與兄弟共獵於冥山之北，見臥虎焉，射之，一矢即斃，斷其髑髏，以爲枕，示服猛也。他日復獵於冥山之陽，又見臥虎，射之，没矢飲羽，進而視之，乃石也。退而更射，鏃破笴折，而石不傷。余嘗以問楊子雲，子雲曰『至誠則金石爲開』。」按呂覽精通篇養由基、新序雜事楚熊渠子事並同。北史李遠傳「遠，陵之後也，嘗校獵於沙栅，見石於叢薄中，以爲伏兔，射之而中，鏃入寸餘，就而視之，乃石也。周文聞而異之，賜書曰：『昔李將軍親有此事，公今復爾，可謂世載其德。』」然則北史所載，想非虚造，果有其事矣。

石建卒，上召廣代爲郎中令。元朔六年，廣復爲將軍，從大將軍出定襄，諸將多中首虜率爲侯者，〔一〕而廣軍無功。後三歲，廣以郎中令將四千騎出右北平，博望侯張騫將萬騎與廣俱，異道。行數百里，匈奴左賢王將四萬騎圍廣，廣軍士皆恐，廣乃使其子敢往馳之。敢從數十騎直貫胡騎，出其左右而還，報廣曰：「胡虜易與耳。」軍士乃安。爲圜陳外鄉，〔二〕胡急擊，矢下如雨。漢兵死者過半，漢矢且盡。廣乃令持滿毋發，〔三〕而廣身自以大黄射其裨將，〔四〕殺數人，胡虜益解。〔五〕會暮，吏士無人色，〔六〕而廣意氣自如，〔七〕益治軍。〔八〕軍中服其勇也。明日，復力戰，而博望侯軍亦至，匈奴乃解去。漢軍罷，弗能追。〔九〕是時廣軍幾没，罷〔一〇〕歸。漢法，博望侯後期，當死，贖爲庶人。廣軍自當，亡賞。〔一一〕

〔一〕如淳曰：中猶充也，充本法得首若干封侯也。師古曰：率謂軍功封賞之科，著在法令者也。中音竹仲反。其下率亦同。【補注】先謙曰：官本無末五字。

〔二〕師古曰：鄉讀曰嚮。

〔三〕師古曰：注矢於弓弩而引滿之，不發矢也。【補注】先謙曰：官本「引」作「張」。

〔四〕服虔曰：黄肩弩也。孟康曰：太公陷堅卻敵，以大黄參連弩也。晉灼曰：黄肩即黄間也，大黄其大者也。師古曰：服、晉二説是也。【補注】齊召南曰：注「太公」下，應有「六韜曰」三字，此刊本譌脱也。沈欽韓曰：文選射雉賦「奉黄間以密彀」。鍾鼎款識，右中郎將弩機上字云「中郎將曹悦赤黑間」。按所謂黄間、白間，皆在弩機處名之也。先謙曰：集解韋昭曰「角弩色黄而體大也」。索隱「韋説是」。

〔五〕【補注】先謙曰：益，漸也。解在景十三王傳。

〔六〕師古曰：言懼甚。

〔七〕師古曰：自如，猶云如舊。

〔八〕師古曰：巡部曲，整行陳也。

〔九〕師古曰：罷讀曰疲。

〔一〇〕師古曰：幾音鉅衣反。【補注】宋祁曰：浙本及越本並無「罷」字。先謙曰：此師古誤讀罷字。連「歸」爲文，謂罷兵歸也，下乃言「漢法」云云耳。若罷字連上讀，則没罷不成義。浙本、越本删去「罷」字，乃爲顏讀所誤也。

〔一一〕師古曰：自當，謂爲虜所勝，又能勝虜，功過相當也。【補注】先謙曰：「軍自當」，史記作「軍功自如」。如、當義同。

初，廣與從弟李蔡俱爲郎，事文帝。景帝時，蔡積功至二千石。武帝元朔中，爲輕車將軍，從大將軍擊右賢王，有功中率，〔一〕封爲樂安侯。〔二〕元狩二年，代公孫弘爲丞相。蔡爲人在下中，〔三〕名聲出廣下遠甚，然廣不得爵邑，官不過九卿。廣之軍吏及士卒或取封侯，廣與望氣王朔語曰：〔四〕「自漢擊匈奴，廣未嘗不在其中，而諸妄校尉已下，〔五〕材能不及中，〔六〕以軍功取侯者數十人。廣不爲後人，〔七〕然終無尺寸功以得封邑者，何也？豈吾相不當侯邪？」〔八〕朔曰：「將軍自念，豈嘗有恨者乎？」〔九〕廣曰：「吾爲隴西守，羌嘗反，吾誘降者八百餘人，詐而同日殺之，至今恨獨此耳。」朔曰：「禍莫大於殺已降，〔一〇〕此乃將軍所以不得侯者也。」

〔一〕【補注】錢大昭曰：中率，中首虜率也。上文云「諸將多中首虜，率爲侯」。

〔二〕師古曰：此傳及百官表並爲樂安侯，而功臣表作安樂侯，是功臣表誤也。【補注】周壽昌曰：樂安，地理志「屬千乘郡，在今山東青州府博興縣北」。無安樂縣名，自以樂安爲是。

〔三〕師古曰：在下輩之中。【補注】李慈銘曰：下中者，即人表第八等，謂下等之中也。

〔四〕【補注】先謙曰：官本「曰」作「云」。天文志「王朔所候，決於日旁」。開元占經日占中，多引朔說。

〔五〕張晏曰：妄猶凡也。【補注】先謙曰：史記「妄」作「部」。

〔六〕師古曰：中謂中庸之人也。

〔七〕【補注】先謙曰：索隱謂不在人後也。

〔八〕【補注】先謙曰：史記此句下有「且固命也」四字，以相與命兼説。

〔九〕師古曰：恨，悔也。【補注】王念孫曰：案，「恨」上有「所」字，而今本脱之，則語意不完。藝文類聚封爵部、御覽封建部一引此，皆有「所」字，史記同。

〔一〇〕【補注】沈欽韓曰：吴越春秋：「吴王曰『吾聞誅降殺服，禍及三世』。」

廣歷七郡太守，前後四十餘年，得賞賜，輒分其戲下，〔一〕飲食與士卒共之。家無餘財，終不言生産事。爲人長，爰臂，〔二〕其善射亦天性，雖子孫他人學者莫能及。〔三〕廣吶口少言，〔四〕與人居，則畫地爲軍陳，射闊狹以飲。專以射爲戲。〔五〕將兵乏絶處見水，士卒不盡飲，不近水；不盡餐，不嘗食。〔六〕寬緩不苛，〔七〕士以此愛樂爲用。其射，見敵，非在數十步之内，度不中不發，〔八〕發即應弦而倒。用此，其將數困辱，〔九〕及射猛獸，亦數爲所傷云。

〔一〕師古曰：戲讀曰麾，又音許宜反。

〔二〕如淳曰：臂如猨臂通肩也。或曰，似當爲緩臂也。師古曰：王國風菟爰之詩云「有菟爰爰」。爰爰，緩意也，其義兩通。【補注】沈欽韓曰：淮南修務訓「羿左臂修而善射」。此亦如猨之通臂也。或曰緩臂，緩臂何能善射乎？先謙曰：史記作「猨臂」。爰，猨省字。集解引如説作「臂如猿，通肩」。此注下「臂」字當是衍文。官本「爰爰，緩意也」，作「亦緩意」三字。

〔三〕【補注】先謙曰：藝文志有李將軍射法三篇。

〔四〕師古曰：吶亦訥字。

〔五〕如淳曰：爲戲求疏密，持酒以飲不勝者也。

〔六〕【補注】沈欽韓曰：三略「軍井未鑿，將不言渴。軍竈未炊，將不言飢」。
〔七〕師古曰：苛，細也。
〔八〕師古曰：度音待各反。中音竹仲反。
〔九〕【補注】先謙曰：非見敵急不射，故其將軍數被敵窘迫。

元狩四年，大將軍票騎將軍大擊匈奴，廣數自請行。上以爲老，不許；良久乃許之，以爲前將軍。

大將軍青出塞，捕虜知單于所居，乃自以精兵走之，〔一〕而令廣并於右將軍軍，出東道。〔二〕東道少回遠，〔三〕大軍行，水草少，其勢不屯行。〔四〕廣辭曰：「臣部爲前將軍，今大將軍乃徙臣出東道，且臣結髮而與匈奴戰，〔五〕乃今一得當單于，臣願居前，先死單于。」〔六〕大將軍陰受上指，以爲李廣數奇，〔七〕毋令當單于，恐不得所欲。〔八〕是時公孫敖新失侯，爲中將軍，〔九〕大將軍亦欲使敖與俱當單于，〔一〇〕故徙廣。廣知之，固辭。大將軍弗聽，令長史封書與廣之莫府，〔一一〕曰：「急詣部，如書。」〔一二〕廣不謝大將軍而起行，意象慍怒〔一三〕而就部，引兵與右將軍食其合軍出東道。〔一四〕惑失道，後大將軍。〔一五〕大將軍與單于接戰，單于遁走，弗能得而還。南絶幕，乃遇兩將軍。〔一六〕廣已見大將軍，還入軍。大將軍使長史持糒醪遺廣，〔一七〕因問廣、食其失道狀，曰：「青欲上書報天子失軍曲折。」〔一八〕廣未對。大將軍長史急責廣之莫府上簿。〔一九〕廣曰：「諸校尉亡罪，乃我自失道。吾今自上簿。」至莫府，〔二〇〕謂其麾下曰：「廣結髮與匈奴大小七十餘戰，今幸從大將軍出接單于兵，而大將軍徙廣部行回遠，又迷失道，豈非天哉！且廣年六十餘，終不能復對刀筆之吏矣！」遂引刀自剄。百姓聞之，知與不知，老壯皆爲垂泣。〔一一〕而右將軍獨下吏，當死，贖爲庶人。

〔一〕師古曰：走，趣也，音奏。

〔二〕師古曰：并，合也，合軍而同道。【補注】齊召南曰：案後文注右將軍「趙食其也」，應在此文下。先謙曰：師古爲食其作注耳，齊説誤。官本注末有「也」字。

〔三〕師古曰：回，繞也，曲也，音胡悔反。

〔四〕張晏曰：以水草少，不可羣輩也。

〔五〕師古曰：言始勝冠即在戰陳。

〔六〕師古曰：致死而取單于。

〔七〕孟康曰：奇，隻不耦也。如淳曰：數爲匈奴所敗，爲奇不耦。師古曰：言廣命隻不耦合也。孟説是矣。數音所角反。奇音居宜反。【補注】宋祁曰：「數」，南本、浙本並「所具反」。予按，師古是孟説，自然音所具反。音所角〔反〕，當從如説。未有解從孟而音從如也，可判其繆焉。譚宗浚曰：按孫奕示兒編引宋景文筆録云「孫奭亦誤以爲朔」。先謙曰：索隱「小顔音所具反」。宋説是。

〔八〕師古曰：謂不勝敵也。【補注】先謙曰：胡注謂指欲禽單于，脱有邂逅失之，爲不得所欲。

〔九〕【補注】劉奉世曰：按青去病傳是歲出塞，無中將軍。而敖傳是歲以校尉從大將軍。此傳誤也。先謙曰：武紀云「青將四將軍」。去病傳有前、後、左、右將軍，則無中將軍明矣。但敖既爲校尉，不爲將軍，即青欲令當單于，與廣徙他道與否無涉。非若敖、廣俱爲將軍，必須徙一將軍，乃留一將軍也。若謂廣與青俱，敖即不能留軍中，俱當單于，此必無之理。廣死由青，當時哀廣者歸過於青，不免曲加文致。此自史公元文之誤，班氏承用之耳。

〔一〇〕【補注】先謙曰：胡注，青本與敖友，又脱青於阸，故青欲使當單于而立功。

〔一一〕師古曰：之，往也。莫府，衛青行軍府。【補注】宋祁曰：「廣之莫府」，景祐本無「廣」字。劉攽曰：莫府乃廣之前將軍莫府也。凡將兵皆有莫府，張敖監平樂兵，置莫府，是矣。大將軍既不許廣，難面不從，故但封書與廣之莫府，使奉行耳。及後，急責廣之莫府，亦是。劉奉世曰：此莫府，廣軍之莫府，曹史文書所在也。廣見大將軍，未肯去，青徑封與廣莫府，令如書也。與之幕府者，猶言與其莫府也。李慈銘曰：廣之莫府，謂廣所自立之莫府也。上云廣行軍，「莫府省文書」，則將軍之出，各有莫府明矣。先謙曰：劉、李説是。奉世所見漢書與景祐本同，故訓之爲「其」，但景祐本奪「廣」字耳。

〔一二〕【補注】先謙曰：此青面告廣之言。詣部，即下所云就部也。不明示之，但令詣部如書指而行。然弗聽之意，已在言外，故廣不謝而起行也。正義謂「令廣如其文牒，急引兵從東道」。是以爲青明告廣徙東道，則上封書爲贅文矣。

〔一三〕師古曰：言愠怒之色形於外也。

〔一四〕師古曰：趙食其也。食音異。其音基。

〔一五〕師古曰：惑，迷也。在後不及期也。【補注】王念孫曰：正文、注文本皆作「或」，今作「惑」者，後人不識古字而改之。以字本作「或」，故師古釋之曰「或，迷也」。衛青霍去病傳「或失道」。師古亦曰「或，迷也」。若作惑，則不須訓釋矣。文選范彦龍效古詩注、御覽兵部五引此並作「或」，史記同。先謙曰：注「在」衍字。史記「或」上有「軍亡導」三字。

〔一六〕師古曰：絶，渡也。【補注】朱一新曰：「幕」與「漠」同。先謙曰：注「渡」當爲「度」。

〔一七〕師古曰：糒，乾飯也。醪，汁滓酒也。糒音備。醪音牢。

〔一八〕師古曰：曲折猶言委曲也。【補注】先謙曰：史記無「失」字。正義：軍曲折，「言委曲而行回折，使軍後大將軍也」。王念孫云：「軍」上當有「失」字。廣、食其軍與大將軍軍相失，故曰失軍。報失軍曲折者，報失軍之委曲情狀也。正義失其指矣。

〔一九〕師古曰：之，往也。簿謂文狀也，音步户反。

〔二〇〕【補注】劉奉世曰：此兩莫府，亦廣之莫府也。廣見青已還入軍，未至莫府，而長史來問廣，廣未對，而長史又旁責廣之莫府曹史，令上簿，故廣云我今自上簿，然後退至莫府，乃自剄耳。

〔二一〕師古曰：知謂素相識知也。

廣三子，曰當户、椒、敢，皆爲郎。上與韓嫣戲，嫣少不遜，〔一〕當户擊嫣，嫣走，於是上以爲能。〔二〕當户蚤死，〔三〕乃拜椒爲代郡太守，皆先廣死。廣死軍中時，敢從票騎將軍。廣死明年，李蔡以丞相坐詔賜冢地陽陵當得二十畝，蔡盜取三頃，頗賣得四十餘萬，又盜取神道外壖地一畝葬其中，〔四〕當下獄，自殺。敢以校尉從票騎將軍擊胡左賢王，力戰，奪左賢王旗鼓，斬首多，賜爵關内侯，食邑二百户，代廣爲郎中令。〔五〕頃之，怨大將軍青之恨其父，〔六〕乃擊傷大將軍，大將軍匿諱之。居無何，敢從上雍，至甘泉宮獵，〔七〕票騎將軍去病怨敢傷青，射殺敢。去病時方貴幸，上爲諱，云鹿觸殺之。居歲餘，去病死。〔八〕敢有女爲太子中人，愛幸。〔九〕敢男禹有寵於太子，然好利，亦有勇。嘗與侍中貴人飲，侵陵之，莫敢應。〔一〇〕後愬之上，上召禹，使刺虎，縣下圈中，未至地，有詔引出之。禹從落中以劍斫絶纍，欲刺虎。〔一一〕上壯之，遂救止焉。而當户有遺腹子陵，將兵擊胡，兵敗，降匈奴。後人告禹謀欲亡從陵，下吏死。

〔一〕師古曰：嫣音偃。

〔二〕【補注】先謙曰：史記「能」作「勇」。

〔三〕師古曰：蚤，古早字。【補注】先謙曰：當爲早借蚤字。

〔四〕師古曰：壖音人椽反。【補注】先謙曰：索隱云「壖地，神道之地也。黄圖云『陽陵闕門西出，神道四通。茂陵神道廣四十三丈』也」。案陽陵，景帝陵。蔡爲丞相，得賜冢地陵旁，於所當得地外，侵盜賣錢，又取神道地營葬也。史記作「坐侵孝景園壖地」，表作「坐以丞相侵賣園陵道壖地」，並以陵、壖二事言。

〔五〕【補注】先謙曰：公卿表，敢爲郎中令，在元狩五年。

〔六〕師古曰：令其父恨而死也。【補注】先謙曰：恨讀爲很。很，違也，謂廣欲居前部當單于，而青不聽。説詳劉向傳。顔訓非。

〔七〕師古曰：無何，謂未多時也。雍之所在，地形積高，故云上也。上音時掌反。（地）〔他〕皆類此。【補注】周壽昌曰：從上雍，言從上於雍也。故被去病射死，而上爲諱。若謂地形高爲上，則所云敢從者爲從誰哉？時武帝連歲幸雍，故敢從之。本紀亦祇云「幸雍」，不稱「上雍」也。

〔八〕【補注】先謙曰：據武紀，元狩六年。

〔九〕【補注】沈欽韓曰：中人，蓋未有位號者，猶唐宋宫人曰内人。

〔一〇〕師古曰：言畏其勇氣。

〔一一〕師古曰：落與絡同，謂當時繦絡之而下也。纍，索也，音力追反。

陵字少卿，少爲侍中建章監。善騎射，愛人，謙讓下士，〔一〕甚得名譽。武帝以爲有廣之風，使將八百騎，深入匈奴二千餘里，過居延視地形，不見虜，還。拜爲騎都尉，將勇敢五千人，教射酒泉、張掖以備胡。數年，漢遣貳師將軍伐大宛，使陵將五校兵隨後。行至塞，會貳師還。上賜陵書，陵留吏士，與輕騎五百出敦煌，至鹽水，〔二〕迎貳師還，復留屯張掖。

〔一〕師古曰：下音胡亞反。

〔二〕【補注】沈欽韓曰：紀要「鹽水在火州東，有道從水中行」。火州在哈密西七百里，即高昌國。裴矩西域記「鹽水在西州高昌縣東南，去瓜州一千三百里，並沙磧地，道路不可準，惟以人畜骸骨及駝馬糞爲標驗」。

天漢二年，貳師將三萬騎出酒泉，擊右賢王於天山。〔一〕召陵，欲使爲貳師將輜重。〔二〕陵召見武臺，〔三〕叩頭自請曰：「臣所將屯邊者，皆荊楚勇士、奇材劍客也，〔四〕力扼虎，射命中，〔五〕願得自當一隊，〔六〕到蘭干山南以分單于兵，〔七〕毋令專鄉貳師軍。」〔八〕上曰：「將惡相屬邪！吾發軍多，毋騎予女。」〔九〕陵對：「對所事騎，〔一〇〕臣願以少擊衆，步兵五千人涉單于庭。」上壯而許之，因詔彊弩都尉路博德將兵半道迎陵軍。博德故伏波將軍，亦羞爲陵後距，〔一一〕奏言：「方秋匈奴馬肥，未可與戰，臣願留陵至春，俱將酒泉、張掖騎各五千人並擊東西浚稽，可必禽也。」〔一二〕書奏，上怒，疑陵悔不欲出而教博德上書，乃詔博德：「吾欲予李陵騎，云『欲以少擊衆』。今虜入西河，其引兵走西河，遮鉤營之道。」〔一三〕詔陵：「以九月發，出遮虜鄣，〔一四〕至東浚稽山南龍勒水上，徘徊觀虜，〔一五〕即亡所見，從浞野侯趙破奴故道抵受降城休士，〔一六〕因騎置以聞。〔一七〕所與博德言者云何？〔一八〕具以書對。」陵於是將其步卒五千人出居延，北行三十日，至浚稽山止營，舉圖所過山川地形，使麾下騎陳步樂還以聞。〔一九〕步樂召見，道陵將率得士死力，上甚説，〔二〇〕拜步樂爲郎。

〔一〕【補注】先謙曰：官本「右」作「左」。

〔二〕師古曰：重音直用反。【補注】先謙曰：左宣十二年傳注「輜，重也」。疏蔽前後以載物，謂之輜車；載物必重，謂之重車；人挽以行，謂之輦。輜、重、輦，一物也」。

〔三〕師古曰：未央宮有武臺殿。【補注】先謙曰：見黃圖。

〔四〕【補注】先謙曰：上文「將勇敢五千人」，史記本作「將丹陽楚人五千人」。

〔五〕師古曰：扼謂捉持之也。命中者，所指名處即中之也。扼音厄。

〔六〕師古曰：隊，部也，音徒内反。

〔七〕【補注】先謙曰：官本「干」作「于」，「南」作「前」。案通鑑作「蘭干山南」。

〔八〕師古曰：鄉讀曰向。【補注】先謙曰：官本「向」作「嚮」，是。

〔九〕【補注】先謙曰：毋、無同。

〔一〇〕師古曰：猶言不事須騎也。

〔一一〕【補注】先謙曰：論語「其不可者拒之」。「拒」，古本作「距」。釋文「距，雞爪也」。案統言則距亦爲爪，分言則前者爲爪，後者爲距。雞行爪伸，其後屈不動者，距也。淮南修務訓「前爪後距」，是也。

〔一二〕師古曰：浚稽，山名。時虜分居此兩山也。浚音峻。稽音雞。【補注】周壽昌曰：浚稽，唐設羈縻州，屬關内道。李兆洛云，當在今吴喇忒境。

〔一三〕張晏曰：胡來要害道，令博德遮之。師古曰：走音奏。【補注】先謙曰：帝疑陵，因徙博德出他道。鉤營，地名。

〔一四〕師古曰：鄣者，塞上險要之處，往往修築，別置候望之人，所以自鄣蔽而伺敵也。遮虜，鄣名也。【補注】沈欽韓曰：元和志「遮虜鄣在肅州酒泉縣北二百四十里。李陵與匈奴戰處。隋鎮將楊元於其地得銅弩牙箭鏃」。先謙曰：官本注末無「也」字。胡注「遮虜障，在張掖居延縣，路博德所築」。括地志「漢居延故城，在甘州張掖之東北一千五百三十里，有遮虜障」。

〔一五〕【補注】齊召南曰：胡注「地志敦煌龍勒縣有龍勒水，出南羌中，東北入澤，溉民田，蓋其下流在浚稽山下」。召南案：陵出居延遮虜障，此龍勒水當在居延塞外，直北沙磧中。故下文曰「陵出居延，北行三十日，至浚稽山」。不當以西陲敦煌之龍勒縣實之也。且志言有氐置水，不云即龍勒水。胡氏地學極精，而此條則誤。沈欽韓曰：一統志：按，浚稽山直受降城北，趙破奴從朔方出，漢書言出朔方二千餘里。李陵從居延出，漢書言北行三十日至浚稽山止營。其山當在今土喇河及鄂爾渾河之間。所謂龍勒水，在東浚稽山南。

〔一六〕師古曰：抵，歸也。受降城本公孫敖所築。休，息也。浞音仕角反。【補注】先謙曰：初，漢築受降城，受匈奴左大都尉之降，猶以爲遠，使破奴出朔方，期至浚稽山而還。後浞野敗沒，單于攻受降城，侵入邊而去。事詳匈奴傳。此命陵循其出兵故道而歸。抵，至也。

〔一七〕師古曰：騎置，謂驛騎也。

〔一八〕張晏曰：天子疑陵教博德上書求至春乃俱西也。

〔一九〕【補注】何焯曰：〔曰〕以圖爲信也。浚稽山，出居延行三十日始至。程大昌北邊備對引應劭云「在武威塞北」，疏矣。

〔二〇〕師古曰：說讀曰悅。

陵至浚稽山，與單于相直，〔一〕騎可三萬圍陵軍。軍居兩山間，〔二〕以大車爲營。〔三〕陵引士出營外爲陳，前行持戟盾，後行持弓弩，〔四〕令曰：「聞鼓聲而縱，〔五〕聞金聲而止。」〔六〕虜見漢軍少，直前就營。陵搏戰攻之，〔七〕千弩俱發，應弦而倒。虜還走上山，漢軍追擊，殺數千人。單于大驚，召左右地兵八萬餘騎攻陵。陵且戰且引，南行數日，抵山谷中。〔八〕連戰，士卒中矢傷，三創者載輦，兩創者將車，〔九〕一創者持兵戰。陵曰：「吾士氣少衰而鼓不起者，何也？〔一〇〕軍中豈有女子乎？」始軍出時，關東羣盜妻子徙邊者隨軍爲卒妻婦，大匿車中。〔一一〕陵搜得，皆劍斬之。明日復戰，斬首三千餘級。引兵東南，循故龍城道行，〔一二〕四五日，抵大澤葭葦中，〔一三〕虜從上風縱火，陵亦令軍中縱火以自救。〔一四〕南行至山下，單于在南山上，使其子將騎擊陵。陵軍步鬬樹木間，復殺數千人，因發連弩射單于，〔一五〕單于下走。是日捕得虜，言「單于曰：『此漢精兵，擊之不能下，日夜引吾南近塞，得毋有伏兵乎？』諸當户君長皆言：〔一六〕『單于自將數萬騎擊漢數千人不能滅，後無以復使邊臣，令漢益輕匈奴。復力戰山谷間，尚四五十里得平地，不能破，乃還。』」〔一七〕

〔一〕【補注】先謙曰：直讀曰值。

〔二〕【補注】何焯曰：上云東西浚稽，故云居兩山間。

〔三〕【補注】沈欽韓曰：陵以此車載輜重，固行陳，備衝突。晉馬隆討鮮卑樹機能，作偏箱車，地廣則爲鹿角車營，路狹則爲木屋，施於車上，亦是此法。要其臨鬬乃用步騎，未嘗以車戰也。先謙曰：霍去病傳「衞青以武剛車自環爲營」，與此同。

〔四〕師古曰：行並音胡剛反。

〔五〕【補注】先謙曰：縱擊之也。

〔六〕師古曰：金謂鉦也，一名鐲，鐲音濁。

〔七〕如淳曰：手對戰也。

〔八〕師古曰：抵，當也，至也，其下亦同。

〔九〕【補注】先謙曰：傷重者不能行，故載於輦，令人挽以行。將亦挽也。胡注：「將如字。詩『無將大車』。鄭氏曰『將猶扶進也』。」

〔一〇〕師古曰：擊鼓進士而士氣不起也。一曰，士卒以有妻婦，故聞鼓音而不時起也。

〔一一〕【補注】宋祁曰：「大」字，南本、浙本並作「伏」。

〔一二〕【補注】先謙曰：龍城，解見衞青傳。

〔一三〕師古曰：葭即蘆也，音家。

〔一四〕師古曰：預自燒其旁草木，令虜火不得延及也。

〔一五〕服虔曰：三十弩共一弦也。張晏曰：三十絭共一臂也。師古曰：張説是也。絭音去權反，又音眷。【補注】劉攽曰：三十弩一弦，三十絭一臂，皆無此理，妄説也。蓋如今之合蟬，或併兩弩共一弦之類。先謙曰：胡注「據魏氏春秋，諸葛亮損益連弩，以鐵爲矢，矢長八寸，一弩十矢，俱發。今之划車弩、梯弩，蓋亦損益連弩而爲之，雖不能三十臂共一弦，亦十數臂共一弦」。

〔一六〕師古曰：當户，匈奴官名也。

〔一七〕【補注】先謙曰：捕虜述匈奴君臣之言。

是時，陵軍益急，匈奴騎多，戰一日數十合，復殺傷虜二千餘人。虜不利，欲去，會陵軍候管敢爲校尉所辱，亡降匈奴，〔一〕具言「陵軍無後救，射矢且盡，獨將軍麾下及成安侯校各八百人爲前行，以黄與白爲幟，〔二〕當使精騎射之即破矣」。成安侯者，潁川人，父韓千秋，故濟南相，奮擊南越戰死，武帝封子延年爲侯，以校尉隨陵。單于得敢大喜，使騎並攻漢軍，疾呼曰：「李陵、韓延年趣降！」〔三〕遂遮道急攻陵。陵居谷中，虜在山上，四面射，矢如雨下。漢軍南行，未至鞮汗山，〔四〕一日五十萬矢皆盡，〔五〕即棄車去。士尚三千餘人，徒斬車輻而持之，〔六〕軍吏持尺刀，〔七〕抵山〔八〕入陿谷。單于遮其後，乘隅下壘石，〔九〕士卒多死，不得行。昏後，陵便衣獨步出營，〔一〇〕止左右：「毋隨我，丈夫一取單于耳！」〔一一〕良久，陵還，大息曰：「兵敗，死矣！」軍吏或曰：「將軍威震匈奴，天命不遂，後求道徑還歸，〔一二〕如浞野侯爲虜所得，後亡還，天子客遇之，況於將軍乎！」〔一三〕陵曰：「公止！〔一四〕吾不死，非壯士也。」於是盡斬旌旗，及珍寶埋地中，陵歎曰：「復得數十矢，足以脱矣。〔一五〕今無兵復戰，〔一六〕天明坐受縛矣！各鳥獸散，猶有得脱歸報天子者。」〔一七〕令軍士人持二升糒，一半冰，〔一八〕期至遮虜鄣者相待。〔一九〕夜半時，擊鼓起士，鼓不鳴。〔二〇〕陵與韓延年俱上馬，壯士從者十餘人。虜騎數千追之，韓延年戰死。陵曰：「無面目報陛下！」遂降。軍人分散，脱至塞者四百餘人。

〔一〕【補注】沈欽韓曰：文選注四十一引陵傳云「被校尉笞之五十，乃亡入匈奴」，與此不同。先謙曰：胡注續漢志「凡領軍皆有部曲，部有校尉；部下有曲，曲有軍候一人」。

〔二〕師古曰：幟，旗也，音式志反。

〔三〕師古曰：且攻且呼也。呼音火故反。趣讀曰促。

〔四〕師古曰：鞮音丁奚反。【補注】沈欽韓曰：紀要「鞮汗山在遮虜障西北百八十里」。

〔五〕【補注】先謙曰：官本「一日」作「百」，引宋祁曰「越本百字作一日」。齊召南云：按百字，通鑑作一日，然則温公所見本與今本不同也。案齊氏未證毛本及宋說，故云然。

〔六〕師古曰：徒，但也。【補注】先謙曰：說文「輻，輪轑也」，即輪木中之直指者，斬而持之，以當軍器。

〔七〕【補注】先謙曰：以弩戟都盡，但持短刀。

〔八〕【補注】先謙曰：至鞮汗山。

〔九〕服虔曰：山名也。師古曰：此說非也。言放石以投人，因山隅曲而下也。壘音盧對反。【補注】錢大昭曰：陵居谷中，虜在山上，故以壘石投之，亦謂之藺石。鼂錯傳云「具藺石」。服虔曰「藺石，可投人石」。如淳曰「藺石，城上雷石」。先謙曰：周禮量人注「軍壁曰壘」。廣雅釋詁「壘，重也」。又云「積也」。石重積而下，高若軍壁然，故云壘石。陵入谷，欲南出，而匈奴遮其後，乘山隅下石，以壘斷谷口也。若投人之石，無壘石之名。顏、錢說亦誤也。

〔一〇〕蘇林曰：搴衣卷褏而行也。師古曰：此說非也。便衣，謂著短衣小褏也。【補注】周壽昌曰：便衣，不介胄，猶古人免胄，欲致死於敵也。

〔一一〕師古曰：言一身獨取也。

〔一二〕【補注】先謙曰：勸陵且降匈奴，後求得間道而徑歸漢也。

〔一三〕【補注】宋祁曰：浙本「客」作「容」。王念孫曰：客字義不可通。據破奴傳無所謂天子客遇之之事。客，當依浙本作容，字之誤也。容，寬也。見五行志。遇，待也。見管子任法篇注。寬待之，謂不問其没軍之罪。先謙曰：王說是也。此後人因下有「單于客遇李緒」之文妄改。此容遇亦爲客遇，不思武帝無客遇破奴之理也。

〔一四〕【補注】先謙曰：止令勿言。

〔一五〕【補注】宋祁曰：南本、浙本「復」字下有「人」字。須得人字，義乃安，若只云數十矢，何能脱也？先謙曰：宋説是。

〔一六〕師古曰：兵即謂矢及矛戟之屬也。

〔一七〕師古曰：脱，免也，音吐活反。次下亦同。

〔一八〕如淳曰：半讀曰片，或云五升曰半。師古曰：半讀曰判。判，大片也。時冬寒有冰，持之以備渴也。【補注】周壽昌曰：時天漢二年五月，故有冰，持以備渴。顔説誤。先謙曰：通鑑作「一片冰」。

〔一九〕【補注】先謙曰：胡注「與軍士期，有先至遮虜鄣者，留駐以待後至也」。

〔二〇〕【補注】沈欽韓曰：六韜五音篇「鼙鼓之聲温以沐，此大敗之徵也」。

陵敗處去塞百餘里，邊塞以聞。上欲陵死戰，召陵母及婦，使相者視之，無死喪色。後聞陵降，上怒甚，責問陳步樂，步樂自殺。羣臣皆罪陵，上以問太史令司馬遷，遷盛言：「陵事親孝，與士信，常奮不顧身以殉國家之急。〔一〕其素所畜積也，〔二〕有國士之風。今舉事一不幸，全軀保妻子之臣隨而媒糵其短，〔三〕誠可痛也。且陵提步卒不滿五千，深輮戎馬之地，〔四〕抑數萬之師，〔五〕虜救死扶傷不暇，悉舉引弓之民共攻圍之。轉鬬千里，矢盡道窮，士張空拳，〔六〕冒白刃，北首爭死敵，〔七〕得人之死力，雖古名將不過也。身雖陷敗，然其所摧敗亦足暴於天下。〔八〕彼之不死，宜欲得當以報漢也。」〔九〕初，上遣貳師大軍出，財令陵爲助兵，〔一〇〕及陵與單于相值，而貳師功少。上以遷誣罔，欲沮貳師，爲陵游説，〔一一〕下遷腐刑。

〔一〕師古曰：殉，營也，一曰從也。

〔二〕師古曰：畜讀曰蓄。

〔三〕服虔曰：媒音欺，謂詆欺也。孟康曰：媒，酒教。蘖，麴也。謂釀成其罪也。師古曰：孟説是也。齊人名麴餅曰媒。【補注】先謙曰：胡注引賈公彥云「齊人名麴餅爲媒者，麴麸和合成酒醴，名之爲媒」。

〔四〕師古曰：輮，踐也，音人九反。

〔五〕【補注】先謙曰：遷傳作「卬億萬之師」。卬，向也，讀爲仰。此作抑，則謂戰勝匈奴，抑之在下也。抑、卬形近，致有不同。

〔六〕文穎曰：拳，弓弩拳也。師古曰：拳字與絭同，音去權反，又音眷。【補注】先謙曰：「拳」當爲「弮」字之誤也。遷傳作「張空弮」。通鑑用此傳文，亦作「士張空弮」。胡注引文説，拳並作弮，兼引師古兩音。遷傳顏注「弮音丘權反，又音眷」。與此正同。是司馬、胡氏所見漢書本正文及注並作「弮」無疑。解詳遷傳。

〔七〕師古曰：冒，犯也。北首，北嚮也。冒音莫北反。首音式救反。【補注】宋祁曰：南、浙兩本「冒音莫剋反。首音式授反」。淳化本「冒音莫到反。首音式受反」。當從南、浙。

〔八〕師古曰：所摧敗，敗匈奴之兵也。暴猶章也。

〔九〕師古曰：言欲立功以當其罪也。【補注】先謙曰：當，謂適可也，謂欲得適可之事會而動，非真降匈奴。顏説非。

〔一〇〕師古曰：財與纔同，謂淺也，僅也。史傳通用字。他皆類此。【補注】王念孫曰：廣雅「堇，少也」。「堇」與「僅」同，凡言財幸、裁幸、財察、裁察、財擇、財哀、財覽，義皆訓少。

〔一一〕師古曰：沮謂毀壞之，音才呂反。

久之，上悔陵無救，曰：「陵當發出塞，乃詔彊弩都尉令迎軍。坐預詔之，得令老將生姦詐。」〔一二〕乃遣使勞賜陵餘軍得脱者。

〔一〕孟康曰：坐預詔彊弩都尉路博德迎陵，博德老將，出塞不至，令陵見没也。【補注】先謙曰：胡注「孟説非也。帝意既悔，追思前事，以爲當陵發出塞之時，方可詔博德繼其後，以迎陵軍。乃於陵未行時預詔之，使博德羞爲陵後距，得生姦詐上奏，而遂令博德别出西河，致陵軍無救也」。

陵在匈奴歲餘，上遣因杅將軍公孫敖〔一〕將兵深入匈奴迎陵。敖軍無功還，曰：「捕得生口，言李陵教單于爲兵以備漢軍，故臣無所得。」上聞，於是族陵家，母弟妻子皆伏誅。〔二〕隴西士大夫以李氏爲愧。〔三〕其後，漢遣使使匈奴，陵謂使者曰：「吾爲漢將步卒五千人横行匈奴，以亡救而敗，何負於漢而誅吾家？」使者曰：「漢聞李少卿教匈奴爲兵。」〔四〕陵曰：「乃李緒，非我也。」李緒本漢塞外都尉，居奚侯城，匈奴攻之，緒降，而單于客遇緒，常坐陵上。陵痛其家以李緒而誅，使人刺殺緒。大閼氏欲殺陵，〔五〕單于匿之北方，大閼氏死乃還。單于壯陵，以女妻之，立爲右校王，衛律爲丁靈王，〔六〕皆貴用事。衛律者，父本長水胡人，律生長漢，〔七〕善協律都尉李延年，延年薦言律使匈奴。使還，會延年家收，律懼並誅，亡還降匈奴。匈奴愛之，〔八〕常在單于左右。陵居外，有大事，乃入議。

〔一〕孟康曰：因杅，胡地名也。師古曰：杅音于。【補注】先謙曰：天漢四年事。

〔二〕【補注】何焯曰：史記云「匈奴單于以其女妻陵而貴之，漢聞族陵」。與此先後不同。先謙曰：陵入匈奴後事，漢書較詳審，當以漢書爲正。陵是當户遺腹子，不得有弟。史記作「族陵母妻子」，是。

〔三〕師古曰：恥其不能死節，累及家室。【補注】先謙曰：史記作「自是之後，李氏名敗，而隴西之士居門下者，皆用爲恥焉」。

〔四〕【補注】宋祁曰：浙本無「少」字，只云「李卿」。下同。

〔五〕師古曰：大閼氏，單于之母。

〔六〕師古曰：丁靈，胡之别種也。立爲王而主其人也。【補注】先謙曰：胡注引「魏略云『丁靈在康居北，去匈奴廷，接習水七千里』。匈奴蓋以丁靈王封衛律耳」。先謙案：下文云「律常在單于左右」。胡説是也。

〔七〕【補注】先謙曰：百官表「長水校尉，掌長水宣曲胡騎」。律父蓋胡人，降漢，爲胡騎而屯長水，故律生長爲漢人也。又詳蘇武傳。

〔八〕【補注】先謙曰：當云「單于愛之」也。下「匈奴」二字，史駁文。

昭帝立，大將軍霍光、左將軍上官桀輔政，素與陵善，遣陵故人隴西任立政等三人〔一〕俱至匈奴招陵。立政等至，單于置酒賜漢使者，李陵、衛律皆侍坐。立政等見陵，未得私語，即目視陵，〔二〕而數數自循其刀環，〔三〕握其足，陰諭之，言可還歸漢也。後陵、律持牛酒勞漢使，博飲，〔四〕兩人皆胡服椎結。〔五〕立政大言曰：「漢已大赦，中國安樂，主上富於春秋，〔六〕霍子孟、上官少叔用事。」〔七〕以此言微動之。陵墨不應，〔八〕孰視而自循其髮，荅曰：「吾已胡服矣！」有頃，律起更衣，立政曰：「咄，少卿良苦！〔九〕霍子孟、上官少叔謝女。」〔一〇〕陵曰：「霍與上官無恙乎？」〔一一〕立政曰：「請少卿來歸故鄉，毋憂富貴。」陵字立政曰：「少公，〔一二〕歸易耳，恐再辱，柰何！」語未卒，衛律還，頗聞餘語，曰：「李少卿賢者，不獨居一國。范蠡遍遊天下，〔一三〕由余去戎入秦，今何語之親也！」因罷去。立政隨謂陵曰：「亦有意乎？」〔一四〕陵曰：「丈夫不能再辱。」陵在匈奴二十餘年，元平元年病死。〔一五〕

〔一〕師古曰：故人，謂舊與相知者。

〔二〕師古曰：以目相視而感動之，今俗所謂眼語者也。

〔三〕師古曰：循，謂摩順也。【補注】周壽昌曰：環者，還也，故循刀環。先謙曰：官本注「順」作「循」，是。

〔四〕蘇林曰：博且飲也。師古曰：勞音來到反。

〔五〕師古曰：結讀曰髻，一撮之髻，其形如椎。【補注】譚宗浚曰：史記陸賈傳「陸生至，尉他魋結」。集解引服虔曰「魋音椎。今兵士椎頭結」。本書陸賈傳注引同。索隱「魋直追反。結音計且〔反〕」。案，其魋結依字讀之亦得，謂夷人本被髮左衽，今他同其風俗，但魋其髮而結之。據此，則魋結乃中國所有。胡服椎結者，正謂其俗雜漢夷耳。或以椎結爲夷服者，恐非。

〔六〕師古曰：言天子年少。

〔七〕師古曰：子孟，光之字。少叔，桀之字也。

〔八〕【補注】先謙曰：墨讀曰嘿。

〔九〕師古曰：言甚勞苦。

〔一〇〕師古曰：謝，以辭相問也。

〔一一〕師古曰：恙，憂病也。

〔一二〕師古曰：呼其字。【補注】宋祁曰：「字」字一作「呼」。

〔一三〕【補注】沈欽韓曰：韓詩外傳九范蠡行遊，與齊地居，奄忽龍變，仁義沈浮。

〔一四〕師古曰：隨其後而語之。

〔一五〕【補注】王先慎曰：北史李賢傳「賢自云隴西成紀人，漢騎都尉陵之後。陵没匈奴，子孫因居北狄，後隨魏南遷，復歸汧隴」。據此，是陵娶單于女後復有子也。賢祖父兄弟仕魏、周，皆至大官。先謙曰：天漢二年至宣帝元平元年，二十六年。

蘇建，杜陵人也。〔一〕以校尉從大將軍青擊匈奴，封平陵侯。以將軍築朔方。後以衛尉爲遊擊將軍，從大將軍出朔方。〔二〕後一歲，以右將軍再從大將軍出定襄，亡翕侯，〔三〕失軍當斬，贖爲庶人。其後爲代郡太守，卒官。有三子：嘉爲奉車都尉，賢爲騎都尉，〔四〕中子武最知名。

〔一〕【補注】譚宗浚曰：新唐書宰相世系表云「蘇氏出自己姓，顓頊裔孫吴回爲重黎，生陸終。生樊，封於昆吾。昆吾之子封於蘇，其地鄴西蘇城是也。蘇忿生爲周司寇，世居河内，後徙武功杜陵，至漢代郡太守建，徙扶風平陵，封平陵侯」云云。此必唐以來譜牒所載，而歐公采之。地理志杜陵下云「宣帝更名」。而戰國策「齊助楚攻秦，章楚兵大敗於杜陵」。鮑注「屬京兆」。疑秦漢時本有杜陵之名，宣帝特因以置縣，故蘇建以前，得稱徙武功杜陵也。至明康海武功縣志，據此以蘇建、蘇武爲武功人，則不脱地志牽附之習耳。先謙曰：史記「（家）〔冢〕在大猶鄉」。

〔二〕【補注】先謙曰：據武紀元朔二年，城朔方。五年，出朔方。

〔三〕服虔曰：趙信也。

〔四〕【補注】宋祁曰：南本「騎」作「駙馬」。

武字子卿，少以父任，兄弟並爲郎，稍遷至栘中廄監。〔一〕時漢連伐胡，數通使相窺觀，匈奴留漢使郭吉、路充國等，前後十餘輩。匈奴使來，漢亦留之以相當。天漢元年，且鞮侯單于初立，〔二〕恐漢襲之，乃曰：「漢天子我丈人行也。」〔三〕盡歸漢使路充國等。武帝嘉其義，乃遣武以中郎將使持節送匈奴使留在漢者，〔四〕因厚輅單于，荅其善意。〔五〕武與副中郎將張勝及假吏常惠等〔六〕募士斥候百餘人俱。〔七〕既至匈奴，置幣遺單于。單于益驕，非漢所望也。〔八〕

〔一〕師古曰：移中，廄名，爲之監也。移音移。【補注】先謙曰：詳昭紀。

〔二〕師古曰：且音子閭反。鞮音丁奚反。【補注】先謙曰：據匈奴傳，單（子）〔于〕立，歸漢使。在太初四年。武使匈奴，在天漢元年。

〔三〕師古曰：丈人，尊老之稱。行音胡浪反。【補注】沈欽韓曰：尸子發蒙篇「家人子姪和，臣妾力，則家富，丈人雖厚衣食，無傷也」。此以丈人爲家長也，故單于比漢天子於丈人行。若泛然尊老之稱，不當加一「行」字。唐世呼婦翁爲丈人。劉禹錫集劉氏集略説云：「子壻博陵崔生關言曰『某也鄉遊京師，偉人多聞丈人新書幾何，且欲取去』。」此別一義。

〔四〕【補注】先謙曰：官本「遣」作「遺」。

〔五〕【補注】錢大昭曰：「輅」，閩本作「賂」。先謙曰：輅，譌字，官本作「賂」，通鑑同。

〔六〕師古曰：假吏猶言兼吏也。時權爲使之吏，若今之差人充使典矣。

〔七〕師古曰：募人以充士卒，及在道爲斥候者。

〔八〕【補注】先謙曰：胡注「漢望其同心鄉善，今乃益驕，故曰非漢所望」。

方欲發使送武等，會緱王與長水虞常等謀反匈奴中。〔一〕緱王者，昆邪王姊子也，〔二〕與昆邪王俱降漢，後隨浞野侯没胡中。〔三〕及衞律所將降者，〔四〕陰相與謀劫單于母閼氏歸漢。會武等至匈奴，虞常在漢時素與副張勝相知，私候勝曰：「聞漢天子甚怨衞律，常能爲漢伏弩射殺之。吾母與弟在漢，幸蒙其賞賜。」張勝許之，以貨物與常。後月餘，單于出獵，獨閼氏子弟在。虞常等七十餘人欲發，其一人夜亡，告之。單于子弟發兵與戰。緱王等皆死，虞常生得。〔五〕單于使衞律治其事。張勝聞之，恐前語發，以狀語武。武曰：「事如此，此必及我。見犯乃死，重負國。」欲自殺，〔六〕勝、惠共止之。虞常果引張勝。單于怒，召諸貴人議，欲殺漢使者。左伊秩訾曰：〔七〕「即謀單于，何以復加？〔八〕宜皆降之。」單于使衞律召武受辭，〔九〕武謂惠等：「屈節辱命，雖生，何面目以歸漢！」引佩刀自刺。衞律驚，自抱持武，馳召毉。鑿地爲坎，置熅火，〔一〇〕覆武其上，〔一一〕蹈其背以出血。武氣絶，半日復息。〔一二〕惠等哭，輿歸營。〔一三〕單于壯其節，朝夕遣人候問武，而收繫張勝。

〔一〕師古曰：緱音工侯反。【補注】先謙曰：官本注「候」作「侯」，是。胡注「漢有長水校尉，掌長水胡騎。師古曰，長水，胡名。其註戾太子傳則又曰，今鄠縣東有長水。余據水經注『長水出杜縣白鹿原北，入霸水』，胡騎蓋屯於此，非胡名也。戾傳説是。虞常蓋亦先没於匈奴」。

〔二〕師古曰：昆音胡門反。

〔三〕師古曰：從趙破奴擊匈奴，兵敗而降。

〔四〕【補注】沈欽韓曰：此下應有「虞常」二字。蓋衞律，長水胡人，上文云「長水虞常」，則常以長水胡屬律，若不敘虞常没匈奴之由，則并此語爲贅文。

〔五〕師古曰：被執獲也。

〔六〕師古曰：言被匈奴侵犯，然後乃死，是爲更負漢國，故欲先自殺也。重音直用反。

〔七〕臣瓚曰：胡官之號也。【補注】先謙曰：胡注「匈奴傳，呼韓邪之敗，其右伊秩訾王使之降漢。則此乃胡王之號」。

〔八〕師古曰：言謀〔殺〕衞律而殺之，其罰太重也。【補注】先謙曰：官本無「也」字。

〔九〕師古曰：致單于之命，而取其對也。

〔一〇〕師古曰：煴謂聚火無焱者也，音於云反。焱音弋贍反。【補注】先謙曰：説文「煴，鬱煙也」。

〔一一〕師古曰：覆身於坎上也。覆音芳目反。

〔一二〕師古曰：息謂出氣也。

〔一三〕【補注】宋祁曰：浙本「哭」作「共」。

武益愈，〔一〕單于使使曉武。〔二〕會論虞常，〔三〕欲因此時降武。劍斬虞常已，律曰：「漢使張勝謀殺單于近臣，〔四〕當死，單于募降者赦罪。」〔五〕舉劍欲擊之，勝請降。律謂武曰：「副有罪，當相坐。」武曰：「本無謀，又非親屬，何謂相坐？」復舉劍擬之，武不動。律曰：「蘇君，律前負漢歸匈奴，幸蒙大恩，賜號稱王，擁衆數萬，馬畜彌山，富貴如此。〔六〕蘇君今日降，明日復然。空以身膏草野，誰復知之！」武不應。律曰：「君因我降，與君爲兄弟，今不聽吾計，後雖欲復見我，尚可得乎？」武罵律曰：「女爲人臣子，不顧恩義，畔主背親，爲降虜於蠻夷，何以女爲見？〔七〕且單于信女，使決人死生，不平心持正，反欲鬭兩主，觀禍敗。南越殺漢使者，屠爲九郡；宛王殺漢使者，頭縣北闕；朝鮮殺漢使者，即時誅滅。獨匈奴未耳。若知我不降明，〔八〕欲令兩國相攻，匈奴之禍從我始矣。」

〔一〕【補注】先謙曰：益，漸也。

〔二〕師古曰：諭説令降也。

〔三〕【補注】先謙曰：論斷其罪。

〔四〕師古曰：衞律自謂也。

〔五〕【補注】先謙曰：募，招也。

〔六〕師古曰：彌，滿也。

〔七〕師古曰：言何用見女爲也。【補注】王念孫曰：「見」字本當在「女」字上。何以見女爲，猶論語言「何以文爲」、「何以伐爲」耳。若云「何以女爲見」，則文不成義矣。漢紀、孝昭紀作「何用見女爲兄弟乎」。「爲」下加「兄弟」二字，遂失其指。然據此知漢書本作「何以見女爲也」。

〔八〕師古曰：若，汝也。言汝知我不肯降明矣。

律知武終不可脅，白單于。單于愈益欲降之，乃幽武置大窖中，〔一〕絶不飲食。〔二〕天雨雪，武臥齧雪與旃毛并咽之，〔三〕數日不死，匈奴以爲神，乃徙武北海上無人處，〔四〕使牧羝，羝乳乃得歸。〔五〕別其官屬常惠等，各置他所。武既至海上，廩食不至，〔六〕掘野鼠去屮實而食之。〔七〕杖漢節牧羊，臥起操持，節旄盡落。積五六年，單于弟於靬王弋射海上。〔八〕武能網紡繳，檠弓弩，〔九〕於靬王愛之，給其衣食。三歲餘，王病，賜武馬畜服匿穹廬。〔一〇〕王死後，人衆徙去。其冬，丁令盜武牛羊，〔一一〕武復窮厄。

〔一〕師古曰：舊米粟之窖而空者也，音工孝反。

〔二〕師古曰：飲方於禁反。食讀曰飤。【補注】王念孫曰：此本作「絶不與飲食」，師古所見本脱「與」字，則義不可通，乃曲爲之説曰「飲於禁反，食讀曰飤」。誤矣。舊本北堂書鈔設官部十五、陳禹謨依顔本漢書刪「與」字。服飾部三、此卷「與」字未刪。藝文類聚天部下、御覽天部十二、人事部百二十七、服用部十，引此皆作「絶不與飲食」，是諸家所見本皆與師古異也。漢紀本於漢書，而亦作「絶不與飲食」，是仲豫所見本正與諸家同也。今據以訂正。新序節士篇亦作「絶不與飲食」。先謙曰：官本注「方」作「音」，是。

〔三〕師古曰：咽，吞也，音宴。

〔四〕【補注】齊召南曰：按，北海爲匈奴北界，其外即丁令也。塞外遇大水澤，通稱爲海。唐書地理志「骨利幹、都播二部落，北有小海，冰堅時，馬行八日可渡，海北多大山」。即此北海也，今曰白哈兒湖，在喀爾喀極北，鄂羅斯國之南界。

〔五〕師古曰：羝，牡羊也。羝不當産乳，故設此言，示絶其事。若燕太子丹「烏白頭，馬生角」之比也。羝音丁奚反。乳音人喻反。【補注】宋祁曰：「牧羝」字下疑有「羊」字。

〔六〕師古曰：無人給飤之。

〔七〕蘇林曰：取鼠所去草實而食之。張晏曰：取鼠及草實并而食之。師古曰：蘇説是也。屮，古草字。去謂藏之也，音丘吕反。【補注】劉攽曰：今北方野鼠之類甚多，皆可食也。武掘野鼠，得即食之，其草食，乃頗去藏耳。案，草食之「食」當作「實」。周壽昌曰：「去」即「弆」字。陳遵傳「遵性善書，與人尺牘，皆藏去以爲榮」。注「去，藏也」。與此同。王文彬曰：左昭十九年傳「以度而去之」。疏「去亦藏也」。又云：字書「去」作「弆」，謂掌物也。今關西仍呼爲弆，東人輕言爲去。文彬按：訓去爲藏，本反言以見意，猶治之言亂、香之言臭也。王先慎曰：御覽九百十一引此文無「去」字。漢紀同。又引唐書云「吐蕃有草名速古芒，葉長二寸，狀如鍼蒿，每莖不過三四葉，其莖蔓、其花、其根連珠如麥門冬。有鼠，長於常鼠，每二三十同一穴，至秋，鼠皆收此草爲藏，多者至數石。俗亦掘草根食之，而留給鼠糧」。案，此可取證。蘇説與張、劉説並通。

〔八〕師古曰：軒音居言反。

〔九〕師古曰：繳，生絲縷也，可以弋射。檠謂輔正弓弩也。繳音斫。檠音警，又音巨京反。【補注】宋祁曰：「網」字上疑有「結」字。王念孫曰：結網與紡繳對文，宋説是也。御覽人事部百二十七引此，正作「結網紡繳」。漢紀同。沈欽韓曰：管子輕重甲篇「十鈞之弩，不得棐擏，不能自正」。韓非外儲右「榜檠者，所以矯不直也」。

〔一〇〕劉德曰：服匿如小旃帳。孟康曰：服匿如甖，小口大腹方底，用受酒酪。穹廬，旃帳也。晉灼曰：河東北界人呼小石甖受二斗所曰服匿。師古曰：孟、晉二説是也。【補注】勵宗萬曰：南齊書陸澄傳「竟陵王子良得古器，小口方腹而底平，可將七八升。以問澄，澄曰：『此名服匿，單于以與蘇武。』子良後詳觀器底有字，髣髴如澄所言」。可以證孟、晉二注。沈欽韓曰：劉云，服匿如小旃帳。案，今徼卒所宿若倚廬者是也。范成大石湖集「河邊服匿多生口」，乃承用劉説。十國春秋「南唐章僚使高麗，有温器名服匿，狀中國之鐺，其底方，其蓋圓，可容七八升」。及南齊陸澄所言，又與孟、晉二説合。其穹廬則大帳。淮南齊俗訓作「窮廬」。梁書諸夷傳「高昌屋宇，雜以百子帳」。唐書吐蕃傳「貴人處於大氊帳，名爲拂廬」。元之斡耳朵，今呼爲蒙古包。蔡絛鐵圍山叢談「古號百子帳，北之穹廬也，今俗謂之氊帳」。程大昌演繁露「唐人昏禮多用百子帳，特貴其名與婚宜，而其制本出戎虜，特穹廬、拂廬之具體耳。捲柳爲圈，以相連瑣，可張可合。爲其圈之多也，亦非真有百圈也。其弛張既成，大抵如今尖頂圓亭子，而用青氊通冒四隅上下，便於移置耳」。

〔一一〕師古曰：令音零。丁令，即上所謂丁靈耳。【補注】何焯曰：衛律爲丁靈王，蓋使人盗之，以困武也。

初，武與李陵俱爲侍中，武使匈奴明年，陵降，不敢求武。〔一〕久之，單于使陵至海上，爲武置酒設樂，因謂武曰：「單于聞陵與子卿素厚，故使陵來説足下，虚心欲相待。終不得歸漢，空自苦亡人之地，信義安所見乎？前長君爲奉車，〔二〕從至雍棫陽宮，扶輦下除，〔三〕觸柱折轅，劾大不敬，伏劍自刎，〔四〕賜錢二百萬以葬。孺卿從祠河東后土，〔五〕宦騎與黃門駙馬爭船，〔六〕推墮駙馬河中溺死，宦騎亡，詔使孺卿逐捕不得，惶恐飲藥而死。來時，大夫人已不幸，〔七〕陵送葬至陽陵。子卿婦年少，聞已更嫁矣。獨有女弟二人，兩女一男，今復十餘年，存亡不可知。人生如朝露，〔八〕何久自苦如此！陵始降時，忽忽如狂，自痛負漢，加以老母繫保宮，〔九〕子卿不欲降，何以過陵？〔一〇〕且陛下春秋高，法令亡常，大臣亡罪夷滅者數十家，安危不可知，子卿尚復誰爲乎？願聽陵計，勿復有云。」武曰：「武父子亡功德，皆爲陛下所成就，位列將，爵通侯，兄弟親近，〔一一〕常願肝腦塗地。今得殺身自效，雖蒙斧鉞湯鑊，誠甘樂之。臣事君，猶子事父也，子爲父死亡所恨。願勿復再言。」陵與武飲數日，復曰：「子卿壹聽陵言。」武曰：「自分已死久矣！〔一二〕王必欲降武，〔一三〕請畢今日之驩，效死於前！」〔一四〕陵見其至誠，喟然歎曰：「嗟乎，義士！陵與衛律之罪上通於天。」因泣下霑衿，與武決去。〔一五〕陵惡自賜武，〔一六〕使其妻賜武牛羊數十頭。後陵復至北海上，語武：「區脫捕得雲中生口，〔一七〕言太守以下吏民皆白服，曰上崩。」武聞之，南鄉號哭，歐血，旦夕臨。〔一八〕

〔一〕【補注】先謙曰：愧見武，不敢求訪之。

〔二〕服虔曰：武兄嘉。

〔三〕張晏曰：主扶輦下除道也。師古曰：除謂門屏之間。

〔四〕師古曰：刎，斷也，斷其頸也，音武粉反。

〔五〕張晏曰：武弟賢。

〔六〕師古曰：宦騎，宦者而爲騎也。黄門駙馬，天子駙馬之在黄門者也。駙，副也。金日磾傳曰「養馬於黄門」也。

〔七〕師古曰：不幸亦謂死。【補注】先謙曰：大讀曰太。通鑑作「太夫人」。

〔八〕師古曰：朝露見日則晞乾，人命短促亦如之。【補注】先謙曰：官本注無「乾」字。

〔九〕師古曰：百官公卿表云，少府屬官有居室，武帝大初元年，更名保宫。【補注】先謙曰：是時陵母誅久矣，繫保宫，追言始降時。

〔一〇〕【補注】先謙曰：言武家蓋已無人顧慮，而不欲降之情，無以過於陵也。

〔一一〕【補注】周壽昌曰：爲朝廷近臣也。

〔一二〕師古曰：分音扶問反。

〔一三〕【補注】先謙曰：胡注「匈奴封李陵爲右校王，故稱之」。

〔一四〕師古曰：效，致也。

〔一五〕師古曰：決，别也。

〔一六〕師古曰：謂若示己於匈奴中富饒，以夸武。【補注】先謙曰：顧炎武云「今人送物與人，而託其名於妻者，往往有之。其稱賜者，陵在匈奴已立爲王故也。云惡自賜武，蓋嫌於自居其名耳」。周壽昌云「陵自媿於武，惡自賜之也。其妻爲單于貴主，故使賜之」。先謙案：周説是。此云惡者，所謂羞惡之心也。

〔一七〕服虔曰：區脱，土室，胡兒所作以候漢者也。李奇曰：匈奴邊境羅落守衛官也。晉灼曰：匈奴傳「東胡與匈奴閒有棄地千餘里，各居其邊爲區脱」。又云「漢得區脱王，發人民屯區脱以備漢」。此爲因邊境以爲官，李説是也。師古曰：匈奴邊境爲候望之室，服説是也。本非官號，區脱王者，以其所部居區脱之處，因呼之耳。李、晉二説皆失之。區讀曰甌同，音一侯反。脱音土活反。【補注】沈欽韓曰：區脱，猶俗云邊際。匈奴與漢連界，各謂之區脱，似不當以爲土室。且候望自有樓櫓，非居土室所辦。先謙曰：沈説是。言邊界捕得生口耳。諸家皆誤。注「讀曰」之「曰」，官本作「與」，是。

〔一八〕師古曰：鄉讀曰嚮。臨，哭也，音力禁反。

數月，昭帝即位。〔一〕數年，匈奴與漢和親。漢求武等，匈奴詭言武死。〔二〕後漢使復至匈奴，常惠請其守者與俱，得夜見漢使，具自陳道。〔三〕教使者謂單于，言天子射上林中，得雁，足有係帛書，言武等在某澤中。〔四〕使者大喜，如惠語以讓單于。〔五〕單于視左右而驚，謝漢使曰：「武等實在。」於是李陵置酒賀武曰：「今足下還歸，揚名於匈奴，功顯於漢室，雖古竹帛所載，丹青所畫，何以過子卿！陵雖駑怯，令漢且貰陵罪，〔六〕全其老母，使得奮大辱之積志，庶幾乎曹柯之盟，〔七〕此陵宿昔之所不忘也。收族陵家，爲世大戮，陵尚復何顧乎？已矣！令子卿知吾心耳。異域之人，壹別長絶！」陵起舞，歌曰：「徑萬里兮度沙幕，爲君將兮奮匈奴。路窮絶兮矢刃摧，士衆滅兮名已隤。老母已死，雖欲報恩將安歸！」〔八〕陵泣下數行，因與武決。單于召會武官屬，〔九〕前以降及物故，凡隨武還者九人。〔一〇〕

〔一〕【補注】劉攽曰：「數月」字當屬上句。先謙曰：劉説是也。通鑑作「旦夕臨數月」。

〔二〕【補注】宋祁曰：江浙本「詭」作「紿」。

〔三〕【補注】先謙曰：官本「道」作「過」。

〔四〕【補注】王念孫曰：「某澤」二字，文義不明。「某」當爲「荒」字之誤也。隸書「荒」字或作「葉」，與「某」相似。荒澤，即上文所云北海上無人處也。凡塞外大澤，通謂之海，海邊無人之地，故曰荒澤中。吴子論將篇曰：「軍居荒澤，草楚幽穢。」言天子射雁得書，知武等在荒澤中也。藝文類聚鳥部中引作「某澤」，則此字之譌已久。漢紀正作「荒澤」。

〔五〕師古曰：讓，（貴）〔責〕也。

〔六〕師古曰：貰，寬也。

〔七〕李奇曰：欲劫單于，如曹劌劫齊桓公柯盟之時。

〔八〕師古曰：隤，墜也，音大回反。【補注】先謙曰：幕讀曰漠。官本無「欲」字，引宋祁曰：「雖」字下疑有「欲」字。

〔九〕師古曰：會謂集聚也。

〔一〇〕師古曰：物故謂死也，言其同於鬼物而故也。一說，不欲斥言，但云其所服用之物皆已故耳。而說者妄欲改「物」爲「勿」，非也。【補注】宋祁曰：「物」當從南本作「歾」，音没。齊召南曰：按此專記武官屬耳。匈奴傳言，有馬宏者，前以副使使西域，爲匈奴所遮，不肯降。至是與武並還漢。王念孫曰：釋名「漢以來謂死爲物故，言其諸物皆就朽故也」。此師古後説所本。史記張丞相傳集解引高堂隆答魏朝訪曰「物，無也。此是讀物爲勿。故，事也。言無所能於事」。念孫案：宋説近之。物與歾同。説文「歾，終也」，或作㱙。歾、物聲近而字通，今吴人言物字聲如没，語有輕重耳。物故，猶言死亡。楚元王傳云「物故流離以十萬數」。夏侯勝傳云「百姓流離物故者過半」。物故與流離對文，皆兩字平列，諸家皆不知物爲歾之借字，故求之愈深，而失之愈遠也。

武以（元始）〔始元〕六年春至京師。詔武奉一太牢謁武帝園廟，〔一〕拜爲典屬國，秩中二千石，〔二〕賜錢二百萬，公田二頃，宅一區。常惠、徐聖、趙終根皆拜爲中郎，賜帛各二百匹。其餘六人老歸家，賜錢人十萬，復終身。〔三〕常惠後至右將軍，封列侯，自有傳。武留匈奴凡十九歲，始以彊壯出，及還，須髮盡白。

〔一〕【補注】先謙曰：胡注引程大昌演繁露曰「牛、羊、豕具爲太牢。有羊、豕而無牛，則爲少牢。今人獨以太牢名牛，失之矣」。

〔二〕【補注】先謙曰：胡注「班表，典屬國本秦官，掌歸義蠻夷，漢因之。今以命武，以武久在匈奴中，習外夷事故，使爲是官。其後省併大鴻臚」。

〔三〕師古曰：復音芳目反。

武來歸明年，上官桀子安與桑弘羊及燕王、蓋主謀反。武子男元與安有謀，坐死。初，桀、安與大將軍霍光爭權，數疏光過失予燕王，〔一〕令上書告之。又言蘇武使匈奴二十年不降，還乃爲典屬國，〔二〕大將軍長史無功勞，爲搜粟都尉，〔三〕光顓權自恣。〔四〕及燕王等反誅，窮治黨與，武素與桀、弘羊有舊，數爲燕王所訟，子又在謀中，廷尉奏請逮捕武。〔五〕霍光寢其奏，免武官。

〔一〕師古曰：疏謂條録之。

〔二〕師古曰：實十九年，而言二十者，欲久其事以見冤屈，故多言也。【補注】朱一新曰：二十年者，舉成數耳。顏注非。

〔三〕【補注】朱一新曰：楊敞也。

〔四〕師古曰：顓與專同。

〔五〕【補注】先謙曰：據公卿表，廷尉，王平也。

數年，昭帝崩，武以故二千石與計謀立宣帝，〔一〕賜爵關内侯，食邑三百户。久之，衞將軍張安世薦武明習故事，奉使不辱命，先帝以爲遺言。〔二〕宣帝即時召武待詔宦者署，〔三〕數進見，復爲右曹典屬國。〔四〕以武著節老臣，〔五〕令朝朔望，號稱祭酒，〔六〕甚優寵之。武所得賞賜，盡以施予昆弟故人，家不餘財。皇后父平恩侯、帝舅平昌侯、樂昌侯、〔七〕車騎將軍韓增、丞相魏相、御史大夫丙吉皆敬重武。武年老，子前坐事死，上閔之，問左右：「武在匈奴久，豈有子乎？」武因平恩侯自白：「前發匈奴時，胡婦適産一子通國，有聲問來，〔八〕願因使者致金帛贖之。」上許焉。後通國隨使者至，上以爲郎。又以武弟子爲右曹。武年八十餘，神爵二年病卒。〔九〕

〔一〕師古曰：與讀曰預。

〔二〕【補注】先謙曰：據表，地節三年，安世爲衞將軍，霍光已歿，薦武當即其時。

〔三〕師古曰：百官公卿表，少府屬官有宦者令丞。以其署親近，故令於此待詔也。

〔四〕【補注】先謙曰：百官志「左右曹皆加官，諸曹受尚書事」。

〔五〕【補注】王念孫曰：「著節」本作「苦節」，字之誤也。舊本北堂書鈔設官部十九出「蘇武苦節優寵」六字，注引此傳云「宣帝以武苦節老臣，令朝朔望」。陳禹謨本仍改「苦」爲「著」。藝文類聚職官部一同。

〔六〕師古曰：加祭酒之號，所以示優尊也。祭酒，已解在伍被傳。

〔七〕師古曰：平恩侯許伯、平昌侯王無故、樂昌侯王武也。

〔八〕【補注】先謙曰：聲問，猶言音問。

〔九〕【補注】先謙曰：天漢元年至神爵二年，共四十一年，武使匈奴時年方四十。

甘露三年，單于始入朝。上思股肱之美，乃圖畫其人於麒麟閣，〔一〕法其形貌，〔二〕署其官爵姓名。〔三〕唯霍光不名，曰大司馬大將軍博陸侯姓霍氏，次曰衞將軍富平侯張安世，次曰車騎將軍龍頟侯韓增，〔四〕次曰後將軍營平侯趙充國，次曰丞相高平侯魏相，次曰丞相博陽侯丙吉，次曰御史大夫建平侯杜延年，次曰宗正陽城侯劉德，次曰少府梁丘賀，次曰太子太傅蕭望之，次曰典屬國蘇武。皆有功德，知名當世，是以表而揚之，明著中興輔佐，列於方叔、召虎、仲山甫焉。〔五〕凡十一人，皆有傳。自丞相黄霸、廷尉于定國、〔六〕大司農朱邑、京兆尹張敞、右扶風尹翁歸及儒者夏侯勝等，皆以善終，著名宣帝之世，然不得列於名臣之圖，以此知其選矣。

〔一〕張晏曰：武帝獲麒麟時作此閣，圖畫其象於閣，遂以爲名。師古曰：漢宫閣疏名云「蕭何造」。【補注】先謙曰：胡注「閣在未央宫中，圖畫功臣自此始」。

〔二〕【補注】先謙曰：吕覽情欲篇注「法，象也」。

〔三〕師古曰：署，表也，題也。

〔四〕【補注】宋祁曰：「頟」或作「雒」。沈欽韓曰：衞將軍、車騎將軍，俱應以大司馬冠將軍之上，史脱文。

〔五〕師古曰：三人皆周宣王之臣，有文武之功，佐宣王中興者也。言宣帝亦重興漢室，而霍光等並爲名臣，皆比於方叔之屬。召讀曰邵。

〔六〕【補注】先謙曰：定國於甘露二年由廷尉爲御史大夫，三年，代霸爲丞相。「廷尉」二字，史駁文。

贊曰：李將軍恂恂如鄙人，口不能出辭，〔一〕及死之日，天下知與不知皆爲流涕，彼其中心誠信於士大夫也。諺曰：「桃李不言，下自成蹊。」〔二〕此言雖小，可以喻大。然三代之將，道家所忌，〔三〕自廣至陵，遂亡其宗，哀哉！孔子稱「志士仁人，有殺身以成仁，無求生以害仁」，「使於四方，不辱君命」，〔四〕蘇武有之矣。

〔一〕師古曰：恂恂，誠謹貌也，音荀。【補注】李慈銘曰：「恂恂」，史記作「悛悛」。案方言「悛，改也」。説文「悛，止也」，「恂，信也」。則悛悛乃叚借字。

〔二〕師古曰：蹊謂徑道也。言桃李以其華實之故，非有所召呼，而人爭歸趣，來往不絶，其下自然成徑。以喻人懷誠信之心，故能潛有所感也。蹊音奚。

〔三〕【補注】宋祁曰：南本「代」作「世」。沈欽韓曰：史記：「客言王離曰『爲將三世者必敗』。」

〔四〕師古曰：皆論語載孔子之言。

衞青霍去病傳第二十五

衞青字仲卿。其父鄭季，河東平陽人也，以縣吏給事侯家。〔一〕平陽侯曹壽尚武帝姊陽信長公主。〔二〕季與主家僮衞媼通，〔三〕生青。青有同母兄衞長君及姊子夫，〔四〕子夫自平陽公主家得幸武帝，故青冒姓爲衞氏。〔五〕衞媼長女君孺，〔六〕次女少兒，次女則子夫。子夫男弟步廣，皆冒衞氏。〔七〕

〔一〕【補注】先謙曰：官本「吏」作「史」。史記亦云「爲吏，給事平陽侯家」。作「吏」是也。

〔二〕師古曰：壽姓曹，爲平陽侯，當是曹參之後，然參傳及功臣侯表並無之，未詳其意也。【補注】齊召南曰：曹相國世家「參曾孫時，尚平陽公主，生子襄。時病癘，歸國。立二十三年卒，謚夷侯」。本傳後文云「平陽侯曹壽有惡疾，就國」。事與史記正合，然則壽即時之别名也。先謙曰：集解徐廣曰「曹參曾孫平陽夷侯時尚武帝姊平陽公主，生子襄」。索隱「案，如淳曰：本陽信長公主爲平陽侯所尚，故稱平陽公主」。世家及功臣表「時」或作「疇」，漢書作「壽」，並文字殘缺，故不同也。先謙案：平陽侯當是名疇。時與疇形近致譌，壽又奪疇之半耳。史表注一名時，則時與疇各存其半，如以爲文字殘缺，致有不同是也。

〔三〕師古曰：僮者，婢妾之總稱也。媼者，後年老之號，非當時所呼也。衞者，舉其夫家姓也。【補注】沈欽韓曰：索隱云「媪，婦人老少通稱」。按廣雅「嫗謂之妻」。嫗與媪並兼老少。先謙曰：史記作「與侯妾衛媪通」。索隱「漢書曰，與主家僮衛媪通」。案，既云家僮，故知非老，或者媪是年老之稱，後追呼耳。然外戚傳云「薄姬父又與魏王宗女魏媪通」。則少亦稱媪也。小顏云「衛者，舉其夫家姓也」。案此云「侯妾衛媪」，則似無夫，下云「同母兄衛長子及姊衛子夫皆冒衛氏」，又似有夫。其所冒之姓，爲父與母，皆未明也。先謙案：史記明言，青自姊子夫得幸天子後，冒姓衛氏，字仲卿。兄長子，更字長君。長君母號爲衛媪。則媪是年老追呼之稱，無可疑者。僮，奴婢也，妾婢亦得通稱，特給事賤者之號，周禮太宰「入曰臣妾」，注「臣妾，男女貧賤之稱」。晉語「納女工妾三十人」。注「妾，給使者」。不必定是副室。班氏慮啟後世之疑，故易侯妾爲家僮。顏謂衛媪爲舉其夫家姓，不誤。索隱未審耳。官本注「妾」作「女」。

〔四〕【補注】先謙曰：據史記，長君先字長子，於子夫貴後更字。

〔五〕師古曰：冒謂假稱，若人首之有覆冒也。

〔六〕【補注】先謙曰：史記作「長女衛孺」。

〔七〕師古曰：言步廣及青二人皆不姓衛，而冒稱。【補注】先謙曰：集解徐廣曰「步，一作少」。

青爲侯家人，少時歸其父，父使牧羊。民母之子皆奴畜之，不以爲兄弟數。〔一〕青嘗從人至甘泉居室，〔二〕有一鉗徒相青曰：「貴人也，官至封侯。」青笑曰：「人奴之生，〔三〕得無笞罵即足矣，安得封侯事乎？」青壯，爲侯家騎，從平陽主。建元二年春，青姊子夫得入宮幸上。皇后，大長公主女也，〔四〕無子，妒。大長公主聞衛子夫幸，有身，妒之，乃使人捕青。青時給事建章，〔五〕未知名。大長公主執囚青，欲殺之。其友騎郎公孫敖與壯士往篡之，〔六〕故得不死。上聞，乃召青爲建章監，侍中。及母昆弟貴，賞賜數日間累千金。君孺爲太僕公孫賀妻。少兒故與陳掌通，〔七〕上召貴掌。公孫敖由此益顯。子夫爲夫人。青爲太中大夫。

〔一〕服虔曰：民母，嫡母也。師古曰：言鄭季正妻本在編户之間，以别於公主家也。今流俗書本云「牧羊人間，先母之子不以爲兄弟數」。妄增也。【補注】俞樾曰：丙吉傳「官婢則令民夫上書自陳，有阿保之功」。顔注「謂未爲宫婢時，有舊夫，見在俗間者」。案：民母、民夫，語意正同，服解未得古人之旨。先謙曰：史記作「先母」，疑唐因諱改之。索隱「數音去聲」。

〔二〕張晏曰：居室，甘泉中徒所居也。【補注】先謙曰：正義「居室，署名，武帝改曰保宫。灌夫繫居室是也」。先謙案：甘泉别有居室，百官表，少府屬官有居室及甘泉居室令丞。武帝更名居室爲保宫，甘泉居室爲昆臺。正義誤。

〔三〕【補注】沈欽韓曰：論衡骨相篇「作人奴之道」。按，人奴，謂衛媪本主家僮也。費兖梁溪漫志以「人奴之」爲讀，非也。

〔四〕文穎曰：陳皇后，武帝姑女也。【補注】周壽昌曰：堂邑侯陳嬰之孫夷侯午尚景帝姊長公主。

〔五〕師古曰：建章宫中。【補注】先謙曰：索隱案，晉灼云：「建章，上林（宫中）〔中宫〕名也。」

〔六〕師古曰：逆取曰簒。【補注】沈欽韓曰：説文「屰而奪取曰簒」。法言問明篇「鴻飛冥冥，弋人何簒」。淮南氾論「相與簒之」。

〔七〕師古曰：掌即陳平曾孫也。【補注】周壽昌曰：下云「爲詹事陳掌妻」，此述其故與之通也。

元光六年，拜爲車騎將軍，擊匈奴，出上谷；公孫賀爲輕車將軍，出雲中；太中大夫公孫敖爲騎將軍，出代郡；衛尉李廣爲驍騎將軍，出雁門：軍各萬騎。青至蘢城，〔一〕斬首虜數百。〔二〕騎將軍敖亡七千騎，〔三〕衛尉廣爲虜所得，得脱歸，〔四〕皆當斬，贖爲庶人。賀亦無功。

唯青賜爵關内侯。〔五〕是後匈奴仍侵犯邊。〔六〕語在匈奴傳。

〔一〕師古曰：籠讀與龍同。【補注】宋祁曰：浙本「籠」字從竹者，無龍音，後人誤作。先謙曰：官本史記作「蘢城」，毛本與此同。武紀、匈奴傳並作「龍城」。

〔二〕【補注】王先和曰：武紀云「獲首虜七百級」。案它處或言級，或言人，或無人級字，或言斬，或言獲，或言捷，或言斬首捕虜若干，敍次參差，無一定義例。

〔三〕【補注】先謙曰：案，敖傳云「亡卒七千人」。

〔四〕【補注】先謙曰：事詳廣傳。

〔五〕【補注】何焯曰：以深入，故首虜不多，得賜爵。

〔六〕師古曰：仍，頻也。

元朔元年春，衛夫人有男，〔一〕立爲皇后。其秋，青復將三萬騎出雁門，李息出代郡。青斬首虜數千。〔二〕明年，青復出雲中，西至高闕，〔三〕遂至於隴西，捕首虜數千，畜百餘萬，〔四〕走白羊、樓煩王。遂取河南地爲朔方郡。〔五〕以三千八百户封青爲長平侯。青校尉蘇建爲平陵侯，張次公爲岸頭侯。〔六〕使建築朔方城。〔七〕上曰：「匈奴逆天理，亂人倫，暴長虐老，〔八〕以盜竊爲務，行詐諸蠻夷，造謀籍兵，數爲邊害。〔九〕故興師遣將，以征厥罪。詩不云乎？『薄伐獫允，至于太原』；〔一〇〕『出車彭彭，城彼朔方』。〔一一〕今車騎將軍青度西河〔一二〕至高闕，獲首二千三百級，車輜畜産畢收爲鹵，〔一三〕已封爲列侯，遂西定河南地，案榆谿舊塞，〔一四〕絶梓領，梁北河，討蒲泥，破符離，〔一五〕斬輕鋭之卒，捕伏聽者〔一六〕三千一十七級。〔一七〕執訊獲醜，〔一八〕

毆馬牛羊百有餘萬，全甲兵而還，益封青三千八百户。」〔一九〕其後匈奴比歲入代郡、雁門、定襄、上郡、朔方，〔二〇〕所殺略甚衆。語在匈奴傳。

〔一〕【補注】周壽昌曰：太子據也。

〔二〕【補注】先謙曰：史記，青是役爲車騎將軍。

〔三〕師古曰：高闕，山名也，一曰塞名也，在朔方之北。【補注】沈欽韓曰：一統志「陰山在吴喇忒旗西北二百四十里，高闕塞在陰山西」。榆林舊志「高闕北去大磧凡三百里」。

〔四〕【補注】先謙曰：史記作「畜數十萬」。

〔五〕師古曰：當北地郡之北，黄河之南也。【補注】何焯曰：出雲中，則若向單于庭者，忽西至隴西，攻其無備，所以遂取河南地也。劉敬傳云「匈奴河南白羊、樓煩王，去長安近者七百里，輕騎一日一夕可至」。攻瑕紓患，是役爲得勝算矣。沈欽韓曰：水道提綱「黄河正派東北流，鄂爾多斯後旗西北境。六十里，又分二支：一南支東流，一北支北流，八十里，又分爲三：一北與庫庫池東北流會，一東南流，南北地百餘里間。三渠並東流二百六十里，經鄂爾多斯後旗北境，即古朔方河南地也。最北一派，中分復合，東至噶札爾賀邵山即陰山。之南，大漢得兒山之西南，始折東南流。又分而合，復分而東南，共百三十里，至吴喇旗西之墨爾楚克賀邵山北，始折而西南流，北派自西來會；又西南至几爾哈即圖南，南派亦自西來會。三派復合，自古稱南河、北河二派，今則三支，分合如織」。先謙曰：正義「朔方，今夏州也」。案，此唐夏州朔方縣也，在今榆林府懷遠縣西。漢朔方郡在今鄂爾多斯右翼後旗套外，黄河西岸，朔方縣在黄河東岸。白羊、樓煩二王也，匈奴傳作「樓煩、白羊王」。

〔六〕晉灼曰：河東皮氏亭也。【補注】先謙曰：皮氏，河東縣也，在今絳州河津縣西二里。

〔七〕師古曰：蘇建築之也。【補注】先謙曰：正義「括地志云『夏州朔縣北什賁故城是』」。蘇建築，什賁之號蓋出番語也」。先謙案：匈奴傳云「築朔方，復繕故秦時蒙恬所爲塞，因河而爲固」。

〔八〕師古曰：謂其俗貴少壯而賤長老也。

〔九〕張晏曰：從蠻夷借兵鈔邊。【補注】宋祁曰：姚本改「鈔」作「釸」。王先慎曰：籍有借義，穀梁宣十五年傳「籍而不稅」。疏引徐邈曰「籍，借也」。書孔疏「籍者，借也。借此簡書，以紀録政事」。籍、借義通，故張訓籍兵爲借兵。或謂作簿録兵數解，則上下文義乖隔矣。借兵又作藉兵，戰國策「薛公與韓魏攻秦，而藉兵乞食於西周」。本書趙充國傳「羌侯狼何果遣使至匈奴藉兵」。注「藉，借也」。

〔一〇〕師古曰：小雅六月之詩，美宣王北代也。薄伐者，言逐出之也。獫允，北狄名，即匈奴也。獫音險。【補注】先謙曰：「北代」官本作「北伐」，是。

〔一一〕師古曰：小雅出車之詩也。彭彭，衆車聲也。朔方，北方也。此詩人美出車而征，因築城以攘獫允也。【補注】宋祁曰：注文「城」字下當添「壘」字。

〔一二〕【補注】沈欽韓曰：通典「河水自靈武郡西南今寧夏府是。便北流，凡千餘里，過九原郡唐豐州，今在鄂爾多斯右翼後旗界内。乃東流，自靈武以北，漢人謂之西河，自九原以東，謂之北河」。榆林志「黃河在榆林衛北千里，自寧夏橫城堡西折而北，逕三受降城南中、西二城，吴喇忒旗西北界，東城，歸化城西，黃河東岸。至廢東勝州西亦在歸化城西。折而南，入府谷縣屬葭州。黃甫川東九里，其中謂之河套，周回數千里」。

〔一三〕【補注】先謙曰：宋書禮志引字林云「軿車，有衣蔽，無後轅。其有後轅者，謂之輜」。故説文云「輜，軿車前、衣車後也」。集韻引字林云「輜，載衣物車，前後皆蔽，若今庫車」。案，言車輜，則車當是輕車，與去病傳車重同義。鹵，虜借字。

〔一四〕如淳曰：案，尋也。榆谿，舊塞名也。師古曰：上郡之北有諸次山，諸次水出焉，東經榆林塞，爲榆谿。言軍尋此塞而行也。【補注】沈欽韓曰：元周伯温扈從詩紀云「懷來縣南，則榆林驛，即榆谿舊塞」。按懷來縣，今宣化府屬，驛在縣東南三十里，秦漢時爲内地。伯温誤也。水經注「上郡諸次山水，東逕榆林塞，世又謂之榆林山，即榆溪舊塞也。自溪西北，悉榆柳之藪，緣歷沙陵，屆龜茲縣西北，故謂廣長榆也」。元和志「榆林關在勝州榆林縣東三十里，東北臨河，秦卻匈奴之處。隋開皇於此置城」。明爲榆林衞，今爲府。一統志「在鄂爾多斯左右翼界内」。先謙曰：集解引如淳曰「按，行也。榆谿，舊塞名。或曰，按，尋也」。與此微異。

〔一五〕如淳曰：絶，度也。爲北河作橋梁也。晉灼曰：蒲泥、符離，二王號也。師古曰：符離，塞名也。【補注】沈欽韓曰：紀要「木根山在廢夏州西北，唐夏州故城在榆林府懷遠縣西」。梓嶺，疑即木根山。符離塞在豐州河西北。明志「榆林關西北有符離塞」。先謙曰：正義「括地志云：梁北河在雲州界」。案，北河已見上注。武紀「出高闕，遂西至符離」，是符離爲塞名矣。蒲泥，王號，當依晉説。

〔一六〕張晏曰：伏於隱處，聽軍虛實。【補注】沈欽韓曰：晉書載記「石勒爲伏夜牙門」。孫子謂之伏姦，俗謂之夜不收。李德裕會昌一品集幽州紀聖功碑「盡羅服聽」。誤「伏」爲「服」。

〔一七〕師古曰：本以斬敵一首拜爵一級，故謂一首爲一級，因復名生獲一人爲一級也。【補注】先謙曰：史記作「三千七十一級」。

〔一八〕師古曰：執訊者，謂生執其人而訊問之也。獲醜者，得其衆也。一曰，醜，惡也。訊音信。

〔一九〕【補注】先謙曰：史記作「三千户」。

〔二〇〕師古曰：比，頻也。

元朔五年春，令青將三萬騎出高闕，衞尉蘇建爲遊擊將軍，左内史李沮爲彊弩將軍，〔一〕太僕公孫賀爲騎將軍，代相李蔡爲輕車將軍，〔二〕皆領屬車騎將軍，俱出朔方。〔三〕大行李息、岸頭侯張次公爲將軍，俱出右北平。〔四〕匈奴右賢王當青等兵，以爲漢兵不能至此，飲醉，漢兵夜至，圍右賢王。右賢王驚，夜逃，獨與其愛妾一人騎數百馳，潰圍北去。漢輕騎校尉郭成等追數百里，弗得，得右賢裨王十餘人，〔五〕衆男女萬五千餘人，畜數十百萬，〔六〕於是引兵而還。至塞，天子使使者持大將軍印，即軍中拜青爲大將軍，〔七〕諸將皆以兵屬，立號而歸。〔八〕上曰：「大將軍青躬率戎士，師大捷，獲匈奴王十有餘人，益封青八千七百户。」〔九〕而封青子伉爲宜春侯，〔一〇〕子不疑爲陰安侯，子登爲發干侯。〔一一〕青固謝曰：〔一二〕「臣幸得待罪行間，賴陛下神靈，軍大捷，皆諸校力戰之功也。陛下幸已益封臣青，臣青子在繈褓中，未有勤勞，上幸裂地封爲三侯，非臣待罪行間所以勸士力戰之意也。伉等三人何敢受封。」上曰：「我非忘諸校功也，今固且圖之。」乃詔御史曰：「護軍都尉公孫敖三從大將軍擊匈奴，常護軍傅校獲王，〔一三〕封敖爲合騎侯。〔一四〕都尉韓説從大軍出窴渾，〔一五〕至匈奴右賢王庭，爲戲下〔一六〕搏戰獲王，〔一七〕封説爲龍頟侯。〔一八〕騎將軍賀從大將軍獲王，封賀爲南窌侯。〔一九〕輕車將軍李蔡再從大將軍獲王，封蔡爲樂安侯。校尉李朔、趙不虞、公孫戎奴各三從大將軍獲王，封朔爲陟軹侯，不虞爲隨成侯，戎奴爲從平侯。將軍李沮、李息及校尉豆如意、中郎將綰皆有功，賜爵關内侯。沮、息、如意食邑各三百户。」〔二〇〕其秋，匈奴入代，殺都尉。〔二一〕

〔一〕文穎曰：沮音俎。

〔二〕【補注】錢大昭曰：代王義之相也。

〔三〕【補注】先謙曰：遥領屬青。

〔四〕【補注】何焯曰：右賢王怨漢侵奪其河南地，數侵擾朔方。此出專以擊走右賢王，終前功也。前出雲中而忽西，焉知不出朔方而忽東乎？亦令兩將軍出右北平者，綴單于疑右賢王也。不著兩將軍功罪，未嘗使深入故。錢大昭曰：「大行」下當有「令」字，下同。先謙曰：史記亦作「令」字，官稱省文也。兩將軍李息敍功，獨岸頭無賞耳。何説未諦。

〔五〕師古曰：裨王，小王也，若言裨將也。裨音頻移反。

〔六〕師古曰：數十萬以至百萬。【補注】先謙曰：史記作「數千百萬」。

〔七〕師古曰：即，就也。

〔八〕【補注】先謙曰：索隱「立大將軍之號令而歸」也。

〔九〕【補注】先謙曰：史記作六千户。

〔一〇〕師古曰：伉音抗，又音工郎反。

〔一一〕【補注】錢大昭曰：西京雜記「衞將軍青生子，或有獻騧馬者，乃命其子曰騧，字叔馬。其後改爲登，字叔升」。

〔一二〕師古曰：固謂再三也。

〔一三〕師古曰：傅讀曰附。言敖總護諸軍，每附部校，以致克捷而獲王也。校者，營壘之稱，故謂軍之一部爲一校。或曰幡旗之名，非也。每軍一校，則別爲幡耳，不名校也。【補注】錢大昕曰：盧文弨云「釋名『旛，幡也，其貌幡幡然也。校，號也，將帥號令之所在也』。則校亦旛之類」。張景陽七命「叩鉦散校，舉麾旌獲」。李善注引漢書「大校獵」，「如淳曰：合軍聚衆，有幡校也」。唯校是幡類，故可散爲陳列而行，若營壘安得言散？然則幡校之説，未爲非也。先謙曰：索隱顧祕監云「傳，領也。五百人謂之校」。

〔一四〕晉灼曰：猶冠軍從票之名也。【補注】先謙曰：索隱「案，非邑地，因戰功爲號。謂軍合驃騎，故云合騎」。先謙案：取戰功立侯國號耳。凡徹侯無非縣者。索隱誤。

〔一五〕服虔曰：塞名也。師古曰：説讀曰悦。寘音田。渾音魂。【補注】劉攽曰：「大軍」當云「大將軍」。齊召南曰：按應云「從大將軍」，脱「將」字耳。「寘渾」，史記作「窴渾」。徐廣曰「窴渾在朔方，音庾」。以地理志覈之，朔方有窴渾縣，爲西部都尉治，有道西北出雞鹿塞。此寘渾當即窴渾也。先謙曰：史記「大」下有「將」字。

〔一六〕師古曰：戲讀曰麾，又音許宜反。言在大將軍麾旗之下，不别統衆也。

〔一七〕師古曰：搏戰，擊戰。【補注】宋祁曰：注末當添「也」字。先謙曰：索隱「搏，今史記、漢書本多作『傳』，傳猶轉也」。

〔一八〕師古曰：頟字或作額。

〔一九〕臣瓚曰：茂陵中書云南奅侯，此本字也。師古曰：窌音普教反。奅亦同字。

〔二〇〕【補注】齊召南曰：樂安侯，表作安樂侯。陟軹侯，史記作涉軹侯，表但作軹。隨成侯，表作隨城侯。又「中郎將綰」，史記無此四字。先謙曰：據表「李朔虜闕氏。戎奴至右王庭爲雁行上石山先登。不虞攻辰吾先登石壘」也。官本「豆」作「竇」。通鑑胡注「豆如意，班史豆作竇」。是胡氏所見漢書本亦不作豆。

〔二一〕【補注】先謙曰：史記云「朱英」。

明年春，大將軍青出定襄，合騎侯敖爲中將軍，太僕賀爲左將軍，翕侯趙信爲前將軍，衛尉蘇建爲右將軍，郎中令李廣爲後將軍，左内史李沮爲彊弩將軍，咸屬大將軍，斬首數千級而還。月餘，悉復出定襄，斬首虜萬餘人。蘇建、趙信并軍三千餘騎，獨逢單于兵，與戰一日餘，漢兵且盡。信故胡人，降爲翕侯，見急，匈奴誘之，遂將其餘騎可八百犇降單于。〔一〕蘇建盡亡其軍，獨以身得亡去，自歸青。青問其罪正閎、長史安、議郎周霸等：〔二〕「建當云何？」〔三〕霸曰：「自大將軍出，未嘗斬裨將，今建棄軍，可斬，以明將軍之威。」閎、安曰：「不然。兵法『小敵之堅，大敵之禽也』。〔四〕今建以數千當單于數萬，力戰一日餘，士皆不敢有二心。自歸而斬之，是示後無反意也。不當斬。」〔五〕青曰：「青幸得以肺附待罪行間〔六〕，不患無威，而霸說我以明威，甚失臣意。〔七〕且使臣職雖當斬將，以臣之尊寵而不敢自擅專誅於境外，其歸天子，〔八〕天子自裁之，於以風爲人臣不敢專權，不亦可乎？」〔九〕軍吏皆曰：「善。」遂囚建行在所。〔一〇〕

〔一〕師古曰：犇，古奔字也。【補注】宋祁曰：注末「也」字當去。

〔二〕張晏曰：正，軍正也。閎，名也。如淳曰：律，都軍官長史一人。【補注】錢大昭曰：議郎，是郎中令屬官，大將軍莫府中不得有此官，疑即從事中郎之類。先謙曰：問建罪於此三人也。胡三省云「凡軍行，置軍正，掌舉軍法，以正軍中」。劉昭志「大將軍長史，秩千石」。先謙案：霸蓋當時奉詔從軍，若今時奏調差遣之員，非必大將軍莫府官也。集解徐廣曰「霸，儒生」。索隱「案，郊祀志議封禪有周霸，故知儒生也」。

〔三〕師古曰：謂處斷其罪法何至也？【補注】王念孫曰：注言處斷其罪，則誤以「當」爲「廷尉當」之「當」。楊惲傳「廷尉當惲大逆無道」。師古曰「當謂處斷其罪」。解，「云何」二字亦未了。余謂云何者，如何也。問建棄軍之罪當如何也，如云語之轉。李陵傳「所與博德言者云何」，東方朔傳「隱云何」，王莽傳「五聲八音條各云何」，皆謂如何也。

〔四〕師古曰：言衆寡不敵，以其堅戰無有退心，故士卒喪盡也。一說，若建恥敗而不自歸，則亦被匈奴禽之而去。【補注】沈欽韓曰：曹操注「小不能當大也」。按，陳餘所以不肯餌秦，注謬。先謙曰：胡注「此孫子之言，言大小不敵，小雖堅於戰，終必爲大所禽」。

〔五〕【補注】先謙曰：史記作「士盡，不敢有二心，自歸。自歸而斬之」云云。案，「士盡」斷句，上文言建盡亡其軍，自歸青，故云士盡，不敢有二心，自歸。此專屬建言，無旁及所部意。通鑑從史記。班氏易「盡」爲「皆」，文義遂別。

〔六〕師古曰：胇附，謂親戚也。解在田蚡傳也。【補注】宋祁曰：注末「也」字當删。先謙曰：「胇附」當作「柹附」。解在劉向傳。史記作「肺腑」，誤。

〔七〕【補注】先謙曰：胡注「言失爲臣之意也」。

〔八〕【補注】李慈銘曰：史記作「而具歸天子」。此「其」字疑「具」字之誤。先謙曰：通鑑亦作「具歸天子」。

〔九〕師古曰：風讀曰諷。

〔一〇〕【補注】劉攽曰：當云「詣行在所」。先謙曰：史記有「詣」字，此脫。

是歲也，霍去病始侯。

霍去病，大將軍青姊少兒子也。其父霍仲孺先與少兒通，生去病。及衛皇后尊，少兒更爲詹事陳掌妻。去病以皇后姊子，年十八爲侍中。善騎射，再從大將軍。大將軍受詔，予壯士，爲票姚校尉，〔一〕與輕勇騎八百直棄大將軍數百里赴利，斬捕首虜過當。〔二〕於是上曰：「票姚校尉去病斬首捕虜二千二十八級，得相國、當户，〔三〕斬單于大父行藉若侯産，〔四〕捕季父羅姑比，再冠軍，〔五〕以二千五百户封去病爲冠軍侯。〔六〕上谷太守郝賢四從大將軍，捕首虜千三百級，封賢爲終利侯。〔七〕騎士孟已有功賜爵關内侯，邑二百户。」〔八〕

〔一〕服虔曰：音飄摇。師古曰：票音頻妙反。姚音羊召反。票姚，勁疾之貌也。荀悦漢紀作票鷂字。去病後爲票騎將軍，尚取票姚之字耳。今讀者音飄遥，則不當其義也。【補注】宋祁曰：票姚當作本音。先謙曰：史記「票」作「剽」。

〔二〕師古曰：言計其所將人數，則捕首虜爲多，過於所當也。一曰，漢軍失亡者少，而殺獲匈奴數多，故曰過當也。其下並同。【補注】劉敞曰：大將軍，衍「將」字。先謙曰：史記無「將」字。

〔三〕【補注】先謙曰：當户，匈奴官名。

〔四〕張晏曰：藉若，胡侯也。産，名也。師古曰：此人單于祖父之行也。行音胡浪反。【補注】先謙曰：「藉」，官本作「籍」，史記同。

〔五〕師古曰：亦單于之季父也，羅姑，其名也。比，頻也。【補注】先謙曰：索隱案，（顧）〔顔〕氏云「羅姑比，單于季父名」。小顔云「比，頻也」。案，下既云「再」，無容更言頻也。案，索隱説是。

〔六〕【補注】齊召南曰：冠軍，初無此縣名，武帝褒去病功，以南陽穰縣盧陽鄉、宛縣臨駣，聚爲冠軍侯國。解見地理志。二千五百户，史記作「千六百户」。

〔七〕【補注】先謙曰：史記「千三百級」作「二千餘人」，「終」作「衆」，表同。終、衆，古通用。

〔八〕【補注】先謙曰：史記無孟已事。

是歲失兩將軍，〔一〕亡翕侯，功不多，故青不益封。蘇建至，上弗誅，贖爲庶人。青賜千金。是時王夫人方幸於上，甯乘説青曰：〔二〕「將軍所以功未甚多，身食萬户，三子皆爲侯者，以皇后故也。今王夫人幸而宗族未富貴，願將軍奉所賜千金爲王夫人親壽。」〔三〕青以五百金爲王夫人親壽。上聞，問青，青以實對。上乃拜甯乘爲東海都尉。校尉張騫從大將軍，以嘗使大夏，留匈奴中久，〔四〕道軍，知善水草處，〔五〕軍得以無飢渴，因前使絶國功，封騫爲博望侯。

〔一〕【補注】先謙曰：史記作「失兩將軍軍」，是也。此奪一「軍」字。

〔二〕師古曰：史記云，甯乘，齊人。

〔三〕師古曰：親，母也。

〔四〕【補注】先謙曰：據騫傳當作「使月氏」。月氏後乃君大夏耳。騫留十三歲。

〔五〕師古曰：道讀曰導。

去病侯三歲，〔一〕元狩三年春〔二〕爲票騎將軍，〔三〕將萬騎出隴西，有功。上曰：「票騎將軍率戎士隃烏盭，〔四〕討(遬)〔遬〕濮，〔五〕涉狐奴，〔六〕歷五王國，輜重人衆攝讋者弗取，〔七〕幾獲單于子。〔八〕轉戰六日，過焉支山千有餘里，合短兵，〔九〕鏖皋蘭下，〔一〇〕殺折蘭王，斬盧侯王，〔一一〕銳悍者誅，全甲獲醜，執渾邪王子〔一二〕及相國、都尉，捷首虜八千九百六十級，〔一三〕收休屠祭天金人，〔一四〕師率減什七，〔一五〕益封去病二千二百户。」〔一六〕

〔一〕【補注】宋祁云：「三」，越本作「一」。先謙曰：越本誤，說見下。

〔二〕【補注】宋祁曰：「三」，越本作「二」。王念孫曰：越本是也。景祐本及史記並作「元狩二年」。本書武紀亦云「元狩二年春，遣驃騎將軍霍去病出隴西」。漢紀同。又史記建元以來侯者表云，冠軍景桓侯霍去病以「元朔六年從大將軍擊匈奴，斬相國功侯。元狩二年，以驃騎將軍擊匈奴，至祁連，益封」。自元朔六年至元狩二年，凡三年，故曰侯三歲。

〔三〕【補注】先謙曰：「票」，史記並作「驃」。

〔四〕師古曰：隃與踰同。盭，古戾字也。烏盭，山名也。

〔五〕師古曰：（遫）〔遬〕，古速字也。遬濮，匈奴部落名也。

〔六〕晉灼曰：水名也。【補注】先謙曰：官本「名」作「者」。

〔七〕師古曰：攝讋，謂振動失志氣。言距戰者誅，服者則赦也。讋音之涉反。【補注】李慈銘曰：「攝讋」，史作「懾慴」。讋與慴同義，攝則懾之叚借。

〔八〕師古曰：幾音距衣反。【補注】先謙曰：史記「幾」作「冀」。集解徐廣曰「子，一作與」。先謙案：作與，則是「冀獲單于，與轉戰六日」，與字連下爲文也。幾、冀元可通用，但作「與」則文義全別矣。

〔九〕【補注】先謙曰：官本考證「括地志曰：『焉支山，一名删丹山，在甘州删丹縣東南五十里。』」沈欽韓云「寰宇記『删丹山東西百餘里，南北二十里』」。紀要，山丹衛東南百二十里。

〔一〇〕應劭曰：隴西白石縣塞外河名也。蘇林曰：匈奴中山關名也。李奇曰：鏖音麃，津名也。晉灼曰：世俗謂盡死殺人爲鏖糟。文穎曰：鏖音意曹反。師古曰：鏖字本從金、麀聲，轉寫訛耳。鏖謂苦擊而多殺也。皋蘭，山名也。言苦戰於皋蘭山下而多殺虜也。晉說、文音皆得之。今俗猶謂打擊之甚者曰鏖。麀，牝鹿也，音於求反。【補注】洪亮吉曰：白石縣，前漢屬金城，後漢縣省。此注云隴西，蓋就金城郡未立時言之。沈欽韓曰：廣韻「隋文帝置蘭州，取皋蘭山爲名」。九域志「蘭州西南九十五里皋蘭縣有皋蘭山」。然蘭州西北至甘州千餘里，上云過焉支山，未審其何以復鏖皋蘭也？一統志「石門山在河州西南」。水經注云「疑即皋蘭山門也」。然此二説皆非是。皋蘭山蓋在張掖塞外矣。先謙曰：史記無四字。

〔一一〕張晏曰：折蘭、盧侯，胡國名也。殺者，殺之而已。斬者，獲其首也。師古曰：折蘭，匈奴中姓也。今鮮卑有是蘭姓者，即其種也。折音上列反。【補注】先謙曰：史記「侯」作「胡」，雙聲字變。

〔一二〕師古曰：全甲，謂軍中之甲不喪失也。渾音下昆反。【補注】齊召南曰：按此文上史記無「鋭悍者」三字，則以「誅全甲」爲一句。此傳則「鋭悍者誅」爲一句，「全甲獲醜」爲一句。先謙曰：史記亦無「獲醜」二字。

〔一三〕【補注】先謙曰：史記無「捷」字。捷，猶斬也，下文「捷首虜三萬二百」，史記「捷」作「斬」，可證。「八千九百六十」，史記作「八千餘」。

〔一四〕如淳曰：祭天以金人爲主也。張晏曰：佛徒祠金人也。師古曰：今之佛像是也。休音許虯反。屠音儲。【補注】宋祁曰：舊本多作「天祭金人」，作「祭天」者非是。刊誤亦改。沈欽韓曰：匈奴傳云「五月大會龍城，祭其先天地鬼神」。玉篇「祆，胡神也」。先謙曰：案，宋説不合。疑「天祭」、「祭天」四字，後人傳寫誤倒也。

〔一五〕師古曰：言其破敵，故匈奴之師十減其七也。一曰，漢兵失亡之數。下皆類此也。【補注】劉奉世曰：詔書以爲「全甲」，則不應兵失亡至七分也。匈奴人數又何由知之？元狩四年，出塞馬十四萬，及還，不滿三萬，則非減什二矣。然則「率」蓋謂軍興財用，大率以減少爲功，故四年詔既言率減什二，遂云取食於敵，而糧不絶，功相因也。先謙曰：師古前説，謂匈奴之師什減其七，是也。此語傳凡三見，兩言率，一言大率。率，計也。大率者，總計之辭也。本書高紀、宣紀、外戚傳注可證。去病是役捷首虜近九千，匈奴約萬三千人，故云什減其七。祁連山之役，捷首虜三萬餘，匈奴約十萬人，故云什減其三。封狼居胥之役，獲首虜七萬餘，匈奴約三十五萬餘人，故云什減其二也。敵兵多寡，可諜而知，當時將軍奏報，故詔書張之，以美其功。一説以爲漢兵失亡之數固非，劉氏謂率爲軍興財用，既無塙據，案之文義，尤爲未合也。

〔一六〕【補注】先謙曰：史記作「二千户」。

其夏，去病與合騎侯敖俱出北地，異道。博望侯張騫、郎中令李廣俱出右北平，異道。廣將四千騎先至，騫將萬騎後。匈奴左賢王將數萬騎圍廣，廣與戰二日，死者過半，所殺亦過當。騫至，匈奴引兵去。騫坐行留，當斬，贖爲庶人。〔一〕而去病出北地，遂深入，合騎侯失道，不相得。去病至祁連山，〔二〕捕首虜甚多。上曰：「票騎將軍涉鈞耆，濟居延，〔三〕遂臻小月氏，〔四〕攻祁連山，揚武乎鱳得，〔五〕得單于單桓、酋涂王〔六〕及相國、都尉以衆降下者二千五百人，可謂能舍服知成而止矣。〔七〕捷首虜三萬二百，〔八〕獲五王、王母、單于閼氏、王子五十九人，相國、將軍、當户、都尉六十三人，師大率減什三，益封去病五千四百户。〔九〕賜校尉從至小月氏者爵左庶長。〔一〇〕鷹擊司馬破奴〔一一〕再從票騎將軍斬（遫）〔遬〕濮王，捕稽且王，〔一二〕右千騎將王、王母各一人，〔一三〕王子以下四十一人，捕虜三千三百三十人，前行捕虜千四百人，〔一四〕封破奴爲從票侯。〔一五〕校尉高不識〔一六〕從票騎將軍捕呼于耆王〔一七〕王子以下十一人，捕虜千七百六十八人，封不識爲宜冠侯。〔一八〕校尉僕多有功，封爲煇渠侯。」〔一九〕合騎侯敖坐行留不與票騎將軍會，當斬，贖爲庶人。諸宿將所將士馬兵亦不如去病，〔二〇〕去病所將常選，〔二一〕然亦敢深入，常與壯騎先其大軍，〔二二〕軍亦有天幸，未嘗困絶也。然而諸宿將常留落不耦。〔二三〕由此去病日以親貴，比大將軍。

〔一〕師古曰：軍行而輒稽留，故坐法。

〔二〕師古曰：祁連山即天山也，匈奴呼天爲祁連。祁音上夷反。【補注】沈欽韓曰：祁連山在甘州張掖縣西南二百里，東西二百里，南北一百里。明志「甘州衛西北有故祁連城，西南有祁連山」。

〔三〕張晏曰：鈞耆、居延，皆水名也。淺曰涉。深曰濟。師古曰：涉謂人馬涉度也。濟謂以舟舩。

〔四〕師古曰：臻，至也。氏音支。

〔五〕鄭氏曰：鱳音鹿，張掖縣也。師古曰：鄭説非也。此鱳得，匈奴中地名，而張掖縣轉取其名耳。【補注】錢大昭曰：「鱳」當作「觻」，注同。地理志作「觻」。説文「觻，角也」。沈欽韓曰：寰宇記「甘州張掖縣本漢觻得縣」。西河舊事云「本匈奴觻得王所居」。一統志「觻得故城，在甘州府張掖縣西北」。先謙曰：尋按地理，鄭、錢、沈三説不誤，顔氏非也。詳在地志。

〔六〕張晏曰：單桓、酋涂皆胡王也。師古曰：酋音才由反。涂音塗。【補注】劉敞曰：衍「單于」字。先謙曰：注「桓」字避宋諱，缺筆，則正文亦當作桓。史記但云「得酋涂王」。

〔七〕師古曰：服而舍之，功成則止也。

〔八〕【補注】先謙曰：以上下文例之，此處奪「級」字也。史記有。

〔九〕【補注】先謙曰：史記「王母」上有「五」字，「五千四百户」作「五千户」。

〔一〇〕師古曰：第十爵。

〔一一〕師古曰：趙破奴。

〔一二〕師古曰：且音子閭反。

〔一三〕【補注】先謙曰：史記無「右」字，「將」下有「得」字。索隱「漢書作『右千騎將王』，然則此云千騎將是漢之將，屬趙破奴，得匈奴王及王母也。或云，右千騎將即匈奴王號也」。先謙案：既云右千騎將，即非匈奴王號可知。下文有左大將非王，是其例。或説望文生義耳。此文自是右千騎將得王、王母各一人，史記脱「右」字，本書又脱「得」字。右千騎將，正與下前行二字相對爲文，皆破奴之部校也。

〔一四〕師古曰：前行，謂在軍之前而行。【補注】先謙曰：前行，猶言前隊行，讀如顔行之行。顔説非。

〔一五〕張晏曰：從票騎將軍有功，因以爲號。

〔一六〕【補注】先謙曰：史記「校尉」下有「句王」二字。索隱云「與破奴並匈奴人也」。

〔一七〕【補注】先謙曰：史記「者」作「屠」。索隱「三字共爲王號」。

〔一八〕【補注】先謙曰：冠讀如冠軍之冠。從票、宜冠，取義同也。

〔一九〕師古曰：功臣侯表作「僕朋」，今此作「多」，轉寫者誤也。煇音暉也。【補注】宋祁曰：注末「也」字當刪。

〔二〇〕師古曰：宿，舊也。兵，兵器也。

〔二一〕師古曰：選取驍鋭。【補注】宋祁曰：注末當有「也」字。

〔二二〕【補注】先謙曰：言大軍在後，去病已與壯騎先赴敵。與上文直棄大軍數百里赴利，義同。史記「大」下衍「將」字。

〔二三〕師古曰：留謂遲留，落謂墜落，故不諧耦而無功也。【補注】王念孫曰：留落即不耦之意。耦之言遇也，言無所遇合也，故史記作「留落不遇」。留落者，牢落也。陸機文賦「心牢落而無偶」。是牢落即無偶之意。易林比之否曰「失意懷憂，如幽狴牢」。明夷之旅曰「膠目啟牢，振冠無憂」。姤之大壯曰「亡羊補牢，毋損於憂」。釋名「留幕，留牢也。幕，絡也。言牢絡在衣表也」。是牢字古讀若留，故牢落通作留落，今人言流落，義亦相近也。留落，雙聲字，不得分爲兩義。留落與不耦，亦不得分爲兩義。

其後，單于怒渾邪王居西方數爲漢所破，亡數萬人，以票騎之兵也，欲召誅渾邪王。渾邪王與休屠王等謀欲降漢，使人先要道邊。〔一〕是時大行李息將城河上，〔二〕得渾邪王使，即馳傳以聞。〔三〕上恐其以詐降而襲邊，乃令去病將兵往迎之。去病既度河，與渾邪衆相望。渾邪裨王將〔四〕見漢軍而多欲不降者，〔五〕頗遁去。去病乃馳入，得與渾邪王相見，斬其欲亡者八千人，遂獨遣渾邪王乘傳先詣行在所，盡將其衆度河，降者數萬人，號稱十萬。〔六〕既至長安，天子所以賞賜數十鉅萬。封渾邪王萬户，爲漯陰侯。〔七〕封其裨王呼毒尼爲下摩侯，〔八〕雁疪爲煇渠侯，〔九〕禽黎爲河綦侯，〔一〇〕大當户調雖爲常樂侯。〔一一〕於是上嘉去病之功，曰：「票騎將軍去病率師征匈奴，西域王渾邪王及厥衆萌咸犇於率，〔一二〕以軍糧接食，并將控弦萬有餘人，〔一三〕誅獟悍，〔一四〕捷首虜八千餘級，降異國之王三十二。〔一五〕戰士不離傷，〔一六〕十萬之衆畢懷集服。仍興之勞，爰及河塞，庶幾亡患。〔一七〕以千七百户益封票騎將軍。減隴西、北地、上郡戍卒之半，以寬天下繇役。」乃分處降者於邊五郡故塞外，〔一八〕而皆在河南，因其故俗爲屬國。〔一九〕其明年，匈奴入右北平、定襄，殺略漢千餘人。

〔一〕師古曰：道猶言也。先爲要約來言之於邊界。【補注】王念孫曰：當依史記作「使人先要邊」。集解云「遣使向邊境要遮漢人，令報天子」是也。今本集解誤入正文內。案史記作「使人先遣使向邊境，要遮漢人，令報天子」。「要邊使人」至「要邊」十八字，蕪累不成文理，蓋正文但有「使人先要邊」五字，其「遣使向邊境，要遮漢人，令報天子」十三字，乃集解之誤入正文者也。索隱本出「先要邊」三字，注曰「謂先於邊境要候漢人，言其欲降」。漢書作「使人先要道邊」。此皆其明證矣。「道」即「邊」字之誤而衍者。師古曲爲之説，非也。或謂道邊爲路旁，尤不成語。先謙曰：史記誤文，當依王説。但「道」非衍字，顔解道爲言，亦非也。道讀曰導，言遣人先與漢要約，請於邊境上導之入内地耳。

〔二〕【補注】先謙曰：將兵於河上築城也。

〔三〕師古曰：傳音張戀反。次下亦同。

〔四〕【補注】王念孫曰：當依史記作「渾邪王裨將」。先謙曰：案，渾邪裨王將者，渾邪之裨王、裨將也。下文云「封其裨王呼毒尼」，是渾邪所部有裨王之明證。且去病斬其欲亡者至八千人之多，其中未必祇有裨將，無裨王。此本書易史記而意義更密，王説非也。

〔五〕師古曰：恐被掩覆也。

〔六〕【補注】先謙曰：詔書稱之。

〔七〕如淳曰：漯陰，平原縣也。師古曰：漯音吐合反。

〔八〕文穎曰：呼毒尼，胡王名也。

〔九〕文穎曰：雁音鷹。疕音庇蔭之庇。師古曰：疕音匹履反，其字從疒，非庇蔭之庇。疒音女革反。【補注】先謙曰：疕、庇並比聲，文、顏音皆是。表作「應疕」，史記作「鷹庇」。集解徐廣曰「一云篇訾」。索隱「案，漢書功臣表，元狩二年，以煇渠封僕朋，至三年，又封鷹庇，其地俱屬魯陽。未詳所以」。正義「煇渠，表作順梁」。先謙案：史表煇渠侯扁訾，不作順梁，正義誤也。索隱引韋昭云「僕多所封，則作煇渠，應庀所封，則作渾渠，二者皆鄉名，在魯陽，今並作煇，誤也」。案，漢表及傳亦作煇。孔文祥云「同是元狩中封，則邑分封二人也，其義爲得」。先謙謂索隱、表傳兩注不相應。煇渠之説，孔較韋長。雁之爲應、鷹，疕之爲庇、疕、庀，並轉寫脱誤。扁訾則一人異名耳。

〔一〇〕師古曰：功臣侯表作烏黎，今此作禽黎，轉寫誤耳。【補注】先謙曰：史記作「禽黎」。集解徐廣曰「禽，一作烏」。索隱「案，表作烏黎」。先謙案：史表作烏犂，與索隱異。索隱又注云「漢書作禽犂」。是索隱所見漢書，亦與今本異也。

〔一一〕師古曰：功臣侯表作稠睢，今此傳作調雖，表、傳不同，當有誤者。【補注】先謙曰：表作稠雕，與顏説異。史記作銅離。集解徐廣曰「一作稠離」。索隱徐注與漢表同。此文云銅，漢書云調，字又異也。先謙案：徐注稠離，與本表稠雕不同，索隱謂銅、調字異，而不言離與雖異，是索隱所見漢書本下一字，尚與史記同也。史表作稠雕，與本表同。索隱注「漢書衞青傳作雕離」，則轉寫愈失其真矣。

〔一二〕師古曰：萌字與甿同。犇，古奔字也。【補注】宋祁曰：注末「也」字當删。先謙曰：犇於率，謂犇於我所率之師也。史記作「咸相犇率」，則是相率來犇也。

〔一三〕師古曰：言能引弓，皆堪戰陣。

〔一四〕師古曰：獟，健行輕貌也，字或作趬。捍，勇也。獟音丘昭反，又音丘召反。【補注】先謙曰：「健行輕貌也」，當爲「行輕健貌也」誤倒。索隱「説文『獟作趬』，行疾貌」。案，説文「獟，猏犬也」，「猏，獟犬也，一曰逐虎犬也」，「狾，狂犬也」，「狂，狾犬也」。玉篇「獟，狾狗也。狂，狗也」。廣雅「獟，狂也」。是獟、猏、狂、狾，異文同義，與趬訓不同。此獟悍，屬匈奴説，猶言狂悍也，不當作「趬」。

〔一五〕【補注】先謙曰：史記「捷」作「獲」，「二」下有「人」字。「王」作「主」，誤。

〔一六〕師古曰：離，遭也。

〔一七〕師古曰：重興軍旅之勞，及北河沙塞之表，可得寧息無憂患也。【補注】先謙曰：仍，頻也。興，軍興也。周禮旅師「平頒其興積」。注「縣官徵聚物曰興，今云軍興，是也」。又司稼「平其興」。注「興所徵賦」。本書功臣表「成安侯韓延年，坐爲太常行大行令事，留外國書一月，乏興」。師古注云「當有所興發，因其遲留故闕乏」。是因軍旅而賦物，以備調發，謂之興也。此文言頻數軍興，甚爲勞苦，今幸兵威已及於河塞之外，庶幾自此亡患乎，故下文言減戍卒，以寬天下繇役也。顔説不詞。史記「興」作「與」，轉寫之誤。「無患」下有「幸既永綏矣」五字，亦羨文，班刪之。

〔一八〕【補注】先謙曰：正義「五郡謂隴西、北地、上郡、朔方、雲中，並是故塞外，又在北海西南」。案「海」是「河」之誤。

〔一九〕師古曰：不改其本國之俗，而屬於漢，故號屬國。

其明年，上與諸將議曰：「翕侯趙信爲單于畫計，常以爲漢兵不能度幕輕留，〔一〕今大發卒，其埶必得所欲。」是歲元狩四年也。春，上令大將軍青、票騎將軍去病各五萬騎，步兵轉者踵軍數十萬，〔二〕而敢力戰深入之士皆屬去病。去病始爲出定襄，當單于。〔三〕捕虜，虜言單于東，乃更令去病出代郡，令青出定襄。郎中令李廣爲前將軍，太僕公孫賀爲左將軍，主爵趙食其爲右將軍，〔四〕平陽侯襄爲後將軍，〔五〕皆屬大將軍。趙信爲單于謀曰：「漢兵即度幕，人馬罷，〔六〕匈奴可坐收虜耳。」〔七〕乃悉遠北其輜重，〔八〕皆以精兵待幕北。而適直青軍出塞千餘里，〔九〕見單于兵陳而待，〔一〇〕於是青令武剛車自環爲營，〔一一〕而縱五千騎往當匈奴，匈奴亦從萬騎。〔一二〕會日且入，〔一三〕而大風起，沙礫擊面，〔一四〕兩軍不相見，漢益縱左右翼繞單于。〔一五〕單于視漢兵多，而士馬尚彊，戰而匈奴不利，薄莫，單于遂乘六贏，壯騎可數百，直冒漢圍西北馳去。〔一六〕昏，漢匈奴相紛挐，〔一七〕殺傷大當。〔一八〕漢軍左校捕虜，言單于未昏而去，漢軍因發輕騎夜追之，青因隨其後。匈奴兵亦散走。會明，行二百餘里，不得單于，頗捕斬首虜萬餘級，遂至窴顔山趙信城，〔一九〕得匈奴積粟食軍。〔二〇〕軍留一日而還，悉燒其城餘粟以歸。青之與單于會也，而前將軍廣、右將軍食其軍別從東道，或失道。〔二一〕大將軍引還，過幕南，乃相逢。青欲使使歸報，令長史簿責廣，〔二二〕廣自殺。食其贖爲庶人。青軍入塞，凡斬首虜萬九千級。

〔一〕師古曰：言輕易漢軍，故留而不去也。一曰，謂漢兵不能輕入而久留也。【補注】宋祁曰：姚本於此下有「臣瓚曰『沙上曰幕。李陵歌曰：經千里兮渡沙幕』」十五字。先謙曰：索隱「案，幕即沙幕，古字少耳。輕留者，謂匈奴以漢軍不能至，故輕易留而不去也」。先謙案：幕讀曰漠，借幕字耳，非古字少也。匈奴傳言「信教單于益北絶幕，以誘罷漢兵，徼極而取之，毋近塞」。故此文言信以爲漢兵不能度幕北，輕留於彼地也。匈奴傳云「漢謀以爲：信爲單于計，居幕北，以爲漢兵不能至」。意與此同。匈奴既絶幕，毋近塞，不得云留而不去。顔氏一説近之，然增字成文，轉没其本義矣。

〔二〕師古曰：轉者，謂運輜重也。踵，接也。

〔三〕【補注】先謙曰：爲猶將也，説詳匈奴傳。

〔四〕師古曰：食音異。其音基。【補注】錢大昭曰：「主爵」下當有「都尉」二字。先謙曰：省文也，本書食其傳稱「主爵都尉」。史記作「主爵」，可證。

〔五〕師古曰：曹襄。

〔六〕師古曰：罷讀曰疲。

〔七〕師古曰：言收虜取漢軍人馬，可不費力，故言坐。

〔八〕師古曰：送輜重遠去，令處北也。

〔九〕師古曰：直讀曰值。

〔一〇〕師古曰：爲行陳而待。

〔一一〕張晏曰：兵車也。師古曰：環，繞也。【補注】沈欽韓曰：文選注「孫吳兵法曰，有巾有蓋，謂之武剛車」。明史兵志景泰三年，吏部郎中李賢請造武剛車，四圍箱板，人處其中，下穴銃眼，上鬬小窗，環列槍刃。長五尺，高六尺四寸，每車前後占地五步，以十兩計，一方袤四里，四四十有六。車馬芻糧、器械輜重，咸取給焉。騎不得衝，射不能貫，敵若近前，火礮齊發，奇兵繼出。備邊長策，莫善于此。帝令亟行。勞堪憲章類編云「車牽制難行，至目爲鷓鴣車，謂其行不得也」。

〔一二〕【補注】先謙曰：「從」當作「縱」。史記作「匈奴亦縱可萬騎」。傳寫奪其半也。

〔一三〕師古曰：言日欲没也。

〔一四〕師古曰：礫，小石也，音歷。

〔一五〕師古曰：翼謂左右舒引其兵，如鳥之翅翼。

〔一六〕師古曰：贏者，驢種馬子，堅忍。單于自乘善走贏，而壯騎隨之也。冒，犯也。贏音來戈反。冒音莫克反。【補

注】先謙曰：「羸」當正作「臝」。説文「臝，袒也。從衣、𣎆聲。臝，或作果。驘，驢父馬母，從馬，𣎆聲」。

〔一七〕師古曰：紛拏，亂相持搏也。拏音女居反。

〔一八〕師古曰：各大相殺傷。【補注】先謙曰：索隱「言所殺傷大略相當」。

〔一九〕如淳曰：趙信前降匈奴，匈奴築城居之。【補注】先謙曰：集解徐廣曰「窴音田」。

〔二〇〕師古曰：食讀曰飤。

〔二一〕師古曰：或，迷也。【補注】先謙曰：廣傳作「惑」。「失道」，食其傳作「迷失道」。

〔二二〕師古曰：簿音步户反。

是時匈奴衆失單于十餘日，右谷蠡王自立爲單于。〔一〕單于後得其衆，右王乃去單于之號。〔二〕

〔一〕師古曰：谷音鹿。蠡音盧奚反。

〔二〕師古曰：去，除也，音丘吕反。

去病騎兵車重與大將軍軍等，〔一〕而亡裨將。悉以李敢等爲大校，當裨將，〔二〕出代、右北平二千餘里，直左方兵，〔三〕所斬捕功已多於青。既皆還，上曰：「票騎將軍去病率師躬將所獲葷允之士，〔四〕約輕齎，絶大幕，〔五〕涉獲單于章渠，〔六〕以誅北車耆，〔七〕轉擊左大將雙，〔八〕獲旗鼓，〔九〕歷度難侯，〔一〇〕濟弓盧，〔一一〕獲屯頭王、韓王等三人，〔一二〕將軍、相國、當户、都尉八十三人，封狼居胥山，禪於姑衍，登臨翰海，〔一三〕執訊獲醜七萬有四百四十三級，師率減什二，〔一四〕取食於敵，卓行殊遠而糧不絶。〔一五〕以五千八百户益封票騎將軍。右北平太守路博德屬票騎將軍，會興城，不失期，〔一六〕從至檮余山，〔一七〕斬首捕虜二千八百級，〔一八〕封博德爲邳離侯。北地都尉衛山從票騎將軍獲王，封山爲義陽侯。〔一九〕故歸義侯因淳王復陸支、〔二〇〕樓剸王伊即靬〔二一〕皆從票騎將軍有功，封復陸支爲杜侯，〔二二〕伊即靬爲衆利侯。從票侯破奴、昌武侯安稽〔二三〕從票騎有功，益封各三百户。漁陽太守解、校尉敢皆獲鼓旗，賜爵關内侯，解食邑三百户，敢二百户。〔二四〕校尉自爲爵左庶長。〔二五〕軍吏卒爲官，賞賜甚多。而青不得益封，吏卒無封者。唯西河太守常惠、〔二六〕雲中太守遂成受賞，遂成秩諸侯相，賜食邑二百户，黄金百斤，惠爵關内侯。〔二七〕

〔一〕師古曰：重音直用反。【補注】先謙曰：輜車亦曰重車。車重，猶上言車輜也。

〔二〕【補注】錢大昭曰：此李敢非廣子郎中令也。廣子早爲去病射死，蓋別是一人。先謙曰：廣傳明言廣死軍中，時敢從票騎將軍，後爲去病射死。是此李敢即廣子，錢説謬。

〔三〕師古曰：直，當也。【補注】先謙曰：左方，當爲左王。匈奴傳「票騎之出代二千餘里，與左王接戰，漢兵得胡首虜凡七萬餘人，左王將皆遁走」。是其證。功臣表「路博德、復陸支、伊即靬」下，皆作「擊左王」，無作左方者。方與王音近而誤也。史記亦誤。此與左王接戰，故云直左王兵。若左方，但虛指其地，則所直爲誰之兵乎？史文舉無此例。胡注以爲匈奴分其國爲左右，故謂之左右方，亦曰左右地。説雖有據，以釋此文，未當也。

〔四〕服虔曰：葷音熏。葷允，熏鬻也。堯時曰熏鬻，周曰玁狁，秦曰匈奴。師古曰：葷字與薰同。鬻音弋六反。【補注】先謙曰：言既率漢兵，又躬將所得匈奴歸義之士也。葷同熏，允同狁，取熏鬻、玁狁併稱之。史記作「葷粥」。

集解徐廣曰「粥，一作允」。

〔五〕師古曰：輕齎者，不以輜重自隨，而所齎糧食少也。一曰齎字與資同，謂資裝也。

〔六〕師古曰：涉謂涉水也。章渠，單于之近臣也，涉水而破獲之。【補注】王念孫曰：上文曰「涉狐奴」，又曰「涉鈞耆」，「濟居延」，下文曰「濟弓盧」，凡言涉言濟者，其下皆是水名。今不言所涉之水，而但言涉獲，則涉非涉水之謂矣。余謂涉猶入也，入其軍獲其近臣，故曰「涉獲單于章渠」。高紀贊「涉魏而東」。晉灼曰「涉猶入也」。是其證。先謙曰：「單于」字衍。史記作「涉獲章渠」。集解徐廣曰「獲一作護」。形近致誤。

〔七〕晉灼曰：王號也。【補注】先謙曰：史記「北」作「比」。索隱「比音必耳反」。是北字誤也。

〔八〕【補注】先謙曰：史記無「雙」字。索隱「按，漢書名雙」也。

〔九〕【補注】先謙曰：史記作「斬獲旗鼓」，連上爲文。

〔一〇〕師古曰：山名也。【補注】先謙曰：史記作「涉離侯」。索隱「漢書作『度離侯』」。是小司馬所見漢書本不作「難」也。

〔一一〕晉灼曰：水名也。【補注】先謙曰：史記作「弓閭」。索隱「包愷『弓音穹，亦如字讀』」。

〔一二〕李奇曰：皆匈奴王號。【補注】先謙曰：韓王，集解徐廣曰「王，一作藉」。

〔一三〕張晏曰：登海邊山以望海也。有大功，故增山而廣地也。如淳曰：翰海，北海名也。師古曰：積土增山曰封，爲墠祭地曰禪也。【補注】齊召南曰：按翰海，北史作瀚海，即大漠之別名。沙磧四際無涯，故謂之海。張晏、如淳直以大海、北海解之，非也。本文明云「出代、右北平二千餘里」，則其地正在大漠，安能及絕遠之北海哉？且塞外遇巨澤大湖，通稱爲海，如蘇武牧羊北海上，竇憲追至私渠北鞮海，皆巨澤大湖。如後世稱闊灤海之類，非大海也。沈欽韓曰：魏書高車傳「後徙鹿渾海，太祖度弱洛水西行，襲破之。復討其餘種于狼山，大破之」。狼山蓋即狼居胥也。一統志「康熙三十五年二月，御駕親征厄魯特噶爾丹，抵克魯倫河，此瀚海東北，征時御路。上諭曰

『朕所經過之處，非大瀚海也。西之瀚海，較此更闊。然觀之亦非平衍之地，山阜聯綿，沙石間雜，自出喀倫，未見寸土，其沙亦堅硬，履之不陷。營中軍士，鑿井甚易，一人可鑿二三十處。有謂之善達者，地窪而闊，未二尺即及泉；有謂之賽爾者，山澗溝徑，掘僅尺餘，即可及泉；有謂之布里度者，乃叢草積潦，水雖有，而佳者少；有謂之窺布爾者，水流地中，以手探之，泉即隨出，故野羸以蹄抉之而飲。風土景況，一無所取，地盡碎石，下馬偶佇立，可射之處亦少。草則叢生而土高，所以縶絆馬匹。又各種野鼠所穿之穴，較興安一帶鼢鼠之穴更深，殊覺可厭。草名頗多，有郁爾呼草，牛羊駝馬食之最宜，以此稱佳』。

〔一四〕【補注】先謙曰：史記作「什三」。

〔一五〕師古曰：卓亦遠意。【補注】先謙曰：史記「卓」作「逴」。說文「逴，遠也」。

〔一六〕【補注】先謙曰：史記作「會與城」。正義「與音余」。

〔一七〕師古曰：檮音籌，其字從木。【補注】先謙曰：索隱「檮余音桃徒」。

〔一八〕【補注】先謙曰：史記「八」作「七」。

〔一九〕【補注】先謙曰：史記「邳離」作「符離」，「衞山」作「邢山」。案本表及博德傳作「邳離」，史表、傳作「符離」。集解徐廣曰「邢山一作衞山」。案，史漢表並作「衞山」，則作「邢山」者，誤本也。

〔二〇〕師古曰：復音芳福反。【補注】先謙曰：史記無「侯」字。

〔二一〕師古曰：剸音之兗反。軒音居言反。【補注】先謙曰：史記「剸」作「專」。史、漢表並作「剸」。

〔二二〕【補注】先謙曰：本表亦作「杜侯」，史記表、傳並作「壯侯」。

〔二三〕【補注】先謙曰：集解徐廣曰「姓趙，故匈奴王」。

〔二四〕【補注】先謙曰：史記無「漁陽太守解」。

〔二五〕【補注】先謙曰：史記作「大庶長」。索隱「徐自爲也」。百官表，爵：十左庶長，十八大庶長。

〔二六〕【補注】齊召南曰：案，此常惠與從蘇武北使。後封長羅侯，爲右將軍典屬國者，別是一人。

〔二七〕【補注】先謙曰：史記無常惠、遂成事。

兩軍之出塞，塞閱官及私馬凡十四萬匹，而後入塞者不滿三萬匹。〔一〕乃置大司馬位，大將軍、票騎將軍皆爲大司馬。〔二〕定令，令票騎將軍秩祿與大將軍等。自是後，青日衰而去病日益貴。青故人門下多去事去病，輒得官爵，唯獨任安不肯去。〔三〕

〔一〕【補注】先謙曰：武紀云「兩軍士戰死者，數萬人」。

〔二〕晉灼曰：悉加大司馬者，欲令票騎將軍去病與大將軍青等耳。

〔三〕師古曰：安，滎陽人，後爲益州刺史，即遺司馬遷書者。

去病爲人少言不泄，有氣敢往。〔一〕上嘗欲教之吳孫兵法，〔二〕對曰：「顧方略何如耳，不至學古兵法。」〔三〕上爲治第，令視之，對曰：「匈奴不滅，無以家爲也。」由此上益重愛之。然少而侍中，貴不省士。〔四〕其從軍，上爲遣太官齎數十乘，〔五〕既還，重車餘棄粱肉，〔六〕而士有飢者。其在塞外，卒乏糧，或不能自振，〔七〕而去病尚穿域蹋鞠也。〔八〕事多此類。青仁，喜士退讓，〔九〕以和柔自媚於上，然於天下未有稱也。〔一〇〕

〔一〕【補注】先謙曰：史記「往」作「任」。

〔二〕師古曰：吳，吳起也。孫，孫武也。

〔三〕師古曰：顧，念也。【補注】先謙曰：顧，視也。

〔四〕師古曰：省，視也。不恤視也。

〔五〕師古曰：齎與資同。解已在前也。【補注】先謙曰：百官表有太官，顔注「太官，主膳食」。説文「齎，持遺也」。據本文太官，下文重車餘棄粱肉，此齎字專以食言，不當與資裝同解也。

〔六〕師古曰：粱，粟類也，米之善者。重音直用反。

〔七〕師古曰：振，舉也。

〔八〕服虔曰：穿地作鞠室也。師古曰：鞠，以皮爲之，實以毛，蹵蹴而戲也。蹴音徒臘反。鞠音鉅六反。【補注】先謙曰：官本注「臘」作「獵」。蹴，俗字。説文有蹋無蹴。史記作「蹋」。集解徐廣曰「穿地爲營域」。正義「按，蹵鞠書有域説篇，即今之打毬也。黄帝所作，起戰國時。程武士，知其材力也」。

〔九〕師古曰：喜音許吏反。【補注】先謙曰：史記作「爲人仁善退讓」，不言喜士。

〔一〇〕【補注】何焯曰：大將軍將略，以伍被所答淮南王問，參觀乃備，不可獨據「於天下未有稱」之語。此即出太史公淮南衡山列傳也。先謙曰：因其不招士，故天下未有稱。即贊語「賢士大夫無稱」之意，不論其將略也。

去病自四年軍後三歲，元狩六年薨。上悼之，發屬國玄甲，軍陳自長安至茂陵，〔一〕爲冢象祁連山。〔二〕謚之并武與廣地曰景桓侯。〔三〕子嬗嗣。〔四〕嬗字子侯，上愛之，幸其壯而將之。爲奉車都尉，從封泰山而薨。無子，國除。

〔一〕師古曰：送其葬，所以寵衛之也。屬國，即上所云分處降者於邊五郡者也。玄甲，謂甲之黑色也。【補注】先謙曰：案注文當作「衛送其葬，所以寵之」。文誤倒在下。

〔二〕師古曰：在茂陵旁，冢上有堅石，冢前有石人馬者是也。【補注】先謙曰：索隱「姚氏案：冢在茂陵東北，與衛青冢並。西者是青，東者是去病冢。上有豎石，前有石馬相對，又有石人也」。官本亦作「豎石」，堅字誤。元和志「霍去病墓在京兆府興平縣東北十九里」。唐興平縣，即今西安府興平縣治。

〔三〕蘇林曰：景，武謚也。桓，廣地謚也。義見謚法。張晏曰：謚法『布義行剛曰景，辟土服遠曰桓』也。

〔四〕師古曰：嬗音上戰反。

自去病死後，青長子宜春侯伉坐法失侯。〔一〕後五歲，伉弟二人，陰安侯不疑、發干侯登皆坐酎伉失侯。〔二〕後二歲，冠軍侯國絕。〔三〕後四年，元封五年，青薨，謚曰烈侯。子伉嗣，六年坐法免。

〔一〕【補注】先謙曰：據表，元鼎元年免，後去病死一歲。

〔二〕【補注】先謙曰：「酎」下「伉」字誤，官本作「金」。據表，二人失侯，在元鼎五年。

〔三〕【補注】先謙曰：元封元年。

自青圍單于後十四歲而卒，〔一〕竟不復擊匈奴者，以漢馬少，又方南誅兩越，東伐朝鮮，擊羌、西南夷，以故久不伐胡。

〔一〕【補注】先謙曰：元狩四年至元封五年，十四歲。

初青既尊貴，而平陽侯曹壽有惡疾就國，長公主問：「列侯誰賢者？」左右皆言大將軍。〔一〕主笑曰：「此出吾家，常騎從我，奈何？」左右曰：「於今尊貴無比。」於是長公主風白皇后，〔二〕皇后言之，上乃詔青尚平陽主，〔三〕與主合葬，起冢象廬山云。〔四〕

〔一〕【補注】先謙曰：據表，計夷侯曹時薨在元光四年，曹襄嗣侯在五年，後七年，當元朔五年而青爲大將軍。長公主尚青，當在其時。是曹壽之爲曹時，無可疑者，後人紛紛致辨，蓋未審也。

〔二〕師古曰：風讀曰諷。

〔三〕如淳曰：本陽信長公主也，爲平陽侯所尚，故稱平陽主。

〔四〕師古曰：在茂陵東，次去病冢之西，相併者是也。【補注】宋祁曰：浙本「廬」作「盧」。何焯曰：廬當作盧。匈奴傳：揚雄上書曰「運府庫之財，填盧山之壑而不悔」。注「盧山，匈奴中山也」。以上文「象祁連山」例之，自明。沈欽韓曰：揚雄傳，孟康注「盧山，單于南庭山也」。按唐書「貞觀二十一年，以回紇思結部置盧山都督府」。紀要「寘顏山亦名盧山」。長安志「衛青墓在興平縣東北十五里」。

最〔一〕大將軍青凡七出擊匈奴，斬捕首虜五萬餘級。一與單于戰，收河南地，置朔方郡。再益封，凡萬六千三百户；〔二〕封三子爲侯，侯千三百户，并之二萬二百户。〔三〕其裨將及校尉侯者九人，爲特將者十五人，〔四〕李廣、張騫、公孫賀、李蔡、曹襄、韓説、蘇建皆自有傳。〔五〕

〔一〕師古曰：最亦凡也。【補注】沈欽韓曰：何休公羊傳注「最，聚也」。若今聚民爲投最。莊子德充符音義「最，聚也」。此總聚擊匈奴之數，與樊酈傳云最者小異。先謙曰：官本注在「凡」上，「最」下提行。史記亦提行。汲古本史記與此同。下文將軍公孫賀不提行。將軍李息至趙破奴等，並上空一格。以後文「自衛氏興」云云結語推之，則附傳皆不應提行。汲古本蓋其元式也。

〔二〕【補注】宋祁曰：景德本無「益」字。先謙曰：史記作「萬一千八百户」。

〔三〕【補注】先謙曰：史記作「萬五千七百户」。

〔四〕師古曰：特將，謂獨别爲將而出征也。【補注】先謙曰：史記作「十四人」，又云「爲裨將者曰李廣，自有傳」。故止十四人。索隱「案，漢書云『爲特將者十五人』，蓋通李廣也」。

〔五〕師古曰：七人自有傳，八人今列於此下，凡十五人也。説讀曰悦。

李息，郁郅人也，〔一〕事景帝。至武帝立八歲，爲材官將軍，軍馬邑。〔二〕後六歲，爲將軍，出代；後三歲，爲將軍，從大將軍出朔方：皆無功。〔三〕凡三爲將軍，其後常爲大行。〔四〕

〔一〕師古曰：北地之縣也。郅音之日反。

〔二〕【補注】先謙曰：元光二年。

〔三〕【補注】先謙曰：青傳「出朔方之役，息有功，爵關内侯」。與此異。

〔四〕【補注】先謙曰：公卿表，息元朔三年爲中尉，元狩元年爲大行，凡七年，至元鼎元年，張騫代。據青傳，元朔五年出朔方，已書大行李息。表失載，疑息當時兩爲大行，或自元朔五年已爲大行也。後因張湯事去官，詳汲黯傳。

公孫敖，義渠人，以郎事景帝。〔一〕至武帝立十二歲，爲騎將軍，〔二〕出代，亡卒七千人，當斬，贖爲庶人。後五歲，以校尉從大將軍，封合騎侯。後一歲，以中將軍從大將軍再出定襄，無功。後二歲，以將軍出北地，後票騎，失期當斬，〔三〕贖爲庶人。後二歲，以校尉從大將軍，無功。後十四歲，以因杅將軍築受降城。〔四〕七歲，復以因杅將軍再出擊匈奴，至余吾，〔五〕亡士多，下吏當斬，詐死，亡居民間〔六〕五六歲。後覺，復繫。坐妻爲巫蠱，族。凡四爲將軍。

〔一〕【補注】先謙曰：史記作「以郎事武帝」，下無「至」字。

〔二〕【補注】宋祁云「十二歲」，景德本作「八歲」。先謙曰：事在元光六年，作八歲者誤。

〔三〕【補注】宋祁云：景德本無「失」字。王念孫曰：景德本無「失」字，「後票騎期」，即失期也，無庸更加「失」字。景祐本及史記皆無「失」字。

〔四〕【補注】沈欽韓曰：明志「甘州衛東北有古受降城」。先謙曰：官本「杆」作「杅」是也。史記作「杅」。(素)〔索〕隱「杅音于」。匈奴傳作「杼」。杅字轉寫之誤。傳云「元封六年，因匈奴左大都尉欲降，故築此城」。武紀在太初元年。

〔五〕師古曰：水名也，在朔方北。【補注】沈欽韓曰：紀要「余吾水在廢夏州北塞外」。先謙曰：天漢四年。

〔六〕【補注】劉奉世曰：武紀「敖自余吾還，明年太始元年，有罪要斬」。與此不同，必有誤。先謙曰：敖蓋於斬時詐死，而行刑者以已斬報。武紀書斬敖於太始元年，正其失律之誅。五六歲後復出，乃覺其詐耳。武帝雖英主，然其時刑法少紊，奸俠橫行，情事可以推見，非紀傳歧誤也。

李沮，雲中人，〔一〕事景帝。武帝立十七歲，以左內史爲彊弩將軍。後一歲，復爲彊弩將軍。

〔一〕沮音組。【補注】先謙曰：注脫「師古曰」三字。

張次公，河東人，〔一〕以校尉從大將軍，封岸頭侯。其後太后崩，爲將軍，軍北軍。〔二〕後一歲，復從大將軍。凡再爲將軍，後坐法失侯。〔三〕

〔一〕【補注】錢大昭曰：酷吏傳云「義縱少年時，嘗與張次公俱攻剽，爲羣盜」。

〔二〕【補注】先謙曰：據武紀及功臣表，元朔二年五月封侯，六月皇太后崩。

〔三〕【補注】先謙曰：史記下有「次公父隆，輕車武射也，以善射，景帝幸近之也」十八字。

趙信，以匈奴相國降，爲侯。〔一〕武帝立十八年，爲前將軍，與匈奴戰，敗，降匈奴。〔二〕

〔一〕【補注】王念孫曰：「侯」上脱「翕」字，當依史記補。翕侯又見功臣表及匈奴傳，史記同。先謙曰：史漢表竝云「匈奴相國」，惟匈奴傳云「胡小王」也。

〔二〕【補注】先謙曰：史記作「十七歲」。案，事在元朔六年，作「十八」是。

趙食其，祋祤人。〔一〕武帝立十八年，以主爵都尉從大將軍，〔二〕斬首六百六十級。元狩三年，賜爵關内侯，黄金百斤。明年，爲右將軍，從大將軍出定襄，迷失道，當斬，贖爲庶人。

〔一〕師古曰：馮翊之縣也。祋音丁活反，又音丁外反。祤音許羽反。

〔二〕【補注】先謙曰：事在元朔六年。公卿表於元狩三年書「主爵都尉趙食其」，是元朔中，食其尚未爲主爵。未知孰誤。

郭昌，雲中人，以校尉從大將軍。元封四年，以太中大夫爲拔胡將軍，屯朔方。還擊昆明，無功，奪印。〔一〕

〔一〕【補注】先謙曰：西南夷傳略云，南粤反，上使發南夷兵，且蘭君遂反，漢發八校尉擊之。會越已破，漢八校尉不下，中郎將郭昌、衞廣引兵還，行誅且蘭，遂平南夷爲牂柯郡。據武紀，定越地及西南夷是元鼎六年事。又武紀元封二年，遣郭昌、衞廣發巴蜀兵平西南夷未服者，以爲益州郡。昌將兵有功，本傳並不載。其擊昆明無功，西南夷傳亦不載也。惟武紀元封六年書「益州昆明反，遣拔胡將軍郭昌擊之」。

荀彘，太原廣武人，以御見，侍中，〔一〕用校尉數從大將軍。元封三年，爲左將軍擊朝鮮，

無功，坐捕樓船將軍誅。〔二〕

〔一〕師古曰：以善御得見，因爲侍中也。御謂御車也。

〔二〕【補注】先謙曰：事詳朝鮮傳。

最票騎將軍去病凡六出擊匈奴，其四出以將軍，〔一〕斬首虜十一萬餘級。渾邪王以衆降數萬，開河西酒泉之地，西方益少胡寇。四益封，凡萬七千七百户。〔二〕其校尉吏有功侯者六人，爲將軍者二人。

〔一〕師古曰：再出爲票姚校尉也。

〔二〕【補注】先謙曰：史記作「萬五千一百户」。

路博德，西河平州人，〔一〕以右北平太守從票騎將軍，封邳離侯。票騎死後，博德以衛尉爲伏波將軍，伐破南越，益封。其後坐法失侯。爲彊弩都尉，屯居延，卒。〔二〕

〔一〕【補注】錢大昕曰：地理志，西河郡有平周，無平州。先謙曰：史記亦作「平州」。王莽傳「民棄城郭，流亡爲盜賊，并州、平州尤甚」。西河郡平州在并州部内，故云。或當時周、州通叚也。

〔二〕【補注】先謙曰：據表、紀，失侯在太初元年，屯居延在三年。又匈奴傳云「天漢二年，使公孫敖與博德會涿邪山，亡所得。四年，博德萬餘人與李廣利會」。武紀同，傳並不載。

趙破奴，太原人。〔一〕嘗亡入匈奴，已而歸漢，爲票騎將軍司馬。出北地，封從票侯，坐酎金失侯。後一歲，爲匈河將軍，〔一〕攻胡至匈河水，無功。後一歲，擊虜樓蘭王，後爲浞野侯。〔二〕後六歲，以浚稽將軍將二萬騎擊匈奴左王。左王與戰，兵八萬騎圍破奴，破奴爲虜所得，遂没其軍。〔三〕居匈奴中十歲，復與其太子安國亡入漢。〔四〕後坐巫蠱，族。〔五〕

〔一〕【補注】先謙曰：史記作「故九原人」。案，九原，五原之縣也。「九」、「太」形近易誤。

〔二〕【補注】先謙曰：元鼎六年。

〔三〕【補注】先謙曰：史記作「後二歲」。集解徐廣曰「元封二年」。案事詳西域傳，不著其年。功臣表云「元封三年，破奴以匈河將軍擊樓蘭，封浞野侯」。史表云「元封三年，擊樓蘭功，復侯」。據此，當云「後三歲」。作一歲、二歲者，並誤。浞野即以樓蘭功封，不得云「後爲浞野侯」。史記「後」作「復」，承前封從票侯言之，是也。史表亦云「復侯」。後、復形近，又緣上文後字而誤。

〔四〕【補注】先謙曰：事在太初三年。詳匈奴傳。

〔五〕【補注】宋祁云：越本「國」作「定」。

〔六〕【補注】先謙曰：官本下提行。

自衛氏興，大將軍青首封，其後支屬五人爲侯。凡二十四歲而五侯皆奪國。征和中，戾太子敗，衛氏遂滅。而霍去病弟光貴盛，自有傳。

贊曰：蘇建嘗説責「大將軍至尊重，而天下之賢士大夫無稱焉，〔一〕願將軍觀古名將所招選者，勉之哉！」〔二〕青謝曰：「自魏其、武安之厚賓客，天子常切齒。彼親待士大夫，招賢黜不肖者，人主之柄也。人臣奉法遵職而已，何與招士！」〔三〕票騎亦方此意，爲將如此。〔四〕

〔一〕師古曰：言不爲賢士大夫所稱譽。

〔二〕師古曰：勸令招賢薦士也。

〔三〕師古曰：與讀曰豫。【補注】何焯曰：此言得之。其言主父偃減宣於上，乃在名位未盛之時也。武帝雄猜，拔擢一人，必欲恩自己出，丞相猶不敢薦士，況爲將握兵者乎？沈欽韓曰：褚少孫田仁傳：任安曰，將軍尚不知人，何乃家監。有詔募擇衞將軍舍人以爲郎，將軍取舍人中富給者，少府趙禹得田仁、任安曰，獨此兩人可耳。衞將軍見此兩人貧，意不平。推此言之，青實不知士，其謙遜猶託語耳。

〔四〕師古曰：方，比類也。【補注】先謙曰：方讀曰放，史記作「放」。「爲將」上有「其」字。

董仲舒傳第二十六

漢書五十六

董仲舒，廣川人也。〔一〕少治春秋，〔二〕孝景時爲博士。下帷講誦，弟子傳以久次相授業，或莫見其面。〔三〕蓋三年不窺園，其精如此。〔四〕進退容止，非禮不行，學士皆師尊之。

〔一〕【補注】齊召南曰：按志，廣川屬信都國。今直隸棗强縣有廣川鎮，與景州相近，即漢廣川故縣。沈欽韓曰：紀要「廣川城在冀州棗强縣東北十八里」。春秋繁露五行對「河間獻王問温城董君」，則仲舒爲廣川温城人也。水經注「桑林舊溝又東逕修市縣故城北，王莽更曰居寧，俗謂之温城，非也。地理風俗記曰，修縣西北二十里有修市城，故縣也」。按，修市縣屬渤海，以俗稱温城證之，則修市縣即温城所改，其後改屬渤海耳。於明爲景州，州西北有修市故縣。王文彬曰：魏地形志「冀州勃海郡修縣有董仲舒祠」。

〔二〕【補注】先謙曰：史記傳末云「故漢興至於五世之間，唯董仲舒名爲明於春秋，其傳公羊氏也」。

〔三〕師古曰：言新學者，但就其舊弟子受業，不必親見仲舒。【補注】劉氏曰：「久」衍字。先謙曰：史記亦有「久」字，文義較足，劉説非據。顏注「授業」當作「受業」，且上言傳，則下不得復言授，轉寫誤授耳。史記正作「受業」。

〔四〕師古曰：雖有園圃，不窺視之，言專學也。【補注】沈欽韓曰：論衡儒增篇「言不窺園菜，實也。言三年，增之也」。

按御覽六百四十一引漢書曰「十年不窺園圃，乘馬三年，不知牝牡」。殆誤也。八百四十引作「鄒子曰」云云。攷劉知幾史通敘事篇「董生乘馬三年，不知牝牡，翟公之門，可張雀羅」。亦以爲班馬二史，則傳說之誤久矣。先謙曰：史記作「蓋三年董仲舒不觀於舍園」。

武帝即位，舉賢良文學之士前後百數，〔一〕而仲舒以賢良對策焉。

〔一〕師古曰：數音所具反。

制曰：朕獲承至尊休德，〔一〕傳之亡窮，而施之罔極，〔二〕任大而守重，是以夙夜不皇康寧，〔三〕永惟萬事之統，猶懼有闕。〔四〕故廣延四方之豪儁，郡國諸侯公選賢良修絜博習之士，〔五〕欲聞大道之要，至論之極。〔六〕今子大夫褎然爲舉首，〔七〕朕甚嘉之。子大夫其精心致思，朕垂聽而問焉。

〔一〕師古曰：休，美也。言承先帝極尊之位至美之德也。【補注】宋祁曰：浙本「至尊」下有「之」字。

〔二〕師古曰：罔亦無也。極，盡也。

〔三〕師古曰：皇，暇也。康，樂也。

〔四〕師古曰：永，深也。惟，思也。統，緒也。【補注】何焯曰：統，紀也，總也。注釋爲緒者非。此處本意，觀第三策中「統紀不終」之語可見。

〔五〕師古曰：郡，郡守也。國，王國也。諸侯，列侯也。郡國及諸侯，總謂四方在外者。公選，謂以公正之道選士，無偏私也。【補注】先謙曰：意重廣延四方之士，故制辭不及二府，諸侯王不得治國，其在國者相選之。

〔六〕師古曰：極，中也。

〔七〕服虔曰：子，男子之美號也。張晏曰：褎，進也，爲舉賢良之首也。師古曰：褎然，盛服貌也。詩(邯)〔邶〕風旄丘之篇曰「褎如充耳」。褎音弋授反。【補注】王念孫曰：褎然者，出衆之貌，故曰褎然爲舉首。大雅生民篇「實種實褎」。毛傳曰「褎，長也」。義與褎然爲舉首之褎相近。張晏訓褎爲進，猶爲近之，師古訓爲盛服貌，則與爲舉首三字義不相屬。且下句云「朕甚嘉之」者，嘉其賢良出衆，非嘉其盛服也。李慈銘曰：字當爲褎，褎從衣、從采。采，古禾穗字，褎即古衣袖字也。與褎字從保省者異。先謙曰：官本作「褎」，是。說文袖下云「俗褎從由」。釋名「袖，由也，手所由出入也。衣有領袖，皆舉之在上，故凡言首舉者，稱領袖也」。晉宋以降，史傳多此語。據此文，漢時已有其義矣。王說未申。

蓋聞五帝三王之道，改制作樂，而天下洽和，百王同之。〔一〕當虞氏之樂莫盛於韶，〔二〕於周莫盛於勺。〔三〕聖王已没，鍾鼓筦絃之聲未衰，〔四〕而大道微缺，陵夷至虖桀紂之行，〔五〕王道大壞矣。夫五百年之間，守文之君，當塗之士，〔六〕欲則先王之法以戴翼其世者甚衆，〔七〕然猶不能反，日以仆滅，〔八〕至後王而後止，〔九〕豈其所持操或誖繆而失其統與？〔一〇〕固天降命不可復反，必推之於大衰而後息與？〔一一〕烏虖！〔一二〕凡所爲屑屑，夙興夜寐，務法上古者，又將無補與？〔一三〕三代受命，其符安在？災異之變，何緣而起？性命之情，或夭或壽，或仁或鄙，〔一四〕習聞其號，未燭厥理。〔一五〕伊欲風流而令行，刑輕而姦改，〔一六〕百姓和樂，政事宣昭，何脩何飭而膏露降，百穀登，〔一七〕悳潤四海，澤臻屮木，〔一八〕三光全，〔一九〕寒暑平，受天之祜，〔二〇〕享鬼神之靈，〔二一〕悳澤洋溢，施虖方外，延及羣生？〔二二〕

〔一〕【補注】宋祁曰：淳化本作「制禮」。按，古本無「禮」字，下云「韶」、「勺」，寧有禮字？存之不成文。「洽」一作「治」。

〔二〕師古曰：韶，舜樂。

〔三〕張晏曰：勺，周頌篇也，言能成先祖之功以養天下也。師古曰：勺讀與酌同。

〔四〕師古曰：筦與管字同。

〔五〕師古曰：陵夷，言漸積替也。解在成紀。【補注】宋祁曰：「行」字古本作「作」字，今浙本亦有「作」字。又一本題云「又云，桀紂之行，語意常若不了」。王念孫曰：浙本是也。此言桀紂之行作，而王道大壞，脱去「作」字，則語意不完。治要及文選移讓太常博士書注引此，皆有「作」字。沈欽韓曰：言周道陵夷，世主之行類桀紂也，故下文云「五百年之間」。

〔六〕【補注】先謙曰：謂當路而爲政者。

〔七〕師古曰：翼，助也。

〔八〕師古曰：反，還也。還於正道也。仆，斃也，音赴。

〔九〕【補注】先謙曰：言亂極於秦而後息。

〔一〇〕師古曰：操，執也。誖，乖也。統，緒也。操音千高反。與讀曰歟。後皆類此。

〔一一〕師古曰：息，止也。【補注】錢大昭曰：「衰」，漢紀作「中」，疑是「衷」字之誤。先謙曰：衰譌爲衷，又轉改作中耳。

〔一二〕師古曰：虖讀曰呼。嗚呼，歎辭也。

〔一三〕師古曰：屑屑，動作之貌。補，益也。【補注】先謙曰：屑，説文作屑，云「動作切切也」。荀子儒效篇注「屑然，雜碎衆多之貌」。廣雅釋訓「屑屑，不安也」。言不得治道，雖瑣碎勤勞，日思法古，無補益也。本書王莽傳「晨夜屑屑」，與此同意。將，殆也。

〔一四〕師古曰：天壽，命也。仁鄙，性也。鄙謂不通也。【補注】先謙曰：仁，寬裕；鄙，狹陋也。

〔一五〕師古曰：燭，照也。

〔一六〕師古曰：伊，惟也。

〔一七〕師古曰：登，成也。【補注】先謙曰：官本「飭」作「飾」，引宋祁曰「古本飾作飭」。

〔一八〕師古曰：臻，至也。屮，古草字也。

〔一九〕【補注】先謙曰：無虧蝕流霣之變。

〔二〇〕師古曰：祜，福也，音怙。

〔二一〕師古曰：爲鬼神所歆饗。

〔二二〕師古曰：施亦延也。洋音羊。施音弋豉反。【補注】先謙曰：方外，殊域。羣生，庶物也。

子大夫明先聖之業，習俗化之變，終始之序，講聞高誼之日久矣，其明以諭朕。〔一〕科别其條，勿猥勿并，〔二〕取之於術，慎其所出。〔三〕乃其不正不直，不忠不極，枉于執事，書之不泄，興于朕躬，毋悼後害。〔四〕子大夫其盡心，靡有所隱，朕將親覽焉。

〔一〕師古曰：諭謂曉告也。

〔二〕師古曰：猥，積也。并，合也。欲其一二疏理而言之。【補注】先謙曰：官本「二」作「一」，是。劉歆傳注「猥，苟也」。

〔三〕【補注】先謙曰：非正道勿以上陳。時丞相衛綰奏所舉賢良治申韓蘇張之言者皆罷，制詞特申戒之。

〔四〕師古曰：極，中也。公卿執事有不忠直而阿枉者，皆令言之。朕自發書，不有漏泄，勿懼有後害而不言也。

仲舒對曰：

陛下發德音，下明詔，求天命與情性，皆非愚臣之所能及也。臣謹案春秋之中，視前世已行之事，以觀天人相與之際，甚可畏也。國家將有失道之敗，而天乃先出災害以譴告之，〔一〕不知自省，又出怪異以警懼之，〔二〕尚不知變，而傷敗乃至。以此見天心之仁愛人君而欲止其亂也。自非大亡道之世者，天盡欲扶持而全安之，事在彊勉而已矣。〔三〕彊勉學問，則聞見博而知益明，彊勉行道，則德日起而大有功，此皆可使還至而立有效者也。〔四〕詩曰「夙夜匪解」，〔五〕書云「茂哉茂哉」，〔六〕皆彊勉之謂也。

〔一〕師古曰：譴，責也。

〔二〕師古曰：省，視也。【補注】先謙曰：爾雅釋詁「省，察也」。

〔三〕師古曰：彊音其兩反。此下並同。【補注】先謙曰：官本「並」作「亦」。

〔四〕師古曰：還讀曰旋。旋，速也。【補注】宋祁曰：越本無「立」字。

〔五〕師古曰：大雅烝人之詩也。夙，早也。解讀曰懈。懈，怠也。其下亦同。【補注】先謙曰：官本「人」作「民」，無「夙早也」三字。

〔六〕師古曰：虞書咎繇謨之辭也。茂，勉也。【補注】先謙曰：今書「茂」作「懋」。説文「懋，勉也。茂，草豐盛」。經典多借茂爲懋，詳釋文。

道者，所繇適於治之路也，〔一〕仁義禮樂皆其具也。故聖王已没，而子孫長久安寧數百歲，此皆禮樂教化之功也。王者未作樂之時，乃用先王之樂宜於世者，而以深入教化於民。教化之情不得，雅頌之樂不成，故王者功成作樂，樂其德也。樂者，所以變民風、化民俗也。其變民也易，其化人也著。〔二〕故聲發於和而本於情，接於肌膚，臧於骨髓。故王道雖微缺，而筦絃之聲未衰也。夫虞氏之不爲政久矣，然而樂頌遺風猶有存者，是以孔子在亝而聞韶也。〔三〕夫人君莫不欲安存而惡危亡，然而政亂國危者甚衆，所任者非其人，而所繇者非其道，〔四〕是以政日以仆滅也。夫周道衰於幽厲，非道亡也，幽厲不繇也。至於宣王，思昔先王之德，興滯補弊，明文武之功業，〔五〕周道粲然復興，詩人美之而作，上天祐之，爲生賢佐，後世稱誦，至今不絕。此夙夜不解，行善之所致也。孔子曰「人能弘道，非道弘人」也。〔六〕故治亂廢興在於己，非天降命不可得反，〔七〕其所操持誖謬失其統也。

〔一〕師古曰：繇讀與由同。由，從也。適，往也。

〔二〕師古曰：著，明也。易音弋豉反。著音竹筯反。

〔三〕【補注】先謙曰：官本「亝」作「齊」，引宋祁曰「古本齊作亝」。

〔四〕師古曰：繇讀與由同。下亦類此。

〔五〕【補注】先謙曰：晉語注「滯，廢也」。

〔六〕師古曰：論語載孔子之言也。言明智之人則能行道。內無其質，非道所化。【補注】先謙曰：言人能大其道，道不能大其人。引孔子之言，以明繇道在人，圖治自己也。顏說非。

〔七〕【補注】先謙曰：官本作「不得可反」，引劉敞曰「當云，不可得反」。

臣聞天之所大奉使之王者，〔一〕必有非人力所能致而自至者，此受命之符也。天下之人同心歸之，若歸父母，故天瑞應誠而至。書曰「白魚入于王舟，有火復于王屋，流爲烏」，〔二〕此蓋受命之符也。周公曰「復哉復哉」，〔三〕孔子曰「德不孤，必有鄰」，〔四〕皆積善絫德之效也。〔五〕及至後世，淫佚衰微，〔六〕不能統理羣生，諸侯背畔，殘賊良民以爭壤土，廢德教而任刑罰。刑罰不中，則生邪氣，〔七〕邪氣積於下，怨惡畜於上。〔八〕上下不和，則陰陽繆盭而妖孽生矣。〔九〕此災異所緣而起也。

〔一〕【補注】先謙曰：言奉以天下而使之王也。王音于況反。

〔二〕師古曰：今文尚書泰誓之辭也。謂伐紂之時有此瑞也。復，歸也，音扶目反。【補注】宋祁曰：古本「流」字上有「而」字，存而句緩而文。王文彬曰：復讀爲覆，言火下垂而屋在其覆中也。觀史記周本紀有「火自上，復于下」句，文義甚明。顔訓歸，未合。

〔三〕師古曰：周公視火烏之瑞，乃曰「復哉復哉」！復，報也，言周有盛德，故天報以此瑞也。亦見今文泰誓也。【補注】劉奉世曰：復當爲覆，聲字之誤也。王文彬曰：劉説是也。周公覩火復之瑞，重言以歎美之，與仲尼曰「水哉水哉」同一亟稱之意。顔説非。繆荃孫曰：尚書大傳引作「茂哉茂哉」。茂與復聲相近。

〔四〕師古曰：論語載孔子之言也。鄰，近也。言修德者不獨空爲之而已，必有近助也。

〔五〕師古曰：絫，古累字。

〔六〕師古曰：佚與逸同。

〔七〕師古曰：中音竹仲反。
〔八〕師古曰：畜讀曰蓄。蓄，聚也。
〔九〕師古曰：盭，古戾字。孼，災也。

臣聞命者天之令也，性者生之質也，情者人之欲也，或夭或壽，或仁或鄙，陶冶而成之，不能粹美，〔一〕有治亂之所生，故不亝也。〔二〕孔子曰：「君子之德風也，小人之德屮也，屮上之風必偃。」〔三〕故堯舜行德則民仁壽，桀紂行暴則民鄙夭。夫上之化下，下之從上，猶泥之在鈞，唯甄者之所爲；〔四〕猶金之在鎔，唯冶者之所鑄。〔五〕「綏之斯俫，動之斯和」，此之謂也。〔六〕

〔一〕師古曰：陶以喻造瓦，冶以喻鑄金也。言天之生人有似於此也。粹，純也。
〔二〕【補注】先謙曰：官本「亝」作「齊」，引宋祁曰「古本齊作亝」。
〔三〕師古曰：論語載孔子之言也。言人之從化，若屮遇風則偃仆也。【補注】宋祁曰：風也、屮也，越本無兩「也」字。
〔四〕師古曰：甄，作瓦之人也。鈞，造瓦之法其中旋轉者。甄音吉延反。
〔五〕師古曰：鎔謂鑄器之模範也。鎔音容。【補注】沈欽韓曰：管子任法篇「堯之治天下也，猶埴之在埏，惟陶之所以爲；猶金之在鑪，恣冶之所以鑄」。先謙曰：文選上蕭太傅固辭奪禮啟注「蒼頡曰，鎔炭鑪所以行消鐵也」。
〔六〕師古曰：論語載子貢對陳子禽之言也。綏，安也。言治國家者，安之則競來，動之則和悅耳。

臣謹案春秋之文，求王道之端，得之於正。〔一〕正次王，王次春。〔二〕春者，天之所爲也，正者，王之所爲也。其意曰，上承天之所爲，而下以正其所爲，正王道之端云爾。然則王者欲有所爲，宜求其端於天。天道之大者在陰陽。陽爲德，陰爲刑，刑主殺而德主生。是故陽常居大夏，而以生育養長爲事；〔三〕陰常居大冬，而積於空虚不用之處。以此見天之任德不任刑也。天使陽出布施於上而主歲功，使陰入伏於下而時出佐陽；陽不得陰之助，亦不能獨成歲。終陽以成歲爲名，〔四〕此天意也。王者承天意以從事，故任德教而不任刑。刑者不可任以治世，猶陰之不可任以成歲也。爲政而任刑，不順於天，故先王莫之肯爲也。今廢先王德教之官，而獨任執法之吏治民，毋乃任刑之意與！〔五〕孔子曰：「不教而誅謂之虐。」〔六〕虐政用於下，而欲德教之被四海，故難成也。

〔一〕師古曰：謂正月也，音之成反。【補注】宋祁曰：正，越本作「之盛反」。

〔二〕師古曰：解春秋書「春王正月」之一句也。

〔三〕【補注】先謙曰：大，盛也。其下亦同。

〔四〕蘇林曰：卒以陽名歲，尚德不尚刑也。師古曰：謂年首稱春也。即上文所云「王次春」者是也。【補注】王鳴盛曰：沈彤云「終」上當有「陰」字。陰終陽，本易傳「地道無成而代有終」義，然終陽之事，即助其成功，故曰以成歲爲佐。「名」當作「佐」，形似而譌。先謙曰：言陽不得陰助，固不能獨成歲，然卒年首稱春者，陽以成歲爲名也。終者，究竟之辭。名，稱也。沈説「陰終陽」之義，已見本文，乃欲以意增改，斯爲謬矣。

〔五〕師古曰：與讀曰歟。

〔六〕師古曰：論語載孔子之言。

臣謹案春秋謂一元之意，〔一〕一者萬物之所從始也，元者辭之所謂大也。〔二〕謂一爲元者，視大始而欲正本也。〔三〕春秋深探其本，而反自貴者始。故爲人君者，正心以正朝廷，正朝廷以正百官，正百官以正萬民，正萬民以正四方。四方正，遠近莫敢不壹於正，而亡有邪氣奸其間者。〔四〕是以陰陽調而風雨時，羣生和而萬民殖，五穀孰而屮木茂，天地之間，被潤澤而大豐美，四海之内，聞盛德而皆徠臣，〔五〕諸福之物，可致之祥，莫不畢至，而王道終矣。

〔一〕師古曰：釋「公始即位，何不稱一年，而言元年」也。

〔二〕師古曰：易稱「元者善之長也」，故曰辭之所謂大也。【補注】宋祁曰：「辭」古本作「解」。王念孫曰：「大」當爲「本」。下文曰「謂一爲元者，視大始而欲正本也」，視大始，承上始字而言；欲正本，承上本字而言。又曰「春秋深探其本，而反自貴者始」，仍承始字本字而言，則上文本作「辭之所謂本」明矣。本字上半與大相似，又涉下「視大始」而誤。元字雖可訓爲大，而仲舒則訓元爲本，以起下欲正本之語，非訓爲大也。春秋繁露王道篇「春秋何貴乎元而言之？元者，始也，言本正也」。重政篇「春秋變一謂之元，元，猶原也，其義以隨天地終始也，故元者爲萬物之本，而人之元在焉」。以上三條，皆訓元爲本，又訓爲始，始亦本也。晋語注曰：「始，本根也。」呂氏春秋孝行篇注曰：「本，始也。」若訓元爲大，則別出一義，非仲舒正本之指矣。漢紀孝武紀正作「元者，辭之所謂本也」。

〔三〕師古曰：視讀曰示。

〔四〕師古曰：奸，犯也，音干。

〔五〕【補注】先謙曰：官本「徠」作「倈」，字同。

孔子曰：「鳳鳥不至，河不出圖，吾已矣夫！」〔一〕自悲可致此物，而身卑賤不得致也。〔二〕今陛下貴爲天子，富有四海，居得致之位，操可致之勢，〔三〕又有能致之資，〔四〕行高而恩厚，知明而意美，愛民而好士，可謂誼主矣。然而天地未應而美祥莫至者，何也？凡以教化不立而萬民不正也。夫萬民之從利也，如水之走下，〔五〕不以教化隄防之，不能止也。是故教化立而姦邪皆止者，其隄防完也；教化廢而姦邪並出，刑罰不能勝者，其隄防壞也。古之王者明於此，是故南面而治天下，莫不以教化爲大務。立大學以教於國，〔六〕設庠序以化於邑，〔七〕漸民以仁，摩民以誼，〔八〕節民以禮，故其刑罰甚輕而禁不犯者，教化行而習俗美也。

〔一〕師古曰：論語載孔子之言。【補注】先謙曰：官本無注。

〔二〕師古曰：鳳鳥河圖，皆王者之瑞。仲尼自歎有德無位，故不至也。

〔三〕師古曰：操，執持也，音千高反。

〔四〕師古曰：資，材質也。

〔五〕師古曰：走音奏。

〔六〕【補注】先謙曰：官本「大」作「太」。

〔七〕師古曰：庠序，教學之處也，所以養老而行禮焉。禮學記曰「古之教者，家有塾，黨有庠，術有序，國有學」也。

〔八〕師古曰：漸謂浸潤之，摩謂砥礪之也。

聖王之繼亂世也，埽除其跡而悉去之，〔一〕復修教化而崇起之。教化已明，習俗已成，子孫循之，〔二〕行五六百歲尚未敗也。至周之末世，大爲亡道，以失天下。秦繼其後，獨不能改，又益甚之，重禁文學，不得挾書，棄捐禮誼而惡聞之，其心欲盡滅先王之道，而顓爲自恣苟簡之治，〔三〕故立爲天子十四歲而國破亡矣。自古以來，未嘗有以亂濟亂，大敗天下之民如秦者也。〔四〕其遺毒餘烈，至今未滅，使習俗薄惡，人民嚚頑，抵冒殊扞，〔五〕孰爛如此之甚者也。孔子曰：「腐朽之木不可彫也，糞土之牆不可圬也。」〔六〕今漢繼秦之後，如朽木糞牆矣，雖欲善治之，亡可奈何。法出而姦生，令下而詐起，〔七〕如以湯止沸，抱薪救火，愈甚亡益也。〔八〕竊譬之琴瑟不調，甚者必解而更張之，乃可鼓也。〔九〕爲政而不行，甚者必變而更化之，乃可理也。當更張而不更張，雖有良工不能善調也。當更化而不更化，雖有大賢不能善治也。故漢得天下以來，常欲善治而至今不可善治者，〔一〇〕失之於當更化而不更化也。古人有言曰：「臨淵羨魚，不如退而結網。」〔一一〕今臨政而願治七十餘歲矣，〔一二〕不如退而更化，更化則可善治，善治則災害日去，福祿日來。詩云：「宜民宜人，受祿于天。」〔一三〕爲政而宜於民者，固當受祿于天。夫仁、誼、禮、知、信，五常之道，王者所當脩飭也。〔一四〕五者脩飭，故受天之祐，而享鬼神之靈，德施于方外，延及羣生也。

〔一〕師古曰：去亦除也，音丘呂反。

〔二〕師古曰：循，順也，順而行之。

〔三〕蘇林曰：苟爲簡易之治也。師古曰：此說非也。苟謂苟於權利也，簡謂簡於仁義也。簡易乾坤之德，豈秦所行乎？顓與專同。【補注】先謙曰：苟簡，謂苟且簡略也。蘇但不當言簡易耳。顏訓非。通鑑改作「苟且之治」。

〔四〕師古曰：濟，益也。【補注】宋祁曰：「齊」，古作「洤」。先謙曰：「古」下奪「本」字。

〔五〕文穎曰：扞，突也。師古曰：口不道忠信之言爲嚚，心不則德義之經爲頑。抵，觸也。冒，犯也。殊，絶也。扞，距也。冒讀如字，又音莫克反。【補注】先謙曰：官本「距」作「拒」。

〔六〕師古曰：論語載孔子之言也。圬，鏝也，所以泥飾牆也。言内質敗壞不能修治也。圬音一胡反。鏝音莫干反。【補注】先謙曰：官本注「不能」作「不可」，依正文則「不可」是。

〔七〕師古曰：下音胡亞反。

〔八〕【補注】宋祁曰：越本「甚」作「其」。甚與其小差，則成誤矣。然其字施於此，則未安也。

〔九〕【補注】沈欽韓曰：淮南氾論「道猶金石，一調不更，事猶琴瑟，每絃改調」。亦見文子上義篇。

〔一〇〕【補注】宋祁曰：越本無上二「善」字。然善治要須複語，不容上言治而下言善治也。浙本亦同，有「善」字。

〔一一〕師古曰：言當自求之。【補注】沈欽韓曰：文子上德篇「臨河欲魚，不若歸而織網」。錢大昭曰：「蛛」，南監本、閩本竝作「退」。先謙曰：官本作「退」。

〔一二〕【補注】齊召南曰：按仲舒對策之年，先儒疑而未定。漢書武紀載於元光元年，與公孫弘並列，既失之太後。通鑑據史記武帝即位，爲江都相之文，載於建元元年，與嚴助並列，亦失之太前。若以仲舒此文推之，則在建元五年也。計漢元年至建元三年爲七十歲，而五年始置五經博士，即傳所謂「推明孔氏，抑黜百家，立學校之官」也。至元光元年，初令郡國舉孝廉各一人，即傳所謂「州郡舉茂才孝廉」也。若在建元元年，豈得云七十餘歲乎？先謙曰：仲舒對策有「夜郎、康居，殊方萬里，説德歸誼」之語。西南夷傳，夜郎之通，在建元六年，大行王恢擊東粵後次年，即爲元光元年。是漢書載仲舒對策於元光元年，並不失之太後。齊説非也。建元五年，始置五經博士，元光元年，初令郡國舉孝廉各一人，其時武帝崇儒，已有此盛舉。傳所稱「立學校之官」，「州郡舉茂才孝廉」二事，文與武紀不盡符合，或因仲舒對策，推擴規模；抑或後世緣時事相當，傳疑附會，班氏未審，因而歸美，未可知也。康居歸誼，於史無徵，蓋武帝初立，欲事滅胡，遣人往通西域，而康居或於其時一至中國，史官失載。若張騫之道康居，又後十數歲矣。武紀載賢良一詔於元光元年五月，又云，於是董仲舒、公孫弘等出焉。特史家綜述此舉得人之盛，非謂董與公孫皆出是年。公孫，元光五年復徵乃擢，見本傳。而詔書之在是歲，不可易也。至通鑑之誤，更不足辨。

〔一三〕師古曰：大雅假樂之詩也。

〔一四〕【補注】宋祁曰：越本「飭」作「飾」。下亦同。

天子覽其對而異焉，乃復册之曰：〔一〕

〔一〕【補注】宋祁曰：景德本「册」作「策」。

制曰：蓋聞虞舜之時，游於巖郎之上，〔一〕垂拱無爲，而天下太平。周文王至於日昃不暇食，〔二〕而宇内亦治。夫帝王之道，豈不同條共貫與？〔三〕何逸勞之殊也？蓋儉者不造玄黄旌旗之飾，及至周室，設兩觀，乘大路，朱干玉戚，八佾陳於庭，〔四〕而頌聲興。夫帝王之道，豈異指哉？〔五〕或曰，良玉不瑑，〔六〕又曰，非文無以輔德，二端異焉。殷人執五刑以督姦，傷肌膚以懲惡。〔七〕成康不式，四十餘年〔八〕天下不犯，囹圄空虚。秦國用之，死者甚衆，刑者相望，秏矣哀哉！〔九〕

〔一〕文穎曰：巖郎，殿下小屋也。晉灼曰：堂邊廡巖郎，謂嚴峻之郎也。師古曰：晉説是也。【補注】先謙曰：案，

「郎」官本正文及注並作「廊」，引宋祁曰「古本、浙本『廊』並作『郎』」。余按，廊本作郎，後人加广，而俗人作郎則驚而不喜，更改爲廊。吁，可惜耶！」先謙案：説文無廊字，借郎爲之。周書作雒解「重亢重郎」，韓勑後碑「庫室中郎」，並以郎爲廊。説文新附以爲「廊，東西序」是也。不當釋作屋廡。詳竇嬰傳。巖郎，猶相如傳所稱高廊矣。

〔二〕師古曰：昃亦昊字。【補注】先謙曰：官本「昊」作「吳」，是。

〔三〕師古曰：與讀曰歟。

〔四〕師古曰：兩觀，謂闕也。大路，玉路之車也。干，盾也。戚，鉞也。朱丹其盾，玉爲戚杷也。佾，列也，舞者之行列也。一列八人，天子八列，六十四人也。【補注】先謙曰：爾雅「觀，謂之闕」。郭注「宮門雙闕」。釋名「觀，觀也，於上觀望也。闕，闕也，在門兩旁，中央闕然爲道也」。詩子衿正義引孫炎曰「宮門雙闕，舊章懸焉，使民觀之，因謂之觀」。「佾」，官本作「佾」。注文在「而頌聲興」下。「杷」作「把」。佾、佾異文，或爲佾。

〔五〕師古曰：言意趣不同。

〔六〕師古曰：瑑謂彫刻爲文也，音篆。下皆類此。

〔七〕師古曰：督，視責也。懲，止也。

〔八〕師古曰：式，用也。成康之時，刑措不用。

〔九〕師古曰：秏，虚也。言用刑酷烈，誅殺甚衆，天下空虚也。秏音呼到反。或曰，秏，不明也，言刑罰闇亂，音莫報反。

【補注】先謙曰：官本「秏」作「耗」，字同。

烏虖！〔一〕朕夙寤晨興，〔二〕惟前帝王之憲，〔三〕永思所以奉至尊，章洪業，〔四〕皆在力本任賢。〔五〕今朕親耕藉田，〔六〕以爲農先，勸孝弟，崇有德，使者冠蓋相望，問勤勞，恤孤獨，盡思極神，功烈休德未始云獲也。〔七〕今陰陽錯繆，氛氣充塞，〔八〕羣生寡遂，黎民未溢，〔九〕廉恥貿亂，賢不肖渾淆，〔一〇〕未得其真，故詳延特起之士，意庶幾乎！〔一一〕今子大夫待詔百有餘人，或道世務而未濟，稽諸上古之不同，〔一二〕考之于今而難行，毋乃牽於文繫而不得騁歟？〔一三〕將所繇異術，所聞殊方與？〔一四〕各悉對，著于篇，〔一五〕毋諱有司。〔一六〕明其指略，切磋究之，以稱朕意。〔一七〕

〔一〕師古曰：虖讀曰呼。

〔二〕師古曰：夙，早也。寤，寐之覺也。興，起也。覺音工孝反。

〔三〕師古曰：憲，法也。

〔四〕師古曰：永，深也。章，明也。洪，大也。

〔五〕師古曰：力本，謂勤力行於本業也。本，謂農也。

〔六〕【補注】先謙曰：官本「藉」作「籍」。

〔七〕【補注】錢大昭曰：「云」，閩本作「亡」。先謙曰：據仲舒對，閩本誤也。

〔八〕師古曰：氛，惡氣也。充，滿也。

〔九〕師古曰：遂，成也。【補注】先謙曰：官本「溢」作「濟」，引宋祁曰「濟，古作溢。下同」。

〔一〇〕師古曰：貿，易也。渾殽，雜也。貿音武又反。渾音胡本反。【補注】先謙曰：官本「淆」作「殽」。顏注作「渾殽」，明正文淆字，後人妄改。

〔一一〕師古曰：詳，盡也。一曰，審也。【補注】宋祁曰：古浙本有「意」字，他本無，但云「庶幾乎」，則促而不緩，必待「意」字，句乃自安。

〔一二〕【補注】先謙曰：淮南原道訓注「濟，通也」。「之」，官本作「而」，是。

〔一三〕師古曰：牽於文繫，謂懼於文吏之法。與讀曰歟。其下類此。【補注】先謙曰：官本「歟」作「與」，又無注文「與」下八字。是也。前注既云「後皆類此」，不宜復出。

〔一四〕師古曰：繇讀與由同。方謂道也。

〔一五〕師古曰：悉謂盡意而對也。

〔一六〕師古曰：言不當忌畏有司而不極言。

〔一七〕師古曰：究，極也。磋音千何反。

仲舒對曰：

臣聞堯受命，以天下爲憂，而未以位爲樂也，〔一〕故誅逐亂臣，務求賢聖，是以得舜、禹、稷、卨、咎繇，衆聖輔德，賢能佐職，教化大行，天下和洽，萬民皆安仁樂誼，各得其宜，動作應禮，從容中道。〔二〕故孔子曰「如有王者，必世而後仁」，此之謂也。〔三〕堯在位七十載，乃遜于位以禪虞舜。堯崩，天下不歸堯子丹朱而歸舜。舜知不可辟，〔四〕乃即天子之位，以禹爲相，因堯之輔佐，繼其統業，是以垂拱無爲而天下治。孔子曰「韶盡美矣，又盡善也」，〔五〕此之謂也。至於殷紂，逆天暴物，殺戮賢知，殘賊百姓。伯夷、太公皆當世賢者，隱處而不爲臣。守職之人皆奔走逃亡，入于河海。〔六〕天下秏亂，萬民不安，〔七〕故天下去殷而從周。文王順天理物，師用賢聖，是以閎夭、大顛、散宜生等亦聚於朝廷。〔八〕愛施兆民，天下歸之，故太公起海濱而即三公也。〔九〕當此之時，紂尚在上，尊卑昏亂，百姓散亡，故文王悼痛而欲安之，是以日昃而不暇食也。孔子作春秋，先正王而繫萬事，見素王之文焉。〔一〇〕繇此觀之，〔一一〕帝王之條貫同，然而勞逸異者，所遇之時異也。孔子曰「武盡美矣，未盡善也」，〔一二〕此之謂也。

〔一〕【補注】宋祁曰：古本「位」字上有「在」字。王念孫曰：治要引此，「未」下有「聞」字，語意較完。

〔二〕師古曰：從音千容反。中音竹仲反。

〔三〕師古曰：論語載孔子之言也。言如有受命王者，必三十年，仁政乃成。

〔四〕師古曰：辟讀曰避。

〔五〕師古曰：論語載孔子之言。韶，舜樂也。孔子嘉舜之德，故聽其樂，而云盡善盡美矣。【補注】錢大昕曰：傳引孔子曰「韶盡美矣，又盡善矣」。又引「武盡美矣，未盡善也」。上「矣」下「也」，語意不同，當是論語古本。今漢書亦改作「也」，唯景祐本是「矣」字。西漢策要與景祐本同。王念孫曰：錢説是也。據顏注云「故聽其樂，而云盡善盡美矣」，則正文本是「矣」字。治要引作「韶盡善矣」，文雖從省，而亦是「矣」字。先謙曰：官本注無「論語載孔子之言」七字。

〔六〕師古曰：謂若鼓方叔、播鼗武、少師陽之屬也。事在禮樂志。

〔七〕師古曰：秏，不明也，音莫報反。

〔八〕臣瓚曰：皆文王賢臣。

〔九〕師古曰：濱，涯也。即，就也。濱音賓，又音頻。

〔一〇〕師古曰：見，顯示也。【補注】王先慎曰：廣雅釋詁「素，空也」。素王，謂空王，指在下者而言。莊子天道篇云「以此處上，帝王天子之德也。以此處下，玄聖素王之道也」。上下對舉，語極明顯。史記殷紀載伊尹從湯，言素王及九主之事，賈子過秦論謂諸侯非有素王之行。是古以素王推尊在下有德者通稱，何曾屬之孔子？董子生當西漢，必不以素王爲孔子自稱。故繁露玉杯篇云「孔子立新王之道」，三代改制篇「春秋作新王之事」，而不云孔子立素王之號，尤其確證。自緯書出，遂有孔子自號素王之説，東漢宗之，謬種流傳，誣及董子，緯書作俑也。

〔一一〕師古曰：繇讀與由同。【補注】先謙曰：官本無此注。

〔一二〕師古曰：亦論語載孔子之言也。武，周武王樂也。以其用兵伐紂，故有慙德，未盡善也。

臣聞制度文采玄黃之飾，所以明尊卑，異貴賤，而勸有德也。〔一〕故春秋受命所先制者，改正朔，易服色，所以應天也。然則宮室旌旗之制，有法而然者也。故孔子曰：「奢則不遜，儉則固。」〔二〕儉非聖人之中制也。臣聞良玉不瑑，資質潤美，不待刻瑑，此亡異於達巷黨人不學而自知也。〔三〕然則常玉不瑑，不成文章，君子不學，不成其德。

〔一〕【補注】錢大昭曰：「勸有德」，閩本作「觀德」二字。

〔二〕師古曰：論語載孔子之言。遜，順也。固，陋也。

〔三〕孟康曰：人，項橐也。【補注】沈欽韓曰：孟説本秦策甘羅之言，蓋師説相傳，以爲達巷黨人。天中記引圖經云「橐，魯人，十歲而亡，時人尸而祝之，號小兒神」。一統志「達巷在兗州府滋陽縣西北五里」。

臣聞聖王之治天下也，少則習之學，長則材諸位，〔一〕爵禄以養其德，刑罰以威其惡，故民曉於禮誼而恥犯其上。武王行大誼，平殘賊，周公作禮樂以文之，至於成康之隆，囹圄空虛四十餘年，此亦教化之漸，而仁誼之流，〔二〕非獨傷肌膚之效也。至秦則不然，師申商之法，行韓非之說，〔三〕憎帝王之道，以貪狼爲俗，〔四〕非有文德以教訓於天下也。〔五〕誅名而不察實，〔六〕爲善者不必免，而犯惡者未必刑也。是以百官皆飾空言虛辭而不顧實，〔七〕外有事君之禮，内有背上之心，造僞飾詐，趣利無恥。又好用憯酷之吏，〔八〕賦斂亡度，竭民財力，百姓散亡，不得從耕織之業，羣盜竝起，是以刑者甚衆，死者相望，而姦不息，俗化使然也。故孔子曰「導之以政，𠫭之以刑，民免而無恥」，〔九〕此之謂也。

〔一〕服虔曰：在位當知材知日有益於政也。應劭曰：隨其材之優劣而授之位也。師古曰：應説近之。謂授之位以試其材也。

〔二〕【補注】宋祁曰：古本「流」作「沠」。

〔三〕師古曰：申，申不害也。商，商鞅也。【補注】先謙曰：官本注在「法」字下。韓非至秦即死，秦未嘗行其説。秦所行與非説合耳。

〔四〕師古曰：狼性皆貪，故謂貪爲貪狼也。

〔五〕【補注】宋祁曰：景德本無「天」字，古本有。

〔六〕師古曰：誅，責也。

〔七〕【補注】宋祁曰：景祐本無「空言」二字，古本有。

〔八〕師古曰：憯，痛也，音千感反。

〔九〕師古曰：論語載孔子之言也。言以政法教導之，以刑戮整齊之，則人苟免而已，無恥愧也。【補注】先謙曰：官本「𠫭」作「齊」，引宋祁曰「古本齊作𠫭」。

今陛下并有天下，海内莫不率服，廣覽兼聽，極羣下之知，盡天下之美，至德昭然，施於方外。〔一〕夜郎、康居，殊方萬里，説德歸誼，〔二〕此太平之致也。然而功不加於百姓者，殆王心未加焉。曾子曰：「尊其所聞，則高明矣；〔三〕行其所知，則光大矣。高明光大，不在於它，在乎加之意而已。」〔四〕願陛下因用所聞，設誠於内而致行之，則三王何異哉！

〔一〕【補注】先謙曰：言德被殊域。

〔二〕師古曰：夜郎，西南夷也。康居，西域國也。説讀曰悦。

〔三〕【補注】宋祁曰：浙本「尊」作「遵」。

〔四〕師古曰：曾子之書也。曾子，曾參。【補注】沈欽韓曰：語見大戴禮曾子疾病篇。

陛下親耕藉田，以爲農先，夙寤晨興，憂勞萬民，思惟往古，而務以求賢，此亦堯舜之用心也，然而未云獲者，士素不厲也。〔一〕夫不素養士而欲求賢，譬猶不瑑玉而求文采也。〔二〕故養士之大者，莫大虖太學；〔三〕大學者，賢士之所關也，〔四〕教化之本原也。今以一郡一國之衆，對亡應書者，〔五〕是王道往往而絶也。臣願陛下興太學，置明師，以養天下之士，數考問，以盡其材，則英俊宜可得矣。今之郡守、縣令，民之師帥，所使承流而宣化也。〔六〕故師帥不賢，則主德不宣，恩澤不流。今吏既亡教訓於下，或不承用主上之法，暴虐百姓，與姦爲市，〔七〕貧窮孤弱，冤苦失職，甚不稱陛下之意。是以陰陽錯繆，氛氣充塞，羣生寡遂，黎民未濟，皆長吏不明，使至於此也。

〔一〕師古曰：厲，謂勸勉之也。一曰，砥礪其行也。

〔二〕【補注】宋祁曰：景祐本「彖」作「豕」，當從此本。

〔三〕【補注】先謙曰：官本「虐」作「虖」，是。

〔四〕師古曰：繇，由也。

〔五〕師古曰：書謂舉賢良文學之詔書也。【補注】先謙曰：既以對言，則所謂亡應書者，皆是不應經義也。此仲舒泛論平日郡國之衆。顏説非。

〔六〕【補注】宋祁曰：古本「流」作「沵」。

〔七〕師古曰：言小吏有爲姦欺者，守令不舉，乃反與之交易求利也。

夫長吏多出於郎中、中郎，吏二千石子弟選郎吏，又以富訾，未必賢也。〔一〕且古所謂功者，以任官稱職爲差，〔二〕非所謂積日絫久也。〔三〕故小材雖絫日，不離於小官，賢材雖未久，不害爲輔佐。〔四〕是以有司竭力盡知，〔五〕務治其業而以赴功。今則不然，累日以取貴，〔六〕積久以致官，是以廉恥貿亂，賢不肖渾殽，未得其真。臣愚以爲使諸列侯、郡守、二千石〔七〕各擇其吏民之賢者，歲貢各二人以給宿衞，且以觀大臣之能。所貢賢者有賞，所貢不肖者有罰。夫如是，諸侯、吏二千石皆盡心於求賢，天下之士可得而官使也。〔八〕徧得天下之賢人，則三王之盛易爲，而堯舜之名可及也。毋以日月爲功，實試賢能爲上，量材而授官，録德而定位，〔九〕則廉恥殊路，賢不肖異處矣。陛下加惠，寬臣之罪，令勿牽制於文，使得切磋究之，臣敢不盡愚。

〔一〕師古曰：訾與資同。【補注】王鳴盛曰：中郎句絶，郎吏句絶。其上文專言郡守縣令之重，長吏即守令，郎吏即郎中、中郎也。據其義當云，長吏多出於郎中、中郎，選郎吏多出於二千石子弟；又以富訾，蓋選郎大約出任子、算貲二途者尤多，故未必賢。王應麟玉海論此事云「郎選其塗非一，有以父兄任子弟爲郎者，如張安世、爰盎、楊惲、霍光是也。有以富訾爲郎者，張釋之傳如淳注引漢儀注，謂訾五百萬，得爲常侍郎，如釋之及司馬相如是也。有以獻策上書爲郎者，婁敬、主父偃是也。有以孝著爲郎者，馮唐是也」。余謂唐傳但言以孝著，非因孝行得爲郎。王説獨此條不確。漢有以舉孝廉爲郎者，王吉、京房、孟喜是也。有以射策甲科爲郎者，儒林傳云，歲課甲科爲郎中，如馬宮、翟方進、何武、召信臣是也。有以六郡良家子爲郎者，如馮奉世是也。大約漢之郎選，盡於此六途。王氏所舉任子、富訾兩條，即仲舒之所病。至於算訾爲郎，始於漢初，事見景紀，並非入粟拜爵，而今人往往誤解。竊謂後世薦舉人，有身家殷實一條，乃其遺制耳。仲舒對策，當武帝即位初，時尚無此，不牽以當之。食貨志云「入財者得補郎，郎選衰矣」。郎選二字與此同，但入財補郎，乃武帝晚年事。先謙曰：百官志「縣令、長，掌治其縣。萬户以上爲令，秩千石至六百石。減萬户爲長，秩五百石至三百石。是爲長吏」。又云「郎掌守門户，出充車騎，有議郎、中郎、侍郎、郎中，皆無員，多至千人。議郎、中郎秩比六百石，侍郎比四百石，郎中比三百石。中郎有五官、左、右三將，秩皆比二千石。郎中有車、户、騎三將，秩皆比千石」。又云「郡守，掌治其郡，秩二千石」。仲舒言其時令、長多出於郎，而選郎非任子即筭貲，故未必賢。大抵漢世郎秩有差，而皆可出補長吏。翟方進傳「方進由郎遷議郎」，是郎秩遞遷之證也。酷吏傳「義縱以中郎補上黨郡中令」。何武傳「武以射策甲科爲郎，遷鄠令」。王吉傳「吉以郡吏舉孝廉爲郎，補若盧右丞，遷雲陽令」。儒林傳「費直治易爲郎，至單父令」。循吏傳「召信臣以明經甲科爲郎，補穀陽長」。是長吏多出於郎中、中郎之證也。楊惲傳「薦郎高弟有行能者，至郡守九卿」。此特薦超擢，不同例補。王吉傳「吉言俗吏得任子弟，張晏曰：子弟以父兄任爲郎。率多驕驁，不通古今，至於積功治人，亡益於民。宜明選求賢，除任子之令」。是吏二千石子弟選郎，復出爲長吏之證也。積功，與下文「所謂功者，非積日絫久」義同。吉言亦與仲舒同意。言郎中、中郎，以該侍郎、議郎；言吏二千石子弟，以該朝臣之子弟；言二千石必加吏者，以別於朝臣二千石也。又以富訾即筭貲之謂。王說郎吏即郎中、中郎，深爲未當。詳上下文義，「郎」下不得有「吏」字，疑衍文。

〔二〕師古曰：差，次也。

〔三〕【補注】王念孫曰：下「所」字涉上「所」字而衍。景祐本作「非謂積日絫久也」。通典選舉一、通鑑漢紀九并同。漢紀作「不謂積日累久也」，皆無「所」字。

〔四〕師古曰：害猶妨也。

〔五〕【補注】先謙曰：通鑑胡注「知讀曰智」。

〔六〕【補注】先謙曰：官本「累」作「絫」。

〔七〕【補注】先謙曰：不言刺史者，時不常置。

〔八〕師古曰：授之以官，以使其材也。【補注】何焯曰：上所謂英俊，乃能明王道、輔世長民者也，養之不可不素。此吏民之賢者，以儲郡守縣令之材，承流宣化者也，求之不可不廣。

〔九〕師古曰：録謂存視也。

於是天子復册之。〔一〕

〔一〕【補注】宋祁曰：浙本「之」字下有「曰」字。二「曰」雖相重，史體則然。

制曰：蓋聞「善言天者必有徵於人，〔一〕善言古者必有驗於今」。〔二〕故朕垂問乎天人之應，上嘉唐虞，下悼桀紂，〔三〕寖微寖滅、寖明寖昌之道，〔四〕虛心以改。今子大夫明於陰陽所以造化，習於先聖之道業，〔五〕然而文采未極，豈惑虖當世之務哉？條貫靡竟，統紀未終，意朕之不明與？聽若眩與？〔六〕夫三王之教，所祖不同，而皆有失，〔七〕或謂久而不易者道也，意豈異哉？今子大夫既已著大道之極，陳治亂之端矣，其悉之究之，孰之復之。〔八〕詩不云虖：「嗟爾君子，毋常安息，神之聽之，介爾景福。」〔九〕朕將親覽焉，子大夫其茂明之。〔一〇〕

〔一〕師古曰：徵，證也。

〔二〕【補注】沈欽韓曰：語本荀子性惡篇。「驗」彼作「節」。

〔三〕【補注】先謙曰：官本「乎」作「虖」。

〔四〕師古曰：寖，古浸字。浸，漸也。【補注】先謙曰：寖字誤，官本俱作「寖」。

〔五〕【補注】宋祁曰：「所以」，予按，古本無「以」字，語徑易了。浙本「道」作「遺」，文典可從。作「道」，傳寫誤耳。

〔六〕師古曰：眩，惑也，音郡縣之縣。與讀皆曰歟。【補注】先謙曰：官本「讀皆」作「皆讀」。

〔七〕師古曰：祖，始也。

〔八〕師古曰：悉，盡也。究，竟也。復，反復重言之也。復音扶目反。

〔九〕師古曰：小雅小明之詩也。安息，安處也。介，助也。景，大也。言人君不當苟自安處而已，若能靖恭其位，直道而行，則神聽而知之，助以大福也。

〔一〇〕師古曰：茂，勉也。

仲舒復對曰：

臣聞論語曰：「有始有卒者，其唯聖人虖！」〔一〕今陛下幸加惠，留聽於承學之臣，〔二〕復下明册，以切其意，而究盡聖德，非愚臣之所能具也。前所上對，條貫靡竟，統紀不終，辭不別白，指不分明，此臣淺陋之罪也。

〔一〕師古曰：論語載孔子之言。卒，終也，言終始如一者，唯聖人能之。【補注】先謙曰：官本「孔子」作「子夏」，引宋祁曰「景祐本注，子夏作孔子」。又案官本「能」上無「人」字。

〔二〕師古曰：言轉承師說而學之，蓋謙辭也。

册曰：「善言天者必有徵於人，善言古者必有驗於今。」臣聞天者羣物之祖也，故徧覆包函而無所殊，〔一〕建日月風雨以和之，經陰陽寒暑以成之。故聖人法天而立道，亦溥愛而亡私，〔二〕布德施仁以厚之，設誼立禮以導之。春者，天之所以生也；仁者，君之所以愛也；夏者，天之所以長也；德者，君之所以養也；霜者，天之所以殺也；刑者，君之所以罰也。繇此言之，〔三〕天人之徵，古今之道也。孔子作春秋，上揆之天道，下質諸人情，參之於古，考之於今。故春秋之所譏，災害之所加也，春秋之所惡，怪異之所施也。書邦家之過，兼災異之變，以此見人之所爲，其美惡之極，乃與天地流通，而往來相應，此亦言天之一端也。古者修教訓之官，務以惪善化民，民已大化之後，天下常亡一人之獄矣。今世廢而不脩，亡以化民，民以故棄行誼而死財利，是以犯法而罪多，〔四〕一歲之獄，以萬千數。以此見古之不可不用也，〔五〕故春秋變古則譏之。天令之謂命，命非聖人不行，質樸之謂性，性非教化不成，人欲之謂情，情非度制不節。是故王者上謹於承天意，以順命也。下務明教化民，以成性也。正法度之宜，別上下之序，以防欲也。脩此三者，而大本舉矣。人受命於天，固超然異於羣生，入有父子兄弟之親，出有君臣上下之誼，會聚相遇，則有耆老長幼之施，〔六〕粲然有文以相接，〔七〕驩然有恩以相愛，此人之所以貴也。生五穀以食之，桑麻以衣之，〔八〕六畜以養之，服牛乘馬，圈豹檻虎，是其得天之靈，貴於物也。故孔子曰：「天地之性人爲貴。」〔九〕明於天性，知自貴於物；知自貴於物，然後知仁誼；知仁誼，然後重禮節；重禮節，然後安處善；〔一〇〕安處善，然後樂循理；〔一一〕樂循理，然後謂之君子。故孔子曰「不知命，亡以爲君子」，〔一二〕此之謂也。

〔一〕師古曰：函與含同。殊，異也。

〔二〕師古曰：溥，徧也，音普。

〔三〕師古曰：繇讀與由同。下皆類此。

〔四〕【補注】宋祁曰：「犯法」，古本、浙本並作「法犯」。予謂法犯，罪多。語中輕重自偶易之，非是。

〔五〕師古曰：古謂古法也。

〔六〕師古曰：施，設也，陳設其序。

〔七〕師古曰：粲，明貌。

〔八〕師古曰：食讀曰飤。衣音於既反。

〔九〕師古曰：孝經載孔子之言也。性，生也。

〔一〇〕師古曰：處於善道以爲安。

〔一一〕師古曰：循，順也。

〔一二〕師古曰：論語載孔子之言也。【補注】何焯曰：董子所謂知命，以天命之性言之。

冊曰：「上嘉唐虞，下悼桀紂，寖微寖滅、寖明寖昌之道，虛心以改。」臣聞衆少成多，積小致鉅，〔一〕故聖人莫不以晻致明，以微致顯。〔二〕是以堯發於諸侯，〔三〕舜興虖深山，〔四〕非一日而顯也，蓋有漸以致之矣。言出於己，不可塞也；行發於身，不可掩也。言行，治之大者，君子之所以動天地也。故盡小者大，慎微者著。〔五〕詩云：「惟此文王，小心翼翼。」〔六〕故堯兢兢日行其道，而舜業業日致其孝，〔七〕善積而名顯，德章而身尊，此其寖明寖昌之道也。積善在身，猶長日加益，而人不知也；〔八〕積惡在身，猶火之銷膏，而人不見也。非明虖情性，察虖流俗者，孰能知之？此唐虞之所以得令名，而桀紂之可爲悼懼者也。夫善惡之相從，如景鄉之應形聲也。〔九〕故桀紂暴謾，〔一〇〕讒賊並進，賢知隱伏，惡日顯，國日亂，晏然自以如日在天，〔一一〕終陵夷而大壞。夫暴逆不仁者，非一日而亡也，亦以漸至，故桀紂雖亡道，然猶享國十餘年，此其寖微寖滅之道也。

〔一〕師古曰：鉅，大也。

〔二〕師古曰：晻與暗同。

〔三〕師古曰：謂從唐侯升天子之位。
〔四〕孟康曰：舜耕於歷山。
〔五〕師古曰：能盡衆小，則致高大；能慎至微，則著明也。
〔六〕師古曰：大雅大明之詩也。翼翼，恭肅貌。
〔七〕師古曰：兢兢，戒慎也。業業，危懼也。
〔八〕師古曰：長言身形之脩短，自幼及壯也。【補注】先謙曰：言如短景，日漸加長也。
〔九〕師古曰：鄉讀曰嚮。
〔一〇〕師古曰：謾與慢同。
〔一一〕師古曰：晏然，自安意也。如日在天，言終不墜亡也。

册曰：「三王之教所祖不同，而皆有失，或謂久而不易者道也，意豈異哉？」臣聞夫樂而不亂、復而不厭者謂之道。〔一〕道者，萬世亡弊；弊者，道之失也。〔二〕先王之道必有偏而不起之處，故政有眊而不行，〔三〕舉其偏者以補其弊而已矣。三王之道所祖不同，非其相反，將以捄溢扶衰，所遭之變然也。〔四〕故孔子曰：「亡爲而治者，其舜虖！」〔五〕改正朔，易服色，以順天命而已。其餘盡循堯道，何更爲哉！故王者有改制之名，亡變道之實。然夏上忠，殷上敬，周上文者，所繼之捄，當用此也。〔六〕孔子曰：「殷因於夏禮，所損益可知也；周因於殷禮，所損益可知也；其或繼周者，雖百世可知也。」〔七〕此言百王之用，以此三者矣。夏因於虞，而獨不言所損益者，其道如一而所上同也。道之大原出於天，天不變，道亦不變，是以禹繼舜，舜繼堯，三聖相受而守一道，亡救弊之政也，〔八〕故不言其所損益也。繇是觀之，繼治世者其道同，繼亂世者其道變。今漢繼大亂之後，若宜少損周之文致，〔九〕用夏之忠者。〔一〇〕

〔一〕師古曰：復謂反復行之也，音扶目反。

〔二〕師古曰：言有弊非道，由失道故有弊。

〔三〕師古曰：眊，不明也，音莫報反。

〔四〕師古曰：捄，古救字。

〔五〕師古曰：論語載孔子之言。

〔六〕師古曰：繼謂所受先代之次也。救謂救其弊也。【補注】先謙曰：注上「救」字當作「捄」。

〔七〕師古曰：論語載孔子之言。謂忠敬與文因循爲教，立政垂則，不遠此也。【補注】宋祁曰：浙本云「孔子曰，殷因於夏禮，周因於殷禮，其損益可知也」，當考。

〔八〕師古曰：言政和平，不須救弊也。

〔九〕師古曰：致，至極也。【補注】何焯曰：文致，謂文敝之極也。然致字屬下句讀，貢父、希元之説並同，似宜從之。

〔一〇〕【補注】劉敞曰：致字屬下句。繆荃孫曰：用夏之忠，此公羊家説春秋所祖述。仲舒正公羊家也。

陛下有明恴嘉道，愍世俗之靡薄，悼王道之不昭，〔一〕故舉賢良方正之士，論誼考問，〔二〕將欲興仁誼之休德，明帝王之法制，〔三〕建太平之道也。臣愚不肖，述所聞，誦所學，道師之言，廑能勿失耳。〔四〕若乃論政事之得失，察天下之息秏，〔五〕此大臣輔佐之職，三公九卿之任，非臣仲舒所能及也。然而臣竊有怪者：夫古之天下亦今之天下，今之天下亦古之天下，共是天下，古亦大治，〔六〕上下和睦，習俗美盛，不令而行，不禁而止，吏亡姦邪，民亡盜賊，囹圄空虛，德潤草木，澤被四海，鳳皇來集，麒麟來游。以古準今，壹何不相逮之遠也？安所繆盭而陵夷若是？〔七〕意者有所失於古之道與？有所詭於天之理與？〔八〕試迹之古，返之於天，黨可得見乎。〔九〕

〔一〕師古曰：靡，散也。薄，輕也。昭，明也。

〔二〕【補注】先謙曰：此誼字不可通，蓋涉下誼字而誤也。治要引作「論議考問」，當從之。

〔三〕師古曰：休，美也。

〔四〕師古曰：廑與僅同。僅，少也。

〔五〕師古曰：息，生也。秏，虛也。秏音呼到反。

〔六〕【補注】錢大昭曰：「亦」，閩本作「以」。先謙曰：閩本是也。亦字於義不合，又緣上兩亦字而誤也。治要正作「古以大治」。

〔七〕師古曰：安，焉也。

〔八〕師古曰：與讀皆曰歟。詭，違也。【補注】先謙曰：官本奪去「皆」字。

〔九〕師古曰：反，謂還歸之也。黨音他朗反。【補注】宋祁曰：姚本「古」字上有「於」字。錢大昭曰：黨，儻借字。伍被傳「黨可以徼幸」，是也。先謙曰：官本注「反」作「返」，是。

夫天亦有所分予，予之齒者去其角，〔一〕傅其翼者兩其足，〔二〕是所受大者不得取小也。古之所予禄者，不食於力，不動於末，〔三〕是亦受大者不得取小，與天同意者也。夫已受大，又取小，天不能足，而況人乎！此民之所以囂囂苦不足也。〔四〕身寵而載高位，家温而食厚禄，〔五〕因乘富貴之資力，以與民爭利於下，民安能如之哉！〔六〕是故衆其奴婢，多其牛羊，廣其田宅，博其產業，畜其積委，〔七〕務此而亡已，〔八〕以迫蹵民，〔九〕民日削月朘，〔一〇〕寖以大窮。富者奢侈羡溢，貧者窮急愁苦。〔一一〕窮急愁苦而上不救，則民不樂生。民不樂生，〔一二〕尚不避死，安能避罪！此刑罰之所以蕃，而姦邪不可勝者也。〔一三〕故受禄之家，食禄而已，不與民爭業，然後利可均布，而民可家足。此上天之理，而亦太古之道，天子之所宜法以爲制，大夫之所當循以爲行也。故公儀子相魯，〔一四〕之其家見織帛，怒而出其妻，食於舍而茹葵，愠而拔其葵，〔一五〕曰：「吾已食禄，又奪園夫紅女利虖！」〔一六〕古之賢人君子在列位者皆如是。是故下高其行，而從其教，民化其廉，而不貪鄙。及至周室之衰，其卿大夫緩於誼而急於利，亡推讓之風，而有爭田之訟，故詩人疾而刺之曰：「節彼南山，惟石巖巖，赫赫師尹，民具爾瞻。」〔一七〕爾好誼，則民鄉仁而俗善；〔一八〕爾好利，則民好邪而俗敗。由是觀之，天子大夫者，下民之所視效，遠方之所四面而内望也。〔一九〕近者視而放之，遠者望而效之，〔二〇〕豈可以居賢人之位而爲庶人行哉！夫皇皇求財利常恐乏匱者，庶人之意也；〔二一〕皇皇求仁義常恐不能化民者，大夫之意也。易曰：「負且乘，致寇至。」〔二二〕乘車者君子之位也，負擔者小人之事也，此言居君子之位而爲庶人之行者，其患禍必至也。若居君子之位，當君子之行，則舍公儀休之相魯，亡可爲者矣。〔一三〕

〔一〕師古曰：謂牛無上齒則有角，其餘無角者則有上齒。【補注】宋祁曰：「齒」字上，古本、浙本同有「上」字，據注亦當有。只云予之齒者，是通上下，殊非義理也。吳仁傑曰：顔注本出淮南書所云「戴角者無上齒」，此非通論也，其他羊鹿之屬，豈皆無上齒乎？按行露詩「誰謂雀無角，何以穿我屋」。蓋古謂咮爲角也。獸有齒而鳥有咮，鳥有翼而獸四足，故曰「予之齒者去其角，傅之翼者兩其足」。互文以見鳥與獸不相兼耳。大戴禮亦言「戴角者無上齒」，又云「有角者無前齒，有羽者無後齒」。又與顔注小異。太玄掜云「嘖以牙者童其角」。言如平九日無餘分也，蓋祖仲舒之意。王念孫曰：治要引作「予上齒者去其角」，無「之」字，與下句相對，句法較爲整齊。春秋繁露度制篇亦云「有角不得有上齒」。沈欽韓曰：「有角者無上齒」，亦見呂覽博志篇。先謙曰：牛善觸，以角爲用，而無上齒。若羊、鹿之屬，雖有角，又有上齒，然角不爲力，用非牛之比。斯言亦就物理參悟，無取拘牽，古義相承，由來已久，吳氏妄説耳。

〔二〕師古曰：傅讀曰附。附，箸也。言鳥不四足。【補注】先謙曰：官本「箸」作「著」，是。

〔三〕師古曰：末謂工商之業也。

〔四〕師古曰：囂讀與嗸同，音敖。嗸嗸，衆怨愁聲也。

〔五〕師古曰：載亦乘也。

〔六〕【補注】先謙曰：王念孫云「如猶當也」。亦見李廣傳。

〔七〕師古曰：畜讀曰蓄。

〔八〕【補注】先謙曰：已，止也。

〔九〕師古曰：蹵音子育反。

〔一〇〕孟康曰：朘音揎，謂轉褰踧也。蘇林曰：朘音鐫石。俗語謂縮肭爲朘縮。師古曰：孟說是也。揎音宣。踧音子六反。【補注】先謙曰：官本「褰」作「蹇」。集韻「朘，縮也」。孟說爲轉蹇踧，謂若行步之安舒者，轉而蹇踧。蹇，跛也。踧同蹙。蹇踧，即蹙縮意也。若從衣作褰，褰亦縮義。惟褰、踧二字，不相聯貫。玉篇「縮肭不寬伸之貌」。肭，說文作肭。是蘇、孟義同，顏是孟而置蘇，所未解也。

〔一一〕師古曰：羨，饒也，讀與衍同，音弋戰反。

〔一二〕【補注】錢大昭曰：閩本四字不重。

〔一三〕師古曰：蕃，多也，音扶元反。

〔一四〕師古曰：公儀休。

〔一五〕師古曰：食菜曰茹，音洳。【補注】先謙曰：官本「洳」作「汝」。

〔一六〕師古曰：紅讀曰工。

〔一七〕師古曰：小雅節南山之詩也。節，高峻貌。巖巖，積石貌。赫赫，顯盛也。師尹，周太師尹氏也。言三公之位，人所瞻仰，若山之高也。節音才結反。

〔一八〕師古曰：爾，汝也。鄉讀曰嚮。

〔一九〕【補注】先謙曰：面，向也。

〔二〇〕師古曰：放，依也，音甫往反。【補注】先謙曰：官本注文在「遠者」上。

〔二一〕師古曰：皇皇，急速之貌也。

〔二二〕師古曰：此易解卦六(二)〔三〕爻辭也。

〔二三〕師古曰：舍，廢也。言爲君子之行者，當如公儀休。若廢其所行，則無可爲也。【補注】先謙曰：胡注「舍讀曰捨。言爲君子者，當如公儀休，若廢而不遵，則無可爲者矣」。先謙案：休事見史記。

春秋大一統者，天地之常經，古今之通誼也。〔一〕今師異道，人異論，百家殊方，指意不同，是以上亡以持一統。法制數變，下不知所守。臣愚以爲諸不在六藝之科、孔子之術者，皆絶其道，勿使竝進。邪辟之説滅息，〔二〕然後統紀可一，而法度可明，民知所從矣。

〔一〕師古曰：一統者，萬物之統皆歸於一也。春秋公羊傳「隱公元年，春王正月。何言乎王正月？大一統也」。此言諸侯皆繫統天子，不得自專也。【補注】先謙曰：官本「繫」作「係」。

〔二〕師古曰：辟讀曰僻。

對既畢，天子以仲舒爲江都相，事易王。〔一〕易王，帝兄，素驕，好勇。仲舒以禮義匡正，王敬重焉。久之，王問仲舒曰：「粵王句踐與大夫泄庸、種、蠡謀伐吴，〔二〕遂滅之。孔子稱殷有三仁，寡人亦以爲粵有三仁。〔三〕桓公決疑於管仲，寡人決疑於君。」仲舒對曰：「臣愚不足以奉大對。〔四〕聞昔者魯君問柳下惠：〔五〕『吾欲伐齊，何如？』柳下惠曰：『不可。』歸而有憂色，曰：『吾聞伐國不問仁人，此言何爲至於我哉！』徒見問耳，且猶羞之，〔六〕況設詐以伐吴虖？繇此言之，粵本無一仁。夫仁人者，正其誼不謀其利，明其道不計其功，是以仲尼之門，五尺之童羞稱五伯，〔七〕爲其先詐力而後仁誼也。苟爲詐而已，故不足稱於大君子之門也。〔八〕五伯比於他諸侯爲賢，其比三王，猶武夫之與美玉也。」〔九〕王曰：「善。」

〔一〕【補注】先謙曰：名非。

〔二〕師古曰：種，大夫種也。蠡，范蠡也。種音之勇反。蠡音禮。【補注】齊召南曰：泄庸，師古無注，疑即國語所謂舌庸者，與苦成、文種、范蠡、皋如並爲大夫，稱五大夫。吳晉之會黄池也，舌庸與蠡率師沿海泝淮，以絶吳路。泄與舌音相近而字異耳。錢大昭曰：泄庸，漢紀及人表並作后庸。

〔三〕師古曰：泄庸一也，大夫種二也，范蠡三也。

〔四〕師古曰：大對，謂對大問也。

〔五〕師古曰：魯大夫展禽也。柳下，所食菜邑之名。惠，謚也。【補注】先謙曰：官本「菜」作「采」，是。

〔六〕師古曰：徒，但也。

〔七〕師古曰：伯讀曰霸。次下亦同。

〔八〕張晏曰：仲尼之門，故稱大也。

〔九〕應劭曰：武夫，石而似玉者也。【補注】先謙曰：官本注無「也」字。

仲舒治國，以春秋災異之變，推陰陽所以錯行，故求雨，閉諸陽，縱諸陰，其止雨反是。〔一〕行之一國，未嘗不得所欲。中廢爲中大夫。先是遼東高廟、長陵高園殿災，仲舒居家推説其意，屮稾未上，〔二〕主父偃候仲舒，私見，嫉之，竊其書而奏焉。〔三〕上召視諸儒，〔四〕仲舒弟子呂步舒〔五〕不知其師書，以爲大愚。〔六〕於是下仲舒吏，當死，詔赦之。仲舒遂不敢復言災異。

〔一〕師古曰：謂若閉南門，禁舉火，及開北門，水灑人之類是也。【補注】錢大昭曰：求雨止雨之法，詳見春秋繁露。

〔二〕師古曰：所作起草爲稾也。【補注】沈欽韓曰：張懷瓘書斷引如淳注，與師古語同。又引姚察曰「草，猶麄也。麄書爲本曰稾」。史記屈原傳「屈平屬草稾未定」。先謙曰：史記「中廢爲中大夫，居舍，著災異之記。是時遼東高廟災」。是災在爲中大夫後。此云「先是」，則災在爲中大夫前。按武紀，高廟、高園災在建元六年，時仲舒尚未對策。班氏知史記之誤，故易是時爲「先是」也。

〔三〕【補注】錢大昕曰：按偃傳，元光元年，西入關，而高廟、高園殿災，乃在建元六年，其明年始改元元光。計其年月，似不相應。周壽昌曰：此書全載五行志。先謙曰：災在建元六年，仲舒草稾未上。其後偃竊奏之。非一時事也。錢氏獻疑未當。

〔四〕師古曰：視讀曰示。【補注】先謙曰：史記作「天子召諸生示其書，有刺譏」。

〔五〕【補注】宋祁曰：古人「舒」作「昌」。先謙曰：官本考證云「人」字當作「本」。又按，呂步舒本書儒林傳及史記並同。宋祁所見之古本作「步昌」者，非也。先謙案，集解引徐廣曰「步舒之舒，一作荼，亦音舒」。步舒，官丞相長史，見儒林傳。後上思仲舒言，使步舒持斧鉞，治淮南獄，見五行志。又鹽鐵論孝養篇「呂步舒弄口而見戮」。

〔六〕【補注】先謙曰：史記作「下愚」。

仲舒爲人廉直。是時方外攘四夷，〔一〕公孫弘治春秋不如仲舒，〔二〕而弘希世用事，〔三〕位至公卿。仲舒以弘爲從諛，弘嫉之。膠西王亦上兄也，尤縱恣，數害吏二千石。〔四〕弘乃言於上曰：「獨董仲舒可使相膠西王。」膠西王聞仲舒〔五〕大儒，善待之。〔六〕仲舒恐久獲辠，病免。凡相兩國，輒事驕王，正身以率下，數上疏諫爭，教令國中，所居而治。及去位歸居，終不問家産業，〔七〕以修學著書爲事。

〔一〕師古曰：攘，卻也。

〔二〕【補注】何焯曰：弘傳，少爲獄吏，年四十餘，乃學春秋雜說。

〔三〕師古曰：希，觀相也。

〔四〕【補注】先謙曰：膠西于王端也。事詳本傳。

〔五〕師古曰：素聞其賢也。

〔六〕【補注】先謙曰：官本無「儒」字，引宋祁曰「古本『大』字下有『儒』字」。且謂依古本存儒字，則顔不當於仲舒下作注。此蓋顔注時已失儒字矣。先謙案：史記作「膠西王素聞董仲舒有行，亦善待之」。

〔七〕【補注】沈欽韓曰：潛夫論讚學篇「董仲舒終身不問家事，景君明經年不出户庭」。先謙曰：史記作「居家至卒，終不治産業」，與潛夫論同，語意更完足。

仲舒在家，朝廷如有大議，〔一〕使使者及廷尉張湯就其家而問之，其對皆有明法。〔二〕自武帝初立，魏其、武安侯爲相，而隆儒矣。及仲舒對册，推明孔氏，抑黜百家。立學校之官，〔三〕州郡舉茂材孝廉，皆自仲舒發之。年老，以壽終於家。家徙茂陵，〔四〕子及孫皆以學至大官。

〔一〕【補注】宋祁曰：古本無「如」字。

〔二〕【補注】齊召南曰：藝文志有「公羊董仲舒治獄十六篇」。王充曰「仲舒表春秋之義，稽合于律，無乖異者」。應劭曰「朝廷遣廷尉湯問得失，於是作春秋決獄二百二十三事，動以經對。即其事也。隋、唐志尚有十卷」。

〔三〕師古曰：校音下教反。

〔四〕【補注】王先慎曰：案，仲舒死，葬長安。宋敏求長安志云「蝦蟆陵在萬年縣南六里」。韋述西京記「本仲舒墓」。李肇國史補曰「昔漢武帝幸芙蓉園，即秦之宜春苑也，每至此墓下馬，時人謂之下馬陵。歲月深遠，誤傳爲蝦蟆耳」。

陝西通志引馬谿田集云「墓在長安故城二十里。武帝幸芙蓉園，過此下馬，一時文士罔不下馬，故名。按在西安府城内」。長安縣志「在城内臙脂坡下」。

仲舒所著，皆明經術之意，及上疏條教，凡百二十三篇。而説春秋事得失，聞舉、玉杯、蕃露、清明、竹林之屬，〔一〕復數十篇，十餘萬言，皆傳於後世。掇其切當世施朝廷者著于篇。〔二〕

〔一〕師古曰：皆其所著書名也。杯音布回反。蕃音扶元反。【補注】齊召南曰：玉杯以下，並是書名。而今所傳十七卷，玉杯第二，竹林第三，凡八十二篇，總名蕃露。此先儒所以疑其書或後人採綴以成也。蕃露之義，崔豹曰「古之冕旒，似露而垂」。沈欽韓曰：西京雜記「董仲舒夢蛟龍入懷，乃作春秋繁露詞」。先謙曰：聞舉，亦書名也。

〔二〕師古曰：掇，采拾也，音丁活反。

贊曰：劉向稱「董仲舒有王佐之材，雖伊吕亡以加，〔一〕筦晏之屬，伯者之佐，殆不及也」。〔二〕至向子歆以爲「伊吕迺聖人之耦，〔三〕王者不得則不興。故顔淵死，孔子曰『噫，天喪余』！〔四〕唯此一人爲能當之，自宰我、子贛、子游、子夏不與焉。〔五〕仲舒遭漢承秦滅學之後，六經離析，下帷發憤，潛心大業，令後學者有所統壹，爲羣儒首，然考其師友淵原所漸，猶未及乎游夏，〔六〕而曰筦晏弗及，伊吕不加，過矣」。至向曾孫龔，篤論君子也，以歆之言爲然。〔七〕

〔一〕師古曰：伊，伊尹。吕，吕望也。

〔二〕師古曰：筦，筦仲也。晏，晏嬰也。伯者，齊桓、晉文之屬也。伯讀曰霸。

〔三〕師古曰：耦，對也。【補注】先謙曰：官本「迺」作「乃」，引宋祁曰「越本無乃字」。

〔四〕師古曰：事見論語。噫，歎聲也。言失其輔佐也。噫音於其反。

〔五〕師古曰：與讀曰豫。

〔六〕師古曰：漸，浸潤也。游，子游。夏，子夏也。【補注】先謙曰：官本「原」作「源」。

〔七〕【補注】何焯曰：劉歆末路彼猖，班氏恐人以言廢，故復以龔所論定者佐之。王先慎曰：後漢書蘇竟傳略云，延岑護軍鄧仲況，擁兵據南陽陰縣爲寇，劉歆兄子龔爲其謀主，竟與龔書曉之，於是仲況與龔遂降。龔字孟公，善議論，馬援、班彪並器重之。章懷注云「前書及三輔決録並云，向曾孫」。又引三輔決録注曰「唯有孟公論可觀者，班叔皮與京兆丞郭季通書，劉孟公藏器於身，用心篤固，實瑚璉之器，宗廟之寶也」。

司馬相如傳第二十七上〔一〕

漢書五十七上

〔一〕師古曰：近代之讀相如賦者多矣，皆改易文字，競爲音説，致失本真，徐廣、鄒誕生、諸詮之、陳武之屬是也。今依班書舊文爲正，於彼數家竝無取焉。自喻巴蜀之後分爲下卷。

司馬相如字長卿，蜀郡成都人也。少時好讀書，學擊劍，〔一〕名犬子。〔二〕相如既學，〔三〕慕藺相如之爲人也，更名相如。〔四〕以訾爲郎，事孝景帝，爲武騎常侍，非其好也。〔五〕會景帝不好辭賦，是時梁孝王來朝，從游説之士齊人鄒陽、淮陰枚乘、吴嚴忌夫子之徒，〔六〕相如見而説之，〔七〕因病免，客游梁，〔八〕得與諸侯游士居，數歲，乃著子虛之賦。〔九〕

〔一〕師古曰：擊劒者，以劒遥擊而中之，非斬刺也。【補注】沈欽韓曰：學擊劒，學擊刺之法也。莊子説劒「日夜相擊於前」。吴越春秋「越處女曰，竊好擊之」。顔説謬。

〔二〕師古曰：父母愛之，不欲稱斥，故爲此名也。【補注】先謙曰：索隱引孟康云「愛而字之」是也。顔以爲不欲稱斥，則非也。

〔三〕【補注】先謙曰：索隱「案秦宓云，文翁遣相如受七經」。

〔四〕師古曰：藺相如，六國時趙人也，義而有勇，故追慕之。

〔五〕師古曰：訾讀與貲同。貲，財也。以家財多得拜爲郎也。武騎常侍秩六百石。【補注】何焯曰：訾郎，猶今擇有身家之人，非入粟拜爵之比。漢初得官，皆由訾算，有市籍者，亦不得宦也。郎官宿衞親近，欲其有所顧藉，重於犯法。沈欽韓曰：武騎常侍，其官與李廣、李蔡同，亦郎中被選者耳。云六百石非。先謙曰：據史記李廣傳，當是八百石。

〔六〕師古曰：嚴忌本姓莊，當時尊尚，號曰夫子。史家避漢明帝諱，故遂爲嚴耳。

〔七〕師古曰：說讀曰悅。

〔八〕【補注】先謙曰：史記云「梁孝王令與諸生同舍」。

〔九〕【補注】先謙曰：顧炎武云「子虛賦乃游梁時作，後更爲楚稱、齊難，而歸之天子，非當日本文矣」。

會梁孝王薨，相如歸，而家貧無以自業。素與臨邛令王吉相善，〔一〕吉曰：「長卿久宦游，不遂而困，〔二〕來過我。」於是相如往舍都亭。〔三〕臨邛令繆爲恭敬，〔四〕日往朝相如。相如初尚見之，後稱病，使從者謝吉，吉愈益謹肅。

〔一〕【補注】先謙曰：官本考證引淩稚隆云「劉知幾謂此傳相如自作，子長録之，班氏曾無增損。如果相如自作，何以自述鄙事而不諱耶？觀賦後有『非義理所尚，故刪取其要』數語，此子長斷語。自作之說，未可據也」。

〔二〕師古曰：遂，達也。

〔三〕師古曰：臨邛所治都之亭。【補注】先謙曰：索隱「臨邛郭下之亭也」。先謙案，詩「彼都人士」箋「城郭之邑曰都」。華嚴經音義下引漢書音義云「都，城也」，故索隱以爲郭下之亭。都亭亦見嚴延年傳。

〔四〕師古曰：繆，詐也。

臨邛多富人，卓王孫僮客八百人，〔一〕程鄭亦數百人，〔二〕乃相謂曰：「令有貴客，爲具召之。〔三〕并召令。」令既至，卓氏客以百數，至日中請司馬長卿，長卿謝病不能臨。臨邛令不敢嘗食，身自迎相如，相如爲不得已而强往，〔四〕一坐盡傾。〔五〕酒酣，臨邛令前奏琴曰：「竊聞長卿好之，願以自娱。」〔六〕相如辭謝，爲鼓一再行。〔七〕是時，卓王孫有女文君新寡，好音，故相如繆與令相重而以琴心挑之。〔八〕相如時從車騎，雍容閒雅，〔九〕甚都。〔一〇〕及飲，卓氏弄琴，文君竊從户窺，心説而好之，〔一一〕恐不得當也。〔一二〕既罷，相如乃令侍人重賜文君侍者通殷勤。文君夜亡奔相如，相如與馳歸成都。家徒四壁立。〔一三〕卓王孫大怒曰：「女不材，我不忍殺，一錢不分也！」人或謂王孫，王孫終不聽。文君久之不樂，謂長卿曰：「弟俱如臨邛，〔一四〕從昆弟假貣，猶足以爲生，〔一五〕何至自苦如此！」相如與俱之臨邛，盡賣車騎，買酒舍，乃令文君當盧。〔一六〕相如身自著犢鼻褌，〔一七〕與庸保雜作，〔一八〕滌器於市中。〔一九〕卓王孫恥之，爲杜門不出。〔二〇〕昆弟諸公更謂王孫曰：〔二一〕「有一男兩女，所不足者非財也。〔二二〕今文君既失身於司馬長卿，長卿故倦游，〔二三〕雖貧，其人材足依也。且又令客，奈何相辱如此！」〔二四〕卓王孫不得已，〔二五〕分與文君僮百人，錢百萬，及其嫁時衣被財物。文君乃與相如歸成都，買田宅，爲富人。〔二六〕

〔一〕師古曰：僮謂奴。【補注】先謙曰：史記「僮客」作「家僮」。

〔二〕師古曰：程鄭亦人姓名。言其家富亞王孫也。【補注】先謙曰：程鄭亦見貨殖傳。

〔三〕師古曰：具謂酒食之具。召，請也。

〔四〕師古曰：示衆人以此意也。

〔五〕師古曰：皆傾慕其風采也。

〔六〕師古曰：奏，進也。【補注】周壽昌曰：不敢云娛客，故以自娛爲言。

〔七〕師古曰：行謂曲引也。古樂府長歌行短歌行，此其義也。【補注】先謙曰：官本無「古」下十三字。索隱「鼓一再行，謂一兩曲」。

〔八〕師古曰：寄心於琴聲以挑動之也。挑音徒了反。【補注】先謙曰：索隱引其詩曰：「鳳兮鳳兮歸故鄉，遨遊四海求其皇。有一豔女在此堂，室邇人遐毒我腸。何由交接爲鴛鴦？」又曰：「鳳兮鳳兮從皇棲，得託子尾永爲妃。交情通體必和諧，中夜相從別有誰？」

〔九〕師古曰：閒讀曰閑。

〔一〇〕張揖曰：甚得都士之節也。韋昭曰：都邑之容也。師古曰：都，閑美之稱也。張說近之。詩鄭風有女同車之篇曰「洵美且都」，山有扶蘇之篇又云「不見子都」，則知都者，美也。韋言都邑，失之遠矣。

〔一一〕師古曰：說讀曰悅。悅其人而好其音也。【補注】王文彬曰：好，愛也。楚辭惜誦注。言悅而愛之，不必分指其人其音。

〔一二〕師古曰：當謂對偶之。【補注】先謙曰：官本「之」作「也」。

〔一三〕師古曰：徒，空也。但有四壁，更無資產。【補注】宋祁云：別本無「夜亡」二字。錢大昭曰：西京雜記「文君姣好，眉色如望遠山，臉際常若芙蓉，肌膚柔滑如脂，十七而寡，爲人放誕風流，故悅長卿之才而越禮焉」。

〔一四〕文穎曰：弟，且也。張揖曰：如，往也。師古曰：弟，但也，發聲之急耳。酈食其曰「弟言之」，此類甚多，義非且也。【補注】先謙曰：史記作「第」，同。

〔一五〕師古曰：貣音吐得反。

〔一六〕郭璞曰：盧，酒盧。師古曰：賣酒之處累土爲盧以居酒瓮，四邊隆起，其一面高，形如鍛盧，故名盧耳。而俗之學者皆謂當盧爲對温酒火盧，失其義矣。【補注】宋祁曰：注文「酒盧」下當有「也」字。先謙曰：盧，史記作鑪。集解引韋昭曰「鑪，酒肆也」。以土爲墮，邊高似「鑪」。與顔説同。字當作「壚」，説文「壚，剛土也」。通作「鑪」，爾雅釋天注「即今夜獵載鑪照也」。釋文「鑪本作壚」。説文「鑪，方鑪也」。蓋以冶器，即顔所云鍛鑪耳。盧則文省也。説文「盧，飯器也」。因文省作「盧」，故或釋爲酒瓮。本書趙廣漢傳注「盧所以居罌」，食貨志下注「盧者，賣酒之區也」，與此義並合。食貨志注又引臣瓚曰「盧，酒瓮也」，即顔所謂温酒火盧矣。

〔一七〕師古曰：即今之衳也，形似犢鼻，故以名云。衳音之容反。【補注】劉奉世曰：犢鼻穴在膝下，爲褌財令至膝，故習俗因以爲名，非謂其形似也。先謙曰：吳越春秋「越王服犢鼻」，廣雅「衳，襣褌也」，方言「無裥袴謂之襣」，郭云「袴無踦者，即今犢鼻褌」。裥亦襱，字異耳。案説文「襱，絝踦也」，急就篇顔注「袴之兩股曰襱」，玉篇「襱，袴襠也」，據此形製，但以蔽前，反繫於後，而無袴襠，即吾楚俗所稱圍裙是也。

〔一八〕師古曰：庸即謂賃作者。保謂庸之可信任者也。

〔一九〕師古曰：滌，洒也。器，食器也。食已則洒之，賤人之役也。洒音先禮反。

〔二〇〕師古曰：杜，塞也。

〔二一〕師古曰：更，互也，音工衡反。【補注】先謙曰：集解引郭璞曰「諸公，父行也」。

〔二二〕師古曰：言不患少財也。

〔二三〕文穎曰：倦，疲也。言疲厭游學，博物多能也。【補注】何焯曰：倦游，意言所游之多。今人以怠且病解之，誤矣。先謙曰：倦游謂游宦病免而歸耳，言其曾爲官也。

〔二四〕師古曰：言縣令之客，不可以辱也。

〔二五〕師古曰：已，止也。

〔二六〕【補注】錢大昭曰：西京雜記「司馬相如初與卓文君還成都，居貧愁懣，以所著鷫鸘裘，就市人陽昌貰酒，與文君爲懽。既而文君抱頸而泣曰：『我生平富足，今乃以衣裘貰酒！』遂相與謀，於臨邛賣酒，相如親著犢鼻褌，滌器，以恥王孫。王孫果以爲病，乃厚給文君，文君遂爲富人」。

居久之，蜀人楊得意爲狗監，〔一〕侍上。上讀子虛賦而善之，曰：「朕獨不得與此人同時哉！」得意曰：「臣邑人司馬相如自言爲此賦。」上驚，乃召問相如。相如曰：「有是。然此乃諸侯之事，未足觀，請爲天子游獵之賦。」上令尚書給筆札，〔二〕相如以「子虛」，虛言也，爲楚稱；〔三〕「烏有先生」者，烏有此事也，〔四〕爲齊難；〔五〕「亡是公」者，亡是人也，〔六〕欲明天子之義，故虛藉此三人爲辭，〔七〕以推天子諸侯之苑囿。其卒章歸之於節儉，〔八〕因以風諫。〔九〕奏之天子，天子大説。〔一〇〕其辭曰：

〔一〕師古曰：主天子田獵犬也。

〔二〕師古曰：札，木簡之薄小者也。時未多用紙，故給札以書。札音壯黠反。

〔三〕師古曰：稱説楚之美也。

〔四〕師古曰：烏，於何也。

〔五〕師古曰：難詰楚事也。

〔六〕師古曰：亡讀曰無。下皆類此。

〔七〕師古曰：藉，假也。

〔八〕師古曰：卒，終也。謂終篇之言，若隤牆填壍之比者。【補注】宋祁曰：「章」疑作「常」。先謙曰：史記亦作「章」，卒章，猶言終篇，不當作「常」。

〔九〕師古曰：風讀曰諷。【補注】沈欽韓曰：西京雜記「司馬相如爲上林、子虛賦，意思蕭散，不復與外事相關，控引天地，錯綜古今，忽然如睡，焕然而興，幾百日而成」。

〔一〇〕師古曰：説讀曰悦。【補注】王念孫曰：「奏」下正文、注文皆後人加之，景祐本所無也。賦奏在下文，則此不得先言奏。且下「其辭曰」三字，乃總承上文言之，忽插此二句，則語意中斷矣。後人以下文云「相如既奏大人賦，天子大説」，遂增此二句，而不自知其謬也。史記有此二句，亦後人所加。

楚使子虛使於齊，齊王悉發車騎與使者出田。〔一〕田罷，子虛過姹烏有先生，〔二〕亡是公存焉。〔三〕坐定，烏有先生問曰：「今日田樂乎？」子虛曰：「樂。」「獲多乎？」曰：「少。」「然則何樂？」對曰：「僕樂王之欲夸僕以車騎之衆，而僕對以雲夢之事也。」〔四〕曰：「可得聞乎？」

〔一〕師古曰：田，獵也。

〔二〕師古曰：姹，誇誑之也，音丑亞反，字本作「詫」也。【補注】錢大昭曰：李善文選本作「姹」。史記及五臣本竝作「詫」。陶紹曾曰：「姹」當爲「吒」。

〔三〕【補注】宋祁曰：「存」疑作「在」。先謙曰：史記作「在」。

〔四〕張揖曰：楚藪也。在南郡華容縣。師古曰：夢讀如本字，又音莫風反，字或作「瞢」，其音同耳。

子虛曰：「可。王駕車千乘，選徒萬騎，田於海濱，〔一〕列卒滿澤，罘罔彌山。〔二〕掩菟轔鹿，射麋格麟，〔三〕鶩於鹽浦，割鮮染輪。〔四〕射中獲多，矜而自功，〔五〕顧謂僕曰：『楚亦有平原廣澤遊獵之地饒樂若此者乎？楚王之獵孰與寡人？』〔六〕僕下車對曰：『臣楚國之鄙人也，幸得宿衛十有餘年，時從出遊，遊於後園，〔七〕覽於有無，然猶未能徧覩也，又烏足以言其外澤乎？』〔八〕齊王曰：『雖然，略以子之所聞見言之。』

〔一〕師古曰：濱，涯也，音賓，又音頻。

〔二〕師古曰：罘，覆車也，即今幡車罔也。王國兔爰之詩曰「雉罹于罦」，罦亦罘字耳。彌，竟也。罘音浮。【補注】錢大昭曰：說文「罟，兔罟也」。玉篇「罘同罟」。

〔三〕師古曰：轔謂車踐轢之也，音吝。格字或作腳，言持引其腳也。【補注】先謙曰：史記「格」作「腳」。索隱引司馬彪曰「腳，掎也」；說文云「掎，偏引一腳也」。麟，說文「大牝鹿也」。左襄十四年傳「譬如捕鹿，晉人角之，諸戎掎之」，謂或持其角，或掎其腳也。鹿唯用掎，猛獸則須格擊。明此「格」字爲「腳」之變文而誤。

〔四〕張揖曰：海水之涯多出鹽也。李奇曰：鮮，生也。染，擩也。切生肉，擩車輪，鹽而食之也。師古曰：鶩謂亂馳也。擩，揾也。鶩音務。擩音如閱反。揾音一頓反。【補注】郭嵩燾曰：案「割鮮染輪」，與下「獲多」句相應，言割鮮多，而血浸漬兩輪爲之斑也。下文「脟割輪焠」，與此異訓。脟割輪焠，正謂割取一臠，就輪間炙而食之。又與「終日馳騁，曾不下輿」句相應。兩輪字各有意義，顏注因鶩於鹽浦一語，謂擩車輪鹽而食之，并云焠亦揾染之義，恐誤。先謙曰：索隱「染」或爲「淬」，與下文「脟割輪淬」意同。詳文意，郭義較長。

〔五〕師古曰：自矜其能以爲功也。

〔六〕師古曰：與猶如也。

〔七〕【補注】宋祁曰：一本無二「遊」字。

〔八〕【補注】宋祁曰：一本無「其」字。

「僕對曰：『唯唯。〔一〕臣聞楚有七澤，嘗見其一，未覩其餘也。臣之所見，蓋特其小小者耳，名曰雲夢。雲夢者，方九百里，其中有山焉。其山則盤紆岪鬱，隆崇律崒；〔二〕岑崟參差，日月蔽虧；〔三〕交錯糾紛，上干青雲；〔四〕罷池陂陁，下屬江河。〔五〕其土則丹青赭堊，雌黄白坿，錫碧金銀，〔六〕衆色炫燿，照爛龍鱗。〔七〕其石則赤玉玫瑰，琳瑉昆吾，〔八〕瑊玏玄厲，〔九〕碝石武夫。〔一〇〕其東則有蕙圃，衡蘭芷若，〔一一〕穹窮昌蒲，江離蘪蕪，〔一二〕諸柘巴且。〔一三〕其南則有平原廣澤，登降陁靡，〔一四〕案衍壇曼，〔一五〕緣以大江，限以巫山。〔一六〕其高燥則生葴析苞荔，〔一七〕薛莎青薠。〔一八〕其埤溼則生藏莨蒹葭，〔一九〕東蘠雕胡，〔二〇〕蓮藕觚盧，〔二一〕奄閭軒于。〔二二〕衆物居之，不可勝圖。〔二三〕其西則有涌泉清池，激水推移，〔二四〕外發夫容蔆華，内隱鉅石白沙。〔二五〕其中則有神龜蛟鼉，毒冒鼈黿。〔二六〕其北則有陰林巨樹，楩柟豫章，〔二七〕桂椒木蘭，檗離朱楊，〔二八〕樝梨梬栗，橘柚芬芳。〔二九〕其上則有宛雛孔鸞，騰遠射干。〔三〇〕其下則有白虎玄豹，蟃蜒貙豻。〔三一〕

〔一〕師古曰：唯唯，恭應之辭也，音弋癸反。

〔二〕郭璞曰：詰屈竦起也。岪音佛。【補注】宋祁曰：越本無「隆崇律崒」四字。王念孫曰：景祐本亦無此四字，而史記、文選有之，疑皆後人所加也。注引郭璞曰「詰屈竦起也。岪音佛」。詰屈是釋「盤紆」二字，文選注「詰屈」作「隆崇」，乃後人不曉注意而妄改之。竦起是釋「岪鬱」二字，而「隆崇律崪」不與焉。且岪字有音，而崪字無音，其可疑一也，文選「律崒」作「崋崒」，而兩字皆無音，其可疑二也。西都賦「巖峻崷崪」，西京賦「隆屈崔崪」，皆有音。藝文類聚產業部下引子虛賦云「其山則盤紆岪鬱，岑崟參差，日月蔽虧」，而無「隆崇律崪」四字，與越本、景祐本同，其可疑三也。後人加此四字，而以鬱、崪爲韻，不知此三句但以差、虧爲韻，而首句不入韻也。先謙曰：史記「岪」作「茀」，「律」作「嵂」。廣韻「岪，山曲」，楚辭招隱「土山曲岪」，是「岪鬱」與「盤紆」同義，故郭釋爲詰屈，而以竦起釋「隆崇律崪」四字，本自明㬎。文選注「隆崇，竦起也」，上或有脱文，或誤「詰屈」爲「隆崇」，均不可知。王以「竦起」爲釋「岪鬱」二字則非。越本、景祐本自脱文耳。說文「崒，危高也」。危高正竦起之義。

〔三〕張揖曰：高山壅蔽，日月虧缺半見。師古曰：岑音仕林反。崟音吟。【補注】錢大昭曰：江淹雜體詩「岑崟還相蔽」，李善引郭注方言云「岑崟，峻皃」。王文彬曰：蔽，全隱也。虧，半缺也。山岑崟而參差，則日月或蔽或虧。張說未晰。先謙曰：史記「崟」作「巖」。官本注「壅」作「雍」。「見」下有「也」字。文選注「壅」作「擁」。

〔四〕郭璞曰：言相摎結而峻絶。

〔五〕郭璞曰：言旁穨也。屬，連也。罷音疲。陂音婆。陁音駝。文穎曰：南方無河也。冀州凡水大小皆謂之河，詩賦通方言耳。晉灼曰：文意假借協陁之韻也。師古曰：文、晉之説皆非也。下屬江河者，總言山之廣大，所連者遠耳，於文無妨。陂音普河反。屬音之欲反。【補注】王文彬曰：玉篇「罷，極也」。顔氏刊謬正俗「陂池讀如坡陁，猶言靡迤耳」，是陁與池同。罷池，言極其所至，靡迤下盡也。一曰，罷池即坡池之異文，坡誤爲疲，疲又轉寫作罷耳。先謙曰：官本注「皆」作「俱」，「意」作「章」。文選注亦譌作「章」。

〔六〕張揖曰：丹，丹沙也。青，青雘也。赭，赤赭也。堊，白堊也。蘇林曰：白坿，白石英也。師古曰：丹沙，今之朱砂也。青雘，今之空青也。赭，今之赤土也。堊，今之白土也。錫，青金也。碧謂玉之青白色者也。堊音惡。坿音附。雘音一郭反。【補注】沈欽韓曰：正義引藥對曰「雌黄出武都山谷」。案吳氏本草經「雄黄產山之陽」，然則雌黄生山之陰也。索隱「白坿出魯陽山」。先謙曰：注引張揖，與文選注同。索隱引云「赭，赤土，出少室山。堊，白堊，本草云一名白墡也」。文又異。索隱謂漢書注，此卷多不題注者姓名，解者云是張揖，亦兼有餘人也。先謙案：解者謂師古也。此卷注殆有本非揖注而誤附者，故與索隱歧出。說文「坿，益也」。呂覽孟冬紀「坿城郭」，高注「坿，益也」。堊，說文「白涂也」。涂與塗同。急就篇顏注「堊，白塗也」。釋名「堊，亞也，次也，先泥之，次以白灰飾之也」。據此，即今之石灰，因其可以坿飾牆壁，故得白坿之名。因白土可涂，故別色可涂者亦謂之堊。山海經「孟門之山，其下多黃堊」是也。

〔七〕師古曰：言采色相耀，若龍鱗之間雜也。炫音州縣之縣。【補注】先謙曰：官本「鱗」作「麟」。

〔八〕張揖曰：琳，玉也。珉，石之次玉者也。昆吾，山名也，出善金。尸子曰「昆吾之金」。晉灼曰：玫瑰，火齊珠也。師古曰：火齊珠，今南方之出火珠也。玫音枚。瑰音回，又音瓌。琳音林。珉音旻。【補注】宋祁曰：注文「琳，玉也」，越本「玉」作「珠」。沈欽韓曰：西京雜記「武帝得天馬，以玫瑰石爲鞍」，則非火齊珠也。昆吾非金。元和志「鐵石山在雋州臺登縣東三十里，有砮石，火鍊成鐵，極剛利」，是此類也。先謙曰：沈說是也。史記「昆吾」作「琨珸」。梁章鉅云，此承上「其石」，張氏忽釋以金，誤矣。索隱引司馬彪曰「琨珸，石之次玉也」。河圖云「流州多積石，名琨珸石，鍊之成鐵，以作劍，光明如水精」。藝文類聚劍部引龍魚河圖，與此略同。又石部引十州記與河圖亦同，而「琨珸」皆仍作「昆吾」，與此賦合。說文「玫」下云「火齊，玫瑰也，一曰石之美者」。「瑰」下云「玫瑰，一曰圜好」。一切經音義三引作「石之美好曰玫，圜好曰瑰」。此文上云「其石」，則以爲石之美好，得之。「昆吾」，史記作「琨珸」，注「玉也」。集解引作「球也」。越本作「珠」，又「球」之誤。

〔九〕張揖曰：瑊玏，石之次玉者。玄厲，黑石，可用磨也。如淳曰：瑊音緘。玏音勒。【補注】先謙曰：梁章鉅云，瑊玏即說文之「玪塾」。玉篇「玪同瑊」。中山經「葛山其下多瑊石」。廣韻瑊字注引郭璞云「瑊玏，似玉之石」。厲，廣韻引作「礪」。先謙案：說文「厲，旱石也」。本書枚乘傳引之。急就篇顏注「黑石曰厲」，即此所謂玄厲矣。

〔一〇〕張揖曰：皆石之次玉者。碝石，白者如冰，半有赤色。武夫，赤地白采，蔥蘢白黑不分。郭璞曰：碝音而兖反。

【補注】錢大昭曰：「礝」當作「碝」。說文「碝，石次玉者」。中山經「扶豬之山，其上多碝石」。沈欽韓曰：海内經「鹽長國有武夫之丘」，郭云「此山出美石」。先謙曰：史記、文選「礝」竝作「碝」。集解引漢書音義曰「碝石出鴈門，武夫出長沙也」。今無，顏刪。

〔一一〕張揖曰：蕙圃，蕙草之圃也。衡，杜衡也，其狀若葵，其臭如蘼蕪。芷，白芷。若，杜若也。師古曰：蘭即今澤蘭也。今流俗書本「芷若」下有「射干」字，妄增之也。【補注】劉奉世曰：澤蘭自别一種草，非蘭也。蘭，今管城多有之，苗如麥門冬而長大，花黄、紫兩色。宋祁曰：南本、浙本「芷」作「茝」。齊召南曰：史記有「射干」二字，文選亦有。案善注無。然則俗本妄增，有自來矣。據下文，射干一獸名，一草名，此是香草名。如史記、文選，則此賦凡三用射干字。先謙曰：「衡」同「蘅」。楚辭及文選洛神賦並作「蘅」，然說文無蘅字。杜蘅與杜若，二草也。桂馥說文義證「若」下引陶宏景云「葉似薑而有文理，根似高良薑而細，味辛香，又絕似旋復根，殆欲相亂，葉小異耳。此草一名杜衡，今復别有杜衡，不相似」。馥案，王微四氣詩「衡若首春華」，亦分杜衡、杜若爲二草。「蘭」下引圖經云「澤蘭與蘭草大抵相類，但蘭草葉光潤，根小紫，五六月盛，而澤蘭葉尖，微有毛，不光潤，方莖紫節，七八月初採，微辛，此爲異」，是也。炮炙論以蘭爲大澤蘭，以澤蘭爲小澤蘭，馥謂因此名稱易淆耳。先謙案，此分别衡、蘭、若三者最晰。芷即茝也，故南本、浙本作「茝」。說文「茝，虈也」。本草「白芷一名虈」。本書禮樂志「茝蘭芳」，顏注「茝即今白芷」。

〔一二〕張揖曰：江離，香草也。蘼蕪，蘄芷也，似蛇床而香。師古曰：蘼蕪即穹窮苗也。郭璞曰：江離似水薺，而藥對曰「蘼蕪一名江離」，張勃又云「江離出臨海縣海水中，正青，似亂髮」，郭義恭云「江離赤葉」，諸說不同，未知孰是。今無識之者，然非蘼蕪也，藥對誤耳。【補注】錢大昭曰：說文「虈，楚謂之蘺，晉謂之虈，齊謂之茝」，是三者同物異名。說文又云「蘺，江蘺蘼蕪」，許蓋引子虛賦文，非謂江蘺即蘼蕪也。先謙曰：梁章鉅文選旁證云「芎」，六臣本作「芎」；胡氏攷異云，注中字作「芎」；考說文「艸」部「营藭，香艸也」，重文「芎，司馬相如說营或从弓」，謂凡將如此。史記、漢書作「穹」者，假借也。字書別未載「芎」字，此與甘泉賦「發蘭蕙與芎藭」，正文及注並誤。桂馥義證「蘺」下云「此文蓋後人亂之，相如傳三句同韻，每句竝舉二物，上文云『芎藭昌蒲』，下文云『諸柘巴且』，中云『江蘺蘪蕪』；傳又云『揜以綠蕙，被以江離，糅以蘪蕪，雜以流夷』，此四句各舉一草，江離、蘪蕪非一物又可見，故顔師古、毛晃、洪興祖皆謂「蘼蕪非江蘺。蘺者，蘸也」。先謙案，如錢、桂二說，以蘺爲蘸，則與上芷複出。索隱「案，今芎藭苗曰江離，綠葉白華。樊光曰『藁本一名蘪蕪，根名蘄芷』。藥對以爲蘪蕪一名江離，芎藭苗也。則芎藭、藁本、江離、蘪蕪並相似，(備)〔非〕是一物也」。先謙謂三者若是一物，文中不應加入昌蒲，蓋其苗曰江蘺，根曰芎藭，博物志同。葉名蘪蕪，本草。又名蘄芷，釋草「蘄茝、蘪蕪」是也。廣韻引字林「茝，蘪蕪別名」，則誤以芷爲蘄芷矣。雖一本所出，判然三物，名稱各不相混，後人不察耳。官本注「正」作「色」。

〔一三〕張揖曰：諸柘，甘柘也。蒪苴，蘘荷也。文穎曰：巴且草一名巴蕉。師古曰：文說巴且是也。且音子余反。蒪音普各反。蒪苴自蘘荷耳，非巴且也。【補注】劉奉世曰：諸、柘、巴、且，四物也。諸，山芋，字當爲「藷」。且，蒪苴也。蒪音普各反。蘘，荷也。沈欽韓曰：嵇含南方草木狀「諸蔗一名甘蔗，交趾所生者，圍數寸，長丈餘，頗似竹，斷而食之，甚甘」。先謙曰：史記作「諸蔗猼且」，文選作「諸柘巴苴」。說文「藷」下云「藷，蔗也」。「蔗」下云「藷蔗也」。史記作「蔗」，此作「柘」，字通叚耳。楚詞招魂有「柘漿些」，注「柘，藷蔗也」。劉說非。巴且即蒪苴也，注「蓴」乃「蒪」字之誤。說文「蘘」下云「蘘，荷也，一名葍蒩」。廣雅「蘘荷，蒪苴也」。蒪，曹憲音普各反。廣韻「蒪苴，大蘘荷名」，急就篇顔注「蘘荷，一名蒪苴」，並從「蒪」。楚詞九歎注作「蒪菹」，大招倒作「苴蒪」。吳仁傑離騷草木疏謂「蘘荷至齊梁間猶呼覆菹」。案蒪與巴雙聲，葍、覆又蒪聲之轉，若作蓴，無緣轉寫爲巴、葍、覆三字，顔音亦不作普各反矣。且史記作「猼且」，猼、蒪同音，巴爲蒪之異字，更無疑義也。上林賦江離、蘼蕪、衡蘭，皆與此篇錯出，亦有蘘荷而無巴蕉。巴且之爲蘘荷，非巴蕉，亦其一證。王引之廣雅疏證釋草云「張云，蒪苴，蘘荷也。蓋一本有作蒪苴者，故索隱引郭璞子虛賦注云『巴且，蘘荷屬』，則亦以巴且爲蒪苴也。顔言『蒪苴非巴且』，殆不通叚借之例耳。文氏以巴且爲巴蕉，特因且、蕉雙聲，望文生訓，不知巴蕉後出之物。説文「蕉」下止訓「生枲」，若長卿賦有之，許氏在後漢，豈不爲巴蕉立説，知其未足據也」。嵇含南方草木狀「甘蕉一名巴蕉，又名巴苴」，蓋緣文説而誤。

〔一四〕師古曰：登，上也。降，下也。陁靡，旁衺也。陁音弋爾反。【補注】先謙曰：「陁」官本作「阤」。集解「陁靡音移靡」。

〔一五〕師古曰：寬廣之貌也。衍音弋戰反。壇音徒但反。曼音莫幹反。【補注】先謙曰：索隱引司馬彪云「案衍，窳下。壇曼，平博也」。官本注文無「衍音」下十五字。

〔一六〕張揖曰：巫山在南郡巫縣也。

〔一七〕張揖曰：葴，馬藍也。析似燕麥。苞，藨也。荔，馬荔。蘇林曰：析音斯。師古曰：藨即今所用作席者也。馬荔，今之馬藺也。葴音之林反。苞音包。荔音隸。藨音皮表反。【補注】宋祁曰：注文，浙本「蘇林」上有「也」字。沈欽韓曰：釋草「葴，寒漿」，注「今酸漿草」。蜀本草「酸漿即苦葴，根如菹芹，白色，絶苦」。又云「葴，馬藍」，注「今大葉冬藍」。然則二物同名也。錢大昭曰：説文「苞，草也，南陽以爲麤履」。又云「荔，艸也，似蒲而小，根可作㕞」。注「析音斯」，斯下脱「歷反」二字。文選引蘇注作「斯歷反」。先謙曰：索隱引郭璞云「葴，酸醬，江東名烏葴」。案酸醬即酸漿也。通志「馬藍，田野人以爲菜茹」。張訓葴爲馬藍，則非絶苦不可食之酸漿草矣。「析」，文選作「菥」，史記作「蔪」。説文無菥、蔪二字，蓋皆後人誤加艸耳。索隱「析，漢書作斯」。所見蓋別本，或是「斯」漢書作「析」而誤倒也。索隱引孟康云「斯，禾似燕麥」；廣志云「涼州地生析草，皆中國苗燕麥」是也。禮曲禮「苞屨、扱衽、厭冠，不入公門」，注「苞，藨也」，蓋其物可爲草履者，亦中爲席。玉篇「藨，蔽屬，可爲席」，與顔注合。月令「荔挺出」，注「荔挺，馬䪥也」。程瑶田云「余居豐潤，二三月間，見草似幽蘭，叢生，長者二尺許，開花藕褐色，亦略似蘭，土人呼馬蓮，亦呼馬藺。意其爲月令之荔也。形與韭䪥相類，故又有馬䪥之名。草甚堅韌，市人以貫錢及繫物皆用之」。通俗文亦云「馬藺」，顔氏家訓書證篇「江東頗有此物，人或種於階庭，但呼爲旱蒲，故不識馬薤」。據此，則相如以爲高燥所生是矣。

〔一八〕張揖曰：薛，賴蒿也。莎，鎬侯也。青薠似莎而大，生江湖，雁所食。師古曰：莎即今青莎草。薠音煩。【補注】宋祁曰：一本無「薛莎青薠」四字並張揖等注。先謙曰：「薛」，史記、文選竝作「薛」。玉篇「薛，莎也」。案下既言莎，若作「薛」則爲複出，作「薛」是也。釋草「苹，藾蕭」，郭云「今藾蒿也，初生亦可食」。桂馥謂苹、薛一聲之轉。莎，爾雅、説文竝云「鎬侯也」。文選注作「蒿侯」。玉篇「蒿，莎草，一名莎侯」，本草「莎艸一名蒿，一名侯莎」，與此讀異。晏殊庭莎記「是草耐水旱，樂延蔓，雖拔心隕葉，弗之絶也」。薠，説文「青薠似莎者」，淮南覽冥訓「路無莎薠」。西山經「陰山其草多茆蕃」，郭注「蕃音煩，似莎而大」。據二説，薠實生於高燥之地，與此賦合；張氏以爲薠生江湖，失理遠矣。

〔一九〕郭璞曰：藏莨，草中牛馬芻。蒹，荻也，似萑而細小。葭，蘆也。師古曰：埤音婢，謂下地也。莨音郎。蒹葭音兼豭。荻音敵。【補注】先謙曰：集解引漢書音義曰「藏，似薍而葉大。莨，莨尾草也。蒹，薕也。葭，蘆也」。説文新附「藏，匿也。漢書通用臧字。從艸，後人所加」。先謙案，此傳不應獨作「藏」字，亦後人因是艸名，加艸臧上。然艸無名藏者，音義説未確，故顔不採之，而從郭説也。文選注引郭云「藏莨，草名，中牛馬芻」，此脱「名」字。中音竹仲反。藏莨即狼尾草也。詩「不稂不莠」，稂，狼尾草；莠，狗尾草也。二草相雜生野地，秋月適野，彌望皆是。狗尾草密，狼尾毛疏，其芒老則轉赤而黑，與狼尾不異。說本程氏瑶田。爾雅「稂，童粱」。説文以禾（釆）〔采〕之不成者當蕫蓈，而別莨爲艸名，與爾雅異，程氏從之。詩「浸彼苞稂，生於埤溼」，故水得浸之，與此賦合。苞从包聲。苞亦通作包。易泰卦、書禹貢釋文。禹貢「草木漸包」。説文艸部作「蔪苞」。包，藏也。本書外戚傳注。故苞稂亦爲藏莨矣。説文「蒹，雚之未秀者。葭，葦之未秀者」。夏小正傳「葦未秀爲蘆」。蒹葭即荻蘆，二物而相混。注文「荻」，索隱引作「敵」。「雚」譌「萑」。

〔二〇〕張揖曰：東蘠，實可食。雕胡，菰米也。師古曰：東蘠似蓬，其實如葵子也。【補注】先謙曰：梁章鉅旁證云，史記「蘠」作「薔」。索隱引廣志云「東薔，子色青黑，河西(記)〔語〕云『貸我東薔，償我白粱』也」。徐廣曰「烏桓國有薔，似蓬草，實如葵子，十月熟」。按廣韻引亦作「薔」。又按「彫胡」，史記、漢書並作「雕胡」。玉篇、廣韻並作「蔏胡」。即枚乘七發之「安胡」也。

〔二一〕張揖曰：蓮，荷之實也，其根藕。張晏曰：觚盧，扈魯也。郭璞曰：苽，蔣也。蘆，葦也。師古曰：書不爲苽蘆字，郭說非也，但不知觚蘆於今是何草耳。【補注】劉奉世曰：詞人不從本字者固多，何獨於此不然耶？宜用郭說。先謙曰：張注「觚盧」，官本作「觚蘆」。顏注「觚蘆」，當作「觚盧」，官本不誤。上文葭即蘆，此不得複出蘆，郭說非也。觚盧即瓠㼾。廣韻「瓠㼾，瓢也」。觚盧、瓠㼾、扈魯，並一聲之轉。爾雅「瓠，棲瓣」。釋文舍人本「瓠」又作「觚」，此觚、瓠通假之證。

〔二二〕張揖曰：奄閭，蒿也，子可治疾。軒于，蕕草也，生水中，揚州有之。師古曰：奄音淹。蕕音猶。【補注】王文彬曰：五音集韻「奄閭，草名，狀如艾蒿」。爾雅「莤，蔓于」，郭注「多生水中，名軒于，江東呼莤爲蕕」。郝懿行義疏云「今水中皆有，亦單名于」。後漢馬融傳注「于，一名蕕，生於水中」是也。先謙曰：「奄」，史記、文選作「菴」。「閭」，官本作「藺」。汲古本史記仍作「閭」。「于」，史記作「芋」。

〔二三〕師古曰：勝，舉也。不可盡舉而圖寫之，言其多也。【補注】先謙曰：顏訓勝爲舉，又於舉上加盡，以足其意，則舉字爲贅設。勝即盡也，本書賈山傳注「勝，盡也」。文選神女賦序「不可勝贊」，封禪文「不可勝數」，句法與此同，注亦皆訓盡。

〔二四〕郭璞曰：波抑揚也。

〔二五〕應劭曰：夫容，蓮華也。蔆，芰也。師古曰：鉅，大也。【補注】先謙曰：「夫容」，史記、文選並作「芙蓉」。「蔆」，史記作「蔆」誤，爾雅、說文竝作「蔆」，文選作「菱」。

〔二六〕張揖曰：蛟狀魚身而蛇尾，皮有珠。鼉似蜥蜴而大，身有甲，皮可作鼓。毒冒似觜蠵，甲有文。黿似鼈而大。師古曰：張說蛟者，乃是鮫魚，非蛟龍之蛟也。蛟解在武紀。鼉音徒何反，又音大河反。毒音代。冒音妹。他皆倣此。【補注】宋祁曰：徒何、大河二反，是一音。疑上云徒丹反，丹何近而相亂。上林「靈鼉」，亦自有注。錢大昭曰：毒冒，古字，爾雅注作「瑇瑁」，釋文云「字又作蝳蝐」。先謙曰：朱珔云，南山經注「蛟似蛇，四足，龍屬」，與此魚身而蛇尾合。其云皮有珠，則又南都賦鮫鱐注引山海經注所謂「鮫鯌屬，皮有珠，文而堅」者。據說文「蛟，龍屬，無角曰蛟。鮫，海魚也，皮可飾刀」，本截然兩物，如此張注則似合爲一物矣。蓋呂覽季夏伐蛟注「蛟，魚屬」，因遂以蛟爲鮫。淮南道應訓注「蛟水居，其皮有珠，世人以爲刀劍之口」。而說山訓注亦云「鮫，魚之長，其皮有珠，今世以爲刀劍之口」。所云「鮫，魚之長」，又即說文「池魚滿三(十)〔千〕六百，蛟來爲之長」也。荀子禮論注引徐廣「蛟韅，以蛟魚皮爲之」。諸文皆蛟、鮫無別。禮記中庸「黿鼉蛟龍」，釋文「鮫」本又作「蛟」也。先謙案，此與武紀射蛟注互證益明。

〔二七〕服虔曰：陰林，山北之林也。豫章，大木也，生七年乃可知。師古曰：陰林，言其樹木衆而且大，常多陰也。楩音便，又音步田反，即今黃楩木也。枏音南，今所謂楠木。【補注】先謙曰：「巨」，文選譌「其」，正義引(温)活人云「豫，今之枕木也。章，今之樟木也。二木生至七年，枕、樟乃可分別」。

〔二八〕師古曰：桂即藥之所用其皮者也。椒即所食椒樹也。木蘭皮似椒而香，可作面膏藥。檗，黃檗也。離，山梨也。朱楊，赤莖柳也，生水邊。【補注】先謙曰：正義引廣雅云「木蘭，似桂，皮辛可食，其實如小(甘)〔柿〕，辛美，南人以爲梅也」。離同樆，釋木「梨，山樆」。郭云「即今梨樹」。陸氏音義「樆音離，本亦作離，非」。郝懿行義疏云「梨生人家者，即名梨；生山中者，別名樆也。樆本作離，子虛賦可證。釋文反以作離爲非，謬矣」。先謙案，樆自從木，當時借離爲樆耳。郝氏謂樆本作離，而又强爲梨、樆分疏，亦通人之蔽也。急就篇顔注「梨一名山樆」。索隱「朱楊，爾雅云，檉河柳是也」。

〔二九〕張揖曰：樝似梨而甘。梬，梬棗也。師古曰：樝即今所謂樝子也。梬棗即今之楔棗也。柚即橙也，似橘而大，味酢皮厚。樝音側加反。梬音弋整反。柚音弋救反。橙音丈莖反。芬芳，言橘柚之氣也。【補注】劉奉世曰：橙、柚各自一種，顏所説乃柚也。先謙曰：顏專爲樝立訓，而不及梨，蓋以梨即上文之離，分樝、梨爲二物，非也。上文言梨，此不當復出。樝梨者，梨之別種也。廣雅「樝，梨也」。禮内則「柤梨曰攢之」。鄭注「柤，梨之不臧者，又作查」。宋書「張敷小名查，傅亮熟視敷面云，查故是梨中不臧者」。此樝、梨一物之證。郝懿行以爲即鐵梨也。先謙謂即今之山查。説文「樝，果似梨而酢」。王禎農書「樝似小梨，味劣於梨，蜜煮則香美過之」。藝文類聚八十六引張敷曰「平邱有甘樝，蓋樝梨酸酢，難得甘者」。張氏謂樝似梨而甘，於理未該矣。梬，集解音郢。説文「梬」下云「棗也，似杮」。一切經音義十一引説文云「㮕，似杮而小也」。爾雅翼「梬，今之㮕棗也，結實似杮而極小，其蒂四出，枝葉皮核皆似杮，秋晚而紅，乾之則紫黑如蒲萄，其大小亦然，今人謂之丁香杮，又謂之牛乳杮」。柚，劉説是。説文「橙，橘屬。柚，似橙而酢」。博物志「橙似橘而非，若柚而有芬香」。風土記「橙，柚屬，而葉正圓」。綜此數説，足證橙，柚之異物矣。注文「梜」乃「㮕」之誤。

〔三〇〕張揖曰：宛雛似鳳。孔，孔雀。鸞，鸞鳥。射干似狐，能緣木。服虔曰：騰遠，獸名也。師古曰：鸞鳥形如翟而五采文，見山海經。宛音於元反。射音弋舍反。【補注】沈欽韓曰：廣東新語「騰豺生高要西七十五里騰豺嶺，狀類沐猴，頭正方，髮長丈許，覆其面，欲有所視，輒搖頭，以兩手披之。一名騰豻，上樹甚捷，故以名」。疑即騰遠也。射干，蓋佛書所謂野干。翻譯名義「悉伽羅比云，野干似狐而小，形色青黄如狗，羣行，夜鳴如狼」。廣志「巢於絶岩高木也」。梁章鉅曰：莊子山木篇「騰猿得枳棘」，南都賦「騰猿飛蝠棲其下」，豈即所謂騰遠耶？射干即野干。楊慎云「射干，胡地野犬也」。法苑珠林云「有説爲野干鳴，無説爲獅子吼」。先謙曰：史記有「赤猨玃猱」四字，在「宛雛孔鸞」之上，蓋班删之。「宛」，文選作「鵷」，史記同。集解引漢書音義曰：「騰遠，鳥名」。射干與騰遠連文，射干是獸，知騰遠非鳥也。索隱：「司馬彪云『騰遠，蛇也』。郭璞云『騰蛇，龍屬，能興雲霧』。」先謙案，騰蛇，龍屬，既嫌不倫，沈説騰豺，所采亦一隅之書，未爲塙據。梁説騰遠，近之。新序謂「玄蝯居桂林之中，峻叢之上，從容游戲，超騰極遠」。故受騰遠之名矣。「蝯」一作「猨」，或作「猿」，山海經、楚辭、莊、列竝作「猿」。「猿」與「遠」

篆文相似，竝疑此賦本作「騰猿」，誤「猿」爲「遠」耳。射干，沈、梁説與張合。官本注無「見山海經」四字。

〔三一〕郭璞曰：蟃蜒，大獸似狸，長百尋。貙似狸而大。豻，胡地野犬也，似狐而小。蟃音萬。蜒音延。豻音岸。師古曰：蜒又音弋戰反。貙音丑于反。豻合韻音五安反。【補注】沈欽韓曰：蟃蜒百尋過長，郭不爲此誕言也。説文「獌，狼屬」。謝靈運山居賦注「獌似貙而長，狼之屬，一曰貙」，廣韻「獌㹛長八尺」，蓋狼類長八尺者，已爲大矣，「百尋」乃「八尺」之誤。釋獸「貙獌似貍」，彼注「山民呼貙虎之大者爲貙豻」。先謙曰：説文無「蟃蜒」字，據廣韻獌㹛從犬，從虫者借字。百尋乃一尋之誤。豻自是胡地野犬，非此貙豻也。周禮射人「士以三耦射豻侯」，鄭司農云「豻者，獸名也」。獸有貙豻，證之爾雅注文，山民呼貙虎之大者爲貙豻，則貙豻是一物。此賦手格之猛獸，特以虎豹狼貙四者言之，不當加入胡地野犬，郭偶未審耳。官本注「五」作「互」。史記下有「兕象野犀，窮奇獌㹛」八字，亦班删之。

「於是乎乃使剸諸之倫，手格此獸。〔一〕楚王乃駕馴駮之駟，〔二〕乘雕玉之輿，〔三〕靡魚須之橈旃，〔四〕曳明月之珠旗，〔五〕建干將之雄戟，〔六〕左烏號之雕弓，〔七〕右夏服之勁箭；〔八〕陽子驂乘，孅阿爲御；〔九〕案節未舒，即陵狡獸，〔一〇〕蹵蛩蛩，轔距虛，〔一一〕軼野馬，轊騊駼；〔一二〕乘遺風，射遊騏，〔一三〕儵眒倩浰，〔一四〕雷動猋至，〔一五〕星流電擊，弓不虛發，中必決眦，〔一六〕洞胷達掖，絶乎心繫，〔一七〕獲若雨獸，揜屮蔽地。〔一八〕於是楚王乃弭節徘徊，翺翔容與，〔一九〕覽乎陰林，觀壯士之暴怒，與猛獸之恐懼，徼糺受詘，〔二〇〕殫覩衆物之變態。〔二一〕

〔一〕師古曰：剸諸，吴人，刺吴王僚者也。方言勇士，故舉以爲類。剸與專同。【補注】先謙曰：史記作「專」。

〔二〕張揖曰：馴，擾也。駮如馬，白身黑尾，一角鋸牙，食虎豹，擾而駕之，以當駟馬也。師古曰：馴音旬。【補注】劉奉世曰：馴駮，止是駮馬耳，虎嘗見而伏，故出獵駕之，非真駮也。先謙曰：「駮」，史記作「駁」，駮、駁通叚。易說卦正義可證。劉説本管子是也。駟，一乘也。

〔三〕師古曰：以玉飾輿而雕鏤之。

〔四〕張揖曰：以魚須爲旃柄，驅馳逐獸，正橈靡也。郭璞曰：通帛爲旃。師古曰：大魚之須出東海，見尚書大傳。橈旃即曲旃也。橈音女教反。【補注】先謙曰：説文「旃」下云「旗曲柄也」。旃柄本自上曲，非因驅馳而橈。集解引郭璞曰「以海魚須爲旒旌，言橈弱也」。顏不取之，因其不達橈旃之義。張注與郭同意，亦不爲顏所取也。本書韓信傳注「靡，輕麗也」。文選琴賦「靡靡猗猗」，注「靡靡，順風貌」。此文以「靡」與「曳」對，狀旃之靡，然而輕揚耳。文選引注「正」作「也」。橈、撓通作。官本注無「見尚書大傳」五字。

〔五〕張揖曰：以明月珠綴飾旗也。

〔六〕張揖曰：干將，韓王劍師也。雄戟，胡中有鉅者，干將所造。【補注】沈欽韓曰：吴越春秋「干將者，吴人也，與歐冶子同師」。張謂韓王劍師，非。方言「三刃枝，南楚、宛、郢謂之匽戟」，注「今戟中有小孑刺者，所謂雄戟也」。程瑤田戈戟考「今戟刺在内之後，正符鉅名」。先謙曰：索隱「鉅音巨」。周禮「冶氏爲戈，胡三之」，注云「胡其孑」也。又周禮圖謂「戟（反）〔支〕曲下爲胡」也。

〔七〕應劭曰：楚有柘桑，烏棲其上，支下著地，不得飛，欲墮號呼，故曰烏號。張揖曰：黄帝乘龍上天，小臣不得上，挽持龍頓，頓拔，墮黄帝弓，臣下抱弓而號，故名弓烏號。郭璞曰：雕，畫也。師古曰：烏號，應、張二説皆有據也。【補注】先謙曰：官本「雕」作「彫」。史記「號」作「嘷」。索隱引韓詩外傳云「弓工之妻曰：此弓是太山南烏號之柘」；案淮南子云「烏號柘桑，其材堅勁，烏棲其上，將飛，枝勁復起，摽呼其上。伐取其材爲弓，因名烏號」；古史考、風俗通皆同此説。案索隱所引，較應説爲晰。

〔八〕伏儼曰：服，盛箭器也。夏后氏之良弓名煩弱，其矢亦良，即煩弱箭服也，故曰夏服。師古曰：箭服，即今之步叉也。【補注】宋祁曰：南本「勁」作「良」。齊召南曰：案「煩弱」應作「繁弱」，左傳「封父之繁弱」是也。先謙曰：集解引韋昭云「夏，夏羿也」。索隱説同，以羿善射也。然伏説較長。官本無「師古」十一字。

〔九〕張揖曰：陽子，伯樂也，秦繆公臣，姓孫，名陽。郭璞曰：孅阿，古之善御者。孅音纖。【補注】先謙曰：集解引漢書音義曰「陽子，仙人陽陵子。孅阿，月御也」；韋昭曰「陽子，古賢也」。顏並不取。索隱引樂(彥)〔產〕曰「孅阿，山名，有女子處其巖，月歷數度，躍入月中，因爲月御也」。文選注引楚辭曰「孅阿不御焉」，又引郭注，「御者」下有「見楚辭」三字。

〔一〇〕師古曰：案節猶弭節也。未舒，言未盡意驅馳，已淩狡獸。狡獸，狡捷之獸也。【補注】宋祁曰：注文當云「已淩狡獸矣。狡獸，狡捷之獸也」。文合如此。先謙曰：文選注引天文志曰「案節徐行」。

〔一一〕張揖曰：蛩蛩，青獸，狀如馬。距虛似驘而小。郭璞曰：距虛即蛩蛩，變文互言耳。師古曰：據爾雅文，郭説是也。蹵音子六反。【補注】先謙曰：史記「蹵」、「轔」互易，「蛩蛩」作「邛邛」。後漢廉范傳注「轔，轢也」。説文「轢，車所踐也」。「距虛」一作「駏驉」。一切經音義十三「駏驉似驘而小，牛父馬子者也」。劉氏新論審名篇「蛩蛩、巨虛，其實一獸，因其詞煩，分而爲二」。集解引穆天子傳曰「邛邛、距虛，日走五百里也」。先謙案，此極言車馬迅疾，雖至捷之獸，亦能蹴踐之也。

〔一二〕張揖曰：軼，過也。野馬似馬而小。北海内有獸，狀如馬，名騊駼。郭璞曰：轊，車軸頭也。師古曰：轊謂軸頭衝而殺之也。軼音逸。轊音衛。騊音逃。駼音塗。【補注】王念孫曰：軼讀若迭。左隱九年傳「懼其侵軼我也」，杜注「軼，突也」；僖三十二年傳「將有西師過軼我」，釋文並云「軼，直結反」。成十年傳「迭我殽地」，迭與軼同。此言軼野馬，亦是侵軼之意，當讀若迭，而訓爲突也。轊讀爲躗。躗，蹋也。莊子馬蹄篇釋文引廣雅曰「踶，蹋也」，説文「踶，躗也。躗，踶躗也」，舊本譌作「衛」也，今據踶字注及牛部⿱衛牛字注改。是躗爲蹋也。躗、轊二字並音衞，故字亦相通，言突野馬而蹋騊駼也。上林賦之「轊白鹿」，義與此同。「蛩蛩，驎距虛，軼野馬，轊騊駼」，皆上文所云「陵狡獸」也。張訓軼爲過，郭訓轊爲軸頭，顔謂軸頭衝而殺之，案軸頭不能殺獸，雖强爲之解，而不可通。皆非是。先謙曰：轊，説文作「軎」，云「車軸耑也」，或作「轊」，俗作「轊」，因譌作「轊」耳。字林「騊駼，北狄良馬也，一曰野馬」。衞策「遺衞君野馬四百」，高注「野馬，騊駼也」。淮南主術訓「騎騵馬而服騊駼」，高注「騊駼，野馬也」。通典「騊駼，野馬類也」。是野馬、騊駼爲一物，故賦取與蛩蛩、距虛之一物二名，相對爲文。郭璞山海經贊「騊駼野駿，産自北域，交頸相摩，分背翹陸，雖有孫陽，終不在服」。郭亦以騊駼爲野馬矣。

〔一三〕張揖曰：遺風，千里馬也。爾雅曰「巂如馬，一角，不角者曰騏」。師古曰：巂音攜。騏音其。【補注】先謙曰：梁章鉅云「説文，騏，馬青驪，文如博棊也。繫傳引此賦語」。先謙案，索隱引呂氏春秋云「遺風之乘」；古今注曰「秦始皇馬名」。詳見王褒傳。

〔一四〕張揖曰：皆疾貌也。師古曰：儵音式六反。胂音式刃反。倩音千見反。浰音練。【補注】先謙曰：官本「儵」作「倏」。儵，倏本字。「胂」，史記、文選作「眒」是。官本史記誤「胂」。胂音釣餌之餌，以血塗祭爲胂也。見東山經祈胂用魚注。「倩」，史記作「凄」。徐廣音七見反。楚辭九歌「儵而來兮忽而逝」，儵、忽皆言疾也。眒者，驚疾之貌。蜀都賦「鷹犬倏眒」，李善注「眒，驚也」。眒又與眴同，眴亦驚也。莊子德充符「少焉眴若」，釋文引司馬注「眴，驚也」。眴即瞬之異文。眴通作恂。列子黄帝篇「今汝怵然有恂目之志」。注引何承天纂文云「吴人呼瞬目爲恂目」。人之爲用，唯目最捷，儵眒乃轉瞬之義耳。倩無疾義，蓋凄之借文。謹案字典引集韻，凊與凄同。凄浰，疾貌，或作「凊」，通作「倩」。他書無凊字。凄浰，皆疾也。説文「凄，雲雨起也」。雲雨之起，其流迅疾。楚辭悲回風「涕泣交而凄凄兮」，注「凄凄，流貌，狀涕泣之下交而疾流也」。玉篇「浰，疾流也」。浰，利聲，亦兼利義，利亦疾也。淮南墬形訓「輕土多利」，注「利，疾也」。二字皆從水，而訓爲疾流，故賦舉以狀車騎之迅疾矣。

〔一五〕師古曰：猋，疾風也。若雷之動，如猋之至，言其威且疾也。猋音必遥反。【補注】先謙曰：「猋」，史記作「熛」，文選作「猋」。案文選是也。猋本作飈。說文「飈，扶搖風也」。初學記引作「疾風也」。一切經音義十六「飈，暴風也」。字从猋，非大、非火也。飈，俗省作「猋」，故本書刑法志「猋起雲合」，韓安國傳「至如猋風」，顔注並云「猋，疾風也」。此傳顔訓疾風，知當作猋，不作焱矣。說文「猋，犬走皃」。蓋謂犬疾走也。楚辭九歌「猋遠舉兮雲中王」。注「猋，去疾也」。焱無疾義。說文「焱，火華也」。文選七啟「風厲焱舉」。上言風厲，則下當从火作焱舉，焱舉謂火上騰，不訓疾。熛亦無疾義。說文「熛，火飛也」。史記韓信傳「熛至風起」，言天下之士如火飛而至也。史記作「熛」，蓋因通叚而誤。猋與飈俱借爲飄。月令「猋風暴雨總至」。注「回風爲猋」。釋文「猋本又作飄」。文選五臣本曹顔遠思友人詩云「心與回飈俱」。注云「李善本作飄」。說文「飄，回風也」。飈、猋俱非回風，後人因叚借誤耳。飄、熛偏旁俱從票，因轉寫作熛耳。

〔一六〕師古曰：眦即決獸之目眦，言射審也。眦即眥字。【補注】先謙曰：注「曰」下當有「決」字。集解韋昭曰「在目所指，中必決於眼眥也」。於義亦通。顔注較安。

〔一七〕張揖曰：自左射之，貫胸通右髃，中心絶系也。師古曰：髃謂肩前骨也，音五口反。繫讀曰系也。【補注】沈欽韓曰：詩毛傳「自左膘而射之，達於右腢，爲上殺」。正義「貫心死疾，肉最潔美」。

〔一八〕師古曰：言獲殺之多，如天雨獸也。雨音于具反。屮古草字也。

〔一九〕郭璞曰：弭猶低也。節，所杖信節也。翺翔容與，言自得也。師古曰：弭節者，示安徐也。【補注】王文彬曰：文選李善本引楚辭注云「弭，案也」。此「弭節」猶「案節」也。後漢東平憲王蒼傳注可證。本傳上文「案節」顔注「猶弭節也」。「案」與「按」同。本傳下文「車案行」，文選作「按行」。本書周亞夫傳「天子乃按轡徐行」，「按轡」與「案節」同意。「案」安聲，亦兼安義。按轡、案節，皆安徐之貌也。弭亦安也。周書作雒解，本書谷永傳注並同。故顔氏訓弭節爲示安徐矣。郭訓低，非。

〔二〇〕蘇林曰：𠃬音倦𠃬之𠃬。詘音䩕强之䩕。郭璞曰：詘，詘折也。𠃬，疲極。詘音屈。師古曰：蘇音是也。𠃬音與劇同。詘音其勿反。徼，工堯反。徼，要也。詘，盡也。言獸有倦極者要而取之，力盡者受而有之。【補注】宋祁曰：注文「工堯反」上當有「音」字。錢大昭曰：「⿰谷乚」當作「谻」。說文「谻，相踦谻也」。作疲極解，當作「⿰忄卻」，勞也，今之「劇」字。先謙曰：「⿰谷乚」，官本作「⿰谷丸」。史記作「⿰谷几」，文選作「⿱谷丸」。案，當作「谻」，左从谷，其虐切。說文「口上阿也。从口，上象其理」。右从丮，說文「持也，象手有所丮據也。讀若戟」。省文作谻。作⿰谷乚、⿰谷丸、⿰谷几、⿱谷丸，皆誤也。錢引說文「谻，相踦谻也」，是谻字本義，而云「作疲極解，當作⿰忄卻」，說尚未備。說文「㑭」下云「徼㑭，受屈也」。段注，按長卿用叚借字作「谻」。許用正字作「㑭」。蘇林注漢書曰「谻音倦谻之谻」，當作「音倦㑭之㑭」也。方言「㑭，僗也。㑭同㑭，僗同倦」。⿰忄卻下云「勞也，與㑭音義同」。史記匈奴傳、漢書趙充國傳皆云「徼極」，與「徼㑭」音異義同。又案小徐「㑭」下注云「困，劇也，言見徼遮困劇，則受屈也」。「谻」下注云「按上林賦曰『徼谻受屈』，謂以力相踦角，徼要極而受屈也。其義竝通」。踦，一足也，相踦谻，謂倦極以足相倚，與⿰忄卻之訓勞，無異詁也。玉篇「⿰谷尤，倦⿰谷尤」。案⿰谷尤亦谻之異文。

〔一一〕郭璞曰：殫，盡也。變態，姿則也。師古曰：殫音單。【補注】先謙曰：文選引郭注「則」作「貌」，是。

「於是鄭女曼姬，〔一〕被阿錫，揄紵縞，〔二〕雜纖羅，垂霧縠，〔三〕襞積褰縐，鬱橈谿谷；〔四〕衯衯裶裶，揚衪戌削，〔五〕蜚襳垂髾；〔六〕扶輿猗靡，〔七〕翕呷萃蔡，〔八〕下摩蘭蕙，上拂羽蓋；〔九〕錯翡翠之葳蕤，〔一〇〕繆繞玉綏；〔一一〕眇眇忽忽，若神之髣髴。〔一二〕

〔一〕文穎曰：鄭國出好女。曼者，言其色理曼澤也。如淳曰：鄭女，夏姬也。曼姬，楚武王夫人鄧曼也。師古曰：文說是也。【補注】劉攽曰：予謂曼，鄧姓也。姬亦婦人通稱耳。先謙曰：曼，即美也。本書司馬遷傳「曼辭以自解」，如淳曰「曼，美也」。後漢杜篤傳注同。鄭女多美，故鄭女爲當時美女恆稱，不必果出自鄭。鄭女曼姬，猶言美女美姬耳。鄧國不聞有美色也。

〔二〕張揖曰：阿，細繒也。錫，細布也。揄，引也。師古曰：紵，織紵也。縞，鮮支也，今之所謂素者也。揄音踰，又音投也。【補注】宋祁曰：句末「也」字當删。錢大昭曰：「錫」，文選作「緆」，古字通。王文彬曰：注「纖紵也」，正義引作「纖紵」，本書高紀注亦云「紵」。纖紵爲布及疏也。周禮典枲注「緦，十五升布，抽其半者，白而細疏曰紵」。然與絲異質，不得言纖，作纖是也。小爾雅「縞帛之粗者曰素」。縞、素同物異名，惟粗細差別耳。先謙曰：文選注引列子曰「鄭衞之處子衣阿緆」。戰國策「魯連曰，君後宮皆衣紵縞」。先謙案，禮樂志如注，亦釋阿爲細繒。列子周穆王篇、淮南修務訓並以阿爲細縠。繒乃帛之總名，下文言縠，則此訓細繒是也。「錫」詳禮樂志。

〔三〕張揖曰：縠縐如霧，垂以爲裳也。師古曰：纖，細也。霧縠者，言其輕靡如霧，非謂縐文。【補注】先謙曰：官本脱「張」下十二字，文下有「也」字。楚辭招魂注「羅，綺屬也」。釋名「羅，文羅疏也。綺，攲也，其文攲邪，不順經緯之縱横也」。據此，羅乃繒之文理交錯者，今俗謂之起花。文選神女賦「動霧縠以徐步」。注「縠，今之輕紗，薄如霧也」。集解引郭璞曰「言細如霧，垂以覆頭」。據神女賦，顔説得之。

〔四〕張揖曰：襞積猶簡齰也。褰，縮也。縐，裁也。其縐中文理茀鬱，有似於谿谷也。師古曰：張説非也。襞積即今之帬襵，古所謂皮弁素積者，即謂之積也。言襞積文理，隨身所著，或褰縐委屈如谿谷也。襞音壁。縐音側救反。【補注】郭嵩燾曰：説文「襞，韏衣也。褰，絝也」，引春秋傳「徵褰與襦」，蓋皆褻服。「襞積」狀衣之摺疊，婦人無冕服，不得有皮弁之素積也。衣在外，絝在内，錫縞羅縠之屬，輕輭多蹙紋，故以「鬱橈谿谷」爲言，言表裏之深邃也。先謙曰：索隱引蘇林曰「褰縐，縮蹙之也」。案蘇説是。士冠禮注「積猶辟也，以素爲裳，辟蹙其要中」，謂帬要摺疊處也。「鬱橈谿谷」四字，總狀其縮蹙耳。郭説亦通。「縐」下文選有「紆徐委曲」一句，注即謂之積也。官本「之」作「此」。索隱「古」下十三字，引作「古謂之皮弁素積」，是也。

〔五〕張揖曰：衯音芬。衪，衣袖也。戌，鮮也。削，衣刻除貌也。師古曰：揚，舉也。衪，曳也。或舉或曳，則戌削然見其降殺之美也。裶音霏。衪音弋示反。戌讀如本字。【補注】錢大昭曰：説文「衯，長衣貌」。「裵，長衣貌」。今人乃以裴爲氏。氏族之裴，古用𨛬。先謙曰：史記「戌」作「卹」。集解引漢書音義曰「卹削，文選作「戌削」。裁制貌也」。文選引作「張揖説」，與此不同，則此非張説。索隱以爲兼有餘人，是其一證也。「衪」，史記、文選並作「袘」。玉篇「衪，衣緣也」。士昏禮纁袘注「袘謂緣。袘之言施，以纁緣裳，象陽氣下施也」。類篇「褫，裳下緣也」。衪、袘、褫同一字，訓爲裳緣。戌削，狀行時裳緣之整齊，張訓裁制貌得之。顔説非。

〔六〕張揖曰：襳，離袿也。髾，髾後垂也。師古曰：張説非也。襳，袿衣之長帶也。髾謂燕尾之屬。皆衣上假飾，非髾垂也。蜚，古飛字也。襳音纖。髾音所交反。【補注】郭嵩燾曰：玉篇「襳，袿衣飾也。袿，婦人之上服也」。廣雅「袿，長襦也」。玉篇、廣韻亦釋襳爲小襦。其云袿飾，未詳何物。類篇「襂」或作「襳」。説文「襂」爲「縿」，旌旗之旒也。字亦作「幓」。本傳大人賦「垂旬始以爲幓，曳彗星以爲髾」。彼云「幓髾屬旗」，此云「襳髾屬衣」，蓋叚借爲名耳。爾雅「纁帛縿」，郭注「縿，衆旒所著」。周禮巾車注「正幅爲縿，旒則屬焉」。縿、襳字通。則此所云襳者，袿衣之正幅下垂爲飾者也。釋名「婦人上服曰袿，其下垂者上廣下狹如刀圭」。正此所謂襳也。廣韻「髾，髮尾」。顔注釋此爲燕尾，正若今長帶交股岐分。爾雅「繼旐曰旆」。郭注「帛續旐末爲燕尾」是也。疑此云髾，如續漢志之赤罽蕤、赤絲蕤施之綬帶者，蓋綴雙帶於袿衣之前，飾其下爲垂絲，二者皆袿衣本制。顔注訓襳爲長帶，而訓髾爲燕尾，似未分明。先謙曰：「襳」，史記作「纖」。集解引郭璞曰「纖，袿衣飾。髾，髾髾也」。文選注司馬彪曰「襳，袿飾也。髾，燕尾也」。善曰「襳與燕尾，皆婦人袿衣之飾也」。先謙案，郭説與善合。官本注奪「非髾垂」三字。

〔七〕張揖曰：扶持楚王車輿相隨也。師古曰：張説非也。此自言鄭女曼姬爲侍從者所扶輿而猗靡耳，非謂扶持楚王車輿也。猗音於綺反。今人猶呼相撫掩容養爲猗靡。【補注】劉奉世曰：扶輿猗靡，此言衣裳稱美之貌耳，不煩曲解。沈欽韓曰：淮南修務訓「今鼓舞者，繞身若環，曾折摩地，扶旋猗那」。其物狀模蘇，正與此同，顔説非。先謙曰：汲古本史記「輿」作「與」。引郭璞曰：淮南所謂「曾折摩地，扶與猗委」也。官本史記仍作「輿」，注同。與、輿古通。釋文不可枚舉。靡、委聲近義同。扶輿猗靡，劉以爲衣裳稱美之貌，是也。

〔八〕張揖曰：翕呷，衣張起也。萃蔡，衣聲也。師古曰：呷音火甲反。萃音翠，又音千賄反。【補注】先謙曰：史記

「翕」作「噏」。翕、呷皆無張義，張説非也。「扶輿猗靡」，衣之狀，「翕呷萃蔡」，衣之聲。翕，合而盛也。呷，吸也。廣韻「喤呷衆聲」，衣聲有似翕呷，故取爲狀。「萃蔡」亦作「綷縩」，班婕妤傳「紛綷縩兮紈素聲」。又作「綷縩」，潘岳藉田賦「綃紈綷縩」是也。亦作「翠粲」，文選琴賦「新衣翠粲」注引此，「萃蔡」作「翠粲」。蔡、粲一聲之轉。

〔九〕師古曰：下摩蘭蕙，謂垂髾也。上拂羽蓋，謂飛襳也。【補注】先謙曰：文選注「垂髾飛襳，飄揚上下，故或摩蘭蕙，或拂羽蓋」。較顔説爲長。

〔一〇〕師古曰：錯，雜也。葳蕤，羽飾貌。【補注】先謙曰：文選「葳」作「威」，史記同。集解引徐廣曰「或作錯紛翠蕤」。李善注引張揖曰「錯其羽毛，以爲首飾也」。先謙案，據正義，引見下。葳蕤乃旗名也，一作「萎蕤」，唐時鹵簿中用之。唐人詩「遥見萎蕤舉翠華」，蓋以翠飾萎蕤之上，與此云「翡翠之葳蕤」義正相合，省文乃爲翠蕤。軍中亦用此旗，故杜甫魏將軍歌云「翠蕤雲旓相盪摩」也。張説非。

〔一一〕張揖曰：楚王車之綏以玉飾之也。郭璞曰：綏，登車所執也。師古曰：二説皆非也。以玉飾綏，亦謂鄭女曼姬之容服也。綏即今之所謂采緦垂鑷者也。繆繞，相纏結也。繆音蓼。緦音限。【補注】沈欽韓曰：如顔注，「綏」當爲「緌」。天官夏采注「綏，當爲緌字之誤也」。士冠禮及玉藻「冠緌」之字，故書亦多作「綏」者，今禮家定作「蕤」。段玉裁周禮漢讀考云「緌者下垂之意，故系於冠纓爲飾者謂之緌，旌旗之旄亦謂之綏」。按士冠禮注「緌，纓飾」。左傳「子玉爲瓊弁玉纓」。廣韻「緦，五色絲，飾鑷鑷子」。續志「華勝上爲鳳皇爵，以翡翠爲毛羽，下有白珠，垂黃金鑷」，釵類也。先謙曰：正義「玉綏，以玉飾綏也」。言飛襳垂髾，錯雜翡翠之旌旛，或繞玉綏也。以摩拂、錯繞相承爲義，則訓綏爲車綏亦通。官本注無「亦」字。

〔一二〕郭璞曰：言其容飾奇豔，非世所見。戰國策曰「鄭之美女粉白黛黑而立於衢，不知者謂之神也」。【補注】先謙曰：史記作「縹乎忽忽，若神仙之彷彿」。

「『於是乃羣相與獠於蕙圃，〔一〕媻姍勃窣，上金隄，〔二〕揜翡翠，射鵔鸃，〔三〕微矰出，孅繳施，〔四〕弋白鵠，連駕鵞，〔五〕雙鶬下，玄鶴加。〔六〕怠而後游於清池，〔七〕浮文鷁，〔八〕揚旌栧，〔九〕張翠帷，建羽蓋。〔一〇〕罔毒冒，釣紫貝，〔一一〕摐金鼓，〔一二〕吹鳴籟，〔一三〕榜人歌，〔一四〕聲流喝，〔一五〕水蟲駭，波鴻沸，〔一六〕涌泉起，奔揚會，〔一七〕礧石相擊，琅琅礚礚，〔一八〕若雷霆之聲，聞乎數百里外。〔一九〕

〔一〕文穎曰：宵獵爲獠。師古曰：獠音力笑反。【補注】劉奉世曰：獠雖宵獵之名，以訓此賦則不通，直獵耳。先謙曰：史記、文選無「羣」字。

〔二〕師古曰：媻姍勃窣，謂行於叢薄之間也。金隄，言水之隄塘堅如金也。媻音盤。姍音先安反。窣音先忽反。隄音丁兮反。【補注】沈欽韓曰：史記平原君傳「槃散行汲」，集解「散或作姍」。楚詞「蓃母勃屑而日侍」，注「勃屑猶媻姍，膝行貌」。世說「張憑勃窣於理窟」，則勃窣亦蹩躠之狀也。先謙曰：沈說是。文選「勃」作「敦」。敦、勃同字。「上」下有「乎」字。韋昭注「媻姍勃窣，匍匐上也」。

〔三〕師古曰：鳥赤羽者曰翡，青羽者曰翠。鵔鸃，鷩鳥也，似山雞而小冠，背毛黄，腹下赤，項緑色，其尾毛紅赤，光采鮮明，今俗呼爲山雞，其實非也。鵔音峻。鸃音儀。【補注】先謙曰：說文「鵔鸃，鷩也」。「鷩，赤雉也」。史記、文選注竝引漢書音義曰「鵕鵜，鳥似鳳也」。

〔四〕師古曰：矰，短矢也。繳，生絲縷也。以繳係矰仰射高鳥，謂之弋射。矰音增。繳音灼。【補注】先謙曰：「孅」史記作「纖」。

〔五〕師古曰：鵠，水鳥也，其鳴聲鵠鵠云。駕鵞，野鵞也。連謂重累獲之也。鵠音胡沃反。駕音加。

〔六〕師古曰：鶬，鴰也，今關西呼爲鴰鹿，山東通謂之鶬，鄙俗名爲錯落。錯者，亦言鶬聲之急耳。又謂鴰捋。捋音來奪反。鴰鹿、鴰捋，皆象其鳴聲也。玄鶴，黑鶴也。相鶴經云「鶴壽滿二百六十歲則色純黑」。言弋射之妙，既中白鶬而連駕鵞，又下雙鶬而加玄鶴也。鶬音倉。

〔七〕郭璞曰：怠，倦也。【補注】宋祁曰：浙本、南本「後」字下並有「發」字。先謙曰：史記、文選亦有「發」字。

〔八〕張揖曰：鷁，水鳥也，畫其象於船首。淮南曰「龍舟鷁首，天子之乘也」。師古曰：鷁音五歷反。【補注】先謙曰：官本「南」下有「子」字。

〔九〕張揖曰：揚，舉也。析羽爲旌，建於船上。枻，柂也。師古曰：枻音曳。柂音大可反。【補注】宋祁曰：枻、柂並從木，別本(從)〔作〕抴，誤。王念孫曰：史記作「揚桂枻」。集解引韋昭曰「枻，檝也」。文選作「揚旌栧」。本作「枻」，李善避太宗諱故改爲「栧」。李善注引郭璞曰「栧，船舷，樹旌於上」。念孫案，當從史記作「揚桂枻」。韋昭訓枻爲檝是也。桂枻，謂以桂爲檝，猶楚辭言「桂櫂兮蘭枻」也。「浮文鷁，揚桂枻，張翠帷，建羽蓋」，皆相對爲文。旌字隸書或作「旌」，與桂字相似。枻與抴亦相似，故桂枻譌爲旌抴。張揖謂建旌於船上，而訓枻爲柂。郭璞訓枻爲船舷，而謂樹旌於其上。揆之本句及上下文義，均有未安。先謙曰：枻當從木。漢書從手、從木之字每多通作，非誤也。

〔一〇〕郭璞曰：施之船上也。師古曰：翠帷，帷翠色也。羽蓋，以雜羽飾蓋。【補注】先謙曰：文選注「翠帷、羽蓋，謂以翠羽飾帷蓋」。案善說是，顏謂帷翠色，非也。

〔一一〕郭璞曰：紫貝，紫質黑文也。師古曰：貝，水中介蟲，古以爲貨也。【補注】先謙曰：「釣」，文選作「鉤」。

〔一二〕師古曰：摐，撞也。金鼓謂鉦也。摐音窻。【補注】先謙曰：鉦，鐃也，其形似鼓，故名金鼓。後漢郡國志注「洞庭山宮門東石樓，樓下兩石鼓，扣之聲清越，世謂之神鉦」。晉孝武樂章「神鉦一震，九域來同」。此鉦、鼓通名之證。

〔一三〕張揖曰：籟，簫也。

〔一四〕張揖曰：榜，船也。月令云「命榜人」。榜人，船長也，主倡聲而歌者也。師古曰：榜音謗，又方孟反。【補注】先謙曰：梁章鉅云「釋言『舫，舟也』。廣雅釋水『舟、舫、榜，船也』。說文『舫，船師也』。明堂月令曰『舫人，習水者』。按舫、榜聲相近，故『舫人』或作『榜人』。月令『命漁師伐蛟』，鄭注云『今月令，漁師爲榜人』是也。此引月令，蓋與鄭同爲明堂月令矣」。

〔一五〕郭璞曰：言悲嘶也。師古曰：喝音一介反。嘶音蘇奚反。【補注】先謙曰：喝讀若嗄，所謂嗄啞之聲，即櫂歌也。嗄啞與欸乃同。參諸郭説，若今歌之尾聲羨字，激楚含哀矣。

〔一六〕郭璞曰：魚鼈躍，濤浪作也。師古曰：沸音普蓋反。【補注】先謙曰：鴻，大也。

〔一七〕郭璞曰：暴溢激相鼓薄也。師古曰：溢音普頓反。【補注】先謙曰：官本考證「文選作『奔物會』」。案史記、文選竝與此同。作「物」者，蓋別本。

〔一八〕師古曰：礧石，轉石也。礧音盧對反。磕音口蓋反。【補注】錢大昭曰：楚詞九思云「雷霆兮硠磕」。説文「硠，石聲。磕，石聲」。王文彬曰：礧、磊同。魯峻碑「礧落彰駿」，借「礧」爲「磊」。説文「磊，衆石也」。文選海賦注「磊，大皃」。魯靈光殿賦注引山海經郭注云「礧珞，大石也」。礧石相擊，言石之大而且多，水與相擊，琅磕作聲也。顔訓礧爲轉，非。先謙曰：「琅琅」，史記、文選作「硠硠」。

〔一九〕【補注】宋祁曰：江南本「里」字下有「之」字。

「『將息獠者，擊靈鼓，起烽燧，〔一〕車案行，騎就隊，〔二〕纚乎淫淫，般乎裔裔。〔三〕於是楚王乃登陽雲之臺，〔四〕泊乎無爲，澹乎自持，〔五〕勺藥之和具而後御之。〔六〕不若大王終日馳騁，曾不下輿，脟割輪焠，自以爲娱。〔七〕臣竊觀之，齊殆不如。』〔八〕於是王無以應僕也。」

〔一〕師古曰：靈鼓，六面擊之，所以警衆也。【補注】郭嵩燾曰：周禮冥氏「攻猛獸，以靈鼓毆之」。左文十年傳「宋華御事逆楚子，遂道以田孟諸，命夙駕載燧」。燧所以舉火，田亦用之。此獵罷飭歸之事，猶始田也，言車騎鼓行之整肅。

〔二〕師古曰：案，依也。行，列也。隊，部也。行音胡郎反。隊音大內反。【補注】先謙曰：「案」，文選作「按」，字同。

〔三〕郭璞曰：皆羣行貌。師古曰：纚音屣。般音盤。【補注】先謙曰：纚，若織絲相連屬也。淫淫，漸進也。般，以次相連而行。史記作「班」，義同。裔裔，流行貌。本書禮樂志「先以雨，般裔裔」。

〔四〕孟康曰：雲夢中高唐之臺，宋玉所賦者，言其高出雲之陽也。【補注】何焯曰：按孟注，當從文選作「雲陽」，此本對以雲夢之事也。先謙曰：朱珔云「集解引徐廣曰『楚王游於陽雲之臺』，則以陽雲爲有據」。案朱說是。

〔五〕師古曰：泊、澹，皆安靜意也。泊音步各反。澹音徒濫反。【補注】先謙曰：「泊澹」，文選作「怕憺」，李善注引老子曰「我獨怕然而未兆」。說文「怕，無爲也」。廣雅「憺怕，靜也」。憺與澹同，怕與泊同。

〔六〕伏儼曰：勺藥以蘭桂調食。文穎曰：五味之和也。晉灼曰：南都賦曰「歸雁鳴鵽，香稻鮮魚，以爲勺藥，酸恬滋味，百種千名」。文說是也。師古曰：諸家之說皆未當也。勺藥，藥草名，其根主和五藏，又辟毒氣，故合之於蘭桂五味以助諸食，因呼五味之和爲勺藥耳。讀賦之士不得其意，妄爲音訓，以誤後學。今人食馬肝馬腸者，猶合勺藥而煮之，豈非古之遺法乎？鵽音竹滑反。【補注】王引之曰：韋昭曰「勺藥，和齊酸鹹美味也」。勺，丁削反。藥，旅酌反」。見文選子虛賦及七發注。文選李善注「枚乘七發曰『勺藥之醬』，然則調和之言，於義爲得」。引之案，師古說非，諸家及韋李之說皆是也。韋云，勺，丁削反；藥，旅酌反者，勺藥之言適歷也。適歷，均調也。說文「𤮺，和也。从甘、厤。厤，調也」。𤮺音甘。厤音歷。周官遂師注「磿者，適歷」。疏曰「分布希疏得所，名爲適歷也」。然則均調謂之適歷，聲轉則爲勺藥。揚雄蜀都賦「乃使有伊之徒，調夫五味，甘甜之和，勺藥之羹」。論衡譴告篇「釀酒於罌，烹肉於鼎，皆欲其氣味調得也。時或鹹苦酸淡，不應口者，由人勺藥失其和也」。嵇康聲無哀樂論「太羹不和，不極勺藥之味」。張協七命「味重九沸，和兼勺藥」。皆其證矣。服虔注此賦，列或說云「以勺藥調食」。見文選注。蕭該亦云「芍藥香草，可和食」。見廣韻。師古襲用其說，遂謂勺藥主和五藏，故合之於蘭桂五味，以助諸食。不知五味之和，總謂之勺藥，故云「勺藥之和具」。若專指一物，何以得言具乎？然且歷詆諸家，妄爲音訓，斯爲謬矣。此賦及蜀都賦之勺藥，皆謂五味之和。陸璣詩疏引此，以證鄭風之勺藥，亦與師古同誤。沈欽韓曰：韓文公集鄆城聯句云「五鼎調勺藥」。注云「勺藥字，子虛賦及文選凡四見，皆音酌略。姚令威曰，後語有『仍祈卻老藥』，此當異讀」。或作「芍藥」，集韻「芍藥，調和五味也」。今案集韻十八藥，以藥爲部首，而下凡兩出：一式灼切，云藥熟皃；一力灼切，云勺藥調味也。以韓詩證之，當從李善說，而世混爲一音，皆緣師古而誤。蕭鄴嶺南節度使韋正貫神道碑云見全唐文。「拜京兆尹，京師稱難治，公能勺藥其間，安然無一事」。則見唐人文辭，猶能依據古訓，不惑俗說也。

〔七〕師古曰：脟字與臠同。焠音千內反。焠亦擩染之義耳。言臠割其肉，擩車輪鹽而食之。此蓋以譏上割鮮染輪之言也。【補注】沈欽韓曰：呂覽察今篇「嘗一脟肉，而知一鑊之味」。莊子在宥「臠卷獊囊」。劉向九歎作「脟圈」，是臠、脟同字。先謙曰：梁章鉅云，史記「焠」作「淬」。說文繫傳引亦作「淬」。說文脟與臠，分字各訓。脟字注「脅肉也，一曰脟，腸間肥也，一曰膫也」。徐鍇云，子虛賦脟割輪淬注，脟，臠也。當是借爲臠字，録設反。又臠字注「臞也，一曰切肉臠也，𦞦遣反」。又有膞字注云「切肉也」。徐鍇云，子虛賦脟割輪淬，應作此字，借脟字也，殊斬反。

〔八〕師古曰：殆，近也。

烏有先生曰：「是何言之過也！足下不遠千里，來況齊國，〔一〕王悉境內之士，備車騎之衆，〔二〕與使者出田，乃欲戮力致獲，以娛左右也，〔三〕何名爲夸哉！問楚地之有無者，願聞大國之風烈，先生之餘論也。〔四〕今足下不稱楚王之德厚，而盛推雲夢以爲驕，奢言淫樂而顯侈靡，竊爲足下不取也。〔五〕必若所言，固非楚國之美也。有而言之，是章君之惡也；無而言之，是害足下之信也。章君惡，傷私義，〔六〕二者無一可，而先生行之，必且輕於齊而累於楚矣。〔七〕且齊東陼鉅海，南有琅邪，〔八〕觀乎成山，〔九〕射乎之罘，〔一〇〕浮勃澥，〔一一〕游孟諸，〔一二〕邪與肅慎爲鄰，〔一三〕右以湯谷爲界。〔一四〕秋田乎青丘，〔一五〕仿偟乎海外，〔一六〕吞若雲夢者八九，其於匈中曾不蔕芥。〔一七〕若乃俶儻瑰瑋，異方殊類，〔一八〕珍怪鳥獸，萬端鱗崪，〔一九〕充仞其中者，不可勝記，禹不能名，卨不能計。〔二〇〕然在諸侯之位，不敢言游戲之樂，苑囿之大；先生又見客，〔二一〕是以王辭不復，〔二二〕何爲無以應哉！」

〔一〕師古曰：言有惠賜而來也。【補注】先謙曰：文選作「貺」，引郭璞曰「言有惠貺也」。史記正文並郭注作「況」。

〔二〕師古曰：悉，盡也。

〔三〕師古曰：謙不斥言使者，故指云其左右也。【補注】先謙曰：戮讀若勠。

〔四〕張晏曰：願聞先賢之遺談美論也。師古曰：此説非也。先生即謂子虛耳。下又言先生行之，豈先賢也？

〔五〕【補注】朱一新曰：文選「驕」作「高」。李善注引郭璞曰「以爲高談也」。奢屬下讀，引郭璞曰「奢，闊也」。文義甚明，此誤。先謙曰：史記亦作「高」。

〔六〕師古曰：非楚國之美，是章君惡；害足下之信，是傷私義也。【補注】先謙曰：文選無「有而言之」十字。李善注「非楚國之美，彰君惡也；害足下之信，傷私義也。本或云，有而言之，是彰君之惡者，非也」。先謙案：據顏注，則漢書亦本無此十字。必若所言，亦即有而言之也，淺學不察，妄加入耳。史記有此二句，亦後人所加。

〔七〕師古曰：言楚使者失辭，自爲累重，而於齊無所負檐，故云輕也。累音力瑞反。【補注】先謙曰：文選注「使者失辭，爲輕於齊，使非其人，爲累於楚也」。較顔説爲長。檐、擔通作字。

〔八〕蘇林曰：小州曰陼。張揖曰：琅邪，臺名也，在勃海間。師古曰：東陼鉅海，東有大海之陼。字與渚同也。【補

注】齊召南曰：按琅邪在東海濱，不在勃海，張揖注譌。地理志云「琅邪郡，琅邪，越王嘗治此，起臺館」。自齊國言之在南，若如揖說，反在齊北境矣。先謙曰：史記「陼」作「有」。正義云「琅邪，山名，在密州東南百三十里。琅邪臺在山上」。官本注「州」作「洲」，俗字。

〔九〕張揖曰：觀，闕也。成山在東萊不夜縣，於其上築宮闕。師古曰：觀音工喚反。【補注】沈欽韓曰：紀要「成山在登州府文登縣東北百五十里海濱，斗入海中」。先謙曰：錢東垣云，詩唐風「噬肯來游」，毛傳訓游爲觀。孟子云「吾何修而可以比于先王觀也」，趙岐訓觀爲游。此觀字亦當作游解，方與下三句相協。張揖、郭璞、張守節、李善並以觀爲闕，非。官本注「土」作「上」，是。

〔一〇〕晉灼曰：之罘山在東萊腄縣，射獵其上也。師古曰：腄音直瑞反，又音誰。【補注】先謙曰：集解引漢書音義曰「之罘山在牟平縣，射獵其上也」。與此不同。

〔一一〕師古曰：勃澥，海別枝也。澥音蟹。【補注】先謙曰：此注史記引作漢書音義，文選引作應劭說。此「師古」當爲「應劭」。索隱云「案齊都賦云『海旁曰勃，斷水曰澥』也」。

〔一二〕文穎曰：宋之大澤也，故屬齊。

〔一三〕郭璞曰：肅慎，國名，在海外也。師古曰：邪讀爲左，謂東北接也。【補注】先謙曰：「左」，官本作「斜」，是。引宋祁曰，注文「斜」或作「衺」。

〔一四〕師古曰：湯谷，日所出也。許慎云「熱如湯也」。【補注】劉奉世曰：「右」當爲「左」。先謙曰：文選注引司馬彪曰「湯谷，日所出也，以爲東界也」。善曰「言爲東界，則右當爲左字之誤也」。劉氏承用其說。

〔一五〕服虔曰：青丘國在海東三百里。【補注】郭嵩燾曰：東方朔十洲記「長洲一名青丘，在南海辰巳之地」。北史隋紀「青丘之表，咸脩職貢」。蓋即本此。杜甫詩「澶漫山東一百州，削成如案抱青丘」。蓋今蓬萊諸島在海中者。服虔以爲國者，誤。先謙曰：梁章鉅云淮南子本經訓「堯繳大風於青丘之澤」。呂覽求人篇「禹東至鳥谷青丘之鄉」。海外東經、大荒東經並有青丘國。逸周書王會解注「青丘，海東地名」。先謙案：正義引郭云「青丘，山名，上有田，亦有國，出九尾狐，在海外」。案，青丘之山所在，郭未確指，其後説與服同，當以郭嵩燾説爲是。

〔一六〕師古曰：仿音旁。

〔一七〕張揖曰：蔕芥，刺鯁也。師古曰：蔕音丑介反。【補注】先謙曰：索隱引郭璞云「言不覺有也」。「其於」，文選作「於其」。

〔一八〕師古曰：俶儻猶非常也。俶音吐歷反。【補注】先謙曰：廣雅「俶儻，卓異也。俶讀與倜同」。説文「倜儻，不羈也」。

〔一九〕師古曰：崒與萃同。萃，集也。如鱗之集，言其多也。【補注】先謙曰：史記「崒」作「萃」。

〔二〇〕張揖曰：禹爲堯司空，辨九州名山，別草木。禼爲堯司徒，敷五教，率萬事。師古曰：言其所有衆多，雖禹、禼之賢聖，不能名而數之也。【補注】先謙曰：「仞」與「牣」同，文選作「牣」。

〔二一〕師古曰：見猶至也。言至此國爲客也。若今人自稱云見顧、見至耳。【補注】先謙曰：「見至」，官本作「見眷」。索隱、文選注竝引如淳曰「見賓客禮待故也」。案如説是。見客，猶言見禮於王耳。顔訓客爲實字，非。

〔二二〕師古曰：復，反也，謂不反報也。

亡是公听然而笑曰：〔一〕「楚則失矣，而齊亦未爲得也。夫使諸侯納貢者，非爲財幣，所以述職也；〔二〕封疆畫界者，非爲守禦，所以禁淫也。〔三〕今齊列爲東蕃，而外私肅慎，〔四〕捐國隃限，越海而田，〔五〕其於義固未可也。且二君之論，不務明君臣之義，正諸侯之禮，徒事爭於游戲之樂，苑囿之大，欲以奢侈相勝，荒淫相越，此不可以揚名發譽，而適足以㝵君自損也。〔六〕

〔一〕師古曰：听，笑貌也，音斷，又音牛隱反。

〔二〕郭璞曰：諸侯朝於天子曰述職。師古曰：述，循也，謂順行也。

〔三〕郭璞曰：天下有道，守在四夷。立境界者，欲以禁絶淫放耳。師古曰：彊讀曰疆。

〔四〕郭璞曰：私與通也。

〔五〕師古曰：捐，棄也，謂田於青丘也。【補注】先謙曰：史記、文選「隃」作「踰」，本書通用。

〔六〕師古曰：㝵，古貶字。【補注】先謙曰：史記作「貶」。文選注引「師古説」作「晉灼」。説文巢部「㝵，傾覆也。從寸，臼覆之。寸，人手也。從巢省」。杜林説以爲貶損之貶。

「且夫齊楚之事又烏足道乎！〔一〕君未覩夫巨麗也，〔二〕獨不聞天子之上林乎？左蒼梧，右西極，〔三〕丹水更其南，〔四〕紫淵徑其北。〔五〕終始霸産，出入涇渭，〔六〕酆鎬潦潏，紆餘委蛇，經營其内。〔七〕蕩蕩乎八川分流，相背異態，〔八〕東西南北，馳騖往來，〔九〕出乎椒丘之闕，〔一〇〕行乎州淤之浦，〔一一〕徑乎桂林之中，〔一二〕過乎泱莽之壄，〔一三〕汨乎混流，順阿而下，〔一四〕赴隘陿之口，〔一五〕觸穹石，激堆埼，〔一六〕沸乎暴怒，〔一七〕洶涌彭湃，〔一八〕滭弗宓汩，〔一九〕偪側泌瀄，〔二〇〕横流逆折，轉騰潎洌，〔二一〕滂濞沆溉，〔二二〕穹隆雲橈，〔二三〕宛潬膠盭，〔二四〕踰波趨浥，涖涖下瀨，〔二五〕批巖衝擁，奔揚滯沛，〔二六〕臨坻注壑，瀺灂霣隊，〔二七〕沈沈隱隱，砰磅訇礚，〔二八〕潏潏淈淈，湁潗鼎沸，〔二九〕馳波跳沫，汨㴔漂疾，〔三〇〕悠遠長懷，寂漻無聲，〔三一〕肆乎永歸。〔三二〕然後灝溔潢漾，〔三三〕安翔徐佪，〔三四〕翯乎滈滈，〔三五〕東注大湖，〔三六〕衍溢陂池。〔三七〕於是蛟龍赤螭，〔三八〕䱭䲛漸離，〔三九〕鰅鰫鰬魠，〔四〇〕禺禺魼鰨，〔四一〕揵鰭掉尾，振鱗奮翼，〔四二〕潛處乎深巖。〔四三〕魚鼈讙聲，萬物衆夥〔四四〕。明月珠子，的皪江靡，〔四五〕蜀石黄碝，水玉磊砢，〔四六〕磷磷爛爛，采色澔汗，〔四七〕叢積乎其中。鴻鷫鵠鴇，駕鵞屬玉，〔四八〕交精旋目，〔四九〕煩鶩庸渠，〔五〇〕箴疵鵁盧，〔五一〕羣浮乎其上。汎淫氾濫，隨風澹淡，〔五二〕與波摇蕩，奄薄水渚，〔五三〕唼喋菁藻，咀嚼菱藕。〔五四〕

〔一〕師古曰：烏，於何也。道，言也。

〔二〕師古曰：巨，大也。麗，美也。

〔三〕文穎曰：蒼梧郡屬交州，在長安東南，故言左。爾雅曰，西至于豳國爲西極，在長安西，故言右也。【補注】吴仁傑曰：檀弓言舜葬于蒼梧之野，注謂零陵是其地。零陵在長安之南，不得云左。按山海經「都州在海中，一曰郁州」。郭注「今在東海朐縣，世傳此山自蒼梧從南徙來，上皆有南方物」。崔季珪敘遂初賦云「郁州者，故蒼梧之山也」。輿地廣記云「郁州山一名蒼梧」。不知相如果用此事否？不然，當作「蒼海」，如甘泉賦所用乃當。

〔四〕應劭曰：丹水出上洛冡領山，東南至析縣入鈞水。師古曰：更，歷也，音工衡反。【補注】吴仁傑曰：注指丹水爲弘農丹水縣，其地之相去，與蒼梧西極紫淵不類。且天子以四海爲境，八藪爲囿，亡是公方侈而張之，豈肯近取三輔而止？按山海經「南有丹穴之山，丹水出焉，而南流注于海」。甘泉賦亦云「東燭滄海，西燿流沙，北爌幽都，南煬丹崖」。二賦皆指丹穴之水言之，以其在長安極南之境故也。先謙曰：吴説是也。官本注「冡」作「冢」，是。

〔五〕文穎曰：西河有穀羅縣有紫澤，在縣西北，於長安爲在北也。【補注】先謙曰：官本注「河」下無「有」字，是。官本考證「按地理志穀羅武澤在西北」。據文此注，則彼「武」字譌也。正義引山海經云「紫淵水出根耆之山，西流注河」。

〔六〕師古曰：霸水出藍田谷，西北而入渭。産水亦出藍田谷，北至霸陵入霸。二水終始盡於苑中，不復出也。涇水出安定涇陽开頭山，東至陽陵入渭。渭水出隴西首陽縣鳥鼠同穴山，東北至華陰入河。從苑外來，又出苑去也。开音牽，又音口見反。【補注】先謙曰：注本張揖，見索隱引。

〔七〕應劭曰：潦，流也。潏，涌出聲也。張揖曰：豐水出鄠南山灃谷，北入渭。鎬在昆明池北。潦，行潦也。又有潏水，出南山。晉灼曰：下言八川，計從丹水以下至潏，除潦爲行潦，凡九川。從霸産以下，爲數凡七川。潏音決。潏，水涌出聲也。除潦潏下爲水，餘適八，下言經營其内，於數則計其外者矣。師古曰：應、晉二説皆非也。張言潦爲行潦，又失之。潦音牢，亦水名也，出鄠縣西南山潦谷，而北流入於渭。上言「左蒼梧，右西極，丹水更其南，紫泉徑其北」，皆謂苑外耳。丹水、紫泉非八川數也。霸、産、涇、渭、豐、鎬、潦、潏，是爲八川。言經營其内，信則然矣。潏，晉音是也。地里志「鄠縣有潏水，北過上林苑入渭」。而今之鄠縣則無此水。許慎云「潏水在京兆杜陵」。此即今所謂沈水，從皇子陂西北流經昆明池入渭者也。蓋爲字或作水旁穴，與沈字相似，俗人因名沈水乎？將鄠縣潏水今則改名，人不識也。但八川之義，實在於斯耳。【補注】沈欽韓曰：長安志「豐水出長安縣西南五十里終南山豐谷，其源闊十五步，其下闊六十步，水深三尺，自鄠縣界來，入縣界，由馬坊村入咸陽縣西十一里，流至宋村入渭。鎬水出長安縣西北十八里鎬池。澇水在鄠縣西二里。文選注，潦水即澇水也。潏水在長安縣南一十里，自萬年縣界流入長安縣」。張禮遊城南記注「潏水今不至皇子陂。水經注「沈水上承皇子陂于樊川」。由瓜州村附神禾塹，上穿申店，而其原愈高，鑿原而通，深至八九十尺，俗謂之坑河是也」。先謙曰：官本注無「潏晉音是也」五字。「灃」作「澧」是。「豐」亦作「灃」。「牢」下無「亦」字。「里」作「理」。「穴」作「宂」。坑河，蓋沈河傳寫誤。

〔八〕郭璞曰：變態不同也。【補注】先謙曰：索隱引潘岳關中記曰「涇、渭、霸、滻、豐、鎬、澇、潏，上林賦所謂八川分流也」。文選注引「澇」作「潦」，足證上顏説之塙。

〔九〕郭璞曰：言更相錯涉也。師古曰：來音盧代反。【補注】先謙曰：來如字讀，不煩改音。

〔一〇〕服虔曰：丘名也，兩山俱起，象雙闕者。【補注】沈欽韓曰：離騷「馳椒丘且焉止息」。王逸曰「土高四墮曰椒丘」。按三國志華歆傳注，虞溥江表傳曰「孫策在椒丘，遣虞翻説歆」。寰宇記「椒丘城在洪州北，水路屈曲一百四十八里」。先謙曰：此指關内八川，非上蒼梧、西極、丹水、紫淵之比，不得遠引豫章，亦如下桂林、太湖，不能汎指他所也。史記索隱引如淳云「丘多椒也」，亦屬臆説。當從王逸爲訓。其義又見廣雅椒丘四語，以八川出入苑内外經行之地，約略言之。

〔一一〕師古曰：水中可居者曰州。淤，漫也。浦，水涯也。淤音於庶反。【補注】先謙曰：文選注引方言曰「水中可居者曰洲，三輔謂之淤也」。

〔一二〕如淳曰：桂樹之林也。【補注】先謙曰：集解引郭璞，文選注引張揖，竝舉南海經桂林爲證，誤。

〔一三〕張揖曰：山海經所謂大荒之野也。師古曰：凡言此者，著水流之長遠也。泱音烏朗反。【補注】先謙曰：莽、漭同。文選海賦「泱漭瀇汻」。注「泱漭，廣大也」。此言廣大之壄耳，不煩遠引山海經。

〔一四〕師古曰：汩，疾貌也。混流，豐流也。曲陵曰阿。汩音于筆反。混音下本反。【補注】先謙曰：「混」，史記作「渾」，古通用。説文混下云「豐流也」。此顔説所本。渾下云「渾，流聲也」。文選注引郭璞曰「混，并也」。先謙案，荀子非十二子篇注「混然，無分別之貌」。八川合流，故曰混。豐流，言流之盛。方言「渾，盛也」。

〔一五〕師古曰：兩岸間相迫近者也。隘音於懈反。陿音狹。

〔一六〕張揖曰：穹石，大石也。埼，曲岸頭也。師古曰：堆，高阜也，音丁回反。埼音巨依反。【補注】先謙曰：集解引郭璞曰「堆，沙堆」。蓋沙壅而成曲岸，水遇之則激起，正與穹石對文。顔以高阜釋堆，與埼爲二義。詁字雖是，證文則非。

〔一七〕郭璞曰：沸，水聲也，音拂。【補注】先謙曰：官本無「音拂」二字。

〔一八〕師古曰：洶涌，跳起也。彭湃，相戾也。洶音許勇反。湃音普拜反。【補注】先謙曰：顔注本司馬彪，見文選注引，「相」上有「波」字。説文「洶，涌也。涌，滕也」。「彭湃」，史記作「滂濞」。彭、旁古通，故澎亦爲滂。下「滂濞」，史記又作「澎濞」。玉篇澎下云「澎、浡、滂、沛也」。湃即沛字音轉異文。説文無湃字。洶涌，謂水之上滕。澎湃，謂水之旁溢。

〔一九〕蘇林曰：滭音畢。宓音密。師古曰：滭弗，盛貌也。宓汩，去疾也。汩音干筆反。【補注】先謙曰：顔注本司馬彪，見文選注引。官本「干」作「于」，是。史記「弗宓」作「浡滵」。説文「沸」下云：「畢沸、濫泉，即詩之『觱沸檻泉』」。詩毛傳「觱沸，泉出貌」。觱沸、滭弗，字義竝同。説文「宓」下云「安也」。周語「決汩九川」，韋昭注「汩，通也」。滭弗，謂水盛出。宓汩，言水勢稍平處得安通也。

〔二〇〕郭璞曰：泌瀄音筆擳。師古曰：偪側，相逼也。泌瀄，相楔也。偪字與逼同。楔音先結反。【補注】先謙曰：「偪側」，史記作「湢測」。顔説本司馬彪集解。文選注引「相逼」竝作「相迫」。官本「楔」作「揳」，史記、文選注同。案揳同擊，史記貨殖傳「揳鳴琴」，後漢申屠剛傳「尚書近臣至，乃捶揳牽曳於前」。義竝作擊。

〔二一〕孟康曰：轉騰，相過也。潎洌，相撇也。師古曰：潎音匹列反。洌音列。撇又音普結反。【補注】先謙曰：説文「潎，於水中擊絮也」。「洌，水清也」。玉篇「潎，漂潎也」。方言「潎，清也」。蓋擊絮水中，跳轉迸散，清洌尤甚，故取以狀橫流逆折之水也。

〔二二〕郭璞曰：滂音旁。濞音匹祕反。溉音胡慨反。皆水流聲貌。師古曰：沆音胡朗反。【補注】先謙曰：史記「滂」作「澎」，「溉」作「瀣」。索隱「瀣」亦作「溉」。司馬彪云「沆溉，徐流也」。郭璞云「鼓怒鬱鯁之貌也」。案説文「滂」下云「沛也」。「濞」下云「水暴至聲」。沆溉，郭説是，猶言忼慨也。

〔二三〕師古曰：橈，曲也。言水急旋回，如雲之屈曲也。橈音女教反。【補注】先謙曰：言水勢起伏，乍穹然而上隆，旋如雲而低曲也。顔説本服虔，見索隱引。

〔二四〕郭璞曰：憤薄相樛也。師古曰：宛音婉。潬音善。盭，古戾字。【補注】先謙曰：史記作「蜿灗膠戾」，索隱引司馬彪云「蜿𧏊，展轉也」。膠戾，邪曲也」。音宛、善、交、戾四音。先謙案：宛憚猶蜿蜒，狀水勢之緜遠。

〔二五〕郭璞曰：踰，躍也。浥，宂陷也。涖涖，聲也。師古曰：浥音於俠反。涖音利。瀨，疾流也。【補注】先謙曰：文選注引司馬彪云「踰波，後波淩前波也」。趨浥，輸於淵也」。先謙案，說文「浥」下云「溼也」。趨浥，猶易言「流溼就下之意也」。說文「瀨」下云「水流沙上也」。「涖涖」，史記作「莅莅」。

〔二六〕師古曰：批，反擊也。擁，曲限也。言水觸批巖崖而衝限曲，則奔揚而滯沛然也。批音步結反。滯音丑制反。沛音普蓋反。【補注】先謙曰：顏說批擁二字，本司馬彪，見正義引。梁章鉅云：「批」當作「𢪃」。說文「𢪃，反手擊也」。無批字。先謙案，「擁」，史記作「壅」。索隱引郭璞云「滯沛，水灑散貌」。案說文「滯」下云「凝也」。與沛義不相屬。此蓋言水觸巖衝壅，奔而忽揚，滯而仍沛也。

〔二七〕師古曰：坻謂水中隆高處也。秦風終南之詩曰「宛在水中坻」。坻音遲。瀺音士咸反。灂音才弱反，又音仕角反。霣即隕字。隊音直類反。【補注】先謙曰：文選注引字林云「瀺灂，小水聲也」。隊即墜字。

〔二八〕師古曰：砰音普冰反。磅音普萌反。訇音呼宏反。礚音口蓋反。皆水流鼓怒之聲也。【補注】先謙曰：梁章鉅云：「廣雅釋詁『砰磅砿礚，聲也』，當即釋此。案文選注『沈沈，深貌也。隱隱，盛貌也』。沈沈，史記作『湛湛』。隱隱，言水聲殷然也，與下四字義貫。文選閒居賦『煌煌乎，隱隱乎』，注『隱隱，一作殷殷，音義同』。李於深、盛下加貌爲訓，轉隔」。

〔二九〕郭璞曰：皆水微轉細涌貌也。淈音骨。湁音勑立反。師古曰：潏音決。潗音子入反。言水之流如爨鼎沸也。【補注】先謙曰：梁章鉅云：「說文『湁，湒濃也。从水拾聲』。徐鍇曰『上林賦湁湒鼎濃，又濃，涫也』。徐鍇曰『沸也。相如上林賦，湁潗鼎濃如此作也』」。先謙案，說文「潏」下云「涌出也」。「淈」下云「水出貌」。索隱引周成雜字云「湁潗，水沸之貌也」。據說文及繫傳，是「潗」亦作「湒」。「沸」當作「濃」。

〔三〇〕晉灼曰：㴔音華給反。郭璞曰：㴔音許立反。師古曰：言水波急馳而白沫跳起，汩㴔然也。汩音于筆反。㴔，晉、郭二音皆通。漂音匹姚反。【補注】先謙曰：「泪」誤，官本作「汩」。「然也」上「㴔」字，官本作「急」，「姚」作「遥」。索隱引郭璞云「汩㴔，急轉貌也」。

〔三一〕郭璞曰：懷亦歸，變文耳。漻音聊。師古曰：言長流安靜。【補注】先謙曰：郭說與下「肆乎永歸」意複。釋言「懷，來也」。文選注引說文曰「漻，清深也」。

〔三二〕【補注】先謙曰：安然而長往也。

〔三三〕郭璞曰：皆水無涯際貌。師古曰：灝音浩。溔音弋少反。潢音胡廣反。漾音弋丈反。肆，放也。言水放流而長歸也。【補注】先謙曰：玉篇「浩溔，水無際也」。文選江賦「沆瀁皛溔」。注「皛溔，深白之貌」，不當作「灝」。說文「灝」下云「豆汁也」，「潢」下云「積水池」，集韻增韻引作「積水也」。文選登樓賦注引韓詩章句云「漾，長也。言水盛積而長流」。

〔三四〕郭璞曰：言運轉也。【補注】先謙曰：「佪」，文選作「回」。

〔三五〕郭璞曰：水白光貌也。師古曰：翯音胡角反。滈音鎬。

〔三六〕郭璞曰：大湖在吳縣，尚書所謂震澤也。【補注】齊召南曰：按此大湖自指關中巨澤言之，非吳地震澤也。顏引郭說，非是。凡巨澤瀦水，俱可稱大湖，不必震澤。

〔三七〕郭璞曰：言溢溢而出也。陂池，江旁小水。

〔三八〕文穎曰：龍子爲螭。張揖曰：赤螭，雌龍也。如淳曰：螭，山神也，獸形。師古曰：許慎云「离，山神也」。字則單作，螭形若龍，字乃從虫。此作螭，別是一物，既非山神，又非雌龍、龍子，三家之說皆失之。虫音許尾反。【補注】劉奉世曰：尋師古之說，既不以三家爲然，則是螭字本不從虫也，故云別是一物矣。後人誤，並注改從虫，非也。洪亮吉曰：螭與彲同。齊世家「非龍非彲」，文選注引歐陽尚書說「螭，猛獸也」，說文「螭若龍而黃」，廣雅「無角曰螭」，廣韻「螭若龍，無角而黃」，則螭蓋似龍而無角者。此云「赤螭」，揚雄解難言「絳螭」，則螭非盡黃色可知。

王念孫曰：呂覽舉難篇「龍食乎清而游乎清，螭食乎清而游乎濁」，高注「螭，龍之別也」。自「蛟龍赤螭」以下九句，皆指水族言之，且赤螭與蛟龍連文，則螭爲龍屬甚明，若山神獸形之离，則非其類矣。而師古乃云，既非山神，又非雌龍、龍子，則果爲何物乎？先謙曰：正義云，文、張二説皆非。廣雅云「有角曰虯，無角曰螭」。按此皆龍類而非龍。先謙案，正義之文與顏注所云「非雌龍、龍子」合，顏謂「离山神也，字則單作离形，謂字形作「离」也。今本作「螭形」，誤。官本作「离」。若龍子，乃從虫作螭」，「龍子」各本皆誤「龍字」。此據文氏「龍子爲螭」之説，以正如氏詁字之謬。又云「此別是一物，既非山神，又非雌龍、龍子」，則謂螭乃龍類而非龍，與正義同意，併文、張二説正之也。後人傳寫，譌「龍子」爲「龍字」，倒「此」字於「作螭」之上，遂無能通其説者矣。此螭乃水族，洪引猛獸之螭以釋之，非。

〔三九〕李奇曰：周洛曰鮪，蜀曰䱍鱣，出鞏山穴中，三月遡河上，能度龍門之限，則得爲龍矣。漸離，未聞。師古曰：䱍音工鄧反。鱣音莫鄧反。【補注】沈欽韓曰：御覽九百三十六魏武四時食制曰「䱍鱣一名黃魚，大數百斤，骨輭可食，出江陽犍爲」。邵晉涵爾雅正義「今呼爲鱘鰉魚」。先謙曰：「漸」，史記作「螹」。案「䱍」避宋諱闕筆，官本作「䱍」。説文「䱍」下云「魧也」。周禮謂之䱍」。「螹」下云「螹離也」。類篇「螹䗍，龍無角」。文選注引司馬彪云「漸離，魚名也」。

〔四〇〕如淳曰：鰅音顒。鰬音乾。魠音託。郭璞曰：鰫音常容反。鰅魚有文采。鰫似鰱而黑。鰬似鱓。魠，鰔也，一名黃頰。師古曰：鰅，如音是也。鰫、鰬、魠，郭説是也。鱓音善。鰔音感也。【補注】宋祁曰：注末「感」字當作「咸」，「也」字當刪。沈欽韓曰：「鰫」，史記作「鱅」。東山經「旄山多鰫魚」。本草拾遺以爲即鱅魚。李時珍云「此魚中之下品，蓋魚之庸常以供饈食者」。又東山經「食水中多鱅鱅之魚，其狀如犁牛，其音如彘鳴」，蓋即下文「禺禺」也。通雅「鰫如鰱而黑」，則鱮類也。廣雅「大鰈謂之鰬」。中山經「番條之山，減水中多鰔」。郭注云「一名黃頰」。東山經亦作「鰔魚」。玉篇「鰔，黃魚也」。李時珍云「鰔生江湖中，體如鯮而腹平，頭似鯇而口大，頰似鮎而色黃，鱗似鱒而稍細，大者三四十斤，啖魚最毒，池中有此，不能畜魚。亦名鮐魚」。先謙曰：說文「鰅」下云「魚名，皮有文，出樂浪東暆。神爵四年，初捕收輸考工。周成王時，揚州獻鰅」。案周書王會篇「揚州禺禺」。許氏以爲與鰅一物。據相如此賦，是二物也。其云皮有文，與郭說合。說文鰫下、鱅下竝云「魚名」。應是二魚。史記「鰫」作「鱅」，疑二書必有一誤。陳藏器本草「鱅魚，嶺南人作鮑魚」。劉元紹云「其臭如屍，海人食之。所謂海上有逐臭之夫也」。集解引漢書音義曰「鰀似鯉而大也」。廣雅「鮜，鰈也。大鯉謂之鰀」。說文「鰈」下云「鱧也」。「鱧」下云「鱯也」。玉篇「鱯似鮎而大」。本草蜀本圖經「鮧魚有二種：口腹俱大者名鱯，背青而口小者名鮎」。說文「鮷」下云「大鮎也」。廣雅「鮷，鮎也」。字或作鮧」。先謙案：說文無「鰀」字。鮎、鰀音近。故轉寫作鰀，與鱯、鮷實一物也。說文「魠」下云「哆口魚也」。韓詩外傳「魚之哆口垂腴者，魚畏之」。廣雅「鯸鮔、河鯳、魧、鱅，魠也」。桂馥據類篇引博雅云「鯸鮔，魨也」，以爲今本「魨」誤作「魠」。案魨即俗所謂河豚，魠魚有毒似之，今本未必誤也。說文無鰄、鱤二字。山經、玉篇竝作「鱤」，則顏音感不誤。宋祁謂感當作咸，弗深考耳。

〔四一〕如淳曰：鮭音去魚反。晉灼曰：鰨音奴搨反。郭璞曰：禺禺魚皮有毛，黃地黑文。鮭，比目魚也，狀似牛脾，細鱗紫色，兩相合乃得行。鰨，鯢魚也，似鮎，有四足，聲如嬰兒。師古曰：禺音隅，又音顒。鯢音五奚反。鮎音乃兼反。【補注】沈欽韓曰：王會解「揚州禺禺」，徐廣曰「魚牛也」。詳上文。爾雅「比目魚謂之鰈」。玉篇「鮭亦作鰈」。嶺表録異「比目魚，南人謂之鞋底魚，江淮謂之拖沙魚」。鰨，廣雅作「魶，鯢也」。玉篇「鰨魚似鼈無甲」。廣韻作「鰨」，與郭解同。蓋一物也。山海經作「鮨」，又作「鯑」。先謙曰：禺禺，即東山經所謂鱅鱅之魚，沈說是。鱅鱅乃叚借字，與上文鱅別一物也。「鮭鰨」，史記作「鱋魶」。集解引徐廣曰：「鱋，一作『鮭』，魶，一作『鰨』」。又引漢書音義曰：「鮭，比目魚也。魶，鯢魚。」先謙案，說文「鰨」下云「虛鰨也」。戴侗云「薄魚昜土而行者，今謂之鰨鰻」。說文「鯢」下云「刺魚也」。「刺」，集韻作「鯻」，音辢。鰨、鯻蓋音轉異文。宋玉對楚王問所謂「尺澤之鯢」也。

〔四二〕師古曰：揵，舉也。鰭，魚背上鬣也。掉，搖也。揵音鉅言反。掉音徒釣反。【補注】先謙曰：「掉」，史記作

「擢」。文選注引高唐賦曰「振鱗奮翼」。

〔四三〕郭璞曰：隱岸底也。【補注】先謙曰：文選注引「底」作「坻」。

〔四四〕師古曰：讙，譁也。夥，多也。讙音許元反。夥音下果反。

〔四五〕應劭曰：明月珠子生於江中，其光耀乃照於江邊也。師古曰：皪音歷。的皪，光貌也。江靡，江邊靡迆之處也。迆音弋爾反。【補注】沈欽韓曰：吴都賦「濯明月于漣漪」，注云「濯光珠于麗水」。又郭璞江賦「玉珧海月」，注「臨海水土物志曰，海月，大如鏡，白色，正圓」。嶺表録異「海鏡，廣人呼爲膏葉盤，兩片合以成形，殼圓，中甚瑩滑，日照如雲母光，內有少肉如蚌胎，腹中有小蟹子，其小如黄豆，而螯足具備。海鏡飢，則蟹出拾食，蟹飽歸腹，海鏡亦飽」。則明月乃海月也，珠子謂蚌也。江賦「瓊蚌晞曜以瑩珠」。先謙曰：明月、珠子二物，沈説是。「的皪」，史記作「玓瓅」。文選注引應劭曰「靡，邊也」，集解引郭璞曰「靡，崖也」，顔説非。

〔四六〕張揖曰：蜀石，石次玉者也。郭璞曰：碝石黄色。水玉，水精也。師古曰：碝音如兖反。磊音洛賄反。砢音洛可反，又音可。【補注】先謙曰：文選注引山海經曰「堂庭之山，其上多水玉」。郭璞曰：磊砢，魁壘貌也。

〔四七〕郭璞曰：皆玉石符采映曜也。師古曰：磷音丞。澔音浩。

〔四八〕張揖曰：䴈，大鳥也。郭璞曰：鷫，鷫鷞也。鴇似雁而無後指。屬玉似鴨而大，長頸赤目，紫紺色。鷫音肅。鴇音保。師古曰：䴈，古鴻字。鴇即今俗呼爲獨豹者也。豹者，鴇聲之譌耳。駕音加。屬音之欲反。鷞音霜。【補注】吴仁傑曰：案馬融解肅爽云「雁也，其羽如練，高首而脩頸」。高誘亦曰「鷫鷞緑身，其形似雁」。則知鷫鷞雁屬而緑羽者耳。西京賦直以爲雁，云「鷫鷞鶬鴰，駕鵝鴻鶤，上春候來，季秋就温，南翔衡陽，北棲雁門」是也。西京雜記「司馬相如以所服鷫鷞裘市酒」。蓋用水鳥緑羽爲飾，如鷸冠之比。先謙曰：「䴈」，文選、史記作「鴻」。説文「䴈」下云「琟或从鳥」。「琟」下云「鳥肥大，琟琟也。从鳥工聲」。「鴻」下云「鴻鵠也。从鳥江聲」。則作鴻爲是。説文「鵠」下云「鴻，鵠也」。桂馥云「一切經音義引作『黄鵠也』」。又云『形如鶴，色蒼黄也』」。西都賦注引同。

玉篇「鵠，黄鵠，仙人所乘」。急就篇「鳳、爵、鴻、鵠、雁、鶩、雉」。顔注鴻、鵠分釋云「鵠，黄鵠也，一舉千里，其鳴聲鵠鵠云」。蜀都賦「其中則有鴻儔鵠侶」。亦鴻、鵠分言，其白者爲鴻鵠，以别於黄鵠。急就篇顔注「鴻，水鳥，其色正白」，莊子天運篇「鵠不日浴而白」，漢書司馬相如傳「弋白鵠」，皆謂鴻也」。先謙案，鴻、鵠異類同性，桂説甚晰。此賦亦以鴻、鵠爲二物。然名稱相溷，自昔然矣。鷫，吴説是。説文「鷫，或體𪇴」，引「司馬相如説，從鳥叜聲」。許引相如説，備在諸篇。疑此賦「鷫」本作「𪇴」，後人傳寫改之也。急就篇「鷹、鷂、鴇、鴰、鷖、雕、尾」，顔彼注同。段成式酉陽雜俎「獨豹，鴇也，遇鷙鳥能激糞禦之，糞著毛悉脱」。「駕」，説文作「駉」，下云「駉鵞也」，「鵞」下亦云「駉鵞也」。顧炎武云：爾雅「舒雁，鵞」，注「今江東呼鳴」，鳴即駕字。先謙案，鳴、駕音轉異文。「屬玉」，史記作「鸀鳿」，正義引郭注同，又云「辟水毒，生子在深谷澗中，若時有雨，鴨雌者生子，善鬭。江東呼爲燭玉」。

〔四九〕郭璞曰：交精似鳧而脚高，有毛冠，辟火災。旋目，未聞也。師古曰：今荆郢間有水鳥，大於鷺而短尾，其色紅白，深目，目旁毛皆長而旋，此其旋目乎？【補注】先謙曰：史記作「鵁鶄䴉目」。禽經「旋目其名䴉，方目其名鴋，交目其名鳽」。説文「鳽」下云「鵁鶄也」，是交精即鵁盧矣。詳下「鵁盧」注。「此其旋目乎」，正義引作「此其是乎」。

〔五〇〕郭璞曰：煩鶩，鴨屬也。庸渠似鳧，灰色而雞脚，一名章渠。鶩音木。師古曰：庸渠即今之水雞也。【補注】沈欽韓曰：西山經「松果山有鳥曰螐渠，其狀如山雞，黑身赤足」，郭云「螐音彤日之彤」，即此「庸渠」也。與爾雅即鴝名䳅渠者異物。按今太湖邊有水鳥，黑色如雞者，土人呼爲樟雞。先謙曰：「庸渠」，史記作「鱅䲧」。集解引徐廣曰「煩鶩，一作番䳗」。又引漢書音義曰「煩鶩，鳧也。鷛䲧似鶩，灰色而雞足」。先謙案，説文「鶩」下云「舒鳧也」。周禮掌畜疏云「鶩即今之鴨」。「䳗」下云「水鳥也」。劉欣期交州記「鸏鶁，水鳥，出九真交趾，大如孔雀」。與「番䳗」義合，他處無稱鶩爲煩鶩者，疑「番䳗」是也。説文「鱅」下云「鳥也」。「䲧」下云「䳅䲧也」。「鳽」下云「石鳥，一名䳅䲧，一曰精列」。案精列即脊令，聲轉也。脊令非水鳥，又無水雞之名，且説文「鱅」下但云「鳥也」，不取䳅䲧爲證，明與雎鷅異物，不得以鷛雎聲近而溷。此「庸渠」乃水鳥，沈説近是矣。

〔五一〕張揖曰：箴疵似魚虎而蒼黑色。鵁，鴢頭鳥也。盧，白雉也。郭璞曰：盧，盧鷀也。箴音針。師古曰：盧，郭説是也。白雉不浮水上。疵音貲。鵁音火交反。鴢音烏了反。鷀音慈也。【補注】宋祁曰：注文「鴢」字並當作「鳽」。何焯曰：盧是黑色，安得反爲白？非獨雉不浮也。沈欽韓曰：爾雅「鳽，頭鵁」，郭云「似鳧，腳近尾，略不能行，江東謂之魚鵁」。御覽引孫炎云「鳥鵁也」。玉篇「頭鵁爲水鳥，而不利於行」。御覽九百二十五引異物志「鸕鷀不生卵，而孕雛於池間，又吐生，多者八九，少者五六，相連而出，若絲緒。水鳥而巢高樹之上，或在窟穴之間」。先謙曰：史記作「⿰藏鳥鴜鵁鸕」。集解引漢書音義曰「⿰藏鳥鴜，蒼黑色」，是裴駰所見漢書本亦作「⿰藏鳥鴜」。説文「⿰藏鳥」下、「鴜」下並云「⿰藏鳥鴜也」。據此，「箴」當作「⿰藏鳥」，「疵」當作「鴜」。又「鵁」下云「鵁，鶄也。从鳥交聲。一曰鵁鸕也」。一切經音義三「鵁鶄，鳥名也，一名鵁鸕」。據此，鵁盧是一物，即鸕鷀也，正與箴疵爲對。張揖分爲二物，誤。「鴢」當爲「鳽」，宋説是。文選注引張揖，正作「鳽」。廣韻、集韻音坳，又音幼。

〔五二〕郭璞曰：皆鳥任風波自縱漂貌。師古曰：汎音馮。氾音敷劍反。澹音大覽反。淡音琰。【補注】先謙曰：官本注「縱」作「漎」。

〔五三〕張揖曰：奄，覆也。草叢生曰薄。郭璞曰：薄猶集也。師古曰：薄，郭説是也。言奄集陼上而遊戲。【補注】先謙曰：史記「奄」作「掩」，「水」作「草」。「陼」作「渚」，古通用字，水中小洲也。

〔五四〕張揖曰：菱，芰也。郭璞曰：菁，水草。藻，聚藻也。師古曰：唼喋，銜食也。唼音所甲反。喋音丈甲反。咀音才汝反。嚼音才削反。

「於是乎崇山矗矗，巃嵸崔巍，〔一〕深林巨木，嶄巖參差。〔二〕九嵕巀嶭，南山峩峩，〔三〕巖陁甗錡，嶊崣崛崎，〔四〕振溪通谷，蹇産溝瀆，〔五〕谽呀豁閜，阜陵別隝，〔六〕崴磈嵔廆，丘虚堀礨，〔七〕隱轔鬱𡾊，登降施靡，〔八〕陂池貏豸。〔九〕允溶淫鬻，〔一〇〕散渙夷陸，〔一一〕亭皋千里，靡不被築。〔一二〕揜以緑蕙，〔一三〕被以江離，〔一四〕糅以蘼蕪，雜以留夷。〔一五〕布結縷，〔一六〕攢戾莎，〔一七〕揭車衡蘭，〔一八〕稾本射干，〔一九〕茈薑蘘荷，〔二〇〕葴持若蓀，〔二一〕鮮支黃礫，〔二二〕蔣芧青薠，〔二三〕布濩閎澤，延曼太原，〔二四〕離靡廣衍，〔二五〕應風披靡，吐芳揚烈，〔二六〕郁郁菲菲，衆香發越，〔二七〕肸蠁布寫，晻薆咇茀。〔二八〕

〔一〕郭璞曰：皆高峻貌也。巃音籠。嵸音才總反。崔音摧。巍音五回反。師古曰：嵸音總。【補注】王念孫曰：「矗矗」二字後人所加也。「崇山巃嵸崔巍」六字連讀，後人加矗矗二字，而以崇山矗矗爲句，失之矣。史記作「崇山巃嵸，崔巍嵯峩」，文選西都賦注引作「崇山巃嵸崔巍」，皆無矗矗二字。且矗矗二字，漢書、文選皆無音釋，其爲後人所加無疑。吳都賦之「橚矗森萃」，蕪城賦之「矗似長雲」，李善皆有音釋，而此獨無，則本無矗矗二字可知。

〔二〕師古曰：嶄巖，尖鋭貌。參差，不齊也。嶄音士銜反。參音楚林反。差音楚宜反。【補注】先謙曰：「參差」，史記、文選作「嵾嵳」。

〔三〕師古曰：九嵕山今在醴泉縣界。巀嶭山即今所謂嵯峩山也，在三原縣西也。南山，終南山也。峩峩，高貌。嵕音子公反，又音總。巀音截。嶭音齧。巀嶭又音在割、五割反。峩音娥。【補注】先謙曰：集解引漢書音義曰「九嵕山在左馮翊谷口縣西，巀嶭山在池陽縣北」。

〔四〕張揖曰：嶊崣，高貌。崛崎，斗絶也。蘇林曰：嶊音頧水反。崣音卒鄙反。郭璞曰：阤，岸際也，音豸。甗錡，隆屈窊折貌。甗音魚晚反。錡音嶬。崛音掘。崎音倚。嶊音作罪反。崣字作委。師古曰：蘇、郭兩説並通。郭音作罪反，又音將水反。【補注】先謙曰：「阤」，史記、文選作「陁」，「嶊」作「摧」。李善注引司馬彪曰「陁，靡也。甗，甑也。錡，欹也，上大下小，有似欹甑也」。先謙案，釋山「重甗隒」，注「甗，甑也」。釋畜「善陞甗」，郭注「甗，山形，似甑，上大下小」，釋文「甗者，陂也」。又引顧注云「山嶺曰甗」。案詩公劉「陟則在甗」，釋文「甗本作巘」。據此，甗與巘通。張衡南都賦「坂坻巀嶭而成巘」，明巘是山嶺，故詩以陟言。訓陂非也。方言「鍑，江、淮、陳、楚之間謂之錡」，注「錡，三脚釜也」。山之嵌空玲瓏，有若錡然，與甗對文。甑、釜相類之物，故舉以爲喻。巖、阤、甗、錡四字，各爲一義，言或巖而峻，或阤而下，或如甗而巀嶭，或如錡而嵌空也。司馬彪以甗錡串讀，失之。崔、嶉通作，文選、史記竝作「嶉」。嶉崣即崔巍，字形有增省耳。甘泉賦「雲譎波詭，嶊嶉而成觀」，注「謂山林叢集也」。嶉與崣同音，即嶉崣也。莊子齊物論「山林之畏佳」，注「嵔，嶉也」。嵔、崣聲轉而異字，「嵔嶉」即「嶉崣」倒文也。説文「崛」下云「山短高也」。蜀都賦「崫巍巍以峨峨」，注「崫，特起也」。崎即説文㠊字。「㠊」下云「㠊，嶇也」。玉篇「崎嶇，山路不平也」。崛、嶇一聲之轉，是崛崎即崎嶇矣。

〔五〕張揖曰：振，拔也。水注川曰溪，注溪曰谷。蹇産，屈折也。郭璞曰：自溪及瀆，皆水相通注也。【補注】先謙曰：索隱引郭璞云「振猶灑之也」。文選注引張揖「屈折」作「詰曲」，善曰「言山石收斂溪水，而不分泄」。

〔六〕郭璞曰：谽呀豁閜，澗谷之形容也。隝，水中山也。谽音呼含反。呀音呼加反。閜音呼下反。隝音擣。師古曰：大阜曰陵，言阜陵居在水中，各別爲隝也。豁音呼活反。【補注】周壽昌曰：「閜」，文選作「閕」。郭音呵下反，似從閕爲是。下「閜砢」，閜字音烏可反，足知此閜字爲閕字之誤也。先謙曰：「谽」，文選、史記作「谺」。閕、閜雙聲，古字通用。文選注引司馬彪曰「谽呀，大貌。豁閜，空虚也」。先謙案，後漢班彪傳注引字林云「呀，大空也」，是谽呀當訓大空，文義乃足。亦作「谽㗿」，文選思玄賦「越谽㗿之洞穴兮」，注「谽㗿，大貌」。案彼以洞穴言，亦當訓大空。後漢張衡傳引思玄賦作「谽嘲」，注「谽嘲，深貌也」。嘲之爲㗿，亦猶此閕之爲閜矣。説文「閜」下云「大開也」。「谽呀豁閜」，屬上「溪谷溝瀆」言，「阜陵別隝」，與下連文。「隝」即「島」字。官本注「擣」作「禱」。

〔七〕郭璞曰：皆其形埶也。崴音於鬼反。磈音魚鬼反。㟪音惡罪反。廆音瘣。虚音墟。堀音窟。礨音磊。師古曰：磈又音於虺反。廆音胡賄反。【補注】先謙曰：史記「廆」作「瘣」，「虚」作「墟」，「堀礨」作「崫礨」。正義「嵬磈㟪瘣，皆高峻貌。丘墟崫嵔，皆堆壟不平貌」。

〔八〕郭璞曰：隱轔鬱壘，堆壟不平貌。轔音洛盡反。師古曰：壘音律。施音弋爾反。施靡猶連延也。【補注】先謙曰：官本注「壘」作「櫐」。史記作「嵂」。登降猶言高下。施同阤。

〔九〕郭璞曰：陂池，旁穨貌也。陂音皮。貏音衣被之被。師古曰：陂又音彼奇反。貏又音彼。【補注】先謙曰：陂池讀如陂陀。文選注「貏豸，漸平貌」。先謙案，貏聲義竝从卑。説文「豸」下云「獸長膂，行豸豸然，欲有所司殺形」。徐鍇云「豸豸，背隆長貌」。此二字以蟲喻山形，言其漸卑而隆長也。李説未晰。

〔一〇〕張揖曰：水流溪谷之間也。師古曰：溶音容。鬻音育。【補注】先謙曰：史記「允」作「沇」。索隱引郭璞云「游激淖衍貌」。案郭説，文不成義。依本文釋之，當爲游衍激淖貌。游衍，釋沇溶。激淖，釋淫鬻也。本書（郊祀）〔禮樂〕志「沇沇四塞」，顔注「沇沇，流行之貌也」。説文「溶，水盛也」。水流行而盛溢，與游衍義合，故郭訓允溶爲游衍。詩板「及爾游衍」，傳「衍，溢也」。沇又與衍通，濟水注「衍水即沇水也」。衍、沇聲相近，亦其一證。説文「淫，浸淫隨理也」。鬻同粥。釋名「粥濁於糜，粥粥然也」。水濁似之，故以爲狀。釋言孫注「鬻，淖糜也」。左昭七年傳「鬻於是」。疏「淖者曰鬻」。字林「濡甚曰淖」。淫鬻、激淖同義，故郭訓淫鬻爲激淖矣。

〔一一〕師古曰：散渙，分散而渙然也。易曰「風行水上」。渙，夷平也。廣平曰陸。【補注】先謙曰：言將至平地，水則允溶而淫鬻，山則散渙而夷陸也。

〔一二〕師古曰：爲亭候於皋隰之中，千里相接，皆築令平也。被音皮義反。【補注】先謙曰：文選注引服虔曰「皋，澤也。隄上十里一亭」。集解引郭璞曰「言爲亭候於皋隰，皆築地令平。賈山所謂隱以金椎也」。先謙案，加亭字於皋上，稱曰亭皋，文不成義。尋上下文意，此處亦不應遽及亭候，且靡不被築，纔謂築地盡平耳。而先言皋上有亭，尤屬倒置，服、郭、顔説皆非也。亭，當訓平。淮南原道訓「味者甘立，而五味亭矣」，高注「亭，平也」。秦始皇紀「決河亭水」，正義「亭，平也」。酷吏傳「亭疑法」，集解引李奇釋亭爲平。本書張湯傳注同。亭皋千里，猶言平皋千里。皋，水旁地，見下卷注。故以平言。下哀二世賦注「平皋之廣衍」。此變文爲亭耳。

〔一三〕張揖曰：掩，覆也。緑，王芻也。蕙，薰草也。師古曰：緑蕙，言蕙草色緑耳，非王芻也。

〔一四〕【補注】先謙曰：文選「離」作「蘺」。

〔一五〕張揖曰：留夷，新夷也。師古曰：留夷，香草也，非新夷。新夷乃樹耳。【補注】先謙曰：離騷「畦留夷與揭車兮」，王逸注「留夷，香草也」。楚辭湘夫人「辛夷楣兮葯房」，又山鬼「辛夷車兮結桂旗」，注竝云「香草也」。辛夷即新夷，與留夷同是香草，張説似未誤。後漢馮衍傳載衍顯志賦云「攢射干雜蘼蕪兮，搆木蘭與新夷，光扈扈而煬燿兮，紛郁郁而暢美」，章懷注「新夷亦樹也，其花甚香」，則承用顏説。

〔一六〕師古曰：結縷蔓生，著地之處皆生細根，如綫相結，故名結縷。今俗呼鼓箏草。兩幼童對銜之，手鼓中央，則聲如箏也，因以名云。【補注】沈欽韓曰：一切經音義引孫炎云「三輔曰結縷，今關西饒之，俗名句屨草」。顏注本爾雅郭注。先謙曰：史記「布」作「尃」。集解引徐廣曰「尃，古布字，一作怖」。漢書音義曰「結縷似白茅，蔓聯而生，布種之者也」。

〔一七〕師古曰：攢，聚也。戾莎，言莎草相交戾也。攢音材官反。【補注】先謙曰：文選注引司馬彪曰「戾莎，莎名也」，集解引徐廣曰「草，可染紫」。按釋草「藐茈草」，郭云「可以染紫」。廣雅「茈䓞，茈草也」。據此，是可染紫者，茈䓞也。説文「䓞」下云「草也，可以染留黄」。「綟」下云「帛戾艸，染色」。是「䓞」亦作「戾」。云染留黄，則非染紫之茈䓞也。廣雅「留黄，緑也」。毛詩「終朝采緑」，陳啟源云「緑即本草之藎草，説文謂之䓞草」。案，緑䓞本染色之草，後遂以爲染色之稱。本書百官志「諸侯王盭綬」，謂緑綬也，故後漢輿服志注作「緑綟綬」。䓞，藎緑而近黄，互見下文黄礫注。此言莎草濃緑，以戾狀其色曰戾莎，猶言緑莎也。後人多見緑莎，少見戾莎，遂無能通其義者。顏以爲莎草相交戾，加交戾於攢字下，不辭甚矣。

〔一八〕應劭曰：揭車一名芞輿，香草也。師古曰：揭音巨列反。芞音乞。【補注】沈欽韓曰：本草拾遺「揭車味辛，生彭城，高數尺，白花」。先謙曰：説文「藒」下云「芞輿也」。釋草「藒車，芞輿」。釋文云「車音居」。又云「與或作萸」。沈説亦見御覽引廣志。又齊民要術云「凡諸樹木有蛀者，煎藒車香，冷淋之，善辟蛀蟲也」。「衡蘭」見上。

〔一九〕師古曰：稾本草，類白芷，根似芎藭。射干即烏扇耳。射音弋舍反。【補注】先謙曰：集解引郭璞曰「稾本，稾茇。射干，十月生：皆香草」。荀子「西方有木焉，名曰射干，莖長四寸，生於高山之上，而臨百仞之淵，木莖非能長也，所立者然也」。後漢馮衍傳注「射干，烏翼也」。與顔云「烏扇」不同。

〔二〇〕如淳曰：茈薑，薑上齊也。師古曰：薑之息生者，連其株本，則紫色也。蘘荷，蓴苴也，根旁生笋，可以爲葅，又治蠱毒。茈音紫。蘘音人羊反。【補注】沈欽韓曰：爾雅翼「蘘荷，葉似初生甘蔗，根似薑芽，其葉冬枯，其根爲葅，亦可醬。有白有赤，今人乃呼赤者爲蘘荷，白者爲覆葅。食之赤者勝，藥用白者，中蠱者服其汁，並臥其葉，即呼蠱主姓名，亦主諸溪毒沙蝨輩，人家種之辟蛇」。御覽九百八十葛洪方曰「人得蠱，取蘘荷葉著臥席下，不使知，立呼蠱名」。又見干寶搜神記。先謙曰：官本「苴」作「蔓」，引宋祁曰「注文蔓，越本作苴」。又「蓴」當作「蓴」，説見上。「葅」官本作「藥」。據沈説，蘘荷可爲葅，亦可爲藥。官本注文可爲藥，蓋與汲古本所據宋本不同耳。文選注張揖曰「茈薑，子薑也」。茈音紫。

〔二一〕如淳曰：葴音鍼。張揖曰：葴持，闕。若，杜若也。蓀，香草也。師古曰：葴，寒漿也。持，當爲符字之誤耳。符，鬼目也。杜若苗頗類薑，而爲椶葉之狀。今流俗書本持字或作橙，非也。後人妄改耳。其下乃言黃甘橙榛，此無橙也。葴音之林反。蓀音孫。【補注】沈欽韓曰：爾雅翼「杜若苗如山薑，花黃赤，子赤色，大如棘子，中似荳蔻」。集韻「蓀亦作荃」。楚詞補注陶隱居云「東間溪側，有名溪蓀者，根形氣色極似石上菖蒲，而葉正如蒲，無脊」。羅願便以爲菖蒲，非也」。李慈銘曰：此「葴持」爲一草，「若蓀」爲一草。爾雅「葴，寒漿」，郭注「今酸漿草，江東呼曰苦葴」。又「蘵，黃蒢」，郭注「蘵草葉似酸漿，華小而白，中心黃，江東以作葅食」。釋文「蘵」又作「職」。説文「蒢黃，蒢職也」。玉篇作「⿱艹織」云「⿱艹織草，葉似酸漿，夏小正三月采」。識，蓋古字祇作職，通作識。蘵、⿱艹織皆後出字。御覽引本草吴普云「酸漿，一名酢漿」。陶宏景注「處處人家多有，葉亦可食」。顔氏家訓書證篇云「江南別有苦菜，葉似酸漿。此菜可以釋勞，即爾雅蘵黄蒢也」。是葴、蘵實一物，葴持即葴職也。持、職一聲之轉，葴持亦雙聲。上文箴疵、鵁盧、(箴疵)，亦是一物。大凡鳥獸草木之名，多取雙聲叠韻，若蓀亦雙聲也。先謙曰：文選注引韋昭曰「持音懲」。史記作「橙」。集解引郭璞云「橙柚」。索隱云「姚氏以爲此前後皆草，非橙柚也。漢書作『葴持』，小顔云，葴，寒漿也。持當爲『苻』字之誤爾。苻，鬼目也。案今讀者亦呼爲登，謂登草也」。先謙案，持無懲音，韋昭所見本亦當作「橙」，後人改「持」耳。「葴持」即「葴職」，李説是也。

〔二三〕師古曰：鮮支，即今支子樹也。黄礫，今用染者黄屑之木也。二者雖非草類，既云延曼太原，或者賦雜言之耳。

【補注】沈欽韓曰：鮮支非梔子也，即燕支耳。崔豹古今注「燕支葉似薊，花如蒲公英，出西方，土人以染，名爲燕支，中國人謂之紅藍，以染粉爲面色，謂爲燕支粉。今人以重絳爲燕支，非燕支花所染也，燕支花自爲紅藍爾」。爾雅翼「或止謂之紅花，大抵三月初種，花出時，日日乘涼摘取之。五月種晚花，七月中摘，深色，鮮明耐久，不黦，勝於春種者。花生時，但作黄色，茸茸然，故又名黄藍。杵碓水淘，絞去黄汁，更擣以清酸粟漿淘之，絞如初，即收取染紅，然後更擣而暴之。染紅色，極鮮明」。黄礫，「礫」當爲「𦸡」。李慈銘曰：沈説礫當爲𦸡，是也。此所賦皆草類，既不容有木石之屬，且鮮支爲一草，黄礫爲一草，鮮支以染紅，黄礫以染黄。説文「𦸡，艸也，可以染留黄」。留黄即騮黄，亦作流黄，本字作「𦸡」，通作「綟」，假借作「礫」，亦作「盭」。漢書百官公卿表「諸侯王金璽盭綬」。晉灼曰「盭，草名也，出琅邪平昌縣，似艾，可染緑」。説文段注引作「可染黄」。段説是也。續漢百官志注引徐廣曰「綟音戾，草名也，以染，似緑又似紫」。艾本蒼白色近黄，而云似緑似紫，明本非緑色也。(百官)〔輿服〕志云「乘輿黄赤綬，諸侯王赤綬」，注引徐廣又曰「太子及諸王纁朱綬」。纁者，浅絳赤黄色，明諸侯王亞天子一等，故用浅黄色，微似緑耳。相國以下乃緑綬矣。史文有云緑綟綬者，謂緑黄綬也。先謙曰：史記「支」作「枝」。索隱引張揖云「皆草也」，司馬彪云「鮮支即今支子，或云鮮枝亦香草也」；小顔云「黄礫者，黄屑木」，恐非也。案：鮮支，沈説近之。黄礫，李説近之。

〔二三〕張揖曰：蔣，菰也。茅，三稜也。郭璞曰：茅音杼。師古曰：蔣音將。茅音丈與反。【補注】沈欽韓曰：莊子齊物論「狙公賦芧」。音義司馬云「橡子也」。案後漢李恂傳注「橡，櫟實也」。先謙曰：王褒僮約云「當編蔣織箔」，注「蔣，菰蒲草也」。通志「菰曰蓬，今人謂之茭」。爾雅「齧彫蓬，薦黍蓬」。彫蓬者，米茭也，其米謂之彫胡，可作飯，故曰齧。黍蓬者，野茭也，不能結實，惟堪薦藉，故曰薦。「茅」，文選作「苧」。玉篇茅與苧同。説文「茅」下云「艸也，可以爲繩」。文選南都賦「其草則藨苧薠莞」，李善注「苧，直吕切，説文云，可以爲索」，即謂此也。管子小匡篇「首戴苧蒲」，注「苧，蔣也」。則誤蔣與苧爲一物。本草有荆三稜。圖經云「荆、湘、江、淮水澤之間皆有，葉似莎草，極長，莖三棱如削，大如人指，高五六尺，莖端開花，大體皆如莎草，而好生水際及淺水中」。蓋茅、蔣皆生淺澤，橡子爲茅，別自一物。沈引司馬説誤也。「青薠」見上。官本注「丈」作「文」。

〔二四〕郭璞曰：布濩猶布露也。師古曰：閎亦大也。濩音護。延音弋戰反。【補注】先謙曰：濩無露義，蓋普徧之意。下卷「氾布護之」，師古注「布護，言遍布也」。此本書借護爲濩，史記作「氾布濩之」。索隱引胡廣曰「普遍布散，無所不濩也」。楚辭疾世「望江漢兮濩渃」，注「濩渃，大貌也」。案，大貌亦自普徧生義也，此言草普徧布散於大澤之中，訓露則於義隔矣。太原猶言廣原。

〔二五〕師古曰：離靡，謂相連不絶也。衍，布也。離音力爾反。【補注】先謙曰：文選注「離靡，離而邪靡不絶之貌也」。孟康甘泉賦注「衍，無崖岸也」。史記作「麗靡」，古字通用。

〔二六〕師古曰：烈，酷烈之氣也。披音丕蟻反。【補注】先謙曰：官本「蟻」作「儀」，是。文選注亦誤作丕蟻切。

〔二七〕郭璞曰：香氣射散也。菲音妃。【補注】先謙曰：「菲菲」，史記作「斐斐」。

〔二八〕師古曰：肸蠁，盛作也。寫，吐也。晻薆咇茀，皆芳香意也。肸音許乙反。蠁音響。晻音奄，又音烏感反。薆音愛。咇音步必反。茀音勃。薆字或作隱也。【補注】先謙曰：史記作「晻曖苾勃」，文選「晻」亦作「晻」，李善注引司馬彪曰「肸，過也；芬芳之過，若蠁之布寫也」；郭璞曰「香氣盛，馝馞也」；善曰「説文肸蠁，布也」。馝馞、咇茀，音義同。説文「馣馤，香氣奄藹也」，馣與晻，馤與薆，音義同。先謙案：説文「肸」下云「響布也」，今人因李善注上林賦、甘泉賦竝引「響」作「蠁」，遂謂肸蠁連文，訓爲布也，而以今本説文爲誤。余謂肸自訓響布，言聲響四布也。説文「蠁，知聲蟲也」，桂馥義證引蟲異賦注「蠁，知聲蟲也，能令人不迷」，韻會「蠁從響省」，足證蠁爲形聲兼會意之字。凡言肸蠁者，蓋聲入則此蟲知之，其應最捷，故以喻靈感通微之義。文選羽獵賦「蠁曶如神」，注「蠁曶，疾也」，是以蠁之捷應爲喻也。此賦「肸蠁布寫」，及文選吴都賦「芬馥肸蠁」，皆謂香氣四達，而入人心。甘泉賦「肸蠁豐融，懿懿芬芬」，謂秬鬯香美，通於神明。蜀都賦「景福肸蠁而興作」，謂天帝建福，默相歆應，皆靈感通微之意也。今人讀説文「肸」、「蠁」篆注爲連文，令肸字無義可求；且肸蠁爲布，古無此訓，司馬釋肸爲過，乃云「芬芳之過，若蠁之布寫」，既於文義難通，師古因甘泉、蜀都二賦豐融興作之文，而訓肸蠁爲盛作，亦弗思之甚矣。五臣注蜀都賦云「肸蠁，溼生蟲，蚊類是也，其羣望氣之布寫也」。尤爲妄説。説文「蚼」下云「司馬相如蠁從向」，「如」下脱「説」字。此賦「蠁」字疑當作「蚼」。「晻薆咇茀」，善説是。

「於是乎周覽氾觀，〔一〕縝紛軋芴，〔二〕芒芒怳忽〔三〕，視之無端，察之無涯。〔四〕日出東沼，入虖西陂。〔五〕其南則隆冬生長，涌水躍波；〔六〕其獸則庸旄貘犛，沈牛麈麋，〔七〕赤首圜題，窮奇象犀。〔八〕其北則盛夏含凍裂地，涉冰揭河；〔九〕其獸則麒麟角端，騊駼橐駝，〔一〇〕蛩蛩驒騱，駃騠驢騾。〔一一〕

〔一〕師古曰：氾，普也，音敷劍反。【補注】先謙曰：「氾」，史記、文選竝作「泛」。

〔二〕孟康曰：縝紛，衆盛也。軋芴，緻密也。師古曰：縝音丑人反。軋音於黠反。芴音勿。【補注】先謙曰：官本縝音爭忍反，引宋祁曰「越本注文，縝音丑人反」。「縝紛軋芴」，史記作「縝紛軋沕」。集解引徐廣曰「盻一作緡」。郭璞曰「皆不可分貌」。

〔三〕郭璞曰：言眼亂也。師古曰：芒音莫郎反。

〔四〕師古曰：涯，畔也，音儀。【補注】先謙曰：「涯」，史記作「崖」。

〔五〕張揖曰：朝出苑之東池，莫入於苑西陂中也。【補注】先謙曰：文選注引漢宮殿簿曰「長安有西陂池、東陂池」。

〔六〕師古曰：言其土地氣温，經冬草木不死，水不凍。【補注】先謙曰：文選注引張揖曰「其苑南陽煖，則盛冬十月，草木生長也」，郭璞曰「躍波，言不凍也」。此顏説所本。

〔七〕張揖曰：旄，旄牛，其狀如牛而四節毛。犛牛黑色，出西南徼外。沈牛，水牛也，能沈没水中。麈似鹿而大。郭璞曰：庸牛，領有肉堆。貘似熊，庳腳鋭鬐，骨無髓，食銅鐵。貘音貊，犛音貍。師古曰：庸牛即今之犎牛也。旄牛即今所謂偏牛者也。犛牛即今之貓牛者也。犛字又音茅。麈音主。【補注】先謙曰：「庸」，文選作「㺊」，史記作「⿰牜庸」。集解引徐廣曰「⿰牜庸音容，獸類也」。今案説文「䝻」下云「猛獸也」，與徐説合，則字當作「䝻」矣。玉篇「犦，犎牛」，又云「犎，野牛也」。韻會引緯略云「犦牛抵觸，百獸無敢當者，故金吾刻犦牛於槊首，説文以爲猛獸是也」。後漢順帝紀注「封牛，領上肉隆起若封然，因以名之，即今之峰牛是」。北山經「潘侯之山有獸焉，其狀如牛，而四節生毛，名曰旄牛」。書牧誓「右秉白旄」，馬注「白旄，旄牛尾」。「旄」或作「牦」。正字通云：「牦牛出甘肅臨洮及西南徼外，野牛也，人多畜之。狀如水牛，髀膝尾背胡下，黑毛長尺許，尾長大如斗，嘗自愛護。古取爲旌旄，今人以爲纓帽，毛雜白色者，以茜染紅色用之」。又引水東日記云「牦牛與封牛合，則生犏牛，狀類牦牛，偏氣使然，故謂之犏」。據此，犏又牦之遺種。師古言牦牛即偏牛，非也。説文「貘似熊而黄黑色，出蜀中」。一切經音義「貘」又作「貊」。字林「似熊，黄黑，出蜀郡。一曰白豹也」。桂馥云：「貊、貘聲近。詩『貊其德音』，韓詩作『莫』。」先謙案，白居易貘屏贊序：「貘者，象鼻犀目，牛尾虎足，生南方山谷中，寢其皮温，圖其形辟邪。蜀都賦『戟食鐵之獸』，即此是也。」説文「犛」下云「西南夷長髦牛也」。索隱「犛音貍，又音茅，或以爲猫牛毛可爲翿是也」。桂馥云：「禹貢正義誤以旄牛爲犛牛。一切經音義『今隴西出犛牛，經文作貓，非經義也』。馥謂經所謂貓牛，正犛牛也。中次八經

『荆山其中多犛牛』，郭注『旄牛屬也，黑色，出西南徼外』。馥案，張揖、顔師古以旄牛、犛牛爲二物，郭璞以犛牛爲旄牛屬，是旄牛非犛牛矣。鄭注周禮樂師旄舞云『旄舞者，犛牛之尾』，又注旄人云『旄，旄牛尾』，是鄭亦分爲二矣。旄牛大，犛牛小，犛牛黑色，旄牛黑白二色，此其別也。」先謙案，唐書南詔傳「鞮鍪皆插貓牛尾」，貓、犛一聲之轉。文選注引南越志曰「潛牛形，角似水牛，一名沈牛也」，則沈牛非即今所謂水牛，別一物也。説文「麈，麋屬」；「麋，鹿屬」；急就篇顔注「麈似鹿，尾大而一角。談説者飾其尾而執之以爲儀。麋似鹿而大，冬至則解角，目上有眉，因以爲名也」。又案索隱引張説「節」下有「生」字。文選李注引「毛」下有「貘白豹」三字。索隱同。又文選注引郭璞説，庸牛作「庸似牛」。索隱作「犝，犝牛」。「堆」下有「即今之犛牛也」六字。「似熊」以下，作「張揖注」。集解引郭注「鬐」作「頭」。

〔八〕張揖曰：題，額也。窮奇狀如牛而蝟毛，其音如嘷狗，食人。師古曰：象，大獸也，長鼻，牙長一丈。犀頭似豬，一角在鼻，一角在額前。【補注】先謙曰：東山經「北號之山有獸焉，其狀如狼，赤首鼠目，其音如豚，名曰獦狚，是食人」。中山經「即公之山有獸焉，其狀如龜而白身赤首，名曰蛫，是可以禦火」。此赤首未定何獸也。題，訓額，額無不圜者，「題」蓋「蹄」之誤文。禮王制「雕題交趾」。白虎通禮樂篇作「雕踶交趾」。禮月令注「相蹄齧也」。釋文「蹄本作踶」。疑此文書「蹄」爲「踶」，後遂改「踶」爲「題」耳。下文「麒麟」張注「狼題」，索隱引作「狼蹄」。廣雅「麒麟，狼題」，瑞應圖作「狼蹄」。並題、蹄互易之證。本書武紀注「麟，麕身牛尾，馬足黄色，圜蹄一角」。毛詩義疏作「圓蹄」。是圜蹄者麟也，麟乃瑞獸，字當作「麐」，與麟之訓大牝鹿者各別。相如因下言「麒麟」，故變文爲「圜蹄」，取與「赤首」相對。此與下文地分南北，一物不妨兩見耳。

〔九〕師古曰：言其土地氣寒，當暑凝凍，地爲之裂，故涉冰而渡河也。揭，褰衣也。詩邶風匏有苦葉之篇曰「深則厲，淺則揭」。揭音丘例反。【補注】先謙曰：官本「音」上少一「揭」字也。

〔一〇〕張揖曰：雄曰麒，雌曰麟，其狀麋身牛尾，狼題一角，角端似牛，其角可以爲弓。郭璞曰：麒似麟而無角，角端似豬，角在鼻上，中作弓。師古曰：麒麟角端，郭說是也。橐駝者，言其可負橐囊而駝物，故以名云。【補注】沈欽韓曰：「端」，史記作「䚩」。郭璞曰「李陵嘗以角端弓十張遺蘇武」。是何角端之多耶！宋史符瑞志「角端日行一萬八千里，又曉四夷之語，明聖在上，明達方外幽遠之事，則奉書而至」。元史「太祖十九年，帝至東印度，角端見，班師」。詳耶律楚材傳。先謙曰：注「麋」誤，當作「麇」。「狼題」，索隱引作「狼蹄」。案廣雅作「狼題」。何法盛徵祥記作「狼頭」。京房易傳作「狼額」。此注作「狼題」是也。釋獸「麐，麕身牛尾，一角」。說文「麒，仁獸也，麋身牛尾，一角」。「麋」當爲「麇」。初學記引作「麕身」，一切經音義二引作「麋身」。麐，牝麒也。是麒麟皆有一角，歷考諸書，並相符合，不同郭說，乃郭誤也。索隱、文選注引郭並同，則非誤字。輟耕録讀爲「似麒麟而無角」，以爲郭釋角端之文，其謬甚矣。說文「䚩」下云「角䚩，獸也，狀似豕，角善爲弓，出胡休多國」與郭說「似豬」合，然則麒麟，張說是；角端，郭說是。師古既主一說，豈得不加考按？疑師古曰「麒麟」下有「張說是」三字，而後奪之也。續漢書「鮮卑禽獸，異於中國者角端牛，以角爲弓，俗謂之角端弓」。亦見魏志鮮卑傳及後魏書。若宋志、元史之角端，乃神獸，雖形狀相同，自別一物。「騊駼」見上。

〔一一〕郭璞曰：驒騱，駏驉類也。駃騠生三日而超其母。驒音顛。騱音奚。駃音決。騠音提。【補注】先謙曰：蛩蛩，見上。說文「驒騱，野馬也，一曰青驪。白鱗，文如鼉魚」。案野馬乃騊駼之異名。見上。是「驒騱」即「騊駼」。郭以爲駏驉類，似未當。說文「駃騠，馬父驘子也」。本書鄒陽傳孟康注「駃騠，駿馬，生七日而超其母」。通典作「生十日而超其母」，與郭互異，未知孰是。說文「驘，驢父馬母。從馬𣎆聲」。史記作「騾」。驘、騾並俗字。

「於是乎離宮別館，彌山跨谷，〔一〕高廊四注，重坐曲閣，〔二〕華榱璧璫，輦道纚屬，〔三〕步櫩周流，長途中宿。〔四〕夷嵕築堂，絫臺增成，〔五〕巖突洞房。〔六〕頫杳眇而無見，仰攀橑而捫天，〔七〕奔星更於閨闥，宛虹拖於楯軒。〔八〕青龍蚴蟉於東箱，象輿婉僤於西清，〔九〕靈園燕於間館，〔一〇〕偓佺之倫暴於南榮，〔一一〕醴泉涌於清室，通川過於中庭。〔一二〕磐石裖崖，〔一三〕嶔巖倚傾，〔一四〕嵯峨嶕嶫，刻削崢嶸，〔一五〕玫瑰碧琳，珊瑚叢生，〔一六〕瑉玉旁唐，玢豳文鱗，〔一七〕赤瑕駁犖，雜臿其間，〔一八〕鼂采琬琰，和氏出焉。〔一九〕

〔一〕師古曰：彌，滿也。跨猶騎也。【補注】先謙曰：淩稚隆云「長安志『上林，秦舊苑也。武帝始廣開之』。漢書儀謂『廣長三百里，離宮七十所，容千乘萬騎』，關中記謂『苑門十二，中有苑三十六，宮十二，觀二十五』，則規制之宏侈可知矣」。先謙案，谿谷低處，以浮梁承拄而越之，有若跨然。

〔二〕師古曰：廊，堂下四周屋也。重坐，謂增室也。曲閣，閣之屈曲相連者也。【補注】先謙曰：注，屬也。見左傳成六年賈服注、秦策注。四注，謂四周相屬而下垂也。集解引郭璞曰「重坐，重軒也。曲閣，閣道曲也」。文選注引司馬彪曰「廊廡上級下級皆可坐，故曰重坐。曲閣，閣道委曲也」。先謙案，説文「㘸，止也。从土、从畱省。土所止也」。亦謂檻上是重坐即重室矣。釋詁「增，重也」。故顔訓增室。郭云重軒者，軒，長廊之窗也。見文選魏都、蜀都、琴賦注。亦謂檻上板也。見文選別賦、後漢張奐傳注、華嚴經音義上引本書音義。按檻板可啟，與訓窗義同。御覽七百七十三引通俗文云「後重曰軒」。此言廊自高而下注，其形勢重疊，窗檻參差，若車軒之後重者然，故曰重軒矣。周書作雒篇「重亢重郎」。注「重郎，累屋也」。又云「凡五宮明堂，咸有重廊」。皆其義也。枚乘七發「連廊四注，臺城增構」。此云重坐，彼言增構，並重廊之變文耳。司馬説非。曲閣，顔説是。

〔三〕師古曰：榱，椽也。華謂彫畫之也。璧璫，以玉爲椽頭，當即所謂琁題玉題者也。一曰以玉飾瓦之當也。輦道，謂閣道可以乘輦而行者也。纚屬，纚迤相連屬也。纚音力爾反。屬音之欲反。【補注】先謙曰：一説本司馬彪，見索隱引，非是。説文「纚，冠織也」。言閣道回環，如織絲之相連屬。

〔四〕師古曰：步櫚，言其下可行步，即今之步廊也。謂其塗長遠，雖經日行之，尚不能達，故中道而宿也。【補注】先謙曰：文選注「周流，周徧流行也」。楚辭曰「曲屋步櫚」。史記集解引郭璞曰「途，樓閣間陛道」。

〔五〕師古曰：夷，平也。山之高聚者曰嵏。絫，古累字。言平山而築堂於其上爲累臺也。增，重也，一重爲一成也。嵏音子公反。

〔六〕師古曰：於巖穴底爲室，若竈突然，潛通臺上。【補注】王念孫曰：「突」，當從史記作「穾」，字之誤也。穾、突字相似，傳寫往往譌溷。莊子徐無鬼篇「鶉生於穾」，釋文「穾，烏吊反」。郭「徒忽反」，字則穴下犬。淮南地形篇「穾生海人」。今本「穾」誤作「突」。文選作「窔」，李善引郭璞注曰「言於巖窔底爲室，潛通臺上也」。說文「窅窔，深窱皃」。窔與穾同。「巖穾洞房」，皆言其幽深，故下句曰「頫杳眇而無見」。甘泉賦「雷鬱律於巖窔兮」，文選如是。揚雄傳「雷鬱律而巖穾兮」，而字、穾字皆誤。而師古無音，則所見本已作突矣。魯靈光殿賦「巖穾洞出，逶迤詰屈」，皆其證也。師古不知突爲穾之誤，乃曰「於巖穴底爲室，若竈突然，潛通臺上」，襲郭注而小變之，强爲突字作解，斯爲謬矣！先謙曰：索隱「穾音一弔反」。釋名「以爲穾幽也」。楚詞云「冬有穾廈室寒」，王逸以爲複室也。

〔七〕師古曰：頫，古俯字也。杳眇，視遠貌。𢴤，古攀字也。橑，椽也。捫，摸也。言臺榭之高，有升上之者，俯視則不見地，仰攀其椽可以摸天也。橑音老。捫音門。【補注】先謙曰：官本「𢴤」作「抍」，「橑」並作「撩」。

〔八〕師古曰：奔星，流星也。更，歷也。闈闥，宮中小門也。宛虹，曲屈之虹也。拖謂申加於上也。楯軒，軒之蘭板也。並言室宇之高，故星虹得經加之也。更音工衡反。虹音紅。拖音吐賀反，又言徒可反。【補注】先謙曰：官本「曲屈」作「屈曲」，「言」作「音」，是。正義引顏注「曲屈」亦作「屈曲」，「申」作「中」，「蘭」作「闌」。文選注引應劭曰「楯，闌檻也」。司馬彪曰「軒，楯下板也」。

〔九〕師古曰：象輿，瑞應車也。西清者，西箱清靜之處也。蚴蟉、婉僤，皆行動之貌。蚴音一糺反。蟉音力糺反。僤音善。【補注】沈欽韓曰：楚詞惜誓「駕太一之象輿」。韓非十過「黄帝合鬼神於泰山之上，駕象車」。先謙曰：史記「龍」作「虯」，「僤」作「蟬」。文選注「蚴蟉，龍行貌也」。引郭璞。孫炎爾雅注「箱，夾室前堂也。山出象輿，瑞應車也。引張揖。集解作漢書音義。西清者，箱中清淨處也」。引張揖，集解引作郭璞，此顔説所本。今案説文「⿰虫幽」下、「蟉」下並云「⿰虫幽，蟉也」。玉篇「⿰虫幽與蚴同。蚴虯，龍皃」。詳蚴蟉之音義，若今俗言天矯矣。説文「蟺」下云「夗，蟺也」。集韻引作「⿱夗虫蟺」，廣韻作「蜿蟺」，揚雄傳作「冤延」，此賦之作「婉僤」、「蜿蟬」，字形雖異，音義並同。冤延亦爲蜿蜒。後下卷大人賦云「驂赤螭青虯之⿰虫幽蟉蜿蜒」，四字合併言之，足證「蚴蟉」之與「婉僤」，皆轉訓同義，此對舉成文耳。漢虞詡傳注引埤蒼云「箱，序也，字亦作厢」。文選顔延之赭白馬賦「故能代驂象輿」。注引張揖曰「德流則山出象車，山之精瑞也」。較此注所引，文義爲顯。又見下卷大人賦及禮樂志。

〔一〇〕張揖曰：靈圉，衆仙號也。師古曰：閒讀曰閑。【補注】沈欽韓曰：淮南俶真訓「真人騎蜚廉而從敦圄」。注云「敦圄似虎而小，一曰仙人名」。按以似虎者爲是。柷敔之字作「敔」，亦爲伏虎形。西山經「陸吾神狀虎身而九尾，人面而虎爪，司天之九部及帝之囿」。蓋即此靈圄。先謙曰：文選「圉」作「圄」。注引楚辭曰「坐靈圄而來謁」。案圄、圉通用字。集解引郭璞曰「靈圉，淳圉，仙人名也」。索隱引張揖云「靈圉，衆仙號」。淮南子云「騎飛龍，從淳圉」是也。是張説元引淮南，師古刪之。淳圉、敦圄，字之異耳，蓋仙人而虎形，沈説近是。「館」，史記作「觀」。

〔一一〕郭璞曰：偓佺，仙人也，食松子而眼方。暴謂偃臥日中也。榮，屋南檐也。偓音握。佺音銓。【補注】先謙曰：索隱引韋昭云「古仙人，姓偓」；列仙傳云「槐里採藥父也，食松，形體生毛數寸，方眼，能行逮走馬也」。應劭曰：南榮，屋檐兩頭如翼也。故鄭玄云「榮，屋翼也」。高誘云「飛榮似鳥舒〔翼〕」是也。先謙案，榮非專指南檐，郭注「榮」上應有「南」字。

〔一二〕師古曰：醴泉，瑞水，味甘如醴，言於室中涌出，而通流爲川，從中庭而過也。

〔一三〕孟康曰：裖，⿰石尔致也。崖，廉也。以石致川之廉也。師古曰：裖⿰石尔並音之忍反。致音直二反。謂重密而累積。【補注】沈欽韓曰：集韻「裖，同袗」。説文「玄服」，於義非也。集韻十六軫「⿰石㐱，以石致川之廉也」。字又作「⿰石㐱」。

與此孟康語合。先謙曰：「磬」，史記作「槃」，文選作「盤」，通用字。易漸卦虞注「聚石稱磐」。裖崖，沈引集韻砛義，是也。集韻又有「硢」字，下云「磣硢，石垂貌」。蓋砛變爲硢，今俗「珍」或爲「珎」，「參」或爲「叅」，是其證。硢又變而爲砎，「尒」即「爾」之異文，今俗變爲「尔」，稱人曰尔，猶古稱曰爾也，或加人作你。故孟訓爲砎致矣。硢、砎皆俗字。砎致，猶今俗言整緻也。「致」與「緻」同。禮禮器「德產之致也精微」。注「致，致密也」。詩斯干箋「其堅致則鳥鼠之所去」。彼都人士箋「其性情密致」。釋文竝云「致本作緻」。文選作「振崖」，李善注引李奇曰「振，整也，以石整頓池水之涯也」。索隱引作「整頓池外之厓」。厓即水涯，不云池外。索隱誤。與孟説以石致川之廉同意。廉，隅也，即水涯也。鄉飲酒禮注「側邊曰廉」。本書賈誼傳注「廉，側隅也」。崖乃厓之異文，亦即涯異字。經典崖、厓、涯三字通用，詳見釋文。蓋醴泉通流成川之處，以磐石密緻其崖，下文「嶔巖倚傾」三語，皆指砛崖之石而言。砛與整同義，振、整古義通用。經典訓振爲整者甚多。文選作「振崖」是。此作「裖」，乃形近致誤耳。文選高唐賦「裖陳磑磑」。李注云，已見上林賦。足徵當日傳寫誤本甚多。

〔一四〕郭璞曰：嶔巖，㩣貌。師古曰：嶔音口銜反。倚音於綺反。【補注】先謙曰：隨水之高下，以石砛之，故其低處則「嶔巖倚傾」，其高處則「嵯峨嶕嶫」也。揚雄甘泉賦「深溝嶔巖而爲谷」，文選注「嶔巖，深貌也」，本書雄傳注云「深險貌」。公羊僖三十二年傳「殽之嶔巖」，亦同此義。郭訓爲㩣貌，非。

〔一五〕蘇林曰：削音陗峻之陗。崢音儕爭反。嶸音户抨反。郭璞曰：言自然若彫刻也。嶕音昨盍反。嶫音五盍反。師古曰：直言刻削耳，非云峭峻。郭説是也。嶕音捷。嶫音業。【補注】先謙曰：嵯峨，高大貌。集韻「嶕嶫，山貌，亦作㠀嶫，狀石勢之高也」。史記作「礁磼」。集解引徐廣曰「嵳，一作池」。案嵳池義同差池，謂石之不齊也。刻削崢嶸，皆言石狀。

〔一六〕郭璞曰：珊瑚生水底石邊，大者可高三尺餘，枝格交錯，無有葉。【補注】先謙曰：官本注「可」作「樹」。「玫瑰碧琳」見上。

〔一七〕蘇林曰：玢音分。郭璞曰：旁唐言盤礴。玢豳，文理貌。師古曰：旁唐，文石也。唐字本作「碭」，言珉玉及石並玢豳也。玢音彼旻反。豳又音彼閑反。【補注】先謙曰：珉，石之次玉者。淮南脩務訓「唐碧堅忍之類」，注「唐，碧石似玉」。顔謂字本作碭。碭，文石也。本書地理志梁國碭注。故顔訓唐爲文石，不從郭説。廣雅釋詁「旁，大也」。豳同邠。太玄文「次四，斐如邠如」，注「邠者，文盛貌也」。史記「玢豳」作「璸斒」，義同。廣雅釋詁「璘，文也」。疑字不當爲磷。史記、文選並作「鱗」，言其文斑然鱗次也。

〔一八〕張揖曰：赤瑕，赤玉也。郭璞曰：言雜廁崖石中。駁犖，采點也。犖音洛角反。【補注】先謙曰：索隱引説文云「瑕，玉之小赤色」。集解引徐廣曰「雜，一云插。臿，一云還」。

〔一九〕晉灼曰：鼂采，闕。師古曰：鼂，古朝字也。朝采者，美玉每旦有白虹之氣，光采上出，故名朝采，猶言夜光之璧矣。琬琰，美玉名。和氏之璧，卞和所得，亦美玉也。言今皆出於上林。【補注】先謙曰：官本注無「晉」下六字。「鼂采」，史記作「垂綏」。

「於是乎盧橘夏孰，〔一〕黄甘橙榛，〔二〕枇杷橪柿，亭柰厚朴，〔三〕梬棗楊梅，〔四〕櫻桃蒲陶，〔五〕隱夫薁棣，〔六〕荅遝離支，〔七〕羅乎後宮，列乎北園，貤丘陵，下平原，〔八〕揚翠葉，扤紫莖，〔九〕發紅華，垂朱榮，煌煌扈扈，照曜鉅野。〔一〇〕沙棠櫟櫧，〔一一〕華楓枰櫨，〔一二〕留落胥邪，仁頻并閭，〔一三〕欃檀木蘭，〔一四〕豫章女貞，〔一五〕長千仞，大連抱，〔一六〕夸條直暢，實葉葰楙，〔一七〕攢立叢倚，連卷欐佹，〔一八〕崔錯癹骫，〔一九〕坑衡閜砢，〔二〇〕垂條扶疏，落英幡纚，〔二一〕紛溶萷蔘，猗柅從風，〔二二〕藰莅芔歙，〔二三〕蓋象金石之聲，管籥之音。〔二四〕柴池茈虒，旋還乎後宮，〔二五〕雜襲絫輯，〔二六〕被山緣谷，循阪下隰，〔二七〕視之無端，究之亡窮。

〔一〕應劭曰：伊尹書曰「箕山之東，青馬之所，有盧橘夏孰」。晉灼曰：此雖賦上林，博引異方珍奇，不係於一也。師古曰：盧，黑色也。【補注】沈欽韓曰：吕覽本味篇「伊尹説湯以至味，箕山之東，青鳥之所，有甘櫨焉」。應劭所云伊尹書，當是此也。青鳥、青馬，海外東經互見。淮南地形訓作「青馬」，説文櫨字下引爲「青凫」。説文作「櫨」，與應劭引同，亦不名其何物。齊民要術引裴淵廣州記曰「羅浮山有橘，夏熟，實大如李，剝皮噉則酢，合食極甘。又有壺橘，形色都是甘，但皮厚氣臭，味亦劣」。又云「盧橘皮厚，氣色大如甘，正月至二月漸變爲青，至夏孰，味亦不異冬時。土人呼爲盧橘，其類有七八種，不如吴會橘」。先謙曰：索隱引廣州記云「盧橘皮厚，大小如甘，酢多，九月結實，正赤，明年二月更青黑，夏熟」。可與沈引互證。左思三都賦序云「相如賦上林，而引盧橘夏孰，考之果木，則生非其壤」。故晉灼云然。

〔二〕郭璞曰：黄甘，橘屬而味精。楱亦橘之類也，音湊。張揖曰：楱，小橘也，出武陵。師古曰：橙即柚也，音丈耕反。【補注】先謙曰：張協七命「漢皋之楱」，是楱非獨出武陵矣。橙，吾楚俗謂之橘紅。

〔三〕張揖曰：枇杷似斛樹，長葉，子若杏。橪，橪支，香草也。亭，山梨也。厚朴，藥名也。郭璞曰：橪，支木也。師古曰：此二句總論樹木，不得雜以香草也。橪，郭説得之。朴，木皮也。此藥以皮爲用，而皮厚，故呼厚朴云。橪音煙。朴音匹角反。【補注】沈欽韓曰：西京雜記「上林苑枇杷十株，楟十株」。御覽九百七十四引曹毘魏都賦「果則谷棪山楟」。廣雅「樝、楟，梨也」。蘇頌本草圖經「厚朴，廣雅謂之重皮，春生葉如槲，葉四季不凋，紅花而青實，皮極鱗皺而厚」。先謙曰：集解引徐廣曰「橪音而善反，果也」。索隱引説文曰「橪，酸小棗也」；淮南子云「伐橪棗以爲矜」。「亭奈」作「楟㮈」，索隱引司馬彪曰「上黨謂之楟㮈」。先謙案，郭訓橪爲木，是；以爲橪支，則非也。劉向九歎「采橪支于中洲」。則橪支爲草，疑即今焉支花，故顔讀橪爲煙。橪木乃酸棗也，音從徐讀。廣雅釋木「楟，梨也」。蜀都賦「橙柿梬楟」，是亭、柰二物，司馬誤合爲一。據張揖説及廣雅，楟即樝也。樝詳上。㮈，俗字。注「斛」同「槲」。

〔四〕張揖曰：楊梅，其實似穀子而有核，其味酢，出江南也。【補注】先謙曰：注「穀」從木，不從禾，楮也。官本作「穀」，史記、文選作「穀」，竝誤。楟棗，詳上。集解引徐廣曰「楟音弋井反」。

〔五〕師古曰：櫻桃即今之朱櫻也。禮記謂含桃，爾雅謂之荊桃。櫻音於耕反。【補注】先謙曰：集解引郭璞曰「蒲陶似燕薁，可作酒也」。案玉篇作「蒲萄」。

〔六〕師古曰：隱夫未詳。薁即今之郁李也。棣，今之山櫻桃。薁音於六反。棣音徒計反。【補注】先謙曰：注「徒」官本作「徒」，是。隱即檃之省文，說文「檃，栝也。栝，檃也」。段注，檃與栝互訓。檃亦作櫽，亦段借作隱。蓋檃木即栝木矣。今人但以檃栝爲矯制衺曲之器，蓋以檃栝見於經典者，止此一義。括爲木名，禹貢一見，而檃之爲木，不載他書，且說文亦不注何木耳。余謂許書木部互訓者，如栟、櫚，椶也；椶、栟，櫚也。楸，梓也；梓，楸也。椐，樻也；樻，椐也。栩，柔也；柔，栩也。穀，楮也；楮，穀也。皆不加注，何獨疑於檃、栝？且栝木明載禹貢，說文杶字下亦引夏書曰「杶榦栝柏」，許亦不謂栝非是木，檃之爲木，則此賦著之，豈得因檃、栝之一義，舉此木名而没之乎？尚書禹貢馬注「栝，白栝也」。廣雅「栝，柏也」。文選西京賦「木則樅、栝、椶、枏」，薛注「栝，柏葉松身」，此文變栝言檃耳。或曰，隱即蘟之省文。蘟，葱也，菜名。管子地員篇「其種蘟葱」是也。字或作隱，釋草「蒡，隱忍」。案上下文皆言木，不應此獨言草，疑蘟不合。夫即扶之省文，木名。管子地員篇「五沃之土，桐柞扶櫄」是也。史記「薁」作「鬱」。詩豳風疏「薁是鬱類而小別」。晉宮閣銘云「華林園有車下李三百一十四株，薁李一株」。車下李即鬱，薁李即薁，二者相類而同時熟。棣，說文「白棣也」。詩采薇「維常之華」，傳云「常，常棣也」。陸璣疏云「似李而小，如櫻桃，正白，今官園種之」。先謙案，此棣乃常棣，薁即唐棣也。陸璣疏「唐棣，薁李也」。說文「⿰木隸」下云「木也」。以棣爲白棣，則⿰木隸是唐棣矣。

〔七〕張揖曰：荅遝似李，出蜀。晉灼曰：離支大如雞子，皮麤，剝去皮，肌如雞子中黃，味甘多酢少。師古曰：遝音沓。離音力智反。【補注】先謙曰：史記作「榙㯚荔枝」，索隱本仍作「離支」。說文「荔，艸也，似蒲而小」。不以爲荔支字，蓋古皆通作離支。集解引郭璞曰「榙㯚似李」。案說文「㯚」下云「榙㯚，木也。从木遝聲」。「榙」下云「榙㯚，果似李。从木荅聲，讀若嚃」。

〔八〕師古曰：貤猶延也，一曰次第而重也。貤音弋豉反。【補注】先謙曰：「貤」，史記、文選作「貤」。

〔九〕師古曰：抏，摇也，音兀。【補注】先謙曰：説文「抏，動也」。方言「抏，不安也」。顔説本郭璞、張揖，見史記、文選注引。

〔一〇〕師古曰：言其光采之盛也。鉅野，大野。煌音皇。【補注】先謙曰：「垂」，史記作「秀」。禮記檀弓「爾毋扈扈爾」，注「扈扈謂大廣」。詩簡兮「碩人俁俁」。釋文引韓詩「扈扈，美貌」。後漢馮衍傳注「扈扈，光彩盛也」。此扈扈皆可通。

〔一一〕張揖曰：沙棠，狀如棠，黄華赤實，其味似李，無核。吕氏春秋曰「果之美者，沙棠之實」。櫟，果名也。櫧似柃，葉冬不落。應劭曰：櫟，采木也。郭璞曰：櫧似采柔。師古曰：櫟非果名，又非采木之櫟，蓋木蓼也，葉辛，初生可食。櫟音歷。櫧音諸。柃音零。采音菜。柔音食諸反。【補注】宋祁曰：「柔」字當作食渚反。沈欽韓曰：詩「山有苞櫟」。草木疏云「秦人謂柞櫟爲櫟，河内人謂木蓼爲櫟，椒樧之屬也」。璣以爲此秦詩，宜從其方土之言。按應劭謂采木。又「集于苞栩」，疏云「今柞櫟也，徐州人謂櫟爲杼，或謂之爲栩，其子爲皁，或言皁斗，其殼爲汁，可以染皁」。今按應云采木，即是皁斗之櫟。顔强改木蓼，非。中山經「前山其木多櫧」。爾雅翼「櫧似柃，葉冬不落」。政和證類本草「櫧子小於橡子，味苦澀，止洩利皮。樹如栗，冬月不凋，生江南」。先謙曰：集解引張注「柃」作「樜」，疑誤。「柔」無食諸、食渚二音，乃「柔」之誤也。杼，説文篆字作「柔」，後人承寫作「杼」，少見「柔」字，遂誤改爲「柔」。據宋音，爾時所見本尚不誤。

〔一二〕師古曰：華即今之皮貼弓者也。楓樹脂可爲香，今之楓膠香也。爾雅云「一名欇欇」。枰即平仲木也。櫨，今黄櫨木也。華音胡化反。楓音風。枰音平。櫨音盧。【補注】沈欽韓曰：「華」當作「樺」。玉篇「樺木似山桃，室韋國用樺皮蓋屋」。又隋大業中，汾州起汾陽宫，宫南外平林，率是大樺木，高百餘尺，從行文武皆剝取皮覆菴舍，取脂燒辟鬼。一統志「樺似山桃，皮有紫黑花，可裹弓及鞍鐙諸物。奉天府諸山中最多，今吉林烏喇有樺皮屯，設丁壯，采其皮進御」。爾雅「楓，欇欇」。説文「楓木厚葉弱枝，善摇，一名欇」。又「欇，木葉摇白也」。徐鍇云「木遇風而翻見葉背，背多白，故曰摇白也」。楓木一名欇欇，義出於此。唐韻孫炎云「欇欇生江上，有寄生枝，高三四尺，生毛，一名楓子。天旱，以泥泥之即雨」。則楓、欇又稍異。徐鍇云「今人謂其上瘤爲欇欇，遇風雨則長，或三四尺，亦曰楓人。」玉篇「枰仲，木名」。吴都賦「平仲君遷」，劉成云「平仲之木，實白如銀」。李時珍曰「未知即今銀杏果否」？説文櫨字，「一以爲甘櫨，夏熟。一曰有宅櫨木，出宏農山」。古今注以櫨木爲無患木。案，師古所云黄櫨木者，陳藏器本草云「生商洛山谷，葉圓本黄，可染黄色」。其無患木，本草拾遺謂之桓木，今之菩提子也。先謙曰：史記作「華汜檘櫨」。集解引徐廣曰「汜，一作楓」。索隱「檘，平仲木也，亦云火橐木，一云玉精，食其子得爲神仙也」。先謙案，諸家以枰爲平仲，説本郭璞，見文選注引。但史記作檘，自是皮可染之黄木。見上「檗離朱楊」注。而索隱訓爲平仲木，疑索隱所見本亦作枰，後人竄改耳。「宅櫨」或作「杔櫨」。玉篇「杔，杔櫨也」。集韻「杔櫨，木名」。

〔一三〕張揖曰：并閭，椶也。郭璞曰：落，穫也，中作器素。胥邪似并閭，皮可作索。師古曰：仁頻即賓桹也。頻字或作賓。胥音先余反。邪音弋奢反。穫音鑊。【補注】沈欽韓曰：爾雅注「劉子生山中，實如梨，酢甜核堅，出交阯」。吴都賦作「榴」。南方草木狀「劉樹子大如李實，三月花，苞仍連著，實七八月熟，其色黄，其味酢，煮膏藏之，仍甘好」。「留」與「劉」同。釋木「檴落」注「可爲桮器素」。邢疏「檴，一名落素，謂樸也」。詩「無浸檴薪」陸疏「檴，梛榆也，其葉如榆，其皮堅韌，剝之長數尺，可爲絙索，其材可爲桮器」。胥邪即椰子樹。吴都賦注「椰樹似檳榔，無枝條，高十餘尋，葉在其末，實大如瓠，繫在樹頭，如挂物也。膚裏有汁升餘，清如水，美如蜜，核作飲器」。御覽九百七十一李當之藥録曰「檳榔一名賓門」。一統志「檳榔一名仁頻」。先謙曰：留、胥邪，沈説是也。索隱引司馬彪説「胥邪」，與沈同。又引孟康曰「仁頻，椶也」；姚氏云「檳一名椶，即仁頻也」。先謙案，説文「栟」下云「栟，櫚也」。「椶」下云「栟，櫚也」。六書故「栟櫚木高者一二丈，葉如蒲扇，實如魚子，葉下有毛如髮，故亦謂髮櫚」。

是椶乃并閭，不謂仁頻，疑孟注仁頻當作并閭，傳寫誤耳。

〔一四〕孟康曰：欃檀，檀別名。郭璞曰：欃音讒。【補注】沈欽韓曰：爾雅翼「木蘭葉似長生，冬夏榮，常以冬華，其實如小柿，皮如桂而香，生零陵及泰山，狀如枏，樹高數仞」。楚詞王逸注「木蘭去皮不死」。洛陽宫殿簿「顯陽前殿有之」。先謙曰：索隱引皇覽云「孔子墓後有欃檀樹」。孔子世家集解引作「毚檀」。

〔一五〕師古曰：女貞樹冬夏常青，未嘗凋落，若有節操，故以名焉。【補注】沈欽韓曰：李時珍本草「女貞木，一名冬青。女貞葉長四五寸，子黑色。冬青葉微圓，子紅色爲異。今人不知女貞，但呼爲蠟樹，立夏前後取蠟蟲之種子裹置枝上，半月，其蟲化出，延緣枝上，造成白蠟，民大獲利」。

〔一六〕師古曰：八尺曰仞。連抱者，言非一人所抱。【補注】先謙曰：文選注引司馬彪曰「七尺曰仞」。案七尺、八尺，經典箋注並無定説。小爾雅「廣度四尺謂之仞」。本書食貨志應劭注「仞，五尺六寸也」。説文「仞，伸臂一尋八尺」。食貨志顔注「八尺曰仞，取人申臂之一尋也」。義主説文，則當以八尺爲是。

〔一七〕郭璞曰：夸，張布也。張揖曰：葰，甬也。師古曰：暢，通也，通謂上下相稱也。葰音峻。楙，古茂字也。甬音踴。【補注】王文彬曰：夸即荂之省文。説文「雩，草木華也。或从艸从夸」。釋草「華，荂也。華、荂，榮也」。吴都賦「異荂蓲蘛」。今俗作「花」字。此賦以荂條、實葉四字相對爲文，謂荂與條氣機直達，實與葉蕃殖大茂也。郭依本字訓夸爲張布，誤。顔訓暢爲通，又申言上下相稱，亦非。先謙曰：文選注引司馬彪曰「葰，大也」。説文「甬」下云「草木華，甬甬然也」。此張説所本。

〔一八〕師古曰：攢立，聚立也。叢倚，相倚也。連卷，屈曲也。欐佹，支柱也。倚音於綺反。卷音丘專反，又音巨專反。欐音力爾反。佹音詭。【補注】宋祁曰：注文「柱」，景本作「住」。先謙曰：「欐佹」，史記作「累佹」。文選注引司馬彪曰「欐佹，支重累也」。案，欐聲義竝從麗。麗，附也。詩皇矣箋「釋文『佹，戾也』，樹之枝柯相附而又相戾」。顔訓支柱得之，猶言交戾矣。

〔一九〕師古曰：崔錯，交雜也。登委，蟠戾也。崔音千賄反。登音步葛反。骫，古委字。【補注】沈欽韓曰：淮南招隱士「樹輪相糾兮，林木茷骫」。說文「登，以足蹋夷草也」。字當爲茷。說文「茷，草葉多也」。先謙曰：崔音七罪反，後人加玉爲璀。文選魯靈光殿賦「下茀蔚以璀錯」，注「璀錯，衆盛貌」。與此交雜同義。又作「璀璨」，璨錯一聲之轉。集解引徐廣曰「登音拔」。案如顏音，則讀如撥。玉篇「骫，骨曲也」。王逸釋「茷骫」爲枝條盤紆。沈謂「登」當作「茷」，是也，登乃借字。顏說本郭璞，見文選注引。索隱引郭云「崔錯登骫者，蟠戾相樛也」。與文選異。

〔二〇〕師古曰：坑衡，徑直貌也。問砢，相扶持也。坑音口庚反。問音烏可反。砢音來可反。坑字或作抗，言樹之枝幹相抗爭衡也。其義兩通。【補注】先謙曰：顏說前四句本郭璞，見文選注引。史記「坑」作「阬」。索隱引郭璞云「阬衡問砢者，揭孽傾敵貌也」。與文選引郭不同，當有一誤。上句亦然。案據郭注，則所見本亦作「坑衡」。傾敵訓「坑衡」，揭孽訓「問砢」也。坑即抗之同音借字。傾敵謂條幹支柱相傾相敵，正抗衡之義。說文「問，大開也。砢，磊砢也」。本傳「水玉磊砢」，郭注「魁礨貌」，是問、砢亦開廣累積之意，總言其高耳。文選魯靈光殿賦「飛陛揭孽」，注「揭孽，高貌」，則「揭孽」乃「問砢」之義。郭注當爲「傾敵揭孽貌也」，後人誤倒。

〔二一〕師古曰：扶疏，四布也。英謂華也。蟠纚，飛揚貌也。纚音山爾反。【補注】先謙曰：說文「枎」下云「枎疏，四布也」。通作「扶」。史記作「扶於」。集解引郭璞曰「扶於猶扶疏也。蟠纚，偏幡也」。案偏幡即詩之翩反也。詩巷伯傳「幡幡猶翩翩也」。文選景福殿賦注「纚，相連之貌」。

〔二二〕郭璞曰：紛溶萷蔘，支竦擢也。猗柅猶阿那也。萷音蕭。蔘音森。猗音於氏反。柅音諸氏反。師古曰：溶音容。萷亦音山交反。【補注】沈欽韓曰：九辯「萷櫹槮之可哀」。王逸云「莖獨立也」。考工記注引作「紛容掣參」。先謙曰：史記作「紛容蕭蔘，旖旎從風」。文選「柅」作「旎」。注「猗柅，猶阿那也」。並引作張揖說。先謙案，「萷蔘」，今承用作「蕭森」，「阿那」作「婀娜」。

〔二三〕師古曰：林木鼓動之聲也。瀏音劉。莅音利。芔，古卉字也，音諱。歙音翕。【補注】先謙曰：史記「瀏」作

「瀏」，「歙」作「吸」。楚辭九歎「秋風瀏以蕭蕭」。劉莅謂風之戛木，其聲淒清。或通作「漻淚」。文選南都賦「漻淚淢汩」，言水之清。又作「憭慄」、「懰慄」。楚辭九辯「憭慄兮若在遠行」。武帝李夫人賦「懰慄不言，言心之悽愴」。並義同字異。歂歙猶呼吸也。歂、呼雙聲，歙、吸疊韻。

〔二四〕師古曰：金石謂鐘磬也。管長一尺，圍一寸，六孔，無底。籥三孔，並以竹爲之。【補注】先謙曰：正義「籥謂之笛，有七孔」。説文「籥，三孔籥也」。官本「磬」作「聲」，「六」作「大」。

〔二五〕如淳曰：茈音此。虒音豸。張揖曰：柴池，參差也。茈虒，不齊也。郭璞曰：柴音差。還，還繞也，音宦。【補注】先謙曰：柴，郭音是也。文選作「傑」。「柴池」即「茈虒」，音義並同。差池猶上言「罷池陂陁」，均是陂陀耳。參差不齊，非有二義。「還」，史記作「環」。集韻「還音患，繞也」。儀禮既夕禮「祖還車不還器」。釋文亦同此讀。

〔二六〕師古曰：雜襲，相因也。絫輯，重積也。絫，古累字。輯與集同。【補注】先謙曰：史記「雜襲」作「雜遝」。集解引徐廣曰「雜一作插」。案雜襲絫輯，皆重積之義。

〔二七〕師古曰：循，順也。下溼曰隰。

「於是乎玄猨素雌，蜼玃飛蠝，〔一〕蛭蜩玃蝚，〔二〕獑胡豰蛫，〔三〕棲息乎其間。長嘯哀鳴，翩幡互經，〔四〕夭蟜枝格，偃蹇杪顛，〔五〕隃絶梁，騰殊榛，〔六〕捷垂條，掉希間，〔七〕牢落陸離，爛漫遠遷。〔八〕

〔一〕張揖曰：蜼如母猴，卬鼻而長尾。玃似彌猴而大。飛蠝，飛鼠也，其狀如兔而鼠首，以其頫飛。郭璞曰：蠝，鼯鼠也，毛紫赤色，飛且生，一名飛生。蜼音贈遺之遺。蠝音誄。師古曰：玄猨素雌，言猨之雄者玄黑而雌者白素也。爾雅曰「玃父善顧」也。玃音钁。鼯音吾。【補注】沈欽韓曰：北山經「天池之山有獸焉，其狀如兔而鼠首，以其髯飛，名曰飛鼠」。先謙曰：史記「蠝」作「鸓」。索隱「蜼，今狖，尾端爲兩岐，天雨便以尾插鼻兩孔」。郭璞云「玃色蒼黑，能攫搏人，故云獲也」。先謙案，郭璞爾雅圖讚「寓屬之才，莫過於蜼，雨則自縣，塞鼻以尾，厥狀雖陋，列象宗彝」。釋獸注謂「蜼鼻露向上，雨則自縣於樹，以尾塞鼻也」。一切經音義八「狖，古文蜼」。字林「餘繡反，江東名也。又音餘季反，建平名也」。抱朴子對俗篇「獮猴壽八百歲，變爲猿，猿壽五百歲，變爲玃」。說文「玃」下云「母猴也」。「鸓」下云「鼠形，飛走且乳之鳥也」。廣韻「鸓，飛生鳥名，飛且乳，一名鼯鼠，毛紫赤色，似蝙蝠而長」。廣雅「鷂鳩，飛鸓也」。字皆不從虫。釋鳥「鼯鼠，夷由」。郭注「狀如小狐，似蝙蝠，肉翅，翅、尾、項、脅毛紫赤色，背上蒼艾色，腹下黄，頷雜白，腳短爪長，尾三尺許，飛且乳，亦謂之飛生，聲如人呼，食火烟，能從高赴下，不能從下上高」。急就篇顏注「飛鼯一名飛蝠，又曰鼯鼠，亦曰夷由，即今俗呼飛生者也」。劉逵吴都賦注與郭注略同，言其大如猿，東吴諸郡皆有之。唐書地理志「台州土貢飛生鳥」。南越志「高要縣有飛鸓，肉翼如蝙蝠，貍頭鼠目，一曰鼯鼠，且飛且産子，便隨母而飛」。據此數書，明飛鸓有翼，與飛鼠之以髯飛者不同，張、沈二家據山經爲説，誤也。今人動稱鼯鼠五技，案説文「鼫，五技鼠也，能飛不能過屋，能緣不能窮木，能游不能渡谷，能穴不能揜身，能走不能先人」。釋獸孫注、字林、蔡邕勸學篇並以鼫爲五技鼠。易林「碩鼠四足，飛不上屋」。古今注「碩鼠有五能，而不成伎術」。詩碩鼠正義亦謂碩鼠即五技之鼠，與飛鸓爲二物。而後人以爲鼯鼠，誤也。荀子勸學篇「梧鼠五技而窮」，注云「梧當爲鼫」，蓋以鼫爲鼯，又誤鼯爲梧，沿譌已久，今並正之。

〔二〕如淳曰：蛭音質。張揖曰：蛭，蟣也。蜩，蟬也。玃猱，獮猴也。師古曰：方言獸屬，而引蛭蟣水蟲，又及蜩蟬，乖於事類，如説非也，但未詳是何獸耳。猱音迺高反，又音柔，即今所謂戎皮爲韋褥者也。戎音柔，聲之轉耳，非獮猴也。【補注】宋祁曰：「蝚」當作「猱」。姜皋曰：山海經「鳧麗之山有獸焉，名曰蠪姪」。玄覽「蠪狌九首，蔡茂兩頭」。廣韻「蠪蛭如狐，九尾虎爪，呼如小兒，食人」。姪、狌皆同蛭。先謙曰：注「如説」當作「張説」。「猱」，官本並作「蝚」。「玃」，文選作「蠼」，史記作「蠗」。集解引漢書音義曰：「山海經曰『不咸之山有飛蛭，四翼』」。郭璞曰「蠗蝚似獮猴而黄。蜩未聞」。索隱引顧氏云：「蠗音塗卓反。山海經云『鼻案「鼻」當爲「臯」。塗山下有獸，似鹿，馬足人首，四角，名爲蠷』。案「蠷」當爲「玃」，又脱「如」字，詳下。貜猱即此也。字或作『蠼』。郭璞云貜，非也。上已有蜼貜，此不應重見。又神異經云『西方深山有獸，毛色如猴，能緣高木，其名爲蜩』。字林云，蠷音狄，蛭、蜩二獸名」。先謙案，蛭，疑即蠪蛭，姜説近是。「蜩」當爲「䝞」。玉篇「䝞，猛獸」。神異經「䝞，西方獸名，大如驢，狀如猴，善緣木，純牝無牡，羣居要路，執男子合之而孕，十月生貜」。字不作「蜩」，索隱蓋誤。李時珍云「貜無牝，䝞無牡」。此牝牡相反。説文貜下云「𤢕貜也」。與貜異詁。𤡔下云「犬屬，要以上黄，要以下黑，食母猴。或曰，𤡔似牂羊，出蜀北嚻山中，犬首而馬尾」。案前説，即下文所謂豰也，或説即𤡔貜也。西山經「皋塗之山有獸焉，其狀如鹿而白尾，馬足人手而四角，名曰玃如」。郭注「玃如前兩脚似人手。音豭玃之玃」。案經言「玃如」之狀，與説文異。索隱據以實之，以爲字當作「蠼」，竝非也。此賦借字爲多，又傳寫譌異，當以字書爲正。詩小雅「毋教猱升木」，傳「猱，猨屬」。疏「猱則猿之輩屬，非猨也」。陸璣云「猱，獼猴也，楚人謂之沐猴，老者爲玃，長臂者爲猿，猿之白腰者爲獑胡，獑胡猨駿，捷於獼猴」。是猱與猨、玃、獑胡同類異物，張釋貜固非，以猱爲獼猴未爲不可疑，不必如顔説解猱爲狨也。集韻「狨，獸名，禺屬，其毛柔長可藉」。埤雅「狨，蓋猿狖之屬，輕捷善緣木，大小類猿，長尾，尾作金色。今俗謂之金綫絨，生川峽深山中，人以藥矢射之，取其尾爲臥褥、鞍被、坐毯。狨甚愛其尾，中矢毒即自齧斷其尾以擲之，惡其爲深患也。狨一名猱」。

〔三〕張揖曰：獑胡似獼猴，頭上有髦，要以後黑。豰，白狐子也。郭璞曰：豰似貀而大，要以後黄，一名黄要，食獼猴。蛫未聞也。獑音讒。豰音呼穀反。蛫音詭。師古曰：豰，郭説是也。【補注】錢大昭曰：「胡」，説文作「䶅」，云「斬䶅鼠，黑身，白要若帶，手有長白毛，似握版之狀，類蝯蜼之屬」。「豰」，當作「𤡔」，説文「𤡔，犬屬，要以上黄，要以下黑，食母猴」。沈欽韓曰：寰宇記引郡國志云「僰道有獸名獑猢，似猿而足短，一騰一百五十步，如迅鳥之飛。取此皮爲狐白之用，盈百方成，亦謂之猓然」。豰，白狐子，見爾雅。此蓋字之譌也。先謙曰：索隱引姚氏案「山經云，即山有獸，狀如黽，白身赤首，其名曰蛫」。案，中山經也。「即」下脱「公」字。

〔四〕郭璞曰：互經，互相經過也。

〔五〕郭璞曰：皆猨猴在樹共戲姿態也。天蟜，頻申也。師古曰：杪顛，枝上端也。蟜音矯。杪音眇。【補注】錢大昭曰：「格」，説文作「挌」，云「枝挌也」。从手、各聲」。淮南説林訓「枝格之屬，有時而弛」，庾信小園賦「枝格相交，草樹混淆」，皆是「挌」字。先謙曰：「姿」，官本作「恣」，是。史記注引亦作「恣」。

〔六〕師古曰：絶梁，謂正絶水無橋梁也。殊榛，特立株枿也。言超度無梁之水，而跳上株枿之上也。踰字與踰同。榛音仕人反。枿音五曷反。【補注】先謙曰：官本注「仕」作「惻」，「五」作「伍」。正義引張云「絶梁，斷橋也」。又云「爾雅云『木藂生爲榛』也。殊，異也」。文選注引張揖曰「殊榛，異枿也」。

〔七〕張揖曰：捷持縣垂之條，掉往著稀疏無支之間也。師古曰：掉音徒釣反。【補注】先謙曰：注「支」，官本作「枝」。張説讀捷爲接。捷、接古通用字。「掉」，史記作「踔」。集解引郭璞曰「踔，縣蹢也」。案後漢馬融傳注「踔，跳也」。史記貨殖傳索隱「遠騰貌也」。郭言縣蹢者，謂以身投擲於空中，莊子徐無鬼篇「齊人蹢子于宋者」。釋文「蹢，投也」。故曰「踔希間」。掉乃借字。

〔八〕師古曰：言其聚散不恒，雜亂移徙也。【補注】先謙曰：文選注「牢落猶遼落也」。廣雅「陸離，參差也」。「漫」，文選作「熳」，史記作「曼」。正義引郭云「奔走崩騰狀也」。

「若此者數百千處，娛游往來，宮宿館舍，〔一〕庖廚不徙，後宮不移，百官備具。〔二〕

〔一〕師古曰：娛，戲也。戲音許其反。【補注】王念孫曰：顔注，娛音許其反。今本「娛」字作「戲」，此後人所改也。後人以娛與許其音不相協，而戲字可讀平聲，故改娛爲戲，以牽合許其之音耳。不知戲字讀平聲者，乃是「伏戲」之戲，非「游戲」之戲。且戲讀平聲，亦在支部，不在之部，音許宜反，不音許其反也。此「娛」字乃「娭」字之譌。娭，非常見之字，故須爲之作音，若游戲之戲，則不須作音矣。後人之改，甚矣其謬也。文選李善注：「説文『娛，戲也，許其切』。」念孫案，娛音虞，不音許其反。説文娛訓爲樂，不訓爲戲。以顔、李二説考之，則娛爲娭字之譌也。説文「娭，戲也」。玉篇「音虛基切」。「虛（其）

〔基〕」與「許其」同音。又楚辭招魂「娭光眇視」，王注曰「娭，戲也」。本書禮樂志「神求宴娭」，師古曰「娭，戲也」。娭音許其反，音訓正與此同，則娛爲娭之誤明矣。娭即嬉戲之嬉，故顔、李並音許其反。史記司馬相如傳作「嬉游往來」，此尤其明證也。下文大人賦「吾欲往乎南娭」，「汜濫水娭」，史記竝作「嬉」。又案楚辭九章「屬貞臣而日娭」。洪興祖曰「娭一作娛，非是」。招魂「縣人以娭」。娭一作娛。漢書揚雄傳羽獵賦「踔天蟜娭澗門」。五臣本文選「娭」作「嬉」。李善本作「娛」。蓋後人多見娛，少見娭，故娭字多誤爲娛矣。先謙曰：舍，止也，一宿爲舍。見左莊三年傳。史記「舍」作「客」，疑誤。

〔二〕師古曰：言所在之處供具皆足也。

「於是乎背秋涉冬，天子校獵。〔一〕乘鏤象，六玉虯，〔二〕拖蜺旌，〔三〕靡雲旗，〔四〕前皮軒，後道游；〔五〕孫叔奉轡，衛公參乘，〔六〕扈從横行，出乎四校之中。〔七〕鼓嚴簿，縱獵者，〔八〕江河爲阹，泰山爲櫓，〔九〕車騎靁起，殷天動地，〔一〇〕先後陸離，離散别追，〔一一〕淫淫裔裔，緣陵流澤，雲布雨施。〔一二〕生貔豹，搏豺狼，〔一三〕手熊羆，足壄羊。〔一四〕蒙鶡蘇，〔一五〕絝白虎，〔一六〕被斑文，〔一七〕跨壄馬，〔一八〕陵三嵕之危，〔一九〕下磧歷之坻，〔二〇〕徑峻赴險，越壑厲水。〔二一〕推蜚廉，弄解廌，〔二二〕格蝦蛤，鋋猛氏，〔二三〕羂寅褭，射封豕。〔二四〕箭不苟害，解脰陷腦；弓不虚發，應聲而倒。〔二五〕

〔一〕李奇曰：以五校兵出獵也。師古曰：李説非也。校獵者，以木相貫穿，總爲闌校，遮止禽獸而獵取之。説者或以爲周官校人掌田獵之馬，因云校獵，亦失其義。養馬稱校人者，謂以爲闌校以養馬耳，故呼爲閑也。事具周禮，非以獵馬故稱校人。【補注】先謙曰：注「謂」下「以」字疑衍。「閑」，官本作「闌」。

〔二〕張揖曰：鏤象，象路也，以象牙疏鏤其車輅。六玉虯，謂駕六馬，以玉飾其鑣勒，有似玉虯。龍子有角曰虯。【補注】先謙曰：集解引郭璞曰「鏤象，山所出輿，言有雕鏤。虯，龍屬也。韓子曰『黃帝駕象車六交龍』是也」。文選注云「此依古成文而假言之，非謂似也」。今依郭説。案，象輿詳上。

〔三〕張揖曰：析羽毛，染以五采，綴以縷爲旌，有似虹蜺之氣也。師古曰：拖音土賀反，又音徒可反。

〔四〕張揖曰：畫熊虎於旒爲旗，似雲氣。【補注】先謙曰：文選注云「此亦假言也。高唐賦曰『蜺爲旌』」。雲旗已見東京賦。先謙案，東京賦「雲旗拂霓」。善注引楚辭曰「載雲旗之逶夷」。華嚴經音義下引漢書拾遺「靡，傾也」。文選琴賦注「靡靡，順風貌」。

〔五〕文穎曰：皮軒，以虎皮飾車。天子出，道車五乘，游車九乘，在乘輿車前，賦頌爲偶辭耳。師古曰：文説非也。言皮軒最居前，而道游次皮軒之後耳，非謂在乘輿之後也。皮軒之上以赤皮爲重蓋，今此制尚存，又非猛獸之皮用飾車也。道讀曰導。【補注】沈欽韓曰：續漢志注：「胡廣曰『皮軒，以虎皮爲軒』。」宋史輿服志「皮軒車，漢前驅車也。冒以虎皮爲軒，取曲禮『前有士師，則載虎皮』之義。赤質，曲壁，上有柱，貫五輪相重，畫虎文。駕四馬」。參按前後，並云虎皮。師古謬也。先謙曰：集解引郭璞曰「皮軒，革車也，或曰即曲禮『前有士師，則載虎皮』者也。道，道車。游，游車。皆見周禮也」。案據諸説，漢世實以虎皮飾軒，後世乃以赤質之皮畫虎文耳。顏據唐制爲説，不稽古之失也。

〔六〕鄭氏曰：孫叔者，太僕公孫賀也，字子叔。衛公者，大將軍衛青也。大駕，太僕御，大將軍參乘。師古曰：參乘，在車之右也。解具在文紀也。【補注】吳仁傑曰：此兩人蓋指古之善御者耳，下云「青琴虙妃之徒，色授神予，心愉于側」，又豈當時真有此耶？案孫叔即楚詞所謂「驥躊躇于弊輦，遇孫陽而得代」者是也。衛公即國語所謂「衛莊公爲右曰，吾九上九下，擊人盡殪」者是也。校獵賦「蚩尤竝轂，蒙公先驅」，二京賦「大丙弭節，風后陪乘」，亦祇用古人，此類甚多，不可偏舉。至長楊賦「乃命票衛」，此則指言青、去病也。

〔七〕文穎曰：凡五校，今言四者，一校中隨天子乘輿也。師古曰：此説又非也。四校者，闌校之四面也。言其跋扈縱恣而行，出於校之四外也。【補注】先謙曰：梁章鉅云，葉夢得石林燕語云「從駕謂之『扈從』」，始自上林賦。張揖以爲跋扈，顔注因之，亦以爲縱恣而行。侍天子而言跋扈，可乎」？唐封演以爲「扈養以從，猶之僕御」，近之。公羊宣十二年傳「厮役扈養」何休注「養馬者曰扈」。然則扈從蓋任牧圉之役者也。先謙案，如顔説乃出校之四外，不當言出四校之中矣，其説非也。文説亦非。校，部也。衛青傳顔注「校者，營壘之稱，故謂軍之一部爲一校」。百官志「中壘、屯騎、步兵、越騎、長水、胡騎、射聲、虎賁八校尉，皆武帝初置」。刑法志「内增七校」，晉灼注「胡騎不常置，故此言七」。據此，武帝時不止五校。若元紀「任千秋將五校竝進」。乃所將有五部曲，非必拘定五數，趙充國傳之九校、三校，陳湯傳之六校，皆其證。亦與天子之獵無涉。竊謂此祗是以四校行獵耳，四校當即屯騎、步兵、射聲、虎賁四校尉，皆天子行獵必當隨從者。而掌北軍之中壘校尉，掌胡、越騎之三校尉不與。班氏燕然山銘「四校横徂，星流彗埽」，本此賦四校横行之文。但彼言軍有四校，亦與此四校無涉也。顔注扈從本郭璞。集解引郭璞曰「言跋扈縱恣，不安鹵簿矣」。文選注引作「張揖曰，跋扈縱横，不案鹵簿」也。索隱引晉灼曰「扈，大也」。文選注引同。今案郭説不可訓，晉解大從，不辭。梁引扈養，義近之。案廣雅釋詁「扈，使也」。扈從，從駕而供使令也。或曰，考工記弓人注「扈，緩也」。扈從，從駕而緩行也。於義竝通。横行，謂軍士分校就列天子周回，按部不由中道行而旁出。

〔八〕孟康曰：鼓嚴，嚴鼓也。簿，鹵簿也。師古曰：縱，放也。簿音步户也。【補注】先謙曰：官本「也」作「反」，是。文選注「言擊嚴鼓簿鹵之中也」。「獵」，史記作「獠」。集解謂鼓嚴於林簿之中，然後縱獠也。先謙案，蔡邕獨斷「天子出，車駕次第謂之鹵簿」。五經精義「車駕行，羽儀雙導，謂之鹵簿，自秦漢始有其名」。蓋天子儀衛森嚴，故曰嚴簿，言鼓於嚴簿之中而縱獵者也。「嚴」字不當屬上爲文，集解本「林簿」作「林薄」，據裴説，則「簿」一作「薄」，然其説非也。

〔九〕蘇林曰：阹，獵者圜陳遮禽獸也。張揖曰：櫓，大盾，以爲翳也。郭璞曰：櫓，望樓也。因山谷遮禽獸爲阹。師古曰：因江河以遮禽，登泰山而望獲，言田獵之廣遠耳。郭説是也。陸音怯。【補注】錢大昭曰：劉屈氂傳「以牛車爲櫓」，與此同意。先謙曰：官本「怯」作「祛」，是。

〔一〇〕郭璞曰：殷猶震也。師古曰：靁，古雷字也。殷音隱。

〔一一〕師古曰：陸離，分散也。言各有所追逐也。追合韻音竹遂反。【補注】先謙曰：地韻裔、施，追不煩合韻。

〔一二〕郭璞曰：言徧山野也。

〔一三〕郭璞曰：貔，執夷，虎屬也，音毗。師古曰：貔豹二物，皆猛獸也。生謂生取之也。搏，擊也。【補注】先謙曰：貔一名執夷，一名白狐，見陸璣詩疏。爾雅「貔，白狐」。郭璞贊「書稱猛士，如虎如貔」。貔蓋豹屬，亦曰執夷。白狐之云，似是而非。凡猛獸以生得手搏爲能。

〔一四〕張揖曰：熊，犬身人足，黑色。羆如熊，黄白色。壄羊，䴲羊也，似羊而青。師古曰：壄羊，今之所謂山羊也，非䴲羊矣。手，言手擊殺之。足謂蹵蹈而獲之。【補注】沈欽韓曰：郭注爾雅云「羱羊似吴羊而大角，角橢，出西方」。李時珍云「山羊有二種，一種有大角，盤環肉至百斤者；一種角細」。説文謂之莧羊，音桓。陸氏云：「羱羊狀如驢而羣行，其角譬天塵露，在上生草戴行，故代都賦云『羱羊養草以盤桓』」。先謙曰：集解引郭璞曰「野羊如羊，千斤。手足，謂拍蹴殺之」。釋畜釋文引字林云「羱，野羊大角者也」。一切經音義八引字林云「羱，野羊也，其角堪爲䡵月小榼也，出西方，似吴羊而大角也。角重於肉，江南呼爲羱羝」。説文「莧」下云「山羊細角者」。桂馥義證引杜預奏事云「臣前在南，聞魏興北山有野羊，大者數百斤。試令求，今者得牝牡一，其形不異土羊，然是野獸，土所稀有」。先謙案，不異土羊，則是細角可知。郭注如羊千斤，既與杜合，顔云山羊，亦與説文合，是郭、顔皆以此賦壄羊爲莧羊，非角重於肉之羱羊矣。説文「䴲」下云「大羊而細角」。案即今所稱羚羊角，可入藥者，無壄羊之名，張説誤。

〔一五〕孟康曰：鶡，鶡尾也。蘇，析羽也。張揖曰：鶡似雉，鬬死不卻。郭璞曰：蒙其尾爲帽也。鶡音曷。【補注】先謙曰：集解引徐廣曰「蘇，尾也」。索隱：「案，蒙謂覆而取之。鷸以蘇爲奇，故特言之以成文耳。決疑注云『鳥尾爲蘇也』。」先謙案，據下索隱「被斑文」注引輿服志，則當如郭説，鷸冠爲是，且與下三句文義相貫。

〔一六〕張揖曰：著白虎文絝也。師古曰：絝，古袴字。【補注】先謙曰：集解引郭璞曰「絝謂絆絡之」，不如張説爲合。

〔一七〕師古曰：被謂衣著之也。斑文，亦貙豹之皮也。被音皮義反。【補注】先謙曰：史記「斑」作「豳」，通用字。索隱「輿服志云『虎賁騎，鷸冠，武文單衣』，即此斑文也」。唐諱「虎」爲「武」。文選注引作「虎」。

〔一八〕師古曰：騎之也。【補注】先謙曰：野馬詳上，喻所跨之駿捷。

〔一九〕師古曰：陵，上也。三嵕，三聚之山也。【補注】先謙曰：集解引漢書音義曰「三嵕，三成之山」。文選注引郭璞三倉注曰「三嵕山在聞喜」。

〔二〇〕師古曰：磧歷，沙石之貌也。坻，水中高處也。磧音千狄反。坻音遲。【補注】王念孫曰：師古説坻與磧歷之義皆非也。坻謂山阪也。説文「秦謂陵阪曰阺」，字或作坻。玉篇「坻，直飢切，水中可居曰坻，又音底」。埤蒼云「坂也」。是陵阪之坻音底，與水中之坻音遲者不同。張衡南都賦「坂坻巀嶭而成巘」是也。文選西京賦「右有隴坻之隘」。李善注引應劭漢書注曰「天水有大坂，曰隴坻」。張揖曰「磧歷，不平也」，見文選注。案磧歷疊韻字，謂山阪不平，磧歷然也。師古以磧與沙石同類，輒云磧歷，沙石之貌。望文生義，失其本指矣。故曰「下磧歷之坻」，坻爲山阪，故言「下」。若水中之坻，則不得言下矣。「陵三嵕之危」、「下磧歷之坻」，皆言山而不言水。下文「越壑厲水」，乃始言涉水耳。坻讀如底，與下文水、豸、氏、豕爲韻，非與危爲韻。危字古音魚戈反，亦不與坻爲韻也。

〔二一〕師古曰：厲，以衣度也。【補注】錢大昭曰：厲即履石渡水之砅。先謙曰：莊子秋水篇「涇流之大」。釋文引崔注「直度曰徑」。史記作「徑」。集韻「直也」。釋水「以衣涉水，繇帶以上爲厲」。説文「砅」下云「履石渡水也。詩曰，深則砅」。「濿」下云「砅，或从濿」。

〔二二〕郭璞曰：飛廉，龍雀也，鳥身鹿頭。張揖曰：解廌似鹿而一角，人君刑罰得中，則生於朝廷，主觸不直者，可得而弄也。師古曰：推亦謂弄之也，其字從手。今流俗讀作椎擊之椎，失其義矣。解音蟹。廌音丈介反。【補注】朱一新曰：文選注「可」上有「今」字，是。「推」作「椎」。李善無注，五臣銑注「椎謂擊殺也」。蓋望文生訓，小顏所謂失其義者是也。先謙曰：文選江賦「蜚廉無以睎其蹤」，注「蜚廉善走」。又詳武紀。説文「推，排也」。

〔二三〕孟康曰：蝦蛤、猛氏，皆獸名也。郭璞曰：今蜀中有獸，狀似熊而小，毛淺有光澤，名猛氏。師古曰：鋋，鐵把短矛也。蝦音遐。蛤音閤。鋋音蟬。【補注】先謙曰：「蝦」，史記作「瑕」。

〔二四〕張揖曰：要裊，馬金啄赤色，一日行萬里者。郭璞曰：封豕，大豬也。要裊音窈嫋。師古曰：羂謂羅繫之也，音工犬反。【補注】王念孫曰：「要」當依景祐本作「㚟」。隸續斤彰長田君斷碑「究屆道㚟」跋引漢書「羂㚟裊」，又引注云「㚟，古要字」。今則正文改作要，又削去注文矣。先謙曰：官本「㚟」作「要」，注「啄」作「喙」，是。要或作騕，亦作腰。淮南子「待腰裊飛兔而駕之，則世莫乘車」。瑞應圖「要裊者，神馬也，金喙赤身，日行萬八千里，與飛兔同，君有德則至」。封豕，神獸而豕形。大荒北經有封豕，注「大豬也，羿射殺之」。郭璞贊「有物貪婪，號曰封豕，薦食無厭，肆其殘毀，羿乃飲羽，獻帝效技」。亦作「封豨」。淮南本經訓「逮至堯之時，封豨脩蛇，皆爲民害，堯乃斷脩蛇於洞庭，擒封豨於桑林」。高注「封豨，大豕。脩蛇，大蛇，吞象三年而出其骨」。脩務訓「吳爲封豨脩蛇」，即用左傳「吳爲封豕長蛇」之文。史記天官書「奎曰封豕」。本書天文志作封豨。是封豨即封豕也。楚辭天問「馮珧利決，封豨是射」。王逸注「封豨，神獸也，言羿不循道德，而挾弓矢轉獵，捕神獸以快其情也」。

〔二五〕張揖曰：脰，項也。師古曰：言射必命中，非詭遇也。脰音豆。

「於是乘輿弭節徘徊，翱翔往來，〔一〕睨部曲之進退，覽將帥之變態。〔二〕然後侵淫促節，〔三〕儵敻遠去，〔四〕流離輕禽，蹵履狡獸，〔五〕轊白鹿，捷狡菟。〔六〕軼赤電，遺光耀，〔七〕追怪物，出宇宙，〔八〕彎蕃弱，滿白羽，〔九〕射游梟，櫟蜚遽。〔一〇〕擇肉而後發，先中而命

處，〔一一〕弦矢分，蓺殪仆。〔一二〕

〔一〕郭璞曰：言周旋也。【補注】先謙曰：史記「弭」作「彌」，「徘」作「裴」，其義竝同。文選注引楚辭曰「颷弭節而高厲」。詳在衞青傳。

〔二〕師古曰：睨，衺視也。部曲，解在李廣傳。睨音五計反。【補注】先謙曰：官本「衺」作「亦」。

〔三〕郭璞曰：言短驅也。【補注】朱一新曰：注「短」，文選注作「疾」，此誤。先謙曰：史記「侵淫」作「浸潭」。索隱「浸潭猶漸冉也。漢書作浸淫，或作乘輿案節也」。據此，索隱所見漢書本不作「侵」。先謙案，侵淫、浸淫義同，皆漸進之意。促節則由徐而疾。

〔四〕師古曰：儵然，敻然，疾遠貌。【補注】先謙曰：官本本文及注「儵」竝作「儵」。案儵，疾也，儵忽即倏忽。楚辭九歌「儵而來兮忽而逝」，莊子應帝王篇「南海之帝爲儵，北海之帝爲忽」是也。

〔五〕師古曰：流離，困苦之也。【補注】先謙曰：文選注張揖曰「流離，放散也。輕禽，飛鳥也」。晉灼曰「輕小之禽」。案，流離當如顏説，與(蹵)〔蹵〕履意對。輕禽飛禽之輕疾者，與狡獸意對。

〔六〕郭璞曰：狡菟健跳，故捷取之也。【補注】宋祁曰：南本「郭璞曰」下云「轊，軸也，言軸轢白鹿，追捷狡兔也。轊音衞」。余謂子虛賦已於「轊騊駼」下注並音矣，此疑不合再出。先謙曰：文選注「故捷取之也」，引作「故曰捷耳」。轊，文選作「轊」，史記作「轊」。集解徐廣曰「轊音鋭，一作惠也」。正義「轊音衞」。抱朴子云「白鹿壽千歲，滿五百歲色純白也」。晉徵祥記云「白鹿色若霜，不與他鹿爲羣」。

〔七〕張揖曰：軼，過也。郭璞曰：皆妖氣爲變怪者，遊光之屬。【補注】先謙曰：郭以光耀爲遊光，則遺字無義。此言行疾可以軼過赤電，而遺其光耀反在後也。與下二句連讀，總謂迅捷耳。集解引徐廣曰「超陵赤電，電光不及，言去速也」。不引郭説。

〔八〕張揖曰：怪物，奇禽也。天地四方曰宇，古往今來曰宙。師古曰：張説宙，非也。許氏説文解字云「宙，舟輿所極覆也」。【補注】先謙曰：正義「怪物謂游梟飛虡也」。先謙案，禮記「山林川谷丘陵，能出雲爲風雨，見怪物，皆曰神」。本書武紀：「帝登封泰山，詔曰『遭天地況施，著見景象，屑然如有聞，震于怪物，欲止不敢』。」據此，怪物不得專指奇禽，張説誤。正義謂指下文，亦非。

〔九〕文穎曰：彎，牽也。蕃弱，夏后氏之良工名。引弓盡箭鏑爲滿。以白羽羽箭，故言白羽也。師古曰：彎音烏還反。蕃音扶元反。【補注】先謙曰：案史記作「繁弱」。文選注：「左氏傳衞子魚曰『分魯公以封父之繁弱』。蕃與繁，古字通。國語『吳素甲白羽之矰，望之如荼』。」注「良工」，官本作「良弓」，是。「羽箭」誤，文選注引作「爲箭」。

〔一〇〕張揖曰：梟，惡鳥，故射之也。櫟，梢也。飛遽，天上神獸也，鹿頭而龍身。郭璞曰：梟，梟羊也，似人長脣，被髮食人。師古曰：梟，郭説近是矣，非謂惡鳥之梟也。櫟音洛。遽音鉅。【補注】沈欽韓曰：文選注：「高誘淮南子注『梟，羊，山精也』。」按淮南氾論「山出嘄陽」，與罔象、畢方，並言是爲怪物，又非狒狒，一名梟羊者也。先謙曰：集解引郭注，「長脣」下有「反踵」二字。山海經「嘄陽國在北朐之西，其爲人，人面長脣，黑身有毛，反踵，見人笑亦笑，左手操管」。與郭説梟羊人獸雖殊，形狀相似。羽獵賦「蹈飛豹，羂嘄陽」。文選注「嘄陽即狒狒也」。據此，梟羊即嘄陽矣。「遽」，史記作「虡」。説文「虡」下云「鐘鼓之柎也，飾爲猛獸，從虍，異象其下足」。「鐻」下云「虡或从金，豦聲」。「虡」下云「篆文虡省」。後漢董卓傳「鍾虡」，章懷注：「前書音義曰『虡，鹿頭龍身，神獸也』。」據此，虡、虡、鐻義同，遽乃傳寫誤字。

〔一一〕郭璞曰：言必如所志者也。【補注】先謙曰：文選注引郭無「者」字。擇其肥者而後射，先命其射處，乃從而中之。言矢不苟發，發必奇中。文選注，廣雅曰「命，名也」。

〔一二〕文穎曰：所射準的爲蓺，一發矢爲殪。郭璞曰：仆，斃也。殪音翳。仆音赴。師古曰：言弦矢適分，則殪死而赴，如射蓺也。蓺謂射的，即今之垛上槷也。蓺讀與藝同，字亦作臬，音魚列反。【補注】錢大昭曰：尋文氏注義，則蓺當爲「槷」。攷工記匠人「置槷以縣，眡以景」，注云「故書槷，或作弋。玄謂槷，古文臬，叚借字」。傳作蓺字，轉寫譌耳。小顏以與技藝字同，失之矣。先謙曰：官本「發」下「矢」作「死」，是。選注引亦作「死」。「而赴」之「赴」當作「仆」。

「然後揚節而上浮，〔一〕陵驚風，歷駭焱，〔二〕乘虛亡，與神俱，〔三〕藺玄鶴，亂昆雞，〔四〕遒孔鸞，促鵕鸃，〔五〕拂翳鳥，〔六〕捎鳳凰，〔七〕捷鵷雛，揜焦明。〔八〕

〔一〕郭璞曰：言騰遊也。

〔二〕師古曰：焱謂疾風從下而上也，音必遥反。【補注】先謙曰：「焱」當作「猋」。說見上。

〔三〕張揖曰：虛無寥廓，與元通靈，言其所乘氣之高，故能出飛鳥之上而與神俱也。【補注】先謙曰：正義引與此同。文選注「曰」下有「郭璞老子經注曰」七字，「也」上有「者」字。官本「元」作「天」。

〔四〕張揖曰：昆雞似鶴，黄白色。郭璞曰：亂者，言亂其行伍也。【補注】先謙曰：藺，躪省文。文選作「躪」。李善注引郭璞曰「躪，踐也」。史記作「轔」。集解引徐廣曰「轔音躪」。說文「鶤，鶤雞也」。昆即鵾字，與鶤同。釋畜「雞三尺爲鶤」。釋文「鶤」本作「鵾」。淮南覽冥訓「軼鶤雞於姑餘」。注「鶤雞，鳳皇之別名」。

〔五〕郭璞曰：遒、促皆迫捕之也。師古曰：遒音材由反。

〔六〕張揖曰：山海經曰「九疑之山有五采之鳥，名曰翳鳥」也。【補注】先謙曰：梁章鉅云，海内經「南方蒼梧之丘，蒼梧之淵，其中有九疑山」。又曰「北海之内有蛇山者，有五采之鳥，飛蔽一鄉，名曰翳鳥」。此注誤合爲一。案「翳」，史記作「鷖」。說文「鷖，鳧屬」。與上下文不相類，從「翳」爲是。

〔七〕師古曰：捎音山交反。

〔八〕張揖曰：焦明似鳳，西方之鳥也。【補注】先謙曰：文選作「焦朋」。李善注：「方言『揜，取也』。樂汁圖『焦朋狀似鳳凰』。宋衷曰『水鳥也』。」史記集解、索隱作「鷦明」。正義云「長喙，疏翼，員尾，非幽閑不集，非珍物不食」。梁章鉅云：「圖」下當有「徵」字，各本皆脱，惟索隱有。「朋」當作「明」。張注「西」當作「南」。説文「鸘」下云「五方神鳥也：東方發明，南方焦明，西方鷫鷞，北方幽昌，中央鳳皇」。先謙案，楚辭遠遊「從元鶴與鷦朋」，王注「鷦朋，俊鳥」。吴都賦作「鷦鵬」。廣雅釋鳥又云「焦明，鳳皇屬也」。是明、朋互寫，其來已久，疑以朋爲正。此鳥鳳屬，説文朋、鵬二字並鳳之異文，且非焦朋。吴都賦無緣作鷦鵬也。

「道盡塗殫，迴車而還。消搖乎襄羊，降集乎北紘，〔一〕率乎直指，〔二〕揜乎反鄉，〔三〕蹷石關，歷封巒，過鳷鵲，望露寒，〔四〕下堂梨，息宜春，〔五〕西馳宣曲，〔六〕濯鷁牛首，〔七〕登龍臺，〔八〕掩細柳，〔九〕觀士大夫之勤略，〔一〇〕鈞獵者之所得獲。〔一一〕徒車之所閵轢，〔一二〕騎之所蹂若，人之所蹈藉，〔一三〕與其窮極倦谻，驚憚讋伏，〔一四〕不被創刃而死者，它它藉藉，〔一五〕填阬滿谷，掩平彌澤。〔一六〕

〔一〕張揖曰：淮南子云「九州之外曰八澤，八澤之外乃有八紘，北方之紘曰委羽」。郭璞曰：襄羊猶彷徉也。師古曰：紘音宏。

〔二〕師古曰：率然直去意。

〔三〕師古曰：揜然疾歸貌。【補注】先謙曰：「揜」，文選作「晻」，史記作「闇」。

〔四〕張揖曰：此四觀武帝建元中作，在雲陽甘泉宮外。師古曰：蹷，蹋。歷，經也。蹷音鉅月反。巒音鸞。鳷音支。【補注】宋祁曰：「鳷」，越作「支」。案「越」下當有「本」字。周壽昌曰：「石關」，文選、史記及本書揚雄傳並作「石闕」。案黄圖作「石闕」。

〔五〕張揖曰：堂梨，宫名，在雲陽東南三十里。師古曰：宜春，宫名，在杜縣東，即今曲江池是其處也。【補注】先謙曰：官本注文「堂」作「棠」，文選、史記作「棠」。正義引括地志云「宜春宮在雍州萬年縣西南三十里」。

〔六〕張揖曰：宣曲，宮名也，在昆明池西。【補注】先謙曰：文選、史記注引同。官本「西」作「曲」。

〔七〕張揖曰：牛首，池名也，在上林苑西頭。師古曰：濯者，所以刺船也。鷁即鷁首之舟也。濯音直孝反。【補注】先謙曰：「濯」即「櫂」字，解在佞幸傳。牛首，詳霍光傳。

〔八〕張揖曰：觀名也，在豐水西北，近渭。

〔九〕郭璞曰：觀名也，在昆明池南也。【補注】先謙曰：文選注「方言：掩者，息也」。

〔一〇〕師古曰：略，智略也。觀士之勤，大夫之略也。

〔一一〕郭璞曰：平其多少也。【補注】先謙曰：「獵」，史記一本作「獠」。集解徐廣曰「鈞，一作診也」。

〔一二〕郭璞曰：徒，步也。躪，踐也。轢，輾也，音來各反。師古曰：輾音女展反。【補注】先謙曰：史記「徒」上有「觀」字，「躪」作「轔」。文選作「轥」。

〔一三〕師古曰：蹂若，謂踐蹋也。蹂音人九反。【補注】劉攽曰：徒字乃助辭，徒猶但也。若亦助辭，若預及之辭。先謙曰：「騎」上史記有「乘」字，文選有「步」字。史記「人」下有「民」字，「藉」作「躤」。文選「人」下有「臣」字。李善注「廣倉曰：若，蹈足貌」。先謙案，徒是語助，則不辭。若義，選注得之。獵者與徒車對文，騎與人對文也。劉說非。步、乘、民、臣四字，並後人妄加。

〔一四〕郭璞曰：窮極倦谻，疲憊也。驚憚讋伏，讋怖不動貌。師古曰：谻音劇。憚音丁曷反。讋音之涉反。【補注】先謙曰：文選注引「憊」下有「者」字。「怖」上無「讋」字，是。「貌」下有「也」字。「谻」，官本作「谻」，文選作「劮」，史記作「谻」，說見上。

〔一五〕郭璞曰：言交橫也。師古曰：它音徒何反。【補注】先謙曰：「它它」，文選作「他他」，史記作「佗佗」。「藉藉」，史記作「籍籍」。

〔一六〕師古曰：平，平原也。彌亦滿也。【補注】先謙曰：文選注「廣雅曰：大野曰平」。

「於是乎游戲懈怠，置酒乎顥天之臺，〔一〕張樂乎膠葛之寓，〔二〕撞千石之鐘，〔三〕立萬石之虡，〔四〕建翠華之旗，樹靈鼉之鼓，〔五〕奏陶唐氏之舞，〔六〕聽葛天氏之歌，〔七〕千人倡，萬人和，〔八〕山陵爲之震動，川谷爲之蕩波。〔九〕巴俞宋蔡，淮南干遮，〔一〇〕文成顛歌，〔一一〕族居遞奏，金鼓迭起，〔一二〕鏗鎗闛鞈，洞心駭耳。〔一三〕荆吴鄭衛之聲，〔一四〕韶濩武象之樂，〔一五〕陰淫案衍之音，〔一六〕鄢郢繽紛，激楚結風，〔一七〕俳優侏儒，狄鞮之倡，〔一八〕所以娱耳目樂心意者，麗靡爛漫於前，〔一九〕靡曼美色於後。〔二〇〕

〔一〕張揖曰：臺高上干皓天也。師古曰：顥音胡考反。

〔二〕郭璞曰：言曠遠深貌也。【補注】錢大昭曰：寓，籀文「宇」。荀子「精微乎毫毛，而盈丈乎寓宙」，亦作（寓）〔宇〕。先謙曰：史記作「轇輵之宇」。膠葛、轇輵，猶今言寥闊也。

〔三〕張揖曰：千石，十二萬斤也。【補注】沈欽韓曰：齊策「左右曰，大王撞千石鐘，萬石虡」。舊唐書樂志「漢儀云，高廟撞千石之鍾十枚」。即上林賦所謂也。鍾當十二，而此十枚，未識其義。

〔四〕師古曰：虡，獸名也。立一百二十萬斤之虡以縣鐘也。【補注】先謙曰：史記「虡」作「鉅」，借字。釋器「木謂之虡」，郭注「縣鐘磬之木植者名虡」。詩靈臺「虡業維樅」，傳「植者曰虡，横者曰栒」。案，刻猛獸其上也。詳上「飛遽」注。

〔五〕師古曰：翠華之旗，以翠羽爲旗上葆也。靈鼉之鼓，以鼉皮爲鼓。鼉音徒河反，又音徒丹反。【補注】先謙曰：文選注引郭璞曰「華，葆也」。案說文「葆，草盛皃」。後漢光武紀下注「葆車，謂上建羽葆也。合聚五采羽名爲葆」。

集解引郭璞曰「木貫鼓中，加羽葆其上，所謂樹鼓」。先謙謂羽葆自言建旗，不涉樹鼓，疑郭誤。

〔六〕郭璞曰：陶唐，堯有天下號也。如淳曰：舞咸池。師古曰：二家之説皆非也。「陶唐」當爲「陰康」，傳寫字誤耳。古今人表有葛天氏、陰康氏。吕氏春秋曰「昔陰康氏之始，陰多滯伏湛積，陽道壅塞，不行其序，民氣鬱閼，筋骨縮栗不達，故作爲舞以宣導之」。高誘亦誤解云「陶唐，堯有天下之號也」。案吕氏説陰康之後，方一一歷言黄帝、顓頊、帝嚳，乃及堯、舜作樂之本，皆有次第，豈再陳堯而錯亂其序乎？蓋誘不視古今人表，妄改易吕氏本文。【補注】先謙曰：梁章鉅云「今本吕覽古樂篇『陰康』仍作『陶唐』，此賦李注亦沿其誤，惟章懷注後漢馬融傳引作『陰康』耳」。

〔七〕張揖曰：葛天氏，三皇時君號也。其樂三人持牛尾投足以歌八曲：一曰戴民，二曰玄鳥，三曰育草木，四曰奮五穀，五曰敬天常，六曰徹帝功，七曰依地德，八曰總禽獸之極。師古曰：張説八曲是也。其事亦見吕氏春秋。張云三皇時君，失之矣。【補注】先謙曰：案文選注「吕氏春秋云『葛天氏之樂，以歌八闋：一曰載民，二曰遂草木，六曰建帝功』。今注以民爲氏，以遂爲育，以建爲徹，皆誤」。案史記索隱引並不誤。梁章鉅云「按張、李所見吕覽，皆與今本異。今本古樂篇『持』作『操』，『遂』作『達』，『禽獸』作『萬物』。據李所辨，則今本『達』字爲誤。索隱及初學記十五引並作『總禽獸之極』，與此注合，則今本『萬物』字亦誤」。

〔八〕師古曰：倡讀曰唱。【補注】先謙曰：梁章鉅云「文心雕龍事類篇陳思報孔璋書曰『葛天氏之歌，千人倡，萬人和，聽者因以蔑韶夏』。案葛天之歌，倡和三人而已，相如上林，濫侈葛天，推三成萬，信賦妄書，致斯謬也」。按此賦千倡萬和，乃總承上文，非專屬葛天，當由陳思誤用，不得以此譏相如矣。

〔九〕郭璞曰：波浪起也。

〔一〇〕師古曰：巴俞之人剛勇好舞，初高祖用之，克平三秦，美其功力，後使樂府習之，因名巴俞舞也。宋蔡二國名。淮南，地名。干遮，曲名也。【補注】錢大昭曰：説文「喭，謌聲。喭，喻也」。引司馬相如説「淮南宋蔡，謌舞喭喻」。許君所引即此文。疑「巴俞」古作「喻喻」矣。先謙曰：史記「干」作「于」。索隱引張揖曰「禮樂記曰『宋音宴女溺志』。蔡人謳，員三人。楚詞云『吳謠蔡謳』。淮南，員四人于遮曲。是其意也」。文選注引無「禮」字，「宴」作「燕」，無「楚詞」七字，「南」下有「鼓」字，「曲」下有「名」字，無「是其意也」四字。招寃作「吳歈」，不作「謠」。案巴、俞、蔡、淮南，並見禮樂志。

〔一一〕文穎曰：文成，遼西縣名也。其縣人善歌。顛，益州顛縣，其民能作西南夷歌也。師古曰：「顛」即「滇」字也，其音則同耳。

〔一二〕師古曰：族，聚也。聚居而遞奏也。金，鐘也。鐘之與鼓，亦互起也。迭音徒結反。【補注】王念孫曰：歌聲可言起，不可言居，師古言聚居，非也。居讀爲舉，族舉者，具舉也。遞奏者，更奏也。荀子王制篇云「舉錯應變而不窮」。非相篇云「居錯遷徙，應變不窮」。居錯即舉錯。書大傳「民能敬長憐孤，取舍好讓，舉事力者」。韓詩外傳「舉」作「居」，古字通也。史記正作「族舉遞奏」。

〔一三〕師古曰：鏗鏘，金聲也。闛鞈，鼓音也。洞，徹也。駭，驚也。鏗音口耕反。鎗音切衡反。闛音託郎反。鞈音榻。【補注】先謙曰：汲古本史記作「鏗鏘鐺鼛」。文選注「毛詩曰『擊鼓其鏜』。字書曰『鞨，鼓聲』。闛與鏜，鞨與鞈，古字通」。官本「鏘」作「鎗」，是；「切」作「初」。

〔一四〕郭璞云：皆淫哇之聲。【補注】先謙曰：文選注引「之聲」作「也」。官本「云」作「曰」。

〔一五〕文穎曰：韶，舜樂也。濩，湯樂也。武，武王樂也。張揖曰：象，周公樂也。南人服象，爲虐於夷，成王命周公以兵追之，至於海南乃爲三象樂也。【補注】先謙曰：案呂氏春秋「成王立，殷人反，王命周公踐伐之，南人服象爲虐於東夷，周公遂以師逐之，至於江南。乃爲三象以嘉其德」。

〔一六〕郭璞曰：流湎曲也。師古曰：衍音弋戰反。【補注】先謙曰：文選注引「湎」作「沔」。詩賓之初筵序「沈湎淫液」，箋「淫液者，飲酒時情態也」，故郭以「陰淫案衍之音」爲流湎曲。左傳醫和曰「陰淫寒疾」，此「陰淫」二字所本。「案衍」見上。又文選琴賦「案衍陸離」是也。淫，放濫也。周禮宮正注。衍，溢也。詩板毛傳。長言之，則爲陰淫案衍；約言之，則爲淫衍。魏文帝愁霖賦「潦淫衍而橫湍」。阮籍賦言「淫衍而莫止兮」。皆其義。謂其過而無節也。

〔一七〕李奇曰：鄢，今宜城縣也。郢，楚都也。繽紛，舞貌也。郭璞曰：激楚，歌曲也。師古曰：結風，亦曲名也。繽音匹人反。【補注】錢大昭曰：揚雄反離騷云「暗纍以其繽紛」，注「繽紛，交雜也」。楚辭九懷云「撫余佩兮繽紛」，王逸注「持我玉帶相糾結也」。張有以説文之闠、闅二字當之，音義俱合。先謙曰：鄢郢繽紛，謂楚歌、楚舞交雜並進。古歌必兼舞，激楚、結風並歌舞曲名。李專以繽紛爲舞貌，非。錢説是也。集解引郭璞曰「激楚，歌曲也」。列女傳曰「聽激楚之遺風也」。文選注引張揖曰「楚歌曲也」。文穎曰「衝激，急風也。結風，亦急風也。楚地風氣既自漂疾，然歌樂者猶復依激結之急風爲節也，其樂促迅哀切也」。索隱無「文穎曰」三字。「衝激」作「激楚」，「結風」下有「回風」二字，「爲節也」作「以爲節」。今案文説不辭。張以楚爲歌曲亦非。魏文帝詩「流鄭激楚，度宮中商」。以鄭楚對舉，此如上「巴俞宋蔡」之比，不得取爲此文之證。楚辭「宮庭震驚，發激楚些」。後漢邊讓傳「揚激楚之清宮兮，展新聲而長歌」。淮南子「揚鄭衛之浩樂，結激楚之遺風」，以鄭衛、激楚對文。文選嘯賦「收激楚之哀荒，節北里之奢淫」，以激楚、北里對文，皆與郭説激楚歌曲合。唐獨孤及詩「齊童如花解郢曲，起舞激楚歌采蓮」，激楚、采蓮對舉，尤激楚爲歌舞曲名之明證。徐陵玉臺新詠序「騁纖腰於結風」，此以結風爲舞曲也。陸機演連珠「烈火流金，不能焚影；沈寒凝海，不能結風」。蓋歌聲哀鬱，悲風爲之凝結，故以結風爲名，如遏雲、迴雪之比矣。

〔一八〕張揖曰：狄鞮，西方譯名。郭璞曰：西戎樂名也。師古曰：俳優侏儒，倡樂可狎玩者也。狄鞮，郭説是也。鞮音丁奚反。【補注】先謙曰：文選注：「三蒼曰『俳，倡也。優，樂也』。禮記曰『夫新樂及優侏儒』。」集解引徐廣曰「韋昭云，狄鞮，地名，在河内，出善倡者」。先謙案，公羊定十年傳注「夾谷之會，齊侯作侏儒之樂，欲以執定公。孔子曰『匹夫而熒惑諸侯者誅』，於是誅侏儒」。禮記注「侏儒，短人也」。狄鞮二説，未知孰是。

〔一九〕郭璞曰：言恣所觀也。【補注】先謙曰：索隱引「所」作「其」，下有「列女傳曰桀造爛漫之樂」十字。

〔二〇〕張揖曰：靡，細也。曼，澤也。【補注】先謙曰：文選注「言作樂於前者，皆是靡曼美色也。下或云於後，非也」。

「若夫青琴虙妃之徒，〔一〕絶殊離俗，〔二〕妖冶閑都，靚莊刻飾，便嬛繛約，〔三〕柔橈嬽嬽，嫵媚孅弱，〔四〕曳獨繭之褕袘，眇閻易以恤削，〔五〕便姍嫳屑，與世殊服，〔六〕芬芳漚鬱，酷烈淑郁，〔七〕皓齒粲爛，宜笑的皪，〔八〕長眉連娟，微睇緜藐，〔九〕色授魂予，心愉於側。〔一〇〕

〔一〕伏儼曰：青琴，古神女也。文穎曰：虙妃，洛水之神女也。師古曰：虙讀與伏字同，字本作虙也。【補注】先謙曰：官本無注末五字。文選注如淳曰「宓妃，伏羲氏女，溺死洛水，遂爲洛水之神」。索隱引同。

〔二〕郭璞曰：世無雙也。【補注】先謙曰：索隱引作「俗無雙也」。文選注引作「離俗，無雙也」。

〔三〕郭璞曰：靚莊，粉白黛黑也。刻，刻畫鬋鬢也。便嬛，輕麗也。繛約，婉約也。嬛音翾。靚音淨。師古曰：妖冶，美好也。閑都，雅麗也。繛音綽。【補注】先謙曰：史記「妖」作「姣」，「閑」作「嫺」。索隱引郭璞云姣，好也。都，雅也。說文「嫺，雅也」。或作「閑」，漢書本作「閑」。文選注：「字書曰『妖，巧也』。小雅曰『都，盛也』」。「莊」作「糚」。「繛」，史記、文選作「綽」。先謙案，靚同靜，後漢南匈奴傳「豐容靚飾」。玉篇「莊，草盛皃」。引申之爲凡盛義，故韻會以莊爲盛飾也。後人加米作「糚」，亦見後漢梁冀傳。說文「鬋，女鬢垂皃」。刻飾，以膠刷鬢，使就理如刻畫然也。說文「繛，緩也。或省作綽」。綽約，舒而不縱之意。

〔四〕師古曰：橈，動曲也。嬽嬽，柔屈貌也。孅，細也。細弱總謂骨體也。橈音女教反。嬛音於圓反。嫵音武。孅即纖字耳。【補注】先謙曰：案「纖細也」之「纖」當作「孅」。「嬛」，官本作「嬽」，是。「屈」作「曲」。「嬽嬽」，文選作「嫚嫚」。李善注引郭璞曰「柔橈嫚嫚，皆骨體耎弱，長豔貌也」；埤蒼曰「嫵媚，悅也」；方言曰「自關而西，凡物小謂之孅」。史記作「柔橈嬛嬛，娬媚姌嫋」。索隱引張揖曰「嬛嬛猶婉婉也」；通俗文云「頰輔謂之嫵媚」；郭璞云「姌嫋，細弱也」。先謙案，說文「嫚」下云「侮易也」。與「慢」同意，見本書高紀、元后傳。「嬛」下云「材緊也」。春秋傳曰「嬛嬛在疚」。孤特急蹙之意。嫚嫚、嬛嬛，皆借字之誤。本書作「嬛嬛」是也。說文「嬛，好也，讀若蜀郡布名」。玉篇「嬛，美女也」。廣韻「嬛，媚容也」。廣雅「嬛嬛，容也」。徐鍇曰，此今人所書「娟」字也。桂馥云，讀若蜀郡布名者，蜀郡有筒中黄潤，蓋讀若潤。案當讀若絹。絹、潤一聲之轉。「姌」當作「姍」。說文「姍，弱長皃，嫋姍也」。後人書「姍」爲「娜」，遂以姍、嫋爲嫋娜矣。索隱本「娬」仍作「嫵」。

〔五〕張揖曰：褕，襜褕也。袣，裛也。郭璞曰：獨繭，一繭絲也。閻易，衣長貌也。恤削，言如刻畫作之也。師古曰：褕音踰。袣音曳。易，弋示反。【補注】錢大昕曰：閻易猶跳易也。出史篇。先謙曰：官本「弋」上有「音」字。「袣」，史記作「袘」，文選作「絏」。「恤」，史記作「戌」，文選作「卹」。卹、削解見上。

〔六〕師古曰：言其行步安詳，容服絶異也。便音步千反。姍音先。嫳音步結反。【補注】先謙曰：史記作「媥姺徽循」。集解引郭璞曰「衣服婆娑貌」。案「媥姺」即「蹁躚」，故顏讀姍爲先。

〔七〕郭璞曰：香氣盛也。師古曰：漚音一候反。【補注】先謙曰：香氣鬱積則其發愈烈，故以漚鬱爲言。說文「淑，清湛也」。

〔八〕郭璞曰：鮮明貌也。師古曰：皪音礫。【補注】先謙曰：索隱：「楚詞曰『美人皓齒以姱』。又曰『蛾眉笑以的皪』」。文選注：「楚辭曰『嫮目宜笑蛾眉曼』」。

〔九〕郭璞曰：連娟言曲細。緜藐，視遠貌。藐音邈。師古曰：微睇，小視也。娟音一全反。睇音大計反。【補注】沈欽韓曰：宋玉舞賦「眉連娟以增繞，目流睇而横波」。王念孫曰：下文云「色授魂予，心愉於側」，則此非謂視遠貌也。今案「緜藐」，好視也。方言「南楚江淮之間，驢瞳子謂之矊」。郭璞曰「言緜邈也」。楚辭招魂曰「靡顔膩理，遺視矊些」。矊與緜同義。藐音莫角、莫沼二反。楚辭九歌「目眇眇兮愁予」。王注「眇眇，好貌」。眇與藐同義，合言之，則曰「緜藐」。方言注作「緜邈」。張衡西京賦「眳藐流眄，一顧傾城」。薛綜以眳爲眉睫之間，失之。竝字異而義同。

〔一〇〕張揖曰：彼色來授，魂往與接也。師古曰：愉，樂也，音踰。【補注】先謙曰：文選注引「授」下有「我」字。索隱引「授」下有二「我」字。

「於是酒中樂酣，〔一〕天子芒然而思，〔二〕似若有亡，〔三〕曰：『嗟乎，此大奢侈！朕以覽聽餘閒，無事棄日，〔四〕順天道以殺伐，〔五〕時休息以於此，〔六〕恐後世靡麗，遂往而不返，非所以爲繼嗣創業垂統也。』〔七〕於是乎乃解酒罷獵，而命有司曰：『地可墾辟，悉爲農郊，以贍氓隸，〔八〕隤牆填塹，〔九〕使山澤之民得至焉。〔一〇〕實陂池而勿禁，虚宮館而勿仞。〔一一〕發倉廩以救貧窮，補不足，恤鰥寡，存孤獨，出德號，省刑罰，〔一二〕改制度，易服色，革正朔，與天下爲始。』〔一三〕

〔一〕師古曰：酒中，飲酒中半也。樂酣，奏樂洽也。中音竹仲反。

〔二〕師古曰：芒然猶罔然也。芒音莫郎反。

〔三〕師古曰：如有失也。

〔四〕師古曰：言聽政餘暇，不能棄日也。閒讀曰閑。【補注】蘇輿曰：言閒居無事，是虚棄此日，故順天殺伐。顔注未晰。

〔五〕郭璞曰：因秋氣也。

〔六〕郭璞曰：謂苑囿中也。【補注】宋祁曰：浙本無「以」字。先謙曰：史記、文選並無「以」字，則無以字者是也。

〔七〕郭璞曰：言不可以示將來也。師古曰：爲音于僞反。

〔八〕師古曰：辟讀曰闢。闢，開也。邑外謂之郊，郊野之田故曰農郊也。衛風碩人之詩曰「税于農郊」也。【補注】先謙曰：官本「稅」作「説」。

〔九〕師古曰：隤，墜也，音徒回反。

〔一〇〕師古曰：恣其芻牧樵采者也。

〔一一〕師古曰：實謂人滿其中，言恣其有所取也。仞亦滿也。勿仞，言發罷之也。【補注】先謙曰：案官本「發」作「廢」，是。「有」字當衍。文選注引司馬彪曰「養魚鼈滿陂池，而不禁民取也」。與顏説異，於義並通。又引郭璞曰「虛，言不聚人衆其中也。仞，滿也」。案仞讀曰牣。孟子音義上引丁音云「牣，本作仞」。

〔一二〕師古曰：德號，德音之號令也。易夬卦曰「孚號有厲」是也。

〔一三〕【補注】先謙曰：文選「爲」下有「更」字。李善注引郭璞曰「變宮室車服，衣尚黑。更以十二月爲正，平旦爲朔」。梁章鉅云，尚書大傳「夏以平旦爲朔，殷以鷄鳴爲朔，周以夜半爲朔」。白虎通三正引同。

「於是歷吉日以齊戒，〔一〕襲朝服，乘法駕，〔二〕建華旗，鳴玉鸞，〔三〕游于六藝之囿，馳騖乎仁義之塗，〔四〕覽觀春秋之林，〔五〕射貍首，兼騶虞，〔六〕弋玄鶴，舞干戚，〔七〕載雲罕，揜羣雅，〔八〕悲伐檀，〔九〕樂樂胥，〔一〇〕修容乎禮園，翺翔乎書圃，〔一一〕述易道，〔一二〕放怪獸，〔一三〕登明堂，坐清廟，〔一四〕恣羣臣，奏得失，四海之内，靡不受獲。〔一五〕於斯之時，天下大説，鄉風而聽，隨流而化，〔一六〕芔然興道而遷義，〔一七〕刑錯而不用，德隆於三皇，功羡於五帝。〔一八〕若此，故獵乃可喜也。

〔一〕張揖曰：歷猶算也。

〔二〕【補注】先謙曰：文選注引司馬彪曰「襲，服也。法駕，六馬也」。

〔三〕郭璞曰：鑾，鈴也，在軌曰鑾，在軾曰和。

〔四〕郭璞曰：六蓺，禮、樂、射、御、書、數也。塗，道也。師古曰：郭說非也。此六蓺謂六經者也。【補注】先謙曰：史記無「馳」字。

〔五〕如淳曰：春秋義理繁茂，故比之於林藪也。【補注】先謙曰：集解引郭璞曰「春秋所以觀成敗，明善惡也」。先謙案，游其囿，馳其塗，覽其林，皆以射獵之地借喻也。

〔六〕郭璞曰：貍首，逸詩篇名，諸侯以爲射節。騶虞，召南之卒章，天子以爲射節也。

〔七〕郭璞曰：干，盾；戚，斧也。【補注】先謙曰：文選注：「言古者舞玄鶴以爲瑞，令弋取之而舞干戚也。尚書大傳曰『舜樂歌曰和伯之樂，舞玄鶴』。公羊傳曰『朱干玉戚，以舞大夏』。」

〔八〕張揖曰：罕，畢也，前有九流雲罕之車。詩小雅之材七十四人，大雅之材三十一人，故曰羣雅也。【補注】先謙曰：案「流」同「旒」，見公羊襄十六年傳、爾雅釋天注、釋文。文選注引「畢」作「罼」。閻若璩云「小雅除笙詩，自鹿鳴至何草不黄，凡七十四篇。大雅自文王至召旻，凡三十一篇。當以篇數言也」。先謙案，文選注「先用雲罕以獵獸，今載之於車，而捕羣雅之士也」。集解引漢書音義曰「大雅、小雅也」。索隱「張揖曰『罕，車也。案此與本書、文選注異，但「罕車」連讀，於義亦通。前有九旒雲罕之車』。說者以雲罕爲旌旗，皆非也。且案中朝鹵簿圖云『雲罕駕駟』，不兼言九旒，罕車與九旒車別也」。先謙謂雲罕自是罼網，雲罕九旒自是旌旗。說文「罕，罔也」。廣雅釋器「罕，率也」。文選羽獵賦「及至罕車飛揚」，李善注「罕，罼罕也」。詩盧令令序「齊侯畢弋」，注「畢，當作罼。雲罕，罼罕也」。是雲罕爲罼網，其義甚明，蓋出獵則載之於車，故此言載雲罕以拚物，羽獵賦言罕車飛揚也。蔡邕獨斷「天子前驅有九旒雲罕」，此張說所本。注「大旗名」。文選東京賦「雲罕九斿」，集韻「旒」或作「斿」。薛注「雲罕，旌旗之別名也」。南史梁武帝紀「齊帝命帝乘金根車，駕六馬，置旄頭雲罕」，此即天子前驅九旒雲罕之旗，張以此「雲罕」爲「九旒雲罕」固謬，小司馬謂罕車與九旒車別，並斥說者以雲罕爲旌旗之非，不知雲罕固有旗名，特不可以訓此賦耳。詩長發箋「旒，旌旗之垂者也」。羽獵賦又云「建九旒」。李善注「禮記曰龍旗九旒也。下言六。白虎載靈輿，皆指天子始出而言」。是九旒即九旒雲罕，與後行獵之罕車迥別。揜羣雅，網羅賢俊之意。

〔九〕師古曰：伐檀，魏國之詩，刺在位貪鄙也。【補注】沈欽韓曰：宋玉笛賦「歌伐檀，號孤子」。先謙曰：索隱引張揖曰「其詩刺賢者不遇明主」。

〔一〇〕鄭氏曰：詩云「于胥樂兮」。師古曰：此說非也。謂取小雅桑扈之篇云「君子樂胥，萬邦之屏」耳。胥，有材知之人也。王者樂得有材知之人使在位也。胥音先呂反。

〔一一〕師古曰：此以上皆取經典之嘉辭，以代游獵之娛樂。【補注】先謙曰：文選注引郭璞曰「禮所以整禮儀，自修飾也。尚書所以疏通知遠者，故游涉之」。

〔一二〕郭璞曰：修絜靜精微之術。

〔一三〕張揖曰：苑中奇怪之獸，不復獵也。

〔一四〕【補注】先謙曰：正義「明堂有五帝廟，故言清廟，王者朝諸侯之處」。

〔一五〕師古曰：言天下之人，皆受恩惠，豈直如田獵得獸而已。【補注】先謙曰：官本「如」作「於」。

〔一六〕師古曰：説讀曰悦。鄉讀曰嚮。【補注】先謙曰：官本無此注。

〔一七〕師古曰：芔然猶歘然也。遷，徙也，徙就於義也。芔音許貴反。【補注】先謙曰：史記「芔」作「喟」。官本無注末五字。

〔一八〕師古曰：錯，置也。羨，饒也。五帝謂黃帝、顓頊、帝嚳、堯、舜也，一曰少昊、顓頊、高辛、堯、舜也。錯音千故反。羨音弋戰反。

「若夫終日馳騁，勞神苦形，罷車馬之用，抏士卒之精，〔一〕費府庫之財，而無德厚之恩，〔二〕務在獨樂，不顧衆庶，忘國家之政，貪雉莬之獲，則仁者不繇也。〔三〕從此觀之，齊楚之事，豈不哀哉！地方不過千里，而囿居九百，〔四〕是草木不得墾辟，而民無所食也。〔五〕夫以諸侯之細，而樂萬乘之所侈，〔六〕僕恐百姓被其尤也。」〔七〕

〔一〕師古曰：罷讀曰疲。抏，挫也，音五官反。

〔二〕【補注】先謙曰：文選注「管子曰，國雖盛滿，無德厚以安之，國非其國也」。

〔三〕師古曰：繇讀與由同。由，用也。

〔四〕【補注】沈欽韓曰：新序刺奢篇「魏王將起中天臺，許綰曰，盡王之地，不足以爲臺趾」，謂此類也。

〔五〕師古曰：辟讀曰闢。

〔六〕【補注】何焯曰：萬乘之所侈，謂天子猶自謂此太奢侈者也。文選無「所」字，非也。

〔七〕師古曰：尤，過也。被音皮義反。

於是二子愀然改容，超若自失，〔一〕逡巡避席，〔二〕曰：「鄙人固陋，不知忌諱，乃今日見教，謹受命矣。」

〔一〕師古曰：愀，變色貌，音材小反，又音秋誘反。【補注】宋祁曰：景本無「又音秋誘反」五字。

〔二〕【補注】何焯曰：「席」，文選作「廗」爲是。此賦多古字。先謙曰：張雲璈云，陸德明經典釋文、郭忠恕佩觿皆以廗爲席之俗書，非古字也。

賦奏，天子以爲郎。亡是公言上林廣大，山谷水泉萬物，及子虛言雲夢所有甚衆，侈靡多過其實，且非義理所止，故刪取其要，歸正道而論之。〔一〕

〔一〕師古曰：言不尚其侈靡之論，但取終篇歸於正道耳，非謂削除其辭也。而説者便謂此賦已經史家刊剟，失其意矣。

【補注】劉奉世曰：觀傳所云，則是嘗删其辭矣。若是顔説，則删字爲長辭，恐非傳意。先謙曰：一切經音義一引聲類「删，定也」。後漢孔奮傳注「删定其義也」。亡是公云云，文本史記，言不尚其侈靡過實之辭，特定取其終篇，歸於正道，而論列之，非删削之謂也。玩此賦文辭，首尾完具，即所謂侈靡失實者固在，豈爲刊剟之本？劉氏以辭害意，其謬甚矣。索隱「大顔云『不取其夸奢靡麗之論，唯取終篇，歸於正道耳』。小顔云『删取非謂削除其詞，而説者謂此賦已經史家刊剟，失其意也』」。今併入師古注，索隱特存其真。昔人謂師古篡取游秦之書，此亦其一證。

司馬相如傳第二十七下

相如爲郎數歲，會唐蒙使略通夜郎、僰中，〔一〕發巴蜀吏卒千人，郡又多爲發轉漕萬餘人，用軍興法誅其渠率。〔二〕巴蜀民大驚恐。上聞之，乃遣相如責唐蒙等，因諭告巴蜀民以非上意。檄曰：

〔一〕師古曰：行取曰略。夜郎、僰中皆西南夷也。僰音蒲北反。【補注】沈欽韓曰：華陽國志：「武帝開南中，令蜀通僰青衣道。僰道令通之，費功無成。使者唐蒙以道不通，執令將斬之。令歎曰『忝官益土，恨不見成都市』。蒙即令送成都市而殺之。蒙乃斬石通閣道，世爲諺曰『思都郵，斬令頭』。」先謙曰：集解：「徐廣曰『羌之別種也』。」索隱：「張揖云『蒙故鄱陽令，爲郎中，使行略取之』。」文穎曰「夜郎、僰中皆西南夷，後以爲牂牁、犍爲二郡」。先謙案，開二郡事在建元六年，相如已爲郎數歲，是獻賦在武帝即位初矣。通夜郎、僰中詳西南夷傳。

〔二〕師古曰：渠，大也。【補注】先謙曰：史記無「軍」字。漕，水運也，音在到反。

告巴蜀太守：蠻夷自擅，〔一〕不討之日久矣，時侵犯邊境，勞士大夫。陛下即位，存撫天下，集安中國，然後興師出兵，北征匈奴，單于怖駭，交臂受事，屈膝請和。〔二〕康居西域，重譯納貢，稽首來享。〔三〕移師東指，閩越相誅；〔四〕右弔番禺，太子入朝。〔五〕南夷之君，西僰之長，常效貢職，不敢惰怠，延頸舉踵，喁喁然，〔六〕皆鄉風慕義，欲爲臣妾，〔七〕道里遼遠，山川阻深，不能自致。〔八〕夫不順者已誅，而爲善者未賞，故遣中郎將往賓之，〔九〕發巴蜀之士各五百人以奉幣，衞使者不然，〔一〇〕靡有兵革之事，戰鬬之患。今聞其乃發軍興制，〔一一〕驚懼子弟，憂患長老，郡又擅爲轉粟運輸，皆非陛下之意也。當行者或亡逃自賊殺，〔一二〕亦非人臣之節也。

〔一〕【補注】先謙曰：説文「擅，專也」。

〔二〕【補注】先謙曰：元光三年從大行王恢議，誘匈奴，擊之，無功。然匈奴貪漢財物，漢亦通關市不絕以中之。詳匈奴傳。屈膝請和，蓋飾言之。文選注引戰國策「張儀曰：儀交臂而事齊楚」。

〔三〕師古曰：來入朝覲，豫享祀也。一曰享，獻也，獻其國珍也。【補注】先謙曰：西域傳「漢興，至于孝武事征四夷，廣威德，而張騫始開西域之迹」。據史記騫傳，騫使西域，以元朔三年歸。喻巴蜀時，西域康居疑尚未通中國，乃相如夸飾之辭。或其時偶有通貢之事，史無明文耶？享，一説是。

〔四〕【補注】先謙曰：建元六年，閩越王郢攻南越，遣王恢韓安國擊之。越人殺郢降。詳閩粤傳。

〔五〕文穎曰：弔，至也。番禺，南海郡治也。東伐越，後至番禺，故言右也。師古曰：南越爲東越所伐，漢發兵救之，南越蒙天子德惠，故遣太子入朝，所以云弔耳，非訓至也。【補注】先謙曰：左襄十四年傳注「弔，恤也」。周禮世婦疏「致禮亦名爲弔」。番禺，南粤都。閩粤殺郢，天子使嚴助往南粤諭意，其王胡遣太子嬰齊入宿衞。詳南粤傳。

〔六〕師古曰：喁喁，衆口向上也，音魚龍反。【補注】瞿鴻禨曰：説文「喁，魚口上見」。喁喁，以喻向風之狀爾。衆口向上，似泥解。「喁喁然」三字屬下句讀爲順。

〔七〕師古曰：鄉讀曰嚮。

〔八〕師古曰：致，至也。

〔九〕【補注】先謙曰：索隱引賈逵云「賓，伏也」。案上言爲善者未賞，下言奉幣，則此謂賓禮之也。賓有敬義，亦有導義。周禮鄉大夫「以禮禮賓之」。司農注「賓，敬也」。書堯典「寅賓出日」。傳「賓，導也」。賈義微隔。官本「賓」作「賞」。

〔一〇〕張揖曰：不然之變也。

〔一一〕師古曰：以發軍之法爲興衆之制也。【補注】先謙曰：許應元云「發軍興制，即前所謂用軍興法。顔注非」。先謙案，索隱引張揖云「發軍，謂發三軍之衆。興制，謂起軍法誅渠帥也」。案唐蒙爲使，而用軍興法制，故驚懼蜀人也。案張説乃師古所本，索隱已駁之矣。

〔一二〕師古曰：賊猶害也。

夫邊郡之士，聞烽舉燧燔，〔一〕皆攝弓而馳，荷兵而走，〔二〕流汗相屬，惟恐居後，〔三〕觸白刃，冒流矢，〔四〕議不反顧，計不旋踵，〔五〕人懷怒心，如報私讎。彼豈樂死惡生，非編列之民，而與巴蜀異主哉？〔六〕計深慮遠，急國家之難，而樂盡人臣之道也。故有剖符之封，析圭而爵，位爲通侯，〔七〕居列東第。〔八〕終則遺顯號於後世，傳土地於子孫，事行甚忠敬，居位甚安佚，〔九〕名聲施於無窮，功（業）〔烈〕著而不滅。是以賢人君子，肝腦塗中原，膏液潤埜中而不辭也。〔一〇〕今奉幣使至南夷，〔一一〕即自賊殺，或亡逃抵誅，〔一二〕身死無名，〔一三〕謚爲至愚，〔一四〕恥及父母，爲天下笑。人之度量相越，豈不遠哉！然此非獨行者之罪也，父兄之教不先，子弟之率不謹，〔一五〕寡廉鮮恥，而俗不長厚也。〔一六〕其被刑戮，不亦宜乎！

〔一〕孟康曰：逢如覆米䉛，縣著契皋頭，有寇則舉之。燧，積薪，有寇則燔然之也。【補注】宋祁曰：䉛音郁，漉水籔。先謙曰：集解引漢書音義「契皋」作「桔槔」。索隱引字林云「䉛，漉米籔也」。說文同。「水」字誤。

〔二〕師古曰：攝謂張弓注矢而持之也。攝音女涉反。

〔三〕師古曰：屬，逮也，音之欲反。

〔四〕師古曰：冒，犯也。

〔五〕【補注】先謙曰：史記「議」作「義」。

〔六〕師古曰：編列，謂編户也。編音布先反。

〔七〕如淳曰：析，中分也。白藏天子，青在諸侯也。【補注】先謙曰：高紀「與功臣剖符作誓」。亦詳文紀注。周禮大宗伯「以玉作六瑞，以等邦國。王執鎮圭，公執桓圭，侯執信圭，伯執躬圭，析圭而爵」。言分圭而爵之也。此蓋古語，析即分頒之義，非中分爲二。疑如説誤。楊雄解嘲「析人之圭」。本書顏注「析亦分也」。不謂中分。

〔八〕師古曰：東第，甲宅也。居帝城之東，故曰東第也。【補注】沈欽韓曰：初學記二十四引魏王奏事曰「出不由里門，面大道者名曰第。列侯食邑，不滿萬户，不得作第。其舍在里中，皆不稱第」。隋志「梁制封公侯者，境内稱曰第下，自稱寡人」，蓋以此。蜀都賦亦有「甲第當衢向術」。西京賦「北闕甲第，當道直啟」。夏侯嬰、高后德之，賜北第第一。蓋甲第又以北第爲尊也。先謙曰：文選注引張揖曰「列東第，在天子下方」。索隱「列甲第在帝城東，故曰東第也」。先謙案，有甲乙次第，故曰第。見高紀注。據此賦，知漢以東第爲甲，西第爲乙，顏注是也。至北第與北闕同嚮，則更尊矣。後世如後漢馬融傳「爲梁冀作大將軍西第頌」，晉書會稽王道子傳「趙牙爲道子開東第」，南史徐勉傳「隨在南第」，則不論方位甲乙，但取第宅宏侈爲貴耳。

〔九〕師古曰：佚，樂也，讀與逸同。【補注】先謙曰：「事行」，史記、文選俱作「行事」。

〔一〇〕師古曰：埜與壄同，古野字也。中，古草字。【補注】先謙曰：說文「中，艸木初生也。古文或以爲草字，讀若徹」。

〔一一〕【補注】宋祁曰：越本「使」作「役」。王念孫曰：越本是也。景祐本亦作「役」。奉幣役，謂奉幣之役，即上文所云，發巴蜀之士各五百人以奉幣者也。發役奉幣，以衞使者，則當言奉幣役，不當言奉幣使也。役字古文作「伇」，與「使」相似而誤。史記、文選及藝文類聚雜文部四竝作役。又韓延壽傳「取官錢帛，私假繇使」。吏、使亦當依浙本作役。漢紀作「私假徭役吏民」，是其證。

〔一二〕師古曰：抵，至也，亡逃而至於誅也。【補注】瞿鴻禨曰：抵，當也。呂覽「分職而抵誅者無怨矣」。注「當也」較「至」義爲長。

〔一三〕師古曰：無善名也。

〔一四〕師古曰：謚者，行之跡也。終以愚死，後葉傳稱，故謂之謚。【補注】先謙曰：文選注「謚猶號」。顏注非。

〔一五〕師古曰：不先者，謂往日不素教之也。

〔一六〕師古曰：寡、鮮，皆少也。鮮音息淺反。

陛下患使者有司之若彼，〔一〕悼不肖愚民之如此，故遣信使，〔二〕曉諭百姓以發卒之事，〔三〕因數之以不忠死亡之罪，〔四〕讓三老孝弟以不教誨之過。〔五〕方今田時，重煩百姓，〔六〕已親見近縣，〔七〕恐遠所谿谷山澤之民不徧聞，檄到，亟下縣道，〔八〕咸喻陛下意，毋忽！〔九〕

〔一〕【補注】先謙曰：官本「有」作「所」。引宋祁曰「所司」疑作「有司」。

〔二〕師古曰：誠信之人以爲使也。

〔三〕師古曰：諭，告也。

〔四〕師古曰：數，責也，音所具反。

〔五〕師古曰：讓，責也，責其教誨不備也。【補注】先謙曰：文選注引漢書（景）〔文〕帝詔曰「置三老，孝悌，以道民焉」。

〔六〕師古曰：重，難也，不欲召聚之也。

〔七〕師古曰：近縣之人，使者以自見而口諭之矣，故爲檄文馳以示遠所也。

〔八〕師古曰：亟，急也。縣有蠻夷曰道。

〔九〕師古曰：忽，怠忽也。

相如還報。〔一〕唐蒙已略通夜郎，因通西南夷道，發巴蜀廣漢卒，作者數萬人。治道二歲，道不成，士卒多物故，〔二〕費以億萬計。蜀民及漢用事者多言其不便。是時邛、莋之君長〔三〕聞南夷與漢通，得賞賜多，多欲願爲内臣妾，請吏，比南夷。〔四〕上問相如，相如曰：「邛、莋、冉、駹者近蜀，道易通，〔五〕異時嘗通爲郡縣矣，〔六〕至漢興而罷。今誠復通，爲置縣，愈於南夷。」〔七〕上以爲然，乃拜相如爲中郎將，〔八〕建節往使。副使者王然于、壺充國、吕越人，馳四乘之傳，〔九〕因巴蜀吏幣物以賂西南夷。〔一〇〕至蜀，太守以下郊迎，〔一一〕縣令負弩矢先驅，〔一二〕蜀人以爲寵。〔一三〕於是卓王孫、臨邛諸公皆因門下獻牛酒以交驩。卓王孫喟然而歎，自以得使女尚司馬長卿晚，〔一四〕乃厚分與其女財，與男等。相如使略定西南夷，〔一五〕邛、筰、冉、駹、斯榆之君皆請爲臣妾，〔一六〕除邊關，益斥，〔一七〕西至沬、若水，〔一八〕南至牂柯爲徼，〔一九〕通靈山道，橋孫水，〔二〇〕以通邛、筰。〔二一〕還報，天子大說。〔二二〕

〔一〕師古曰：使訖還報天子也。

〔二〕師古曰：物故，死也。解在蘇武傳。【補注】先謙曰：廣漢亦郡名，事詳西南夷傳。

〔三〕文穎曰：邛者，今爲邛都縣。筰者，今爲定筰縣。師古曰：筰，才各反。【補注】先謙曰：「才」上官本有「音」字。邛筰，西夷也。

〔四〕【補注】先謙曰：索隱謂請置漢吏，與南夷爲比例也。

〔五〕師古曰：今夔州、開州等首領姓冉者，皆舊冉種也。駹音龍。【補注】沈欽韓曰：邛，今四川甯遠府地。筰，今雅州清溪縣，唐置黎州。冉駹今茂州。先謙曰：「龍」官本注作「尨」。案易説卦傳虞注，周禮巾車犬人注，並駹、龍互通，疑龍音亦是。

〔六〕師古曰：異時，猶言往時也。【補注】先謙曰：史記作「秦時」。

〔七〕晉灼曰：南夷謂犍爲、牂柯也。西夷謂越巂、益州也。師古曰：愈，勝也。

〔八〕【補注】先謙曰：索隱「〔秩〕四百石。五歲遷補大縣令」。先謙案，此及上文中郎將，與史記同。西南夷傳竝作郎中將，史記亦同。未知孰是。百官志，中郎有五官、左、右三將，秩皆比二千石。郎中有車、户、騎三將，秩皆比千石，非四百石也。

〔九〕師古曰：傳音張戀反。【補注】先謙曰：公卿表，充國，太初元年爲大鴻臚卿。四乘亦急傳也。六乘傳，見吳王濞傳。七乘傳，見武五子傳。

〔一〇〕【補注】先謙曰：史記無南字。

〔一一〕師古曰：迎於郊界之上也。【補注】宋祁曰：「太守」字上疑更有「蜀」字。

〔一二〕師古曰：導路也。【補注】沈欽韓曰：古今注「兩漢京兆河南尹、執金吾、司隸校尉，皆使人導引傳呼，使行者止，坐者起。四人皆持角弓，違者則射之。有乘高窺闞者，亦射之。魏晉設角弩而不用也」。按此負弩矢先驅之用也。先謙曰：索隱「案，亭吏（名亭長）〔二人〕，弩矢合是亭長負之」，今縣令自負矢，則亭長當負弩也。且負弩是守宰無定，或隨時輕重耳。按，霍去病出擊匈奴，河東太守郊迎負弩。又魏公子救趙擊秦，秦軍解去，平原君負韊矢迎公子於界上」是也。先謙案，傳明言縣令負弩矢，索隱既謂隨時輕重，又言亭長當負弩，文義兩失矣。

〔一三〕【補注】先謙曰：索隱引華陽國志云「蜀大城北十里有升僊橋、送客觀，相如初入長安，題其門云『不乘赤車駟馬，不過汝下』也」。

〔一四〕師古曰：尚猶配也，義與尚公主同。今流俗書本此尚字作當，蓋後人見前云文君恐不得當，故改此文以就之耳。

〔一五〕【補注】先謙曰：史記作「相如使略定西夷」。案史記是也。且相如自行略定，未嘗使人，使、使形近致譌。「南」字衍。

〔一六〕【補注】沈欽韓曰：斯榆，今雅州府天全州。漢置徙縣，音斯。蜀志作斯都，晉曰徙陽。先謙曰：史記「臣妾」作「內臣」，是。索隱：「鄭氏『斯音曳』。張揖云『斯俞，（才俞）國也』。案：今斯讀如字。益部耆舊傳謂之『斯（叟）〔臾〕』。華陽國志云『邛都縣有四部，斯（叟）〔臾〕一也』。」

〔一七〕師古曰：斥，開廣也。【補注】先謙曰：官本「關」下再有「邊關」二字，引宋祁云，淳化本無下「邊關」二字。齊召南云：按史記作「除邊關，關益斥」。文選亦然。案：文選二字疑誤。似淳化本脫一「關」字，而今本又衍一「邊」字也。先謙案，通鑑十八「關」下亦有「關」字，言除去舊設之關，更於新開之地置關也。益斥，文意連下。

〔一八〕張揖曰：沫水出蜀廣平徼外。若水出旄牛徼外。師古曰：沫音妹。【補注】齊召南曰：蜀郡有廣都、廣柔二縣，無廣平縣。「平」字訛也。但地理志於廣都、廣柔二縣，不云沫水出徼外。未知張揖所据。又按沫水即大渡水。

志曰「渽水出汶江縣徼外，南至南安，東入江」。而大渡水出青衣縣東南，至南安入渽。渽水即水經注之涐水也。若水今名打沖河。沈欽韓曰：方輿紀要「大渡河出雅州西北生羌界，一名沫水，流經雅州蘆山縣北，又西南流經黎州所西，折而東南，經建昌行都司越巂衛北境，東流入嘉定州，歷峨眉縣南，至州城東南入大江。瀘水出黎州所西徼外，其源曰若水，下流曰瀘水，流經建昌行都司南，又南經會川衛西，而入金沙江」。一統志「鴉龍江在西藏裏塘城東二百四十里，至四川打箭鑪占對安撫司西，名鴉龍江，又三百餘里，至四川鹽井衛，名打沖河，折東流一百五十餘里，又折而南流二百餘里，會金沙江，即古若水，一名瀘水」。又云「青衣江上源出自天全州北界木枰司地，有四水會流，東南至蘆山縣南，即水經之沫水」。先謙曰：通鑑胡注引張揖曰「沫水出蜀廣平徼外，與青衣水合。若水出旄牛徼外，至僰道入江」；華陽國志「漢嘉縣有沫水」；李文子曰「若水南至大作，入繩水」。先謙案，水經「沫水出廣柔徼外」，足證「平」爲「柔」之誤字。又云「東北與青衣水合」，注云「華陽國志曰，二水於漢嘉青衣縣東，合爲一川，自下亦謂之爲青衣水」。又水經「青衣水出青衣縣西，蒙山東，與沫水合也，至犍爲南安縣入于江」。齊氏偶有不照耳。若水注「若水至僰道，又謂之馬湖江」。繩水、瀘水、孫水、淹水、大渡水，隨決入而納通稱，是以諸書録記羣水，或言入若，又言注繩，亦咸言至僰道入江，正是異水沿注，通爲一津，更無別川可以當之」。

〔一九〕張揖曰：徼謂以木石水爲界者也。如淳曰：斯榆之君等自求去邊關，欲與牂柯作徼塞也。師古曰：徼音工釣反。【補注】先謙曰：索隱引張揖云「徼，塞也，以木栅水爲蠻夷界」。明此「石」字誤。

〔二〇〕張揖曰：鑿開靈山道，置靈道縣。孫水出臺登縣，南至會無入若水。師古曰：於孫水上作橋也。【補注】齊召南曰：史記作「通靈關道」，以地理志證之，越巂有靈關道，則本文山字訛也。張揖注「置靈道縣」，亦脱一「關」字。錢大昭曰：兩漢志俱作「靈關道」。沈欽韓曰：一統志「孫水自寧遠府冕寧縣北發源，南流經縣東，又南經西昌縣西，又南經會理州西，合若水，一名長河，又名安寧河，至迷易所西南，合打沖河」。元和志，笮橋在巂州衛山縣北三十里，以竹篾爲索，架北江水。又長江水本名孫水，出巂州臺登縣北胡浪山下，司馬相如「橋孫水以通邛笮」。即此水也。先謙曰：史記作「零關道」。通鑑同。胡注引張揖曰「鑿靈山爲道」；寰宇記「靈關山在雅州盧山縣北二十里，靈關鎮在盧山縣北八十二里」。元和志云，縣西北六十里靈山，在下有峽口似門，闊三丈，長二百步。零、靈通用。又引孟康曰「孫水一名白沙江」；李文子曰「孫水本名長河水」。先謙案，據張揖說，本文「山」字不誤，齊氏誤也。先鑿靈山之道，後乃置靈關道縣，義得兩通，不須據史記以駁本書。水經「沬水出廣柔徼外，東南過旄牛縣北，又東至越巂靈道縣，出蒙山南」。注云「靈道縣一名靈關道」。齊氏謂張注脱一關字，亦非也。若水注「又有孫水出臺高縣，即臺登縣也。孫水一名白沙江，南流逕邛都縣。司馬相如定西夷，橋孫水，即是水也。又南至會無，入若水」。

〔一二〕【補注】先謙曰：莋，史記作「都」。索隱本作「筰」。案華陽國志云「相如卒開僰道，通南中，置越巂郡。韓説開益州，唐蒙開牂牁，斬筰王首，置牂牁郡」也。

〔一三〕師古曰：說讀曰悦。

相如使時，蜀長老多言通西南夷之不爲用，大臣亦以爲然。相如欲諫，業已建之，不敢，〔一〕乃著書，藉蜀父老爲辭，而已詰難之，以風天子，〔二〕且因宣其使指，〔三〕令百姓皆知天子意。其辭曰：〔四〕

〔一〕師古曰：本由相如立此事，故不敢更諫也。

〔二〕師古曰：藉，假也。風讀曰諷。

〔三〕【補注】錢大昭曰：「詣」當作「指」。史記及閩本俱作「指」。先謙曰：官本作「指」。

〔四〕【補注】先謙曰：官本此下不提行。

漢興七十有八載，〔一〕德茂存乎六世，〔二〕威武紛云，湛恩汪濊，〔三〕羣生澍濡，洋溢乎方外。〔四〕於是乃命使西征，隨流而攘，〔五〕風之所被，罔不披靡。〔六〕因朝冉從駹，定筰存邛，略斯榆，舉苞蒲，〔七〕結軼還轅，東鄉將報，〔八〕至于蜀都。

〔一〕【補注】先謙曰：集解徐廣曰「元光六年也」。

〔二〕【補注】宋祁曰：六世，高帝、惠帝、吕后、文帝、景帝，通武帝六世。

〔三〕師古曰：紛云，盛貌。汪濊，深廣也。湛讀曰沈。汪音烏皇反。濊音於喙反。【補注】宋祁曰：「汪」當作「浧」。先謙曰：字書無「浧」字，疑「浧」之譌。

〔四〕師古曰：洋音羊。【補注】先謙曰：「霑」，史記作「澍」。

〔五〕師古曰：攘，卻退也，音人羊反。

〔六〕師古曰：被音丕靡反。

〔七〕【補注】先謙曰：史記「蒲」作「滿」。索隱引服虔云，夷種也。

〔八〕師古曰：結，屈也。軼，車迹也。鄉讀曰嚮。報，報天子也。【補注】先謙曰：文選注「楚辭曰，結余軫于西山。王逸曰，結，旋也」。索隱本作結軼，音轍。

耆老大夫搢紳先生之徒二十有七人，儼然造焉。〔一〕辭畢，進曰：〔二〕「蓋聞天子之於夷狄也，其義羈縻勿絶而已。〔三〕今罷三郡之士，通夜郎之塗，〔四〕三年於茲，而功不竟，士卒勞倦，萬民不贍；今又接之以西夷，百姓力屈，恐不能卒業，〔五〕此亦使者之累也，〔六〕竊爲左右患之。且夫邛、筰、西僰之與中國並也，歷年茲多，不可記已。〔七〕仁者不以德來，强者不以力并，意者殆不可乎！〔八〕今割齊民以附夷狄，〔九〕弊所恃以事無用，〔一〇〕鄙人固陋，不識所謂。」

〔一〕師古曰：造，至也，音千到反。

〔二〕師古曰：辭謂初謁見之辭。

〔三〕師古曰：羈，馬絡頭也。縻，牛靷也。言牽制之，故取諭也。【補注】宋祁曰：「於」，疑作「牧」。先謙曰：文選作「牧」。

〔四〕師古曰：罷讀曰疲。

〔五〕師古曰：屈，盡也。卒，終也。業，事也。屈音其勿反。【補注】先謙曰：官本無注末五字。

〔六〕師古曰：累音力瑞反。

〔七〕師古曰：已，詔終之辭也。【補注】先謙曰：「詔」字誤，官本作「語」。

〔八〕師古曰：言古往帝王雖有仁德，不能招來之，雖有强力，不能并吞之，以其險遠，理不可也。【補注】先謙曰：「古往」，疑作「往古」。

〔九〕【補注】何焯曰：附，附益之也。割齊民，謂賂以巴蜀吏幣物。先謙曰：文選注「附謂令之親附也」。非是。當從何説。

〔一〇〕師古曰：所恃即中國之人也，無用謂西南夷也。

使者曰：「烏謂此乎？〔一〕必若所云，則是蜀不變服而巴不化俗也，僕尚惡聞若説。〔二〕然斯事體大，固非觀者之所覯也。〔三〕余之行急，其詳不可得聞已。〔四〕請爲大夫粗陳其略：〔五〕

〔一〕師古曰：烏，於何也。

〔二〕師古曰：尚，猶也。若，如也。言僕猶惡聞如此之説，況乎遠識之人也。惡音一故反。【補注】宋祁曰：若，汝爾也。莊子「予語若」之類，不容詁爲如。先謙曰：宋説是。索隱引張揖云「惡聞若曹之言也」。

〔三〕師古曰：覯，見也，音搆。

〔四〕師古曰：言行程急速，不暇爲汝詳言之。

〔五〕師古曰：粗猶麤也，音千户反。

「蓋世必有非常之人，然後有非常之事；有非常之事，然後有非常之功。非常者，固常人之所異也。〔一〕故曰非常之元，黎民懼焉；〔二〕及臻厥成，天下晏如也。〔三〕

〔一〕師古曰：常人見之以爲異也。

〔二〕師古曰：元，始也。非常之事，其始難知，衆人懼之。【補注】先謙曰：史記「元」作「原」。

〔三〕師古曰：臻，至也。晏，安也。

「昔者，洪水沸出，氾濫衍溢，〔一〕民人升降移徙，崎嶇而不安。夏后氏戚之，乃堙洪原，〔二〕決江疏河，灑沈澹災，東歸之於海，〔三〕而天下永寧。當斯之勤，豈惟民哉？〔四〕心煩於慮，而身親其勞，躬傶骿胝無胈，膚不生毛，〔五〕故休烈顯乎無窮，聲稱浹乎于茲。〔六〕

〔一〕【補注】王念孫曰：李善本文選「衍溢」作「湓溢」，注引張揖曰「湓，溢也。字林，匹寸切。古漢書爲湓，今爲衍。非也」。據此則李所見古本作湓，與顔異也。溝洫志「河水湓溢」。師古曰「湓，踊也」。崔瑗河隄謁者箴亦曰「湓溢滂汩」。後漢陳忠傳「徐岱之濱，海水盆溢」。漢武都太守李翕析里橋郙閣頌「涉秋霖漉，盆溢□漏」。盆竝與湓同。

文選江賦注引淮南子曰「人莫鑒於流瀿，而鑒於澄水」。見說山篇。許慎曰「楚人謂水暴溢曰瀿，扶園切」。瀿與溢聲近而義同。瞿鴻禨曰：下文「浸淫衍溢」，師古曰，衍溢言有餘也。於彼作注，則師古所見本此文必作「溢溢」。顏與李異，非李與顏異矣。

〔二〕師古曰：堙，塞也。水本曰原。堙音因。【補注】何焯曰：以禹爲堙水者始自相如，而孟堅仍之。先謙曰：文選作「湮洪塞源」。

〔三〕師古曰：疏，通也。灑，分也。沈，深也。澹，安也。言分散其深水，以安定其災也。灑音所宜反。澹音徒濫反。【補注】先謙曰：史記作「漉沈贍菑」。據顏音，灑讀爲釃。文選注引蘇林云「灑或作澌」。音讀並同。澹、贍，災、菑通用。注「濫」，官本作「監」，索隱引作「暫」。

〔四〕【補注】先謙曰：索隱「案，謂非獨人勤，禹亦親其勞也」。

〔五〕張揖曰：躬，體也。戚，湊理也。孟康曰：胈，毳。膚，皮也。言禹勤，骿胝無有毳毛也。師古曰：胈音步曷反。骿音步千反。胝音竹尸反。【補注】張佖曰：檢字書無「僦」字。又「戚」字，說文曰「戉也」。按李善注文選云，孟康曰「湊，湊理也」。疑漢書傳寫相承，誤以湊字作僦字耳，合爲湊。宋祁曰：「僦」，南本、浙本並作「戚」。集韻，僦與戚同收。注云，博雅近也。此文難得句，不知師古如何讀之，必以「躬僦骿胝無胈」爲一句，「膚不生毛」爲一句，則長短不均。先謙曰：史記作「躬胝無胈」，文選作「躬腠胝無胈」。集解引徐廣曰「胈，踵也。一作『腠』，音湊。膚，理也」。索隱：「張揖曰『腠，一作戚。躬，體也。戚，湊理也』。韋昭曰『胈，戚中小毛也』。文選注引「戚中」作「身中」，是。莊子云『禹胝無胈，脛不生毛』。李頤云『胈，白肉也』。」先謙案：據徐、張二說，是「無胈」一作「無腠」，「無腠」一作「無戚」。腠同湊，字書無腠字。廣雅「湊，聚也」。周書作雒解注「湊，會也」。腠亦作奏，公食大夫禮注「奏謂皮膚之理也」。張訓戚爲湊理者，手足骿胝，則血減理萎，無腠、無戚，義得並通。本文既作無胈，不應上更有戚字，傳寫者誤增之也。師古所見本已如此，未加詳審，乃引張說而刪去「腠一作戚」四字，又不能通其讀，有音無注，致啟千古之疑。然所見本尚作戚，不作傶，故引張説以釋戚義，未爲傶字作注。張佖、宋祁所見本則已作傶矣。文選作「躬腠胝無胈」，腠字亦後人誤增，當以史記「躬胝無胈」爲正。孟康所見本有骿字，特爲骿字立義，而史記、文選本皆無之，疑亦傳寫誤增也。説文「骿，并脅也。鉉曰：骿、胝字同，今別作胼，非。胝，腄也。腄，瘢胝也」。荀子子道篇「手足胼胝」，注「胝，皮厚也」。戰國策「墨子聞之，百舍重繭」，高注「重繭，累胝也」。淮南子「申包胥累繭重胝」，骿胝蓋即累胝、重胝之義，謂體之瘢胝重疊相竝也。字書無「胈」字，孟訓胈爲毳。毳，細毛也，與韋訓小毛同義。莊子天下篇「禹親自操橐耜，而九雜天下之川，腓無胈，脛無毛」，蓋此文所本。官本注「胈音步曷反」在末，是。此誤。

〔六〕師古曰：休，美也。烈，業也。浹，徹也。于茲猶言今茲也。浹音子牒反。【補注】瞿鴻禨曰「今茲」當作「于今」。

「且夫賢君之踐位也，豈特委瑣握齪，拘文牽俗，〔一〕循誦習傳，當世取説云爾哉！〔二〕必將崇論谹議，〔三〕創業垂統，爲萬世規。故馳騖乎兼容并包，而勤思乎參天貳地。〔四〕且詩不云乎？『普天之下，莫非王土；率土之濱，莫非王臣。』〔五〕是以六合之內，八方之外，〔六〕浸淫衍溢，〔七〕懷生之物有不浸潤於澤者，賢君恥之。今封疆之內，冠帶之倫，〔八〕咸獲嘉祉，靡有闕遺矣。而夷狄殊俗之國，遼絶異黨之域，舟車不通，人迹罕至，政教未加，流風猶微，內之則犯義侵禮於邊境，外之則邪行横作，放殺其上，〔九〕君臣易位，尊卑失序，父兄不辜，幼孤爲奴虜，係絫號泣。〔一〇〕內鄉而怨，〔一一〕曰：『蓋聞中國有至仁焉，德洋恩普，物靡不得其所，〔一二〕今獨曷爲遺己！』〔一三〕舉踵思慕，若枯旱之望雨，盭夫爲之垂涕，〔一四〕況乎上聖，又烏能已？〔一五〕故北出師以討强胡，南馳使以誚勁越，〔一六〕四面風德，〔一七〕二方之君鱗集仰流，〔一八〕願得受號者以億計。〔一九〕故乃關沫、若，〔二〇〕徼牂柯，鏤靈山，梁孫原，〔二一〕創道德之塗，垂仁義之統，將博恩廣施，遠撫長駕，〔二二〕使疏逖不閉，〔二三〕曶爽闇昧得燿乎光明，〔二四〕以偃甲兵於此，而息討伐於彼。遐邇一體，中外禔福，不亦康乎？〔二五〕夫拯民於沈溺，〔二六〕奉至尊之休德，〔二七〕反衰世之陵夷，繼周氏之絶業，〔二八〕天子之急務也。百姓雖勞，又惡可以已哉？〔二九〕

〔一〕師古曰：握齱，局陿也。不拘微細之文，不牽流俗之議也。齱音初角反。【補注】先謙曰：「握齱」，史記作「握齪」。索隱，孔文祥云「委瑣，細碎。握齪，局促也」。文選作「喔齱」，李善注引應劭曰「急促之貌也」。

〔二〕師古曰：説讀曰悦。言非直因循自誦，習所傳聞，取美悦於當時而已。【補注】先謙曰：文選「循」作「修」。

〔三〕師古曰：竑，深也，音宏。【補注】先謙曰：官本注在「爲萬世規」下。

〔四〕師古曰：比德於地，是貳地也。地與己并天爲三，是參天也。

〔五〕師古曰：小雅北山之詩也。普，大也。濱，涯也。

〔六〕師古曰：天地四方謂之六合，四方四維謂之八方也。

〔七〕師古曰：浸淫猶漸漬也。衍溢言有餘也。【補注】先謙曰：「淫」，史記作「潯」。

〔八〕師古曰：倫，類也。

〔九〕師古曰：內之，謂通其朝獻也。外之，謂棄而絶之也。横音胡孟反。殺讀曰試。【補注】先謙曰：既通朝獻，何爲侵犯邊境？棄而絶之，又不止放弑其上，顔説非也。言其於中國則犯邊，在其國則放弑。自我言之，中國爲內，夷狄爲外，文義自明。官本注「試」作「弑」，是。

〔一〇〕師古曰：爲人所獲而絫係之，故號泣也。絫音力追切。【補注】先謙曰：官本無「音」字，「切」作「反」。

〔一一〕師古曰：鄉讀曰嚮。嚮中國而怨慕也。

〔一二〕師古曰：洋，多也。【補注】先謙曰：官本注在「普」下。

〔一三〕師古曰：曷，何也。己，謂怨者之身也。

〔一四〕張揖曰：很戾之夫也。師古曰：盭，古戾字。

〔一五〕師古曰：烏猶焉也。已，止也。

〔一六〕師古曰：誚，責也，音材笑反。

〔一七〕師古曰：風，化也。

〔一八〕師古曰：二方謂西夷及南夷也。若魚鱗之相次而仰向承流也。【補注】瞿鴻禨曰：鄭康成說「鱗，魚龍之屬」。呂覽注「鱗，魚也」。鱗集猶言魚聚而向流，不必定爲鱗之相次。

〔一九〕師古曰：號謂爵號也。一曰受天子之號令也。

〔二〇〕張揖曰：以沫、若水爲關也。

〔二一〕師古曰：鏤謂疏通之以開道也。梁，橋也。孫原，孫水之原也。【補注】先謙曰：「靈」，史記作「零」。

〔二二〕張揖曰：鶩，行也，使恩遠安長行之也。【補注】先謙曰：長駕猶遠馭。文選注「長駕，謂所駕者遠」。張說微隔。

〔二三〕師古曰：逖，遠也，言疏遠者不被閉絶也。

〔二四〕師古曰：曶爽，未明也。曶音忽。【補注】先謙曰：「曶爽」，史記作「阻深」，誤。索隱本與此同，引三蒼云「曶爽，早朝也。曶音妹」。案字林，又音忽也。文選注引郭璞三倉解詁曰「曶，旦明也」。尚書曰「甲子昧爽」。孔安國曰「昧，早旦也。爽，明也」。先謙案，曶爽，猶昧旦，蓋微明之義，與闇昧有別，顏注失之。

〔二五〕師古曰：禔，安也。康，樂也。禔音土支反。【補注】宋祁曰：「禔」，景本「止支反」。浙本「上支反」。先謙曰：「禔」，史記作「提」。

〔二六〕師古曰：沈，升也，言人在沈溺之中，升而舉之也。【補注】先謙曰「沈升也」之「沈」，官本作「拯」，是。

〔二七〕師古曰：休，美也。

〔二八〕師古曰：陵夷謂弛替也。

〔二九〕師古曰：惡讀與烏同。已，止也。

「且夫王者固未有不始於憂勤，而終於佚樂者也。〔一〕然則受命之符合在於此。〔二〕方將增太山之封，加梁父之事，鳴和鸞，揚樂頌，上咸五，下登三。〔三〕觀者未覩指，聽者未聞音，猶焦朋已翔乎寥廓，〔四〕而羅者猶視乎藪澤，〔五〕悲夫！」

〔一〕師古曰：言始能憂勤則終獲逸樂也。佚字與逸同。

〔二〕張揖曰：合在於憂勤逸樂之中也。【補注】先謙曰：此謂天子通西南夷，憂民勤遠之事，張説非。

〔三〕李奇曰：五帝之德，比漢爲減，三王之德，漢出其上。師古曰：此説非也。咸，皆也，言漢德與五帝皆盛，而登於三王之上也。相如不當言漢減於五帝也。【補注】瞿鴻禨曰：減五、皆五，義俱未安。詩閟宮「克咸厥功」，鄭箋「咸，同也」。爾雅「登爲升」。左昭三年傳「皆登一焉」，注「登，加也」。猶曰漢之德，上同五帝，下加三王。不煩加字，詞意皆適。集解引韋昭曰「咸同於五帝」，近之。先謙曰：瞿説是。李言五帝比漢爲減，未嘗言漢減於五帝，顏蓋誤駮。文選「咸」作「減」，引李説，亦作「比漢爲減」。索隱引作「漢比爲減」，因顏説而倒其文，尤謬。又引虞喜志林云「相如欲減五帝之一，以漢盈之。然以漢爲五帝之數，自然是登於三王之上也」。亦屬曲説。集解引徐廣曰「咸，一作函」。又傳寫誤改耳。

〔四〕師古曰：寥廓，天上寬廣之處。寥音聊。【補注】先謙曰：焦朋，史記作「鷦明」，文選作「鷦鵬」。解見前。

〔五〕師古曰：澤無水曰藪。

於是諸大夫茫然〔一〕喪其所懷來，失厥所以進，〔二〕喟然並稱曰：「允哉漢德，〔三〕此鄙人之所願聞也。百姓雖勞，請以身先之。」〔四〕敞罔靡徙，遷延而辭避。〔五〕

〔一〕師古曰：茫音莫郎反。

〔二〕師古曰：初有所懷而來，欲進而陳之，今並喪失其來意也。

〔三〕師古曰：允，信也。小雅車攻之詩曰「允矣君子」。

〔四〕【補注】先謙曰：史記「勞」作「怠」。

〔五〕師古曰：敞罔，失志貌。靡徙，自抑退也。【補注】瞿鴻禨曰：「敞罔」即「悵惘」之借字。

其後人有上書言相如使時受金，失官。居歲餘，復召爲郎。

相如口吃而善著書。常有消渴病。〔一〕與卓氏婚，饒於財。故其事宦，未嘗肯與公卿國家之事，〔二〕常稱疾閒居，不慕官爵。〔三〕嘗從上至長楊獵。〔四〕是時天子方好自擊熊豕，馳逐壄獸，相如因上疏諫。其辭曰：〔五〕

〔一〕【補注】錢大昭曰：西京雜記「長卿常有消渴疾，乃還成都，悦文君之色，遂以發痼疾，乃作美人賦欲以自刺，而終不能改，卒以此疾致死。文君爲誄，傳于世」。沈欽韓曰：素問奇病論「脾癉者，數食甘美而多肥也。肥者令人内熱，甘者令人中滿，故其氣上溢，轉爲消渴，治之以蘭除陳氣也」。馬蒔注「胃中熱盛，津液枯涸，水穀即消，謂之曰消。有上消、中消、下消」。劉河閒云：「『飲水多而小便多者曰消渴』。蓋指上消而言」。

〔二〕師古曰：與讀曰豫。【補注】劉奉世曰：「事」當作「仕」。先謙曰：史記作「其進仕宦」，仕、事音近，又涉下事字而謁也。

〔三〕師古曰：閒讀曰閑也。

〔四〕師古曰：長楊，宮也，在盩厔。【補注】先謙曰：盩當爲盩。正義括地志云「秦長楊宮在雍州盩厔縣東南三里，上起以宮，内有長楊樹，以爲名」。

〔五〕【補注】先謙曰：官本此下不提行。

臣聞物有同類而殊能者，故力稱烏獲，捷言慶忌，〔一〕勇期賁育。〔二〕臣之愚，竊以爲人誠有之，獸亦宜然。今陛下好陵阻險，射猛獸，卒然遇逸材之獸，駭不存之地，〔三〕犯屬車之清塵，〔四〕輿不及還轅，人不暇施巧，雖有烏獲、逄蒙之技不得用，〔五〕枯木朽株盡爲難矣。是胡越起於轂下，而羌夷接軫也，豈不殆哉！〔六〕雖萬全而無患，然本非天子之所宜近也。〔七〕

〔一〕師古曰：烏獲，秦武王力士也。慶忌，吴王僚子也。射能捷矢也。

〔二〕師古曰：孟賁，古之勇士也，水行不避蛟龍，陸行不避兕狼，發怒吐氣，聲響動天。夏育，亦猛士也。

〔三〕師古曰：卒讀曰猝，音千忽反，謂暴疾也。不存，不可得安存也。【補注】劉攽曰：不存猶言不虞。下文云「存變之意」。先謙曰：釋詁「存，察也」。謂不及察之地。顏説非。

〔四〕應劭曰：古者諸侯貳車九乘，秦滅九國，兼其車服，漢依秦制，故大駕屬車八十一乘。師古曰：屬者，言相連續不絶也。塵謂行而起塵也。言清者，尊貴之意也。而説者乃以爲清道灑塵謂之清塵，非也。屬音之欲反。【補注】先謙曰：集解引作蔡邕説。

〔五〕師古曰：逢蒙，古之善射者也。孟子曰「逢蒙學射於羿」也。【補注】先謙曰：史記、文選「技」下有「力」字。官本「得」作「能」，注末無「也」字。

〔六〕師古曰：軫，車後橫木。殆，危也。

〔七〕【補注】宋祁曰：或無「近」字。

且夫清道而後行，中路而馳，〔一〕猶時有銜橜之變。〔二〕況乎涉豐草，騁丘虛，〔三〕前有利獸之樂，〔四〕而內無存變之意，其爲害也不難矣！〔五〕夫輕萬乘之重不以爲安，〔六〕樂出萬有一危之塗以爲娛，臣竊爲陛下不取。

〔一〕【補注】宋祁曰：浙本「馳」字上有「后」字。先謙曰：史記有「後」字。

〔二〕張揖曰：銜，馬勒銜也。橜，騑馬口長銜也。師古曰：橜謂車之鉤心也。銜橜之變，言馬銜或斷，鉤心或出，則致傾敗以傷人也。橜音鉅月反。【補注】王念孫曰：顏說非也。徧考諸書，無謂車鉤心爲橜者。說文「齺，馬口中橜也」。史記索隱引周遷輿服志云「鉤逆上者爲橜。橜在銜中，以鐵爲之，大如雞子」。此與張說小異，而皆以爲馬口中橜，字或作橛。莊子馬蹄篇「前有橛飾之患，而後有鞭策之威，而馬之死者已過半矣」。韓子姦劫弑臣篇「無棰策之威，銜橛之備，雖造父不能以服馬」。鹽鐵論刑德篇「猶無銜橛而禦捍馬也」。是銜橛皆所以制馬，若鉤心則在輿之下，軸之上，釋名「鉤心，從輿心下鉤軸也」。小畜正義引鄭注云「輹謂輿下縛木，與軸相連，鉤心之木是也」。與馬何涉？當從張說爲是。又王吉傳「其樂豈徒銜橛之閒哉」，義亦與此同。

〔三〕師古曰：豐草，茂草也。虛讀曰墟。

〔四〕【補注】先謙曰：文選注引禮記鄭注「利猶貪也」。

〔五〕【補注】宋祁曰：越本作「不亦難矣」。劉攽曰：「亦」字不當刊。先謙曰：史記、文選並有「亦」字。

〔六〕【補注】先謙曰：史記、文選有「而」字。

蓋明者遠見於未萌，而知者避危於無形，〔一〕旤固多藏於隱微而發於人之所忽者也。故鄙諺曰：「家絫千金，坐不垂堂。」〔二〕此言雖小，可以諭大。〔三〕臣願陛下留意幸察。

〔一〕師古曰：萌謂事始，若草木初生者也。

〔二〕張揖曰：畏櫚瓦墮中人也。師古曰：垂堂者，近堂邊外，自恐墜墮耳，非畏櫚瓦也。言富人之子則自愛深也。【補注】沈欽韓曰：論衡四諱篇「毋承屋櫓而坐，恐瓦墜擊人首也」。先謙曰：索隱引樂(彦)〔産〕云「垂，邊也。近堂邊恐其墮墜也」。非謂畏簷瓦。蓋顔氏所本。然據論衡，漢時諺語，意正如此，與張説合，顔説非也。

〔三〕【補注】周壽昌曰：諭同喻。

上善之。還過宜春宮，〔一〕相如奏賦以哀二世行失。〔二〕其辭曰：〔三〕

〔一〕【補注】先謙曰：正義「括地志云『秦宜春宮在雍州萬年縣西南三十里。宜春苑在宮之東，杜之南。始皇本紀云，葬二世杜南宜春苑中』。按，今宜春宮見二世陵，故作賦以哀也」。先謙案，「今」當爲「經」。

〔二〕師古曰：宜春本秦之離宮，胡亥於此爲閻樂所殺，故感其處而哀之。【補注】先謙曰：官本有「也」字。

〔三〕【補注】先謙曰：官本此下不提行。

登陂陁之長阪兮，坌入曾宮之嵯峩。〔一〕臨曲江之隑州兮，望南山之參差。〔二〕巖巖深山之谾谾兮，通谷豁乎谽谺。〔三〕汨淢靸以永逝兮，注平皋之廣衍。〔四〕觀衆樹之蓊薆兮，覽竹林之榛榛。〔五〕東馳土山兮，北揭石瀨。〔六〕弭節容與兮，歷弔二世。持身不謹兮，亡國失勢；信讒不寤兮，宗廟滅絶。〔七〕烏乎！操行之不得，〔八〕墓蕪穢而不修兮，魂亡歸而不食。〔九〕

〔一〕蘇林曰：坌音馬坌叱之坌。張揖曰：坌，並也。師古曰：曾，重也。嵯峩，高貌也。陂音普何反。陁音徒何反。坌音普頓反，又音步頓反。

〔二〕張揖曰：隑，長也。苑中有曲江之象，中有長洲也。師古曰：曲岸頭曰隑。隑即碕字耳。言臨曲岸之洲，今猶謂其處曰曲江。隑音鉅依反。

〔三〕晉灼曰：谾音巃，古巃字也。師古曰：谾谾，深通貌。䃔音呼活反。谽，大開貌。谽音呼含反。谺音呼加反。【補注】先謙曰：說文「巃，大長谷也」。䃔即豁字。谽谺，史記作谽閜。解見上。

〔四〕師古曰：汩淢，疾貌也。靸然，輕舉意也。皋，水邊地也。汩音于筆反。淢音域。靸音先合反。【補注】先謙曰：文選南都賦「漻淚淢汩」。李善注云，說文「淢，疾流也」。王逸楚辭注「汩，去貌」。淢汩與汩淢義同。靸，說文「小兒履也」，與水流無涉。史記「靸」作「噏」，下更有「習」字。文選吳都賦「翕習容裔」。翕習與噏習意同。案廣韻，噏與吸同。詩大東「載翕其舌」。玉篇口部作「載吸其舌」。此又借靸爲吸耳。吳都賦「靸霅警捷」。注「靸霅，走疾貌」。借靸以狀水流之疾，於義亦通。

〔五〕師古曰：蓊薆，蔭蔽貌。榛榛，盛貌。蓊音烏孔反。薆音愛。榛音側巾反。【補注】先謙曰：史記「蓊」作「塕」。

〔六〕師古曰：揭，褰衣而渡也。石而淺水曰瀨，音賴。揭音丘例反。【補注】先謙曰：官本「而」作「面」，是。

〔七〕師古曰：信讒，謂殺李斯也。

〔八〕師古曰：操音千到反。【補注】先謙曰：史記「烏乎」下有「哀哉」二字，不得下有「兮」字，蓋衍。

〔九〕【補注】宋祁曰：姚本作「墳墓蕪穢而不修，魂魄亡歸而不食」。先謙曰：此下史記有「敻邈絶而不齊兮，彌久遠而愈佅。」精罔閬而飛揚兮，拾九天而永逝。嗚呼哀哉」五句，蓋班删之。

相如拜爲孝文園令。〔一〕上既美子虚之事，相如見上好僊，因曰：「上林之事未足美也，尚有靡者。〔二〕臣嘗爲大人賦，未就，〔三〕請具而奏之。」相如以爲列僊之儒居山澤閒，〔四〕形容甚臞，〔五〕此非帝王之僊意也，乃遂奏大人賦。〔六〕其辭曰：〔七〕

〔一〕【補注】周壽昌曰：陵園令，六百石，掌按行埽除也。

〔二〕師古曰：靡，麗也。

〔三〕師古曰：就，成也。

〔四〕師古曰：儒，柔也，術士之稱也，凡有道術皆爲儒。今流俗書本作傳字，非也，後人所改耳。【補注】王念孫曰：史記作「列僊之傳」。索隱「案，傳者，謂相傳以列僊居山澤閒。小顔及劉氏竝作儒。云儒，柔也，術士之稱，非」。念孫案，司馬説是也。郊祀志「此三神山者，其傳在勃海中」。與此傳字同義。儒與列僊意不相屬，劉、顔曲爲之説，而終不可通。隸書傳或作傳，儒或作儒，二形相似，故傳譌爲儒矣。沈欽韓曰：戰國以來，儒墨並稱，未聞以巖穴人爲儒也。晏子外篇「難者在内，而傳者無其外」。一本作「儒者無其外」，是傳、儒以形近易譌，顔説非。

〔五〕師古曰：臞，瘠也，音鉅句反，又音衢。

〔六〕【補注】先謙曰：史記「奏」作「就」。案上文云「嘗爲大人賦，未就，請具而奏之」，後文云「相如奏大人賦」，則此處作「就」者是。疑涉下「奏大人賦」而誤耳。

〔七〕【補注】先謙曰：官本此下不提行。

世有大人兮，在乎中州。〔一〕宅彌萬里兮，曾不足以少留。〔二〕悲世俗之迫隘兮，朅輕舉而遠游。〔三〕乘絳幡之素蜺兮，載雲氣而上浮。〔四〕建格澤之修竿兮，〔五〕總光燿之采旄。〔六〕垂旬始以爲幓兮，〔七〕曳彗星而爲髾。〔八〕掉指橋以偃蹇兮，〔九〕又猗抳以招搖。〔一〇〕攬欃搶以爲旌兮，靡屈虹而爲綢。〔一一〕紅杳眇以玄湣兮，猋風涌而雲浮。〔一二〕駕應龍象輿之蠖略委麗兮，驂赤螭青虯之蚴蟉宛蜒。〔一三〕低卬夭蟜裾以驕驁兮，詘折隆窮躩以連卷。〔一四〕沛艾赳螑仡以佁儗兮，〔一五〕放散畔岸驤以孱顏。〔一六〕跮踱輵螛容以骫麗兮，〔一七〕蜩蟉偃寋怵臭以梁倚。〔一八〕糾蓼叫奡踏以艐路兮，〔一九〕蔑蒙踊躍騰而狂趡。〔二〇〕莅颯卉歙猋至電過兮，煥然霧除，霍然雲消。〔二一〕

〔一〕師古曰：大人，以諭天子也。中州，中國也。【補注】周壽昌曰：向秀云「聖人在位，謂之大人」。

〔二〕師古曰：彌，滿也。

〔三〕師古曰：朅，去意也，音丘例反。【補注】先謙曰：索隱如淳曰「武帝云『誠得如黄帝，去妻子如脱屣』」。是悲世俗迫隘也」。説文「朅，去也」。

〔四〕張揖曰：乘，用也。赤氣爲幡，綴以白氣也。師古曰：上音時掌反。【補注】先謙曰：乘與載對文，解如上乘虚無之乘，猶言駕素蜺而載雲氣耳，不當訓用。史記「乘」作「垂」。

〔五〕張揖曰：格澤之氣如炎火狀，黄白色，起地上至天，下大上鋭。修，長也。建此氣爲長竿也。師古曰：格音胡各反。澤音大各反。

〔六〕張揖曰：旄，葆也。總，係也。係光耀之氣於長竿以爲葆也。師古曰：總音揔。葆即今所謂纛頭也。【補注】先謙曰：官本注「即」上有「者」字，「今」下有「之」字。

〔七〕李奇曰：旬始，氣如雄雞，見北斗旁。張揖曰：幓，旒也。縣旬始於葆下，以爲十二旒也。師古曰：幓音所銜反。【補注】沈欽韓曰：楚詞遠遊「造旬始而觀清都」。

〔八〕張揖曰：髾，燕尾也。枻彗星，綴旒以爲燕尾也。【補注】沈欽韓曰：楚詞遠遊「擥彗星以爲(於)〔旍〕」。先謙曰：史記「曳」作「抴」，注「枻」作「抴」，是。官本亦作「枻」。本書從手、從木字皆通作，在讀者審之。

〔九〕張揖曰：指橋，隨風指靡也。偃蹇，委曲貌。師古曰：掉音徒釣反。蹇音居偃反。【補注】宋祁曰：注文「指靡也」，越本無「指」字。

〔一〇〕晉灼曰：猗音依倚反。抳音年纚反。張揖曰：猗抳，下垂貌。招搖，跳踃也。師古曰：招音韶。踃音蕭。【補注】先謙曰：「猗抳」，史記作「旖旎」。

〔一一〕張揖曰：彗星爲攙搶。注旄首曰旌，今以彗星代之也。靡，順也。綢，韜也。以斷虹爲旌杠之韜也。師古曰：韜謂裹冒旌旗之竿也。攙音初咸反。搶音初衡反。屈音其勿反。綢音直流反。【補注】先謙曰：史記「擥」作「攬」，「攙搶」同，亦作「欃槍」。正義引天官書云「天欃長四丈，末鋭。天搶長數丈，兩頭鋭，其形類彗也」。注「裏」，官本作「裹」，是。

〔一二〕蘇林曰：玄音炫。湣音麵。晉灼曰：紅，赤色貌。杳眇，深遠也。玄湣，混合也。言自絳幡以下，衆氣色盛，光采相燿，幽藹炫亂也。師古曰：如猋風之踊，如雲之浮，言輕舉也。猋音必遥反。【補注】先謙曰：史記「玄」作「眩」。「猋」作「焱」。集解引漢書音義曰「旬始，屈虹，氣色。紅杳眇，眩湣，闇冥無光也」。索隱「紅，或作虹」。引蘇林「麵」作「麪」。官本「踊」作「涌」，是。

〔一三〕文穎曰：有翼曰應龍，最其神妙者也。師古曰：蠖略委麗，蚴蟉宛蜒，皆其行步進止之貌也。蠖音於縛反。麗音力爾反。蚴音一糾反。蟉音力糾反。宛音於元反。蜒音延。【補注】先謙曰：史記「委」作「逶」，「蚴」作「蝴」，

「宛」作「蜿」。文選班孟堅答賓戲「故夫泥蟠而天飛者，應龍之神也」。象輿、蚴蟉，解見前。宛蜒，詳上宛僤注。本書甘泉賦「蠖略蕤綏」，注「蠖略蕤綏，龍行貌」。委麗猶委蛇，行步自得之貌。官本虬作蛇。注「其」當作「具」。

〔一四〕張揖曰：裾，直項也。驕驁，縱恣也。詘折，曲委也。隆窮，舉鬐也。躩，跳也。連卷，句蹄也。師古曰：裾音倨。驕音居召反。驁音五到反。躩音鉅縛反。卷音鉅圓反。【補注】先謙曰：史記「裾」作「据」，「躩」作「蠼」。裾、据並借字，當作倨，而訓爲直項也。隆窮即隆穹，窮、穹字通。蓋詘折而隆起之狀。太玄玄告「天穹隆而周平」，下注「穹隆，天之形也，狀其高而曲」。一曰，長曲貌也。文選西京賦「閣道穹隆」，注「穹隆長曲貌」。不當作舉鬐解。論語「足躩如也」，疏「躩，盤辟而爲敬也」。詩卷阿傳「卷，曲也，言其連卷局曲，狀若盤辟，故曰躩以連卷也」。「連卷」亦作「連蜷」。楚辭雲中君「靈連蜷兮既留」。甘泉賦「蛟龍連蜷于東厓兮」，注「連蜷，長曲貌」。張説非。

〔一五〕張揖曰：沛艾，駊騀也。赳螑，申頸低卬也。仡，舉頭也。佁儗，不前也。師古曰：沛音普蓋反。赳音古幼反。螑音火幼反。仡音魚乞反。佁音丑吏反。儗音魚吏反。佁儗又音態礙。【補注】先謙曰：官本古幼之「幼」作「有」，是。「礙」下衍「反」字。集解引漢書音義曰「赳螑，申頸低卬也。佁儗，不前也」。索隱引張揖曰「赳螑，牙跳也。仡，舉頭也」。並與此書不合。文選東京賦「齊騰驤而沛艾」，李善注「沛艾，作姿容貌也」。張解爲駊騀。玉篇「駊騀，馬搖頭」。與選訓合。類篇「赳螑，龍申頸行貌」。螑當爲趬之借字。説文「赳，輕勁有才力也。趬，行也」。集韻「趬或作踱」，又云「𨁏踱，行不正也」。𨁏踱即赳趬之異文矣。詩大雅「崇墉仡仡」，傳「仡仡，高大也」。説文「佁，癡貌」。集韻「佁儗，固滯貌」。儗音海，去聲。

〔一六〕師古曰：畔岸，自縱之貌也。驤，舉也。孱顔，不齊也。孱音士顔反。【補注】先謙曰：索隱引服虔曰「馬仰頭，其口開，正孱顔也」。

〔一七〕張揖曰：跮踱，互前卻也。輵螛，搖目吐舌也。容，龍體貌也。骩麗，左右相隨也。師古曰：跮音丑日反。踱音丑略反。輵音遏。螛音曷。骩，古委字也。麗音力爾反。【補注】先謙曰：史記「螛」作「轄」，「骩」作「委」。集解引徐廣曰「踁踱，乍前乍卻也」。集韻「轕轄，轉摇也」。士相見禮注「容謂趨翔」。尋前後文，此容字不當訓體貌。索隱引張説，「互」上有「疾行」二字。

〔一八〕張揖曰：蜩蟉，掉頭也。怵臭，奔走也。梁倚，相著也。師古曰：蜩音徒釣反。蟉音盧釣反。怵音黜。臭音丑若反。倚音於綺反。【補注】先謙曰：史記「蜩蟉」作「綢繆」，誤。索隱本仍作「蜩蟉」。「寋」作「蹇」。集解引漢書音義「走」上無「奔」字。索隱引廣雅曰「偃蹇，夭矯也」。臭，當作「㚖」。梁倚，如屋梁之相倚。文選魯靈光殿賦「奔虎攫拏以梁倚」。官本注下「釣」作「鉤」。

〔一九〕張揖曰：糾蓼，相引也。叫奡，相呼也。踏，下也。膢，著也。皆下著道也。師古曰：叫奡，高舉之貌。蓼音力糾反。奡音五到反。踏音沓。膢音屆。【補注】沈欽韓曰：釋詁「艐，至也」。方言同。艐，宋語也。郭云「艐，古屆字」。故注爾雅依方言云，宋曰屆。索隱引孫炎云「艐，古屆字」。張揖作廣雅，當依雅訓。今云「腆，至也」。腆，當爲艐之誤。師古引張揖作「艐，著也。艐音屆」。是不知艐、屆古今字，無須音。其義又譌舛「至」。爾雅釋文引顧野王「艐音字公反」，益非。先謙曰：史記「踏」作「蹋」。「膢」作「艐」。索隱引三蒼云「踏，著地」。先謙案，蓼爲繚之借字。奡爲囂之借字。囂音嗸。奡、囂同音通叚。叫奡，即叫囂。張訓相呼，是也。柳宗元集捕蛇者説「悍吏之來吾鄉，叫囂乎東西」，即相呼之義。下云「踏以膢路」，則叫奡不得爲高舉。師古望文生義耳。

〔二〇〕張揖曰：薎蒙，飛揚也。踊躍，跳也。騰，馳也。趭，奔走也。師古曰：蒙音莫孔反。趭音醮。【補注】先謙曰：史記「薎」作「蔑」，「趭」作「趡」。案唐柳宗元集乞兩河效用狀「薎爾小醜，尚欲稽誅」，薎即蔑字。蔑，小也。蒙，昧也。龍行空際，視之若甚微昧也。甘泉賦「浮蔑蠓而撇天」，師古注「蔑蠓，疾也」，文選作「蠛蠓」，義皆相近。説文「趡，動也。音唯」。河東賦「神騰鬼趡」，注「趡，走也」。玉篇「趡，走貌」。

〔二一〕張揖曰：莅颯，飛相及也。芔歙，走相追也。師古曰：莅音利。颯音立。芔音諱。歙音翕。【補注】先謙曰：史記「芔歙」作「卉翕」，「焱」作「熛」。解並見上。

邪絶少陽而登太陰兮，與真人乎相求。〔一〕互折窈窕以右轉兮，横厲飛泉以正東。〔二〕悉徵靈圉而選之兮，部署衆神於摇光。〔三〕使五帝先導兮，反大壹而從陵陽。〔四〕左玄冥而右黔雷兮，〔五〕前長離而後矞皇。〔六〕廝征伯僑而役羨門兮，詔岐伯使尚方。〔七〕祝融警而蹕御兮，清氣氛而后行。〔八〕屯余車而萬乘兮，綷雲蓋而樹華旗。〔九〕使句芒其將行兮，吾欲往乎南娭。〔一〇〕

〔一〕張揖曰：少陽，東極。太陰，北極。邪度東極而升北極也。真人，謂若士也，游於太陰之中。師古曰：真人，至真之人也，非指謂若士也。【補注】先謙曰：説文「真」下云「僊人變形而登天也。从匕、从目、从乚。乚音隱。八，所乘載也」。若士，見淮南子「盧敖經乎太陰，所見若士者也」。

〔二〕張揖曰：飛泉，飛谷也，在崑崙山西南。師古曰：厲，渡也。【補注】先謙曰：正義引張説，「谷」上無「飛」字。説文「窈，深遠也。窕，深肆極也」。楚辭「吸飛泉之微液兮」，河水注「崑崙山東北臨大活之井，西南至承淵之谷」，疑張説所謂飛泉谷也。

〔三〕張揖曰：摇光，北斗杓頭第一星。【補注】先謙曰：靈圉，解見上。「署」，史記作「乘」。

〔四〕應劭曰：五帝，五時，太皞之屬也。如淳曰：天極，大星，一明者，太一常居也。張揖曰：陵陽，仙人陵陽子明也。師古曰：令太一反其所居，而使陵陽侍從於己。【補注】宋祁曰：注文「五時」，當從浙本作「五時」。先謙曰：正義「五帝，五時，帝太皓之屬也」。天官書云「中宫天極星，其一明者，太一常居也」。列僊傳云「子明於沛銍縣旋溪釣得白龍，放之，後白龍來迎子明去，止陵陽山上百餘年，遂得仙也」。先謙案，封禪書：「亳人謬忌奏祠太一方，曰『天神貴者太一，太一佐曰五帝』。」宣紀：「修興泰一、五帝、后土之祠。」是太一爲尊，五帝爲佐，故使五帝先導，而反太一也。楚辭「東皇太一」，注「太一，星名，天之尊神」。

〔五〕張揖曰：玄冥，北方黑帝佐也。黔雷，黔嬴也。天上造化神名也。楚辭曰「召黔嬴而見之」。或曰水神也。【補注】沈欽韓曰：遠遊注云「黔嬴，造化之神，問以得失」。按「嬴」或爲「羸」，故轉「雷」。先謙曰：史記作「含靁」。黔、含並今聲，以音近通叚。

〔六〕服虔曰：皆神名也。師古曰：長離，靈鳥也，解在禮樂志。矞音以出反。【補注】先謙曰：史記「長離」作「陸離」。「矞皇」作「潏湟」。陸離，不聞有神名，蓋涉下陸離而誤。

〔七〕應劭曰：厮，役也。張揖曰：伯僑，仙人王子僑也。羨門，碣石山上仙人羨門高也。尚，主也。岐伯者，黄帝太醫，屬使主方藥也。師古曰：征伯僑者，仙人，姓征，名伯僑，非王子僑也。郊祀志「征」字作「正」，其音同耳。或説云，征謂役使之，非也。【補注】先謙曰：「詔」，史記作「屬」。張説「屬使主方藥」，集解引作漢書音義，是漢書本作「屬」，不作「詔」，疑傳寫誤也。

〔八〕張揖曰：祝融，南方炎帝之佐也，獸身人面，乘兩龍。師古曰：蹕，止行人也。御，禦也。氛，惡氣也。【補注】先謙曰：氣、氛蓋誤倒，史記作「氛氣」，亦作「雰氣」。

〔九〕師古曰：綷，合也，合五采雲以爲蓋也。綷音子内反。

〔一〇〕張揖曰：句芒，東方青帝之佐也，鳥身人面，乘兩龍。師古曰：將行，將領從行也。娭音許其反。【補注】先謙曰：「娭」，史記作「嬉」。楚辭招魂注「娭，戲也」。廣雅釋詁「嬉，戲也」。義得兩通。顔注，正義引作「將行，領從者也」。

歷唐堯於崇山兮，過虞舜於九疑。〔一〕紛湛湛其差錯兮，雜遝膠輵以方馳。〔二〕騷擾衝蓯其相紛挐兮，滂濞泱軋麗以林離。〔三〕攢羅列聚叢以蘢茸兮，衍曼流爛痑以陸離。〔四〕徑入雷室之砰磷鬱律兮，洞出鬼谷之堀礨崴魁。〔五〕偏覽八紘而觀四海兮，朅度九江越五河。〔六〕經營炎火而浮弱水兮，杭絶浮渚涉流沙。〔七〕奄息蔥極氾濫水嬉兮，〔八〕使靈媧鼓琴而舞馮夷。〔九〕時若曖曖將混濁兮，召屏翳、誅風伯，刑雨師。〔一〇〕西望崑崙之軋沕荒忽兮，〔一一〕直徑馳乎三危。〔一二〕排閶闔而入帝宮兮，載玉女而與之歸。〔一三〕登閬風而遥集兮，亢鳥騰而壹止。〔一四〕低徊陰山翔以紆曲兮，吾乃今日睹西王母。暠然白首戴勝而穴處兮，亦幸有三足烏爲之使。〔一五〕必長生若此而不死兮，雖濟萬世不足以喜。〔一六〕

〔一〕張揖曰：崇山，狄山也。海外經曰「狄山，帝堯葬於其陽。九疑山在零陵營道縣，舜所葬也」。師古曰：疑，似也。山有九峰，其形相似，故曰九疑。

〔二〕師古曰：湛湛，積厚之貌。差錯，交互也。雜遝，重累也。膠輵猶交加也。湛音徒感反。遝音大合反。輵音葛。【補注】先謙曰：史記「輵」作「葛」。索隱廣雅「膠葛，驅馳也」。案，方，並也。

〔三〕張揖曰：衝蓯，相入貌。滂濞，衆盛貌。泱軋，不前也。麗，靡也。林離，摻攦也。師古曰：衝音尺勇反。蓯音相勇反。拏音女居反。滂音普郎反。濞音普備反。泱音烏朗反。軋音於黠反。摻音所林反。攦音所宜反。【補注】先謙曰：官本無「相」字，史記有。「麗」作「灑」。案，「蓯」當爲「摐」之借字。廣雅釋言「摐，撞也」。「泱軋」一作「坱圠」，亦作「軮軋」。本書甘泉賦「忽軮軋而無垠」，文選作「坱圠」，謂無涯際也。「林離」當爲「淋灕」。説文「淋，以水沃也」。一曰淋淋，山下水貌。灕，水流貌也。「淋」一作「滲」。河東賦「澤滲灕而下降」。「灕」亦省作「離」。羽獵賦「淋離廓落」是也。今俗作淋漓，張訓摻攦，蓋借字。

〔四〕張揖曰：痑，衆貌，一曰罷極也。陸離，參差也。師古曰：蘢茸，聚貌。流爛，布散也。痑，自放縱也。蘢音來孔反。茸音而孔反。衍音弋扇反。痑音式爾反。張云罷極，義則非矣。【補注】先謙曰：史記「攢」作「鑽」，「痑」作「壇」，俱借字。痑亦借字，當爲嘽。痑、嘽古同音而通用，壇又以音同而通叚也。説文「痑」下云「馬病也」。詩曰，痑瘏駱馬」。「嘽」下云「喘息也，一曰喜也。詩曰，嘽嘽駱馬」。許所見諸家詩不同，故兩引之。廣雅「瘏瘏，疲也」。義與馬病喘息爲近。張訓瘏爲罷極，然與上下文義不合，故師古駮之。詩小雅「戎車嘽嘽」，傳「嘽嘽，衆也」。大雅「王旅嘽嘽」，傳「嘽嘽然，盛也」。「徒御嘽嘽」，傳「嘽嘽，喜樂也」。人衆盛則讙然喜樂，故説文有喜義。此當如張説，訓爲衆貌。師古讀爲侈，而釋以自放縱，音義兩失矣。離騷「長余佩之陸離」，注「陸離，参差衆貌」。「班陸離其上下」，注「班，亂貌。陸離，分散也」。與瘏衆貌之義，並相貫注。

〔五〕張揖曰：雷室，雷淵也。洞，通也。鬼谷在崑崙北直北辰下，衆鬼之所聚也。堀礨崴魁，不平也。師古曰：砰磷鬱律，深峻貌。砰音普萌反。磷音力耕反。堀音口骨反。礨音洛賄反。崴音一迴反。【補注】先謙曰：「堀礨崴魁」，史記作「崫壘嵬磈」。集解引漢書音義「聚也」。下有「楚辭曰贅鬼谷於北辰」九字。案昔人以後賢箸作效屈原文體者，統謂之楚辭。劉向九歎云「淩驚雷以軼駭電兮，綴鬼谷於北辰」。蓋裴注所引，即用相如此文也。入雷室，出鬼谷，出入陰陽之界也。砰磷，雷聲。今楚人方言猶謂有聲曰砰磷。韓愈讀東方朔雜事詩「偷入雷電室，輷輘掉狂車」。輷輘，即砰磷之異文。陳琳神武賦「車軒轔於雷室」。軒轔，亦砰磷之意。甘泉賦「雷鬱律於巖窔兮」，師古注「鬱律，雷聲也」，李善文選注「小聲也」。師古訓四字爲深峻貌，非也。堀礨，見上魁嵬之借字。楚辭九章「軫石崴嵬」，注「崴嵬，高貌」。嵬，一作𡾟。埤蒼「崴𡾟，不平也」。文選吴都賦「隱賑崴𡾟」，注「崴𡾟，排積貌」。集韻「𡾟，或作𡽫，亦作𡿖。崴𡿖，山谷不平貌」。磈又𡿖之借字。

〔六〕張揖曰：九江在廬江尋陽縣南，皆東合爲大江者。服虔曰：河有九，今越其五也。晉灼曰：五河，五湖，取河之聲合其音耳。師古曰：服、晉説五河皆非也。五河，五色之河也。仙經説有紫、碧、絳、青、黄之河，非謂九河之内，亦非五河也。【補注】先謙曰：官本注末句「河」作「湖」，是。淮南子「九州之外，有八夤，八夤之外，有八紘：東北方之紘曰荒土，東方之紘曰桑野，東南方之紘曰衆安，南方之紘曰反戶，西南方之紘曰火土，西方之紘曰沃野，西北方之紘曰河所，北方之紘曰委羽」。晉書陸機傳「葛洪稱機文猶懸圃之積玉，無非夜光；五河之吐流，泉源如一」。梁庚闡游仙詩「崑崙涌五河」。是五河皆崑崙山水也。博物志云「崑崙有五色流水，其泉東南流入中國，名爲河也」。

〔七〕應劭曰：楚辭曰「越炎火之萬里」。弱水出張掖刪丹，西至酒泉，合黎餘波入于流沙。張揖曰：杭，舩也。絶，度也。浮渚，流沙中渚也。流沙，沙與水流行也。師古曰：弱水謂西域絶遠之水，乘毛車以度者耳，非張掖弱水也。又流沙但有沙流，本無水也。言絶度浮渚，乃涉流沙也。杭音下郎反。【補注】先謙曰：十洲記「天漢二年，西國王使使來獻。使者曰，中國有好道之君，故搜奇蘊而貢神香，乘毛車以濟弱水，于今十三年矣」。又云「鳳麟洲在西海之中央，洲四面有弱水繞之，鴻毛不浮，不可越也」。大荒西經「西海之南，流沙之濱，赤水之後，黑水之前，有大山名曰昆侖之邱，其下有弱水之淵環之，其外有炎水之山，投物輒然」。蓋此文所本。

〔八〕張揖曰：奄然休息也。蔥極，蔥領山也，在西域中。【補注】先謙曰：史記「蔥」作「總」，「娭」作「嬉」。總，蔥之借字。梁江總辭行李賦「暫借譽于瑟柱，免長傜于蔥極」。蔥嶺，詳西域傳。河水出蔥嶺下，故憩息而爲水嬉也。氾濫，摇動貌。述異記「吴王作天池，池中造青龍舟，舟中盛陳妓樂，日與西施爲水嬉」。

〔九〕服虔曰：靈媧，女媧也。伏犧作琴，使女媧鼓之。馮夷，河伯字也。淮南子曰「馮夷得道以潛大川」。師古曰：媧音瓜，又工蛙反。【補注】先謙曰：「琴」，史記作「瑟」。集解引無「伏」下九字。徐廣曰「媧，一作貽」。案，帝王世紀云「女媧一號女希，是爲女皇」。希、貽聲近，故又爲女貽也。海内北經「從極之淵深三百仞，維冰夷恒都焉」，即馮夷。馮、冰聲相近。楚詞遠遊「使湘靈鼓瑟兮，令海若舞馮夷」。

〔一〇〕應劭曰：屏翳，天神使也。張揖曰：風伯字飛廉。師古曰：屏音步丁反。【補注】先謙曰：史記「曖曖」作「薆薆」。正義引韋云「屏翳，雷師也」。案，離騷「時曖曖其將罷兮」，注「曖曖，昏昧貌」，釋言「薆，隱也」，義本相近，故「晻曖」亦作「晻薆」，見前。混濁不明也。廣雅「雨師謂之荓翳」。曹植洛神賦「屏翳收風」。李善注，王逸楚辭注曰「屏翳，雨師名」。虞喜志林曰「韋昭云，屏翳，雷師。喜云，雨師」。然説屏翳者雖多，並無明據，曹植結洛文曰「河伯典澤，屏翳司風」。植既皆爲風師，不可引他説以非之。先謙案，此文下言風伯、雨師，則屏翳不當爲風雨神，故應、韋説各不同。

〔一一〕張揖曰：崑崙去中國五萬里，天帝之下都也。其山廣袤百里，高八萬仞，增城九重，面有九井，以玉爲檻，旁有五門，開明獸守之。軋沕荒忽，不分明之貌。師古曰：沕音勿。荒音呼廣反。【補注】先謙曰：山海經云「方八百里，高萬仞」。「旁有五門」作「面有九門」。

〔一二〕張揖曰：三危山在鳥鼠山之西，與嶓山相近，黑水出其南陂，書曰「導黑水至于三危」也。

〔一三〕張揖曰：玉女，青要、乘弋等也。【補注】沈欽韓曰：神異經「九府玉童玉女，與天地同休息，男女無爲匹配，而仙道自成」。先謙曰：文選甘泉賦「屏玉女而卻宓妃」。李善注，神異經曰「東荒中有大石室，東王公居之，常與玉女共投壺」。又思玄賦「載太華之玉女兮，召洛浦之宓妃」。注「列仙傳曰『毛女者，字玉姜，在華陰山中，體生毛，所止巖中有鼓琴聲』」。是有兩玉女也。

〔一四〕張揖曰：閬風山在崑崙閶闔之中。遥，遠也。應劭曰：亢然高飛，如鳥之騰也。師古曰：閬音浪。亢音抗。【補注】先謙曰：史記「登」作「舒」，「遥」作「摇」，「鳥」作「烏」。集解引應説，亦作「烏」。正義引張説，無「山遥遠也」四字，有「楚辭云登閬風而緤馬也」十字。

〔一五〕張揖曰：陰山在崑崙西二千七百里。西王母其狀如人，豹尾虎首，蓬髮暠然白首，石城金室，穴居其中。三足烏，三足青鳥也，主爲西王母取食，在崑崙墟之北。如淳曰：山海經曰「西王母梯几而戴勝」。師古曰：低佪，猶徘徊也。勝，婦人首飾也，漢代謂之華勝。暠音工老反，字或作翯，音學。【補注】沈欽韓曰：西山經「三危之山，三青鳥居之」。此云三足烏，蓋誤。先謙曰：史記「曰」作「目」，「暠」作「皬」。西山經有陰山，以經文校之，去崑崙二千七百八十里，非地志西河郡之陰山也。又云「三危之山，三青鳥居之」，郭注「三青鳥，主爲西王母取食者」。大荒西經「王母之山有三青鳥，赤首黑目，一名曰大鵹，一名少鵹，一名曰青鳥」，郭注「皆西王母所使也」。海内北經「蛇巫之山，西王母梯几而戴勝杖，其南有三青鳥，爲西王母取食，在昆侖虚北」，郭注「又有三足烏，主給使」。案經文皆言三青鳥，郭注又有三足烏，疑即傅會此傳之文也。郝懿行箋疏引史記正義，引輿地圖云「有三足神鳥，爲王母取食」，然無言三足青鳥者。張揖合三足、青鳥爲一，疑非。又春秋元命苞云「陽數起於一，成於三，故日中有三足烏」。考案諸書，不言王母所使，是三足烏蓋烏，烏因轉寫而譌，其來久矣。官本注「革」作「華」，是。正義引張説「在」下有「大」字，脱「室」字，「青鳥」上無「三足」字，「崑崙」下無「墟」字。引顔説「婦」上衍「代」字。

〔一六〕師古曰：昔之談者咸以西王母爲仙靈之最，故相如言大人之仙，娱遊之盛，顧視王母，鄙而陿之，不足羨慕也。【補注】先謙曰：晉語注「濟，度也」。官本注「陿」作「陋」。

回車朅來兮，絶道不周，〔一〕會食幽都。呼吸沆瀣兮餐朝霞，〔二〕咀噍芝英兮嘰瓊華。〔三〕僸祲尋而高縱兮，紛鴻溶而上厲。〔四〕貫列缺之倒景兮，〔五〕涉豐隆之滂濞。〔六〕騁游道而脩降兮，騖遺霧而遠逝。〔七〕迫區中之隘陝兮，舒節出乎北垠。〔八〕遺屯騎於玄闕兮，〔九〕軼先驅於寒門。〔一〇〕下崢嶸而無地兮，〔一一〕上嵺廓而無天。〔一二〕視眩泯而亡見兮，聽敞怳而亡聞。〔一三〕乘虛亡而上遐兮，超無友而獨存。〔一四〕

〔一〕張揖曰：不周山在崑崙東南二千三百里也。【補注】先謙曰：集解引無「南」下六字。

〔二〕張揖曰：幽都在北方。如淳曰：淮南云，八極西北曰幽都之門。應劭曰：列仙傳「陵陽子言春朗朝霞，朝霞者，日始欲出赤黄氣也。夏食沆瀣，沆瀣，北方夜半氣也。并天地玄黄之氣爲六氣」。師古曰：沆音胡朗反。瀣音韰。【補注】先謙曰：「會食幽都」四字，上屬爲句。注「春朗」之「朗」，官本作「食」，是。

〔三〕張揖曰：芝，草蒻也。榮而不實謂之英。嘰，食也。瓊樹生崑崙西，流沙濱，大三百圍，高萬仞。華，蘂也，食之長生。師古曰：芝英，芝菌之英也。咀音才汝反。噍音才笑反，又音才弱反。嘰音機，又音祈。【補注】先謙曰：集解徐廣曰「嘰，小食也」。韋昭曰「瓊華，玉英」。

〔四〕張揖曰：僸，卬也。鴻溶，竦踊也。師古曰：僸音角甚反。祲音子禁反。鴻音胡孔反。溶音弋孔反。【補注】先謙曰：史記「僸」作「嶔」，「祲尋」作「侵潯」，「溶」作「涌」。索隱「漢書『嶔』作『襟』。襟，仰也，音禁」。先謙案，「襟」當爲「僸」之誤。祲潯，侵尋之借字，言漸進也。

〔五〕服虔曰：列缺，天閃也。人在天上，下向視日月，故景倒在下也。張揖曰：貫，穿也。陵陽子明經曰「列缺氣去地二千四百里，倒景氣去地四千里，其景皆倒在下也」。【補注】先謙曰：集解引漢書音義，無「人」下十五字，有「倒景日在下」五字。「閃」一本譌「門」。「列缺」一作「烈缺」。文選羽獵賦「霹靂烈缺，吐火施鞭」。應劭注「烈缺，閃隙也。火，電照也」。倒景謂電光倒在下耳，非日月景也。

〔六〕應劭曰：豐隆，雲師也。楚辭曰「吾令豐隆乘雲兮」。淮南子曰「季春三月，豐隆乃出以將雨」。師古曰：豐隆將雨，故言涉也。滂濞，雨水多也。滂音普郎反。濞音匹備反。【補注】先謙曰：史記「濞」作「沛」。

〔七〕張揖曰：馳疾而遺霧在後也。師古曰：游，游車也。道，道車也。脩，長也。降，下也。言周覽天上，然後騁車也，循長路而下馳，棄遺霧而遠逝也。道讀曰導。【補注】先謙曰：司常「道車載旞，斿車載旌」。斿、游字通用。游車，先驅之乘也。道車出入，持馬陪乘。

〔八〕師古曰：舒，緩也。垠，崖也，音銀。

〔九〕張揖曰：玄闕，北極之山也。【補注】先謙曰：淮南子「盧敖游乎北海，經乎太陰，入乎玄闕」。

〔一〇〕應劭曰：寒門，北極之門也。師古曰：軼，過也，音逸。【補注】先謙曰：集解引漢書音義曰「寒門，天北門」。案，淮南子「北方北極之山曰寒門」。疑應説非。言行疾，屯騎先驅，皆遺而軼之。屈原遠遊「舒并節以馳騖兮，逴絶垠乎寒門」。此文數語祖之。

〔一一〕師古曰：崢嶸，深遠貌。崢音仕耕反。嶸音宏。

〔一二〕師古曰：嵺廓，廣遠也。嵺音遼。【補注】先謙曰：「嵺」，史記作「寥」，嵺借字。

〔一三〕師古曰：眩泯，目不安也。敞怳，耳不諦也。眩音州縣之縣。泯音眄。【補注】先謙曰：史記「泯」作「眠」，「敞怳」作「惝恍」。

〔一四〕師古曰：上音時掌反。【補注】宋祁曰：「友」字，浙本作「有」字。先謙曰：史記作「友」，或作「有」。案，獨存，不勞更言無友，作「有」者是。宋蘇軾詩「超世無有我獨行」，即用此賦意。

相如既奏大人賦，天子大說，〔一〕飄飄有陵雲氣游天地之閒意。〔二〕

〔一〕師古曰：說讀曰悅。

〔二〕【補注】李慈銘曰：史記「游」上有「似」字。此十二字爲一句。揚雄傳「帝反縹縹有陵雲之志」句可證。

相如既病免，家居茂陵。〔一〕天子曰：「司馬相如病甚，可往從悉取其書，若後之矣。」〔二〕使所忠往，〔三〕而相如已死，家無遺書。問其妻，〔四〕對曰：「長卿未嘗有書也。時時著書，人又取去。長卿未死時爲一卷書，曰有使來求書，奏之。」其遺札書言封禪事，〔五〕所忠奏焉，天子異之。其辭曰：〔六〕

〔一〕【補注】沈欽韓曰：西京雜記「相如將聘茂林人女爲妾，卓文君作白頭吟自絕，乃止」。

〔二〕師古曰：若，汝也。言汝今去已在他人後也。【補注】李慈銘曰：史記作「若不然，後失之矣」，文意甚明。此祇少三字，便卒不可解。顏注非。

〔三〕師古曰：使者姓名也，解在食貨志。【補注】宋祁曰：浙本正文無「使」字。

〔四〕【補注】宋祁曰：别本無「其」字。

〔五〕師古曰：書於札而留之，故云遺札。

〔六〕【補注】先謙曰：官本下不提行。

伊上古之初肇，自顥穹生民。〔一〕歷選列辟，以迄乎秦。〔二〕率邇者踵武，聽逖者風聲。〔三〕紛輪威蕤，堙滅而不稱者，不可勝數也。〔四〕繼昭夏，崇號謚，略可道者七十有二君。〔五〕罔若淑而不昌，疇逆失而能存？〔六〕

〔一〕師古曰：肇，始也。顥、穹皆謂天也。顥言氣顥汗也，穹言形穹隆也。謂自初始有天地以來也。顥音胡老反。【補注】瞿鴻禨曰：師古注「自初始有天地以來」，是以肇字屬下句讀，非也。史記「穹」下有「兮」字，六字爲句，讀之極順。漢書傳寫誤脱，如「若後之矣」之類，非班氏删之也。

〔二〕師古曰：選，數也。辟，君也。迄，至也。辟音璧。

〔三〕文穎曰：率，循也。邇，近也。踵，蹈也。武，迹也。逖，遠也。言循履近者之遺迹，聽遠者之風聲。風謂著於雅頌者也。師古曰：風聲，總謂遺風嘉聲耳，無繫於雅頌也。【補注】先謙曰：「聽逖」，史記作「逖聽」。循省近世，則顯然之迹可踵，聽察遠古，詳不得聞，獨其聲可風也。

〔四〕張揖曰：紛輪威蕤，亂貌。【補注】先謙曰：史記「輪」作「綸」。「威」作「葳」。索隱本仍作「威」。説文無「葳」字。

〔五〕文穎曰：昭，明也。夏，大也。德明大，相繼封禪於泰山者，七十有二人也。【補注】李慈銘曰：史記作「續韶夏」，韶、昭字古通。先謙曰：李説是也。春秋繁露楚莊王篇「韶者，昭也」。獨斷「舜曰大韶，一曰大昭」。史記李斯傳「昭、虞、武、象者」，索隱「昭一作韶」。此傳文選作「韶」，官本史記亦作「昭」，足證昭、韶通用。昭，舜樂。夏，禹樂。繼昭夏，謂繼舜禹而起。文穎望文生義，非也。尊號，人主生時所上。美謚，殁後所加。七十二君，索隱云，見韓詩外傳及封禪書也。

〔六〕應劭曰：罔，無也。若，順也。淑，善也。疇，誰也。師古曰：言行順善者無不昌大，爲逆失者誰能久存也。

軒轅之前，遐哉邈乎，其詳不可得聞已。〔一〕五三六經載籍之傳，維見可觀也。〔二〕書曰：「元首明哉！股肱良哉！」〔三〕因斯以談，君莫盛於堯，臣莫賢於后稷。后稷創業於唐，〔四〕公劉發迹於西戎，文王改制，爰周郅隆，大行越成，〔五〕而后陵夷衰微，千載亡聲，豈不善始善終哉！〔六〕然無異端，慎所由於前，謹遺教於後耳。〔七〕故軌迹夷易，易遵也；〔八〕湛恩厖洪，易豐也；〔九〕憲度著明，易則也；垂統理順，易繼也。〔一〇〕是以業隆於繈保而崇冠乎二后。〔一一〕揆厥所元，終都攸卒，〔一二〕未有殊尤絶迹，可考於今者也。〔一三〕然猶躡梁甫，登大山，建顯號，施尊名。〔一四〕大漢之德，逢涌原泉，沕潏曼羨，〔一五〕旁魄四塞，雲布霧散，〔一六〕上暢九垓，下泝八埏。〔一七〕懷生之類，沾濡浸潤，協氣橫流，武節猋逝，〔一八〕爾陿游原，迥闊泳末，〔一九〕首惡鬱没，闇昧昭晰，〔二〇〕昆蟲闓懌，回首面内。〔二一〕然后囿騶虞之珍羣，徼麋鹿之怪獸，〔二二〕導一莖六穗於庖，〔二三〕犧雙觡共抵之獸，〔二四〕獲周餘放龜于岐，〔二五〕招翠黄乘龍於沼。〔二六〕鬼神接靈圉，賓於閒館。〔二七〕奇物譎詭，俶儻窮變。〔二八〕欽哉，符瑞臻茲，猶以爲薄，不敢道封禪。〔二九〕蓋周躍魚隕杭，休之以燎。〔三〇〕微夫斯之爲符也，以登介丘，不亦恧乎！〔三一〕進攘之道，何其爽與？〔三二〕

〔一〕師古曰：遐、邈，皆遠也。已，語終之辭。

〔二〕師古曰：五，五帝也。三，三皇也。【補注】宋祁曰：「皇」當作「王」。先謙曰：文選作「維風可觀也」。李善注引漢書音義曰「五，五帝也。三，三王也。經籍所載，善惡可知也」。

〔三〕師古曰：此虞書益稷之辭也。元首，君也。股肱，大臣也。

〔四〕【補注】先謙曰：文選「唐」下多一「堯」字。李善注引漢書音義曰「唐堯之世，播殖百穀」。

〔五〕文穎曰：郅，至也。行，道也。文王始開王業，改正朔服色，太平之道於是成也。應劭曰：大行，道德大行也。師古曰：郅音質。【補注】王念孫曰：文説是。大行越成者，大道於是始成也。古謂道爲行。先謙曰：越、粵同。集解引注「朔」下有「易」字，文選注同。

〔六〕鄭氏曰：無聲，無有惡聲也。師古曰：雖後嗣衰微，政教積替，猶經千載而無惡聲。【補注】先謙曰：史記徐廣注「周之王四海，千載之後，聲教乃絶」，與鄭、顔異。文選注引漢書音義曰「美周家終始相副若一也」。莊子曰「善始善終，人猶效之」。

〔七〕師古曰：言既創業定制，又垂裕後昆也。【補注】先謙曰：文選注「言周之先王創制垂業，既慎其規模，又謹其遺教也」。較顔説爲晰。

〔八〕師古曰：夷、易皆平也。易音弋豉反。

〔九〕師古曰：湛讀曰沈。沈，深也。厖、洪，皆大也。厖音尨。【補注】先謙曰：「厖洪」，史記作「濛涌」。文選作「厖鴻」。

〔一〇〕張揖曰：垂，縣也。統，緒也。理，道也。文王重易六爻，窮理盡性，縣於後世，其道和順，易續而明，孔子得錯其象而彖其辭也。師古曰：統業直言所垂之業，其理至順，故令後嗣易繼之耳，非謂演易也。【補注】王念孫曰：理亦順也。説文「順，理也」，廣雅「理，順也」，説卦傳「和順於道德而理於義」，考工記匠人「水屬不理順謂之不行」，是理與順同義。「軌迹夷易」、「湛恩厖洪」、「憲度著明」、「垂統理順」，夷、易，皆平也。厖、洪，皆大也。著、明，皆明也。理、順，皆順也。先謙曰：王説是。

〔一一〕孟康曰：繈保謂成王也。二后謂文武也。周(王)〔公〕負成王以致太平，功德冠於文武者，遵成法易故也。【補注】先謙曰：「保」，史記、文選作「褓」。李善注引末無「成」字、「也」字。集解引無「以」字，「遵」作「道」。

〔一二〕師古曰：元，始也。都，於也。攸，所也。卒亦終也。言度其所始，究其所終也。【補注】先謙曰：都，總也。言總計其所終。

〔一三〕師古曰：尤，異也。考，校也。言不得與漢校其德也。【補注】先謙曰：言無殊尤之迹，可稽考於今日者。無與漢校德意。

〔一四〕【補注】先謙曰：文選注「顯號，尊名，謂封禪也」。

〔一五〕師古曰：逢讀曰㷭。言如㷭火之升，原泉之流也。沕潏曼羨，盛大之意也。沕音勿。潏音聿。羨音戈扇反。【補注】先謙曰：「逢」，史記作「㷭」。集解引韋昭曰「漢德㷭涌如泉原也」。索隱「張揖曰『逢，遇也。喻其德盛若遇泉原之流也』」。文選注引作「若遇原泉之涌出也」。又作『峯』讀」。張説，顏氏未引，蓋以爲不合而删之。今案，「遇涌原泉」固不辭，顏讀爲㷭，謂如㷭火之升，原泉之流，是「逢」一字，「涌原泉」三字，各爲一義，尤非句法。韋説「漢德㷭涌如泉原」，㷭涌二字，文義平列，是也。逢讀爲漨。文選吴都賦「歊霧漨浡」。漨浡，水盛貌，言霧氣如水之盛也。集韻漨與浲同，又與洚同。洚水即洪水，言水盛大不擇地而出，漨涌即漨浡之義耳。逢，本義亦大也。書洪範「子孫其逢吉」，馬注「逢，大也」。禮記儒行「衣逢掖之衣」，注「逢猶大也」。是逢讀本字，而訓逢涌爲盛涌，亦無不順，與下文「沕潏曼羨」文義正相貫注，不必如顏讀爲㷭也。史記作「㷭」，乃借字。韋知其義，故不煩改字，直訓爲㷭涌如原泉耳。善注「服虔曰，潏泉貌」。徐廣曰，沕，没也，亡必反。音義，或曰曼羨廣散也」。官本注「戈」作「弋」。

〔一六〕師古曰：旁魄，廣被也。魄音步各反。【補注】先謙曰：魄同薄。史記「布」作「尃」。徐廣曰「尃音布」。

〔一七〕服虔曰：暢，達也。垓，重也。天有九重。如淳曰：淮南云「若士謂盧敖『吾與汗漫期乎九垓之上』」。孟康曰：

泝，流也。埏，地之八際也。言德上達於九重之天，下流於地之八際。師古曰：埏，本音延，合韻音弋戰反。淮南子作「八夤」也。

〔一八〕師古曰：言和氣橫被四表，威武如焱之盛。【補注】先謙曰：「(猋)〔焱〕」，官本作「焱」，史記作「飄」，文選作「猋」。李善注「橫流，多也。猋逝，遠也」。武紀「朕將巡邊垂，擇兵振旅，躬秉武節」。

〔一九〕孟康曰：爾，近也。原，本也。迥，遠也。闊，廣也。泳，浮也。恩德比之於水，近者游其原，遠者浮其末也。【補注】先謙曰：官本「爾」作「邇」，義同。史記「陋」作「陝」，「末」作「沬」，皆借字。

〔二〇〕師古曰：始爲惡者皆即湮滅，素暗昧者皆得光明也。晰音之舌反。【補注】先謙曰：集解引漢書音義曰「始爲惡者皆湮滅。闇昧，喻夷狄皆化」。文選注引作「孟康」。

〔二一〕文穎曰：闓、懌，皆樂也。師古曰：闓讀曰凱。言四方幽遐，皆懷和樂，回首革面，而內嚮也。【補注】先謙曰：集解引韋昭曰「面，向也」。

〔二二〕師古曰：言騶虞自擾而充苑囿，怪獸自來若入徼塞。言符瑞之盛也。徼音工釣反。【補注】劉奉世曰：此言騶虞可致於囿中，怪獸可驅於徼外耳。吳仁傑曰：封禪文，於傳載之，云受命所乘。刊誤云：「如長卿所云，元狩以前，皆當有此瑞。史不偏記，何也」？案刊誤見後。仁傑按，長卿言符瑞三事，序、頌互見。序云「囿騶虞」，頌則曰：「般般之獸，樂我君囿」。序云「犧雙觡共抵之獸」，頌則曰：「濯濯之麟，遊彼靈畤」。序云「招翠黃乘龍於沼」，頌則曰：「宛宛黃龍」。服虔謂麟指武帝獲白麟事，是在元狩元年。孟康謂乘龍指余吾水神馬事，是在三年。獨騶虞一事，無所考見，故刊誤疑元狩以前當有此事，然非史不盡記，褚先生補傳有之。按史記，建章宮後閣重櫟中，有物出焉，其狀若麋。武帝詔東方朔視之。朔曰，所謂騶牙者也。長卿所指，豈謂是乎？山海經「騶吾爲珍獸」，故長卿有「騶虞珍羣」之語。其頌曰「昔聞其聲，今眡其來，厥塗靡從，天瑞之徵」，蓋以其出於建章宮後，莫知其所從來故也。顏注上文亦曰「騶虞自擾而充苑囿」，但不悟其爲騶牙。且曼倩言遠方當來歸，後一歲，昆邪王果降。按昆邪降在元狩之二年，則騶牙之出，當是初元也。先謙曰：顔、劉説徼義，皆非也。集解引漢書音義曰「徼，遮也。麋鹿得其奇怪者，謂獲白麟也」。案，音義説徼，是。惟下言「雙觡共抵之獸」，此不應先言白麟。子虚賦「徼𨘢受詘」，史記索隱引司馬彪云「徼，遮也，音工堯反」。麋鹿非怪獸，且中國所有，不應武帝時始入徼塞，更何至驅之徼外。所謂「麋鹿之怪獸」，即其狀若麋之騶虞也，非麋似麋，故云麋鹿之怪獸，一事而對舉成文，古人多有此法。

〔二三〕鄭氏曰：導，擇也。一莖六穗，謂嘉禾之米，於庖廚以供祭祀也。【補注】瞿鴻禨曰：「導」，史記作「䆃」。索隱鄭(德)〔玄〕云「䆃，擇也」。説文「嘉禾一名䆃」。字林云「禾一莖六穗謂之䆃也」。顔氏家訓「相如封禪書曰『導一莖六穗於庖，犧雙觡共抵之獸』。此導訓擇。光武詔云『非徒有豫養導擇之勞』是也。而説文云，䆃是禾名，引封禪書爲證。無妨自當有禾名䆃，非相如所用也。禾一莖六穗於庖，豈成文乎？縱使相如天才鄙拙，强爲此語，則下句當云麟雙觡共抵之獸，不得云犧也。吾嘗笑許純儒，不達文章之體，如此之流，不足馮信」。鴻禨案，「導」當作「䆃」，本書百官表有䆃官，即擇米之官。北堂書鈔五十五「䆃官令掌諸御米飛麪也」。字正從禾，不從寸，與史記、説文合。漢書作導，乃傳寫之訛。凡説文引經典，不必全文，吕忱、顔之推輩遂誤斷爲禾之一莖六穗，「䆃」下禾也，當連篆文讀，如「參」下云「商星也」，「綢」下云「繆也」，「威」下云「姑也」，「褖」下云「服」，此例甚多，段氏玉裁謂禾當爲米，猶爲詞費。不知「導擇」即「䆃擇」，欲離而二之，無怪乎是其所非，而非其所是矣。

〔二四〕服虔曰：犧，牲也。觡，角也。抵，本也。武帝獲白麟，兩角共一本，因以爲牲也。【補注】宋祁曰：觡音居額反。

〔二五〕文穎曰：周放畜餘龜於池沼之中，至漢得之於岐山之旁。龜能吐故納新，千歲不死也。【補注】先謙曰：「餘」下當有「珍」字。史記作「獲周餘珍收龜于岐」。官本收作牧。集解徐廣曰「一作放龜」，又引漢書音義曰「餘珍，得周鼎也。岐，水名也」。據此，是裴駰所見漢書本有珍字，音義以獲周餘珍、放龜爲二事，言寶鼎放龜，皆岐周所有，漢併獲之。文穎、小顔所見漢書並無珍字，蓋轉爲奪去，周餘放龜，文不成義，文穎顛倒正文爲之立訓，究屬牽就，不如音義爲當。周淪九鼎，漢得其一，故曰餘珍也。文選亦作「獲周餘珍放龜于岐」。

〔二六〕張揖曰：乘龍，四龍也。孟康曰：翠黄，乘黄也，龍翼馬身，黄帝乘之而仙。言見乘黄而招呼之。禮樂志曰「訾黄其何不來下」。余吾渥津水中出神馬，故曰乘龍於沼也。師古曰：此説非也。言招致翠黄及乘龍於池沼耳。乘音食證反。春秋傳曰「帝賜之乘龍」。【補注】劉奉世曰：此則下文黄龍一瑞也。翠黄，言其色翠而黄，非别物。何焯曰：翠黄，當如孟説作乘黄，言黄帝、孔甲之乘黄、乘龍，皆歸池沼也。先謙曰：索隱服虔云「乘龍，四龍也」。翠黄，孟説是也。周書云「乘黄似狐，背上有兩角」也。先謙案，竹書「地出乘黄之馬」。管子「河出圖，洛出書，地出乘黄」。注「乘黄，神馬也」。翠黄即訾黄。疑訾、翠以雙聲借字。訾黄乘龍，衹以取喻渥洼神馬耳，語意無嫌複疊，非謂黄帝、孔甲之馬皆歸池沼，亦非其色翠而黄也。廣雅釋言「招，來也」。官本注「津」作「洼」，是。

〔二七〕文穎曰：是時上求神仙之人，得上郡之巫長陵女子，能與鬼神交接，治病輒愈，置於上林苑中，號曰神君。有似於古之靈圉，禮待之於閒館舍中也。師古曰：閒讀曰閑。【補注】劉奉世曰：「鬼神接」下疑少三字。先謙曰：集解徐廣曰「言至德與神明通接，故靈圉爲賓旅於閑館矣」。郭璞曰「靈圉，仙人名也」。徐以「靈圉」下屬，則「鬼神接」三字不辭，當如文説。

〔二八〕師古曰：俶音吐歷反。【補注】先謙曰：官本黨作儻。史記同。文選注引漢書音義曰「俶儻，卓異也。奇偉之物，譎詭非常，卓然絶異，窮極事變」。

〔二九〕【補注】先謙曰：文選「薄」上有「德」字。

〔三〇〕應劭曰：杭，舟也。休，美也。師古曰：燎，祭天也。謂武王伐紂，白魚入于王舟，俯取以燎。

〔三一〕服虔曰：介，大也。丘，山也。言周以白魚爲瑞，登太山封禪，不亦慙乎？【補注】沈欽韓曰：册府元龜封禪三十五「貞觀十一年封禪，議曰請介丘山圓壇廣五丈，高九尺，用五色土加之」。「高宗乾封元年，帝登于泰山，封玉牒于介山」。按此則介丘本山名。服注非。

〔三二〕張揖曰：進，周也。攘，漢也。爽，差也。言周未可封禪而封，爲進；漢可封禪而不爲，爲攘也。師古曰：攘，古讓字也。【補注】先謙曰：官本末無「也」字。

於是大司馬進曰：〔一〕「陛下仁育羣生，義征不譓，〔二〕諸夏樂貢，百蠻執贄，〔三〕德牟往初，功無與二，〔四〕休烈液洽，符瑞衆變，期應紹至，不特創見。〔五〕意者太山、梁父設壇場望幸，蓋號以況榮，〔六〕上帝垂恩儲祉，將以慶成，〔七〕陛下嗛讓而弗發也。〔八〕挈三神之歡，缺王道之儀，〔九〕羣臣恧焉。〔一〇〕或謂且天爲質闇，示珍符固不可辭；〔一一〕若然辭之，是泰山靡記而梁父罔幾也。〔一二〕亦各並時而榮，咸濟厥世而屈，説者尚何稱於後，而云七十二君哉？〔一三〕夫修德以錫符，奉符以行事，不爲進越也。〔一四〕故聖王弗替，而修禮以祇，謁款天神，〔一五〕勒功中岳，以章至尊，〔一六〕舒盛德，發號榮，受厚福，以浸黎民。〔一七〕皇皇哉斯事，天下之壯觀，王者之卒業，不可貶也。〔一八〕願陛下全之。〔一九〕而后因雜縉紳先生之略術，使獲曜日月之末光絶炎，以展采錯事。〔二〇〕猶兼正列其義，祓飾厥文，作春秋一藝。〔二一〕將襲舊六爲七，攄之無窮，〔二二〕俾萬世得激清流，揚微波，蜚英聲，騰茂實。〔二三〕前聖之所以永保鴻名而常爲稱首者用此。〔二四〕宜命掌故悉奏其儀而覽焉。」〔二五〕

〔一〕文穎曰：大司馬，上公，故先進議也。

〔二〕文穎曰：譓，順也。【補注】先謙曰：史記「譓」作「憓」。釋言「惠，順也」。説文無譓、憓字。

〔三〕師古曰：夏，大也。諸夏謂中國之人，比蠻夷爲大也。

〔四〕師古曰：牟，等也。

〔五〕師古曰：言符瑞衆多，應期相續而至，不獨初創而見也。【補注】宋祁曰：「液」疑作「浹」。「期應」，浙本作「斯應」。予謂疑當作「應期」。先謙曰：「液」，史記、文選作「浹」。索隱文穎云「不獨一物，初創見也」。李善注引作「不獨一物造見也。創，初創也」。先謙案，造亦創也，較顔注晰。

〔六〕孟康曰：意者，言太山、梁父設壇場，望聖帝往封禪記號，以表榮名也。師古曰：幸，臨幸也。蓋，發語辭也。【補注】先謙曰：官本「記」作「紀」，是。文選注引漢書音義亦作「紀」。集解徐廣曰「以況受上天之榮爲名號」。索隱「案，〔諸〕本或作『望華蓋』。華蓋，星名，在紫微大帝之上。今言望聖帝之臨幸也，義亦兩通。而孟康、服虔注本皆『幸』下有『華』字。摯虞流别集則唯云幸，幸當是也，於義亦通。直以後人見『幸』下有『蓋』字，又『幸』字似『華』，故因疑惑，遂定『華』字，使誤也。文穎曰『蓋，合也。言考合前代之君，揆其榮而相比況以爲號也』。大顔云『蓋，欲也。言欲化功立號，受天之況賜榮名也』。於義爲愜。然其文云『蓋』，詞義典質，又上與『幸』字連文，致令有『華蓋』之謬也」。先謙案，華蓋之誤，索隱説是，蓋義皆非也。釋名「蓋，加也，加物上也」，言太山、梁父望帝臨幸，加上尊號，以比榮於往代，語意甚明。

〔七〕師古曰：上帝，天也。言垂恩於下，豫積祉福，用慶告成之禮。【補注】先謙曰：史記「慶」作「薦」。

〔八〕張揖曰：不肯發意往也。師古曰：嗛，古謙字。

〔九〕應劭曰：挈，絶也。缺，闕也。如淳曰：三神，地祇、天神、山岳也。師古曰：挈音口計反。【補注】先謙曰：集解徐廣曰「挈猶言垂也」。韋昭曰「挈，缺也」。索隱「挈猶垂，非也。應劭挈作絶，李奇、韋昭作缺，意亦不遠」。案，索隱説是。釋詁「契，絶也」。廣雅「栔，缺也」。挈蓋借字。

〔一〇〕師古曰：恧，愧也，音女六反。

〔一一〕師古曰：言天道質昧，以符瑞見意，不可辭讓也。【補注】先謙曰：注，集解引作漢書音義。史記無「示」字，文選有，「謂」作「曰」。

〔一二〕張揖曰：泰山之上無所表記，梁父壇場無所庶幾也。

〔一三〕應劭曰：屈，絶也。言古帝王若但各一時之榮，畢世而絶者，則説者無從顯稱於後也。師古曰：屈音其勿反。

〔一四〕文穎曰：越，踰也。不爲苟進踰禮也。

〔一五〕文穎曰：謁，告也。款，誠也。師古曰：替，廢也。不廢封禪之事也。【補注】先謙曰：史記、文選「以祇」作「地祇」。官本不誤。

〔一六〕張揖曰：蓋先禮中岳而幸太山也。師古曰：章，明也。

〔一七〕【補注】先謙曰：官本史記「號榮」作「榮號」。

〔一八〕師古曰：皇皇，盛貌也。卒，終也，字或作「本」，或作「丕」，丕，大也。【補注】先謙曰：史記作「丕」。

〔一九〕張揖曰：願以封禪全其終也。

〔二〇〕文穎曰：采，官也。使諸儒記功著業，得觀日月末光殊絶之明，以展其官職，設錯其事業也。李奇曰：炎音火之光炎。師古曰：炎音弋贍反。錯音千故反。【補注】先謙曰：因雜猶言重積，謂總萃之也。上文雜襲絫輯注「雜襲，相因也」，即因雜之意。略術猶言道術。左定四年傳注「略，道也」。絶炎與末光同意，文訓殊絶之明，則與末光義不貫。文選長楊賦注「絶，遠也」。言諸儒瞻仰帝德，譬猶日月高敻，僅得曜其餘光遠燄而已。據下「兼正列其義」，此尚不及記功著業意，文説非也。書堯典馬注「采，官也」。文選正文及引文「説」並作「宷」，蓋後人妄改。錯、措古通用。

〔二一〕孟康曰：猶作春秋者，正天時，列人事也。言諸儒既得展事業，因兼正天時，列人事，敘述大義爲一經也。

〔二二〕師古曰：祓，除也。祓飾者，言除去舊事，更飾新文也。祓音敷勿反。【補注】宋祁曰：浙本，祓音方吠反。先謙曰：官本正文及注並作「祓飾」。文選同史記作「校飭」。集解徐廣曰「校，一作祓。祓猶拂也，音廢」。

官本史記注作「袚」，其字從衣，疑袚飾猶襐飾意也。正義「飾文，紀述時事，垂之史官，此春秋家法，故曰作春秋一蓺」。

〔二二〕文穎曰：六經加一爲七也。師古曰：攄，布也，音丑居反。【補注】先謙曰：集解徐廣曰「攄，一作臚。臚，敘也」。索隱廣雅云「攄，張舒也」。文選注引孔安國尚書傳曰「襲因也」。

〔二三〕師古曰：蜚，古飛字。【補注】先謙曰：索隱胡廣曰「飛揚英偉之聲，騰馳茂盛之實也」。

〔二四〕師古曰：稱音尺孕反。【補注】先謙曰：稱，舉也。常爲後人稱舉之首。顔音誤。

〔二五〕師古曰：掌故，太常官屬，主故事者。【補注】先謙曰：史記「儀」作「義」。

於是天子沛然改容，曰：「俞乎，朕其試哉！」〔一〕乃遷思回慮，總公卿之議，詢封禪之事，詩大澤之博，廣符瑞之富。〔二〕遂作頌曰：

〔一〕師古曰：沛然，感動之意也。俞者，然也，然其所請也。沛音普大反。俞音踰。【補注】先謙曰：文選「沛」作「俙」。李善注引張揖曰「俙，感動之意也。俙或爲沛」。

〔二〕孟康曰：詩所以詠功德，謂下四章之頌也。大澤之博，謂「自我天覆，雲之油油」也。廣符瑞之富，謂「斑斑之獸」以下三章，言符應廣大富饒也。【補注】劉奉世曰：嘉穀亦符瑞之一也，此但包舉作頌之意，不必別之。廣謂廣聞其事。王念孫曰：詩字若訓爲詩賦之詩，則「詩大澤之博」，殊爲不詞。且字法與總公卿之議，詢封禪之事，廣符瑞之富，皆爲不類矣。今案詩者，志也。志者，記也。謂作此頌以記大澤之溥博，廣符瑞之富饒也。詩訓志意之志，又訓志記之志。詩序曰「詩者，志之所之也。在心爲志，發言爲詩」。詩譜正義引春秋説題辭曰「在事爲詩，未發爲謀，恬澹爲心，思慮爲志，詩之爲言志也」。是詩訓爲志意之志也。賈子道德説篇「書者，著德之理於竹帛而陳之，令人觀焉，以著所從事。故曰書者，此之著者也。詩者，志德之理而明其指，令人緣之以自成也。故曰詩者，此之志者也」。是詩又訓爲志記之志也。沈欽韓曰：內則注「詩之言承也」。特牲禮「詩懷之」注「詩猶承也」。孔穎達正義「詩有三訓，持也，承也，志也」。呂氏慎大覽「湯謂伊尹曰，若告我曠夏盡如詩」。注，詩志也。此詩大澤之博，正以承爲訓。孟注謬。先謙曰：孟注「詩所以詠功德」，集解引作「詩，歌詠功德也，下四章之頌也」。文選注引同。是以詩字作歌詠功德解，得古人實字虛用之義例。古書實字虛用，如門焉户焉，風人雨人之類，不可勝舉。顏氏引之，改爲「詩所以詠功德」，詩字遂成實解，不可通矣。王、沈二說亦通，然謂孟氏誤解，則非，由未檢史記、文選注也。

自我天覆，雲之油油。〔一〕甘露時雨，厥壤可游。〔二〕滋液滲漉，何生不育！〔三〕嘉穀六穗，我穡曷蓄？〔四〕

〔一〕蘇林曰：油音油麻之油。李奇曰：油油，雲行貌。孟子曰「油然作雲，沛然下雨」。

〔二〕師古曰：言雨露滂沛，其澤可以游泳也。

〔三〕師古曰：滲漉，謂潤澤下究，故無生而不育也。滲音山禁反。漉音鹿。【補注】先謙曰：文選注：「說文『滲，下漉也』。又曰『漉，水下貌』」。

〔四〕李奇曰：我之稼穡，何等不蓄積？

匪唯雨之，又潤澤之；匪唯偏我，氾布護之；〔一〕萬物熙熙，懷而慕之。〔二〕名山顯位，望君之來。〔三〕君兮君兮，侯不邁哉！〔四〕

〔一〕師古曰：氾，普也。布護，言遍布也。氾音敷劍反。【補注】先謙曰：史記作「非惟濡之」。文選作「非惟偏之」。朱一新云：索隱胡廣曰「言雨澤非偏於我，普遍布散，無所不濩也」。據此，則史記本亦作「偏」，後人誤改耳。文選

「我」上有「之」字，衍文。

〔二〕【補注】先謙曰：「之」，史記、文選作「思」。

〔三〕【補注】先謙曰：文選注韋昭曰「名山，泰山也。顯位，封禪之事也」。集解引無「之事」二字。

〔四〕師古曰：侯，何也。邁，行也。言君何不行封禪。【補注】先謙曰：文選注引作「李奇」，無「邁行也」三字。

般般之獸，樂我君圃；白質黑章，其儀可喜；〔一〕旼旼穆穆，君子之態。〔二〕蓋聞其聲，今視其來。〔三〕厥塗靡從，天瑞之徵。〔四〕茲爾於舜，虞氏以興。〔五〕

〔一〕師古曰：謂騶虞也。般字與斑同耳，從丹青之丹。喜音許記反。【補注】朱一新曰：文選五臣本「圃」作「囿」，李善本作「圃」。史記同。囿、喜古音叶也。此作「圃」，誤。又史記、文選「喜」作「嘉」，非。瞿鴻禨曰：說文「禽獸曰囿，種菜曰圃」。此當作囿。

〔二〕孟康曰：旼旼，和也。穆穆，敬也。言容態和且敬，有似君子也。張揖曰：旼音旻。【補注】先謙曰：史記「態」作「能」。

〔三〕師古曰：言往昔但聞其聲，今親見其來也。來合韻音郎代反。【補注】瞿鴻禨曰：來與之、哉、喜、態皆叶，顏讀非也。先謙曰：文選「視」作「親」。李善注云「親見其來」。據顏注，疑漢書亦作「親」。史記作「觀」。

〔四〕文穎曰：其來之道何從乎？此乃天瑞之應也。

〔五〕文穎曰：百獸舞，則騶虞在其中也。【補注】王念孫曰：「爾」字於義無取，當從史記、文選作「亦」。文選呂延濟注曰「言此獸於舜亦見也」。今本作「爾」者，亦譌爲「尔」，後人因改爲「爾」矣。淮南詮言篇「自身以上，至於荒芒，亦遠矣」。後漢張衡傳「亦要思乎故居」。今本亦竝作「爾」，誤與此同。先謙曰：索隱引文注曰「舜百獸率舞，則騶虞亦在其中也」。爲「亦」字作注，是文穎所見本「爾」字爲「亦」之證。文選注引作「百獸率舞，則騶虞在其中」。

與顔引竝有删節。

濯濯之麟，游彼靈畤。孟冬十月，君徂郊祀。〔一〕馳我君輿，帝用享祉。〔二〕三代之前，蓋未嘗有。

〔一〕文穎曰：濯濯，肥也。武帝冬幸雍，祠五畤，獲白麟也。師古曰：濯音直角反。大雅靈臺之詩云「麀鹿濯濯」。

〔二〕文穎曰：馳我君車之前也。師古曰：帝，天帝也。以此祭天，天既享之，答以祉福也。

宛宛黄龍，興德而升；〔一〕采色玄耀，焕炳煇煌。〔二〕正陽顯見，覺寤黎烝。〔三〕於傳載之，云受命所乘。〔四〕

〔一〕文穎曰：起至德而見也。

〔二〕師古曰：玄讀曰炫。煇煌，光貌。煇音下本反。【補注】先謙曰：官本作「炳炳」，注引宋祁曰「炳炳，越本作焕炳」。案史記「玄」作「炫」，「焕」作「熿」。徐廣曰「熿音晃。煇音魂」。熿、晃，雙聲。煇不必如顔改讀。

〔三〕文穎曰：陽，明也。師古曰：黎烝，衆庶也。【補注】先謙曰：五行志「龍，陽類，貴象也」。續漢五行志注引風俗通「龍者，陽類，君之象也」。故曰正陽顯見。索隱謂南面受朝，非。

〔四〕師古曰：謂易云「時乘六龍以御天」也。【補注】劉奉世曰：如長卿所云，則蓋元狩以前，皆嘗有此瑞，不知史不偏記，何也？先謙曰：此謂渥洼神馬事，詳上「囿騶虞，招翠黄」注，非史不偏記也。文選注如淳曰「書傳撰其比類，或以漢土德，則宜有黄龍之應於成紀是也，故言受命者所乘」。索隱引如小異。

厥之有章，不必諄諄。〔一〕依類託寓，諭以封巒。〔二〕

〔一〕文穎曰：天之所命，表以符瑞，章明其德，不必諄諄然有語言也。師古曰：諄諄，告喻之熟也，音之純反。
〔二〕文穎曰：寓，寄也。巒，山也。言依事類託寄，以喻封禪。

披藝觀之，天人之際已交，上下相發允答。聖王之事，兢兢翼翼。〔一〕故曰於興必慮衰，安必思危。是以湯武至尊嚴，不失肅祗，〔二〕舜在假典，顧省厥遺：〔三〕此之謂也。

〔一〕師古曰：兢兢，戒也。翼翼，敬也。【補注】先謙曰：言聖王戒敬修禮信，所以答天休也。史記、文選「事」作「德」。
〔二〕師古曰：言居天子之位，猶不忘恭敬也。【補注】沈欽韓曰：周書程典解「於安思危，於始思終」。
〔三〕師古曰：在，察也。假，天也。典，則也。言舜察璇璣玉衡，恐己政化有所遺失，不合天心。今漢亦當順天意而封禪也。【補注】先謙曰：「天」，官本作「大」，是。文選「厥」作「闕」。李善注：「湯武雖居至尊嚴之位，而猶不失肅祇之道；舜所以在於大典，謂能顧省其遺失。言漢亦當不失恭敬而自省也。祭天，是不忘敬也。不封禪，是遺失也。毛詩曰『湯降不遲，上帝是祇』」。

相如既卒〔一〕五歲，上始祭后土。八年而遂禮中岳，封于太山，至梁甫，禪肅然。〔二〕

〔一〕【補注】先謙曰：徐廣注「元狩五年也」。
〔二〕【補注】何焯曰：傳遂終言其事，固不悟封禪之非，而直以爲惟此盛典，皆發自相如也。史通云「馬卿爲自敘傳，具在其集中，子長因録斯篇，即爲列傳。班氏仍舊，更無改作。固於揚、馬傳末，皆云遷、雄之自敘如此。至於相如篇下，獨無此言，其例不純」。按傳中終言相如卒後之事，則非止録自敘也。

相如它所著，若遺平陵侯書、〔一〕與五公子相難、屮木書篇，不采，采其尤著公卿者云。

〔一〕【補注】先謙曰：徐廣注「蘇建也」。

贊曰：司馬遷稱「春秋推見至隱，〔一〕易本隱以之顯，〔二〕大雅言王公大人，而德逮黎庶，〔三〕小雅譏小己之得失，其流及上。〔四〕所言雖殊，其合德一也。相如雖多虛辭濫說，然要其歸引之於節儉，此亦詩之風諫何異？」〔五〕揚雄以爲靡麗之賦，勸百而風一，〔六〕猶騁鄭衛之聲，曲終而奏雅，不已戲乎！〔七〕

〔一〕李奇曰：隱猶微也。言其義顯而文隱，若隱公見弒死，而經不書，隱諱之也。【補注】何焯曰：言由人事之見著者，推而至於天道之隱微也。李注失之。然近人讀「見」爲本字，則去之彌遠矣。先謙曰：集解韋昭曰「推見事至於隱諱，謂若晉文召天子，經言『狩河陽』之屬」，於義亦通。索隱引虞喜志林曰「春秋以人事通天道，是推見至隱也。易以天道接人事，(索)〔是本〕隱以之明顯也」。是何說爲長。

〔二〕張揖曰：作八卦以通神明之德，是本隱也。有天道焉，有地道焉，有人道焉，以類萬物之情，是之顯也。師古曰：之，往也。

〔三〕張揖曰：謂文王、公劉在位，大人之德下及衆民者也。【補注】先謙曰：集解韋昭曰「先言王公大人之德，乃後及衆庶也」。

〔四〕張揖曰：己，詩人自謂也。己小有得失，不得其所，作詩流言，以諷其上也。師古曰：小己者，謂卑少之人，以對上言大人耳。【補注】先謙曰：集解韋昭曰「小雅云，人志狹小，先道己之憂苦，其流乃及上政之得失者」。索隱云「故詩緯云，小雅譏己得失，及之於上也」。先謙案：説文「譏，誹也」。廣雅釋言「譏，怨也」，所謂「小雅怨誹」是也。詩人怨思之作，雖極哀傷憔悴，每以己身之得失爲小，不足道，而憂及於國家之大，故曰「譏小己之得失」。顔訓不詞，張、韋説亦非。

〔五〕師古曰：風讀曰諷。次下亦同。

〔六〕師古曰：奢靡之辭多，而節儉之言少也。【補注】先謙曰：官本「風」作「諷」。按顔注，上文言「次下亦同」，作「風」爲是。

〔七〕張揖曰：不亦輕戲乎哉！【補注】宋祁曰：「已」當作「亦」。先謙曰：謂揚雄之論，過輕相如也。史記「戲」作「虧」。